Uwe Hartmann / Reinhold Janke / Claus von Rosen (Hrsg.)

Jahrbuch Innere Führung 2020

Zur Weiterentwicklung der Inneren Führung: Themen und Inhalte

Jahrbuch
Innere Führung 2020

Zur Weiterentwicklung der Inneren Führung: Themen und Inhalte

Uwe Hartmann / Reinhold Janke / Claus von Rosen (Hrsg.)

2020

Carola Hartmann Miles-Verlag

Bibliografische Information der Deutschen Nationalbibliothek
Die Deutsche Nationalbibliothek verzeichnet diese
Publikation in der Deutschen Nationalbibliografie;
detaillierte bibliografische Daten sind im Internet über www.dnb.de abrufbar.

© 2020 Carola Hartmann Miles-Verlag, Berlin
www.miles-verlag.jimdo.com
E-Mail: miles-verlag@t-online.de

Herstellung: Books on Demand, Norderstedt

Printed in Germany

ISBN 978-3-96776-018-7

Inhalt

III Zur Ethik in der Bundeswehr

Die Themen des Jahrbuchs Innere Führung 2020 im Überblick

Uwe Hartmann, Reinhold Janke, Claus von Rosen

In den 65 Jahren ihres Bestehens erarbeitete die Bundeswehr vier sehr unterschiedliche Vorschriften zur Inneren Führung. Am Anfang stand das „Handbuch Innere Führung", das den Untertitel „Hilfen zur Klärung der Begriffe" trug. Es erschien erstmals im Jahr 1957 und wurde zuletzt 1972 in fünfter, unveränderter Auflage herausgegeben. Die noch heute gültige Vorschrift zur Inneren Führung erschien 2008. Sie trug wie ihre beiden Vorgänger die Bezeichnung „ZDv 10/1 Innere Führung".[1] Allerdings unterschied sie sich deutlich in Design und Inhalt. Sie hatte ein praktisches Hosentaschenformat und enthielt zahlreiche Bilder. Ohne ausführliche Hintergrundinformationen oder Begründungen beschränkte sie sich auf knappe Feststellungen und einfache Führungsgrundsätze.

Das „Handbuch Innere Führung" ziert das Cover des diesjährigen Jahrbuchs Innere Führung. Die Herausgeber weisen damit darauf hin, in welche Richtung die Innere Führung und ihre Vorschrift weiterentwickelt werden sollten: Zu einer Führungsphilosophie, die mehr Wert auf ein umfassendes Verständnis des soldatischen Dienstes legt, die Hintergründe vermittelt und Argumente anbietet sowie zum Nachdenken anregt. Wie in der Aufbauphase der Bundeswehr geht es heute wieder darum, die zentralen Begriffe für den soldatischen Dienst zu klären und dabei die Verantwortung des einzelnen Soldaten unabhängig von seinem Dienstgrad in den Mittelpunkt zu rücken. Ein Beispiel soll diesen Ansatz verdeutlichen: Der Hinweis in der gültigen Vorschrift, „… dass die Auftragstaktik die Führungsform ist, die dem Bild vom 'Staatsbürger in Uniform' am besten entspricht…", ist nicht hilfreich, solange sie nicht erklärt, was damit gemeint ist und wie diese Führungsform unter veränderten und dabei nicht nur günstigen Rahmenbedingungen umgesetzt werden kann.

Die Autoren dieses Jahrbuches zeigen in ihren Beiträgen auf, wo Weiterentwicklungsbedarf besteht. Dabei wird deutlich: Eine bloße Aktualisierung der Vorschrift aus dem Jahr 2008 würde diesem Bedarf bei weitem nicht genügen.

---

[1] Die heutige Bezeichnung lautet: Innere Führung – Selbstverständnis und Führungskultur der Bundeswehr – A-2600/1.

Sven Langes Beitrag „Fit für das 21. Jahrhundert: Warum die Konzeption der Inneren Führung eine neue ‚Meistererzählung' benötigt" ist grundlegend für das diesjährige Jahrbuch. Darin zeigt der Autor auf, welche Elemente der Inneren Führung historisch bedingt sind, welche unverändert Gültigkeit beanspruchen dürfen und wo akuter Weiterentwicklungsbedarf besteht.

Wesentliche Merkmale der ursprünglichen Inneren Führung wie beispielsweise der Verzicht auf eine gesellschaftliche Sonderstellung des Soldaten oder die Betonung der politischen Bildung hingen mit den Erfahrungen aus der Zeit vor 1945, den Bedrohungswahrnehmungen in der ideologischen Auseinandersetzung mit der Sowjetunion und der unter der deutschen Bevölkerung weitverbreiteten Ablehnung der Wiederbewaffnung zusammen. Die Innere Führung sollte die Probleme der damaligen Zeit lösen. Dafür wurde sie maßgeschneidert. Hier sieht der Autor Gründe, warum die Entwicklung eines eigenständigen Selbstverständnisses als Soldat und Kämpfer in der Konzeption der Inneren Führung nicht vorgesehen war. Gleichwohl habe das eigentlich „totgesagte Kriegertum" in den „tribal cultures der Kampftruppen" (Sönke Neitzel) überlebt.

Die Vielzahl der Veränderungen im gesellschafts- und sicherheitspolitischen sowie technologischen Umfeld zeige, dass die heutige Bundeswehr nur wenig mit der Armee gemein habe, für die die Innere Führung vor 70 Jahren konzipiert wurde. Wesentliche Ziele, Kerngedanken und Grundsätze blieben allerdings weiterhin gültig. Dazu zählten beispielsweise die Integration der Bundeswehr in den demokratischen Staat und die Teilhabe der Soldatinnen und Soldaten am politischen, geistigen, kulturellen und sozialen Leben. Zu den neuen Herausforderungen, denen die Innere Führung sich stellen müsse, gehörten vor allem Entfremdungen: zwischen Bürgern mit und ohne Uniform, aber auch unter den Soldaten selbst. Ursache dafür seien unterschiedliche Erfahrungs- und Lebenswelten zwischen Streitkräften und Zivilgesellschaft sowie unter Soldaten mit und ohne Teilnahme an Auslandseinsätzen. Abschließend fordert Sven Lange eine neue „Meistererzählung". Diese sollte auf die heutige Bundeswehr und ihre zukünftigen Herausforderungen ausgerichtet sein, ohne die Fundamente der Inneren Führung in Frage zu stellen.

Klaus Naumanns Beitrag trägt den Titel „'Politisch mündig und auftragsgerecht handeln'. Sicherheits- und Militärpolitik gehören zur Entwicklung soldatischer Professionalität". Darin setzt er sich mit dem heutigen Anforderungsprofil für Soldatinnen und Soldaten auseinander. Das Weißbuch aus dem Jahr 2006 betonte, dass die Anforderungen weit über rein militärische Aspekte hinausreichten. Die 2008 erlassene Vorschrift zur Inneren Führung habe diesen Impuls allerdings nicht umgesetzt. Antworten auf die Frage, inwiefern sich das Politische auf das Gefechtsfeld und bis in die kleinste taktische Handlung hinein erstrecke, fänden sich darin nicht. Wie der Soldat in seinem Denken und Handeln mit Politik konfrontiert wird und wie er die daraus resultierenden Spannungen, aber auch deren Synergien verantwortlich nutzen kann, werde nicht verständlich erklärt. Der bloße Hinweis auf das Primat der Politik reiche jedenfalls nicht aus, um die politische Mitverantwortung des Soldaten zu erkennen.

Wie soll es weitergehen mit der Inneren Führung und ihrer Vorschrift? Wie kann das Leitbild vom politisch mitdenkenden Soldaten konkretisiert und anschaulich beschrieben werden? Ein „Weiter so" dürfe es, so Klaus Naumann, nicht geben. Er fordert einen Neuanfang, ähnlich grundlegend wie die Gründungsväter der Bundeswehr ihn zu Beginn der 1950er Jahre gewagt hatten. Der Autor schlägt vor, die Spannungen und Synergien zwischen dem Bürger und dem Soldaten, zwischen Politik und Militär sowie zwischen den drei Elementen des Leitbildes „freier Mensch, guter Staatsbürger und vollwertiger Soldat" anschaulich zu erklären. Daraus könnten Sinn und Zweck einer umfassenden politischen Urteilskraft abgeleitet werden. Ein wichtiger Bezugspunkt für ein schlüssiges Soldatenbild sei das Kriegsbild in all seinen Variationen und Grauzonen. Dazu gehörte auch die Erarbeitung eines „gemeinsamen Mindsets". Dieses sollte sowohl die Landes- und Bündnisverteidigung als auch die Einsätze zur Krisenbewältigung umfassen. Wichtig sei, die unterschiedlichen Handlungslogiken von Politik und Militär zu erfassen, die den Soldaten auch bei seiner gesellschaftlichen Integration mit kognitiven Dissonanzen konfrontierten. Im Kern eines in sich stimmigen Berufsverständnisses liege das Bekenntnis zu Selbsttätigkeit und Selbstbildung, was auch in der Sprache der Vorschrift deutlich zum Ausdruck kommen sollte. Statt bloßer Feststellungen, in denen die Innere Führung als „allmächtiges Subjekt" erscheine, komme es darauf an, die Mitverantwortung der Soldatinnen und Soldaten zu betonen. Voraussetzung dafür sei eine Selbstverpflichtung der politischen und militärischen Führung, über Zweck und Auftrag der Bundeswehr nachvollziehbar Auskunft zu geben und so „Dienen aus Einsicht" zu erleichtern. Klaus Naumanns Plädoyer mündet schließlich in die Forderung nach einer Vorschrift zur Inneren Führung, die dem Handbuch Innere Führung von 1957 ähnelt.

Claus von Rosen leistet in seinem Beitrag „Kriegsbild und Strategie und Innere Führung" eine umfassende politisch-strategische Rekonstruktion der Führungsphilosophie der Bundeswehr. Ihre früh einsetzende Diffamierung als

„weiche Welle" in der militärischen Ausbildung, die Dominanz taktisch-operativen Denkens im Führungshandeln sowie die gedankliche Differenzierung zwischen innerer und äußerer Führung seien maßgebliche Ursachen dafür, dass Innere Führung heute weithin als bloße Handlungsanweisung für den Umgang mit Menschen verstanden wird. Claus von Rosen zeigt dagegen auf, welchen politischen und strategischen Gedankenreichtum wir auf diese Weise verloren haben. Denn die Innere Führung in ihrer ursprünglichen, von Wolf Graf von Baudissin erarbeiteten Fassung beruhte auf einem intensiven Nachdenken über das Bild des künftigen Krieges. Daraus zog dieser Schlussfolgerungen auch für die Innen- und Außenpolitik Deutschlands sowie die Strategien der transatlantischen Allianz.

Für Baudissin wäre ein künftiger Krieg keine Wiederholung oder Fortsetzung des Zweiten Weltkrieges gewesen. Klar erkannte er das Neue: die Bedrohung durch Nuklearwaffen sowie der permanente „geistige Kampf" in der globalen Systemkonkurrenz zwischen Ost und West, der auch innerhalb westlicher Gesellschaften ausgetragen würde. Daraus resultierte die Mitverantwortung des Soldaten für die freiheitlich-demokratische Grundordnung. Sicherheitspolitik musste umfassende Friedenspolitik im Inneren und Äußeren sein. Von diesem politisch-strategischen Denken sei die Innere Führung heute abgekoppelt. Es komme, so Claus von Rosen, darauf an, diese Gedanken wieder in die Vorschrift zur Inneren Führung zu integrieren. Dazu müssten deren Verfasser die Ausrichtung jeden militärischen Handelns an den vorgegebenen politischen Wirkungen für den Grundwert Frieden betonen. Ein derartiges „wirkungsorientiertes Denken" hätten auch die Auslandseinsätze der Bundeswehr gefordert und gefördert.

Ein größerer Teil der Angehörigen der Bundeswehr dient in NATO-Dienststellen. Dass auch für sie die Führungsgrundsätze der Bundewehr, besonders die der Inneren Führung, Grundlage ihres Handels sind, ist immer eine Selbstverständlichkeit gewesen. Daher verwundert es auch nicht, dass an drei Stellen in der z.Z. gültigen Vorschrift zur Inneren Führung kurze Bemerkungen zum Verhalten in der NATO gemacht werden. *Uwe Hartmann*s Feststellung in seinem Beitrag über die „Innere Führung und die Führungskultur in der NATO", die Innere Führung sei absolut kompatibel mit dem Selbstverständnis und der Führungskultur der NATO, ist also nicht zu widersprechen. D.h. die politischen und ethischen Grundlagen für die Soldaten der Bundeswehr sind nicht nur im Grundgesetz Deutschlands abzulesen, sondern auch aus der Grundorientierung der NATO als Wertegemeinschaft.

Uwe Hartmann beschreibt nun dieses Denken und Handeln im Bündnis und die entsprechenden Arbeitsverfahren in den verschiedenen Gremien in feinen Nuancen. Es geschieht nicht selbstverständlich, es hängt vielmehr von der persönlichen Handlungsfähigkeit der in den NATO-Stäben eingesetzten Akteure ab, von ihrem Selbstverständnis und Wertekanon, von ihrer Fähigkeit zur Zusammenarbeit und zum Kompromiss sowie ihrem respektvollen Umgang miteinander. Der Autor spricht daher von einem entsprechenden Rollenmodell und einer besonderen Gesprächskultur des „Marktplatzes". Dies hat sich *on the job* in den vergangenen 70 Jahren so entwickelt und bewährt. Was bedarf es dann noch weiterer erklärender Ausführungen in der Vorschrift zur Inneren Führung? Was müsste über die bisher knappen Ausführungen hinaus in einer neuen Vorschrift zur Inneren Führung aufgenommen werden?

Zum einen sind die Denk- und Arbeitsverfahren in der NATO nicht mit denen im Truppenalltag in den Streitkräften der Bundeswehr vergleichbar. Neulinge in der NATO werden auf manch Ungewohntes stoßen und müssen umlernen. Zum anderen können sich in integrierten Truppenteilen und Stäben, auf der Ebene des Nordatlantik-Rats oder des Militärausschusses auch Konflikte ergeben, bei deren Lösung viel Fingerspitzengefühl gefordert ist. Es ist zudem nicht zu übersehen, dass die „NATO" sich ständig weiterentwickelt. Uwe Hartmann fordert daher deutliche Ausführungen in einer Vorschrift zur Inneren Führung. Zum einen zum Kern der NATO-Identität; er spricht von einer Integration von deutschem Verfassungspatriotismus mit einer Orientierung am Gesamtinteresse „NATO" als gemeinsamer Werte-Basis. Zum anderen sieht er einen Bedarf für ein wirkungsorientiertes Denken, das politische Ziele in den Mittelpunkt stellt. Und schließlich betont er das Bündnis als Teil der bundeswehreigenen Geschichte und damit ihrer Tradition.

In seinem Beitrag „Zur Integrationsdimension der Inneren Führung: Eine empirische Betrachtung der öffentlichen Meinung zur gesellschaftlichen Einbindung der Bundeswehr von 2005 bis 2019" untersucht *Timo Graf* die Faktoren, welche das Meinungsbild der Deutschen über die gesellschaftliche Integration der Bundeswehr beeinflussen. Dabei kann er anhand empirischer Analysen nicht nur nachweisen, dass die Einschätzung der Bürger seit vielen Jahren überwiegend positiv ist. Er zeigt auch, dass die 2011 beschlossene Aussetzung der Wehrpflicht nicht zu dem damals befürchteten Einbruch in der öffentlichen Meinung zur Integration der Bundeswehr geführt hat. Die von vielen Kritikern der Aussetzung der Wehrpflicht vorgebrachte Sorge eines „Aus dem Auge, aus dem Sinn" erwies sich also, so der Autor, als überzogen. Auf die

Meinungsbildung hätten auch persönliche Erfahrungen innerhalb der Bundeswehr kaum Einfluss. Meinungen von Bürgern mit oder ohne Dienstzeit in der Bundeswehr wichen kaum voneinander ab. Relevant sei eher die Medienberichterstattung über die Bundeswehr. Seit der Aussetzung der Wehrpflicht hätten die Medien als Vermittlerinstanz zwischen Gesellschaft und Bundeswehr an Bedeutung gewonnen, dabei waren sie bereits vor der Aussetzung der Wehrpflicht wirkmächtiger als die eigene Erfahrung in der Truppe oder die Nähe zu einem Bundeswehrstandort. Überraschenderweise spielten nicht so sehr das Internet, sondern Fernsehsendungen und Berichte in den Printmedien eine größere Rolle. Ebenso bedeutend für die öffentliche Meinung über die gesellschaftliche Integration der Bundeswehr seien persönliche Wahrnehmungen der Bundeswehr im Alltag. Die Daten zeigten auch: Viele Bürger erwarten, dass die Bundeswehr und ihre Angehörigen mehr tun, um Kontakte mit der Gesellschaft zu intensivieren.

Timo Graf leitet aus seinen Analysen Folgerungen für die Bundeswehr und deren Angehörige ab. Von einer Wiedereinführung der Allgemeinen Wehrpflicht oder von einer Allgemeinen Dienstpflicht sei kein nennenswerter (positiver) Einfluss auf die öffentliche Meinung zur gesellschaftlichen Integration der Bundeswehr zu erwarten. Neben einer Fortsetzung der Professionalisierung der Medien- und Öffentlichkeitsarbeit komme es vor allem darauf an, die Sichtbarkeit der Soldatinnen und Soldaten im öffentlichen Raum zu erhöhen. Dabei seien diese selbst die wichtigsten Mittler, wie es die Vorschrift zur Inneren Führung auch betone. Das Bahnfahren in Uniform sei ein erster wichtiger Schritt. Auch die Arbeit der Jugendoffiziere sollte gestärkt werden. Für die Weiterentwicklung der Inneren Führung und ihrer Umsetzung in einer neuen Vorschrift sei, so Timo Graf, besonders wichtig, jedem Soldaten noch stärker zu verdeutlichen, dass es auf ihn und sein persönliches Engagement ankomme. Dazu sollte seine Dialogbereitschaft und -fähigkeit gefördert werden. Unerlässlich sei die Aufhebung von unter Soldaten verbreiteten Vorurteilen, wonach die Bürger das Uniformtragen in der Öffentlichkeit nicht wünschten. Die Daten sprechen eine andere Sprache: Die Hälfte der Bevölkerung begrüße Soldaten in Uniform im öffentlichen Leben ausdrücklich und nur 16 Prozent lehnten dies ab. Demzufolge bestünden in der Bevölkerung weniger „Berührungsängste" als oftmals angenommen.

Meike Wanners Beitrag „Das gesellschaftliche Ansehen der Streitkräfte – die schweigende Mehrheit steht hinter der Bundeswehr" liefert weitere wichtige Perspektiven über das Verhältnis zwischen Bundeswehr und Gesellschaft. Die

Autorin analysiert empirische Befragungsergebnisse dahingehend, wie die Angehörigen der Bundeswehr selbst das gesellschaftliche Ansehen ihres Arbeitsgebers wahrnehmen. Anschließend konfrontiert sie diese Wahrnehmungen mit den ebenfalls empirisch gemessenen Meinungen und Haltungen der Bürgerinnen und Bürger zur Bundeswehr.

Insgesamt seien die Soldatinnen und Soldaten eher unzufrieden mit dem Ansehen der Bundeswehr, der Reputation ihres Berufes und der gesellschaftlichen Anerkennung ihrer Leistungen. Hier bestehe Handlungsbedarf, denn Wertschätzung ist eine wichtige soziale Ressource zur Aufrechterhaltung der Motivation und zur Verarbeitung von Einsatzerlebnissen. In diesen Wahrnehmungen der Soldaten liege auch ein wichtiger Grund, weshalb sie nicht wie selbstverständlich ihre Uniformen in der Öffentlichkeit trügen.

Wie ist es nun zu erklären, dass die Soldaten sich nicht wertgeschätzt fühlen, während gleichzeitig die Einstellungen in der Bevölkerung zur Bundeswehr seit vielen Jahren überaus positiv sind? Meike Wanner bedient sich bei der Suche nach einer Antwort auf diese Frage der sog. Meinungsklimaeinschätzung. Hierbei geht es nicht um die individuelle Meinung, sondern darum, wie der Einzelne die Bevölkerungsmehrheit beurteilt. Dabei zeigten die Daten, dass die Bürger glauben, dass ihre persönliche positive Sicht der Bundeswehr nicht der Mehrheitsmeinung entspreche. Diese sei deutlich schlechter. Da Menschen sich in ihren Meinungsäußerungen daran orientierten, was sie für sagbar hielten, führe das Meinungsklima über die Bundeswehr dazu, dass die wohlwollende Mehrheit von einem öffentlichen Bekenntnis absehe. Ihre positive Meinung zur Bundeswehr und ihren Angehörigen äußerten sie höchstens in kleineren, eher familiären Kreisen. Die Soldaten scheinen dies zu spüren. In dieser Gemengelage, in der auch als negativ empfundene Berichte in den Medien über die Bundeswehr eine Rolle spielen, entwickelten manche Soldaten klassische Vorurteile. Diese könnten durch Aufklärung der Soldaten über die tatsächlichen Meinungen und Haltungen in der Bevölkerung sowie durch gemeinsame Gespräche mit Bürgern aufgebrochen werden.

Marc-André Walther setzt mit seinem Beitrag „Der Soldat in Demokratie und Krieg. Der Staatsbürger in Uniform und sein Kernauftrag" an den Erkenntnissen der Meinungs- und Meinungsklimaforschung an. Er diagnostiziert stark ausgeprägte Spannungen zwischen Kampf als Kernkompetenz des Soldatenberufs und den eher gewaltarmen militärischen Aufgaben, die Akzeptanz und Unterstützung in der Gesellschaft finden. Der Autor führt Gründe an, weshalb diese Spannungen reduziert werden sollten und schlägt zahlreiche Maßnahmen vor, wie dieses geschehen könnte. Dafür nimmt er sowohl die Bundeswehr als auch Politik und Gesellschaft in die Pflicht.

Die Soldaten fordert Marc-André Walther auf, die Gründe für die existierenden Spannungen zu erkennen und auf die Bürger zuzugehen, um diesen den Kern ihres Berufs und die daraus resultierenden Besonderheiten des militärischen Dienstes zu erläutern. Für die militärische Führung bedeutet dies beispielsweise, dass sie im „ungleichen Dialog" mit der Politik ihre militärische Expertise einbringen und einen Beitrag zur Verbesserung der Strategiefähigkeit leisten müssen. Von der gesamten Bundeswehr erwartet der Autor die Einrichtung neuer Foren für Gespräche. Nicht deren Repräsentanz nach außen sollte im Vordergrund stehen, sondern die Ermöglichung von Begegnungen, in denen verfestigte Meinungen aufgebrochen werden können. Eine neue Vorschrift zur Inneren Führung sollte hierfür den Rahmen setzen. Alle Maßnahmen sollten abgestimmt sein mit der Politik, der Marc-André Walther die Verantwortung für die Intensivierung der sicherheitspolitischen Debatte zuweist.

Heiner Bröckermann beginnt seinen Beitrag „Innere Führung und Tradition – Impulse aus dem neuen Traditionserlass für die Führungskultur und das Selbstverständnis der Bundeswehr" mit dem Hinweis, dass der Umgang mit Fragen der Tradition und Traditionspflege von Anfang an nicht einfach für die Bundeswehr war. Die ministerielle Arbeit am ersten Traditionserlass von 1965 dauerte sechs Jahre und benötigte insgesamt 29 Entwürfe. Den zweiten, von Hans Apel unterzeichneten Erlass von 1982 wollte sein Nachfolger im Amt des Verteidigungsministers, Manfred Wörner, schnell einkassieren, was allerdings nicht gelang. Er blieb bis 2018 gültig. Impulse für die Tradition und die Traditionspflege setzten schließlich die Weißbücher sowie Briefe des Generalinspekteurs. Die Vorschrift zur Inneren Führung aus dem Jahr 2008 weist der Traditionspflege nur eine Rolle im Gestaltungsfeld der Politischen Bildung zu. Inhaltliche Ausführungen zur Tradition in der Bundeswehr fehlen – im Gegensatz zum „legendären" Handbuch Innere Führung von 1957, dessen umfangreichstes Kapitel „Soldatische Tradition in der Gegenwart" hieß.

Der Autor diskutiert anschließend Möglichkeiten für eine tiefere Integration von Innerer Führung und Tradition. Sollte Tradition ein eigenes Gestaltungsfeld der Inneren Führung werden oder ist Tradition nicht vielmehr in allen Gestaltungsfeldern präsent? Wie ist das Verhältnis von politischer, historischer und ethischer Bildung auszutarieren? Wie befruchten sich Innere Führung und Traditionspflege gegenseitig, wenn es um das verantwortungsvolle Nutzen von gewährten Freiräumen für die Truppe geht? Und wie können die Soldaten und die zivilen Angehörigen der Bundeswehr gemeinsam an der praktischen Ausgestaltung der Traditionspflege arbeiten? Heiner Bröckermann weist abschließend auf zwei Elemente des Traditionsverständnisses hin, die ganz wesentlich für die Akzeptanz der Inneren Führung sind: die Bereitschaft der Soldaten, sich durch Politik und Gesellschaft kontrollieren und kritisieren zu lassen sowie die Orientierung am Grundwert Frieden, nicht am Krieg. Im Gegenzug müssten Politik und Gesellschaft symbolische Wege finden, den Dienst der Soldaten wertzuschätzen.

Auf die Frage, warum bei der Transformation der Bundeswehr die Reserve so wenig berücksichtigt wurde, soll der damalige Generalinspekteur der Bundeswehr, General Schneiderhan, sinngemäß geantwortet haben: Er habe wie ein Jongleur viele Projekte gleichzeitig in der Luft gehalten. Eins sei ihm heruntergefallen: die Reserve der Bundeswehr. *Martin Sebaldt*, Oberst der Reserve, setzte sich in mehreren Schriften mit militärstrategischen Themen auseinander, in denen er auf die Probleme des fehlenden Personalersatzes im Falle größerer kriegerischer Auseinandersetzungen hinwies. Er forderte darin eine Strategie der Reserve, bei der Ziele, Mittel und Wege im Einklang stünden. In seinem Beitrag „Innere Führung und Reserve: Dimensionen einer militärischen Hausaufgabe" zeigt der Politikwissenschaftler nun den Handlungsbedarf für die Weiterentwicklung der Inneren Führung auf. Daraus leitet er ein Pflichtenheft für die künftige Überarbeitung der Vorschrift zu Führungskultur und Selbstverständnis der Bundeswehr ab.

Ausgangspunkt seiner Forderungen ist die tiefe Kluft zwischen dem Standesdünkel aktiver Soldaten, der mit einer Geringschätzung von Reservisten einhergehe, und dem komparativen Vorteil, den Reservisten für eine abwehrbereite Armee in der Demokratie leisteten. Für viele Gestaltungsfelder der Inneren Führung besäßen Reservisten „Alleinstellungsmerkmale", die gezielt genutzt werden sollten. Dazu zählten die feste Verankerung in der Gesellschaft, wofür die Reservisten ein authentisches Beispiel seien, oder die Nutzung ihrer spezifischen Fähigkeiten und Einstellungen für die Bildungsarbeit in der Bundeswehr. Martin Sebaldt unterstreicht zudem die Autorität, die sich Reservisten erwürben: durch ihren freiwilligen Dienst in der Bundeswehr, den sie neben ihren zivilen Berufen leisteten, durch ihre größere Unabhängigkeit im Urteil, da sie sich nicht so stark wie aktive Soldaten an einem Vorankommen in ihrer militärischen Karriere orientierten, und ihre beispielhafte Anwendung des Führungsprinzips der Auftragstaktik, das ihren beruflichen Erfahrungen und Erwartungen entspreche. In der aktuell gültigen Vorschrift zur Inneren Führung fehle allerdings die Berücksichtigung der spezifischen Eigenschaften und Belange nichtaktiver Soldaten und Truppenteile. In der neuen Vorschrift sollte deutlich werden, dass Reservisten Prinzipien wie die Verankerung der Truppe in der Gesellschaft authentisch darstellten. Insgesamt bestünde hier eine *win-win-situation* für die aktive und die nichtaktive Truppe. Davon würde auch die Akzeptanz der Inneren Führung profitieren.

In seinem Beitrag „Wert-voll: Ideale der Inneren Führung" erläutert *Helmut Jermer* Werte, die für die Führungskultur in der Bundeswehr als Armee in der Demokratie und das soldatische Selbstverständnis vom Staatsbürger in Uniform wichtig sind. Damit will er eine Lücke in der aktuellen gültigen Vorschrift zur Inneren Führung schließen. Darin seien zwar fundamentale Werte aufgezählt, jedoch sei versäumt worden, diese näher zu erläutern. Unsere Demokratie orientiert sich an Werten und wird von ihnen stabilisiert. Bundeswehrsoldaten sollten für die freiheitliche und demokratische Grundordnung eintreten, wie das Soldatengesetz es „befiehlt". Als Überzeugungstäter im positiven Sinne müssten sie die für sie so wichtigen Werte kennen und *wert*schätzen. Sie sollten auch wissen, wie Tugenden dabei helfen, Werte zu fördern und im Truppenalltag umzusetzen. Angesichts der rechtsextremistischen Vorfälle auch in der Bundeswehr sieht er in deren Vergegenwärtigung eine Chance für die Selbstheilung.

Helmut Jermer listet die gültigen Werte und Tugenden auf und erklärt diese sehr überzeugend. Ausführlich geht er auf die Menschenwürde als „Ur-Wert" und „zivilisatorische Errungenschaft" ein. Die Menschenwürde sei nicht nur im deutschen Grundgesetz, sondern auch in der UN-Charta prominent verankert. Besonders wichtig für Soldaten sei auch der Zusammenhang von Freiheit und Verantwortung. Tugenden dienten den Grundwerten, was auch auf die Soldatentugenden zuträfe. Ohne ihre Ausrichtung auf Werte verlören sie ihren Sinn. Anschaulich zeigt der Autor die Bedeutung von Werten und Tugenden im Truppenalltag auf. Seine Ausführungen münden in ethische Normen, die besonders Vorgesetzte in Pflicht nehmen.

Ein weiterer Beitrag von *Uwe Hartmann* behandelt das Thema „Verantwortung als Kernbegriff der militärischen Führungskultur". Es geht ihm dabei praxisnah um das soldatische Selbstverständnis heute. Sowohl vom Rückblick her auf die Anfänge der Bundeswehr mit der neu entwickelten Konzeption der Inneren Führung als auch aus dem Bild von Krieg schlechthin ergibt sich, dass Verantwortungsfreude als Grundbegriff im soldatischen Selbstverständnis spätestens seit Carl von Clausewitz' Buch „Vom Kriege" eine zentrale Bedeutung hat:

Verantwortung für Menschen in der Gefahr, Verantwortung für die Folgen des eigenen Handelns als auch das der Untergebenen sowie Verantwortung als selbständiges Korrigieren von Fehlern, auch der höheren Führung.

Allerdings muss Uwe Hartmann feststellen, dass es nicht gelungen ist, dieses umfängliche Verständnis von Verantwortung aus den ersten Tagen der Bundewehr zu bewahren, ja dass Verantwortungsfreude in der heutigen rationalisierten und wirtschaftsorientierten Management- und Führungskultur in den Streitkräften scheinbar schädlich ist. Der Autor sieht sogar Absicherungsdenken und Verantwortungsdiffusion um sich greifen. Hinzu komme, dass immer mehr die kollektive als die personelle Verantwortung betont wird. Insgesamt stoße sich das überlieferte Verständnis von Verantwortung hart an der Realität in der Bundeswehr heute.

Uwe Hartmann sieht jedoch Chancen, dass Verantwortungsfreude sich heute wieder entwickeln könnte: durch die Organisationsform einer Berufsarmee mit langen Verpflichtungszeiten, die Vorgaben des neuen Traditionserlasses, ein neues Verständnis von politischer, historischer und ethischer Bildung, den Neuansatz einer Fehlerkultur bis hin zum Appell an die Öffentlichkeit, von einer grundsätzlichen „Verantwortungsvermutung" statt einer vorschnellen Schuldzuweisung auszugehen. Ob damit die einleitend fast persiflierte Regelungstechnokratie in den Streitkräften von sich aus überwunden werden kann, muss die Zukunft zeigen.

Julia Beck untersucht in ihrem Beitrag „Psychische Resilienz – Begriffe, Konzepte und deren Verankerung in der Inneren Führung", inwieweit die Grundsätze und Ziele der Inneren Führung zur Resilienz von Soldaten der Bundeswehr beitragen. Dabei versteht sie unter Resilienz die „Aufrechterhaltung oder rasche Wiederherstellung der psychischen Gesundheit während oder nach stressvollen Lebensumständen". Sie zeigt auf, dass Resilienz veränderbar und damit durch die Gestaltung von Organisation und Führung beeinflussbar ist. Faktoren, welche die Wahrnehmung und das Erleben von Belastungen beeinflussen, liegen also nicht nur in den Persönlichkeitsmerkmalen des Individuums, sondern auch in seinem Umfeld. Wie die Innere Führung das Belastungserleben beeinflussen kann, zeigt sie anhand von in der Psychologie untersuchten Resilienzfaktoren wie Kontrollüberzeugung, Selbstwirksamkeitserwartungen, soziale Unterstützung, Commitment (Bindung) und Hardiness (Widerstandsfähigkeit). Sehr anschaulich gelingt es ihr, die wissenschaftlich belegten, sich positiv auf Resilienz auswirkenden Faktoren in einen Bezug zur Inneren Führung zu setzen. Die Beteiligung von Soldaten vor allem im Rahmen der

Auftragstaktik bzw. des Führens mit Auftrag, die Werteorientierung, das Verständlichmachen von Sinn und Zweck des Tuns, Lob und Wertschätzung, die soziale Unterstützung in der soldatischen Gemeinschaft sowie die Wahrnehmung von Aufgaben als abwechslungsreich, herausfordernd und verantwortungsvoll fördern die Resilienz von Soldaten.

Die Autorin kommt zu dem Ergebnis, dass Resilienz implizit in der Inneren Führung verankert ist. Überzeugend weist sie nach, dass Resilienz nicht allein Aufgabe des Psychosozialen Netzwerkes ist, sondern auch und vor allem eine Führungsaufgabe für Vorgesetzte aller Ebenen. Denn ihr Führungsverhalten beeinflusse maßgeblich die Resilienz ihres Personals. Diese Erkenntnis ist empirisch abgesichert. Es kommt nunmehr darauf an, den Begriff der Resilienz in der neuen Vorschrift fest zu verankern.

Jörg Wellbrink führte 2019/2020 die im Irak eingesetzten deutschen Kräfte. In seinem persönlichen Bericht mit dem Titel „Der Schwarze Schwan und die Innere Führung" beschreibt er eine Führungssituation, welche die typischen Merkmale von Krieg „als einer Bewegung im erschwerenden Mittel" (Carl von Clausewitz) aufweist. Konkret geht es um eine Bedrohungssituation im Anschluss an US-amerikanische Luftangriffe, auf die der Iran mit dem Abfeuern von Mittelstreckenraketen reagierte – unter anderem auf das Feldlager in Erbil, in dem deutsche Soldaten stationiert waren. Der Autor beschreibt, wie seine Führungsaufgabe durch Phänomene wie Informationsdefizite, Ungewissheit sowie hohe körperliche und seelische Belastungen erschwert wurde. Besonders hebt er hervor, dass keiner mit einem solchen Angriff von iranischem Territorium aus gerechnet hatte: Der Beschuss mit Mittelstreckenraketen war ein gänzlich unerwartetes, nicht vorhergesehenes Ereignis, das äußerst starke Folgewirkungen über Erbil hinaus hätte haben können. Derartige Ereignisse werden auch als „Schwarzer Schwan" (*Black Swan*) bezeichnet.

Der Autor stellt nun dar, wie die Grundsätze der Inneren Führung ihm geholfen haben, diese schwierige Führungssituation erfolgreich zu bewältigen. Wichtig seien Auftragstaktik, Beteiligung der Soldaten, Weitergabe von Informationen sowie das Führen persönlicher Gespräche. Auf diese Weise trüge die Innere Führung dazu bei, den „Schwarzen Schwan" zu „zähmen". Grundsätzlich gelte: Das Auftreten eines „Schwarzen Schwans" lässt sich nicht verhindern. Daher muss eine Truppe robust bzw. resilient sein, um mit dem Unerwarteten und dessen Folgen umzugehen. In diesem Zusammenhang betont Jörg Wellbrink vor allem die gemeinschaftsbildenden Aspekte der Inneren Führung.

Den Herausgebern sei an dieser Stelle der Hinweis erlaubt, dass das „Handbuch Innere Führung" diese Zusammenhänge mit Begriffen wie Erziehung, geistige Rüstung und Erlebnistherapie umschrieb. Sie sind weithin verlorengegangen. Das hohe Interesse an Resilienz und die empirisch abgesicherten Erkenntnisse sollten dazu ermutigen, diese ursprünglichen Gedanken der Inneren Führung wiederzubeleben.

Die Vereinbarkeit von Dienst und Familie hat für die Angehörigen der Bundeswehr enorm an Bedeutung gewonnen. In ihrem Beitrag „Vereinbarkeit von Dienst und Familie – wenn Visionen Realität werden" zeigt *Christine Posner*, wie sich das Familienbewusstsein der Bundeswehr seit der Jahrtausendwende verändert und entwickelt hat. Aufgrund der besonderen Bedingungen des Soldatenberufs sei die Bundeswehr grundsätzlich wenig familienfreundlich; gleichwohl seien die Rahmenbedingungen in den letzten gut zehn Jahren verbessert worden. Der Bedarf bei den Soldaten nach familienfreundlichen Lösungen habe allerdings weiter zugenommen. Auch junge Männer forderten diese ein. In der Inneren Führung sei von Beginn an mit der Berücksichtigung der sozialen Bedürfnisse der Soldatinnen und Soldaten die Grundlage hierfür gelegt worden. Anhand bislang vorliegender empirischer Untersuchungen und der Berichte des Wehrbeauftragten des Deutschen Bundestages wird gezeigt, wo die Probleme in der Vereinbarkeit von Dienst und Familie liegen, was bislang erreicht wurde und weiterhin notwendig ist. Traditionelle Rollen- und Berufsverständnisse stünden nicht nur der Akzeptanz der gewünschten Maßnahmen, sondern auch der Bereitschaft entgegen, selbst die Möglichkeiten der Bestimmungen zu nutzen und vorzuleben. Die Ursachen dafür lägen nicht zuletzt in der nicht immer ausreichenden Sensibilisierung von Vorgesetzten für diese Thematik. Im Mittelpunkt der Kritik stehen die zentrale Personalführung sowie die zurückhaltende Anwendung der vorhandenen Möglichkeiten. Dies habe zudem Auswirkungen auf die Attraktivität der Bundeswehr, aber auch die Rekrutierung neuen Personals und die Bindung von Zeit- und Berufssoldaten werde erschwert.

Christine Posner fordert eine familienbewusste und -orientierte Führungs- und Organisationskultur und zeigt auf, wie die Innere Führung dazu beitragen könnte. In der neuen Vorschrift sollten beispielsweise klare Richtlinien verankert werden, damit die praktische Ausgestaltung der Vereinbarkeit von Familie und Dienst nicht vom Wohlwollen der Vorgesetzten abhängig ist. Sie schlägt vor, das Gestaltungsfeld der Vereinbarkeit von Familie und Dienst in das herausgehobene Gestaltungsfeld der Menschenführung einzugliedern. Vorgesetzte und zentrale Personalführung sollten zu einer individualisierten und lebensphasenorientierten Personalführung verpflichtet werden. Dafür benötigten sie mehr Flexibilität, um Zusagen hinsichtlich heimatnaher Verwendungen zu geben und auf diese Weise Soldaten an die Bundeswehr zu binden. Gleichzeitig müssten sie zu mehr Planbarkeit und Transparenz verpflichtet werden. Schließlich sollte die Befähigung zur familienorientierten Führung in planmäßigen Beurteilungen aufgenommen werden.

Marcel Bohnert und *Lena Pütz* gewähren uns in ihrem Beitrag „Social Media in der Bundeswehr als Gestaltungsfeld der Inneren Führung" einen tiefen Einblick in die militärische Online-Community auf der Plattform Instagram. Die Wechselwirkung zwischen der Präsenz von Staatsbürgern in Uniform im virtuellen Raum und ihrem realen Auftreten in der Öffentlichkeit, so fordern die Autoren, sollte stärker in Theorie und Praxis der Inneren Führung berücksichtigt werden.

Gerade ältere Leser werden erstaunt sein über die Vielfalt und Relevanz von bundeswehrnahen Themen in den sozialen Medien. Die Autoren zeigen uns nicht nur auf, wie und in welchen Diskussionsforen sich die Angehörigen der Bundeswehr im Netz engagieren, sondern weisen auch darauf hin, welche wesentlichen Ziele der Inneren Führung beispielsweise im Bereich der politischen Bildung dabei erreicht werden. Sie hülfen auch bei der Umsetzung des Grundsatzes, dass die besten Botschafter der Bundeswehr ihre Angehörigen selbst sind. Dabei verhehlen die Autoren nicht die Risiken von Social Media. Soldaten würden Fehler machen. Und Gegner versuchten weiterhin, sie als Mittel für ihre hybride Kriegführung zu nutzen, um die öffentliche Meinung zu polarisieren und politische Entscheidungen zu beeinflussen.

Die Autoren schlussfolgern, dass die Innere Führung die Realität der sozialen Medien anerkennen und für ihre Ziele nutzen müsse. Sie schlagen vor, Social Media in einer künftigen Vorschrift im Gestaltungsfeld „Informationsarbeit" zu verankern. Bei der Ausformulierung könnten sich die Verantwortlichen an den neuen Social Media Guidelines orientieren.

In seinem Beitrag „Herausforderung für die Innere Führung: Künstliche Intelligenz und Robotik zwischen Hype und Ignoranz" analysiert *Olaf Theiler* die Auswirkungen neuer Technologien für die Führungskultur in den Streitkräften und für das Verhältnis von Militär und Gesellschaft. Zwar beginnt der Autor mit einer realistischen Einschätzung ihrer künftigen Möglichkeiten, doch lässt er keinen Zweifel daran, dass die Kombination von künstlicher Intelligenz und Robotik die Kriegführung der Zukunft revolutionieren wird. Staaten und auch nicht-staatliche Akteure würden versuchen, bei der Entwicklung und Nutzung dieser disruptiven Technologien Wettbewerbsvorteile zu erzielen. Die Folge seien eine globale Rüstungsspirale sowie eine enorme Eskalationsdynamik bei kriegerischen Auseinandersetzungen.

Angesichts dieser künftigen Entwicklungen fordert der Autor, dass die Vordenker der Inneren Führung sich schon heute mit diesen Zukunftstechnologien beschäftigen und deren Auswirkungen umfassend analysieren. Er spricht sogar davon, dass die Innere Führung sich „völlig neu bewähren" müsse. Im Mittelpunkt stünde dabei die Frage, wieviel Verantwortung der Mensch für das Tun der autonom agierenden Systeme übernehmen kann und soll. Denn die Einflussnahme des Menschen auf deren Handeln widerspricht ihrer Logik: Autonomie soll vor allem den Faktor Zeit als Wettbewerbsvorteil nutzen und die Gefechtsführung so beschleunigen, dass das Handeln eines Gegners unterlaufen wird. Der Mensch ist dafür eher hinderlich. Wo kommt dieser mit seinem Verantwortungsbewusstsein doch noch ins Spiel? Olaf Theiler findet hierfür mehrere Ansatzpunkte: Autonome Systeme könnten zwar die Wege zur Erreichung eines Ziels selbst wählen, nicht aber die Ziele. Dafür blieben weiterhin die Menschen verantwortlich. Sie seien auch für das Handeln der Maschinen und deren Folgewirkungen verantwortlich. Diese Verantwortung könnten sie allerdings nur wahrnehmen, wenn sie über ausreichende Kenntnisse verfügten und die Funktionsweise der autonomen Systeme verstünden. Zudem müsse der Mensch sicherstellen, dass die Systeme das lernen, was sie lernen sollen und dies möglichst fehlerfrei. Denn Fehler könnten die Akzeptanz neuer Technologien in Politik und Gesellschaft beeinträchtigen.

Olaf Theiler diskutiert in seinem Beitrag nicht das Führen mit Auftrag bzw. die Auftragstaktik. Seine Ausführungen zum Umgang mit autonomen Systemen erinnern jedoch stark an tradierte Führungsgrundsätze. Dazu zählt die „Unteilbarkeit der Verantwortung" sowie der „Erziehungsauftrag" von Vorgesetzten. Sie sind es, die ihre Soldaten zu einem initiativreichen, selbständigen Handeln zur Erreichung vorgegebener Ziele befähigen und dafür auch die Verantwortung übernehmen. Die Innere Führung genauso wie die Truppenführung hätten für die Entwicklung, Einführung und Anwendung neuer Technologien also einiges zu bieten. Zu Recht fordert Olaf Theiler am Ende seines Beitrags, dass Respräsentanten der Inneren Führung die Digitalisierungsprozesse in der Bundeswehr begleiten. Die Vorschrift zur Inneren Führung sollte dafür erste Orientierungsmarken setzen.

Heike Bühring, Hartmut Stiffel und *Uwe Ulrich* liefern in ihrem Beitrag „Innere Führung und Diversität – Sachstand und Perspektiven. Ideen für eine künftige konzeptionelle Auseinandersetzung" eine funktionale Analyse der Vielfaltsthematik in der Bundeswehr selbst sowie in ihrem Umgebungskontext. Aufbauend auf einer Konzeptualisierung von Diversity-Kompetenz werden ausgewählte Anwendungsfelder mit Blick auf die Innere Führung aufgezeigt, um Ansatzpunkte für eine weitere Handhabung innerhalb der Organisation Bundeswehr abzuleiten. Das Vielfaltsmanagement der Bundeswehr wird dabei als Teil einer angemessenen Auftragserfüllung interpretiert, das generell durch die Menschenrechte und speziell durch die Gleichstellungsrechte legitimiert wird. Die funktionalen Aspekte der Vielfaltsthematik werden dabei aus einer strukturfunktionalen Perspektive (Talcott Parsons) nach dem bekannten Akronym AGIL aufgegliedert und an zahlreichen Beispielen grob skizziert. Talcott Parsons' Kernfunktionen Adaption, Goal Attainment, Integration und Latent Pattern Maintenance adressieren auf den drei Systemebenen Individuum, Bundeswehr und Gesellschaft eine Reihe von Anwendungsbereichen, wie sie beispielsweise auch durch die Konzeption der Inneren Führung für den Dienst in der Bundeswehr beschrieben werden. Als wesentlicher Kritikpunkt derartiger systemischer Ansätze wird ihre hohe Komplexität benannt, zumal diese komplexen Funktionszusammenhänge eine ebenenübergreifende Betrachtung und Befassung erfordern. Die Autoren plädieren gleichwohl für einen Verzicht auf unnötige begriffliche Einengung oder eindimensionale Fokussierung, da gerade die daraus resultierenden Irritationen erst neue produktive Entwicklungsdynamiken auslösen. Die pragmatisch definierten Diversity-Kategorien des Fachkonzepts „Vielfalt und Inklusion" und die Eckpunkte der „Charta der Vielfalt" bilden für die Bundeswehr den derzeitigen Handlungs- und Verpflichtungsrahmen, der in guten Teilen bereits implementiert wurde oder sich in der Umsetzung befindet. Die Eigenkomplexität und Entwicklungsmöglichkeiten der Vielfaltsthematik gewähren aber auch in der Bundeswehr gleichzeitig noch viel Potenzial für die künftige Ausgestaltung. Das Thema Vielfalt und Inklusion bleibt relevant.

Im dritten Kapitel beschäftigt sich das Jahrbuch Innere Führung 2020 mit Fragen der Ethik und ethischen Bildung in der Bundeswehr.

Reinhold Janke entwickelt in seinem ausführlichen Beitrag „Ethische Bildung in der Bundeswehr – ein neuer Baustein zur Persönlichkeitsbildung?" einen komplexen Gedankengang, der die Erfordernisse und Möglichkeiten, aber auch die Grenzen und Überforderungen einer ethischen Bildung als eigenständige Bildungsdisziplin in der Bundeswehr aufzeigt. Angesichts aktueller Erscheinungsformen politischer Radikalisierung und etlicher rechtsextremistischer (Verdachts)Fälle in der Bundeswehr wird der Ruf nach ethischer Bildung immer vernehmlicher. Reinhold Janke geht der Frage nach, inwieweit es sich dabei lediglich um einen temporären Hilferuf und einen Krisenindikator handelt oder ob die Absicht besteht, ethische Bildung künftig als festen Baustein einer wie auch immer gearteten Persönlichkeitsbildung in der Bundeswehr zu installieren. Die Forderung nach ethischer Bildung ist so alt wie die Bundeswehr selbst, doch bislang wurde sie zumeist dem Lebenskundlichen Unterricht der Militärseelsorge überantwortet. Das reicht nicht mehr aus. Ethische Bildung darf aber nicht lediglich als Hilfsdisziplin zur Erhöhung der militärischen Einsatzbereitschaft operationalisiert werden, sondern beansprucht einen Eigenwert, der sich einer Inanspruchnahme zu fremden Zwecken enthebt. Gleichwohl kann und muss ethische Bildung in der Bundeswehr ihren spezifischen Beitrag zur langfristigen Persönlichkeitsbildung und zur Prävention leisten. Dies gelingt ihr insbesondere auf den Feldern der Gewissensbildung, der Einübung moralischer Urteilsbildung und der Entwicklung von Verantwortungsbewusstsein sowie in der kognitiven Vermittlung eines dazu erforderlichen Werterahmens. Ethische Bildung ist damit neben anderen Kompetenzfeldern und Disziplinen ein unverzichtbarer Baustein einer ganzheitlichen Persönlichkeitsbildung. Einer möglichen Instrumentalisierung einer Militärethik als dezidierte Einsatzethik oder gar als Werkzeug zur Gesinnungsbildung erteilt der Autor eine deutliche Absage. Derartige Vereinnahmungen würden eine ethische Bildung in der Bundeswehr diskreditieren und unglaubwürdig machen. Er plädiert stattdessen für eine ‚explikative‘ Ethikvermittlung, die im Sinne der Pädagogik Eduard Sprangers und seines Schülers Otto Dürr darauf vertraut, dass die im Individuum bereits vorhandenen Entwicklungspotenziale abgerufen und zu einer reifen Persönlichkeit entfaltet werden können. Dieser Ansatz entspricht dem Leitbild vom Staatsbürger in Uniform am besten.

Peter Buchner untersucht in seinem Beitrag „Feld der Ethik – Raum des Rechts“ aus unterschiedlichen Perspektiven die Stellung der Soldatinnen und Soldaten der Bundeswehr zwischen ethischer Inanspruchnahme und rechtlicher Einbindung. Mit der dezidiert ethisch erweiterten Dimension des Dienens löst das Leitbild vom Staatsbürger in Uniform mit der Betonung des verantwortlichen Individuums ein kollektivistisch geprägtes Soldatenbild ab. Doch trotz der starken Verankerung der Bundeswehr mit ihrer Führungsphilosophie in den deutschen Rechtsstaat gibt Buchner zu bedenken, „dass die militäreigentümliche Funktionslogik nicht vollständig in einen Rechtsraum übertragen werden kann". Denn Militär funktioniert nicht vorrangig wie ein bloßer Verwaltungsapparat mit juristischen Richtlinien. Es bedarf zudem einer spezifischen sicherheitsethischen Fundierung. Dies gilt auch für andere Organe der Sicherheitsvorsorge wie Polizei, Feuerwehr und Bevölkerungsschutz. Dieses mitunter spannungsreiche Verhältnis von Ethik und Recht als zwei einander gegenüberstehenden Regimen erörtert Peter Buchner an historischen Beispielen und Einsatzszenarien, insbesondere am Phänomen der sogenannten „Rules of Engagement" (ROE). Bei der Frage nach einer angemessenen Heuristik in Lagebeurteilungs-, Entscheidungs- und Führungsprozessen handelt der militärische Funktionstypus mithilfe des ständig eingeübten klassischen Führungsvorganges in regelmäßig unklaren Lagen und unter enormem Zeitdruck, zudem mit dem „Blick ins Mündungsfeuer" auch selbst existentiell exponiert, zwangsläufig verantwortungsethisch. Buchner spricht dabei von einer „Charismatisierung der Entscheidungen". Dem steht das vorrangig rechtskonform orientierte Verwaltungshandeln des Beamten mit seiner Pflicht zur gewissenhaften und sorgfältigen Prüfung gegenüber, das sich nach Stellung und Aufgabenbereich innerhalb des Funktionssystems von der ständigen Unsicherheit, dem herrschenden Zeitdruck und der großen Führungsverantwortung leichter distanzieren und emanzipieren kann. Zur Abmilderung dieser Diskrepanz und funktionslogischen „Zweifaltigkeit" verweist Buchner als Lösungsansatz auf ein tugendethisches Konzept von Haltung, Anstand und Ritterlichkeit, wie es Dirk Freudenberg am Beispiel des professionellen Umgangs mit „Rules of Engagement" beschreibt. Mit diesem Perspektivwechsel wird nunmehr auch der Raum des Rechts zum Feld der Ethik hin geöffnet.

In seinem Beitrag „Entscheidung aus sittlicher Verantwortung versus die Majestät des Rechts" behandelt *Dirk Freudenberg* ein Thema, das zum Traditionsverständnis der Bundeswehr gehört, weil es auch in Zukunft relevant bleiben wird. Es geht um die Frage, wann ein Handeln aus innerer Überzeugung Vorrang haben kann vor dem Gesetz oder einem Befehl. Zur Veranschaulichung dieser Problemstellung führt der Autor neben Personen aus der Literaturgeschichte die Entscheidung des preußischen Generals Yorck von Wartenburg in der Konvention von Tauroggen am 30.12.1812 an. Damals entschied sich der preußische General gegen die Weisung seines Königs und erklärte die Neutralität des Napoleon unterstellten preußischen Hilfskorps. Ein aktuelleres Beispiel ist das Handeln des Frankfurter Polizeivizepräsidenten Wolfgang Daschner im Entführungsfall Jakob Metzler. Dieser hatte gegen geltendes Recht verstoßen, als er die Anwendung von Gewalt gegen den mutmaßlichen Entführer anordnete, um Informationen über den Aufenthaltsort des Opfers zu erhalten. Dass auch in Zukunft Politiker oder Soldaten in vergleichbare Situationen kommen können, zeigt die Debatte über das Luftsicherheitsgesetz und das rechtlich eindeutige Verbot des Abschusses eines von Terroristen entführten Flugzeuges, das beispielsweise auf ein vollbesetztes Stadion gesteuert wird.

In den Mittelpunkt seiner politik- und rechtstheoretischen Analyse stellte Dirk Freudenberg den Verantwortungsbegriff. Verantwortungsbewusstsein sei der Auslöser des Dramas, in dem sich der Einzelne wiederfindet, wenn er sich gegen den Staat und das Gesetz oder gegen den Vorgesetzten und den Befehl stellt. Er steht für das ein, was er für richtig und rechtens erachtet, und er ist bereit, die Konsequenzen für sein Handeln zu tragen. Bei seinem rechtswidrigen Handeln müsse er allerdings nicht mit der vollen Härte des Gesetzes rechnen. Das Bundesverfassungsgericht erkenne ein „überpositives Recht" an, was zwar nicht ein rechtswidriges Handeln einräume, gleichwohl aber die Möglichkeit von Gnade und Milde im strafrechtlichen Prozess ermögliche.

Simon Beckert beschreibt mit seinem Beitrag „Ethische Bildung am Beispiel eines Lernprojektes zum Widerstand gegen den Nationalsozialismus" ein konkretes und griffiges Konzept, um ein ethisches Thema, das auch im Einklang mit dem Traditionsverständnis der Bundeswehr steht, mit modernen Methoden und zielgruppengerechten Gestaltungsmöglichkeiten zu vermitteln. Bei dieser Projektidee, die anlässlich einer Studienphase des Weiterbildungsstudiengangs „Leading Diversity" am Zentrum Innere Führung auf Anregung von Frau Dr. Ulrike Senger entstand, handelt es sich um einen exemplarischen „Vermittlungsweg" für ethische Bildung, der sozusagen bereits vor der eigenen Haustür lag und nur auf einen anderen, weniger betriebsblinden Blickwinkel wartete, um sein beachtliches thematisches und didaktisches Potenzial offerieren zu können. Denn auf der Pfaffendorfer Höhe in Koblenz befindet sich zwischen der Augusta-Kaserne, dem Zentrum Innere Führung und der Gneisenau-Kaserne ein Viertel, dessen Straßen mit den Namen zahlreicher Widerstandkämpfer(innen) gegen die nationalsozialistische Diktatur bezeichnet sind. Dabei wird das gesamte Widerstandsspektrum abgedeckt, das jedoch bei intensiverer Betrachtung gewisse Auswahlmuster erkennen lässt. Simon Beckert hat dieses Lagebild erstmals analysiert, die einzelnen Persönlichkeiten aus dem komplexen Widerstandslager in ihrer Bedeutung und Aktualität betrachtet und daraus mögliche Lernstationen identifiziert, die als Koordinaten in einem ethisch relevanten Beziehungsgeflecht angesteuert werden können. Daraus entwickelt er Ideen für einen Lernweg, der die biographische, berufliche, politische und weltanschauliche Vielfalt unter dem Aspekt ethisch fundierter Verantwortung bündelt. Zudem zeigt Simon Beckert Möglichkeiten auf, wie dieses Konzept mit seiner Strahlkraft auch in die städtische und regionale Umgebung entfaltet werden könnte. Um ethische Bildung heute zielgruppenorientiert vermitteln zu können und insbesondere junge Menschen an ihrem unmittelbaren Erfahrungshorizont und aus ihrer eigenen Lebenswelt abzuholen, bedarf es neuer Ansätze und Wege, die auf die Rezeptionsmuster, Interessenlagen und persönlichen Anknüpfungspunkte jüngerer Generationen stärker eingehen. Eine mit modernen Erschließungsmedien angereicherte Geschichts- und Traditionsvermittlung unter Einbeziehung von Vielfaltsaspekten und ethischen Fragestellungen kann helfen, einen persönlichen Zugang zu erleichtern. Das Projekt ist auch ein Aushängeschild für das Zentrum Innere Führung in seinem ständigen Bestreben, zeitgemäße Vermittlungsformen zu konzipieren. Simon Beckert hat dazu am Beispiel seines Lernweges durch das „Widerstandsviertel" auf der Pfaffendorfer Höhe in Koblenz einen thematisch und didaktisch bemerkenswerten Projektbeitrag entwickelt, der es verdient, beachtet und umgesetzt zu werden.

Markus Seemann zeichnet in seinem eindrucksvollen Beitrag ein Porträt des Wehrmachtpfarrers Heinrich Kreutzberg, der exemplarisch für viele andere Militärgeistliche im Nationalsozialismus einen Weg finden musste zwischen der eigenen Existenzmöglichkeit im totalitären System einerseits und einer ständigen Anfrage eines geistlich geschärften Gewissens zur Verantwortbarkeit des eigenen menschlichen und priesterlichen Handelns andererseits. Diese ständigen Gratwanderungen verliefen zwischen einer Systemanpassung – mit einem partiellen Einverständnis, was den gemeinsamen antibolschewistischen Impetus betraf – und intensiver seelsorgerischer Betreuung und Begleitung von Soldaten, Widerständlern, Gefangenen und Exekutanden auf deren letztem Weg. Markus Seemann konstatiert hierbei sogar eine „Vorbereitung auf den Tod als Hauptaufgabe" des Militärgeistlichen. Die aufgefundenen Zeitzeugnisse in Verbindung mit persönlichen Aussagen Kreutzbergs vermitteln oft ein verstörendes Bild, das zwischen einer „systemstabilisierenden Rolle" des Militärgeistlichen und einer tiefen persönlichen Verbundenheit zum Mitmenschen im Angesicht von Leid und Tod oszilliert. Von einer eigenen, bis zur letzten Konsequenz bewiesenen Widerständigkeit kann bei dem Wehrmachtpfarrer Kreutzberg nicht gesprochen werden, obgleich er in seinem Ordensbruder Franz Reinisch ein leuchtendes Vorbild an Glaubensstärke und Märtyrermut fand. Wir sollten uns aus unserer heutigen Warte aber streng hüten, darüber ein Urteil zu fällen. Wir sollten stattdessen mit größtmöglicher historischer Objektivität und persönlicher Demut zur Kenntnis und Mahnung nehmen, welchen Gefährdungen und Gewissensnöten die Menschen in der damaligen Diktatur ausgesetzt waren und wie unsagbar schwer es oft war, eine ethisch begründete und moralisch vertretbare eigene Haltung zu entwickeln. Mit seiner Porträtskizze von Heinrich Kreutzberg bietet Markus Seemann hierfür ein eindringliches Beispiel.

Im Abschnitt „Dokumentation" stellt *René Streifer* eine Tagung zum Führen im digitalen Umfeld vor, die gemeinsam vom Zentrum Innere Führung und dem Kommando Heer im Oktober 2019 durchgeführt wurde. Neben den dabei erarbeiteten Erkenntnissen geht der Autor auf die innovative Methode ein, die der Organisation der Tagung zugrundelag. Sechs Teams hatten die Aufgabe, jeweils einen idealtypischen Soldaten mit einem vorgegebenen Dienstgrad aus dem Jahr 2032 (future persona) zu kreieren, der „in die Gegenwart zurückkommt" und im Rahmen einer Paneldiskussion mit verantwortlichen Generalen darüber diskutiert, wie gutes Führen im digitalen Zeitalter gelingt und welche Maßnahmen bereits heute erforderlich sind, um Soldatinnen und Soldaten darauf vorzubereiten.

Die Herausgeber hoffen, mit dem neuen Jahrbuch Innere Führung Impulse für die Weiterentwicklung der Inneren Führung und deren Verankerung in einer neuen Vorschrift zu Führungskultur und Selbstverständnis zu leisten. Gerne stehen die Autoren bereit, daran aktiv mitzuarbeiten.

II Die Weiterentwicklung der Inneren Führung

Fit für das 21. Jahrhundert:
Warum die Konzeption der Inneren Führung eine neue ‚Meistererzählung' benötigt

Sven Lange

Wer nach der Jahrtausendwende im wiedervereinigten Deutschland geboren wurde und sich heute entscheidet, Soldat oder Soldatin zu werden, wird die Zeit nicht einmal mehr „Nachkriegszeit" nennen, so fern liegen das Ende des Zweiten Weltkrieges und der Aufbau der Bundeswehr bereits zurück. Die Gründergeneration hat die Bundeswehr schon lange verlassen, Zeitzeugen und „Männer der ersten Stunde", die aus eigener Anschauung berichten könnten, sind selten geworden. Die historischen Erfahrungen, die einst zur Entwicklung und Einführung der Konzeption der Inneren Führung führten, sind nicht länger Allgemeingut, sondern mittlerweile Forschungsgegenstand von Historikern.

Wer aber über die Zukunft der Konzeption der Inneren Führung im 21. Jahrhundert und über ihr Gewicht für die Bundeswehr von morgen nachdenkt, muss sich deren historische, militärische und politische Grundlagen vergegenwärtigen. Die „Eckwerte" der Konzeption der Inneren Führung sind auf ihre historische Bedingtheit und auf ihre unveränderte Bedeutung hin zu prüfen, denn die Gretchenfragen der Inneren Führung im achten Jahrzehnt ihrer Existenz lautet: Ist eine Konzeption aus der Mitte des vergangenen Jahrhunderts für die heutige Bundeswehr unverändert richtungsweisend und anwendbar? Welche Auswirkungen haben die in den vergangenen vier Jahrzehnten eingetretenen Veränderungen in soziokultureller, politisch-normativer und strategisch-operativer Hinsicht auf die Konzeption und auf deren Relevanz? Ist es sinnvoll, die Innere Führung konzeptionell weiterzuentwickeln und kann dies gelingen?

Historische Erfahrungen als Grundlage für die Konzeption der Inneren Führung

Als sich vier Jahre nach Ende des Zweiten Weltkrieges und der bedingungslosen Kapitulation der Wehrmacht aus den Besatzungszonen der drei westlichen Besatzungsmächte die Bundesrepublik Deutschland konstituierte, blieb der neue Staat vorerst ohne Armee.[1] Erst sieben Jahre später sollte der Aufbau der Bundeswehr beginnen.

Die neuen Streitkräfte wurden also in ein bereits bestehendes Staatswesen hinein aufgebaut und nicht parallel zur Gründung der Bundesrepublik. Die junge Demokratie Westdeutschlands sah sich damit in der bemerkenswerten und historisch betrachtet einzigartigen Position, eine Armee ganz nach ihren Vorstellungen schaffen und dabei die jüngsten politischen und militärischen Erfahrungen sowie die aktuelle sicherheitspolitische Lage der Bunderepublik berücksichtigen zu können.[2]

Vorrangiges Ziel war die (Wieder)Erlangung und der Erhalt staatlicher Souveränität. Die Aufstellung eigener Streitkräfte stellte den Schlüssel für den Wandel vom Objekt zum Subjekt internationaler, Politik dar. Diese politische Prämisse bestimmte die beiden tragenden Säulen der Bundeswehr: eine panzerstarke und luftunterstützte Armee im politischen Sinne deutschen operativen Denkens,[3] sowie das Konzept der Inneren Führung. Letzteres diente einem dreifachen Zweck: militärisch befähigte es den Soldaten, sich in Extrem- und Dilemmasituationen anhand eines sittlichen Leitbildes selbst zu führen, politisch diente es der Durchsetzung des Primats der Politik im Innenleben der Streitkräfte sowie ihrer gesellschaftlichen Integration.[4]

Ein weiteres vorrangiges Ziel dieses Neuaufbaus war es, die Fehler der Vergangenheit zu vermeiden und weder eine Armee nach Vorbild der Wehrmacht

---

[1] Im Hintergrund leisteten jedoch ehemalige Offiziere mit Wissen und Duldung amerikanischer und auch westdeutscher Politiker die grundlegenden konzeptionellen Vorarbeiten zur Aufstellung bundesdeutscher Streitkräfte. Vgl. Agilolf Keßelring und Thorsten Loch, Der „Besprechungsplan" vom 5. Januar 1950. Gründungsdokument der Bundeswehr? Eine Dokumentation zu den Anfängen westdeutscher Sicherheitspolitik, in: Historisch Politische Mitteilungen 22 (2015), S. 199-229; Agilolf Keßelring und Thorsten Loch, Himmerod war nicht der Anfang. Bundesminister Eberhard Wildermuth und die Anfänge westdeutscher Sicherheitspolitik, in: Militärgeschichtliche Zeitschrift 74 (2015) 1/2, S. 60-96.

[2] Die Zentrale Dienstvorschrift der Bundeswehr zur Inneren Führung (A-2600/1) führt dazu aus: „Der demokratische Neuanfang nach 1945 […] musste zwingend auch zu einem Neuanfang in den Streitkräften führen. In dieser besonderen historischen und politischen Situation wurzelt die Konzeption der Inneren Führung".

[3] Thorsten Loch, Deutsche Generale 1945 bis 1990. Profession, Karriere, Herkunft, Berlin 2021 (= Deutsch-Deutsche Militärgeschichte, 2), S. 525f.

[4] Agilolf Keßelring und Thorsten LochAufstellung der Bundeswehr. Ein Meilenstein der verteidigungspolitischen Konzeption der Bundesrepublik Deutschland, in: https://www.kas.de/de/web/geschichte-der-cdu/kalender/kalender-detail/-/content/gruendung-der-bundeswehr [zuletzt aufgerufen 27.11.20]

noch eine zweite Reichswehr aufzustellen. Während man überzeugt war, nicht gänzlich auf eine personelle Kontinuität verzichten zu können, sollte die innere Ordnung der Bundeswehr den gewandelten Umständen entsprechend gänzlich neu und ohne Rückgriffe auf konkrete historische Vorbilder gestalten werden, auch wenn die Reformer sich selbst durchaus in die Tradition der preußischen Heeresreformen (1808-1819) sahen.[5]

Die Aufstellung der neuen Streitkräfte und insbesondere ihr Einfügen in Staat und Gesellschaft wurden damit zu einem umkämpften Politikum und vollzogen sich vor den Augen einer kritisch-misstrauischen Öffentlichkeit. Eingedenk der Erfahrung, dass die Integration der Reichswehr in die Weimarer Republik letztlich misslungen und die Wehrmacht zu einem willigen Machtinstrument des NS-Regimes geworden war, sollte sichergestellt werden, dass die neuen Soldaten sich *„als lebendiges Glied einer freiheitlichen Rechtsgemeinschaft"* der demokratisch legitimierten politischen Führung bewusst unterstellten und keine politische oder soziale Sonderstellung einnahmen.[6] Das Negativbeispiel der Weimarer Republik vor Augen, war es erklärte Absicht, aus der Bundeswehr eine Armee in der Demokratie und für die Demokratie zu machen. Es galt, so der spätere erste Minister für Verteidigung, Theodor Blank, das Verhältnis der neuen Streitkräfte zum Staat so zu gestalten, dass sie sich *„organisch"* in letzteren einfügten und *„keinen Fremdkörper im Staatsgefüge"* bildeten. Das Innere Gefüge der neuen Bundeswehr sollte dem *„demokratischen Charakter unserer Staats- und Gesellschaftsordnung entsprechen"*.[7]

Unabdingbare Voraussetzung dafür war es, dass die neuen Soldaten sich nicht einem unbestimmten Patriotismus verpflichtet fühlten (*„my country, right or wrong"*) oder einer exklusiven Standeszugehörigkeit, sondern der Verteidigung von Recht und Freiheit. Als tiefer Sinn und Zweck des soldatischen Dienstes trat damit ein politischer Auftrag, nämlich der Erhalt der freiheitlichen Grund-

---

[5] Vgl. dazu Baudissin in Eggebrecht, Axel (Hrsg.): Die zornigen alten Männer. Gedanken über Deutschland seit 1945, Reinbek 1979, S. 208. Vgl. auch Kutz, Martin: Reform als Weg aus der Katastophe. Über den Vorbildcharakter der Preußischen Reformen 1808-1818 und die Vergleichbarkeit der Situationen von 1806 und 1945 für Arbeit und Denken Baudissins, in: Linnenkamp, H./Lutz, D.S. (Hrsg.), Innere Führung. Zum Gedenken an Wolf Graf von Baudissin, Baden-Baden 1995.

[6] Der Vorstand des Personalgutachterausschusses für die Streitkräfte: Voraussetzungen für Bewerber bei einer westdeutschen Armee, Bonn 13. Oktober 1955, zit. n. Nübel, Dokumente, S. 185.

[7] Zit. n. Jopp, Mathias: Militär und Gesellschaft in der Bundesrepublik Deutschland, Frankfurt a. Main 1983, S. 26.

ordnung der Bundesrepublik Deutschland, gleichberechtigt neben die militärische Aufgabe der Gewährleistung politischer Souveränität und des Schutzes der nationalen territorialen Integrität.

Folgerichtig behielten militärische Exzellenz und das Beherrschen des soldatischen Handwerks ihre Bedeutung nur noch in Verbindung mit dem Zweck, für den sie erworben und eingesetzt wurden. Dazu war ein neues, modernes Soldatenbild nötig: Die Soldaten der Bundeswehr sollten *„freie Menschen, gute Staatsbürger und vollwertige Soldaten zugleich"*[8] sein, also demokratische Bürgersoldaten. Entsprechend entwickelte die Bundeswehr sich nicht zu einer erneuerten Reichswehr und übernahm auch niemals die in den U.S.-amerikanischen Streitkräften bis heute stark verbreitete Vorstellung eines weitgehend unpolitischen, autonomen und vorrangig durch das Streben nach fachlicher Professionalität geprägten Berufsstandes („military as a profession"[9]). Die Bundeswehr ist als eine Bürgerarmee geschaffen worden und ist es geblieben.

Bemerkenswert ist dabei, dass die hohe Bedeutung, die der demokratischen Gesinnung und dem Inneren Gefüge der neuen Streitkräfte beigemessen wurde, nicht erst im Zuge ihres Aufbaus Bedeutung gewann, also als der Bedarf tatsächlich eintrat. Vielmehr nahmen die Überlegungen zur inneren Ordnung und zur geistigen Erziehung der neuen Streitkräfte schon Jahre zuvor in der Konzeptions- und Planungsphase einen zentralen Platz in den Überlegungen zu Umfang, Organisation und Geist westdeutscher Streitkräfte ein. Die „Himmeroder Denkschrift", die als *„Magna Charta der deutschen Wiederbewaffnung"*[10] und als das wichtigste Gründungsdokument der Bundeswehr gilt, widmete dem „inneren Gefüge"[11] der künftigen Streitkräfte ein eigenes Kapitel und

---

[8] Der Beauftragte des Bundeskanzlers für die mit der Vermehrung der Alliierten Truppen zusammenhängenden Fragen [Amt Blank], Bonn, 10. Januar 1953, zit. n. Nübel, Dokumente, S. 158.

[9] Vgl. Hackett, Sir John Winthrop: The Profession of Arms, New York 1983.

[10] Vgl. Aspekte der deutschen Wiederbewaffnung bis 1955, hrsg. vom Militärgeschichtliches Forschungsamt (Boppard am Rhein 1975), S. 142. Zur Geschichte der Himmeroder Denkschrift vgl. auch Rautenberg, Hans-Jürgen/ Wiggershaus, Norbert: Die 'Himmeroder Denkschrift' vom Oktober 1950. Politische und militärische Überlegungen für einen Beitrag der Bundesrepublik Deutschland zur westeuropäischen Verteidigung," in: Militärgeschichtliche Mitteilungen 21 (1977), S. 135-206. Zur Einordnung Himmerods vgl. auch Keßelring/Loch, Himmerod war nicht der Anfang.

[11] Der Begriff „Inneres Gefüge" war nicht neu, sondern bereits 1942 in der Wehrmacht eingeführt worden. Vgl. Messerschmidt, Manfred: Die Wehrmacht im NS-Staat, Hamburg 1969, S. 307.

sparte nicht mit eindeutigen Forderungen: „*Ohne Anlehnung an die Formen der alten Wehrmacht*" sei „*grundlegend Neues*" zu schaffen.[12] Das Ganze wie der Einzelne sollten „*aus innerer Überzeugung*" die demokratische Staats- und Lebensform der jungen Bundesrepublik bejahen.[13]

Von verschiedener Seite ist vorgebracht worden, die Himmeroder Denkschrift sei dessen ungeachtet keineswegs als Manifest einer liberalen, bundesdeutschen Militärreform anzusehen. In Himmerod hätten sich vielmehr die militärischen Traditionalisten durchgesetzt und lediglich „*bescheidene Ergänzungen des Textes*" im Sinne einer „*normativen Wertewende*" zugelassen. Die Gegensätze zwischen Reformern und Traditionalisten seien damit „*nur vordergründig zugekleistert*" worden.[14] Nun ist sicherlich richtig, dass der Aufbau bundesdeutscher Streitkräfte kaum ohne die Expertise und Mitarbeit ehemaliger Offiziere der Wehrmacht möglich war. „Gründungskompromiss" und Ehrenerklärung vor dem Deutschen Bundestag stellten eine zwingende soziale Voraussetzung für das Gelingen der Integration der Wehrmachtsveteranen und zukünftigen Bundeswehrsoldaten dar.[15] Die zentralen Aussagen zum Inneren Gefüge der neuen Streitkräfte in der Himmeroder Denkschrift kleinzureden, verkennt jedoch deren reformatorische Sprengkraft und lässt zudem außer Acht, dass sich die Innere Führung, wenn auch gegen Widerstände, spätestens in den 1970er Jahren unbestritten durchgesetzt hatte.[16]

Um den hohen Anspruch demokratisch verfasster und in die Demokratie eingebundener Streitkräfte einzulösen, musste den neuen bundesdeutschen Streitkräften in der deutschen Militärgeschichte Beispielloses gelingen: die Verbindung eines Höchstmaßes an militärischer Leistungsfähigkeit als Folge des Verfassungsgebots des Artikels 87a des Grundgesetzes mit einem Optimum an

---

[12] Zit. n. Nübel, Christoph (Hrsg.), Dokumente zur deutschen Militärgeschichte 1945-1990, Berlin, 2019, S. 128.

[13] Ebd., S. 129.

[14] Vgl. u.a. Bald, Detlef: Die gespaltene Ausrichtung der Bundeswehr oder warum sich die Bundeswehr mit der ‚Inneren Führung' seit 1950 schwertut, in: Sicherheit und Frieden 23 (2005), H. 4, S. 177-179.

[15] Vgl. Keßelring, Die Organisation Gehlen und die Neuformierung, S. 206-223; Heinemann, Winfried: Unternehmen „Walküre". Eine Militärgeschichte des 20. Juli 1944, München 2019 (= Zeitalter der Weltkriege, 21), S. 306-309.

[16] Baudissin selbst antwortete 1985 auf die Frage nach dem Stand der Inneren Führung: „Ich würde sagen, sie klappt weitgehend". Zit. n. Rosen, Claus Freiherr von: Erfolg oder Scheitern der Inneren Führung aus Sicht von Wolf Graf von Baudissin, in: Schlaffer/Schmidt, S. 203-233, S. 222.

Freiheiten und Rechten für den einzelnen Soldaten als Folge der freiheitlichen demokratischen Grundordnung. Entsprechend lautete die Forderung, die Bundeswehr dürfe mit Blick auf ihre Professionalität und Kampfkraft den Vergleich mit ihren Vorgängerarmeen nicht scheuen. Gleichzeitig sollte sie aber auch den Primat der Politik anerkennen, *„die Grundsätze der Rechtsstaatlichkeit achten, die staatsbürgerlichen Grundrechte und Grundpflichten ernst nehmen und die Würde des Menschen anerkennen"*, wie Theodor Blank, der erste Verteidigungsminister, am 27. Juni 1955 vor dem Bundestag ausführte.[17] Als eine Lehre der Geschichte und als Symbol für den demokratischen Neuanfang wurde dazu mit der Inneren Führung eine vom Grundgesetz ausgehende ziel- und werteorientierte Konzeption für die Stellung der Streitkräfte im demokratischen Staat und des Soldaten in der freien Gesellschaft geschaffen.

Axiome der Inneren Führung und ihre zeitbedingten Ursprünge

Die Konzeption der Inneren Führung mag heute nach einigen Jahrzehnten der Praxis und Bewährung eine erhabene Zeitlosigkeit ausstrahlen. Nicht zu verkennen ist jedoch, dass ihre geistigen Väter sie für die spezifischen politischen und gesellschaftlichen Bedürfnisse der jungen Bundesrepublik maßschneiderten. Die Innere Führung wurde für die Streitkräfte eines deutschen Teilstaates entwickelt, den hinsichtlich der Beständigkeit seiner demokratischen und machtpolitischen Grundlagen berechtigte Ängste plagten. Das Schicksal der Weimarer Republik und den Zivilisationsbruch des Dritten Reiches vor Augen, erschien den Zeitgenossen Anfang der 1950er Jahre der politische und gesellschaftliche Bestand der demokratischen Bundesrepublik keineswegs als dauerhaft gesichert, vielmehr entsprang das Drängen der Alliierten auf einen westdeutschen Verteidigungsbeitrag der Wahrnehmung einer akuten militärischen Bedrohung durch die Sowjetunion und ihre Verbündeten.

Wichtigstes Ziel der Schöpfer der Inneren Führung war es daher, die neuen bundesdeutschen Streitkräfte zu einem zuverlässigen Instrument des demokratischen Rechtsstaats zu machen und dazu den Primat der Politik und des Zivilen über das Militär ideell wie strukturell abzusichern. Es galt, eine geistige

---

[17] Stenographische Berichte des Deutschen Bundestages, Bd. 26, S. 5214.

Abwendung der Bundeswehr oder gar eine Entwicklung zum „Staat im Staate" mit allen Mitteln zu verhindern.[18]

Wenige Jahre nach dem Ende des Krieges war jedoch in allen gesellschaftlichen Schichten Westdeutschlands die Bereitschaft nur schwach ausgeprägt, freiwillig Soldat zu werden.[19] Ein glaubwürdiger bundesdeutscher Verteidigungsbeitrag war daher nur über eine allgemeine Dienstpflicht zu verwirklichen. Eine Wehrpflicht bedeutete aber einen tiefen Einschnitt in die demokratischen Freiheitsrechte und damit eine schwere innere Belastungsprobe für die junge Demokratie. Umso notwendiger war es sicherzustellen, dass der zum Wehrdienst einberufene Bürger seinen Dienst, wenn nicht aus Begeisterung, so doch zumindest ausreichend motiviert und aus Einsicht leisten konnte. Voraussetzung dafür war wiederum, dass der Bürger auch im Militär Souverän und mündig blieb und in einer Demokratie nicht zum bloßen Befehlsempfänger oder gar zum Untertan herabgestuft wurde. Der aufklärerischen „Freiheit der Rücken" (Gneisenau) trat in der Bundeswehr deshalb eine demokratische „Gesinnungsfreiheit" zur Seite.[20]

Das vom Bundesministerium der Verteidigung erstmals 1957 veröffentlichte und dann in mehreren Auflagen bis 1972 unverändert nachgedruckte Handbuch der Inneren Führung darf als eine der wichtigsten Quellen für das Verständnis der Konzeption der Inneren Führung gelten.[21] Die vom damaligen Generalinspekteur Adolf Heusinger herausgegebene Schrift enthielt eine Übersicht über Grundlagen, Aufgaben, Ziele und Wege der Inneren Führung und damit eine erste amtliche Erläuterung der Konzeption. Anders als die heutige Zentrale Dienstvorschrift stand dabei nicht eine Regelungsabsicht im Vordergrund. Das schmale Büchlein sollte vielmehr als Lese- und Studienbuch die-

---

[18] Nübel, Dokumente, S. 129.

[19] Vgl. Baudissin Wolf Graf von: Innere Führung in der Bundeswehr, in: Information für die Truppe, H. 12 (1980), S. 9: „Die Positionen reichten von einem grundsätzlichen ‚ohne mich' […] bis hin zur Ablehnung jeder Wiederbewaffnung".

[20] Zu Gneisenaus Denkschrift „Von der Freiheit der Rücken", vgl. G. H. Pertz, Das Leben d. FM Gf. N. v. G., 3 Bde., 1864-69 (III unvollendet).

[21] Zum Entstehungshintergrund vgl. Nägler, Frank: Der gewollte Soldat und sein Wandel. Personelle Rüstung und Innere Führung in den Aufbaujahren der Bundeswehr 1956 bis 1964/65, München 2010 (= Sicherheitspolitik und Streitkräfte der Bundesrepublik Deutschland Bd. 9), S. 265ff. und Koller, Martin: Das gelbe Buch. Das ‚Handbuch Innere Führung' und seine Entstehung, in Information für die Truppe, IFDT, Zeitschrift für Innere Führung 1976, Nr. 4, S. 33-38.

nen.[22] Es formulierte den ambitionierten Anspruch, das innere Gefüge freiheitlicher Streitkräfte solle die Grundrechte nicht nur möglichst wenig einschränken, sondern müsse sie *im Gegenteil so deutlich wie möglich hervortreten lassen*.[23] Der kriegsdienstverpflichtete Soldat der Bundeswehr müsse die demokratischen Rechte und Freiheiten, für deren Erhalt er zu kämpfen bereit sein sollte, auch im dienstlichen Alltag in den Streitkräften erleben, ansonsten war eine motivierte Erfüllung dienstlicher Pflichten und ein Gehorsam aus Einsicht nicht zu erzielen. Im zentralen Begriff der Konzeption der Inneren Führung, dem „Staatsbürger in Uniform"[24], spiegelt sich dieses in der deutschen Militärgeschichte neue und einzigartige Soldaten- und Menschenbild. Er wurde verfassungspolitisches Leitbild und soldatisches Erziehungsideal. In seinen politischen und ethischen Werten wurzelte diese Idealvorstellung unmittelbar im Grundgesetz der Bundesrepublik.

Die geistigen Grundlagen der Konzeption der Inneren Führung waren damit auf eine Wehrpflichtarmee ausgerichtet und bezweckten vorrangig eine Abmilderung des Spannungsverhältnisses von (bürgerlicher) Freiheit und (militärischem) Zwang. Letztlich konnte auch die Demokratie keine schrankenlose Freiheit gewähren und nicht gänzlich auf Zwang verzichten. Der freiheitlich gesonnene Mensch sollte diesen Zwang aber zum Erhalt seiner bürgerlichen Freiheit zumindest temporär willig akzeptieren, da er sich darüber bewusst sei, *„dass er sich das Recht, in Freiheit zu leben, nur dann erhält, wenn er ganz bestimmte Pflichten und Verantwortlichkeiten übernimmt"*.[25]

Im Mittelpunkt der Konzeption der Inneren Führung stand damit nicht der langdienende Zeit- und Berufssoldat, sondern der wehrpflichtige Bürger, der seinen soldatischen Dienst nicht als Beruf, sondern aus einer demokratisch legitimierten Verpflichtung und aus staatsbürgerlicher Einsicht heraus versah. Entsprechend stark betont die Innere Führung bis heute die Bedeutung von Motivation und Einsicht, aber auch die Aufgaben, die dabei den militärischen Vorgesetzten obliegen. Das Ausbilden einer soldatischen Berufsauffassung oder gar eines spezifischen Berufsstolzes traten dagegen weit in den Hintergrund, obwohl gerade das Bewusstsein beruflicher Professionalität eine ent-

---

[22] Ergänzt wurde das Handbuch durch sechsbändige Reihe „Schicksalsfragen der Gegenwart".
[23] Bundesministerium für Verteidigung, FüB (Hrsg.): Handbuch Innere Führung. Hilfen zur Klärung der Begriffe, September 1957 (= Schriftenreihe Innere Führung), S. 23.
[24] Der Begriff geht vermutlich auf den wehrpolitischen Berater der SPD Friedrich Beermann zurück, der ihn erstmals am 24. April 1952 verwendete.
[25] Handbuch, S. 21.

scheidende Bedeutung für die Kohäsion und die innere Verfasstheit vieler, auch westlicher Armeen besitzt. Auch in der Bundeswehr haben in den „*tribal cultures der Kampftruppen*" das Selbstverständnis des Kämpfers und ein „*totgesagte*[s] *Kriegertum*" in Ansätzen überlebt.[26]

Die Entwicklung eines eigenständigen Selbstverständnisses als Soldat und Kämpfer war jedoch in der Bundeswehr nicht beabsichtigt und in der Konzeption der Inneren Führung nicht vorgesehen. Für kurzdienende Wehrpflichtige erschien sie als unpassend und auch als verzichtbar, für die länger dienenden Zeit- und Berufssoldaten aber als potentiell gefährlich und mit dem noch schwach ausgebildeten demokratischen Selbstbewusstsein der jungen Bundesrepublik nur schwer vereinbar. Der häufig gehörte Vorwurf an die Innere Führung, sie spreche nur Kopf und Verstand, aber nicht in gleichem Maße Herz und Seele an, rührt aus diesem protestantisch anmutenden vernunfts- und pflichtbasierten Motivationsansatz.[27]

Zweiter Kardinalpunkt für die Entwicklung der Konzeption der Inneren Führung war die sicherheitspolitische Lage Westdeutschlands, also die deutsche Teilung sowie die reale Bedrohung der Demokratie durch Sozialismus und Kommunismus:

„*Wie alle Staaten der freiheitlichen Welt, ja sogar im besonderen Maße, ist die Bundesrepublik durch den Bolschewismus bedroht, der seine gewaltigen Energien nach wie vor für die proletarische Weltrevolution einsetzt. […] Dass der Soldat von diesen weltweiten Kämpfen der beiden Lebensordnungen miteinander nicht unberührt bleiben kann, liegt auf der Hand*".[28]

Schon die Himmeroder Denkschrift hatte gefordert, die Soldaten der künftigen Streitkräfte sollten zu „*überzeugten Staatsbürger*[n]" erzogen werden und durch politische und ethische Bildung eine „*innere Festigkeit gegen eine Zersetzung durch undemokratische Tendenzen (Bolschewismus und Totalitarismus)*" erwerben.[29] Der Stärkung der „Verteidigungs-Moral" und der politischen Bildung im Sinne einer

---

[26] Neitzel, Sönke: Deutsche Krieger. Vom Kaiserreich zur Berliner Republik. Eine Militärgeschichte, Berlin 2020, S. 596.

[27] Zu den christlich-protestantischen Wurzeln der Konzeption der Inneren Führung vgl. Angelika Dörfler-Dierken: Ethische Fundamente der Inneren Führung, Strausberg 2005 (= SOWI-Berichte 77). Vgl auch Dies.: Baudissins Konzeption Innere Führung und lutherische Ethik, in: Schlaffer, Rudolf / Schmidt, Wolfgang (Hrsg.), Wolf Graf von Baudissin 1907-1988. Modernisierer zwischen totalitärer Herrschaft und freiheitlicher Ordnung, München 2007, S. 55-68.

[28] Handbuch, S. 35.

[29] Nübel, Dokumente, a.a.O. S. 131.

wehrhaften Demokratie kam dabei eine Bedeutung zu, die der praktischen Ausbildung mindestens ebenbürtig, wenn nicht überlegen war. Solange militärisches Gleichgewicht der Weltmächte bestehe und der Einsatz von Massenvernichtungswaffen drohe, so das *Handbuch Innere Führung*, werde der *„Schwerpunkt der Aggression"* naturgemäß *„auf geistiges Gebiet"* verlagert.[30]

Ein Grundgedanke der Inneren Führung war und ist es daher, dass die Einsatzbereitschaft der Bundeswehr nicht primär von Ausrüstung und Ausbildung bestimmt wird, sondern in hohem Maße unmittelbar auf der Motivation und dem Verteidigungswillen ihrer Soldaten beruht. Dem „Kämpfen können", so ein Kerngedanke der Inneren Führung, müsse ein „Kämpfen wollen" vorausgehen.

Aus der Fronstellung des Kalten Krieges und dem Verteidigungsauftrag des Grundgesetzes leitete sich die Fokussierung auf die Landes- und Bündnisverteidigung im Rahmen einer symmetrischen Auseinandersetzung in Mitteleuropa als ausschließliches Kriegsbild ab. Eine kriegerische Auseinandersetzung war nur im Rahmen eines neuerlichen Weltkrieges denkbar, dessen wichtigster Kriegsschauplatz die beiden deutschen Staaten gewesen wären. In einem solchen Szenario war nach den traumatischen Erfahrungen des Weltkriegs jedoch eine Unterscheidung zwischen Kombattanten und unbeteiligten Zivilisten unmöglich.[31] Die allgemeine Erkenntnis, dass die Schrecken eines modernen Krieges nicht länger zwischen Soldaten und Bürger als zwischen Beteiligte und Unbeteiligte unterschieden und sich die einstige Trennung zwischen Front und Heimat aufgelöst hatte, bewirkte zweierlei: erstens die Abwendung von der Vorstellung, dem Soldat gebühre aufgrund der von ihm eingegangenen Risiken für Leib und Leben ein besonderes Prestige und damit eine soziale Sonderstellung sowie zweitens ein vergleichbar erhöhtes Interesse in der Bevölkerung an der Bundeswehr. Zum neuen sozialen Standort des Soldaten in der Bundesrepublik schreibt das Handbuch Innere Führung:

„Es gilt, einen Platz zu finden, der sich in die Gesamtstruktur einfügt und [dem Soldaten] die sachgemäße Zuordnung zum Mitsoldaten und Mitbürger gibt. Nur der Soldat, der wie-

---

[30] Handbuch, S. 36.

[31] Handbuch, S. 34: *„Bereits vor 1945 mussten wir erfahren, dass der moderne Krieg nicht mehr allein durch den Soldaten an der Front geführt und entschieden wird [...]. Wir haben erlebt, wie stark die Zivilbevölkerung in die unmittelbare Kriegsführung mit hineingerissen wurde und wie sehr sie litt..."*

der ‚beheimatet' ist, kann die Fremdheit gegenüber Vergangenheit und Zukunft, gegenüber Staat und Umwelt überwinden".[32]

Mit der Schaffung demokratischer Streitkräfte ging also eine Neuverortung der gesellschaftlichen Rolle der Soldaten einher und mithin die Demokratisierung des Verhältnisses von Militär und Gesellschaft, die jegliche Idee einer Sonderwelt des Soldatischen unterlief. Der politische und gesellschaftliche Anspruch, den Soldaten zwar ein besonderes Sozialprestige und eine Sonderstellung im Staat zu verweigern, gleichzeitig aber dafür zu sorgen, dass ihnen in ihrem Dienst keine demokratischen Rechte verloren gingen, äußerte sich in vielfacher Hinsicht.[33] Das dazu ersonnene Leitbild des Staatbürgers in Uniform wurde bereits erwähnt. Mit dem Amt des Wehrbeauftragten schuf sich der Bundestag zudem ein eigenes parlamentarisches Kontrollorgan über die Bundeswehr, die Soldaten erhielten das aktive und passive Wahlrecht, sowohl auf Bundes- wie auch auf Landes- und Kommunalebene, und stetig mehr Beteiligungsrechte.[34] Auf eine eigene Militärgerichtsbarkeit, die auf eine Sonderstellung hingedeutet hätte, wurde hingegen bewusst verzichtet.

Der Zukunft zugewandt?

Ungeachtet der Tatsache, dass die Bundeswehr trotz hoher Vertrauenswerte in der Bevölkerung und trotz mehr als acht Millionen Wehrdienstleistende lange als ungeliebtes Kind der Demokratie galt, ist nicht zu verkennen, dass die gesellschaftliche Verankerung der Bundeswehr in der alten Bundesrepublik verlässlich stabil und fest gewesen ist. Zahllose Patenschaften zwischen Gemeinden und Dienststellen der Bundeswehr, ein funktionierendes Reservistenwesen und nicht zuletzt das große Interesse der Bevölkerung an der Bundeswehr bei Übungen, Gelöbnissen und an Tagen der offenen Tür belegen dies. Dazu trug maßgeblich bei, dass ein Einsatz der Bundeswehr vor 1990 nur im Rahmen der Landes- und Bündnisverteidigung denkbar war und damit Soldaten und Bürger in einer Schicksalsgemeinschaft verbunden waren. Im Frieden blieben die zivile und die soldatische Welt zwar weitgehend getrennt, hatten aber zahlreiche Be-

---

[32] Handbuch, S. 42.

[33] Vgl. Hoffmann, Eckart: Frieden in Freiheit. Philosophie Grundmotive im politischen Denken von Wolf Graf von Baudissin, in: Schlaffer/Schmidt, S. 81-98, hier S. 86: *„Baudissin verlangte vom guten Staatsbürger zwar nicht, dass er selber zu dienen hat, wohl aber, dass er Mitverantwortung für die Verfassung der Streitkräfte übernimmt"*.

[34] Vgl. Schubert, Klaus von: Eine Armeegründung unter der Belastung durch historische Hypotheken, in: Kodalle, Klaus-M. (Hrsg.), Tradition als Last?, Köln 1981, S. 159.

rührungspunkte. Ein nicht geringer Teil der Bevölkerung bewegte sich zudem, ob gewollt oder gezwungen, als Wanderer zwischen beiden Welten und sorgte für einen beständigen und wirkungsvollen Austausch.

Wie dargestellt, entsprach die Innere Führung als Blaupause für das innere Gefüge der Bundeswehr den besonderen Bedürfnissen der alten Bundesrepublik. Nach den Vorstellungen ihrer Schöpfer in Politik, Militär und Gesellschaft war ihre Aufgabe eine doppelte: Sie sollte das Spannungsverhältnis zwischen persönlicher (demokratischer) Freiheit und den dienstlichen Erfordernissen einer hierarchisch aufgebauten und nach dem Prinzip von Befehl und Gehorsam funktionierenden militärischen Organisation auflösen. Gleichzeitig sollte sie das Spannungsverhältnis zwischen demokratischer Zivilgesellschaft und einsatzbereiten Streitkräften mildern. Die Innere Führung gewann damit in drei Bereichen grundlegende Bedeutung: (1) für die Stellung des einzelnen Soldaten innerhalb der Bundeswehr, (2) für die Beziehungen zwischen den Soldaten in der soldatischen Gemeinschaft und (3) für die Stellung und Integration der Bundeswehr in Staat und Gesellschaft.

Die häufig anzutreffende Charakterisierung der Inneren Führung als Führungsprinzip und Methode zeitgemäßer Menschenführung ist daher nicht falsch, aber eine unzulässige Vereinfachung. Sie übersieht die grundlegende Bedeutung der Inneren Führung für die verfassungsgemäße Stellung der Bundeswehr in Staat und Gesellschaft, ihre Rolle bei der Demokratisierung der Streitkräfte und die von ihr ausgehende zentripetale Wirkung, mit der die Bundeswehr in der Mitte der Gesellschaft gehalten wird.

Wesentliche „Eckwerte" und ursprüngliche Axiome der Inneren Führung liegen heute jedoch nicht mehr vor oder haben in ihrer Bedeutung dramatisch eingebüßt. Die deutsche Teilung ist seit über dreißig Jahren überwunden und die bipolare Weltordnung einer multipolaren Unordnung gewichen.[35] Der für die Schöpfer der Inneren Führung so maßgebliche Konflikt zwischen Demokratie und Freiheit auf der einen und Sozialismus und Unfreiheit auf der anderen Seite ist entschieden; Deutschland ist heute nicht mehr in ideologisch feindliche Machtblöcke geteilt. Recht und Freiheit bleiben gefährdet, die heutigen konventionellen Bedrohungen sind jedoch weniger ideologischer als machtpolitischer Natur. Hinzugekommen sind dagegen neue Herausforderun-

---

[35] Vgl. das Weißbuch der Bundesregierung zu Sicherheitspolitik und zur Zukunft der Bundeswehr, Berlin 2016, S. 28: *„Die internationale Ordnung, wie sie nach Ende des Zweiten Weltkriegs geschaffen wurde [...], ist um Umbruch."*

gen und Risiken, die sich militärischen Einhegungsstrategien oft entziehen, etwa Umweltverschmutzung, Erderwärmung, Überbevölkerung oder ungezügelte Migration. Die Bedrohung von Frieden, Recht und Freiheit sind heute vielfältiger und weniger berechenbar geworden.

2011 wurde die Pflicht zur Ableistung eines Grundwehrdienstes ausgesetzt und auf den Spannungs- oder Verteidigungsfall beschränkt. In der Bundeswehr dienen nur noch freiwillige Zeit- und Berufssoldaten und nicht mehr zwangsverpflichtete Grundwehrdienstleistende. Wer sich heute zum Dienst an der Waffe verpflichtet, tut dies nur noch selten aus dem Gefühl einer staatsbürgerlichen Verpflichtung heraus, sondern vorrangig als eine Berufsentscheidung. Die Soldaten und Soldatinnen bleiben heute zudem im Durchschnitt sehr viel länger in den Streitkräften als frühere Generationen, auch in den Mannschaftsdienstgraden. Weniger Menschen als früher tauchen also in die soldatische Welt ein, dafür aber sehr viel intensiver. Der Rückzug einer deutlich verkleinerten Bundeswehr aus der Fläche, zahlreiche Standortschließungen und der weitgehende Verzicht auf Übungen außerhalb von Truppenübungsplätzen lassen den Kontakt zwischen Militär und Zivilgesellschaft weiter schwinden.

Schließlich, und das mag mit Blick auf die aktuelle Diskussion um rechtsextremistische Vorfälle und Netzwerke in der Bundeswehr überraschen, darf auch die Sorge, die Bundeswehr könne sich im Geiste und in ihrem inneren Gefüge zu einer zweiten Wehrmacht entwickeln, als unbegründet und mittlerweile widerlegt gelten. In den sieben Jahrzehnten ihrer Existenz hat die Bundeswehr niemals ernsthaften Anlass für Zweifel an ihrer demokratischen Zuverlässigkeit geboten. Gerade die berechtigte Empörung über die jüngsten rechtsextremistischen Vorfälle und das konsequente Handeln aller Ebenen zeigt eben, dass von einem strukturellen Problem nicht die Rede sein kann. Die Funktion der Inneren Führung als verlässlicher Schutz gegen antidemokratisches Gedankengut und gegen eine gefährliche Entwicklung zum „Staat im Staate" bleibt erhalten, ihre dringliche ursprüngliche Etablierung ist jedoch dem Aufrechterhalten einer steten Wachsamkeit gewichen.

Fasst man die seit 1990 eingetretenen Entwicklungen und Veränderungen zusammen, sind vor allem zu nennen:

- der Wandel der Bundeswehr von einer Abschreckungs- zu einer Einsatzarmee sowie die Renaissance der Landes- und Bündnisverteidigung seit 2014 (Annexion der Krim durch Russland),
- die Folgen des Wandels von einer Wehrpflicht- zu einer Berufs- und Freiwilligenarmee,

- die Einsatzrealität und -belastung der Bundeswehr sowie die Frage der politischen und gesellschaftlichen Unterstützung ihrer Einsätze im Ausland,
- die Verkleinerung der Bundeswehr und die damit verbundenen Folgen für ihre gesellschaftliche Verankerung,
- neue Risiken und (hybride) Bedrohungen sowie der damit verbundene Wandel des Sicherheitsbegriffs sowie des Kriegs- und Soldatenbildes,
- neue Bedrohungen durch politischen und religiösen Extremismus,
- gestiegene Anforderungen an die interkulturelle Kompetenz und ethische Bildung,
- die Digitalisierung der Führungsprozesse und aller Lebensbereiche,
- die wachsende Diversität und Vielfalt in Gesellschaft und Bundeswehr,
- neue Herausforderungen an die Vereinbarkeit von Familie und Beruf.

Es ist nicht zu verkennen, dass die heutige Bundeswehr nur noch wenig mit der Armee gemein hat, für die einst die Konzeption der Inneren Führung erdacht wurde. Ihre Aufgaben, ihre Zusammensetzung und damit auch ihr Selbstverständnis sowie die Voraussetzungen für ihre gesellschaftliche Verankerung haben sich gründlich verändert. Werden diese Veränderungen zu lange ignoriert, wirkt die Konzeption jedoch nicht nur zunehmend aus der Zeit gefallen. Es entstehen vielmehr tödliche Gefahren für den Bestand der Inneren Führung, wenn die Wandlungs- und Entwicklungsdynamik, die ihr zu eigen ist, entweder aus Unkenntnis oder um lästige Diskussionen zu vermeiden, dauerhaft gebremst oder unterbunden wird.

Der Kerngedanke der Inneren Führung, also die Verbindung von freiwilliger persönlicher Unterordnung im soldatischen Dienst an der Allgemeinheit mit dem Ideal innerer Freiheit, die sich an älteren preußischen Vorbildern orientierte (In Freiheit dienen), ist jedoch auch im 21. Jahrhundert unverändert sinnstiftend. Das Ziel der Inneren Führung, das Militär in den demokratischen Staat zu integrieren und die Soldatinnen und Soldaten am politischen, geistigen, kulturellen und sozialen Leben und Wandel teilhaben zu lassen, ist weiterhin aktuell und wichtig. Pauschale Kritik, die Innere Führung sei überholt und eigne sich nicht für eine Armee im Einsatz, verkennt diesen Kardinalpunkt und verengt die Konzeption auf ihre Eigenschaft als Führungsprinzip.

Die Klammer- und Integrationsfunktion der Inneren Führung zwischen Militär und Gesellschaft ist heute jedoch eine andere als in den 1950er Jahren. Heute wird es weniger darauf ankommen, die Bundeswehr als hierarchisch aufgebaute

Organisation, in der das Prinzip von Befehl und Gehorsam gilt, mit den demokratischen Prinzipien des Staates zu verbinden. Gefahren für den gesellschaftlichen Rückhalt für die Bundeswehr erwachsen heute nicht mehr aus der Perzeption ihrer vermeintlichen Inkompatibilität mit dem demokratischen Staatswesen. Ihren demokratischen Loyalitätstest hat die Bundeswehr lange bestanden.

Der gesellschaftliche und damit mithin auch politische Rückhalt wird vielmehr durch die neuen Aufgaben der Bundeswehr und das Auseinanderfallen der Gegenwartswahrnehmungen bedroht. Während Teile der Bundeswehr in den Auslandseinsätzen, etwa in Afghanistan oder Mali, mit kriegsähnlichen Situationen konfrontiert werden und subjektiv Krieg erleben, teilt die Zivilgesellschaft dieses Erleben nicht. Die Einsätze der Bundeswehr werden durch die Bevölkerung in der Regel nur als virtuelle Realität erlebt, in Deutschland ist davon wenig bis nichts zu spüren. Innere Anteilnahme oder gar das Gefühl einer Schicksalsgemeinschaft zwischen Streitkräften und Gesellschaft können sich so kaum entwickeln.

In der Folge besteht die ernstzunehmende Gefahr, dass sich Teile der Bundeswehr zunehmend unverstanden fühlen und der soldatische Dienst vermehrt wieder als ein „sui generis" empfunden wird. Bundeswehr und Gesellschaft haben ein gemeinsames Interesse daran, einer solchen Entfremdung, die auf unterschiedlichen Erfahrungs- und Lebenswelten beruht, entgegenzuwirken.

Eine Entfremdung droht aber auch innerhalb der Streitkräfte selbst. Die Einsatzerfahrung ist innerhalb der Streitkräfte sehr unterschiedlich verteilt und selbst in den einzelnen Einsatzkontingenten sind der Grad der tatsächlichen Bedrohung und das subjektive Bedrohungsgefühl sehr unterschiedlich ausgeprägt. Die traditionelle Unterscheidung zwischen Kampf- und Kampfunterstützungstruppen oder zwischen Front und Etappe wird zunehmend ergänzt durch eine Unterscheidung zwischen Einsatzveteranen und jenen Soldatinnen und Soldaten, denen solche Erfahrungen fehlen. Ein einheitliches Berufsbild und ein bundeswehrgemeinsamer „esprit de corps" sind unter diesen Umständen schwer herzustellen.

Die Klammer- und Integrationsfunktion der Inneren Führung wird daher vermehrt insbesondere auch innerhalb der Streitkräfte benötigt werden. Die Konzeption muss erweitert und auf die Bedürfnisse des 21. Jahrhunderts hin neu ausgerichtet werden, ohne dabei ihre Fundamente in Frage zu stellen. Ihre „Meistererzählung" ist auf die neue Bundeswehr und auf die Herausforderungen der Zukunft auszurichten. Als dynamische Konzeption ist die Innere Führung dazu grundsätzlich gut vorbereitet. Ihre Einführung erforderte Mut und gelang nicht, ohne Hindernisse zu überwinden. Auch ihre Weiterentwicklung wird Augenmaß, Weitblick und ein beherztes Vorgehen erfordern.

„Politisch mündig und auftragsgerecht handeln"
Sicherheits- und Militärpolitik gehören zur Entwicklung soldatischer Professionalität

Klaus Naumann

> Das militärische „Anforderungsprofil" verlangt „Analyse- und Handlungsfähigkeiten, die über rein militärische Aspekte weit hinausreichen."
> (Weißbuch 2006, S. 81)

Die Zentrale Dienstvorschrift „Innere Führung" (ZDv 10/1) von 2008 ist der Aufforderung des Weißbuchs von 2006 nur zögerlich gefolgt. Gewiss hat die Politische Bildung in der geltenden Vorschrift einen höheren Stellenwert gewonnen als noch in der ZDv von 1993.[1] Die nicht abreißenden Klagen über die Mängel im militärischen Bildungswesen, aber auch die Herausforderungen, vor denen Soldatinnen und Soldaten heute und in Zukunft stehen, werfen jedoch die Frage auf, ob die Ausrichtung der Politischen Bildung schon als zufriedenstellend bezeichnet werden kann, vor allem aber, ob sie der militärischen Professionalität Genüge tut.[2] So wie die Politische Bildung in der ZDv 10/1 präsentiert wird, dient sie vornehmlich der Vermittlung von „Normen und Werten des Grundgesetzes" und soll „Sinn und Notwendigkeit des Dienens" verständlich machen. Sie fällt in dieser Hinsicht unter den allgemeinen Zielkatalog der Führungslehre, zur Legitimation, Motivation und Integration beizutragen. Über spezielle Anforderungen an die Professionalität des Soldaten ist damit nichts ausgesagt. Konkreter werden nur die Passage über die Vorbereitung von Auslandseinsätzen (Ziff. 628) und die „Truppeninformation" (Zif. 650, 652). Hier lässt sich ein dezidierter Berufsbezug erkennen, denn der Soldat soll befähigt werden, „politisch mündig und auftragsgerecht (zu) handeln."[3] Aber auch das bleibt, beispielsweise was die „Informationsarbeit" betrifft, im

---

[1] Vgl. Berthold Meyer, Innere Führung und Auslandseinsätze: Was wird aus dem Markenzeichen der Bundeswehr? HSFK-Report Nr. 2/2009, S. 13f.

[2] Eine empirische Studie zur Politischen Bildung ist im Zentrum für Militärgeschichte und Sozialwissenschaften der Bundeswehr (ZMSBw) in Vorbereitung.

[3] Das spiegelt sich auch in der ZDv zur Politischen Bildung, die gerade in überarbeiteter Fassung vorgelegt worden ist.

Bereich der Meinungsbildung. Ein verpflichtendes Leitbild des politisch (mit-) denkenden Soldaten ist nicht ausformuliert.

Drei Einwände zur vorliegenden Dienstvorschrift

Diesen Eindruck kann man in drei Punkten verallgemeinern. Das erscheint mir zulässig, da sich in der bildungs- und professionsbezogenen Problematik der Sicherheits- und Militärpolitik eine durchgängige Schwäche der geltenden Vorschrift brennglasartig bündelt.

Erstens: Politische Bildung und Truppeninformation sind im Großen und Ganzen in einer Zwischenposition gefangen – sie gelten als *nice to have*, aber nur wenn die Zeit reicht. Wertevermittlung, Information, Meinungsbildung und Sinnstiftung stehen im Zentrum der Aufmerksamkeit. Gegen diese Zwecksetzung ist natürlich nichts einzuwenden, wenn nicht die Verknüpfung mit einem zeitgemäßen Professionalitätsstandard unpräzise bliebe. Die Orientierung auf eine das Militärische überschreitende, gleichwohl (und man müsste sagen: *eben deshalb*) professionsgerechte „Analyse- und Handlungsfähigkeit", die das Weißbuch 2006 propagiert hatte, ist nicht erkennbar. Damit wird eine der grundlegenden produktiven, aber auch irritierenden Spannungen, die das Militärhandwerk durchzieht, nämlich die zwischen dem Politischen und dem Militärischen, nicht adressiert und nicht fruchtbar gemacht, obwohl der Soldat, ob er will oder nicht, immer wieder mit beiden unterschiedlichen Handlungslogiken konfrontiert ist. Es liegt zwar nahe, darauf mit dem Verweis auf den „Primat der Politik" (Zif. 310) zu kontern, aber dieser Einwand läuft ins Leere, denn der Vorrang des „politischen Willens" (ebd.) vor dem Militärischen ist, man möchte sagen: gebetsmühlenartig unbestritten. Ernst wird die Sache, wenn man sich anschickte, jenem ominösen „Politischen" gerecht zu werden, von dem schon Graf Baudissin schrieb, es erstrecke sich „bis auf das Gefechtsfeld" und „bis in die kleinste taktische Handlung."[4]

Die vorherrschende Unentschiedenheit im Umgang mit dem Politischen wird von einem *zweiten* Eindruck verstärkt: Von Bildungsaufträgen ist durchweg im Modus der Aufforderung und des Angebots die Rede. Der Schwerpunkt der Ausführungen liegt bei Vollzügen wie Unterrichtung, Vermittlung, Adressie-

---

[4] Belege zu Baudissin vgl. Klaus Naumann, Einsatz ohne Ziel? Von der Politikbedürftigkeit des Militärischen, Hamburg 2008, S. 70-80; anschließend vgl. Klaus Naumann, Das politische Gefechtsfeld. Militärische Berufsbilder in den Neuen Kriegen, in: Mittelweg 36, 6/2014, S. 28-48.

rung oder Beteiligung (Zif, 632, 648). Ein soldatisches Wir-Subjekt sucht man vergebens. Daher überrascht es nicht, wenn das Bekenntnis zur Selbsttätigkeit und Selbstbildung, kurzum zum gebildeten Soldaten, fehlt.[5] In der ZDv von 2008 ist der Soldat vor allem Empfänger und Versorgter, aber kein selbstbewusstes Subjekt. Dieser Einwand rührt an die grundlegende Problematik im Narrativ der Dienstvorschrift, die Uwe Hartmann treffend herausgearbeitet hat.[6] In bürokratisch-administrativer Sprache konstruiert die Vorschrift unter dem Titel „Innere Führung" ein „allmächtiges Subjekt", während der Soldat zum Anhängsel und ausführenden Organ degradiert und damit „entmündigt" wird. Typisch für diese Stilisierung ist beispielsweise die Gleichsetzung von Sein und Sollen, die das offizielle militärische Schrifttum generell durchzieht. Wenn es in der Vorschrift heißt, „die Innere Führung stellt sicher" oder sie „gewährleistet", wird im Grunde eine Aufforderung ausgesprochen, die ein Sollen bezeichnet – und dieses Sollen zielt auf den Soldaten, ohne den „die" Innere Führung nichts tut, nichts vermag und nichts bewirkt. Dieser Hang zur Verdinglichung in einer Verhaltens- und Haltungsanleitung verschüttet den „strategischen Kern" (Hartmann) der Führungskonzeption. Überspitzt gesagt, die Vorschrift, die Motivation und Legitimation zur Richtschnur erklärt, trägt selbst nicht dazu bei, dies nachvollziehbar einzulösen.

Damit ist ein *dritter* Einwand angesprochen, den ich für den schwerwiegendsten halte. Innere Führung soll dazu dienen, die Spannungen, aber auch die Synergien deutlich und handhabbar zu machen, die sich dann ergeben, wenn man aus der Dreieinigkeit des „freien Menschen", des „guten Staatsbürgers" und des „vollwertigen Soldaten" den „Typ des modernen Soldaten" heranbilden will[7] – oder anders formuliert: Wenn man diese unterschiedlichen Erfahrungswelten zum Ausgangs- und Bezugspunkt soldatischer Sozialisation, Ausbildung und Bildung macht, um daraus eine Haltung zu formen. Wiederum liefert die Dienstvorschrift hier nur modernisierte Sollwerte („freie Persönlichkeit", „verantwortungsbewusster Staatsbürger", „einsatzbereiter Soldat"; Zif. 402), die aber jede Konkretion und Anschaulichkeit vermissen lassen, da sich die Vorschrift jegliche Argumentation oder Illustration verbietet. Noch einmal über-

---

[5] Vgl. Klaus Naumann, Die gebildete Armee. Militärische Professionalität verlangt Bildung, nicht nur Ausbildung, in: Innere Führung, 4/2020, S. 55-59.
[6] Vgl. Uwe Hartmann, Der gute Soldat. Politische Kultur und soldatisches Selbstverständnis heute, Berlin 2018, S. 57ff, bes. S. 64ff.
[7] So die Regelung der „Inneren Führung" vom 10. Januar 1953 durch die Dienststelle Blank (Bundesarchiv-Militärarchiv, BW 9/411).

spitzt: Die Vorschrift, die auf Integration setzt, löst diesen Anspruch in ihren Darlegungen nicht ein.

Eine neue Dienstvorschrift braucht Argumente, nicht nur Sollwerte

Vielleicht ist die Situation, in der heute über eine Neubearbeitung der Dienstvorschrift nachgedacht wird, der Diskussionslage in der Gründungsperiode der Bundeswehr viel ähnlicher als es zunächst den Anschein hat. Wieder einmal bewegt man sich in Neuland – jedenfalls dann, wenn man bereit ist, die gegenwärtigen Umbrüche, Krisenphänomene, Dauermiseren und Ungewissheiten ernst zu nehmen, obwohl doch die Übermacht der Kontinuitäten fraglos erscheint. Um noch einmal daran zu erinnern, der Ausgangspunkt der jungen Bundeswehr war bekanntlich kein „Weiter so", sondern das Himmeroder Bekenntnis, „grundlegend Neues zu schaffen." Heute ist die Konstellation eine andere, aber eine in die Jahre gekommene Bundeswehr steht vor größeren Aufgaben als nur zu komplettieren, fortzuschreiben, nachzubessern, Lücken zu füllen, Stellschrauben zu justieren oder sich mit dem „Bewährten" zufrieden zu geben.[8]

Angesichts der Veränderungen in der internationalen Staatenwelt, globaler Krisenerscheinungen sowie neuartiger und komplexer Konfliktszenarien sind viele der überkommenen Praktiken, Regeln und Verfahren erneut prüfungsbedürftig und begründungspflichtig geworden.[9] Das gilt nicht nur für den Dauerumbau der Streitkräfte (über dessen Erfolgsbilanz hier nicht zu befinden ist),[10] sondern auch für die Weiterentwicklung der Führungskonzeption. Auf

---

[8] Eine komprimierte Zeitdiagnose zum Zustand der Bundeswehr liefert jetzt Sönke Neitzel, Deutsche Krieger. Vom Kaiserreich zur Berliner Republik – eine Militärgeschichte, Berlin 2020, bes. Kap. VI.

[9] Stichwortgebend vgl. beispielsweise Tobias Bunde u.a., Zeitenwende / Wendezeiten. Sonderausgabe des Munich Security Report zur deutschen Außen- und Sicherheitspolitik, München Oktober 2020. https://securityconference.org/assets/01_Bilder_Inhalte/03_Medien/02_Publikationen/MSC Germany_Report_10-2020_De.pdf; nach wie vor lesenswert Claus Leggewie/Harald Welzer, Das Ende der Welt, wie wir sie kannten. Klima, Zukunft und die Chancen der Demokratie, Frankfurt/Main 2008.

[10] Dazu vgl. Hans-Peter Bartels/Rainer L. Glatz, Welche Reform die Bundeswehr heute braucht – Ein Denkanstoß. SWP-Aktuell, Nr. 84, Oktober 2020. https://www.swp-berlin.org/fileadmin/contents/products/aktuell/2020A84_Reform_der_Bundeswehr.pdf

dem „unveränderbaren Kernbestand" (Zif. 108) wird man sich nicht ausruhen können, und das umso weniger, als dieser in mancher Hinsicht – Stichwort „Führen im Auftrag", Vertrauen – erst noch (oder wieder) eingelöst werden muss. Zu rechnen ist mit neuen Generationen von Bundeswehrangehörigen, die die Wehrpflichtarmee nicht mehr erlebt haben; Antworten müssen gegeben werden auf die Profilierung einer professionellen Freiwilligen- und Berufsarmee; herausgearbeitet werden muss, auf welcher Grundlage das Rollenensemble soldatischer Handlungsfelder (Kämpfen, Retten, Schützen, Helfen) integriert werden kann zu einem stimmigen Berufsverständnis. Kurzum, was macht den Staatsbürger in Uniform der Zukunft aus?

Die Angehörigen der Streitkräfte befinden sich in einer Zeit des unübersichtlichen und beschleunigten gesellschaftlichen Wandels. Die *„freie Persönlichkeit"* von heute lebt unter Bedingungen der Individualisierung, eines tiefgreifenden Werte- und Einstellungswandels; sie erfahren zunehmende sozialer Polarisierung, das Abnehmen traditioneller politischer Bindungen, mediale Entgrenzungen und kulturelle Vielfalt. Was bedeutet das für die Herausbildung der militärischen Berufsidentität? Muss (oder will) sich das Militär von einer häufig als ablehnend und kritisch erlebten Gesellschaft abwenden? Oder muss (und will) man sich den ambivalenten Herausforderungen der „Singularisierung" (Reckwitz), Diversität und Multikulturalität stellen?

Daran schließt eine weitere Frage an, der mit der Auflistung von Soll-Vorschriften nicht beizukommen ist: Welches Bild haben wir vom *„guten"* oder *„verantwortungsbewußten Staatsbürger"*, einer politischen Leitfigur, die in der Lage sein soll, zwischen Selbstbezug und Gemeinsinn („Common Sense") zu vermitteln? Wenn es dem heutigen Soldaten bisweilen schwerfällt, seine Auftragslage, Wirksamkeit und Nützlichkeit zu begründen, so kann man darauf nur mit der nüchtern-ironischen Versicherung der amerikanischen Historikerin Barbara Tuchman antworten. Auf die Herausforderung, die die „politischen Kriege" der Gegenwart für den Soldaten bedeuten, antwortete sie, „es war immer einer Herausforderung" Soldat zu sein, „seine Rolle wird nicht einfacher, aber diejenige des Bürgers auch nicht."[11] Der Erfahrungsraum, den Bürger und Soldaten heute teilen, ist geprägt durch Umbrüche und Erwartungsunsicherheit. Demokratie als „Lebensform", wie sie den Gründern der Republik und den Refor-

---

[11] Vgl. Klaus Naumann, „Where is the Common sense"? Zur Inneren Führung der „Neuausrichtung" der Bundeswehr, in: Jahrbuch Innere Führung 2013, Berlin 2013, S. 334-351, hier S. 331f.

mern der Bundeswehr vorschwebte, gerät unter Beweisdruck.[12] – Wie kann unter diesen Bedingungen ein gemeinsames bürgergesellschaftliches Erfahrungspotential aktiviert werden, damit Soldaten zu „geborenen Verfassungspatrioten" werden, wie es der ausgeschiedene Präsident des MAD gefordert hatte? Wie soll eine Führungskultur aussehen, die pointiert ausgedrückt, sowohl Zivilcourage wie Tapferkeit begünstigt und fördert?

Um *„vollwertige"* oder *„einsatzbereite Soldaten"* heranbilden zu können, wird eine künftige Dienstvorschrift nicht darauf verzichten können, die Umrisse und Anforderungen aktueller Konflikt- und Krisenszenarien samt den sich ausweitenden Grauzonen hybrider Kriegführung zu entwickeln und in ein schlüssiges Soldatenbild zu übersetzen. Darüber hinaus muss sie die Selbstverpflichtung der politischen und militärischen Führung fixieren, über Zwecke und Auftrag der bewaffneten Macht klar, eindeutig und nachvollziehbar Auskunft zu geben. Hier gilt die Faustregel, die der Potsdamer Militärhistoriker Sönke Neitzel bündig umrissen hat: „Das Konzept der Inneren Führung wird ad absurdum geführt, wenn ein Dienen aus Einsicht nur schwer möglich ist."[13] Die Aufgabenvielfalt und Rollendifferenzierung sollte dabei den Blick für die gemeinsamen Grundmerkmale des Berufsbildes nicht trüben. Wenn in der „Konzeption der Bundeswehr" (2017) die Anforderungen der Krisenintervention und der Bündnis- und Landesverteidigung zusammengedacht und einem „single set of forces" überantwortet werden, sollte wohl auch von einem gemeinsamen „mindset" ausgegangen werden. Erst auf dieser Grundlage kann man mit Gewinn von Gestaltungsfeldern usw. geredet werden.

Legt man diese Einwände zugrunde, ist es schwierig, die anstehende Überarbeitung der ZDv auf Zusätze oder Streichungen zu beschränken. Wenn die künftige Dienstvorschrift in der Gegenwart von Truppe, Politik und Gesellschaft ankommen und eine Wirkung entfalten soll, die über den Status eines ungelesenen Nachschlagewerks hinausgeht, dann sind Eingriffe in Struktur und Narrativ unvermeidlich. Der Weg von der Rollentrias des Staatsbürgers in Uniform zu den Wechselbeziehungen von Militär, Politik und Gesellschaft führt geradeswegs zu einem argumentativen Narrativ, das überzeugt, Anstöße zum Selbstdenken und zur Selbsterziehung gibt und Schluss macht mit der Anony-

---

[12] Vgl. Till van Rahden, Demokratie – eine gefährdete Lebensform, Frankfurt/New York 2019.

[13] Sönke Neitzel, „Eine echte Strategie gibt es nicht" (Interview), in: Die Bundeswehr, 11/2020, S. 24f., hier S. 25.

misierung der Inneren Führung und mit dem Übergewicht der Vorgesetzten-
perspektive.

Einen Modellfall für diese Art der Präsentation gibt es bereits – es ist das von
Baudissin verantwortete und in fünf Auflagen zwischen 1957 und 1972 publi-
zierte „Handbuch Innere Führung. Hilfe zur Klärung der Begriffe". Aus Lektüre dieser Handreichung kann man ermessen, wie groß und ehrgeizig der ar-
gumentative Aufwand war (und wieder sein wird), eine Führungskonzeption zu
präsentieren, die geeignet und in der Lage ist, aus der Bundeswehr ein „Instrument höchster Schlagkraft" zu machen.[14]

Der Ort des Politischen im Soldatenbild der Inneren Führung

Dies vorausgeschickt kann man die Bedeutung der Sicherheits- und Militärpolitik für die soldatische Professionalität als einen Beispielfall für die anstehenden
Neubestimmungen, Gewichtungen und Begründungen der Inneren Führung
im Allgemeinen lesen, aber auch als Spezialfall der politischen Dimension militärischer Professionalität. Es genügt nicht, auf den „Primat der Politik" zu
verweisen und über das Politische in der militärischen Praxis zu schweigen.
Dabei geht es nicht (nur) um die „latente Ideologie" (Charles Moskos), die
wohl ein jeder Soldat als Hintergrundgewissheit seiner Dienstloyalität in sich
trägt, sondern um die Präzisierung und Klärung der politischen Implikationen
militärischer Aufträge, die längst nicht mehr auf einem „leeren" Gefechtsfeld
ausgetragen werden.[15] Die Ausbildung „interkultureller Kompetenz" für den
Auslandseinsatz (Zif. 620) ist einer der Bausteine dieses Anliegens; ein weiterer
ist der Pflichtappell „sich politisch zu informieren" (Zif. 627). Aber die ZDv
unterläuft ihren eigenen Impuls, indem sie dann doch nur auf die Stärkung der
Motivation abhebt (Zif. 628) anstatt der Ausbildung politischer Urteilskraft im
militärischer Tages- und Einsatzgeschehen den gebührenden Rang zuzubilli-
gen.

Im Zentrum einer solchen Anforderung an die Professionalität steht die Einsatzfähigkeit der Truppe. Bildung, die dafür vonnöten ist, meint etwas anderes

---

14 Bundesministerium für Verteidigung, FüS I 6 (Hrsg,), Handbuch Innere Führung. Hilfen zur
Klärung der Begriffe, Bonn 1957, S. 17.
15 Vgl. Charles Moskos, Eigeninteresse, Primärgruppen und Ideologie, in: René König (Hrsg.),
Beiträge zur Militärsoziologie, Sonderheft 12, 1968, der Kölner Zeitschrift für Soziologie und
Sozialphilosophie, S. 201-220; Heiko Biehl, Kämpfer auf dem Vormarsch? Über die Folgen
von Einsatz und Gefecht für die Bundeswehr, in: Mittelweg 36, 6/2014, S. 49-71.

als eine Lehnstuhl-Perspektive. Wenn die grundsätzliche Feststellung richtig bleibt, dass Kriege, bewaffnete Konflikte und Gewaltabschreckung nichts anderes sind als Politik „unter Beimischung anderer Mittel" (Clausewitz), so muss für den militärischen Führer, aber auch für den verantwortlich handelnden Soldaten die Transformation des politischen Willens, der sicherheits- und militärpolitischen Ausrichtung und des strategischen Konzepts in militärische Aufträge, operatives Handeln und taktische Entscheidungen nachvollziehbar und durchsichtig bleiben. Motivation und Legitimation werden nur dann gestiftet und gefestigt, wenn sie im Modus handlungspraktischer und reflexionsoffener Vermittlung und Erschließung erfolgen. Die Fähigkeit, sich die unterschiedlichen Handlungslogiken von Militär und Politik verstehend anzueignen, ist eine elementare Voraussetzung, die kognitiven Dissonanzen aufzufangen, denen der Soldat ständig ausgesetzt ist – nicht nur im Einsatz. Dort aber geht es um den „strategic corporal", der in der Lage ist, die Komplexität der lokalen Problemlagen an übergeordnete Gesichtspunkte des strategischen Prozesses zurückzubinden.[16]

Eine Neufassung der ZDv muss eine Sprache und Argumentationsbereitschaft finden, die professionsbezogenen Aspekten des Politischen im militärischen Handeln zu verdeutlichen, in Leitvorstellungen zu übersetzen und mit einem zeitgemäßen Berufs- und Soldatenbild zu versehen. Das wäre möglich – wenn der politische Wille vorhanden ist und der militärische Ehrgeiz ausreicht, den mit dem Programm „Innere Führung – heute" begonnenen Weg weiter zu gehen.

---

[16] Vgl. Klaus Naumann, Auch heilige Kühe müssen über den Zaun grasen. Die Einheit des militärischen Denkens und Handelns: Politik, Strategie und militärische Professionalisierung, in: Jahrbuch Innere Führung 2015, Berlin 2015, S. 124-141.

Kriegsbild und Strategie und Innere Führung

Claus von Rosen

Als das Corona-Virus sich in Windeseile über Europa ausbreitete, verkündete der französische Präsident Emmanuel Macron am 16. März in einer Fernsehansprache, eingeleitet von den Klängen der Marseillaise: „Wir sind im Krieg. Der Feind ist da und er ist unsichtbar. Aber wir werden den Krieg gewinnen." Noch fünfmal wiederholte er den ersten Satz. Das hörte sich wie eine Generalmobilmachung an. Und sein Innenminister präzisierte einige Stunden später, dass Gendarmerie und Militär zur Überwachung der Ausgangssperre eingesetzt würden, Geldbußen und Haftstrafen könnten bei Verstößen ausgesprochen werden, die Luftwaffe würde Kranke in Krankenhäuser mit noch freien Kapazitäten fliegen und das Heer ein Feldlazarett zur Intensivbehandlung einrichten.

Am 28. März aktivierte der US-amerikanische Präsident Donald Trump den „Defense Production Act" von 1950 und zwang damit General Motors, die Produktion von Beatmungsgeräten aufzunehmen; zwei Wochen später versprach er, „eine enorme Menge an Militär" in den Kampf gegen den „unsichtbaren Feind" Corona zu entsenden, während der Bürgermeister von New York de Blasio den 5. April zum „D-Day" erklärte. – Am 8. Mai titelte die SZ über die außenpolitische Eskalation im Verhältnis USA – China, zu der sich die Corona-Pandemie inzwischen entwickelt hatte: „Angriff und Konter", weil US-Außenminister Pompeo in einem TV-Interview von „enormen Belegen gesprochen hatte, dass die Pandemie ihren Ausgang in einem chinesischen Labor genommen habe. Das führte zu der prompten Antwort aus China, dass die Trump-Regierung „einen beispiellosen Propagandakrieg" gegen China führe. – Am 26. Mai wurde Grünenpolitiker Bartsch in der SZ zitiert: „Unser Feind ist ein Virus, kein Land der Erde bereitet einen Krieg gegen Deutschland vor." Und der SPD-Fraktionschef Rolf Mützenich sprang ihm zur Seite wegen der geplanten Rüstungsausgaben, das Geld sei besser für die Bekämpfung der Pandemie anzulegen: „Wer oder was ist gegenwärtig der reale Feind?"

Was hat Corona mit einer kriegerischen Auseinandersetzung, mit Gewalt und Gegengewalt in Form eines Zweikampfes zu tun? Oder sind das alles „nur" verbale martialische Entgleisungen?

Damit stellt sich eine Dreifach-Frage an die Konzeption Innere Führung: Zunächst scheint das Verständnis von Krieg trotz mancher Definitionen unklar zu sein und nicht mehr nur im Bereich des Militärs angewandt zu werden. Zumindest scheint es sich zu wandeln. Man spricht z.B. vom Wirtschafts-, Fischerei- und Finanzkrieg, geführt mit den Mitteln der Blockade, wirtschaftlicher Sanktionen, Strafzöllen, Boykotts oder Embargos. Der US-amerikanische Präsident George W. Bush hatte nach 9/11 den „war on terror" ausgerufen, und Macrons Vorgänger Francois Holland sprach nach den Terroranschlägen vom 13. November 2015 in Paris vom „Krieg *gegen den* Terrorismus". Da werden „Terrorismus" wie auch Corona zum Kriegsgegner bzw. Feind erklärt, dem man mit einer politisch-militärischen Strategie beizukommen sucht.

In dem Zusammenhang steht dann auch die Frage nach dem Handeln in einem derartigem „Krieg": Was wären Vor-Überlegungen, Strategie und Crises Management bis zum taktischen Manövrieren, Übervorteilen und „Durchstehen/ -kämpfen", die Rationalität von Schäden und Verlusten, um eine spezielle prekäre Situation, Lage, Krise bzw. einen Konflikt im sehr erweiterten Sinn vorteilhaft lösen zu können?

Und das geschieht in einem sozial-psychologischem Denk-Raum von Vernunft-, Affekt- und Empathie-geleiteten Beteiligten, von Interaktion bis zur individuellen wie sozialen Konfliktfähigkeit, von Phantasie, Wille und Entschlossenheit, vom Bewusstsein des Wandels und der Dynamik, von Grenzen des Machbaren sowie der Ethik bis zur moralisch-praktischen Selbstverpflichtung und Souveränitätsbegrenzung. Das „rein" Fachlich-Handwerkliche bekommt dabei eine andere, weiterreichende Bedeutung und Form. Auf die Bundeswehr bezogen stellt sich aus dieser Blickrichtung die Frage, ob dies auf das Militärische wieder zurückstrahlt. Ist das „rein" Militärische – gegen das bereits Clausewitz sich wandte[1] – nicht doch „widersinnig"?

Kurzer Rückblick bis zu den Anfängen der Bundeswehr

Nach dem Ende des II. Weltkrieges wollte keiner glauben, wie Krieg sich unter der Hand im Laufe der ersten Hälfte des 20. Jahrhunderts entwickelt hatte, und keiner wagte, Antworten zu geben, weder zu den grausamen Vernichtungsorgien aller Art noch zu der alles lähmenden Handlungsunfähigkeit, noch zu dem Verlust an Werten. Ideologisierung, Technisierung, Vergesellschaftung bis zur Entfesselung vom Recht hatten zu tief das Wesen und das Verständnis von

---

[1] Clausewitz, Carl von: Vom Kriege. Hinterlassenes Werk des Generals Carl von Clausewitz. Bonn 1973, S. 990ff.)

Krieg verändert, wie es im Begriff „Totaler Krieg" zum politischen Programm erhoben und sogar propagandistisch-suggestiv zum Volkswillen geworden war.

Im Sommer 1950 hatte Bundeskanzler Adenauer eine kleine Gruppe von Generalen, besonders Foertsch (d.Ä.), Heusinger und Speidel, ein Gutachten erstellen lassen, das als Grundlage für das Himmeroder Expertengespräch im Oktober 1950 dienen sollte.[2] Einführend als „allgemeine Lage" heißt es dort: „Das deutsche Volk in der Bundesrepublik hat sich zu den freiheitlichen Idealen des Westens bekannt." Dem folgen viele einschränkende „Aber" (BMVg 1985, S. 51-53). Das II. Kapitel zur „militärpolitischen Lage" beginnt mit der „Feind-Lage Ost" und stellt dem mit vielen „Aber" die innenpolitische Lage gegenüber. Und unter den „notwendigen Maßnahmen" werden im Kapitel IV schlagwortartig Themen zu neun „Hauptarbeitsgebieten" aufgezählt. Im Arbeitsgebiet „Fragen der inneren Struktur" steht: „Eine neue deutsche Wehrmacht muss innerlich nach anderen Gesichtspunkten aufgebaut werden als bisher. … Abzulehnen sind vor allem falsche ‚Traditions'-Begriffe, innerer Militarismus, ‚Kommiss' im alten Sinne." (BMVg 1985, S. 61) Dies alles wirkt nicht erst heute als politisch-militärischer Denkansatz hausbacken; denn der Himmeroder Expertenausschuss verstand sich trotz zwei sehr unterschiedlicher Denkweisen – deutlich darüberhinausgehend – auf einen *Neuansatz* für die künftigen Streitkräfte der Bundeswehr: „Damit sind die Voraussetzungen für den Neuaufbau von denen der Vergangenheit so verschieden, dass ohne Anlehnung an die Formen der alten Wehrmacht heute *grundlegend Neues* zu schaffen ist." (BMVg 1985, S. 84f.) Das ist in dem zusätzlich in die Denkschrift aufgenommenen Abschnitt „Das innere Gefüge" zu lesen und galt für die gesamte wehrpolitische Situation, also auch für die Dreiheit von Kriegsbild, Strategie und Innere Führung.

Die Planungsphase im Amt Blank begann mit einer überschaubaren Anzahl von Ressorts. Dabei waren der Abstimmungsprozess untereinander und die Integration der Arbeiten quasi en passant, beim Vorbeigehen auf dem Flur der Ermekeil-Kaserne, möglich. Bei der Vergrößerung des Amtes aber musste die Abstimmung zwischen den Ressorts und die Integration organisiert werden. Das wird am Vorgang vom 10. Januar 1953 deutlich, als das Ressort Innere Führung mit vier Arbeitsgebieten direkt dem Abteilungsleiter der Militärischen

---

[2] Bundesministerium der Verteidigung – Führungsstab der Streitkräfte I 3 (Hrsg.): Von Himmerod bis Andernach. Dokumente zur Entstehungsgeschichte der Bundeswehr. In Schriftenreihe Innere Führung, Beiheft 4/85. Bonn 1985, S. 50-63.

Abteilung unterstellt und zusätzlich bei ihm der Ausschuss Innere Führung zur wöchentlichen Abstimmung zwischen den Abteilungen innerhalb des Hauses gebildet wurde. De Maiziere war im Auftrag von Heusinger mit der Leitung des Ausschusses betraut. Damit gehörte der Bereich Innere Führung offiziell zum Kernbestand der Bundeswehr. Dennoch stand außer Frage, dass die nicht besonders genannte äußere Führung mit Taktik, Organisation, Kriegsbild und Strategie seit den ersten Tagen der Planungen für neue Deutsche Streitkräfte immer prominenter war und die Innere Führung strittig blieb, bis hin zu Diffamierungen von Innerer Führung als „weiche Welle" und „inneres Gewürge".

Darin zeigt sich, dass die Dreifach-Frage die nach einer integrierten Form der Bundeswehr-Konzeption ist. Was bedeutet das hinsichtlich einer möglichen Überarbeitung der seit 2008 gültigen Vorschrift für Innere Führung?

Kriegsbild: Statt einer Begriffs-Definition

Das Wort Kriegsbild scheint so selbstverständlich zu sein, dass es scheinbar keiner Begriffsbestimmung oder Definition bedarf. 1997 wird der Begriff zum ersten Mal im Brockhaus aufgenommen und bei Wikipedia 2020 stehen die optischen Bilder von Kriegen im Vordergrund, bevor man auf einige Beiträge zum Bild des Krieges im übertragenen Sinne stößt. Das kann damit zusammenhängen, dass im Sprachgebrauch der Bundeswehr seit Anfang der 1960er Jahre statt Krieg sich die Begriffe Konflikt bzw. Einsatz eingebürgert haben und Krieg selber im Bewusstsein der Bevölkerung kein Mittel der Politik mehr ist. Eine tiefergehende Befassung mit dem Thema Kriegsbild in theoretischer Hinsicht und anhand historischer Quellen stellt Florian Reichenberger in seiner Dissertation „Der gedachte Krieg – Vom Wandel der Kriegsbilder in der Bundeswehr" von 2018 vor. Seine Gedankenarbeit zur Begriffsdefinition von Kriegsbild hilft, den inhaltlichen Wildwuchs zu strukturieren, auch wenn er versäumte, die Münsteraner Schule zum Thema Kriegsbild u.a. von Meyers und Woyke aufzunehmen.

Er beginnt zeitlich nicht zufällig 1962, d.h. mit Baudissins Vortrag vor der Deutschen Atlantischen Gesellschaft in Koblenz zum „Kriegsbild".[3] Er betont in pointierter Anlehnung an Baudissin die „mentale bzw. geistige" Seite des Begriffes, d.h. das „innere Bild". Die weitere Reihe der vorgestellten Diskutan-

---

[3] Baudissin, Wolf Graf v.: Grundwert Frieden in Politik – Strategie – Führung von Streitkräften, Berlin 2014, S. 240-256.

ten zur Begriffsdefinition ist von Fachleuten geprägt, die meist den Gedanken der Inneren Führung offen gegenüberstehen. Reichenberger entwickelt aus den verschiedenen Ansätzen eine Arbeitsdefinition: „Ein Kriegsbild bezeichnet eine Grundvorstellung vom Wesen eines zukünftig möglichen Krieges, d.h. von dessen Erscheinungsformen sowie von den Zwecken, den Möglichkeiten, den Mitteln, der Ausdehnung, der Intensität und den Auswirkungen der Kriegführung." Damit öffnet er den Blick, wie dies sich bereits in der Himmeroder Denkschrift angedeutet hatte. Er spricht schließlich von Kriegsleitbildern und stellt einen Bedeutungswandel fest, den das Kriegsbild im 20. Jahrhundert in Deutschland durchgemacht hat.[4]

Folgt man Reichenbergers Darstellung bei der sprachlich-inhaltlichen Entwicklung des Begriffs, könnte man den Eindruck gewinnen, dass Kriegsbild schon immer und besonders in Zeiten der Bundeswehr zum festen Bestandteil des militärischen Vokabulars gehört hat. Der Begriff findet sich aber nur gelegentlich in der Fachliteratur.[5] Heusinger benutzte den Begriff Kriegsbild o.ä. – so Reichenberger – erstmalig 1958 (Reichenberger 2018, S. 39); dabei zeigt sich eine Sichtweise, die diametral zu dem steht, was seit Baudissin und jetzt auch von Reichenberger unter „Kriegsbild" verstanden wird.

In militärischen Dokumenten und Vorschriften der Bundeswehr wurde das Thema Kriegsbild bis in die 80er Jahre weitestgehend gemieden. Immerhin hieß es in der Vorschrift für Truppenführung (TF) von August 1959, Nr. 2: „Das Bild des Krieges ist ständigem Wandel unterworfen." Dieser Wortlaut findet sich auch in der Folgevorschrift von Oktober 1962 wieder, mit der Einschränkung, dass es schwer sei, sich klare Vorstellungen vom „Bild der künftigen Kriege" zu machen, weil es ständigem Wandel unterworfen sei. Dieses Eingeständnis fiel ein halbes Jahr, nachdem Baudissin seine Gedanken zum Kriegsbild vor der Deutsch-Atlantischen Gesellschaft ausgebreitet und dann auch mehrfach, selbst als Beilage zur Zeitschrift der Bundeswehr „Information für die Truppe", veröffentlicht hatte. (Rosen 2015) Von einem Willen beim Führungsstab des Heeres zur gedanklichen Auseinandersetzung mit der Kriegsbild-Frage zeugt das nicht.

---

[4] Reichenberger, Florian: Der gedachte Krieg. Vom Wandel der Kriegsbilder in der Bundeswehr; (Diss) München 2018, S. 421.

[5] Siehe auch. Rosen, Claus von: Die Entwicklung des Kriegsbildes im Zeichen neuer und Hybrider Kriege; in: Uwe Hartmann u.a. (Hrsg.): Jahrbuch Innere Führung 2015, Berlin 2015, S. 25-59.

Den Unterschied zu Heusingers und Speidels Auffassungen erkennt man bei Reichenbergers Ausführungen zum Operativen Denken und Führen, das die historische Klammer vom Kaiserheer bis zur Bundeswehr von 1990 ausmache, die Reduzierung auf – wie es ehemals hieß – die „Ia"-Denke und den Waffenkrieg (Reichenberger 2018, S. 51f. und S. 118f.). Diese eingeschränkte und entwicklungsgeschichtlich rückwärtsgewandte „Denke" wird anhand der Vorgänge im Verteidigungsministerium zur ersten großen Stabsrahmenübung Lion Noir deutlich.[6] Baudissins Erfahrungsbericht – der dann sofort und für 50 Jahre in den Stahlschrank verbannt wurde – zeigte, dass Bürgerkrieg, Kalter Krieg und zeitlich vorgelagerte Spannungsphasen vor dem heißen Gefecht bis zum möglichen Einsatz von Atomwaffen ohne die von Baudissin nachgereichten Übungseinlagen aus Sicht der Inneren Führung ausgeblendet geblieben wären. Generell heißt es dort: Die Übung „wird konsequent vom Charakter heutiger Kriege bestimmt. Der moderne Krieg geht nicht mehr um territoriale Ziele. Der blutige Konflikt entspringt ideologischen Spannungen und kennt daher weder klare Unterscheidungen noch lineare Grenzziehungen zwischen den Staaten. Desgleichen gibt es keinen Unterschied zwischen Soldaten und Nichtkombattanten. Die Kriegführung beschränkt sich nicht mehr auf militärische Kampfmittel, auf bestimmte Kampfräume oder Kampfzeiten. Es handelt sich vielmehr um eine totale Auseinandersetzung zweier Lebensanschauungen, die mit allen Mitteln, auf allen Lebensgebieten und jenseits aller gewohnten Unterscheidungen und Grenzen ausgetragen wird. Vielmehr spielt sich ein heutiger Krieg inmitten der Zivilbevölkerung ab, Fernkampfmittel, Flugzeuge und Partisanen machen den Schutz von Heimat, Heim und Familie illusorisch; die eigene Gefechtsführung gefährdet und vernichtet nicht nur den Gegner. Hinzu kommen die geistig-politischen Momente der Auseinandersetzung. In einer solchen Lage kann die Verteidigungsbereitschaft des einzelnen nicht mehr mit der Sicherheit vorausgesetzt werden, wie dies im nationalstaatlichen Zeitalter noch selbstverständlich war." Und weiter: „Der Kampfwille des einzelnen wird außerordentlichen Belastungen ausgesetzt werden. Dabei ist die atomare Waffenwirkung auf dem eigentlichen Gefechtsfeld vermutlich nicht einmal der bedrückendste Faktor, wiewohl die anhaltende Unsicherheit, ob man nicht bereits eine, erst später fühlbar werdende Strahlenverseuchung erlitten hat,

---

[6] Nägler, Frank: Der gewollte Soldat und sein Wandel. Personelle Rüstung und innere Führung in den Aufbaujahren der Bundeswehr 1956 bis 1964/65 (= Sicherheitspolitik und Streitkräfte der Bundesrepublik Deutschland, Band 9. Eine Publikation des Militärgeschichtlichen Forschungsamtes), München 2010, S. 269-290.

einen beträchtlichen seelischen Druck darstellt. Mit derartigen Gefahren findet sich die Truppe auf ihre Art noch am ehesten ab. Viel bedrückender ist die Tatsache, dass das ganze Heimatgebiet mit zum Kampffeld wird; dass man sich als Soldat heute nicht mehr mit „seinem" Gegner allein auf dem Gefechtsfeld befindet – in einem harten, aber letztlich fairen Kampf; eingeschlossen in einer eigengesetzlichen Männerwelt." Und zum Schluss der Denkschrift heißt es: „Die mit Vorbedacht angesetzte und durchgeführte psychologische Kampfführung hat dem Kriege neue Dimensionen geöffnet. Damit erweitert sich der Verantwortungsbereich des soldatischen Führers beträchtlich. Die Gegenseite hat die Möglichkeiten und den Nutzen der psychologischen Kampfführung erkannt und betreibt sie systematisch." Dies habe Auswirkungen für die Führung im 'Frieden', d.h. im ‚Kalten Krieg' wie im ‚heißen Gefecht', da eine Bürgerkriegssituation einen möglichen Krieg der Zukunft bestimmen werde.

Erst Mitte der 60er Jahre unter Generalinspekteur Trettner öffnete sich die Bundeswehr offiziell gegenüber der Kriegsbildfrage; dies war dann aber mit einer „langsamen Rückkehr zur konventionellen Kriegführung" verbunden. (Reichenberger 2018, S. 298ff.) Dabei soll hier offenbleiben, ob und inwieweit dies nur „naive „Wunschbilder der Generalität"[7] waren. Und es sollte noch einmal 20 Jahre dauern, bis es im Doppel-Weißbuch 1983/1985 hieß: „Das Denken in Kriegsszenarien in der militärischen Fachdiskussion" trage zu Fragen nach den „Wahrscheinlichkeiten eines Krieges bei" (Weißbuch 1983, S. 115) und dass der Verteidigungsausschuss sich in einer Experten-Runde mit „Fragen der gültigen Bündnisstrategie befassen wolle (Weißbuch 1985, S. 80).

Baudissin hingegen hatte bereits bei seinem ersten offiziellen Auftreten in Hermannsburg im Dezember 1951 mit Blick auf die zu erwartende Realität eines Krieges öffentlich ausgeführt, dass ein „ernsthaftes und redliches Umdenken" für den Aufbau der neuen Streitkräfte nötig sei. Die Grundgedanken für das Soldatenbild basierten darauf, dass „alle früher als gültig erachteten Werte vom Staat bis zum Individuum … erschüttert" waren. Und weiter hieß es: „Aber auch die militärische Lage hat sich grundlegend verändert in den Zeiten der permanenten Bürgerkriege, welche keine räumlichen, zeitlichen oder sachlichen Begrenzungen mehr kennen. Die eigentliche Grenze in der großen Auseinandersetzung verläuft in den Herzen des einzelnen, was gerade wir Deutschen schmerzlich spüren. Dazu werden wir den Verteidigungsbeitrag in

---

[7] Rotte, Ralph: Kriegsbilder im Wandel: Gesellschaftliche und politische Herausforderungen; in: FIfF-Kommunikation 1/09, 2018, S. 23-26.

supranationaler Bindung an Völker, gegen die wir bis 1945 gekämpft haben, leisten, was ganz neue Aspekte auf das Wesen und die Stellung des Soldaten wirft." (Baudissin 2014, S. 43-45)

Das führte Baudissin in den nächsten Jahren weiter aus. Im Handbuch Innere Führung von 1957 hatte er im zentralen Beitrag über den „Staatsbürger in Uniform" den „Soldat im Permanenten Bürgerkrieg" und den „Soldat im Heißen Gefecht", vom „Kalten" bis zum „technisch-dynamischen Gefecht", ausführlich behandelt. Dabei verknüpfte er seine Aussagen zum Bild künftiger Kriege mit den neuen „geistig-sittlichen Maßstäben", d.h. mit der Bedeutung für „Menschenführung heute".[8] Am Schluss dieser Ausführungen heißt es: „Heute, wo der Waffenkampf beinah sekundär wird, jedenfalls seine Entscheidung im Kalten Krieg vorweggenommen werden kann, muss sich der Staatsverteidiger in die innere Front der Staatsbürger eingliedern, müssen den freiheitlich gesonnenen Kräften unseres Volkes neue und mächtige Energien auch aus der Bundeswehr zuwachsen." Und: „Heute erscheint es manchem unbegreiflich, dass jeder Soldat ein unerschütterlicher Staatsbürger sein muss, der in der Mitverantwortung für die freiheitliche Ordnung bereits im kalten Gefecht steht, der an seinem Platze den Ausbruch eines Heißen Krieges mit all seinen Unabsehbarkeiten verhindern hilft, indem er bereit und entschlossen ist, für Freiheit und Recht das Letzte einzusetzen." (BMVg 1957, S. 45) Und die Gedanken des Handbuchs zusammenfassend: „Der moderne Krieg ist nicht nur ein Waffengang. Er ist ebenso ein Krieg der politischen Ideen und Schlagworte, der Propaganda und der psychologischen Kampfführung." Sowie: „Der Stil des soldatischen Lebens und die Formen des militärischen Kampfes wandeln sich unablässig." Und: Die Lösung der „'äußeren' Führungsaufgabe (sei) zugleich eine Frage der Inneren Führung". (BMVg 1957, S. 169-171)

Daraus spricht, dass das Leitbild vom Staatsbürger in Uniform und die Konzeption der Inneren Führung von Baudissin und seinen Mitarbeitern unmittelbar aus den Vorstellungen von einem künftigen Krieg entwickelt worden waren. Damit bot er der Bundeswehr eine Denkfigur, mit deren Hilfe das Phänomen „Krieg" überhaupt und besonders in der Zeit der großen Veränderungen seit Mitte des 20. Jahrhunderts sinnvoll-praktisch zu begreifen, ja zu verstehen ist: Das Kriegsbild kann nicht starr sein, denn das Verständnis von Krieg muss heute mehr als früher Veränderungen aufnehmen können. Es geht

---

[8] Bundesministerium für Verteidigung, Führungsstab der Bundeswehr I 6 (Hrsg.): Handbuch Innere Führung. Hilfen zur Klärung der Begriffe. Bonn 1957, S. 17ff.

dabei auch nicht bloß um Überraschung im Krieg, die z.B. Clausewitz (Clausewitz 1973, S. 383 und S. 618) beschrieben hat, vor der man gefeit sein sollte. Vielmehr sind seit dem II. Weltkrieg in jeder Hinsicht gewaltige Veränderungen eingetreten. In unseren Tagen zeigt sich das z.B. am erschrockenen Ausruf der „Neuen Kriege" von Münkler oder beim Hybriden Krieg angesichts der Krim-Besetzung durch Russland. D.h. das Kriegsbild muss generell dem Wandel gegenüber offen sein und ist dabei selbst Teil des Wandels. Die Zeitdimension des Kriegsbildes ist von Dynamik, wenn nicht gar von Eigendynamik und sich verselbständiger Eskalation gekennzeichnet, sowie von Permanenz ohne klaren Anfang und vorhersehbarem Ende. Das Bild der Krise und des Übergangs bekommt damit seine eigene Bedeutung.

Ludendorff hatte den Begriff des totalen Krieges propagiert; gelegentlich wird auch vom absoluten Krieg gesprochen. Aus heutiger Sicht kommt dazu das Bild einer weltweiten Vernetzung im Sinne von Globalisierung. Aus beidem spricht eine Vorstellung der totalen Machbarkeit. Krieg ist aber nicht nur militärtechnisches–strategisches Denken und Handeln und auch nicht bloß auf den reinen Waffengang einzugrenzen, sondern wirkt sich auf alle Lebensgebiete aus. Baudissin sprach z.B. vom „Krieg gegen die Herzen jeden Bürgers". Das meint den psychologischen Krieg und zielt in die eingangs angesprochene Richtung von „war on terror". Damit aber sind andere „Kriegsgebiete" wie z.B. Ethik, Politik, Wissenschaft, Gesellschaft, Wirtschaft bis zur Technologie nicht ausgeschlossen – je mit Tendenzen zur Globalisierung und zum Totalen, ja bis zum Totalitären.

Unter dem Aspekt der Machbarkeit wird bei Überlegungen über Krieg gewöhnlich stillschweigend vom „Gewinn" des Waffengangs ausgegangen. Schäden und Verluste materiell wie ideell werden eher als Kollateralschäden abgetan. – Als deutsche Truppen am 9. Mai 1940 die Grenze nach Dänemark überschritten, verbot der dänische König jeden Widerstand mit Waffengewalt. Für ihn war es keine Frage der Ehre, sich nicht mit der Waffe zu wehren, sondern eine Frage der voraussehbaren Schäden und Verluste, die er zu vermeiden wünschte. – In seinem Vortrag über das Kriegsbild hatte Baudissin den „totalatomaren Krieg" darin enden lassen: „von da an herrscht Kirchhofsruhe". (Baudissin 2014, S. 254) In gedanklicher Fortsetzung formulierte er später im Rahmen von Abschreckungsstrategie, Kooperativer Rüstungssteuerung (arms control) und Friedenspolitik den Terminus „kalkuliert untragbares Risiko" (Baudissin 2014, S. 481-492, hier S. 486). In dieser Verbindung von Kriegsbild und Friedenspolitik liegt scheinbar ein Widerspruch. Darin liegt jedoch im tiefsten Grund das Verständnis von Innerer Führung und deren moralisch-ethische Seite für Handeln an der Grenze des Möglichen: Frieden ist der Ernstfall – auch und gerade heute für das Denken und Handeln im „Kriegsbild".

Schließlich stellt sich die Frage nach den hermeneutischen Kategorien als Hilfe bzw. Mittel für die suchende, erklärende, bewertende und planerisch/organisatorische Arbeit an sicherheits- und militärpolitischen Fragen. Das können u.a. mögliche Erscheinungsformen, Intensität, Ausdehnung, Möglichkeiten, Mittel, Zwecke, Wirkungen oder Folgen von Krieg sein. Reichenberger spricht diesbezüglich von „veränderlichen Fakten und bleibenden Elementen": Er summiert aus der Literatur zusätzlich noch eine „ganze Palette" weiterer Faktoren (Baudissin 2014, S. 54f.) und betont, dass es bei Kriegsbildern eine Unschärfe gäbe (Baudissin 2014, S. 60f.), d.h. dass all die Kriterien nicht den „gewünschten" Ansprüchen für das weitere Denken und Handeln entsprechen. Schließlich fasst er alles unter zwei Aspekten zusammen: „Eigentümlichkeiten von Kriegsbildern" und „Möglichkeiten und Grenzen der Erfassbarkeit von Kriegsbildern". Daraus spricht, dass das Kriegsbild nicht mehr ausschließlich mit Kategorien zu erfassen ist, die aus der Geschichte überkommen bzw. entwickelt sind.

Baudissin hatte fünf Formen von kriegerischen Auseinandersetzungen anhand von verschiedenen Waffenwirkungen beschrieben: Den kalten Krieg, den subversiven oder auch subkonventionellen Krieg einschließlich des Partisanen- und Bürgerkrieges, den konventionellen, nicht-atomaren Krieg, den begrenzt-atomaren Krieg mit zusätzlichen atomaren Gefechtsfeldwaffen, sowie den total-atomaren Krieg (Baudissin 2014, S. 256ff.). Eine andere begriffliche Aufteilung ist die nach der Gegnerschaft: Staaten gegen Staaten im internationalen System sowie Staaten gegen Private der globalisierten Gesellschaft. Bei letzterem wird der Staaten-zentrierte Blick der letzten drei Jahrhunderte überwunden, wie dies Baudissin schon in der Form der subversiven Kriege deutlich machte. Inzwischen sind weitere Formen hinzugekommen, z.B. der asymmetrische Krieg[9] und der hybride Krieg[10] und weniger deutlich als eigene Kriegsform der comprehensive approach. Nicht die weitere Ausdifferenzierung allein ist entscheidend für das Gesamt des Kriegsbildes, sondern dass diese Formen

---

[9] Siehe u.a. Münkler, Herfried: Der Wandel des Krieges. Von der Symmetrie zur Asymmetrie. Weilerswist 2006.

[10] Siehe u.a. Hartmann, Uwe: Hybrider Krieg als neue Bedrohung von Freiheit und Frieden. Zur Relevanz der Inneren Führung in Politik, Gesellschaft und Streitkräften, Berlin 2015 und Freudenberg, Dirk: Hybride Kriegführung und Urbanität; in: ÖMZ 3/2020, S. 314-319.

nicht getrennt voneinander oder nacheinander auftreten und auch keinen fi-
xiert-definierten Anfang wie auch kein derartiges Ende haben. Es bestehe
vielmehr „die Gefahr, dass alle eben erwähnten Formen nach- und nebeneinander auftreten – je nach den Absichten und Mitteln der Kriegsführenden
bzw. der Bedeutung einzelner Kriegsschauplätze." (Baudissin 2014, S. 254)
Diese gedanklichen Differenzierungen, die begriffliche Vielfalt und damit verbunden die Unschärfe mögen verwirren. Das aber entspricht dem, was das
Kriegsbild ausmacht, leisten kann und soll. Schon Clausewitz hatte die allgemeinen Ausführungen über den Krieg im ersten Buch mit der doppelten Me-
tapher vom Chamäleon und der wunderlichen Dreifaltigkeit beendet und über
die darin wirkenden Tendenzen gesagt, dass sie „als ebenso viele verschiedene
Gesetzgebungen erscheinen, [sie] sind tief in der Natur des Gegenstandes ge-
gründet und zu gleich von veränderlicher Größe. Eine Theorie, welche eine
derselben unberücksichtigt lassen oder zwischen ihnen ein willkürliches Verhältnis feststellen wollte, würde augenblicklich mit der Wirklichkeit in solchen
Widerspruch geraten, dass sie dadurch allein schon wie vernichtet betrachtet
werden müsste." (Baudissin 2014, S. 213) So ein willkürliches Verhältnis aber
ist auch die fast ausschließliche Staatenzentrierung der Kriegsbilder (gewesen),
sowohl in der politisch-militärischen Praxis als auch in der historischen Reflexion.

Strategie: Statt einer Begriffs-Definition

Der Begriff der Strategie ist im Zusammenhang mit militärischen Auseinandersetzungen seit Clausewitz klar definiert (Clausewitz 1973, S. 271). Wir erleben
aber z.Z. eine inflationäre Entwicklung des Wortes Strategie für dies und das
gedanklicher Vorüberlegungen auf jedwedem Handlungsgebiet. – Worum geht
es also heute?

Strategie steht für das Konkrete der Führung. Sie wird bisher eher auf oberster,
gar außerhalb des konkret Militärischen auf politischer Ebene gedacht. Dabei
besteht offensichtlich Nachholbedarf, wie aus Sebaldts „Pflichtenheft der Strategie"[11] offensichtlich wird. Dass strategisches Handeln aber auch auf sehr nie-
deren Führungsebenen gefragt ist, hat das Beispiel vom Erzengel Michael

---

[11] Sebaldt, Martin: Das Elend der Strategen. Warum die deutsche Militärpolitik versagt, Berlin
2020, S. 111-126.

Kloster in Prizren gezeigt.[12] Und selbst für den einzelnen Soldaten ist Strategie-Fragen und -Denken z.B. als Motivation-Frage von Bedeutung - hier liegt offensichtlich der Schlüssel zur Lösung des Dauerproblems der Bundeswehr: „Tradition" als Mittel zur Sinnfindung über die Historische Bildung hinaus. Strategie ist vielmehr ein Denken in allen Lebensbereichen zur langfristigen Überlebenssicherheit gegenüber prinzipiell neuen Hindernissen, Planungshorizonten und logistischen Reichweiten.[13] Mit dieser Öffnung können die eingangs erwähnten Aussagen zu Corona u.ä. Aufnahme in strategische Überlegungen finden.

Seit 1950 gibt es in (West-)Deutschland offensichtlich keinen eigenen Denk-Ansatz für Strategie. Dafür ist die NATO zuständig. D.h. die Soldaten in der Bundeswehr sind zum Handeln und Denken im Sinne von Strategie nicht mehr gefragt; dort wird nur „höhere Taktik" – wie es einst hieß – bzw. Operation und Organisation von militärischer Macht betrieben und gelehrt. Laut Weißbuch 1985 (S. 80) ist Strategie dem Parlament vorbehalten. Und wenn deutsche Offiziere in hohen und höchsten Positionen der NATO zu strategischen Überlegungen beitragen sollen, müssen sie das sozusagen aus dem Handgelenk und angeborenem Talent leisten.

Baudissin hatte in der Anfangszeit im Amt Blank und im Verteidigungsministerium offiziell so gut wie nie von Strategie gesprochen. Sein Arbeitsgebiet war die Innere Führung. Dennoch hatten seine Gedanken den Bereich der Strategie miterfasst, wie bereits am Beispiel des Kriegsbildes deutlich wurde. Die Kriegstechnologie hatte sich in einem Qualitätssprung wesentlich erweitert. Psychologische Kriegsführung war als neue Waffe hinzugekommen. Und die Kriegsführungsmöglichkeiten in Form von Partisanenkrieg hatten sich als eigenständige Form im kleinen Maßstab am Pripjet und auf dem Balkan erfolgreich erwiesen sowie im Großen beim „langen Marsch" Mao's in China durchgesetzt. Dauerhafte Bündnissysteme im globalen Maßstab hatten sich nach dem Ende der Weltkriegsallianz etabliert. Vor diesem Hintergrund vollzog Baudissin eine radikale Abkehr von den bis dahin geltenden Grundmustern, Denkstrukturen und Modellen der klassischen militärischen Strategie. Ihm ging es vorrangig um politische Strategie. In einem Vortrag vor dem Sonthofener Lehrgang 1956 für

---

[12] Rosen, Claus von: Ethik und Strategie. In: Uwe Hartmann u.a. (Hrsg.): Jahrbuch Innere Führung 2011, Berlin 2011, S. 63 -87.

[13] Peischel, Wolfgang (Hrsg.): Wiener Strategie-Konferenz 2016. Strategie neu denken, Berlin 2017, S. 140ff.

Generäle und Generalstabsoffiziere zum Thema „Soldatische Tradition und ihre Bedeutung für die Gegenwart" stellte er fest, dass eine wesentliche Leitlinie für die soldatische Tradition immer schon und nicht erst „heute" der „Frieden" gewesen sei: „Vom Frieden her bekommt die Kriegführung ihren Auftrag und ihre Grenze." (Baudissin 2014, S. 179; s.a. BMVg 1957, S. 59) Darin deutet sich Baudissins Neu-Ansatz zur Friedenstrategie an, den er 1947 in seiner Denkschrift „Ost oder West – Gedanken zur deutsch-europäischen Schicksalsfrage" bereits vorbereitet hatte (Baudissin 2014, auszugweise S. 37-41; s.a. Rosen 1995, S. 109-120). Wesentliche Begriffe sind dabei Frieden, mutual balanced, Gleichgewicht, freiwillige Souveränitätsbeschränkung sowie Empathie. Daraus entwickelte er seine Gedanken zur politischen Abschreckungsstrategie mit kooperativer Rüstungssteuerung als ein wesentliches Mittel. – Militärstrategie aber sei nur eine Funktion politischer Zielsetzung und technologischer sowie wirtschaftlicher Kapazitäten. Sie sei ein Aspekt der „höheren Strategie" (Liddell Hart) unter vielen. (Siehe auch Baudissin 2014, S. 327, 332 und 356)

In dem anderen Vortrag vor dem Sonthofener Lehrgang über das neue Leitbild „Staatsbürger in Uniform" öffnete Baudissin den Blick auf neues Strategie-Denken: „Strategie und Taktik des ‚Klassenkampfes' haben alle herkömmlichen Begriffe nationaler Zusammengehörigkeit staatlicher Souveränität und zwischenstaatlichen Verkehrs aufgehoben. Es ist, als habe sich über die ehemals nationalen Vaterländer hinweg ein neues System ideologischer ‚Vaterländer' gelegt, das selbst die vertrautesten Menschen in den privatesten Bereichen in die Kampfsituation drängt. ... Allgemeine Friedlosigkeit ist das Kennzeichen dieser Auseinandersetzung, die auf allen Lebensgebieten ausgetragen wird." Daraus folgt: „Solange militärisches Gleichgewicht der Weltmächte besteht und der Einsatz von Massenvernichtungswaffen droht, wird der Schwerpunkt der Aggression naturgemäß auf geistiges Gebiet verlagert." (BMVg 1957, S. 35f.)

In der Stein-Preis-Rede von 1965 sprach Baudissin über den Sinn des Krieges und damit auch über die Abschreckungsstrategie. (Baudissin 2014, S. 288). Zu dieser Zeit war er bereits zum zweiten Mal in einer hohen NATO-Stabsfunktion konkret mit der Entwicklung der NATO-Strategie befasst. Er arbeitete mit an der militärisch-politischen Strategie der Flexible Response im Zusammenhang mit dem Harmel-Bericht von 1967. Gleichzeitig schrieb er das Vorwort zur deutschen Fassung von Beaufre's Werk „Dissuation et Stratégie"

(Baudissin 2014, S. 298-302). Darin stellt er einen dreifachen Mangel in der Westdeutschen Strategie Community fest, u.z. an

- „wissenschaftlichen Instituten, die sich der strategischen Probleme unter den verschiedensten Gesichtspunkten annehmen
- einer genügend breiten und qualifizierten Fachpresse, die die wissenschaftlichen Ergebnisse aufnimmt, sie publiziert und sich politisch mit ihnen auseinandersetzt, und schließlich an
- einer politischen Öffentlichkeit, die sich bemüht, an den politischen Entscheidungen mitzuwirken, zumindest aber auf dem Laufenden zu bleiben." (Baudissin 2014, S. 299)

Er griff Beaufre's Ansatz der „totalen Strategie" auf und zitierte ihn im vollen Einverständnis, „dass Strategie heute nur noch als ‚die Kunst' begriffen werden kann, ‚die Macht' – und das heißt nicht nur die militärischen Gewaltmittel – bei der Durchsetzung der politischen Ziele zur Geltung zu bringen" und weiter „so verstanden umgreift Strategie alle politischen Bereiche, das heißt das gesamte geistige, gesellschaftliche, technische und wirtschaftliche Potential, und muss daher von der politischen Gesamtheit gesehen, diskutiert und getragen werden." (Baudissin 2014, S. 299) Beaufres „Mehrseitige Abschreckung" behandelte „eines der zentralen Probleme der heutigen Welt" (dass., S. 301f.). Strategie könne damit unter den neuen zeitlichen und geographischen Dimensionen wie Abschreckung, Koordinierung der indirekten Strategie der NATO-Verbündeten, Crises Management wie auch Innere Führung gesehen werden (Baudissin 2014, S. 300). Dies habe zur Folge, dass nur eine gemeinsame Strategie im Bündnis die notwendige Sicherheit bringe. (Baudissin 2014, S. 302) Baudissin folgerte daraus: „Für uns Deutsche erscheint es überdies aufschlussreich und zugleich tröstlich, dass die Zweifel an der Notwendigkeit von Streitkräften überhaupt, die Suche nach ihrer zeitgemäßen Aufgabe, nach ihrer Einordnung in Staat und Gesellschaft, die Frage nach dem rechten Selbstverständnis des Soldaten globale Probleme geworden sind. Probleme, die zutiefst mit dem Wandel der Strategie und unserer Gesellschaft, das heißt mit einer veränderten politischen Wirklichkeit zusammenhängen." (Baudissin 2014, S. 301) Derartige Fragen zu stellen und im Strategie-Denken mit aufzunehmen kennzeichnen Baudissins Verständnis von politischer Abschreckungs-Strategie.

Zwei Jahre später, als pensionierter General, las Baudissin im Seminar für Sozialwissenschaften an der Hamburger Universität zum Thema „NATO-Strategie im Wandel" (Baudissin 2014, S. 327-360; s.a. Rosen 2017, S. 71-92, hier S. 81 f.). Er stellte in dieser ersten öffentlichen Zusammenfassung seiner Überlegungen zur Strategie fest, dass Strategien demjenigen nützen, der sie zu entwickeln und zu nutzen weiß. Es sei eine existentielle Frage und Aufgabe für Politik und vergleichbare Handlungs-Bereiche, Strategie-Wissen und -Fähigkeiten in Wissenschaft und Lehre organisiert zu entwickeln und weiterzugeben. Damit begann Baudissins wissenschaftliche Arbeit als Dozent an der Universität und kurz darauf auch als Gründungsdirektor des Hamburger Friedensforschungs-Instituts (IFSH). Er nahm den Faden aus seiner Zeit als Kommandeur des NATO-Defence-College in Paris und Casteau (1963–1965) wieder auf, wo er die Strategie-Lehre der NATO wesentlich entwickelt hatte, und spannte nun den Bogen von der militärischen Abschreckungsstrategie bis zur Friedens- und Sicherheitspolitik. Damit legte er vor 50 Jahren einen Grundstock für die seit einigen Jahren allgemein einsetzende wissenschaftliche Behandlung von Strategie auch anderer gesellschaftlicher Handlungsfelder und wissenschaftlicher Disziplinen. Das „Strategiedefizit" in Gesellschaft, Politik und Wissenschaft war bei gleichzeitiger „Strategiebedürftigkeit" seit Beaufre gewachsen. Und Peischel spricht inzwischen von einem deutlichen Bedarf an langfristig-strategischem Denken; Strategie sei als Forschungs- und Lehrfeld generell „untertheoretisiert". (Peischel 2017, S. 21) Das gelte für alle Lebensbereiche, wo es um Sichtweisen, Statements und Darstellungen mit Beratung sowie um praktisches Handeln in weitreichenden, langfristigen und (über-)lebenswichtigen Zukunftsfragen geht, besonders in der Politik, Diplomatie, hoheitlichen Verwaltung, privatwirtschaftlichen Unternehmensführung, Sicherheitsexekutive und oberen militärischen Führung.[14]

Der politische Charakter der NATO-Strategie beruht – so Baudissin in seiner Vorlesung von 1968 – auf innerer Stabilität der einzelnen Partnerstaaten, der Solidarität der Partner im Bündnis sowie der militärischen Strategie. Diese Elemente stehen nicht selten im Widerspruch zueinander; der jeweilige Vorrang müsse daher immer wieder neu bestimmt werden. Jeder Wandel der Bündnisstrategie stelle die einmal ausgehandelten Kompromisse in Frage, wodurch die Divergenzen der nationalen Auffassungen immer wieder zutage treten. (Baudissin 2014, S. 327)

Politische Abschreckungs-Strategie ziele primär auf Verhinderung des Krieges. Sie habe einen psychologisch-politischen Zweck. Das Sicherheitsbedürfnis

---

[14] Siehe Peischel, Wolfgang (Hrsg.): Wiener Strategiekonferenz 2017. Strategie neu denken. Berlin 2018, S. 96-116; für die Politikwissenschaft s. Raschke, Joachim und Ralf Tils: Politische Strategie. Eine Grundlegung, Wiesbaden 2007.

beider Seiten gelte dabei als wichtiger Stabilisierungsfaktor. (Baudissin 2014., S. 335f.) Es gehe, Beaufre zitierend, „nicht darum, den Gegner zu vernichten – was … gar nicht möglich ist – sondern darum, ihn zu überzeugen, dass es nutzlos sei, den Kampf aufzunehmen oder fortzusetzen." Das gesamte eigene Potential – und nicht nur die nuklearen bzw. die thermonuklearen Komponenten – diene der Abschreckung, indem auch für den Angreifer das Risiko der Eskalation und des militärischen Misserfolges besteht. Abschreckung also durch ein „kalkuliert untragbares Risiko". (Baudissin 2014, S. 486) Dies sei möglich, wenn Qualität, Zusammensetzung und Quantität der Streitkräfte „glaubwürdig machen, dass keine Art von Angriff auf militärischen Erfolg rechnen kann". (Baudissin 2014, S. 346) Auch „die Verteidigung dient in erster Linie dem psychologisch-politischen Zweck, dem anderen deutlich zu machen, dass weder eine Verlängerung, noch eine Intensivierung, noch eine Verbreiterung der Feindseligkeiten ihn seinen politischen Zielen auch nur einen Deut näherbringt – das ist Abschreckung." (Baudissin 2014, S. 392)

Abschreckung geschehe durch einen „abgestuften Einsatz der gerade angemessenen Mittel." Das bedeutet, dass es – oft sogar im taktischen Bereich – nicht um das militärische Siegen gehe, das keinem politischen Zweck mehr diene. Vielmehr werde „das militärische Nicht-Besiegt-Werden häufig genügen um den Angreifer zu hindern, seinen politischen Willen dem Angegriffenen aufzuzwingen. Ein solcher ‚Sieg' genügt." (Baudissin 2014, S. 352) Das fordere von der militärischen Führung einen „hohen Grad an Besonnenheit, Urteilsfähigkeit und Charakterstärke", „nur das zur Ausführung des Auftrages gerade Benötigte einzusetzen. Jedes Zuviel oder Zuwenig, jedes Zu-früh oder Zu-spät verursacht unnötige Eskalation." (Baudissin 2014, S. 351)

Daraus entwickelt sich ein politischer Zielwandel der Bündnis-Strategie von der Kriegsverhinderung hin zur Friedenserhaltung und -Gestaltung. Da die militärischen Kräfte der NATO nie in der Lage gewesen seien, gegen alle Formen von Aggressionen glaubhaft abzuschrecken, gäbe es auch „Abschreckungslücken", so dass bestimmte Kriege „wieder" möglich d.h. führbar würden, besonders wenn eine Seite gerade auf diese Formen des Kampfes nicht genügend vorbereitet ist. Daher müsse man sich im Zeichen abnehmender militärischer Kräfte zu einer „Schwerpunktbildung" für eine Konzentration der Kräfte zur „Abschreckung gegen die am wenigsten unwahrscheinlichen Aggressionszonen entscheiden." (Baudissin 2014, S. 344-348)

Im Rahmen der Abschreckungsstrategie haben Streitkräfte bereits im Frieden einen aktiven Charakter, weil sie primär auf Verhinderung des Krieges z.B.

durch ein wirksames „Crisis Management" ausgerichtet sind. Sie demonstrieren das Risiko jedes Angreifers. Dennoch können auch andere politische Faktoren wie z.B. die „innere Stabilität" im Bündnis oder in einzelnen Staaten vorrangig sein, was aber nur bedeutet, dass das „gesamte" politische Potential in eine jeweils „neue Rangordnung" zu bringen sei.

Eine andere Konsequenz der Abschreckung ist die Notwendigkeit der politischen Kontrolle der militärischen Strategie und auch der Handlungen auf der taktischen sowie der operativen Ebene, da die „Waffenwirkung heute weit über das Schlachtfeld hinausstrahlt und damit unmittelbar politisch wirkt". Dies bedeutet ein Dilemma, weil die Einwirkung der Politik unmittelbar auf Operation und Taktik, „rein militärisch genommen" einen sachfremden Einfluss darstellt, der ggf. den Soldaten „am taktisch richtigen, d.h. zugleich wirksamsten und kräfteschonenden Gebrauch seiner Mittel hindert". Baudissin sieht darin eine „nicht unbeträchtliche Belastung" – u.z. für beide Seiten –, die aber ertragen werden müsse: „Nur eine vertiefte Einsicht in die Zusammenhänge und die feste Überzeugung vom notwendigen Primat des Politischen, d.h. hier vom eindeutig politischen Charakter des Krieges, können die Soldaten vor dem Gefühl der Frustration und des Allein-Gelassen-Seins bewahren." (Baudissin 2014, S. 350) Baudissin sieht zugleich, dass diese neue Strategie auch dem Politiker viel abverlangt, dass er die militärische Führung nicht durch unnötiges Einmischen ihrer Aufgabe und Kompetenz entledigt. Das setze „gründliche Kenntnisse der militärischen Problematik und des Dilemmas der militärischen Führung voraus", eine Frage, die 1968 „noch eingehender Untersuchung" bedurfte (Baudissin 2014, S. 351) und heute in die Führungslehre der Streitkräfte eingepasst sein muss.

Baudissin differenziert zwischen einerseits einer friedenspolitischen Strategie mit bewaffnetem Frieden zur Friedensbewahrung bzw. Kriegsverhütung und andererseits einer militärpolitischen Strategie der Streitkräfte durch strategische Stabilität, Kriegstüchtigkeit sowie gegenseitige Abschreckung per flexible response als prohibitive Aufgabe zur Friedensbewahrung oder zur Friedenswiederherstellung. Militärische Strategie ist dann „nur noch" eine Besonderheit unter anderen „Fach-"Strategien.

Da Krieg durch komplexe und kontingente Zusammenhänge unterschiedlichster Faktoren bestimmt ist, die sich zusätzlich ständig ausweiten, kann Strategie an keiner Stelle und zu keiner Zeit ein-eindeutig bzw. „gradlinig" ausformuliert werden. Vielmehr verlangt es generelle Offenheit und politisch-psychologisch subtilere Formen des Denkens und Handelns. Das wird an Baudissins Strategievorstellungen und strategischem Denken deutlich. Darin liegt eine entscheidende Neuerung für Strategie-Denken und damit der Ansatzpunkt für politische wie militärische und andere Strategiedenke unserer Tage.

Innere Führung 2020: Statt einer Begriffs-Definition

Wie einleitend bereits gesagt, sollte die Bundeswehr von Grund auf neu und ohne Anlehnung an frühere Formen aufgebaut werden. Das galt nicht nur wegen der veränderten Formen von Krieg und wegen der politisch-militärischen strategischen Lage, die nur noch im Bündnis zu denken war. Das galt ebenso wegen der neuen Werteordnung, der freiheitlich-demokratischen Grundordnung, in der und für deren äußere Absicherung die Streitkräfte aufgestellt werden sollten. Diese Dreiheit begründete die Konzeption „Innere Führung" als neues Führungsverständnis für die Bundeswehr. Sie wurde von den „Vätern der Inneren Führung" unter Leitung von Baudissin neu entwickelt.

Im Erlass zur Begründung der Inneren Führung vom 10. Januar 1953 hieß es: „Alle Arbeiten auf dem Gebiet ‚Innere Führung' haben das Ziel, den Typ des modernen Soldaten zu schaffen und fortzubilden, der freier Mensch, guter Staatsbürger und vollwertiger Soldat zugleich ist."[15] Dieser definitorische Ansatz für Innere Führung wird bis heute gern zitiert, so auch in der z.Z. noch gültigen Vorschrift zur Inneren Führung von 2008, die aber – in abgeänderter Formulierung – damit nun „Forderungen" an den Soldaten als Staatsbürger in Uniform „idealtypisch" beschreibt.[16] Abgesehen von sprachlichen Veränderungen und der Wendung von der Aufgabenbeschreibung im Arbeitsgebiet der „Inneren Führung" zur Forderung an den einzelnen Soldaten fehlt hier wesentlich der Blick auf die Bundeswehr als Ganzes. Innere Führung wird nur im individuellen Verhalten des Soldaten verstanden und d.h. unausgesprochen verkürzt: des „einfachen Soldaten". Es ist damit nicht ausgeschlossen, dass auch von Vorgesetzten in höheren Positionen derartiges Normenverhalten eingefordert wird, aber eben nur als individuelles Verhalten. Es fehlen – und das nicht erst 2008 – die speziellen Herausforderungen an die Organisation

---

[15] Rosen, Claus von: Die ZDv 10/1 Innere Führung von 2008. Vorschrift – Handbuch – Überbau; in Uwe Hartmann u.a. (Hrsg.): Jahrbuch Innere Führung 2009, Eschede 2009, S. 17-51, hier S. 23.

[16] Bundesminister der Verteidigung (Hrsg.): ZDv 10/1. Innere Führung. Selbstverständnis und Führungskultur der Bundeswehr, Bonn 2008, S. 16.

von Führung, von der taktischen bis zur strategischen Ebene, als Denken, Entscheiden und Handeln in jedem Aufgabenbereich auf jeder Führungsebene.

Innere Führung wird in der Bundeswehrorganisation und in den Vorschriften seit je her über heute sogenannte Gestaltungsfelder beschrieben. Dabei geht es in der Vorschrift von 2008 in erster Linie um Menschenführung, Politische Bildung sowie Recht und soldatische Ordnung; hinzu kommen noch Dienstgestaltung und Ausbildung, Informationsarbeit, Organisation und Personalführung, Fürsorge und Betreuung, Vereinbarkeit von Familie und Dienst, Seelsorge und Religionsausübung sowie Sanitätsdienstliche Versorgung (BMVg 2008, Kap 4). Im Gegensatz zu den Vorgängervorschriften finden sich dort auch manche Hinweise zum individuellen Erleben und Handeln im Einsatz, Gefecht und beim Führen mit Auftrag. Aber Reflektionen über das Kriegsbild und dessen Bedeutung für die Führung bis in die Ebene der Strategie hinein, wie dies im Handbuch Innere Führung von 1957 noch selbstverständlich war, fehlen in der Vorschrift von 2008. Das lässt zwei Schlüsse zu: Entweder soll betont werden, dass Innere Führung als spezielle Form in der militärischen Kultur nur dort Platz hat, wo es nicht um Einsatz, Krieg oder ähnliches geht, oder dass Innere Führung alles militärische Handeln fraglos überdeckt. Auch wenn die erste Position von manchen Angehörigen der Bundeswehr immer wieder offen vertreten wird, scheint letzteres die Intention des Verteidigungsministers Dr. Jung gewesen zu sein, als er 2008 die Vorschrift herausgab. In beiden Fällen besteht ein Problem für die Verwirklichung von Innerer Führung: Denn die Trennung von Innerer und äußerer Führung und die Aufteilung von Führung allgemein nach Fachgebieten auf der Arbeitsebene vom Ministerium bis hin zu den Stäben auf der Taktik-Ebene sowie die „rein fachliche" Ausrichtung bei Vorschriften z.B. im technischen Bereich oder bei Gesetzestexten kann hilfreich sein und ist bis zu einem gewissen Grade sinnvoll. (s. BMVg 1957, S. 171-172) Aber deren Integration in der täglichen Führungspraxis bleibt dem einzelnen Akteur überlassen, wie dies schon im Ausschuss Innere Führung von 1953 deutlich wurde und sich beim separaten Vorgehen bei den Planungen zur ersten Stabsrahmenübung von 1957 gezeigt hatte. Dann muss die Integration mit den Forderungen der Inneren Führung anderweitig geleistet werden. – In der Regel aber bleibt das dem einzelnen Akteur und Leser der Vorschriften überlassen.

In den ersten Ausgaben der Truppenführungs-Vorschrift des Heeres fehlte das Thema Innere Führung. Erst in der Ausgabe von 1973 ist ein spezielles Kapitel zur Inneren Führung enthalten. Und ab 1990 wird Innere Führung auch als ein

„Führungsbegriff" aufgenommen. Dabei lässt sich bereits früh ablesen, dass Innere-Führungs-Aspekte für den Truppenführer nicht unwichtig sind. Bereits 1959 werden bestimmte Eigenschaften oder Verhaltensweisen des militärischen Führers aufgeführt (BMVg 1959, Nr. 9-14) und auch das Thema psychologische Kampfführung (Nr. 34 und 45) sowie das Kriegsvölkerrecht (Nr. 106) gestreift. Ab 1962 werden diese Themen deutlich weiter ausgeführt. Z.B. wird im Kapitel Psychologische Führungsaufgaben über die „innere Widerstandskraft", Kampf im eigenen Land, Vertrauen zwischen Führern und Geführten sowie Belastbarkeit und Selbstvertrauen der Truppe sowie Gefahren für die innere Haltung z.B. bei Misserfolgen einiges gesagt. Dies sind aber meist Aussagen darüber, dass es so etwas gibt, weniger: wie damit konkret umzugehen sei. Auch die Völkerrechtlichen Grundsätze werden ausführlich im Anhang der Vorschrift von 1962 behandelt. Davon abgesehen fehlt aber die gesamte Breite der Werte und Normen der freiheitlich-demokratischen Grundordnung, die zu schützen dem Soldaten der Bundeswehr aufgegeben ist und für ihn als Staatsbürger in Uniform als „Grundverpflichtungen" auch im Einsatz Geltung haben.

Seit 70 Jahren verstummen Stimmen gegen die Innere Führung bzw. für eine klare Trennung von der äußeren Führung nicht. Umgekehrt treibt das Suchen nach Bindung durch Traditionen immer wieder höchst zweifelhafte Blüten.[17] Diese Tendenzen haben sich verstärkt, je mehr Auslands-Einsätze zum Bundeswehr-Alltag wurden, angefangen mit dem Leutnant, der 1991 nach Erhac in die Türkei verlegen sollte und dies ablehnte, weil – so seine Einlassung – er für einen Einsatz nicht Soldat geworden sei. 1998, also nach den ersten Einsätzen in Somalia und im Kosovo, veranstaltete die Karl-Theodor-Molinari-Stiftung ein Symposium mit dem Thema „Innere Führung im Wandel". In einer Zeit der Umgliederungen und des Umbruchs ging es um Innere Führung im weitesten Sinne, so der Leiter der Veranstaltung, Andreas Prüfert. Von den Einleitungsreferenten erfuhren die Diskutanten erstaunlich wenig von „Umbruch" bis „im weitesten Sinne". Aber Bernhard Gertz, damals Vorsitzender des Bundeswehrverbandes, sprach davon, dass in „kameradschaftlichen" Gesprächen deutlich würde, dass „der Staatsbürger in Uniform zwar für eine Friedensarmee ganz nett sei, aber im Einsatz ein Luxusartikel (sei), den man sich nur schwer-

---

[17] Abenheim, Donald und Uwe Hartmann (Hrsg.): Tradition in der Bundeswehr. Zum Erbe des deutschen Soldaten und zur Umsetzung des neuen Traditionserlasses, Berlin 2018.

lich leisten könne."[18] 15 Jahre später veröffentlichten junge Offiziere ihr Unbehagen an ihrem offiziellen Berufsbild. Daraus sprach viel Zurückweisung der Inneren Führung besonders aus Sicht von Einsätzen.[19] Wer hat da versagt? Die Annahmeorganisation für den Offiziersnachwuchs, die jungen unerfahrenen Autoren, deren Vorgesetzte und Ausbilder, das Offiziersausbildungssystem, die Innere Führung, der Kalte Krieg oder 50 Jahre Bundeswehr? Nach dem Kriegsbild- und Strategie-Verständnis aus Sicht der Inneren Führung muss ein Missverständnis vorliegen, nicht erst seit 1998 und 2014, sondern schon viel länger.

„Zum Glück" gibt es auch andere Stimmen, die besonders in den Einsatz-Memoiren der letzten 20 Jahre deutlich werden. Artur Schwitalla z.B. hat nach seinem Einsatz in Afghanistan als Kommandeur der Provincial Reconstruction Team FEYZABAD sein Erleben und seine Erfahrungen unter dem Aspekt veröffentlicht: „Afghanistan, jetzt weiß ich erst …".[20] Er schreibt z.B. im Kapitel zu „seinem" comprehensive approach „… was der politische Ansatz im PRT ist": „Wir Vertreter dieser vier unterschiedlichen Ministerien, wir haben uns wirklich ausgetauscht. Und es war ein gutes Gefühl, in der Abendlage auch von den Aktivitäten der anderen Ressorts ein tägliches update zu bekommen, um das Gefühl für das Gesamtansehen der PRT im Verantwortungsbereich entwickeln zu können. Aus diesen fast täglichen Diskussionen habe ich für mich einige Thesen, nicht zuletzt auch von meinem zivilen Counterpart übernommen, die sich aus dem, was ich an politischer Arbeit live erlebt habe, recht schlüssig ergeben." (ders., S 159-160) Dieses fein formulierte Eingeständnis, im Einsatz viel zum Politischen und auch Strategischen gelernt zu haben, lässt danach fragen: Was, wenn ihn nicht der gesunde Menschenverstand dies wie selbstverständlich hätte tun lassen? – Dann muss es *die* Aufgabe der Streitkräfte sein, äußere Führung mit Innerer Führung im Alltag, in der Ausbildung, in den Vorschriften, in der Dienstaufsicht und im Führungsdenken auf allen Ebenen bis hin zum Einsatz, zum Kriegsbild und zur Strategie verbunden lernen zu lassen und erfahrbar zu machen.

---

[18] Prüfert, Andreas (Hrsg.): Innere Führung im Wandel. Zur Debatte um die Führungsphilosophie der Bundeswehr. Baden-Baden 1998, S. 14.
[19] **Siehe** Bohnert, Marcel und Lukas J. Reitstetter (Hrsg.): Armee im Aufbruch. Zur Gedankenwelt junger Offiziere in den Kampftruppen der Bundeswehr, Berlin 2014.
[20] Schwitalla, Artur: Afghanistan, jetzt weiß ich erst … Gedanken aus meiner Zeit als Kommandeur des Provincial Reconstruction Team FEYZABAD; Berlin 2010.

Zusammenfassung

Die Dreifach-Frage hat uns bisher mehr implizit als explizit begleitet, die Frage

1. nach dem Verständnis von Krieg: Dies scheint trotz mancher Definitionen unklar zu sein und nicht mehr nur im Bereich des Militärs, sondern allgemein auf „außergewöhnliche Politik" (Ralf Dahrendorf) angewandt zu werden. Damit ändert, d.h. weitet sich zum einen das Kriegsbild im engeren Sinne. Zum anderen tritt dabei die existentielle Frage in den Vordergrund, so dass alle anderen „fachlichen" Probleme davon überlagert werden.

2. nach dem Handeln in einem derartigem „Krieg": Dies ist bestimmt von Vor-Überlegungen, Crises Management bis zum taktischen Manövrieren, Übervorteilen und „Durchstehen/-kämpfen", um eine spezielle prekäre Situation, Krise, Lage bzw. einen Konflikt im vorteilhaften Sinne lösen und mögliches Risiko sowie Schaden und Verlust minimieren und ertragen zu können. Strategie hat sich in Richtung eines mehrebigen multifunktionalen Prozesses geändert, vom Handeln bzw. Handelnden nahe am Geschehen und den Betroffenen hin zum weit Entfernten, Globalen und damit Anonymen. Und

3. dem Fachlich-Handwerklichen, im speziellen dem Militärisch-Fachlichen: Das „rein" Militärische hat es nie gegeben. Das dabei fehlende „Andere" strahlt stets auf das „rein"-Militärische aus und bietet damit eine andere, weiterreichende, ganzheitliche Sicht, Bedeutung und Form. Dieses Andere ist als „Innere Führung" in die Geschichte der Bundeswehr eingegangen. Es geschieht in/als Verbindung in einem sozial-psychologischem Denk-Raum von Vernunft-, Affekt- und Empathie-geleiteten Beteiligten, von Interaktion bis zur individuellen wie sozialen Konfliktfähigkeit, von Phantasie, Wille und Entschlossenheit, vom Bewusstsein des Wandels und der Dynamik, von Grenzen des Machbaren sowie moralisch-praktischer Selbstverpflichtung und Souveränitätsbegrenzung, bis zur Ethik.

Zu diesen drei Fragen haben sich vielerlei Antworten in Baudissins Ansätzen gefunden. Was bedeutet das für die weitergehende Diskussion und die Weiterentwicklung der Inneren Führung in Vorschriften und Lehre sowie im Führungsalltag?

Zunächst gilt es zu konstatieren, dass die Innere Führung aus den neuen Anforderungen des Kriegsbildes von 1945/1950 und den Veränderungen von Strategie über das rein Militärische hinaus in betonter Abkehr von den Verhältnissen des II. Weltkrieges entstanden war. Dabei ging es prinzipiell um *Führung* allgemein, d.h. um das Zusammen von Innerer Führung und äußerer

Führung. Entsprechend gilt es auch im Jahr 2020, die verschiedenen Ansätze von Innerer Führung und äußerer Führung miteinander zu verbinden. Damit ist die praktisch-konzeptionelle Grundrichtung der Bundeswehr in den Vorschriften, in der Lehre und konkret in der Dienstgestaltung im Alltag vom Grundbetrieb bis hin zum Einsatz hinsichtlich der neueren Entwicklungen in Politik allgemein bis zum militärischen Alltag mit seinen speziellen Herausforderungen zu überdenken, und zwar stets und auf allen Führungsebenen.

Zum anderen müssen Innere und äußere Führung als „komplexes Gesamtkunstwerk" (Sebaldt 2020, S. 120) verstanden und entsprechend ausführlich in der Vorschrift dargestellt werden, damit dies als integraler Prozess wirksam sein kann. Denn wo im täglichen „Einsatz" der Streitkräfte getrennt nach Innerer oder äußerer Führung gedacht, gehandelt und die andere Komponente dabei verdrängt wird, entstehen Probleme: Innere Führung ohne äußere Führung wird zur gefährlichen Ideologie und andererseits verselbständigt äußere Führung ohne Innere Führung sich zum Handeln um ihrer selbst willen, zum zwecklosen und wertfreien „Machen" ohne Sinn und Verstand.

Der Begriff „Kriegsbild" steht fest – das sollte spätestens mit Corona Allgemeingut sein: Auch andere gesellschaftliche Groß-Bereiche werden vor „kriegs"-ähnliche Herausforderungen gestellt, wie z.B. in den eingangs erwähnten Begriffen Handels- oder Fischerei-Krieg ausgedrückt wird. „Kriegsbild" bedeutet, den politischen Blick auf gewaltige Herausforderungen an Gesellschaft und Staat zu werfen, die – im Unterschied zu früheren Zeiten, als die Ereignisse wie ein Fluch über die Menschen hereinbrachen – eher absehbar erscheinen, auch wenn das sachlich wie zeitlich Ungewisse damit nicht ausgeräumt ist. Kriegs- und auch andere, vergleichbar schwere Herausforderungen in allen Lebensbereichen von der Diplomatie, über gesellschaftliche und medizinische Entwicklungen, Ökologie bis zur Wirtschaft sind in diesem Denken und Handeln erfasst. Die Probleme erscheinen zwar, vorausschauend wie in der Abwicklung, lösbar; man ist aber im kleinen wie globalen Maßstab der Gesellschaft und dem Staat, ja der Welt gegenüber verantwortlich. – Diese Weiterentwicklung des Kriegsbildes zu bedenken und zu bewältigen und damit zu erlernen, ist praktische Innere Führung in einem bisher so gut wie nicht bekannten Maße. Das ist daher in die Vorschriften zur Inneren Führung, zur Politischen Bildung und zur Ethik sowie in die entsprechende Ausbildung aufzunehmen.

Krieg mit seinen verschiedenen Formen in seiner herkömmlichen Art ist damit aber nicht abgeschafft. Das beginnt bei dem „noch-nicht heißen Krieg" als

Friedenseinsatz im Grundbetrieb, von Baudissin als „Kalter Krieg" bezeichnet; dies scheint in Politik wie im militärischen Alltag und in den entsprechenden Vorschriften und Weisungen fast in Vergessenheit geraten zu sein. – Auch der internationale Terrorismus steht im letzten Viertel des 20. Jahrhunderts bis hin zu den Anschlägen im Januar und November 2015 in Paris oder dem Versuch der Staatswerdung durch den IS-Terror vor unseren Türen; „war on terror" ist nur ein verbaler Versuch, das Unfassbare zu begreifen. Dies findet sich schon in Baudissins Bild des Subversiven Krieges. – Neuere Ausformungen wie „Hybrider Krieg" sind dazu gekommen; Staat und Gesellschaft werden dabei in Geisel-Haft genommen und die militärischen Mittel zum Schutz der eigenen Gesellschaft „gegen den Terror" eingesetzt. All dies hat sehr viel mit Psychologischer Kampfführung zu tun. Heute spricht man eher von Resilienz - das ist aber mehr als bloß „PolBil" (politische Bildung); sie ist in der Gesellschaft doppelt gefragt: als Abschreckung gegenüber dem Gegner: „Das lohnt sich nicht", und als Selbstvertrauen in der eigenen Gesellschaft: „Das schaffen wir". – Die weiteren abgestuften eskalierenden Formen des heißen Krieges sind aufgrund der neuen Waffenwirkungen und der Verlagerung in sphärische Ebenen ebenfalls weiterzudenken. – All das muss in den Vorschriften zur Inneren Führung ausführlich aufgenommen sein und sich in der täglichen Führungspraxis wiederfinden. Denn Baudissins Zusammenfassung zum Kriegsbild von 1957 gilt bis heute: „Nur derjenige, der sich mit der freiheitlichen Ordnung – vielleicht nicht immer mit ihrem Zustande, aber doch mit ihren Entwicklungsmöglichkeiten – identifiziert, findet die Maßstäbe, um in dieser Dschungelsituation zu bestehen." (BMVg 1957, S. 42)

Neu dürfte manchem beim Denken „in Krieg" sein, dass Führung nach vier unterschiedlichen Funktionen zu differenzieren ist, die nicht notwendigerweise mit den üblichen militärisch-hierarchischen Führungsebenen übereinstimmen müssen. Sie unterscheiden sich dadurch, dass Handeln und Erleben der einzelnen Person gleichzeitig in vier je eigentümlichen, d.h. prinzipiell verschiedenen Funktionen wirken können. Das gilt für den Generalinspekteur ebenso wie für einen Bataillons-Kommandeur oder für den einfachen Schützen. Innere Führung ist jedoch im Laufe der Zeit zunehmend auf das Individuum und die „unmittelbare Interaktion" von Untergebenem und Vorgesetztem reduziert worden. – Ein Beispiel zu diesen vier Funktionsebenen in eins: Der Bataillonskommandeur hat im Einsatz 1. für sich selbst mit den Unbilden des Gefechtes zu kämpfen, ist 2. unmittelbar als Vorgesetzter in seinem Stab bzw. in seiner Führungszelle verantwortlich, hat 3. zusätzlich im Rahmen der Organisation des Gefechts für die unterstellten Kompanien sowie auf Bataillons- und auch höheren Ebenen zu denken und zu handeln und dabei 4. auch die „politische" Bedeutung seines Handelns mit zu beachten. Dieses Beispiel lässt sich gleichermaßen auf jeden Angehörigen in einem Führungsstab und auf jeden bis zum einfachen Soldaten in seinem speziellen Aufgabenbereich übertragen. Es gilt im Einsatz wie im alltäglichen Friedensdienst. Diese vier Funktionen von Führung sind daher als grundlegende Gliederung von Führung entsprechend differenziert in Vorschriften einzuführen, um in der Ausbildung und Lehre miteinander verbunden erlernt und damit in der Führungspraxis wirksam werden zu können. Es geht um die vier unterschiedlichen Funktionen des Handelns, die zugleich als Einheit gesehen werden müssen:

- Handeln jedes einzelnen Individuums als „freier Mensch" im Gegensatz zum Roboter, als Kämpfender/Gewaltakteur und als Bekämpfter/Leidender/Opfer, sowie als Helfer, Vermittler, Schlichter, Retter (Handeln und Gegenhandeln mit dem mehr oder weniger identifizierbaren individuellen Gegner). D.h. das *Innere Gefüge* ist als das alltägliche Ist im individuellen Erleben der Streitkräfte mit allen realen Abweichungen von der Konzeption zu verstehen, mit zu verantworten und mit zu gestalten.

- Handeln des unmittelbaren militärischen Führers von/für/mit unmittelbar Unterstellten – und auch in umgekehrter Richtung – sowie als Zusammenwirken in der kleinen (Kampf-)Gemeinschaft. D.h. *Inneres Führen* ist als der zielorientierte Führungsprozess im sozialen Miteinander in den Streitkräften (Interaktion von Führer und Geführten) mit Erfolg, Fehlern und Schwächen, nach Versuch und Irrtum sowie mit mehr oder weniger beachtbaren Abweichungen von den Normen zu verantworten, zu gestalten und zu kontrollieren.

- Handeln mit der sowie in und für die weitgehend verfasste Organisation/Struktur/Waffe, sowie als Ausbildung und Operation von Verbänden für und in bestimmten Konfliktszenarien (System-Organisation). *Inneres Gefüge* ist als reale organisatorische Ausformung der Führungsstrukturen mit ihren jeweiligen Stärken und Schwächen nach den konzeptionellen Vorstellungen zu verstehen, zu gestalten, ggf. auch zu verändern, zu handhaben und zu nutzen.

- Handeln in der strategisch-politischen Führung nach den politisch-moralischen und ethischen Rahmenvorgaben des gesellschaftspolitischen Systems, nach den entsprechenden Interessen und Nöten sowie bei deren Veränderungen bzw. Fortentwicklung. *Innere Führung* ist Ausdruck für die mehr oder weniger verfasste Konzeption, die Führungsphilosophie, die Führungskultur oder das „ethische Regelwerk" der Streitkräfte, eine Art Soll-Vorstellung und Begrenzung für die Legalität und Legitimität von Macht und Gewaltanwendung.

„Strategie" harrt der Wiederentdeckung, generell wie hinsichtlich vielerlei neuerer Aspekte. Das wird besonders anhand der Neuansätze der Wiener Strategie-Konferenzen (s. Peischel 2017 und 2018) deutlich.

Der Begriff Strategie hat meist etwas Statisches an sich; darunter wird eher der beispielhafte Erfolg oder der fertige Plan für groß angelegtes Handeln verstanden. Strategie ist aber in erster Linie ein Denkprozess: Es geht um Strategie-Denken zur Überlebensfähigkeit von Gesellschaft und Staat, das von einer generellen Offenheit bestimmt ist, von der Möglichkeit zur Annahme von Herausforderungen und Wirkungsmöglichkeiten bis zum Ende der realen „Auseinandersetzung" angesichts des durchlittenen Weges und des Scherbenhaufens des Geschehens, verbunden mit den sich nun daraus ergebenen Folgen und Herausforderungen.

Als wichtige Erkenntnisse unserer Tage sind daher in die Vorschriften aufzunehmen:

- Strategie-Denken ist nicht mehr nur auf „höchsten" Ebenen, nur beim Militär und nur als „rein fachliches" Führen gefragt, sondern kennzeichnet besondere Leistungen von Führung im politischen Sinn und Umfeld – das kennzeichnet dieses Denken in hohem Grade als Teil der Inneren Führung.
- Strategie-Denken bedeutet generelle Offenheit und Sich-Lösen von scheinbaren Sicherheiten, anhand derer der Konkurrent z.B. in der Wirtschaft, die politische Gesamtlage oder der militärische Gegner eingeschätzt werden könnte. Das Ungewisse selbst, wie z.B. das Wirken des Virus' bei der Corona-Pandemie, muss als strategische Realität denk- und begreifbar werden.
- Strategie-Denken verläuft eher im hermeneutischen Ansatz als nach statistischen Falsifikationsmodellen. Strategie-Denken trägt die Revision seiner selbst stets in sich.

- Strategie-Denken bedient sich deshalb auch eher Narrative denn fest definierter Kategorien und Kriterien in vorgegebener Rangordnung, klaren Schemata und durchstrukturierten Netzwerken.

- Für Strategie-Denken bedarf es ungewohnter, vielleicht sogar widersinnig erscheinender Denk-Figuren, wie sie von Baudissin in den Überlegungen zur Abschreckungsstrategie benutzt wurden, wie „am wenigsten unwahrscheinliche Aggressionszone", „kalkuliert untragbares Risiko", „freiwillige Souveränitätsbeschränkung", „vertrauensbildende Maßnahme" und „Empathie". Dies führte er zusammen: „All das fordert Selbstüberwindung, Engagement, Zivilcourage und einen erheblichen Schuss Optimismus – um nicht zu sagen: Liebe. Aber nur so kann aus Misstrauen Vertrauen, aus Konfrontation Kooperation, aus einer gewalttätigen und verängstigten eine dem Frieden verpflichtete Menschheit erwachsen." (Baudissin 2014, S. 453).

Das bedeutet, dass in Lehre und Vorschriften zur Strategie nicht nur Abschnitte über Kriegsvölkerrecht oder Psychologische Kampfführung gehören, sondern generell politisch-moralische sowie ethische Rahmenvorgaben des politischen Systems zu allen vier Funktionsebenen. Entsprechend differenziert müssen die Vorschriften sein. Nur so kann Sinnstiftung als reale Führungsaufgabe erfahrbar werden.

Aus den Veränderungen des Kriegsbildes und der damit verbundenen Strategie, zusammen mit der neuen gesellschaftlichen Orientierung im Rahmen der freiheitlich-demokratischen Grundordnung, war in den 50er Jahren des letzten Jahrhunderts die Konzeption für die Streitkräfte der Bundesrepublik, die Innere Führung, entstanden. Diese Entwicklung war niemals eine Einbahnstraße und ist nicht abschließbar. Deshalb werden Kriegsbild und Strategie auch weiter aus den Grundgedanken der Inneren Führung sowie umgekehrt Innere Führung aus dem Kriegsbild und Strategie-Denken in den künftigen Führungsvorschriften weiterzuentwickeln sein.

Literatur

Abenheim, Donald und Uwe Hartmann (Hrsg.) (2018): Tradition in der Bundeswehr. Zum Erbe des deutschen Soldaten und zur Umsetzung des neuen Traditionserlasses, Berlin.

Bald, Detlef (1995): Graf Baudissin und die Reform des deutschen Militärs. In: Hilmar Linnenkamp u.a. (Hrsg=, Reihe: Militär und Sozialwissenschaften Band 94, Baden-Baden, S. 19-53.

Baudissin, Wolf Graf von (1947): Ost oder West. Gedanken zur deutsch-europäischen Schicksalsfrage. MS Tatura im Winter 1946 mit Ergänzungen 1947 (MS).

n.n. <Baudissin> (1957): Situation und Leitbild: Staatsbürger in Uniform. In: BMVG – Fü B I 6 (Hrsg.): Handbuch Innere Führung. Hilfen zur Klärung der Begriffe. Bonn, S. 15-46.

Baudissin, Wolf Graf v. (2014): Grundwert Frieden in Politik – Strategie – Führung von Streitkräften.

Bohnert, Marcel und Lukas J. Reitstetter (Hrsg.) (2014): Armee im Aufbruch. Zur Gedankenwelt junger Offiziere in den Kampftruppen der Bundeswehr. Berlin.

Bundesministerium für Verteidigung, Führungsstab der Bundeswehr I 6 (Hrsg.) (1957): Handbuch Innere Führung. Hilfen zur Klärung der Begriffe, Bonn.

Bundesministerium für Verteidigung, Führungsstab des Heeres IV 4 (Hrsg.) (1959): Truppenführung (TF), Bonn.

Bundesminister der Verteidigung (Hrsg.) (1962): Truppenführung. HDv 100/1, Bonn.

Bundesministerium der Verteidigung – Führungsstab der Streitkräfte I 3 (Hrsg.) (1985): Von Himmerod bis Andernach. Dokumente zur Entstehungsgeschichte der Bundeswehr. In Schriftenreihe Innere Führung, Beiheft 4/85, Bonn.

Bundesminister der Verteidigung (Hrsg.) (2008): ZDv 10/1. Innere Führung. Selbstverständnis und Führungskultur der Bundeswehr, Bonn.

Clausewitz, Carl von (1973): Vom Kriege. Hinterlassenes Werk des Generals Carl von Clausewitz, Bonn (18. Auflage).

Freudenberg, Dirk (2020): Hybride Kriegführung und Urbanität; in: ÖMZ 3, S. 314-319.

Gablik, Axel F. (1996): Strategische Planungen in der Bundesrepublik Deutschland 1955–1967: Politische Kontrolle oder militärische Notwendigkeit? Nuclear History Program (NHP). Reihe: Internationale Politik und Sicherheit der Stiftung Wissenschaft und Politik/SWP Band 30/5, Baden-Baden.

Gablik, Axel F. (2004): „... von da an herrscht Kirchhofsruhe." – Zum Realitätsgehalt Baudissinscher Kriegsbildvorstellungen. In: Martin Kutz (Hrsg.): Gesellschaft, Militär, Krieg und Frieden im Denken von Wolf Graf von Baudissin. Reihe Forum Innere Führung Band 23, Baden-Baden, S. 45-60.

Hartmann, Uwe (2015): Hybrider Krieg als neue Bedrohung von Freiheit und Frieden. Zur Relevanz der Inneren Führung in Politik, Gesellschaft und Streitkräften, Berlin.

Hartmann, Uwe und Rosen, Claus von (Hrsg.) (2018): Jahrbuchbuch Innere Führung 2018: Innere Führung zwischen Aufbruch, Abbau und Abschaffung: Neues denken, Mitgestaltung Fördern, Alternativen wagen, Berlin.

Kuster, Matthias (2011): Militärstrategisches und operatives Denken. In: Allgemeine schweizerische Militärzeitschrift Nr. 177, Heft 5, S. 27.

Meyers, Reinhold (2004): Der Wandel des Kriegsbildes; in: Rinke, Bernhard und Wichard Woyke: Frieden und Sicherheit im 21. Jahrhundert. Eine Einführung. Wiesbaden, S. 25-49.

Münkler, Herfried (2002): Die neuen Kriege, Reinbek.

Ders. (2006): Der Wandel des Krieges. Von der Symmetrie zur Asymmetrie, Weilerswist

Nägler, Frank (2010): Der gewollte Soldat und sein Wandel. Personelle Rüstung und innere Führung in den Aufbaujahren der Bundeswehr 1956 bis 1964/65 (= Sicherheitspolitik und Streitkräfte der Bundesrepublik Deutschland, Band 9). Eine Publikation des Militärgeschichtlichen Forschungsamtes, Oldenbourg, München.

Peischel, Wolfgang (Hrsg.) (2017): Wiener Strategie-Konferenz 2016. Strategie neu denken, Berlin.

Ders. (2018): Wiener Strategiekonferenz 2017. Strategie neu denken, Berlin.

Prüfert, Andreas (Hrsg.) (1998): Innere Führung im Wandel. Zur Debatte um die Führungsphilosophie der Bundeswehr, Baden-Baden.

Raschke, Joachim und Ralf Tils (2007): Politische Strategie. Eine Grundlegung, Wiesbaden

Reichenberger, Florian (2018): Der gedachte Krieg. Vom Wandel der Kriegsbilder in der Bundeswehr, (Diss) München.

Rojek, Sebastian (2018): Rezension zu: Reichenberger, Florian: Der gedachte Krieg. Vom Wandel der Kriegsbilder in der militärischen Führung der Bundeswehr im Zeitalter des Ost-West-Konflikts. Berlin, In: H-Soz-Kult, 20.12.2019.

Rosen, Claus von (1995): Ost oder West – „Gedanken zur deutsch-europäischen Schicksalsfrage". In: Hilmar Linnenkamp u.a., Innere Führung. Zum Gedenken an Wolf Graf von Baudissin. Reihe Demokratie, Sicherheit, Frieden Bd. 94, Baden-Baden, S 109-120.

Rosen, Claus von (2009): Die ZDv 10/1 Innere Führung von 2008. Vorschrift – Handbuch – Überbau; in Uwe Hartmann u.a. (Hrsg.): Jahrbuch Innere Führung 2009, Eschede, S. 17-51.

Rosen, Claus von (2011): Ethik und Strategie. In: Uwe Hartmann u.a. (Hrsg.): Jahrbuch Innere Führung 2011, Berlin, S. 63 -87.

Rosen, Claus von (2015): Die Entwicklung des Kriegsbildes im Zeichen neuer und Hybrider Kriege; in: Uwe Hartmann u.a. (Hrsg.): Jahrbuch Innere Führung 2015, Berlin, S. 25-59.

Rosen, Claus von (2017): Baudissins politisch-militärisches Strategie-Konzept für die Sicherheit Europas – Ideen für einen Neuansatz; in Uwe Hartmann u.a. (Hrsg.): Jahrbuch Innere Führung 2017; Berlin, S.71- 92.

Rotte, Ralph (2018): Kriegsbilder im Wandel: Gesellschaftliche und politische Herausforderungen; in: FlfF-Kommunikation 1/09, S. 23-26.

Schmid, Johann (2014): Das Kriegsbild im 21. Jahrhundert und seine strategischen Ableitungen für europäische Streitkräfte, in: Strategie und Sicherheit Heft 1.

Schwitalla, Artur (2010): Afghanistan, jetzt weiß ich erst … Gedanken aus meiner Zeit als Kommandeur des Provincial Reconstruction Team FEYZABAD, Berlin.

Sebaldt, Martin (2020): Das Elend der Strategen. Warum die deutsche Militärpolitik versagt, Berlin.

Sokol, Bernhard (1997): Vom Staatsbürger zum Weltbürger in Uniform – Friedenskonzepte Wolf Graf von Baudissins und deren Relevanz, Diss Hamburg.

Innere Führung und die Führungskultur in der NATO

Uwe Hartmann

In der aktuellen Vorschrift zur Inneren Führung findet die NATO nur am Rande Erwähnung. Dies verwundert; denn viele Angehörige der Bundeswehr arbeiten in den Hauptquartieren der NATO-Kommandostruktur oder dienen in von der NATO geführten Auslandseinsätzen. Zudem ist die Existenz des transatlantischen Bündnisses Teil der „Staatsräson" Deutschlands. Unser Land hat ein vitales Interesse daran, dass die NATO als Sicherheitsorganisation in einer Welt, die in Un-Ordnung geraten ist, funktionstüchtig bleibt. Dazu tragen nicht zuletzt die von der Bundeswehr entsandten Soldaten und Beamten bei. Eine überarbeitete Vorschrift zum Selbstverständnis der Bundeswehr und ihrer Angehörigen sollte ihnen Orientierung geben, wie sie ihre Aufgaben in der NATO bestmöglich erfüllen. Gleichzeitig diente ein deutlicherer Bezug zur NATO der Veranschaulichung der Grundsätze der Inneren Führung. Dies würde deren Verständnis und Akzeptanz erhöhen.

Die gute Nachricht ist: Die Existenz der NATO ist nicht bedroht. Die transatlantische Allianz ist und bleibt ein globaler sicherheitspolitischer Akteur. In einer Welt im radikalen Wandel sind Verbündete ein wichtiger komparativer Vorteil gegenüber konkurrierenden Mächten. Dies haben die Staats- und Regierungschefs der NATO-Mitgliedstaaten klar erkannt. Zwar neigen einige unter ihnen dazu, politische Konflikte auf Kosten der Kohäsion der NATO öffentlich auszufechten. Allerdings haben sowohl die USA als Führungsnation sowie Großmächte wie Großbritannien und Frankreich ein hohes Interesse an ihrem weiteren Bestand. Dies gilt auch für die nordost- und osteuropäischen Staaten, die sich besonders stark von Russland bedroht fühlen und alles dafür tun, dass mit der NATO auch die US-amerikanischen Streitkräfte in Europa verbleiben. Dieses stark ausgeprägte Interesse an der weiteren Existenz der NATO dürfte auch der Hauptgrund dafür sein, dass sie in ihrer täglichen Arbeit noch weithin unberührt ist von den Kontroversen im politischen Überbau. Der zivil-militärisch zusammengesetzte „Maschinenraum" der NATO läuft weiterhin rund. Jüngster Beleg dafür ist die neue NATO-Militärstrategie (*NATO Military Strategy*, NMS). Deren Bedeutung darf nicht unterschätzt werden, da ihre Implementierung weitreichende Konsequenzen beispielsweise für die Streitkräfteplanungen der Mitgliedstaaten hat.

Es gibt allerdings auch eine weniger gute Nachricht. Diese lautet: Die geopolitischen Kräfteverhältnisse verschieben sich. Europa verliert an Bedeutung, Asien gewinnt, und die USA orientieren sich neu. In dieser Umbruchsituation neigen manche Staaten zu übertriebenen, bisweilen sogar panischen Bedrohungswahrnehmungen.[1] Viele sind bereit, nationale Interessen mit deutlich mehr Nachdruck und schwindender Rücksicht auf die berechtigten Interessen anderer Staaten zu vertreten. Und der ein oder andere Staat handelt ohne jegliche bi- oder multilaterale Abstimmung. Die NATO als die erfolgreichste Militärallianz aller Zeiten mit nunmehr 30 Mitgliedstaaten ist von diesem Wandel direkt betroffen. Ihre seit ihrer Gründung bestehende Herausforderung, wie Staaten mit unterschiedlichen Interessen, Bedrohungswahrnehmungen und strategischen Kulturen gemeinsam politische und militärische Entscheidungen treffen, spitzt sich zu.[2]

Meine These lautet: Angesichts des vitalen nationalen Interesses Deutschlands an einer funktionstüchtigen NATO und der sich abzeichnenden Probleme für deren Entscheidungs- und Handlungsfähigkeit sollte auch die neue Vorschrift zur Inneren Führung Grundsätze für die Arbeit deutscher Soldaten und Beamten in der Allianz weitaus stärker akzentuieren. Dahinter steckt die Einsicht, dass die bisherige Erfolgsgeschichte der NATO wesentlich durch das Selbstverständnis und den Wertekanon ihrer Mitarbeiter und deren Qualität bestimmt wurde. Empathie, Konfliktfähigkeit und strategisches Denken werden auch in Zukunft Voraussetzung dafür sein, dass Einigkeit und Kohäsion unter den NATO-Mitgliedstaaten möglich sind. In einer Phase zunehmend konfrontativer Politik unter den Verbündeten selbst und gleichzeitiger hybrider, auf den Zusammenhalt der NATO zielender Angriffe von außen kommt es darauf an, die Verantwortung der in ihr tätigen Menschen deutlicher herauszustellen und deren Selbstverständnis, Werte und Kompetenzen zu stärken. Die neue Vorschrift zur Inneren Führung sollte einen Beitrag dafür leisten. Dazu müsste sie den strategischen Kontext der NATO-Mitgliedschaft Deutschlands und die daraus abzuleitenden Forderungen für die Strategiefähigkeit der zur NATO entsandten Soldaten und Beamten in den Mittelpunkt rücken.

---

[1] Darauf weist Michael Rühle am Beispiel der hybriden Bedrohungen hin. Siehe Michael Rühle, Deterring hybrid threats: the need for a more rational debate, NDC Policy Brief, No. 15 (July 2019).

[2] Zur Entwicklung des NATO-internen Umgangs mit Krisen aufgrund nationaler Alleingänge von Mitgliedstaaten siehe Winfried Heinemann, Vom Zusammenwachsen des Bündnisses. Die Funktionsweise der NATO in ausgewählten Krisenfällen 1951-1956, München 1998.

Schauen wir uns im Folgenden an, wie die NATO funktioniert und welche Rolle die Menschen darin spielen. Abschließend schlage ich Themen für die Aufnahme in die Vorschrift zur Inneren Führung vor.

Die NATO als Internationale Organisation und „Kompromissmaschine"

Man kann es gar nicht genug betonen: Im Unterschied zu manchen Politikfeldern in der Europäischen Union (EU) ist die NATO keine supranationale Organisation. Sie ist vielmehr eine „*alliance of nations*"[3]: In ihr haben also die Nationen das Sagen.[4] Die Befugnisse des NATO-Generalsekretärs sind im Vergleich etwa zum Kommissionspräsidenten der EU deutlich beschränkt. Es gibt auch keine Mehrheitsentscheidungen im Nordatlantik-Rat (*North Atlantic Council;* NAC) oder im Militärausschuss (*Military Committee;* MC). Alle Beschlüsse treffen die Nationen im Konsens, oder es gibt keine Entscheidungen. Da Konsense oftmals Kompromisse zwischen Nationen mit unterschiedlichen Interessen, Bedrohungswahrnehmungen und strategischen Kulturen sind, versteht sich die NATO als Instrument zur „… Organisation eines Interessenausgleichs zwischen ihren Mitgliedstaaten".[5]

Der Ausgleich von Interessen unter Staaten, die sich stark hinsichtlich realpolitischer Machtfaktoren wie Geografie und Demographie sowie militärische und wirtschaftliche Stärke unterscheiden, stellt eine enorme Herausforderung für die NATO dar. Die Verbündeten einigten sich bereits zu Beginn der 1950er Jahre auf eine Organisationsstruktur mit Prozessen und eine Führungskultur mit Einstellungen und Werten, mit deren Hilfe Kontroversen über Lastentei-

---

3 Klaus Wittmann, The Road to NATO's New Strategic Concept, in Gustav Schmidt (ed.), A History of NATO. The First Fifty Years, London 1999, S. 229.

4 Dieser Primat der Nationen darf aber nicht darüber hinwegtäuschen, dass die staatliche Souveränität teilweise eingeschränkt ist, weil allein die Mitgliedschaft in der NATO außenpolitische Handlungsspielräume einengt (siehe dazu Heinemann, Vom Zusammenwachsen des Bündnisses, a.a.O., S. 268). Zur Einschränkung nationaler Souveränität aufgrund der vom NATO-Streitkräfteplanungsprozess geforderten Transparenz siehe Helmut R. Hammerich, Jeder für sich und Amerika gegen alle? Die Lastenteilung der NATO am Beispiel des Temporary Council Committee 1949 bis 1954, München 2003., S. 358.

5 Johannes Varwick, Die NATO. Vom Verteidigungsbündnis zur Weltpolizei?, München 2008, S. 45.

lung und Strategien einvernehmlich gelöst werden konnten. Sie hat sich seitdem in vielen Krisen bewährt.[6]

Werfen wir dazu einen Blick auf die Organisationsstruktur und Führungskultur der NATO. Ihre Mitgliedstaaten sind mit leistungsstarken Vertretungen vor Ort präsent. Das NATO-Hauptquartier ist so etwas wie eine transatlantische Allianz in Miniaturform. Hier arbeiten die verschiedenen strategischen Akteure der Allianz eng zusammen: der Nordatlantische Rat mit seinem Internationalen Stab (*International Staff*, IS), das Militärkomitee mit seinem Internationalen Militärischen Stab (*International Military Staff*, IMS) und den Repräsentanzen der beiden strategischen Hauptquartiere sowie die zivilen und militärischen Delegationen der NATO-Mitgliedstaaten. Alle Akteure können sich jederzeit formell in Komitees und Arbeitsgruppen oder informell in diversen Gesprächsformaten beraten. Sie haben damit die Möglichkeit, sich intensiv über nationale Positionen und Perspektiven auszutauschen, ohne den Weg von Hauptstadt zu Hauptstadt zu gehen. Dies schafft persönliche Arbeitsbeziehungen und belastbares Vertrauen.

Hilfreich für die Kompromissfindung ist die Art und Weise der Abstimmungsverfahren unter den Nationen. Kompromisse sind dann erreicht, wenn kein Mitgliedstaat das sog. „Verschweigen" bricht (*silence procedure*). Konsens bedeutet also nicht notwendigerweise, dass alle Nationen zugestimmt haben. Sie dürfen nur nicht ablehnen, d.h. das Verschweigen brechen. Ansonsten gilt das Schweigen als Zustimmung. Dies erleichtert es Nationen, Kompromisse auch dann zu akzeptieren, wenn die eigene nationale Position darin nicht vollumfänglich aufgenommen ist. Überhaupt möchte kein Land gerne als Blockierer in einer Organisation, für die Zusammenhalt so wichtig ist, öffentlich in Erscheinung treten.

Bevor ein Dokument zur Abstimmung vorgelegt wird, ist dieses bereits über Wochen und Monate und manchmal auch Jahre hinweg in den verschiedenen Bereichen des NATO-Hauptquartiers diskutiert und verhandelt worden. Wird das Verschweigen dennoch gebrochen, so ist dies eine Art „Notbremse" von Nationen, die sich übervorteilt fühlen oder wo sich im Laufe des Prozesses politische Positionen verändert haben. Brechen eine oder mehrere Nationen das Verschweigen, wird das Dokument wieder in die Ausschüsse zurückgegeben. Und der Prozess beginnt von vorne.

---

[6] Hammerich, Jeder für sich und Amerika gegen alle?; siehe auch Heinemann, Vom Zusammenwachsen des Bündnisses, a.a.O.

Diese Prozesse funktionieren reibungsloser, wenn die daran beteiligten Mitarbeiter über ein gemeinsames Selbstverständnis verfügen. Dazu gehört vor allem die verinnerlichte „Pflicht zum Kompromiss"[7]. Zwar ist diese Pflicht nicht im NATO-Vertrag explizit verankert, und sie ist rechtlich auch nicht einklagbar. Sie ergibt sich allerdings aus dem Zweck der NATO und ihrem Selbstverständnis als Wertegemeinschaft von Demokratien. Dazu gehört beispielsweise das Primat der Politik. Konkret bedeutet dies für die Arbeit in der NATO: Die Mitarbeiter in der NATO sind angehalten, einen Kompromiss zu suchen, weil sich die Regierungschefs und/oder die Minister oder, als deren permanente Vertreter, die NATO-Botschafter geeinigt haben, ein bestimmtes Thema anzugehen. Oder weil Entscheidungen zu einem bestimmten Thema bei der nächsten Sitzung des Nordatlantikrates von den Staats- und Regierungschefs bzw. ihren Außen- und Verteidigungsministern getroffen werden sollen. Diese „Pflicht zum Kompromiss" ist strukturell und prozessual im NATO-Hauptquartier abgebildet, sie sollte jedoch auch in den Einstellungen aller Mitarbeiter fest verankert sein. Sie gehört zum Einmaleins der NATO.

Die „Pflicht zum Konsens" bedeutet keineswegs, dass von den Nationen in die NATO entsandte Mitarbeiter ihre nationalen Interessen aufgeben. Sie sind jedoch angehalten, bei der Durchsetzung von nationalen Interessen immer auch das Gesamtinteresse der NATO im Auge zu behalten. Diese Orientierung an einem Gesamtinteresse ist auch deshalb so wichtig, weil im Konsens getroffene Entschlüsse die politische Einheit, Solidarität und Kohäsion der NATO nach außen hin manifestieren. Hier lag das Zentrum der Kraftentfaltung (*Center of Gravity*) der NATO während des Kalten Krieges, dies ist auch heute der Fall und wird auch in Zukunft so bleiben.

Konsense werden dadurch erleichtert, dass die NATO ihren Mitgliedstaaten eine größtmögliche Flexibilität bei deren Umsetzung ermöglicht. Nationen, die einem Militäreinsatz der NATO zustimmen, müssen sich nicht notwendigerweise mit Truppen daran beteiligen. Zudem können sie für die militärischen Planungsprozesse nationale Vorbehalte („*caveats*") anmelden. Dadurch setzen sie der Verwendung ihrer Truppen durch die NATO-Befehlshaber klare Grenzen. Die NATO akzeptiert auch, dass Mitgliedstaaten bisweilen von gemeinsam getroffenen Beschlüssen abweichen. Dies ist beispielsweise bei Fragen der

---

[7] Sitzungen chairen: Die Kompetenz zwischen Leiten und Moderieren – ein Interview mit Heinrich Brauss. In: Martin Hartmann, Alexander Zoll, Rüdiger Funk: Meetings leiten, Weinheim/Basel 2017, S. 148.

Lastenteilung der Fall. Die NATO weiß nur zu gut, dass in Demokratien die nationalen Parlamente über die Höhe des Verteidigungshaushaltes und in vielen auch über die Mandate für Auslandseinsätze entscheiden. Selbst wenn Regierungen wie zuletzt bei den Gipfeln in Wales 2014 und Warschau 2016 einer Erhöhung der Verteidigungshaushalte ihrer Länder zustimmen, kann dies durch absehbar fehlende Mehrheiten in ihren Parlamenten verhindert werden. Die NATO verlangt von den Regierungen ihrer Mitgliedstaaten also nicht, dass sie politischen Selbstmord begehen. Es kommt darauf an, dass Mitarbeiter in der NATO diese Flexibilität kreativ nutzen, um Konsense zu ermöglichen. Sie sollten zudem vermeiden, Nationen, die diese Freiräume in Anspruch nehmen, zu verurteilen und dadurch die Zusammenarbeit zu erschweren. Denn als Alternative bliebe diesen Nationen nur, das Schweigen zu brechen, weniger zur Lastenteilung beizutragen oder an Auslandseinsätzen überhaupt nicht teilzunehmen.[8]

Die NATO verfügt also über robuste und gleichzeitig flexible Entscheidungsprozesse mit engagierten Mitarbeitern. Wir können darauf vertrauen, dass diese auch einer zunehmenden Bereitschaft der Mitgliedstaaten, nationale Interessen mit stärkerem Nachdruck zu vertreten, standhalten. Allerdings gibt es eine ernsthafte Gefahr, die mit ihrer bisherigen Erfolgsgeschichte zusammenhängt: Die NATO ist eine derartig leistungsfähige „Kompromissmaschine", dass Ideen und Initiativen, die Nationen in deren Arbeitsprozesse einspeisen, zu deutlich veränderten Entscheidungen führen können. Auch wenn die Mühlen der NATO bisweilen langsam mahlen, so lassen ihre Mahlzähne einmal eingebrachte Positionen nicht mehr los: Papiere als Grundlagen für neue strategische Konzepte, Auslandseinsätze oder Streitkräfteplanungen werden so lange hin und her bearbeitet, bis eine von allen mitgetragene Lösung dabei herauskommt. Das liegt nicht immer im Interesse vor allem größerer Mitgliedstaaten, was deren Bereitschaft, ohne Konsultationen und Kompromisse mit Verbündeten zu handeln, erhöht. Mitgliedstaaten könnten zudem zu dem Urteil gelangen, dass es für eine von ihnen angestrebte Lösung eines sicherheitspolitischen Problems keinen Konsens unter den Verbündeten geben wird. Dann ergibt es auch kaum Sinn, die Kompromissmaschine anzuwerfen oder überhaupt Konsultationen einzuberufen. Auch die Fehlwahrnehmung, dass eine effektive

---

[8] Dies ist das Ergebnis der empirisch fundierten Analyse am Beispiel der Beteiligung von NATO-Mitgliedstaaten am ISAF-Einsatz in David P. Auerswald, Stephen M. Saideman, NATO in Afghanistan. Fighting Together, Fighting Alone, Princeton and Oxford 2014.

Kriegführung im NATO-Rahmen nicht möglich sei („*war by committee*"), trägt dazu bei. Sie verleitete Bündnispartner dazu, die NATO bewusst zu umgehen. Sie handelten dann unilateral oder brachten Koalitionen der Willigen (*coalitions of the willing*) auf den Weg.

Derartige Entwicklungen hätten für die NATO dramatische Auswirkungen. Ihr Zweck beschränkte sich dann auf die gemeinsame Analyse von Bedrohungen und auf die Verbesserung der Interoperabilität zwischen nationalen Streitkräften. Zwar bliebe die NATO damit immer noch nützlich für ihre Mitgliedstaaten, besonders für die größeren unter ihnen. Denn diese könnten sich NATO-Partner für bilaterale Verträge oder *Coalitions of the Willing* aussuchen. Allerdings entwickelte sich die NATO auf diese Weise zu einem *think tank* mit einer Abteilung für die Bereitstellung interoperabler Streitkräfte. Die Entscheidungen über deren Einsatz würden nicht mehr im Nordatlantikrat, sondern ausschließlich in den Hauptstädten derjenigen Länder getroffen, die ähnliche politische Ziele verfolgen und dafür militärische Gewalt einsetzen wollen. Angesichts dieser Gefahr der Degeneration der NATO von einer politisch-militärischen Sicherheitsorganisation zu einem Serviceprovider ist es wichtig, dass Politiker, Diplomaten, Soldaten und Beamte, die den Betrieb der NATO aufrechterhalten, sich der besonderen Anstrengungen, die sie in Zeiten wie diesen leisten müssen, bewusst sind. Sie sollten vor allen Dingen verhindern, dass der bereits bestehende Streit im politischen Überbau auf ihre Führungskultur, also auf ihren „Maschinenraum", durchschlägt. Sie müssen den NATO-Geist hochhalten und den Hauptstädten der Mitgliedstaaten zeigen, dass Konsens und Kompromisse trotz aller politischen Auseinandersetzungen möglich sind und die NATO gegenüber unilateralem Handeln und Koalitionen der Willigen komparative Vorteile hat. Dazu gehören vor allem eine größere Legitimität und strategische Kompetenz sowie eine höhere Effektivität des Einsatzes bewaffneter Gewalt.[9]

---

[9] Dies ist die Botschaft des ehemaligen SACEUR, Wesley K. Clark, in seinem Buch: Waging Modern War, Cambridge 2002. Siehe dazu auch die positive Bewertung der politischen Weisungen, die NATO-Generalsekretäre an den jeweiligen SACEUR bei den militärischen Einsätzen der NATO gaben in: Ryan C. Henrickson, Diplomacy and War at NATO. The Secretary General and Military Action after the Cold War, Columbia and London 2006.

Die Menschen in der NATO

Für das Funktionieren der NATO sind deren Spitzenführungskräfte besonders wichtig. Dazu gehören der Generalsekretär (SG), der Vorsitzende des Militärausschusses (*Chairman Military Committee*; CMC) und der Oberbefehlshaber der verbündeten Streitkräfte (*Supreme Allied Commander Europe*; SACEUR). Eine Vorschrift zur Inneren Führung dient nun nicht dem Zweck, Angehörige der Bundeswehr für solche Führungsverwendungen vorzubereiten. Gleichwohl müssen sie verstehen, welche Verantwortung diese Spitzenführungskräfte tragen und wie sie deren Arbeit erleichtern können. Dies schützte auch vor Frustrationen über die NATO aufgrund von falschen Erwartungen. Sie sollten daher wissen, dass die Entscheidungsbefugnisse des NATO-Generalsekretärs als „oberstem Angestellten der NATO" – und das heißt der Nationen – eingeschränkt sind. Seine Wirkungsmacht beruht neben seinem diplomatischen Talent vor allem auf der Organisation der Arbeitsprozesse innerhalb des NATO-Hauptquartiers und der Präsentation der NATO nach außen. Eine öffentliche Kritik seiner „Arbeitsgeber" gehört nicht dazu. Sehr selten hatten NATO-Generalsekretäre die Freiräume und den Mut, öffentlich selbst politisch gestalterisch tätig zu werden und dabei Mitgliedstaaten, vor allem die USA, unter Zugzwang zu setzen.[10] Oder dass der Vorsitzende des Militärausschusses mit seinen militärischen Ratschlägen immer das Feld der Politik betritt, was die zivil-militärischen Beziehungen innerhalb der NATO, aber auch in den Hauptstädten durchaus belasten kann. Oder dass der SACEUR als ein US-amerikanischer General bzw. Admiral gleichzeitig der Befehlshaber der US-amerikanischen Streitkräfte in Europa ist. Diese doppelte Verantwortlichkeit führt nicht selten dazu, dass er sich in Konflikte mit der US-Regierung begibt, damit diese die berechtigen Interessen der Europäer berücksichtigt und die

---

[10] Eine Ausnahme ist Manfred Wörner. Zu seinem politischen Handeln siehe Henrickson, Diplomacy and War at NATO, a.a.O., S. 45-65. Henrickson weist am Beispiel der nach dem Ende des Kalten Krieges bis 2003 amtierenden NATO-Generalsekretäre nach, dass diese entgegen eines weit verbreiteten Vorurteils politisch gestalterisch tätig wurden und sogar bei Fragen der praktischen Kriegführung politische Weisungen gaben bzw. den dafür notwendigen politischen Rahmen schufen. Handlungsfreiräume sind vor allem dann eingeschränkt, wenn es Spannungen zwischen den USA und den europäischen Verbündeten gibt. Als jüngsten Beleg dafür siehe die Beschreibungen der Gespräche zwischen US-Präsident Trump und NATO-Generalsekretär Stoltenberg in John Bolton, The Room Where It Happened, New York 2020, S. 135-136 und 139-141.

Einheit der NATO gewährleistet.[11] Andererseits betrachten ihn die Staats- und Regierungschefs der europäischen Verbündeten durchaus mit Misstrauen, weil sie von ihm Forderungen nach mehr Truppen und Geld erwarten. Für den Erfolg der NATO ist es wichtig, dass diese drei Amtsträger eng und vertrauensvoll zusammenarbeiten. Nur gemeinsam können sie das mittlerweile recht große Schiff der NATO durch das von Nationen aufgewühlte Fahrwasser steuern.[12]

Mit der Art und Weise, wie der NATO-Generalsekretär, der Vorsitzende des Militärausschusses und der SACEUR ihre Verantwortung wahrnehmen, liefern sie für alle Mitarbeiter in der NATO ein Beispiel: für den kritisch-konstruktiven Umgang mit den Beschränkungen ihrer Handlungsfreiheit und Wirkungsmacht, für den reflektierten Umgang mit inhärenten Dilemmata ihres Amtes, für die Pflicht zum Kompromiss und für den jederzeit respektvollen Umgang miteinander. Sie beeinflussen maßgeblich die Führungskultur in der NATO. Sie sind wichtige Leuchttürme, die ihren Mitarbeitern gerade in Zeiten des rasanten Wandels Orientierung bieten und ihnen helfen, ihre Rolle zu finden und Verantwortung wahrzunehmen.

Wichtig für das Selbstverständnis der NATO und die Umsetzung ihrer Werte in der praktischen Arbeit sind auch die Beigeordneten Generalsekretäre (*Assistant Secretary General*; ASG). Im Auftrag des NATO-Generalsekretärs sind sie die Hauptträger der Stabsarbeit im Internationalen Stab. Neben ihrer jeweiligen Abteilung haben sie den Vorsitz in den ihnen zugeordneten Ausschüssen inne, in dem alle Nationen vertreten sind. Diese Ausschüsse treten mehrmals pro Woche zusammen. In der Vorbereitung von Gipfeltreffen der Regierungschefs oder Ministertagungen nimmt die Häufigkeit der Treffen noch zu und sie dauern manchmal viel länger als sonst.

Am Beispiel der ASG lässt sich sehr anschaulich aufzeigen, wie stark die Entscheidungs- und Handlungsfähigkeit der NATO von den in ihr tätigen Menschen abhängt. Ob es den ASG gelingt, trotz divergierender Interessen der Nationen einen Konsens herbeizuführen, hängt in hohem Maße von ihrer Moderation und Leitung der Arbeit in den Komitees ab. Dazu sind breite fachliche Fähigkeiten und eine intensive Vorbereitung auf die Sitzungen und Sei-

---

[11] Siehe dazu Robert S. Jordan, Norstad. Cold War NATO Supreme Commander, Airman, Strategist, Diplomat, London 2000, S. 167-212 sowie Clark, Waging Modern War, a.a.O., S. XL-XLIII, 263.
[12] Siehe dazu Henrickson, Diplomacy and War at NATO, a.a.O., S. III, 29; James Stavridis, The Accidental Admiral. A Sailor Takes Command at NATO, Annapolis 2014, S. 28.

tengespräche ganz entscheidend.[13] Heinrich Brauss, ehemaliger ASG der Abteilung für Verteidigungspolitik und Planung (*Defense Policy and Plans*; DPP), schreibt dazu: „Ein guter Chairman kennt sein Sujet, und zwar bis ins Detail. Konkret heißt das für mich, dass ich die Historie meiner Themen kenne, also weiß, warum und in welchem Zusammenhang sie entstanden sind. Ich kenne die Hintergründe und natürlich den Kontext, in den jede Fragestellung einzuordnen ist. Ich muss mich auf jede Sitzung inhaltlich vorbereiten, die relevanten Dokumente gelesen haben und die Bezugsdokumente kennen. Zur inhaltlichen Vorbereitung gehört auch, dass wir, meine Mitarbeiterinnen und Mitarbeiter und ich, im Gespräch uns die jeweiligen strategischen Sichtweisen, Prioritäten und vorrangigen Sicherheitsinteressen eines jeden NATO-Mitglieds bewusst machen. Dazu gehört, Geschichte und politische Kultur zu verstehen, um die Positionen und Argumentationen der Nationen in einen größeren Zusammenhang einordnen zu können und dann die Korridore für die Richtung der Verhandlungen oder einen Kompromiss zu identifizieren. Dazu gehört weiterhin, die erwarteten Einlassungen der in dem jeweiligen Thema besonders engagierten Nationen zu antizipieren und Argumente zurückzulegen, um diesen Einlassungen begegnen oder sie aufnehmen und in das große Ganze integrieren zu können."[14] Neben diesem umfassenden historisch-politischen Fachwissen und einem ausgeprägten Talent zur Verhandlungsführung sind intellektuelle Fähigkeiten und bestimmte Charaktereigenschaften unverzichtbar: Wichtig sind Urteilskraft, wie das Gesamtinteresse der NATO mit den berechtigten Einzelinteressen von Mitgliedsstaaten versöhnt werden kann, und auch Beharrlichkeit und Entschlossenheit in der Verfolgung eines sich abzeichnenden Kompromisses. Multikulturelle Bildung bedeutet nicht nur das Kennen von kulturellen Unterschieden zwischen den Nationen, sondern umfasst auch das tiefe Verständnis für deren strategische Kulturen sowie Respekt vor nationalen Interessen und daraus abgeleiteten Positionen. Es geht hier um Wertschätzung und inhaltliche Überparteilichkeit. Dementsprechend stellte Heinrich Brauss für seine Arbeit als ASG klar: „Mein Fokus liegt also darauf, was die NATO als ganze weiterbringt", ohne die berechtigten Interessen der Nationen abzuwürgen. „Jede Nation hat Anspruch auf meine Hilfe und Fürsprache, wenn ein Anliegen für die betreffende Nation sehr wichtig ist und der gemeinsamen

---

[13] Dies gilt selbstverständlich auch für die NATO-Generalsekretär selbst. Zu den Unterschieden in der Amtsführung siehe Henrickson, Diplomacy and War at NATO, a.a.O.
[14] Sitzungen chairen: Die Kompetenz zwischen Leiten und Moderieren – ein Interview mit Heinrich Brauss, a.a.O., S. 155-156.

Sache nicht schadet.“[15] Aufgrund ihrer zentralen Rolle in der Stabsarbeit im NATO-Hauptquartier sind die ASG das wohl am deutlichsten wahrnehmbare und persönlich erfahrbare Rollenmodel, an dem sich alle Mitarbeiter im Maschinenraum in ihrem Selbstverständnis orientieren können.

Schwierig wird die Arbeit für die ASG besonders dann, wenn die Weisungen für die Vertreter der Nationen aus ihren Hauptstädten diesen wenig Spielraum lassen. Dies verdeutlicht, dass auch die Mitarbeiter in den Ministerien der Hauptstädte mit der Funktionsweise der NATO und ihrer Führungskultur vertraut sein sollten.

Kommen wir nun zum eigentlichen Maschinenraum der NATO, den Mitarbeitern unterhalb dieser höchsten Führungsebene. Diese wirken sich zunächst einmal über die Beratung ihrer höheren Vorgesetzten aus. Aufgrund der Komplexität der sicherheitspolitischen Fragestellungen und der Vielzahl der strategischen Akteure ist deren Beratungsbedarf immens gestiegen. Weiterhin haben Mitarbeiter des Maschinenraums enormen Einfluss in den diversen Komitees und Arbeitsgruppen sowie in der Erstellung von nationalen Stellungnahmen. Wer über Fachwissen verfügt und dieses zum richtigen Zeitpunkt an der richtigen Stelle im richtigen Ton anbringen kann, kann viel bewegen. Die Qualität von Papieren ist dabei besonders wichtig: Sie sollten schon im Zielfeld liegen, nach allen Seiten abgeklopft und vor allem mit den für das Thema wichtigen Nationen informell abgestimmt sein, bevor sie in den Komitees und Arbeitsgruppen verhandelt werden. Denn Nationen fangen erst mit der Arbeit an, wenn sie glauben, dass ein Papier tragfähig ist, man damit arbeiten kann, und am Ende ein Konsens möglich sein wird.

Manchmal gelingt es Mitarbeitern aus dem Maschinenraum, durch Eigeninitiative große Entwicklungen in Bewegung zu setzen. Ein bekanntes Beispiel dafür ist der damalige Oberst i.G. Dr. Klaus Wittmann, der während der Epochenwende im November 1989 im Internationalen Militärstab diente.[16] Bereits im Januar 1990 legte dieser ein rund sechzigseitiges Papier über die zukünftige Ausrichtung der NATO vor, ohne dass er damit beauftragt worden wäre. Darin empfahl er eine Überprüfung und, wo nötig, Anpassung der seit 1968 gültigen NATO-Militärstrategie MC 14/3 *flexible response*“. Nach interner Abstim-

---

[15] Sitzungen chairen: Die Kompetenz zwischen Leiten und Moderieren – ein Interview mit Heinrich Brauss, a.a.O., S. 153.

[16] Siehe Ralph Erlmeier, Ideengeber der historischen NATO-Transformation. In: LOYAL 10/2016, S. 66.

mung ging sein Papier wenige Wochen später als *IMS Working Group Memorandum* sowohl zum Militärkomitee als auch zum SACEUR. Es fand Kritik und Zustimmung zugleich und regte die Debatte innerhalb des NATO-Hauptquartiers sowie in den Hauptstädten der Bündnisstaaten an. Dass dieses Papier so schnell durch die Hierarchien nach oben weitergereicht wurde, lag daran, dass in dieser Umbruchsituation die NATO und ihre Mitgliedstaaten nach Orientierung suchten. Klaus Wittmanns Papier war das einzig verfügbare auf dem Markt. Und natürlich gehörte auch Glück dazu. Sein unmittelbarer Vorgesetzter, der deutsche Generalmajor Dietrich Genschel, stimmte zwar nicht in allen Punkten des Papiers überein, fand es aber hilfreich und leitete es an den damaligen Generalsekretär Manfred Wörner weiter. Dieser lobte das Papier ausdrücklich, ermutigte das Vorausdenken und ermöglichte damit, dass es als Grundlage für die Erarbeitung eines Strategischen Konzeptes genutzt wurde. Bei ihrem Gipfel in Rom Ende 1991 beschlossen die Staats- und Regierungschefs das erste öffentliche Strategische Konzept der NATO.

Dieses Beispiel veranschaulicht, dass die NATO-Prozesse Freiräume bieten für das Engagement von Individuen oder Gruppen. In diesem Fall kam die Initiative aus dem Internationalen Militärstab. Es gibt weitere Beispiele für Eigeninitiativen aus anderen Bereichen des Hauptquartiers, einschließlich der zivilen und militärischen nationalen Vertretungen. Allen gemeinsam ist: Es ist Mut zur Verantwortung erforderlich, um mit eigenen Ideen an die „internationale Öffentlichkeit" im NATO-Hauptquartier heranzutreten. Um Offiziere und Beamte zur Eigeninitiative zu ermutigen, dürfen ihre Nationen sie nicht an einem Gängelband führen.

Tatsächlich gehören Thesenpapiere (*food for thought*) zur Organisationskultur der NATO. Alle Verbündeten haben damit die Möglichkeit, ihr intellektuelles Gewicht in der NATO zu erhöhen und Einfluss auf deren weitere Anpassung an veränderte sicherheitspolitische Rahmenbedingungen zu nehmen. Allerdings haben viele NATO-Mitgliedstaaten über Jahrzehnte hinweg das strategische Denken an die USA delegiert. Deutschland hat dieses Defizit erkannt und beabsichtigt, seine Strategiefähigkeit zu verbessern.[17] Auch die Bundeswehr leistet dazu einen Beitrag.[18]

Wichtig ist auch ein Verständnis für die Besonderheiten der Gesprächskultur im NATO-Hauptquartier. Dieses ist kein militärisches Hauptquartier. Selbst

---

[17] Siehe dazu das Weißbuch 2016, S. 57.

[18] Zum German Centre for Strategic and Defence Studies siehe https://gids-hamburg.de/

die jährlich mehrfach stattfindenden Kommandeurstagungen des SACEUR mit seinem unterstellten Bereich sind kaum vergleichbar mit militärischen Besprechungen in einem rein nationalen Umfeld. Denn in der NATO gibt es neben dem Prinzip von Befehl und Gehorsam noch die Anwendung von Kriterien des sog. „herrschaftsfreien Dialogs"[19]. Das Führungspersonal und dabei vor allem die Verhandlungsführer (*Chairman*) in den Komitees und Arbeitsgruppen haben die Aufgabe, einen auf Gleichberechtigung angelegten Dialog zu ermöglichen, der es allen Teilnehmern erleichtert, den Kontext und die grundlegenden Annahmen von nationalen Positionen zu hinterfragen, diese besser zu verstehen und auf dieser Grundlage einen gemeinsamen Nenner zu finden. Wir haben es hier also mit einem Kommunikationsmodell zu tun, das an die attische Demokratie und den sokratischen Dialog erinnert. Es geht darum, Mitarbeiter in Gespräche zu „verwickeln", durch Fragen deren Kenntnisse, Interessen und Überzeugungen zu eruieren und diese mit Blick auf ein gemeinsames NATO-Interesse neu zu begründen. Im Idealfall verläuft das Gespräch so, dass alle Teilnehmer am Ende von dem gemeinsamen richtigen Handlungsweg überzeugt sind. Das NATO-Hauptquartier ist dafür der Marktplatz, auf dem Argumente ausgetauscht und auf eine höhere, das gemeinsame Interesse abbildende Ebene gehoben werden.

Die Wirkung dieser Gesprächskultur geht weit über das NATO-Hauptquartier hinaus. Denn deren Mitarbeiter verfügen über weite, länder- und ebenenübergreifende Netzwerke. Der Austausch von Lehrstabsoffizieren bzw. zivilen Dozenten und Lehrgangsteilnehmern in den Bildungseinrichtungen der NATO-Mitgliedstaaten, die Zusammenarbeit in multinationalen Einsätzen und Übungen und auch die gemeinsame Ausbildung beispielsweise am NATO Defense College in Rom haben diese Netzwerke sehr leistungsfähig gemacht. Vieles ist möglich in der NATO, weil die Menschen sich kennen und vertrauen. Zum Teambuilding trägt auch ein Faktor bei, den die Soldaten von ihren militärischen Erfahrungen her bestens kennen: Während der zeitkritischen Arbeit bei der Vorbereitung von Gipfeln und Ministertreffen entwickelt sich auch im NATO-Hauptquartier ein „Gefechtsstandsgefühl"[20], das zusammenschweißt.

---

[19] Zum Konzept des herrschaftsfreien Dialogs siehe zur ersten Einführung Christian Weilmeier, Das bessere Argument – der herrschaftsfreie Dialog nach Jürgen Habermas. https://neuedebatte.com/2017/02/11/der-herrschaftsfreie-diskurs-habermas/ Im Original bei Jürgen Habermas, Theorie des Kommunikativen Handelns, 2 Bde., Frankfurt/M. 2011.

[20] Interview des Autors mit Heinrich Brauss im August 2020.

Die hier idealtypisch vorgestellte Gesprächskultur der NATO kann nicht verhindern, dass es in der Praxis immer wieder zu Phänomenen eines kalkulierten „Kuhhandels" kommt. Nationen sichern sich gegenseitig Unterstützung zu („Ich unterstütze Dich heute bei dieser Angelegenheit, Du mich morgen bei einer anderen"). Zudem machen Nationen ihre Zustimmung manchmal davon abhängig, dass ihre nationalen Interessen bei inhaltlich ganz anders gelagerten Themen berücksichtigt werden (also eine „konditionierte Zustimmung"). Diese Form der Realpolitik geht sogar so weit, dass Staats- und Regierungschefs Fragen der Zukunft der NATO mit Handelsfragen der EU vermengen.[21] Diese transaktionalen Politiken stoßen sich hart an dem gemeinsamen Selbstverständnis und den Werten in der NATO.

Die Vorstellung, dass das bessere Argument sich im Dialog durchsetzt, gerät auch dadurch unter Druck, weil hybrid agierende Staaten wie beispielsweise Russland durch Desinformation und Propaganda sowie durch die Unterstützung populistischer Parteien und Gruppierungen zur Verbreitung von Hass, Hetze und Verschwörungstheorien beitragen.[22] Auch innerhalb von NATO-Mitgliedstaaten finden politische und gesellschaftspolitische Entwicklungen statt, die die Idee der einenden Wahrheit durch „alternative Fakten" untergraben. Sie entzweien nicht nur die Verbündeten, sondern auch die Gesellschaften in den jeweiligen Ländern selbst. Die Wirkungen dieser entzweienden Anstrengungen lassen sich nicht leicht wieder rückgängig machen. Die NATO muss sich daher überlegen, wie sie ihre Gesprächskultur dagegen schützen kann. Dies geht am ehesten über die Bildung und Resilienz ihrer Mitarbeiter. Schauen wir uns nun an, welche Anforderungen an die Mitarbeiter in der NATO gestellt werden.

Anforderungen an die Mitarbeiter in der NATO

Für die erfolgreiche Arbeit in der NATO ist Fachwissen eine unverzichtbare Grundlage. Dazu gehört eine gehörige Portion historischer Bildung: ganz allgemein über die Geschichte der NATO und ganz konkret über die Entstehungsgeschichte der zu bearbeitenden Themen. NATO-Mitarbeiter benötigen zudem fachübergreifende Qualifikationen. Diese sind ganz entscheidend, damit

---

[21] Siehe hierzu die Beschreibung bei Bolton, The Room Where It Happened, a.a.O., S. 141f., 144, 146. Siehe auch S. 154f.

[22] Siehe dazu Uwe Hartmann, Hybrider Krieg als neue Bedrohung von Freiheit und Frieden, Berlin 2015.

die NATO als Kompromissmaschine rundläuft. Dazu gehören: (1) ein umfassendes Verständnis der Ziele der NATO und ihrer Wertebasis; (2) Beherrschen der Prozesse und Verfahren in der NATO; (3) Respekt vor den Mitgliedstaaten und ihren Interessen, Bedrohungswahrnehmungen und strategischen Kulturen, selbst wenn diese einen Kompromiss behindern; (4) ausgeprägte soziale Kompetenzen im Umgang mit Diversität; (5) kommunikative Kompetenzen in der formellen und informellen Gesprächsführung; (6) ausgeprägtes Verantwortungsbewusstsein mit persönlichem Engagement und Kreativität bei der Erarbeitung von Kompromissen sowie eine gehörige Portion Mut.

Anforderungen erwachsen auch aus der Komplexität der Arbeit im zivilmilitärischen NATO-Hauptquartier. Alles hängt mit allem zusammen. Ungewissheit herrscht, nicht zuletzt aufgrund von fehlenden oder unsicheren Informationen. Zufall und Glück spielen eine wichtige Rolle. Das sind alles Begriffe, die der preußische Kriegsphilosoph und General Carl von Clausewitz in seiner Analyse des Krieges herausdestillierte. Vom Feldherrn forderte er daher „einen feinen, durchdringenden Verstand…, um mit dem Takte seines Urteils die Wahrheit herauszufühlen"[23] und „Charakterstärke", um erst dann von dem eingeschlagenen Weg abzuweichen, „… bis eine klare Überzeugung dazu zwingt"[24]. Diese Eigenschaften helfen auch den Verhandlungsführern in den diversen Komitees und Arbeitsgruppen bei ihrer Suche nach einem Konsens. Auch Clausewitz' Forderung nach einem grundsätzlichen Einverständnis des verantwortlichen Politikers und seines Feldherrn über den Krieg, den sie führen wollen, lässt sich auf Mitarbeiter mit und ohne Uniform in der NATO übertragen. Auch sie müssen sich in die verantwortlichen Politiker hineindenken können; sie müssen wissen, dass jeder militärische Ratschlag das Feld der Politik betritt, selbst wenn sie versuchen, diesen allein mit militärischen Notwendigkeiten zu begründen. Auf der anderen Seite dürfen sie nicht politisieren und schon gar nicht sollten sie das politisch Wünschenswerte vor die militärischen Notwendigkeiten stellen. Es sollte jedoch zu ihrem Selbstverständnis gehören, die politischen Wirkungen des von ihnen vorgeschlagenen militärischen Handelns zu berücksichtigen (*politically aware*). Auf keinen Fall sollten sie von der politischen Seite erwarten, dass diese sich in ihrer Politik ausschließlich

---

[23] Carl von Clausewitz, Vom Kriege, Bonn 1991, S. 233.
[24] Clausewitz, Vom Kriege, a.a.O., S. 245.

an militärischen Erfordernissen ausrichtet. Vielmehr müssen sie bereit sein, sich den kritischen Fragen der politischen und zivilen Seite zu stellen.[25]

Schluss

Die Argumentation dieses Artikels läuft darauf hinaus, dass die Entscheidungs- und Handlungsfähigkeit der NATO durch konfrontative Politik der Verbündeten unter Druck gerät. Daraus erwachsene Konsequenzen für die Kompromissbereitschaft und damit auch für die Kohäsion der Allianz könnten durch die Mitarbeiter innerhalb der NATO, vor allem ihres Hauptquartiers, aufgefangen werden. Was sollte in eine neue Vorschrift zur Inneren Führung aufgenommen werden, um deutschen Soldaten und Beamten in der NATO Orientierung für ihr Handeln und praxisnahe Impulse für die individuelle Selbstbildung zu geben?

Grundsätzlich gilt: Die Innere Führung ist absolut kompatibel mit der Führungskultur und dem Selbstverständnis der NATO. Ihre ethischen Grundlagen spiegeln nicht nur das Grundgesetz Deutschlands, sondern auch die grundlegenden Werte der NATO (Friedensorientierung, Demokratie, individuelle Freiheit und Herrschaft des Rechts) wider.[26] Ihre Grundsätze und Ziele sowie die daraus abgeleiteten Anforderungen an Vorgesetzte fordern und fördern das, was auch für die NATO wichtig ist: die ethische, rechtliche und politische Legitimation militärischen Handelns, das Primat der Politik, die Berücksichtigung des Wandels in Politik, Gesellschaft und Wirtschaft sowie die Bereitschaft zur Übernahme von Verantwortung.[27] Man kann getrost die Schlussfolgerung ziehen, dass die Innere Führung für die Soldaten und Beamten der Bundeswehr, die in der NATO dienen, einen komparativen Vorteil darstellt. Die Eingewöhnung in und die Akzeptanz der Führungskultur der NATO dürfte Deutschen vergleichsweise leichtfallen.

Diese Offenheit der Inneren Führung für Bündnisfähigkeit und multinationale Zusammenarbeit überrascht nicht. Denn ihre konzeptionelle Ausarbeitung erfolgte Anfang der 1950er Jahre parallel zu den Planungen für die Europäi-

---

25 Zum „unequal dialogue" zwischen Politik und Militär siehe Eliot A. Cohen, Supreme Command. Soldiers, Statesmen, and Leadership in Wartime, New York 2003, S. 208-224.
26 Siehe dazu den NATO-Vertrag von 1949. Die darin verankerten Werte werden in den Strategischen Konzepten sowie den Gipfelerklärungen immer wieder bekräftigt. Zu den ethischen Grundlagen der Inneren Führung siehe Kapitel 3.2 der Vorschrift.
27 Kapitel 3.6 und 4 der Vorschrift zur Inneren Führung.

sche Verteidigungsgemeinschaft. Diese sollte als eine bis auf Verbandsebene integrierte, supranationale Streitkraft aufgestellt werden. Sie scheiterte 1954, was dazu führte, dass Deutschland in die NATO aufgenommen und die Groß-verbände der Bundeswehr deren Führungskommandos assigniert wurden. Hier liegen die historischen Ursachen für zwei Entwicklungslinien der Bundeswehr: ihr großes Engagement in der Multinationalisierung von Hauptquartieren und (Groß-)Verbänden sowie die Delegation militärstrategischen Denkens an die NATO.

Die gültige Vorschrift zur Inneren Führung spiegelt vor allem die Multinatio-nalisierung wider. So stellt sie die Gültigkeit ihrer Grundsätze auch für die Ar-beit im multinationalen Umfeld fest. In der Nr. 501 heißt es: „Innere Führung ist verpflichtende Grundlage des eigenen Handelns im Grundbetrieb wie im Einsatz, in nationalen wie in multinationalen Strukturen. Alle Soldatinnen und Soldaten haben ihr Verhalten und Handeln an den Grundsätzen der Inneren Führung auszurichten." Gleichwohl sind deren Hinweise für die Anwendung der Grundsätze im NATO-Umfeld sehr spärlich. In der Nummer 634 heißt es lediglich: „Der Dienst im multinationalen Umfeld erfordert, dass alle dort ein-gesetzten Angehörigen der Bundeswehr mit Organisationsprinzipien und Füh-rungskulturen von Streitkräften anderer Nationen … vertraut sind." Zuvor steht in der Nr. 620: „Der richtige Umgang mit Menschen, die einen anderen kulturellen Hintergrund haben, die interkulturelle Kompetenz, erhöht die Handlungs- und Verhaltenssicherheit der Soldatinnen und Soldaten…". Kon-kreter werden diese Grundsätze nur, wenn es um die Auslandseinsätze der Bundeswehr geht. Hier besteht also ein Defizit der Konkretisierung der Grundsätze für den Dienst in der NATO, vor allem auf seiner politisch-strategischen Ebene im NATO-Hauptquartier, wo es in der multinationalen Zusammenarbeit nicht nur um unterschiedliche kulturelle Hintergründe geht, sondern handfeste nationale Interessen.

Nahezu völlig ausgeblendet ist die hier angesprochene zweite Entwicklungsli-nie der Bundeswehr: die Vernachlässigung militärstrategischen Denkens im nationalen Kontext. Die Vorschrift zur Inneren Führung bietet hier nur sehr allgemein gehaltene Orientierungshilfe in Form von aus dem Grundgesetz ab-leitbaren politischen Zielen. Es kommt nunmehr darauf an, weitaus stärker und konkreter die Strategiefähigkeit Deutschlands zu betonen und daraus Folge-rungen für die Führungskultur und das Selbstverständnis abzuleiten. Denn Ansehen und Einfluss in der NATO erhält ein Land nicht nur über seine fi-nanziellen und materiellen Beiträge, sondern auch über sein intellektuelles Gewicht. Dies gilt gerade für Phasen, in denen die Entscheidungs- und Handlungsfähigkeit der NATO unter Druck steht. Dass hier Nachholbedarf auch für die Bundeswehr besteht, bestätigt nicht zuletzt die Arbeit des bereits angesprochenen GIDS.

Zur Förderung der Strategiefähigkeit sollte die in der gültigen Vorschrift postulierte „politische Mitverantwortung" des Soldaten bzw. Beamten stärker betont und für den Dienst in der NATO veranschaulicht werden. An diesem für das Selbstverständnis und die Führungskultur der Bundeswehr so wichtigem politischem Mitdenken ist die Vorschrift des Heeres zur Truppenführung deutlich weiter. Deren leitendes Prinzip ist das „wirkungsorientierte Denken". Es fordert, „ganzheitlich … alle Wirkungen, letale und nicht letale, physische und psychologische Wirkungen *in allen Dimensionen* (hervorgehoben; U.H.) zu berücksichtigen."[28] Das politisch vorgegebene Ziel eines Militäreinsatzes bzw. der politische Zweck des soldatischen Dienstes sind damit höchste Referenzgrößen auch für selbständiges Handeln. Das „Führen mit Auftrag" als weiteres leitendes Prinzip ist also immer Führen mit *politisch* begründetem Auftrag. Ein derartiges Führungsverständnis hülfe insbesondere der selbständigen und dabei kreativen Mitarbeit im NATO-Hauptquartier, wo wie in keiner anderen Organisation die politische, zivile und militärische Seite direkt aufeinandertreffen und um eine kompromissfähige Lösung ringen. Von einem derartigen wirkungsorientierten Denken profitierte nicht nur die Strategiefähigkeit der Bundeswehr, sondern auch Deutschlands insgesamt.

Hilfreich wären zudem Klarstellungen, in welcher Verbindung die Kernelemente der NATO-Identität (Pflicht zum Kompromiss, Orientierung an dem Gesamtinteresse der NATO, Wertschätzung jedes Verbündeten) mit dem Verfassungspatriotismus stehen, wie er in dem Slogan „Wir.Dienen.Deutschland." zum Ausdruck kommt und wie er auch im neuen Traditionserlass gefordert wird.[29] Dieser gewollte demokratische Patriotismus steht dem Selbstverständnis der NATO und ihrer Führungskultur nicht entgegen. Ganz im Gegenteil: Er

---

[28] Siehe dazu Inspekteur des Heeres, Truppenführung, Nr. 613. Siehe auch Erick Rattat, Der militärische Führer im komplexen Operationsumfeld. In: Uwe Hartmann, Claus von Rosen (Hrsg.), Jahrbuch Innere Führung 2015. Neue Denkwege angesichts der Gleichzeitigkeit unterschiedlicher Krisen, Konflikte und Kriege, Berlin 2015, S. 142-148.

[29] Die Tradition in der Bundeswehr. Richtlinien zum Traditionsverständnis und zur Traditionspflege, 28. März 2018, Nr. 4.2; abgedruckt in Donald Abenheim, Uwe Hartmann (Hrsg.), Tradition in der Bundeswehr. Zum Erbe des deutschen Soldaten und zur Umsetzung des neuen Traditionserlasses, Berlin 2018, S. 289.

verknüpft das deutsche Interesse mit dem NATO-Gesamtinteresse, Frieden in Freiheit für Europa zu fördern. Verfassungspatriotismus und Gesamtinteresse der NATO sind zwei Seiten einer Medaille. Um dies zu unterstreichen, sollte die neue Vorschrift weitaus stärker die Westbindung Deutschlands und deren Bedeutung für Sicherheit und Wohlstand in Europa betonen.[30] Dazu könnte sie an die Ausführungen zu europäischen Traditionswerten im Handbuch Innere Führung aus dem Jahr 1957 anknüpfen.[31]

Das Aufzeigen der gemeinsamen Wertebasis von NATO und Bundeswehr trägt dazu bei, jede Form von Extremismus zu delegitimieren. Fehlentwicklungen in der Bundeswehr schaden Deutschlands Ansehen und Gewicht innerhalb der Allianz.

Die Autoren der Vorschrift zur Inneren Führung beschäftigten sich intensiv mit der politischen, historischen und ethischen Bildung. Ihre Aussagen dazu formulierten sie sehr allgemein. Konkreter wurden sie in Bezug auf die Auslandseinsätze der Bundeswehr. Eine neue Vorschrift sollte die Notwendigkeit einer umfassenden Bildung auch für die Arbeit in der NATO unterstreichen. Dies steigerte auch die Bereitschaft höherer Vorgesetzter, Bildungsmaßnahmen einen höheren Stellenwert einzuräumen.

Die in der Vorschrift zurecht ausführlich beschriebenen sozialen Kompetenzen von Angehörigen der Bundeswehr sollten durch Hinweise auf die Arbeit innerhalb der NATO veranschaulicht werden. Auf diese Weise könnte auch das hartnäckige Vorurteil bekämpft werden, dass Innere Führung von der Realität des soldatischen Dienstes abweiche und zur Verweichlichung beitrüge. Zweifelsfrei ist die Arbeit in der Kompromissmaschine NATO eine harte Arbeit, auch an sich selbst.

Die NATO hat kein ausgeprägtes Verständnis für Tradition. Sie verlässt sich darauf, dass ihre Mitgliedstaaten Traditionen pflegen, um Werte zu fördern, die dem Selbstverständnis auch der NATO entsprechen und für die Arbeit innerhalb der Bündnisstrukturen hilfreich sind. Wenn die Bundeswehr künftig ihre eigene Geschichte weitaus stärker für die Traditionspflege nutzen will, sollten Vorgesetzte aller Führungsebenen auch die Erfolgsgeschichte der NATO unterstreichen. Die aktiven sowie ehemaligen Angehörigen der Bundeswehr kön-

---

[30] Siehe dazu das Plädoyer für Deutschlands Westbindung von James Hawes, Die kürzeste Geschichte Deutschlands, Berlin 2019.
[31] Bundesministerium der Verteidigung, Fü S I (Hrsg.), Handbuch Innere Führung. Hilfen zur Klärung der Begriffe, Bonn 1957. Es ist 1972 in unveränderter, fünfter Auflage erschienen.

nen stolz darauf sein, was sie für die NATO und Deutschland in der NATO geleistet haben. Deren vorbildliches Engagement sollte auch in der Traditionspflege der Bundeswehr gewürdigt werden.

Zum Schluss kann gefolgert werden, dass eine breit angelegte Revitalisierung der Inneren Führung dazu beiträgt, die Funktionsfähigkeit der NATO in unsicheren Zeiten wie diesen zu erhalten.

Zur Integrationsdimension der Inneren Führung: Eine empirische Betrachtung der öffentlichen Meinung zur gesellschaftlichen Einbindung der Bundeswehr von 2005 bis 2019

Timo Graf[1]

„Wenn wir aus der Fläche verschwinden…"

Im Jahr 2011 wurde die allgemeine Wehrpflicht in Deutschland ausgesetzt. In den Folgejahren wurde die Bundeswehr im Zuge ihrer „Neuausrichtung" weiter verkleinert. Hat sich durch diese Entwicklung die öffentliche Meinung zur gesellschaftlichen Einbindung der Bundeswehr verändert? Und welche Rolle spielt dabei die medial vermittelte Wahrnehmung der Bundeswehr im Vergleich zu persönlichen Erfahrungen mit der Bundeswehr? Diese Fragen berühren die Innere Führung im Kern, denn eines ihrer grundlegenden Ziele ist es, „die Einbindung der Bundeswehr in Staat und Gesellschaft zu erhalten und zu fördern" (ZDv A-2600/1, Punkt 401). Diese „Integrationsdimension" der Inneren Führung war von herausragender Bedeutung für die gesellschaftliche Akzeptanz der 1955 gegründeten Bundeswehr. Anders als ihre Vorgängerorganisationen sollte die Bundeswehr von Anbeginn (akzeptierter) Teil einer demokratischen Gesellschaft und jeder einzelne Soldat „Staatsbürger in Uniform" sein. Durch die bewusste und möglichst breite Einbindung in die bundesrepublikanische Gesellschaft sollte sich die Bundeswehr nicht zu einem „Staat im Staate" entwickeln können (Kelleher 1990: 25–27). Und auch wenn diese Angst alsbald verflog, blieb die öffentliche Meinung zur gesellschaftlichen Einbindung der Streitkräfte von Bedeutung – bis heute. Dies gilt vor allem für die Streitkräfte selbst, denn die „Nähe" zum (Wahl-)Volk ist für die Finanzierung und Personalgewinnung der Streitkräfte von ebenso großer Bedeutung wie für ihre gesellschaftliche Legitimation und (Einsatz)Motivation (Biehl/Keller 2016; Moskos 1968; Pietsch 2012). Zum 65. Gründungstag der Bundeswehr stellte der Bundespräsident jüngst fest: „Armee und Gesellschaft dürfen sich in einer Demokratie niemals fremd werden" (Steinmeier 2020: 4).

---

[1] Der Autor bedankt sich bei Frau Stabsunteroffizier Christina Irrgang für die tatkräftige Unterstützung bei der Recherche der Umfragedaten für diesen Beitrag.

Einen entscheidenden Beitrag zur erfolgreichen Einbindung der Bundeswehr in die bundesrepublikanische Gesellschaft leistete die 1957 eingeführte allgemeine Wehrpflicht: „Durch sie bleibt die Bundeswehr in stetem Austausch mit der Gesellschaft [...] Die allgemeine Wehrpflicht sichert die Verankerung der Bundeswehr in der Gesellschaft" (BMVg 2006: 76). Das Aussetzen der Wehrpflicht im Jahr 2011 wurde dementsprechend von einer lebhaften Debatte begleitet, in der viele Teilnehmer die Sorge äußerten, dass die Wandlung der Bundeswehr zur „Freiwilligenarmee" ihrer Einbindung in die Gesellschaft schaden könnte, denn zum einen gäbe es hierdurch nicht nur weniger „Staatsbürger in Uniform", sondern auch weniger Uniform in der Öffentlichkeit – der Austausch zwischen Zivilgesellschaft und den Streitkräften käme weitgehend zum Erliegen (exemplarisch: Buch 2010: 70-71; Kirsch 2010: 20-21).[2] Dabei ging es im Kern aber nicht (mehr) um die Befürchtung, die Bundeswehr könnte sich zu einem „Staat im Staate" entwickeln, sondern eher um die Sorge, dass sich weite Bevölkerungsteile für eine „Freiwilligenarmee" und deren Einsätze im fernen Ausland schlicht nicht mehr interessieren würden, da die „eigenen Söhne" ja nicht mehr dienten (Klein 2010: 114; Wittmann 2010: 233–234) – mit dem Ergebnis des oft zitierten „freundlichen Desinteresses" (Köhler 2005; Steinmeier 2020). Einige Kommentatoren sahen durch das Aussetzen der Wehrpflicht auch die Innere Führung mit ihrem Integrationsauftrag in Frage gestellt (Clement 2010: 221).

Die Berührungspunkte zwischen der Zivilgesellschaft und den Streitkräften wurden unmittelbar nach Aussetzen der Wehrpflicht durch tiefgreifende Einsparungen im Zuge der „Neuausrichtung" der Bundeswehr weiter eingeschränkt. Bis zum Jahr 2013 schrumpfte der Personalkörper der Bundeswehr um ca. 70.000 Soldatinnen und Soldaten (darunter auch tausende Zeit- und Berufssoldaten) und viele Bundeswehr-Standorte wurden verkleinert oder ganz geschlossen. Vor diesem Hintergrund mahnte der damalige Vorsitzende des Deutschen Bundeswehrverbandes Ulrich Kirsch eindringlich: „Wenn wir aus der Fläche verschwinden, verschwinden wir aus dem Blickfeld der Öffentlichkeit und der Gesellschaft".[3]

---

[2] Der Militärsoziologe James Burk prognostizierte bereits 2002, dass der allgemeine Trend zur Abschaffung der Wehrpflicht und zur Professionalisierung der Streitkräfte die zivil-militärischen Beziehungen in den westlichen Demokratien schwächen würde.

[3] https://www.morgenpost.de/politik/inland/article105305680/Wehrreform-wird-zur-Belastungsprobe-fuer-Soldaten.html [Zugriff: 20. Oktober 2020].

Doch sind bzw. waren diese Sorgen überhaupt berechtigt? Hat sich die Meinung der Bürgerinnen und Bürger zur gesellschaftlichen Einbindung der Bundeswehr durch das Aussetzen der Wehrpflicht und das „Kleinsparen" der Bundeswehr verändert? Aus den Augen, aus dem Sinn? Oder hat sich der Kontakt der Bevölkerung mit der Bundeswehr nur verlagert: weg von persönlichen Erfahrungen und hin zu medial vermittelten Wahrnehmungen? Und wie wirken sich Wahrnehmungen und persönliche Erfahrungen überhaupt auf die öffentliche Meinung zur gesellschaftlichen Integration der Bundeswehr aus? Haben die Massenmedien seit 2011 als Vermittlerinstanz zwischen Bundeswehr und Gesellschaft an Reichweite und Einfluss gewonnen? Die nachfolgende Auswertung der Bevölkerungsbefragungen des Zentrums für Militärgeschichte und Sozialwissenschaften der Bundeswehr (ZMSBw) ermöglicht für den Zeitraum 2005–2019 eine empirische Annäherung an diese Fragen. Soviel sei vorab verraten: Die damals formulierten Sorgen waren überzogen, doch die Sichtbarkeit der Truppe bleibt ein wichtiger Faktor für die öffentliche Meinung zur gesellschaftlichen Integration der Bundeswehr.

Zur Hinführung auf den Untersuchungsgegenstand skizziert der nachfolgende Abschnitt aus militärsoziologischer Perspektive die Bedeutung der Wehrpflicht für die Integration von Streitkräften in demokratischen Gesellschaften. Die empirische Analyse betrachtet sodann im Zeitverlauf (2005–2019): (1) die öffentliche Meinung zur gesellschaftlichen Integration der Bundeswehr; (2) die Häufigkeit der alltäglich-persönlichen versus medial vermittelten Wahrnehmung der Bundeswehr; (3) den Einfluss dieser beiden Wahrnehmungen auf die öffentliche Meinung zur gesellschaftlichen Einbindung der Bundeswehr im Vergleich zum Einfluss persönlicher Erfahrungen mit der Bundeswehr. Abschließend werden die Implikationen der Analyseergebnisse für das Verhältnis zwischen Bundeswehr und Gesellschaft, die Öffentlichkeitsarbeit der Bundeswehr und die Innere Führung diskutiert.

Wehrpflicht und zivil-militärische Beziehungen

Die Beziehungen zwischen Gesellschaft und Militär sind Forschungsgegenstand der Militärsoziologie. Mit Blick auf die zivil-militärischen Beziehungen speziell in demokratischen Gesellschaften sind zwei konkurrierende Modelle formuliert worden, die auf unterschiedlichen Demokratieverständnissen beruhen.[4] Das *republikanische* Modell vertritt einen inklusiven Ansatz der zivil-militärischen Beziehungen und versteht die allgemeine Wehrpflicht als ein individuelles Bürgerrecht und eine gesellschaftliche Institution, die dem Austausch zwischen Zivilgesellschaft und Militär dient; der Idealtyp des Soldaten ist der Bürgersoldat oder Milizionär. Das *liberale* Modell betont dagegen die Notwendigkeit der strikten Trennung von militärischer und ziviler Lebenswelt und erkennt in der allgemeinen Wehrpflicht einen unzulässigen Eingriff des Staates in individuelle Freiheitsrechte; der Idealtyp des Soldaten ist der Berufssoldat (Huntington 1957). Beiden Modellen gemein ist das Primat der Politik, also die Unterordnung der Streitkräfte unter eine zivile politische Leitung. Die Befürworter der Einführung der allgemeinen Wehrpflicht in Deutschland im Jahr 1957 beriefen sich auf das republikanische Modell als Vorbild für die Ausgestaltung der zivil-militärischen Beziehungen, so auch Bundespräsident Theodor Heuss, der in der Wehrpflicht das „legitime Kind der Demokratie" zu erkennen glaubte.[5]

Grundsätzlich stellt die Wehrpflicht ein Instrument dar, mit dessen Hilfe der Staat in seinem Interesse erzieherisch auf große Teile der (zumeist männlichen) Bevölkerung einwirken kann. Im besten Falle werden dann in der „Schule der Nation" demokratische Werte vermittelt.[6] Die Wehrdiener tragen darüber hinaus militärische Werte, Normen, Einstellungen etc. in den zivilen Raum. Dieser Prozess wird jedoch immer durch das soldatische Subjekt „vermittelt", weshalb die Wehrpflicht als staatliches Sozialisationsinstrument auch nur sehr diffus in der zivilen Gesellschaft nachwirkt. Umgekehrt entsteht durch eine allgemeine

---

[4] Siehe Ulrich vom Hagen (2012 & 2006) für eine konzise Gegenüberstellung des inklusiven/republikanischen und des exklusiven/liberalen Modells der zivil-militärischen Beziehungen in demokratischen Gesellschaften.

[5] Es waren aber nicht nur demokratische Überzeugungen, die damals zur Einführung der allgemeinen Wehrpflicht geführt haben. Insbesondere die deutsche Zusage an die Bündnispartner hinsichtlich der versprochenen Truppenstärke von 500.000 Mann wäre anders gar nicht einzuhalten gewesen. Und nur so konnte auch der Einfluss Deutschlands innerhalb der NATO und damit auf die US-Nuklearstrategie gesichert werden (Meier-Dörnberg 1994: 117–118). Für eine kritische Diskussion des Mythos' von der Wehrpflicht als „legitimem Kind der Demokratie" siehe Detlef Bald (1995 & 1998). Aus empirischer Sicht besteht übrigens kein grundsätzlicher Zusammenhang zwischen Demokratie und Wehrpflicht (Asal et al. 2017; Mulligan/Shleifer 2005; Pfaffenzeller 2010).

[6] Empirische Studien aus den 70er und 80er Jahren zur Sozialisation Wehrpflichtiger in der Bundeswehr lassen jedoch erhebliche Zweifel an der „Schule der Nation" aufkommen, stellten diese doch eine „weitgehende Wirkungslosigkeit politischer Sozialisation in der Bundeswehr" fest (Hegner et al. 1983: 118; siehe auch: Lippert et al. 1976).

Wehrpflicht aber auch für die zivile Gesellschaft eine Möglichkeit, in das Militär hineinzuwirken, da durch die ständige Fluktuation großer Mengen an Wehrpflichtigen gesellschaftliche Veränderungen in die Streitkräfte hineingetragen werden. Auch Baudissin betonte, dass die allgemeine Wehrpflicht „zur Grenzaufhebung zwischen zivilem und militärischem Raum" führe (zitiert in von Rosen 2006: 179). Allgemeine gesellschaftliche Veränderungsprozesse (z.B. Wertewandel) können über die Masse an Wehrpflichtigen in die militärische Organisation hineindiffundieren. Dieser Prozess muss aber nicht zwangsläufig zur Angleichung der zivilen und militärischen Lebenswelten führen, sondern kann auch Differenzen akzentuieren oder sogar offene Konflikte hervorrufen.

Noch das Weißbuch von 2006 beschrieb die Wehrpflicht als Garant für die Einbindung der Bundeswehr in die Gesellschaft (BMVg 2006). Mit Blick auf das Aussetzen der Wehrpflicht im Jahr 2011 wurde deshalb befürchtet, dass der Austausch zwischen Gesellschaft und Bundeswehr weitgehend zum Erliegen käme, was der gesellschaftlichen Einbindung der Bundeswehr schaden würde (exemplarisch: Buch 2010: 70–71; Kirsch 2010: 20–21). Die militärsoziologische Forschung zeichnet ein anderes Bild. Erste empirische Untersuchungen unmittelbar nach Aussetzen der Wehrpflicht haben gezeigt, dass sich die öffentliche Haltung zur Bundeswehr nicht verschlechtert hat (Biehl/Fiebig 2011). Da aber eine mögliche Trägheit in der Veränderung der Einstellungen der Bürgerinnen und Bürger zur Bundeswehr nicht ausgeschlossen werden kann, erscheint es ratsam, einen längeren Zeitraum zu betrachten. Unabhängig davon zeigt der Vergleich mit anderen westlichen Nationen, dass zwischen der Wehrform und der öffentlichen Meinung zu den Streitkräften (fast) kein empirischer Zusammenhang besteht (Biehl 2019; Biehl et al. 2011; siehe auch: Biehl 2012: 58).

Ungeachtet dessen haben das Aussetzen der Wehrpflicht und die Einsparungen im Zuge der „Neuausrichtung" der Bundeswehr dazu geführt, dass weniger Menschen persönliche Erfahrungen im bzw. mit dem Militär sammeln. Deshalb wurde (und wird) in der Militärsoziologie vermutet, dass „eine auf persönlichen Erfahrungen gegründete Wahrnehmung der Bundeswehr zurückgeht und gleichzeitig die Bedeutung der medial vermittelten Wahrnehmung der Streitkräfte zunimmt" (Wanner 2019: 108; siehe auch Biehl 2019: 123). Zwar kommt eine erste europäische Vergleichsstudie zu dem Ergebnis, dass die alltägliche und mediale Wahrnehmung der Streitkräfte einen sehr viel stärkeren Einfluss auf die Haltung zum Militär ausübt als persönliche Erfahrungen mit dem Militär (Biehl 2019), aber eine empirische Überprüfung im Zeitverlauf erfolgte bisher nicht.

Aus den bisherigen Befunden und Überlegungen lassen sich drei Hypothesen ableiten, die in der nachfolgenden Analyse überprüft werden sollen. Erstens: Seit dem Aussetzen der Wehrpflicht hat sich die öffentliche Meinung zur gesellschaftlichen Einbindung der Bundeswehr nicht verändert. Zweitens: Seit dem Aussetzen der Wehrpflicht wird die Bundeswehr weniger im Alltag wahrgenommen und dafür verstärkt in den Massenmedien. Drittens: Schafft die Wehrpflicht tatsächlich eine Verbindung zwischen Bevölkerung und Streitkräften, dann sollten Personen mit eigenen militärischen Erfahrungen eine positivere Haltung zur gesellschaftlichen Einbindung der Bundeswehr aufweisen als Personen ohne eigene militärische Erfahrungen – sowohl vor als auch nach Aussetzen der Wehrpflicht und vor allem unabhängig von der alltäglichen und medial vermittelten Wahrnehmung der Bundeswehr.

Die Integration der Bundeswehr aus Bevölkerungssicht

Die Teilnehmer der Bevölkerungsbefragungen des ZMSBw wurden in den Jahren 2005 bis 2019 gefragt, wie sie die „Einbindung der Bundeswehr in die Gesellschaft" bewerten.[7] Zur besseren Vergleichbarkeit wurden die Antworten auf diese Frage auf einen Wertebereich von 0 (negativ) bis 1 (positiv) umkodiert. Ein Wert von 0,5 entspricht einer ambivalenten Haltung. Abbildung 1 weist die Mittelwerte für die entsprechenden Erhebungjahre aus und zeigt parallel dazu die Entwicklung der militärischen Personalstärke der Bundeswehr.

---

[7] Für das Jahr 2014 liegen keine entsprechenden Umfragedaten vor.

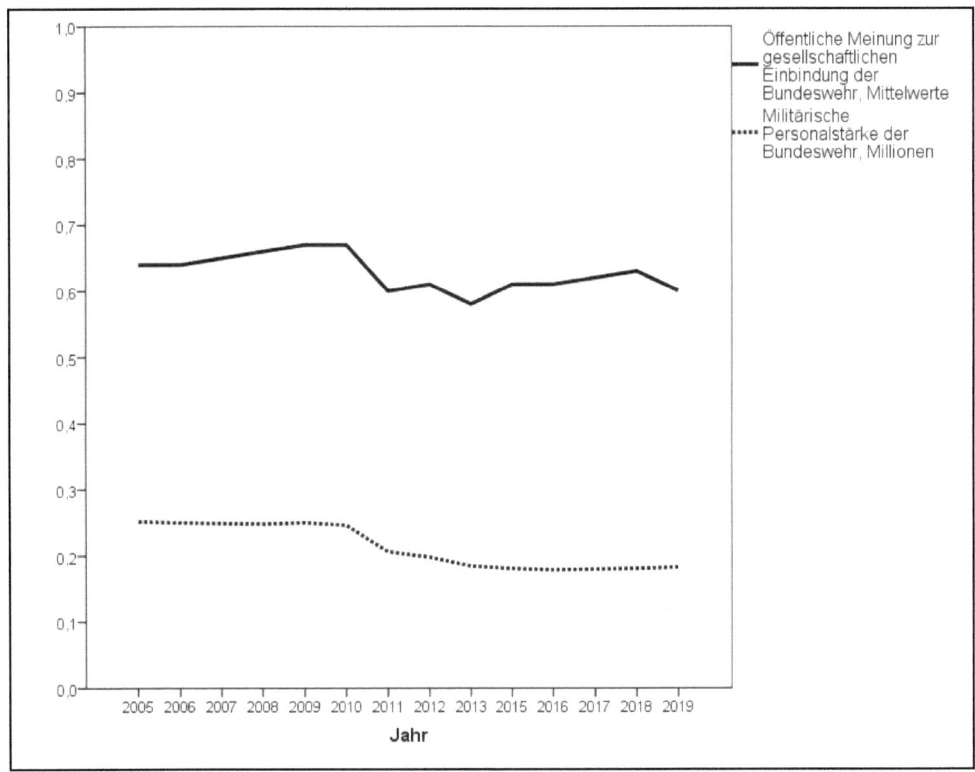

Anmerkung: Die Mittelwerte haben einen Wertebereich von 0 (negativ) bis 1 (positiv). Datenbasis: Bevölkerungsbefragungen des ZMSBw 2005–2019; Truppenstärke: statista.de.

Vier Befunde lassen sich aus Abbildung 1 ableiten. Erstens: Die Bevölkerung bewertet die gesellschaftliche Einbindung der Bundeswehr im gesamten Betrachtungszeitraum im Durchschnitt positiv, d.h. einen absolut negativen „Einbruch" der öffentlichen Meinung nach Aussetzen der Wehrpflicht gab es nicht. Zweitens: Seit dem Aussetzen der Wehrpflicht im Jahr 2011 wird die gesellschaftliche Integration der Bundeswehr jedoch etwas weniger positiv bewertet als zur Zeit der Wehrpflicht. Drittens: Insbesondere in den Jahren 2010–2013 hat sich die Bewertung der gesellschaftlichen Integration der Bundeswehr parallel zur militärischen Personalstärke der Bundeswehr entwickelt.

Diese Beobachtung ist jedoch keine Evidenz für Kausalität.[8] Viertens: Die öffentliche Meinung zur gesellschaftlichen Einbindung der Bundeswehr hat sich im Zeitraum 2013–2018 wieder leicht „erholt" und dass ungeachtet der Stagnation der militärischen Personalstärke. Somit lässt sich festhalten, dass die öffentliche Meinung zur gesellschaftlichen Integration der Bundeswehr seit dem Aussetzen der allgemeinen Wehrpflicht im Jahr 2011 und mit Beginn der „Neuausrichtung" der Bundeswehr im Durchschnitt etwas weniger positiv ausfällt als in den Jahren zuvor.

Mediale und alltägliche Wahrnehmung der Bundeswehr

Weniger Soldaten, weniger Standorte: Die Bundeswehr ist seit 2011 sukzessive aus der Fläche verschwunden.[9] Wird die Bundeswehr von den Bürgerinnen und Bürgern deshalb weniger im Alltag und dafür stärker in den Massenmedien wahrgenommen? Wie Abbildung 2 zeigt, hat das Aussetzen der Wehrpflicht zu keinem plötzlichen Einbruch in der Häufigkeit der Wahrnehmung der Bundeswehr im Alltag geführt. Vielmehr zeigt sich, dass die öffentliche Wahrnehmung der Bundeswehr im Alltag bereits seit 2005 leicht rückläufig ist. Und: Bereits vor dem Aussetzen der Wehrpflicht wurde die Bundeswehr sehr viel öfter in den Massenmedien wahrgenommen als im Alltag. Des Weiteren zeigt sich, dass die Schere zwischen der alltäglich-persönlichen und der medial vermittelten Wahrnehmung der Bundeswehr im gesamten Betrachtungszeitraum kontinuierlich auseinandergegangen ist. Die Medien haben als Vermittlerinstanz zwischen Gesellschaft und Bundeswehr also tatsächlich an „Reichweite" gewonnen, während die Wahrnehmung der Bundeswehr im Alltag kontinu-

---

[8] Es ist nicht auszuschließen, dass andere Entwicklungen ebenfalls Einfluss auf die öffentliche Meinung zur gesellschaftlichen Einbindung der Bundeswehr gehabt haben. So ist z.B. denkbar, dass die Veränderung der Situation im Einsatzland Afghanistan im Jahr 2010 (Stichwort „Karfreitagsgefecht") dazu geführt haben könnte, dass die in weiten Teilen pazifistische und als „casualty shy" beschriebene deutsche Bevölkerung (vgl. Kümmel 2009) eine größere Distanz zu der „kämpfenden Einsatzarmee" entwickelte. Eine mögliche „Entfremdung" zwischen der allgemeinen Bevölkerung und der Bundeswehr im Zuge der gesamtgesellschaftlichen Debatte über die „kriegsähnlichen Zustände" in Afghanistan wäre als Hypothese in zukünftigen Forschungsarbeiten zu untersuchen.

[9] Die Entwicklung der militärischen Personalstärke der Bundeswehr ist bereits seit 1990 rückläufig. Insgesamt betrachtet, ist die mit dem Aussetzen der Wehrpflicht und der „Neuausrichtung" der Bundeswehr verbundene Reduzierung des militärischen Personalkörpers der Bundeswehr somit Teil einer Entwicklung, die bereits mit dem Ende des Kalten Krieges begann.

ierlich abgenommen hat – dieser Trend verlief jedoch unabhängig vom Aussetzen der Wehrpflicht.

Abbildung 2: Häufigkeit der Wahrnehmung der Bundeswehr in den Medien und im Alltag, 2005–2019

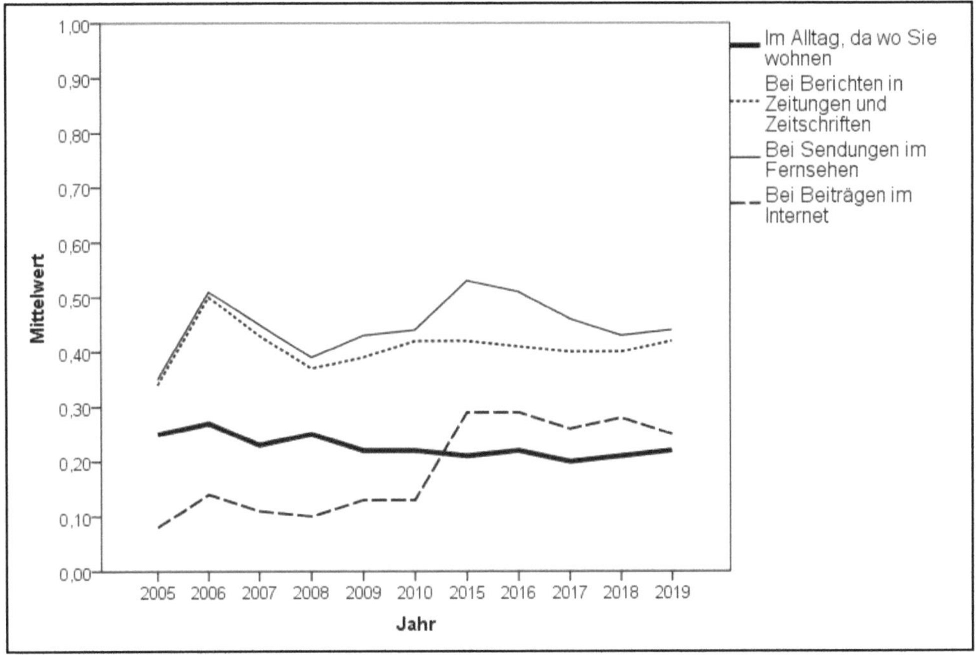

Fragetext: „Ich nenne Ihnen jetzt einige Gelegenheiten, bei denen man die Bundeswehr im Alltag sieht, etwas von ihr hört oder über sie liest. Bitte sagen Sie mir, wie häufig Sie persönlich die Bundeswehr bei diesen Gelegenheiten wahrnehmen". Wertebereich der Mittelwerte: 0 (nie), 0,25 (seltener als einmal im Monat), 0,5 (etwa ein- bis dreimal im Monat), 0,75 (etwa ein- bis dreimal in der Woche), 1 (täglich, fast täglich). Datenbasis: Bevölkerungsbefragungen des ZMSBw (2005–2010) und des ZInfoABw (2015–2019); für die Jahre 2011–2014 existieren keine vergleichbaren Umfragedaten, da der Erhebungsmodus, die Frageformulierung oder die Antwortskalierung geändert wurde.

Die öffentliche Wahrnehmung der Bundeswehr in den klassischen Massenmedien Fernsehen, Zeitungen und Zeitschriften ist im gesamten Betrachtungszeitraum nur leicht gestiegen, wobei die Wahrnehmung bei Sendungen im Fernsehen nach dem Aussetzen der Wehrpflicht kurzzeitig einen stärkeren Aufschwung erfuhr, während sich die Wahrnehmung der Bundeswehr bei Berichten in Printmedien nur langsam ausgeweitet hat. Ganz anders verlief die Entwicklung der öffentlichen Wahrnehmung der Bundeswehr bei Beiträgen im Internet: Nach dem Aussetzen der Wehrpflicht kam es hier zu einem geradezu sprunghaften Anstieg. Dieser ist aber wohl eher auf die stärkere Internetnutzung der Bürgerinnen und Bürger zurückzuführen und weniger auf das Aussetzen der Wehrpflicht.

Vergleicht man abschließend noch die aktuelle „Reichweite" der verschiedenen Medien miteinander, fällt auf, dass die Bundeswehr noch immer häufiger bei Sendungen im Fernsehen und bei Berichten in Printmedien wahrgenommen wird als bei Beiträgen im Internet. Laut der jüngsten Umfrage des Zentrums Informationsarbeit Bundeswehr aus dem Jahr 2019 nutzen jedoch inzwischen mehr Bürgerinnen und Bürger das Internet zur politischen Informationsgewinnung (47 Prozent täglich und damit Platz 1) als das öffentlich-rechtliche Fernsehen (40 Prozent täglich und damit Platz 2). Ergo: Die Sichtbarkeit der Bundeswehr im Internet ist verbesserungswürdig.

Wahrnehmungen versus persönliche Erfahrungen

Der vorstehende Abschnitt hat gezeigt, dass die Bundeswehr verstärkt über die Massenmedien wahrgenommen wird, während die Wahrnehmung im Alltag sukzessive abgenommen hat. Die Medien haben also an *„Reichweite"* gewonnen. Wie aber hat sich ihr *Einfluss* auf die öffentliche Meinung zur gesellschaftlichen Integration der Bundeswehr entwickelt? Ist die mediale Wahrnehmung der Bundeswehr tatsächlich wirkmächtiger als die „unvermittelte" Wahrnehmung im Alltag? Hat das Aussetzen der Wehrpflicht hier eine Veränderung gebracht? Entscheidend für die Beantwortung dieser Fragen ist, dass zwischen negativen und positiven Wahrnehmungen unterschieden wird. In der nachfolgenden Analyse geht es also nicht nur darum, *ob* die Bundeswehr bei verschiedenen Gelegenheiten wahrgenommen wurde, sondern *wie*.[10]

Darüber hinaus soll überprüft werden, welchen Einfluss persönliche Erfahrungen mit der Bundeswehr auf die Bewertung der gesellschaftlichen Einbindung der Bundeswehr haben. Drei Aspekte werden berücksichtigt: (1) War bzw. ist der Befragte bei der Bundeswehr (als Wehrdienstleistender, freiwillig Wehrdienstleistender, Soldat auf Zeit oder Berufssoldat); (2) War bzw. ist ein nahes

---

[10] Zum Verständnis der Analyseergebnisse sei darauf hingewiesen, dass die Gruppe derer, die die Bundeswehr (sehr oder eher) positiv bzw. negativ wahrgenommen haben, mit der Gruppe derer verglichen wird, die die Wahrnehmung der Bundeswehr als „teils/teils" bewerten oder die Bundeswehr überhaupt nicht wahrgenommen haben. Die ausgewiesenen Effekte der positiven bzw. negativen Wahrnehmungen bilden also immer einen Vergleich zur gemeinsamen Referenzgruppe (teils/teils, keine Wahrnehmung) ab.

Familienmitglied bei der Bundeswehr; (3) Existiert in Wohnortnähe ein Standort der Bundeswehr.

Die nachfolgende Analyse ist relativ komplex und umfassend. In der gebotenen Kürze können deshalb auch nur grob Trends identifiziert werden. Auch die Logik der Analyse sei nur kurz erklärt. Auf Basis der Bevölkerungsbefragungen des ZMSBw aus den Jahren 2005–2019 wurden Regressionsanalysen gerechnet. Regressionsanalysen können den Einfluss mehrerer unabhängiger Variablen (hier: Wahrnehmungen und persönliche Erfahrungen) auf eine abhängige Variable (hier: Bewertung der gesellschaftlichen Einbindung der Bundeswehr) bestimmen (der Statistiker würde sagen: schätzen). Jedes Erhebungsjahr wird als eigenständiges Modell berechnet und für jede unabhängige Variable im Modell wird ein Effektkoeffizient ausgewiesen. Je größer der Effektkoeffizient ist, umso stärker ist der Einfluss auf die abhängige Variable. Wichtig dabei: Der Effekt muss statistisch signifikant sein, d.h. er darf kein Zufallsprodukt sein. Über die Zufallswahrscheinlichkeit informiert das Signifikanzniveau. Bei einem Signifikanzniveau von $p < 0{,}05$ liegt die Fehlerwahrscheinlichkeit bei unter 5 Prozent und der Effekt ist „statistisch signifikant." Das Vorzeichen gibt an, ob der Einfluss positiv oder negativ ist. Die Effektkoeffizienten sind in Tabelle 1 ausgewiesen.[11]

---

[11] In allen Analysejahren wurden das Geschlecht (weiblich versus männlich), das Alter (in Jahren), das Bildungsniveau (mindestens Fachhochschulreife versus geringere Bildung), der Wohnort (Ost- versus Westdeutschland) und die Staatsangehörigkeit (nur deutsch) der Befragten als Kontrollvariablen berücksichtigt. Die Effektkoeffizienten der Kontrollvariablen werden nicht in Tabelle 1 ausgewiesen, weil diese in fast keinem Analysejahr statistisch signifikant sind. Einzige Ausnahme: Bis zum Aussetzen der Wehrpflicht im Jahr 2011 hat ein höheres Bildungsniveau (mindestens Fachhochschulreife) einen signifikanten negativen Einfluss auf die Bewertung der gesellschaftlichen Integration der Bundeswehr. Nach dem Aussetzen der Wehrpflicht verschwindet dieser negative Effekt vollständig.

Tabelle 1: **Determinanten der Bewertung der gesellschaftlichen Einbindung der Bundeswehr, 2005–2019**

	2005	2006	2007	2008	2009	2010
Wahrnehmung der Bundeswehr						
Alltag (+)	0,11***	0,19***	0,09**	0,13***	0,07**	0,01[n.s.]
Alltag (-)	-0,11***	-0,05*	-0,12***	-0,09***	-0,16***	-0,06*
Fernsehen (+)	0,12***	0,06[n.s.]	0,04[n.s.]	0,08**	0,10**	-0,00[n.s.]
Fernsehen (-)	-0,05[n.s.]	-0,16***	-0,15***	-0,03[n.s.]	-0,01[n.s.]	-0,15**
Printmedien (+)	0,03[n.s.]	-0,03[n.s.]	0,03[n.s.]	0,03[n.s.]	0,09**	0,08*
Printmedien (-)	-0,11***	-0,06[n.s.]	-0,09**	-0,16***	-0,10**	-0,10**
Internet (+)	-0,03[n.s.]	0,01[n.s.]	0,04[n.s.]	-0,02[n.s.]	-0,03[n.s.]	0,02[n.s.]
Internet (-)	-0,01[n.s.]	-0,01[n.s.]	-0,04[n.s.]	-0,06**	-0,08**	-0,04[n.s.]
Persönliche Erfahrungen mit der Bundeswehr						
War/ist selbst bei Bw	0,00[n.s.]	0,01[n.s.]	-0,03[n.s.]	-0,01[n.s.]	0,06*	-0,01[n.s.]
Familienmitglied war/ist bei Bw	0,09***	0,08***	0,07**	0,05*	0,03[n.s.]	0,00[n.s.]
Bw-Standort in Wohnortnähe	0,01[n.s.]	0,01[n.s.]	0,02[n.s.]	-0,01[n.s.]	0,00[n.s.]	-0,02[n.s.]
Erklärte Varianz (korr. R^2)	0,14	0,13	0,15	0,15	0,14	0,11
Fallzahl (N)	2301	1704	1916	2140	1923	1672

	2011	2015	2016	2017	2018	2019
Wahrnehmung der Bundeswehr						
Alltag (+)	0,14***	0,05**	0,12***	0,07**	0,08***	0,11***
Alltag (-)	-0,01[n.s.]	-0,07***	-0,06**	-0,03[n.s.]	-0,06**	-0,05**
Fernsehen (+)	0,08**	0,15***	0,12***	0,13***	0,10***	0,11***
Fernsehen (-)	-0,02[n.s.]	-0,17***	-0,09***	-0,04[n.s.]	-0,17***	-0,16***
Printmedien (+)	0,06*	0,09***	0,11***	0,12***	0,13***	0,09***
Printmedien (-)	-0,10**	-0,07***	-0,07***	-0,12***	-0,07**	-0,09***
Internet (+)	0,07*	0,05*	0,09***	0,03[n.s.]	0,05*	0,02[n.s.]
Internet (-)	0,03[n.s.]	-0,09***	-0,02[n.s.]	-0,06**	0,01[n.s.]	-0,09***
Persönliche Erfahrungen mit der Bundeswehr						
War/ist selbst bei Bw	-	0,03[n.s.]	0,05*	0,02[n.s.]	-0,01[n.s.]	0,01[n.s.]
Familienmitglied war/ist bei Bw	-	0,07***	0,06**	0,06**	0,04*	0,00[n.s.]
Bw-Standort in Wohnortnähe	-	-0,06**	-0,05*	0,02[n.s.]	0,03[n.s.]	0,02[n.s.]
Erklärte Varianz (korr. R^2)	0,11	0,16	0,13	0,12	0,14	0,17
Fallzahl (N)	1512	2575	2154	2328	2286	2358

Analyse: OLS Regression, standardisierte Effekte. Signifikanzniveau: ***$p < 0{,}001$; **$p < 0{,}01$; *$p < 0{,}05$; n.s. = nicht signifikant. Datenbasis: Bevölkerungsbefragungen des ZMSBw 2005–2019.

Mit Blick auf die öffentliche *Wahrnehmung der Bundeswehr* sind die folgenden Befunde von zentraler Bedeutung. Im gesamten Betrachtungszeitraum hat die persönliche Wahrnehmung der Bundeswehr im Alltag einen signifikanten Einfluss auf die Bewertung der gesellschaftlichen Einbindung der Bundeswehr. Das bedeutet: a) Das Aussetzen der Wehrpflicht hat hier zu keiner Veränderung geführt; b) Die Sichtbarkeit der Truppe im Alltag bleibt eine relevante Einflussgröße für die öffentliche Meinung zur gesellschaftlichen Einbindung der Bundeswehr – bis heute. Allerdings haben die Medien nach dem Aussetzen der Wehrpflicht als Vermittlungsinstanz zwischen Bundeswehr und Gesellschaft insgesamt an Einfluss gewonnen, wie die Zunahme an signifikanten Effektkoeffizienten verdeutlicht. Überraschenderweise hat die Wahrnehmung der Bundeswehr bei Beiträgen im Internet den geringsten Einfluss auf die öffentliche Meinung zur gesellschaftlichen Einbindung der Bundeswehr.

Ebenfalls überraschend: *Persönliche Erfahrungen mit der Bundeswehr* haben (fast) keinen Einfluss auf die Bewertung der gesellschaftlichen Integration der Bundeswehr – weder vor noch nach Aussetzen der Wehrpflicht. Insbesondere die (vermutete) Wirkung der militärischen Sozialisation verpufft völlig: Wer die „Schule der Nation" durchlaufen hat (und damit war in den Umfragen immer explizit die Bundeswehr gemeint), der beurteilt die gesellschaftliche Einbindung der Bundeswehr nicht signifikant schlechter oder besser als seine ungedienten Mitbürger/innen.[12] Auch die Präsenz eines Bundeswehr-Standortes in Wohnortnähe hat weder vor noch nach dem Aussetzen der Wehrpflicht einen positiven Effekt. Die bloße „Flächenpräsenz" der Bundeswehr hat für die Bevölkerung also noch nie eine Rolle bei der Bewertung der gesellschaftlichen Integration der Bundeswehr gespielt. Letztere scheint am ehesten noch (positiv) durch indirekte „Familienerfahrungen" beeinflusst zu werden. Dieser Zusammenhang lässt sich über die Nähe zur Familie erklären: Ist bzw. war ein nahes Familienmitglied in der Bundeswehr, wird die Bundeswehr ein Teil der Familienbiographie – so wird die (gesellschaftliche) Einbindung der Bundeswehr „im Kleinen" erfahrbar.

Fazit: Sichtbarkeit ohne Wehrdienst und Flächenpräsenz

Parallel zum Aussetzen der Wehrpflicht und dem „Kleinsparen" der Bundeswehr ist die im Durchschnitt positive öffentliche Meinung zur gesellschaftlichen Einbindung der Bundeswehr tatsächlich ein bisschen kritischer geworden. Gleichwohl zeigt sich: Den damals befürchteten Einbruch gab es nicht – zumindest nicht aus Sicht der Bevölkerung. Die jüngsten Umfragewerte des ZMSBw aus dem Jahr 2019 dokumentieren zudem die bis heute feste Einbindung der Bundeswehr in die deutsche Gesellschaft: 85 Prozent der Bürgerinnen und Bürger sind davon überzeugt, dass „die Bundeswehr ein ganz normaler Bestandteil der Gesellschaft ist" und nahezu 80 Prozent sind der Meinung,

---

[12] Zwischen Befragten in Ost- und Westdeutschland konnten ebenfalls keine signifikanten Meinungsunterschiede festgestellt werden.

dass „die Bundeswehr zentrale Werte unserer Gesellschaft, wie Freiheit oder Gerechtigkeit, vertritt" (Steinbrecher et al. 2019: 100–101). Gleichwohl glaubt fast die Hälfte der Befragten (49 Prozent), dass die Bundeswehr nicht genug tut, um mit der Gesellschaft in Kontakt zu bleiben.

Was sollte die Bundeswehr (bzw. Politik) tun? Die Wehrpflicht wiedereinführen? Nein, denn so wenig wie das Aussetzen der Wehrpflicht der öffentlichen Meinung zur gesellschaftlichen Integration der Bundeswehr geschadet hat, so wenig wird die Wiedereinführung der Wehrpflicht hier eine Verbesserung herbeiführen. Die vorstehenden Analysen haben klar gezeigt, dass der Dienst in den Streitkräften die Bewertung der gesellschaftlichen Integration der Bundeswehr nicht beeinflusst – weder zur Zeit der Wehrpflicht noch danach. Das gleiche gilt für Bundeswehr-Standorte in Wohnortnähe, weshalb auch die „Flächenpräsenz" kein relevanter Faktor für die öffentliche Meinung zur gesellschaftlichen Integration der Bundeswehr ist.

Wichtiger als persönliche Erfahrungen mit den Streitkräften war und ist die (positive) Wahrnehmung der Bundeswehr in den Medien und im Alltag. Während die öffentliche Wahrnehmung der Bundeswehr im Alltag im Betrachtungszeitraum leicht zurückgegangen ist, hat die mediale Wahrnehmung kontinuierlich an Bedeutung gewonnen. Dieser Trend begann aber bereits vor dem Aussetzen der Wehrpflicht und der „Neuausrichtung" der Bundeswehr. Ungeachtet dessen hat die persönlich-alltägliche Wahrnehmung der Bundeswehr bis heute einen signifikanten Einfluss darauf, wie die Bürgerinnen und Bürger die gesellschaftliche Einbindung der Bundeswehr bewerten. Diese Wahrnehmung übt sogar einen größeren Einfluss aus als das heutzutage meistgenutzte Informationsmedium: das Internet.

Vor dem Hintergrund der empirischen Befunde darf also bezweifelt werden, dass die Wiedereinführung der allgemeinen Wehrpflicht (oder einer allgemeinen „Dienstpflicht") die öffentliche Meinung zur gesellschaftlichen Integration der Bundeswehr verbessern würde. Auch die „Präsenz in der Fläche" besitzt in dieser Hinsicht keine Bedeutung. Vielmehr gilt es die Sichtbarkeit der Bundeswehr in der Öffentlichkeit zu erhöhen. Dabei sollte sich die Bundeswehr aber keinesfalls nur auf die Medienarbeit beschränken. Ratsamer erscheint es, mehrgleisig zu fahren. Bahnfahren in Uniform ist eine Möglichkeit. Die Ausbildung und der verstärkte Einsatz von Jugendoffizieren ist ebenfalls zu empfehlen. Und auch der zum ersten Mal einheitliche Internet-Auftritt der deutschen Streitkräfte unter *bundeswehr.de* wird sicherlich einen Beitrag zur öffentlichen Sichtbarkeit der Bundeswehr leisten.

Was folgt daraus für die Innere Führung? Das Ziel der gesellschaftlichen Einbindung der Bundeswehr gehört zum unveränderlichen Kernbestand der Inneren Führung. Ein wichtiges Gestaltungsfeld der Inneren Führung ist die Informationsarbeit, denn sie „verdeutlicht die Einbindung der Bundeswehr in Staat und Gesellschaft" (ZDv A-2600/1, Punkt 648). Wie die vorstehenden Analysen gezeigt haben, wird die öffentliche Meinung zur gesellschaftlichen Integration der Bundeswehr vorrangig und zunehmend durch medial vermittelte Wahrnehmungen beeinflusst. Der damit einhergehende Bedeutungszuwachs der Medienarbeit der Bundeswehr erfordert eine zunehmende Professionalisierung (Wanner 2019: 116). Ungeachtet dessen muss aber auch in Zukunft gelten: „Der wichtigste Mittler der Informationsarbeit sind die Angehörigen der Bundeswehr selbst" (ZDv A-2600/1, Punkt 649). Mit Blick auf die Integrationsdimension der Inneren Führung kommt somit dem Leitbild des „Staatsbürgers in Uniform" eine besondere Bedeutung zu. Jeder einzelne Soldat ist angehalten, sich als dialogbereiter und -fähiger Vermittler zwischen Bundeswehr und Gesellschaft zu betätigen, indem er unter Wahrung und zum Schutz der freiheitlichen demokratischen Grundordnung von seinem Recht auf freie Meinungsäußerung, politische Betätigung und soziale Teilhabe aktiv Gebrauch macht. Und zwar erkennbar als Angehöriger der Bundeswehr, denn der „Staatsbürger in Uniform" wird für die allgemeine Bevölkerung nur dann sichtbar, wenn er in der Öffentlichkeit auch Uniform trägt. Die Ergebnisse der ZMSBw-Bevölkerungsbefragung aus dem Jahr 2015 machen hier Mut: Die Hälfte der deutschen Bevölkerung findet es nämlich gut, wenn die Soldatinnen und Soldaten auch außerhalb des Dienstes in der Öffentlichkeit Uniform tragen. Nur 16 Prozent lehnen dies ab. In der Bevölkerung scheint es also weitaus weniger „Berührungsängste" zu geben als oftmals angenommen. Da bedarf es weder der Wiedereinführung der allgemeinen Wehrpflicht noch der „Flächenpräsenz", um die öffentliche Sichtbarkeit der Truppe zu erhöhen und den Dialog mit der Bevölkerung zu fördern.

Literatur

Asal, Victor/Conrad, Justin/Toronto, Nathan (2017): I Want You! The Determinants of Military Conscription. In: Journal of Conflict Resolution 61(7), S. 1456–1481.

Bald, Detlef (1995): Wehrpflicht – Der Mythos vom legitimen Kind der Demokratie. In: Opitz, Eckardt/Rödiger, Frank S. (Hrsg.): Allgemeine Wehrpflicht: Geschichte – Probleme – Perspektiven. Bremen: Edition Temmen, S. 30–45.

Bald, Detlef (1998): Die Wehrpflicht in Staat und Gesellschaft: Sieben Legenden aus der Geschichte des Militärs. In Groß, Jürgen/Lutz, Dieter S. (Hrsg.): Wehrpflicht ausgedient. Baden-Baden: Nomos, S. 129–150.

Biehl, Heiko (2012): Aus den Augen, aus dem Sinn? Überlegungen zur gesellschaftlichen Integration der Bundeswehr nach der Aussetzung der Wehrpflicht. In: Hartmann, Uwe/von Rosen, Claus/Walther, Christian (Hrsg.): Jahrbuch Innere Führung 2012: Der Soldatenberuf im Spagat zwischen gesellschaftlicher Integration und sui generis-Ansprüchen. Berlin: Miles-Verlag, S. 53–72.

Biehl, Heiko (2019): Last Exit Media? Der Einfluss der Wehrform auf die Beziehungen zwischen Bevölkerung und Streitkräfte im europäischen Vergleich. In: Möllers, Heiner/Jacobs, Jörg (Hrsg.): Bundeswehr und Medien: Ereignisse – Handlungsmuster – Mechanismen in jüngster Geschichte und heute. Baden-Baden: Nomos, S. 123–140.

Biehl, Heiko/Fiebig, Rüdiger (2011): Zum Rückhalt der Bundeswehr in der Bevölkerung. Empirische Hinweise zu einer emotional geführten Debatte. SOWI-Thema 02/2011. Strausberg: Sozialwissenschaftliches Institut der Bundeswehr.

Biehl, Heiko/Giegerich, Bastian/Jonas, Alexandra (2011): Aussetzung der Wehrpflicht: Erfahrungen und Lehren westlicher Partnerstaaten. In: Aus Politik und Zeitgeschichte 61(48), S. 32–38.

Biehl, Heiko/Keller, Jörg (2016): Ein anderer Blick auf den Einsatz. Die Forschung des SOWI zu Auslandseinsätzen. In: Dörfler-Dierken, Angelika/Kümmel, Gerhard (Hrsg.): Am Puls der Bundeswehr. Militärsoziologie in Deutschland zwischen Wissenschaft, Politik, Bundeswehr und Gesellschaft. Wiesbaden: Springer VS, S. 189–205.

BMVg (2006): Weißbuch 2006 zur Sicherheitspolitik Deutschlands und zur Zukunft der Bundeswehr. Berlin: Bundesministerium der Verteidigung.

Buch, Detlef (2010): Die Faktoren der Legitimation der Wehrpflicht. In: Kirsch, Ulrich (Hrsg.): Darum Wehrpflicht! Zur aktuellen Debatte um die Zukunft der deutschen Wehrpflicht. Baden-Baden: Nomos, S. 56–78.

Burk, James (2002): Theories of Democratic Civil-Military Relations. In: Armed Forces & Society 29(1), S. 7–29.

Clement, Rolf (2010): Wehpflicht und Innere Führung. In: Ahammer, Andreas/Nachtigall, Stephan (Hrsg.): Wehrpflicht – Legitimes Kind der Demokratie. Berlin: Berliner Wissenschafts-Verlag, S. 220–223.

Hagen, Ulrich vom (2006): Militär in Demokratien. In: vom Hagen, Ulrich (Hrsg.): Armee in der Demokratie: Zum Verhältnis von zivilen und militärischen Prinzipien. Wiesbaden: VS Verlag für Sozialwissenschaften, S. 9–27.

Hagen, Ulrich vom (2012): Zivil-militärische Beziehungen. In: Leonhard, Nina/Werkner, Ines-Jacqueline (Hrsg.): Militärsoziologie – Eine Einführung (2. Auflage). Wiesbaden: VS Verlag für Sozialwissenschaften, S. 89–116.

Hegner, Karl/Lippert, Ekkehard/Wakenhut, Roland (1983): Selektion oder Sozialisation: Zur Entwicklung des politischen und moralischen Bewusstseins in der Bundeswehr. SOWI-Berichte, Heft 25. München: Sozialwissenschaftliches Institut der Bundeswehr.

Huntington, Samuel (1957): The Soldier and the State: The Theory and Politics of Civil-Military Relations. Cambridge, MA: Harvard University Press.

Kelleher, Catherine (1990): Fundamentals of German Security: The Creation of the Bundeswehr – Continuity and Change. In: Szabo, Stephen F. (Hrsg.): The Bundeswehr and Western Security. London: Macmillan Press, S. 13–30.

Kirsch, Ulrich (2010): Wehrpflicht in Deutschland – Die Position des Deutschen Bundeswehr Verbandes. In: Kirsch, Ulrich (Hrsg.): Darum Wehrpflicht! Zur aktuellen Debatte um die Zukunft der deutschen Wehrpflicht. Baden-Baden: Nomos, S. 15–26.

Klein, Paul (2010): Die Wehrpflicht vor dem Aus? In: Ahammer, Andreas/Nachtigall, Stephan (Hrsg.): Wehrpflicht – Legitimes Kind der Demokratie. Berlin: Berliner Wissenschafts-Verlag, S. 107–116.

Köhler, Horst (2005): Rede von Bundespräsident Horst Köhler bei der Kommandeurtagung der Bundeswehr in Bonn am 10. Oktober 2005.

Kümmel, Gerhard (2009): „Gestorben wird immer"!? Oder: Postheroismus, „Casualty Shyness" und die Deutschen. In: Hartmann, Uwe/von Rosen, Claus/Walther, Christian (Hrsg.): Jahrbuch Innere Führung 2009. Die Rückkehr des Soldatischen. Berlin: Miles-Verlag, S. 92–108.

Lippert, Ekkehard/Schneider, Paul/Zoll, Ralf (1976): Sozialisation in der Bundeswehr: Der Einfluss des Wehrdienstes auf soziale und politische Einstellungen der Wehrpflichtigen. SOWI-Berichte, Heft 2. München: Sozialwissenschaftliches Institut der Bundeswehr.

Meier-Dörnberg, Wilhelm (1994): Die Auseinandersetzung um die Einführung der Wehrpflicht in der Bundesrepublik Deutschland. In: Förster, Roland (Hrsg.): Die Wehrpflicht: Entstehung, Erscheinungsformen und politisch-militärische Wirkung. München: Oldenbourg, S. 107–118.

Moskos, Charles C. (1968): Eigeninteresse, Primärgruppe und Ideologie. In: König, René (Hrsg.): Beiträge zur Militärsoziologie. Kölner Zeitschrift für Soziologie und Sozialpsychologie, Sonderheft 12. Köln: Westdeutscher Verlag, S. 201–220.

Mulligan, Casey B./Shleifer, Andrei (2005): Conscription as Regulation. In: American Law and Economics Review 7(1), S. 85–111.

Pfaffenzeller, Stephan (2010): Conscription and Democracy: The Mythology of Civil-Military Relations. In: Armed Forces & Society 36(3), S. 481–504.

Pietsch, Carsten (2012): Zur Motivation deutscher Soldatinnen und Soldaten für den Afghanistaneinsatz. In: Pietsch, Carsten/Langer, Phil/Seiffert, Anja (Hrsg.): Der Einsatz der Bundeswehr in Afghanistan. Sozial- und politikwissenschaftliche Perspektiven. Wiesbaden: VS Verlag für Sozialwissenschaften, S. 101–121.

Rosen, Claus von (2006): Staatsbürger in Uniform in Baudissins Konzept der Inneren Führung. In: Gareis, Sven Bernhard/Klein, Paul (Hrsg.): Handbuch Militär und Sozialwissenschaft. Wiesbaden: VS Verlag für Sozialwissenschaften, S. 171–181.

Steinbrecher, Markus/Graf, Timo/Biehl, Heiko (2019): Sicherheits- und verteidigungspolitisches Meinungsbild in der Bundesrepublik Deutschland: Ergebnisse und Analysen der Bevölkerungsbefragung 2019. Potsdam: Zentrum für Militärgeschichte und Sozialwissenschaften der Bundeswehr.

Steinmeier, Frank-Walter (2020): Rede des Bundespräsidenten zum 65. Gründungstag der Bundeswehr am 12. November 2020 in Berlin.

Wanner, Meike (2019): Die öffentliche Wahrnehmung und Bewertung der Bundeswehr. In: Möllers, Heiner/Jacobs, Jörg (Hrsg.): Bundeswehr und Medien: Ereignisse – Handlungsmuster – Mechanismen in jüngster Geschichte und heute. Baden-Baden: Nomos, S. 105–122.

Wittmann, Klaus (2010): Plädoyer für den Erhalt der Allgemeinen Wehrpflicht. In: Ahammer, Andreas/Nachtigall, Stephan (Hrsg.): Wehrpflicht – Legitimes Kind der Demokratie. Berlin: Berliner Wissenschafts-Verlag, S. 230–239.

Das gesellschaftliche Ansehen der Streitkräfte – die schweigende Mehrheit steht hinter der Bundeswehr

Meike Wanner

Das Thema des gesellschaftlichen Ansehens besitzt aus Sicht der Bundeswehr besondere Relevanz, denn sowohl die Legitimation der Aufgaben durch die Bevölkerung als auch die Integration der Streitkräfte in die Gesellschaft stellen zentrale Zielsetzungen des Selbstverständnisses der Bundeswehr, der Inneren Führung, dar. Die Zentrale Dienstvorschrift zur Inneren Führung (A-2600/1, Ziffer 401) setzt das Ziel, „die Einbindung der Bundeswehr in Staat und Gesellschaft zu erhalten und zu fördern, Verständnis für den Auftrag der Bundeswehr im Rahmen der deutschen Sicherheits- und Verteidigungspolitik bei den Bürgerinnen und Bürgern zu gewinnen sowie die Soldatinnen und Soldaten aktiv in die durch ständigen Wandel geprägten Streitkräfte einzubeziehen" (Bundesministerium der Verteidigung 2008).

Eine weitere zentrale Zielsetzung der Inneren Führung, die durch die beiden erstgenannten Aspekte beeinflusst werden kann, ist die Motivation, also die Bereitschaft der Soldatinnen und Soldaten zur Pflichterfüllung, zur Übernahme von Verantwortung sowie zur Bewahrung von Disziplin und Zusammenhalt in der Truppe. Wie eine Bundeswehrumfrage des Zentrums für Militärgeschichte und Sozialwissenschaften der Bundeswehr (ZMSBw) zur Attraktivität des Arbeitgebers Bundeswehr aus dem Jahr 2016 feststellt, ist das alltägliche positive Erleben eines in der Öffentlichkeit angesehenen und geachteten Arbeitgebers für die befragten Soldaten auf Zeit, nach dem Wunsch, sich mit den Zielen der Bundeswehr identifizieren zu können, der zweitwichtigste Grund, um sich für eine Vertragsverlängerung oder einen Antrag auf die Übernahme zum Berufssoldaten zu entscheiden (vgl. Richter 2019: 17).

Doch welche Wahrnehmung zum gesellschaftlichen Ansehen der Bundeswehr herrscht bundeswehrintern vor? Wie stehen auf der anderen Seite die Bürgerinnen und Bürger tatsächlich zu ihren Streitkräften? Stimmen die Einschätzung der Soldatinnen und Soldaten und die empirisch gemessene gesellschaftliche Haltung der Bevölkerung zur Bundeswehr überein? Um diesen Fragen nachzugehen, werden nachfolgend Erkenntnisse aus mehreren bundeswehrinternen Studien sowie der Bevölkerungsumfrage des ZMSBw herangezogen und analysiert.

Zwei Perspektiven zum Ansehen der Bundeswehr

Das gesellschaftliche Interesse an der Bundeswehr und ihren Aufgabenberei-
chen wird seit geraumer Zeit in Politik, Wissenschaft und nicht zuletzt in den
Streitkräften selbst debattiert. Es lassen sich zwei unterschiedliche, in Teilen
entgegengesetzte Sichtweisen hinsichtlich der Integration der Bundeswehr in
die Gesellschaft und der gesellschaftlichen Unterstützung der Streitkräfte sowie
ihrer Aufgabenbereiche feststellen (vgl. Biehl 2014: 174).

Der damalige Bundespräsident Horst Köhler prägte im Rahmen einer vielbe-
achteten Rede bei der Kommandeurtagung der Bundeswehr im Jahr 2005 die
Formulierung „freundliches Desinteresse", welches das zivil-militärische Verhältnis seiner Ansicht nach charakterisiere (vgl. Köhler 2005). Auch der damalige Wehrbeauftragte des Deutschen Bundestages Reinhold Robbe gelangt auf
der Basis von Truppenbesuchen und Eingaben in seinem Jahresbericht 2009
zu der Einschätzung, dass es den Soldatinnen und Soldaten an Rückhalt durch
die deutsche Gesellschaft mangelt. „Für unsere Bundeswehrangehörigen ist es
einfach nicht nachvollziehbar, weshalb ihre Mitbürgerinnen und Mitbürger
ihnen so wenig Beachtung und – wie die Soldaten es selber formulieren – ‚moralische Unterstützung' schenken, obwohl sie ihre Gesundheit und ihr Leben
für deutsche Interessen und im Auftrag des Deutschen Bundestages einsetzen.
Was unsere Soldaten erwarten ist mehr Empathie, mehr menschliche Zuwendung." (Deutscher Bundestag 2010: 4) Diese Einschätzung teilen auch viele
Soldatinnen und Soldaten, die die fehlende Unterstützung und das fehlende
Wissen der Gesellschaft bemängeln. Hauptbootsmann Christian G. merkt bei-
spielsweise zum Verhältnis von Bundeswehr und Gesellschaft folgendes an:
„Ich glaube, die Gesellschaft hat den Kontakt zur Bundeswehr längst verloren.
Viele denken einfach: Was wollen wir denn am Hindukusch oder am Horn von
Afrika?" (Würich/Scheffer 2014: 56) Und Major i.G. Sascha Repoki betont:
„Für die Soldaten wäre es aber wichtig, dass die Öffentlichkeit weiß, worum es
in den Auslandseinsätzen geht. Denn nur dann können wir Soldaten sicher
sein, dass es gesellschaftliche Rückendeckung für uns gibt." (Würich/Scheffer
2014: 116)[1]

---

[1] Im Interviewband „Operation Heimkehr" berichten Bundeswehrsoldaten über ihre Erfah-
rungen im Einsatz, ihre Heimkehr nach Deutschland und ihre Sichtweise gesellschaftlicher
Anteilnahme und Anerkennung für ihren Einsatz. Die folgenden Zitate der Soldatinnen und
Soldaten sind diesem Band entnommen (vgl. Würich/Scheffer 2014).

Demgegenüber äußerte sich der ehemalige Verteidigungsminister Thomas de Maizière, dass es durchaus ein „freundliches Interesse" der Bevölkerung an der Bundeswehr gibt und dass die Forderungen und Ansprüche der Soldaten etwas überzogen seien. „Etliche Soldaten glauben jedoch, dass sie viel weniger anerkannt werden, als es in Wirklichkeit der Fall ist. Sie haben den verständlichen, aber oft übertriebenen Wunsch nach Wertschätzung. Sie sind vielleicht geradezu süchtig danach." (Frankfurter Allgemeine Sonntagszeitung 2013) Auch diese Position wird innerhalb der Bundeswehr, zumindest teilweise, unterstützt. Oberstleutnant a.D. Bertram Hacker: „Ich bin mit meiner Meinung vielleicht ein Außenseiter in der Bundeswehr. Aber ich denke, manche Soldaten erwarten zu viel von der Gesellschaft. (…) Soldat wird nun eben als Beruf gesehen, so wie Metzger oder Dachdecker. (…) Es gibt natürlich immer Verbesserungsbedarf beim Verständnis füreinander. Aber kein Soldat wird beschimpft, weil er in den Auslandseinsatz gegangen ist." (Würich/Scheffer 2014: 22) Und Stabsfeldwebel Thorsten Hentschel ergänzt: „Grundsätzlich glaube ich, dass die Masse hinter uns steht, auch wenn sie vielleicht nicht versteht, warum wir in die Einsätze geschickt werden." (Würich/Scheffer 2014: 44) Aber gegen diese Position regt sich in der Bundeswehr auch Widerstand. Leutnant Haak merkt zu der Debatte, dass Bundeswehrsoldaten dazu neigen, nach Anerkennung zu gieren, an: „Doch es geht nicht um den Applaus am Flughafen oder um kostenlosen Kaffee (…). Es geht um eine diffuse Wahrnehmung. Da gibt es zum Beispiel diese naiven, nahezu skurrilen Fragen. Oder die starrenden Blicke, wenn Soldaten auf dem Bahnhof warten. Woher kommt das?" (Haak 2015: 66f.)

Die bundeswehrinterne Wahrnehmung des gesellschaftlichen Ansehens

Die Position eines „freundlichen Desinteresses", welches den Soldatinnen und Soldaten seitens der Gesellschaft entgegenschlage, bildet sich auch sehr deutlich in streitkräfteinternen Studien des Sozialwissenschaftlichen Instituts der Bundeswehr (SOWI) bzw. des ZMSBw ab.[2] Im Rahmen der Bundeswehrum-

---

[2] Die nachfolgend dargestellten Ergebnisse stammen aus unterschiedlichen bundeswehrinternen Studien, die das Thema „Ansehen der Bundeswehr" lediglich am Rande mittels weniger Items untersuchten. Dies erklärt die zum Teil bereits recht „alten" Zahlen. Eine umfassende Studie zu dieser Thematik, die auch möglichen Gründen für die bundeswehrinterne Wahrnehmung auf den Grund geht, steht noch aus.

frage aus dem Jahr 2009 wurden die Soldatinnen und Soldaten darum gebeten, insgesamt 26 Items zur Dienstzufriedenheit zu bewerten. Während neun von zehn Soldatinnen und Soldaten mit der Arbeitsplatzsicherheit bei der Bundeswehr zufrieden sind und jeweils rund zwei Drittel die unentgeltliche medizinische Versorgung, die Kameradschaft oder auch die Möglichkeit schätzen, ihrem Land zu dienen, bilden die Aspekte, die das Verhältnis von Bundeswehr und Gesellschaft thematisieren, die Schlusslichter hinsichtlich der Dienstzufriedenheit (vgl. Abbildung 1). Lediglich 20 Prozent der befragten Soldatinnen und Soldaten sind mit dem Ansehen der Bundeswehr in der Gesellschaft zufrieden, 35 Prozent sind geteilter Meinung und 45 Prozent zeigen sich mit dem gesellschaftlichen Ansehen der Bundeswehr unzufrieden (vgl. Fiebig 2010: 37; Biehl/Fiebig 2011: 7).

Abbildung 1: Zufriedenheit mit gesellschaftlichem Ansehen der Bundeswehr

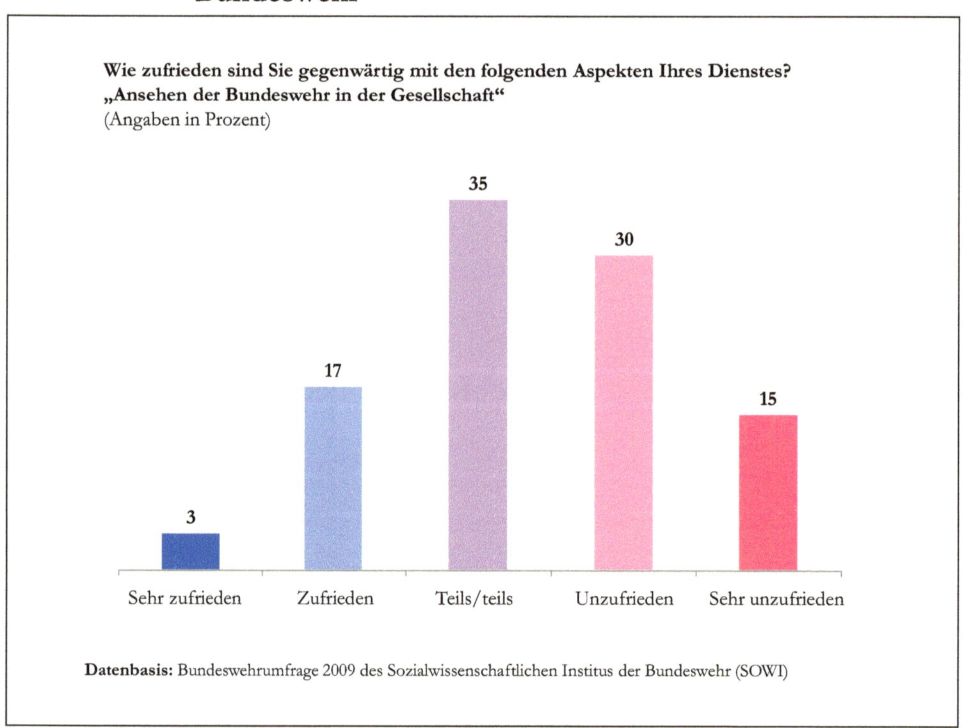

Ähnlich verhält es sich mit dem Ansehen des Soldatenberufs in der Gesellschaft sowie der gesellschaftlichen Anerkennung für die Leistungen der Soldatinnen und Soldaten im Auslandseinsatz. Lediglich 18 bzw. 14 Prozent der befragten Bundeswehrangehörigen zeigen sich mit diesen Aspekten zufrieden, 45 bzw. 58 Prozent unzufrieden (vgl. Fiebig 2010: 37). Leutnant Falkowski bezeichnet diesen Umstand in einem Sammelband, der die Gedankenwelt junger Offiziere in der Bundeswehr thematisiert, als einen Grund dafür, dass sich nur wenige Soldatinnen und Soldaten in der Öffentlichkeit in Uniform zeigen. „Für unsere Leistungen und unseren Beruf erhalten wir Soldaten sehr wenig Anerkennung und Lob. Würde sich dies verändern, bin ich mir sicher, dass Kameraden verstärkt auf ihre Uniform zurückgriffen, weil sie stolz wären, Soldat zu sein." (Falkowski 2014: 103)

Dass die Wahrnehmung mangelnden gesellschaftlichen Ansehens im Zeitvergleich stabil ist, verdeutlichen Ergebnisse der Bundeswehrumfrage aus dem Jahr 2013. Die befragten Soldatinnen und Soldaten wurden aufgefordert, 15 unterschiedliche Aspekte hinsichtlich ihres Handlungsbedarfs zu bewerten (vgl. Abbildung 2). Für den Aspekt „Anerkennung und Respekt für den Dienst in der Bundeswehr durch die Mitbürger fördern" sehen 82 Prozent der befragten Soldatinnen und Soldaten Handlungsbedarf, 13 Prozent sagen teils/teils und lediglich 5 Prozent sehen hier keine Notwendigkeit, aktiv zu werden (vgl. Dörfler-Dierken/Kramer 2014: 61). Bundeswehrangehörige bezweifeln zudem vielfach eine objektive Medienberichterstattung über die Bundeswehr und ihre Aufgaben und vermuten, dass dadurch die Einstellung der Bevölkerung zu den Streitkräften negativ beeinflusst werden könnte. Stabsunteroffizier Sandra Grübel merkt zur Rezeption von Medienberichten über die Auslandseinsätze der Bundeswehr an: „Die meisten informieren sich gar nicht richtig. Die nehmen nur wahr, was ihnen bei RTL2 (…) vor die Nase gesetzt wird, und übernehmen die vorgefertigte Meinung." (Würich/Scheffer 2014: 54) Stabsunteroffizier Fanny Kohlert betont: „Umso enttäuschender ist es, wenn man dann wieder diese Negativschlagzeilen über die Bundeswehr sieht. Die Medien berichten immer nur über die Schattenseiten der Einsätze." (Würich/Scheffer 2014: 76) Und Hauptfeldwebel André D. ergänzt: „Kürzlich gab es wieder einen Bericht darüber, dass im Einsatz sehr viel getrunken wird. Das ist dann das Bild, das sich festsetzt (…)." (Würich/Scheffer 2014: 66)

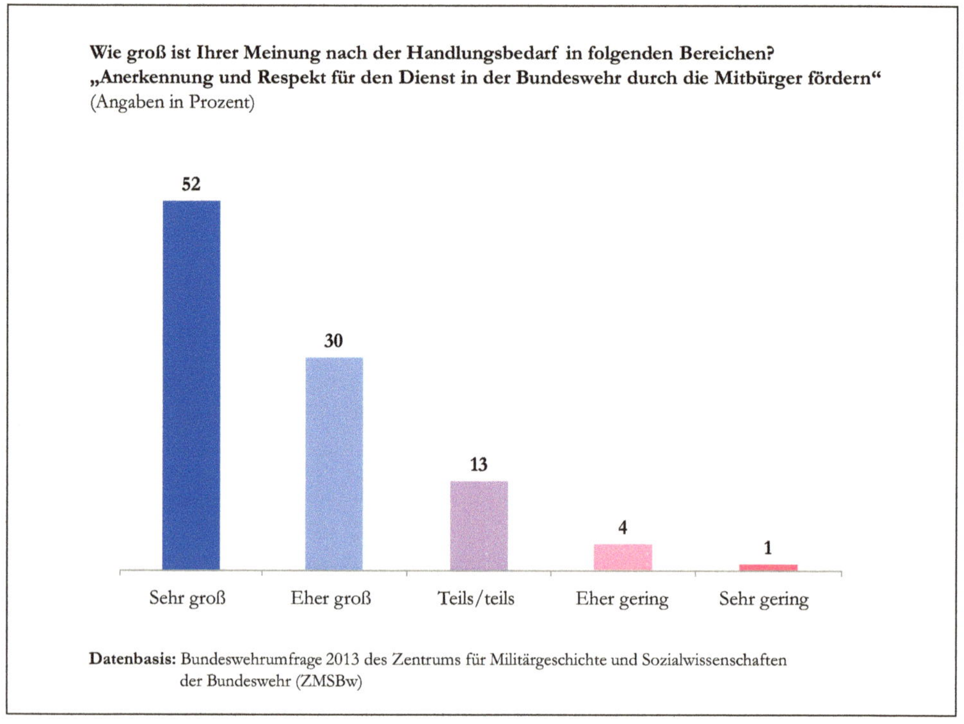

Ergebnisse der sozialwissenschaftlichen Langzeitbegleitung des 22. Kontingents des ISAF-Einsatzes unterstreichen zudem die Bedeutung, die gesellschaftliche Akzeptanz und Unterstützung gerade für die Soldatinnen und Soldaten im Auslandseinsatz haben. In einer Frage wurden noch aktive ebenso wie mittlerweile aus der Bundeswehr ausgeschiedene Angehörige des Kontingents gebeten, 16 verschiedene Aussagen zum ISAF-Einsatz der Bundeswehr aus ihrer aktuellen Sicht zu beurteilen (vgl. Abbildung 3). 92 Prozent der Befragten stimmen zu, dass der Rückhalt der deutschen Bevölkerung für den Einsatz der Bundeswehr in Afghanistan wichtig ist. Nur eine geringe Anzahl stimmt dieser Aussage lediglich teils/teils (6 Prozent) oder nicht zu (2 Prozent) (vgl. Seiffert/Heß 2020: 302–304). Die überwiegende Mehrzahl der Kontingentsangehörigen erwartet folglich nicht nur, dass der Einsatz formal an das politische Mandat rückgebunden ist, sondern gleichzeitig an die Akzeptanz der Gesellschaft, deren Interesse in den Einsätzen vertreten werden soll.

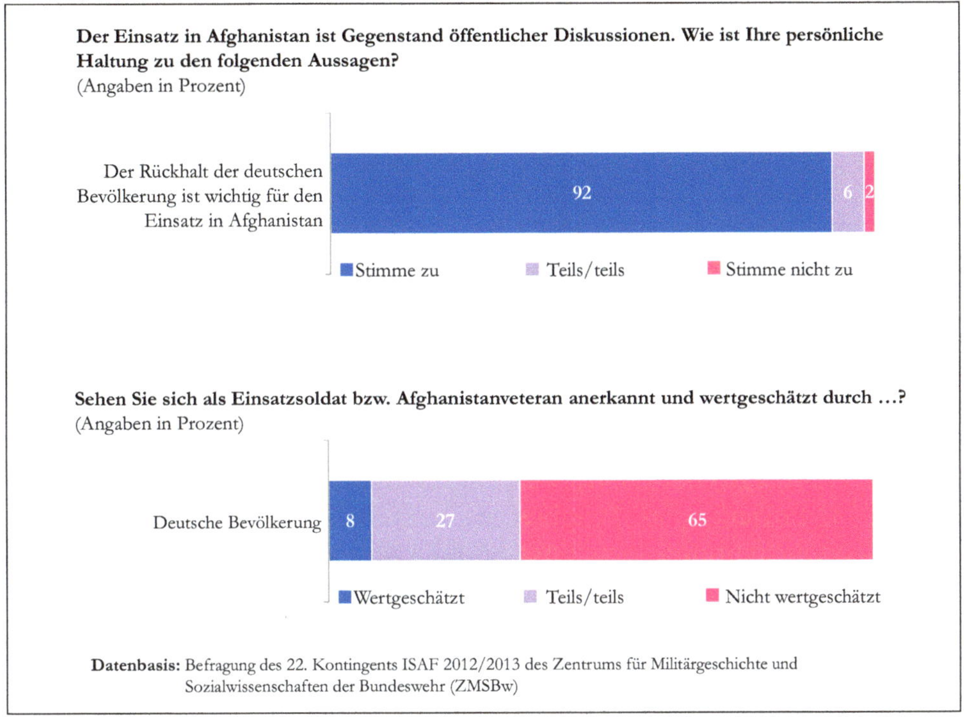

Weiterhin wurde erfragt, ob sich die Einsatzsoldaten durch die deutsche Bevölkerung anerkannt und wertgeschätzt fühlen (vgl. Abbildung 3). Die Ergebnisse verdeutlichen, dass lediglich 8 Prozent der befragten Einsatzsoldaten das Gefühl haben, dass sie von der deutschen Bevölkerung Wertschätzung erfahren, 27 Prozent sagen teils/teils und 65 Prozent empfinden seitens der Bevölkerung keine Wertschätzung für ihren Dienst im Auslandseinsatz. Dies ist misslich, da durch die Einsatzrückkehrerstudie des ZMSBw an vielen Stellen sichtbar wurde, dass gerade die gesellschaftliche Anerkennung und Wertschätzung wichtige soziale Ressourcen sind, um mit den Einsatzerlebnissen besser umgehen zu können (vgl. Seiffert/Heß 2020: 326f.).

Insgesamt verdeutlichen die dargestellten empirischen Studienergebnisse, dass offenbar unter einem Großteil der Soldatinnen und Soldaten der Bundeswehr die Wahrnehmung vorherrscht, dass es dem Militär in Deutschland an Ansehen und substanzieller Unterstützung mangelt. Doch stimmt diese Einschätzung der Soldatinnen und Soldaten auch mit dem empirisch erhobenen Meinungsbild der deutschen Bevölkerung zu ihren Streitkräften überein?

Die Haltung der Bürgerinnen und Bürger zur Bundeswehr

Die bundeswehrinterne Einschätzung des gesellschaftlichen Ansehens der Streitkräfte verblüfft, wenn man den Ergebnissen der Soldatinnen und Soldaten die persönliche Einstellung der Bevölkerung entgegenstellt, die vom ZMSBw im Rahmen einer jährlichen Bevölkerungsumfrage anhand einer Vielzahl unterschiedlicher Fragestellungen erhoben wird. Diese Analysen führen seit vielen Jahren zu einem sehr beständigen Ergebnis, welches sich auch in der aktuellen Erhebung aus dem Jahr 2019 widerspiegelt: Die große Mehrheit der deutschen Bevölkerung weist eine insgesamt positive persönliche Einstellung zur Bundeswehr auf (76 Prozent), betrachtet sie als einen wichtigen Bestandteil der Gesellschaft (71 Prozent), vertraut den Streitkräften (80 Prozent) und bewertet die Leistungen der Bundeswehr im In- und Ausland mehrheitlich positiv (79 bzw. 61 Prozent) (vgl. Steinbrecher/Graf/Biehl 2019: 85–87, 97, 100).[3] Wagner und Biehl bringen es in ihrer Analyse zum Verhältnis von Bundeswehr und Gesellschaft auf den Punkt: „Alle einschlägigen Untersuchungen weisen auf ein tatsächlich vorhandenes hohes soziales Ansehen, auf breiten Zuspruch und auf eine substanzielle Unterstützung der Bundeswehr hin." (Wagner/Biehl 2013: 26)

Gemeinsam ist den dargestellten Ergebnissen, dass sie auf individueller Ebene im Rahmen demoskopischer Interviews ermittelt und zu Aussagen über gesamtgesellschaftliche Meinungsverteilungen aggregiert wurden. Dies muss jedoch nicht zwangsläufig bedeuten, dass die Bevölkerung die Mehrheitsverhältnisse zum Ansehen der Bundeswehr genauso wahrnimmt, wie es die Ergebnisse der Bevölkerungsbefragung des ZMSBw vermuten lassen. Aus diesem Grund ist es sinnvoll, dass im Rahmen einer empirischen Studie nicht nur den Meinungen der Bevölkerung zu einem Thema nachgegangen wird, sondern ebenso der Wahrnehmung der Bevölkerung darüber, wie sich die öffentliche Meinung, das Meinungsklima, zu einer Thematik darstellt.

---

[3] Auch externe Studien bestätigen die Befunde des ZMSBw: Im Jahr 2019 geben 69 Prozent der Befragten des Eurobarometers an, dass sie der Bundeswehr eher vertrauen, nur 20 Prozent vertrauen eher nicht und 11 Prozent wählen die Antwortmöglichkeit „weiß nicht" (vgl. Europäische Kommission 2019: 40).

Die Messung des wahrgenommenen Meinungsklimas stellt einen Sonderfall der Einstellungsmessung dar. In diesem Fall wird nicht erfragt, wie sich der Standpunkt des Befragten selbst zu einer Thematik darstellt, sondern wie wohl die Mehrheit der Bevölkerung über eine Sache denkt. Seit einigen Jahren beinhaltet der Fragebogen der Bevölkerungsumfrage des ZMSBw auch eine Frage zur Meinungsklimaeinschätzung zum Thema Ansehen der Bundeswehr. Die Befragten sollen antizipieren, ob das gesellschaftliche Ansehen der Bundeswehr hoch, teils hoch/teils gering oder gering ist (vgl. Abbildung 4). Es zeigen sich mehrere interessante Befunde: Zum einen wird deutlich, dass sich die Mehrzahl der Befragten zutraut, eine Einschätzung zum gesellschaftlichen Ansehen der Bundeswehr abzugeben. Lediglich 3 Prozent wählen die Antwortkategorie „Weiß nicht/keine Angabe". Weiterhin wird deutlich, dass im Vergleich zum persönlichen Ansehen weniger Bürgerinnen und Bürger der Ansicht sind, dass die Bundeswehr auch auf gesamtgesellschaftlicher Ebene ein hohes Ansehen erfährt. Während 55 Prozent angeben, dass sie der Bundeswehr persönlich ein hohes Ansehen entgegenbringen, schmilzt dieser Anteil beim antizipierten Meinungsklima um 14 Prozentpunkte auf 41 Prozent ab. Gleichzeitig nehmen die Anteile im durchschnittlichen Ansehensbereich zu. Offenbar besteht in Teilen der Bevölkerung eine Diskrepanz zwischen der persönlichen Einstellung und der öffentlichen Meinung, dem wahrgenommenen Meinungsklima zu dieser Thematik (vgl. Steinbrecher/Graf/Biehl 2019: 88–91; Wanner 2019a, 2019b).

Von großer Bedeutung ist in diesem Zusammenhang, dass es sich bei diesem Befund nicht nur um eine einmalige Beobachtung handelt, die eventuell durch äußere Umstände hervorgerufen wurde, sondern dass sich dieser Befund auch als robuster und konsistenter Effekt erweist. Die Betrachtung der beiden Fragestellungen im Zeitvergleich zeigt auf, dass sich die Diskrepanz zwischen persönlicher Einstellung und Meinungsklimawahrnehmung zum Thema Ansehen der Bundeswehr in allen Erhebungsjahren erneut zeigt. Offensichtlich stimmt das demoskopisch erhobene „Meinungsbild", also die Zusammenfassung aller individuell erfragten Ansichten, und das wahrgenommene Meinungsklima zum Thema Ansehen der Bundeswehr nicht überein (vgl. Steinbrecher/Graf/Biehl 2019: 88–91; Wanner 2019a, 2019b).

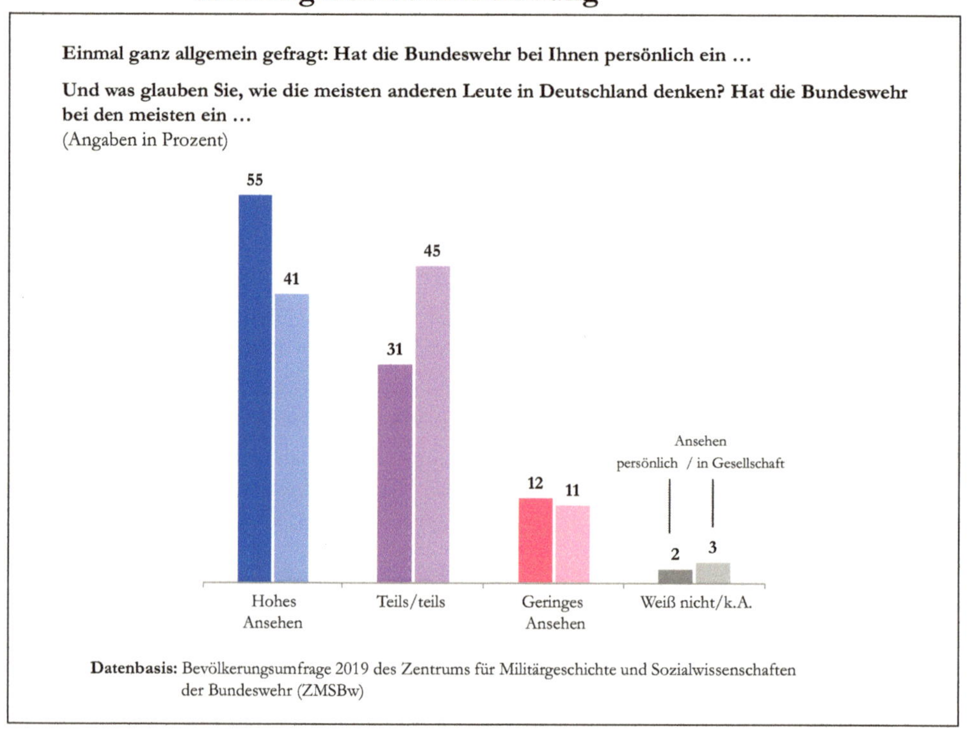

Öffentliche Meinung als „soziale Haut"

In ihrer Theorie der öffentlichen Meinung postuliert Elisabeth Noelle-Neumann, dass die Menschen ihre Umwelt fortlaufend beobachten, um sich darüber klar zu werden, welche Meinungen man problemlos äußern kann und mit welchen Meinungen man Gefahr läuft, sich sozial zu isolieren. Öffentliche Meinung fungiert in dieser Vorstellung als eine Form sozialer Kontrolle oder auch als „soziale Haut". Dabei müssen die wahrgenommenen Mehr- und Minderheitsverhältnisse bestimmter Meinungen nicht unbedingt mit den tatsächlichen Verteilungen übereinstimmen. Auch die unterschiedliche Sichtbarkeit der beteiligten Meinungslager ist für die Meinungsklimawahrnehmung relevant. Dies kann dazu führen, dass eine Mehrheitsmeinung zu einem bestimmten Thema fälschlicherweise als Minderheitsmeinung wahrgenommen wird und umgekehrt. Ein Phänomen, welches Noelle-Neumann im Rahmen ihrer Theorie der öffentlichen Meinung mit der Schweigespiralhypothese untersucht. Die-

132

se besagt, dass Menschen in Schweigen verfallen, wenn sie glauben, dass ihre Meinung nicht der gesellschaftlichen Mehrheitsmeinung entspricht (vgl. Noelle-Neumann 2001).

Um herauszufinden, wie es um die öffentliche Rede- oder auch Bekenntnisbereitschaft der Bevölkerung zum Thema Bundeswehr steht wurde zuletzt im Jahr 2018 erfragt, ob die Bürgerinnen und Bürger unterschiedliche Aktivitäten mit Bundeswehrbezug in den letzten 12 Monaten durchgeführt haben (vgl. Abbildung 5).

Abbildung 5: Aktivitäten mit Bezug zur Bundeswehr

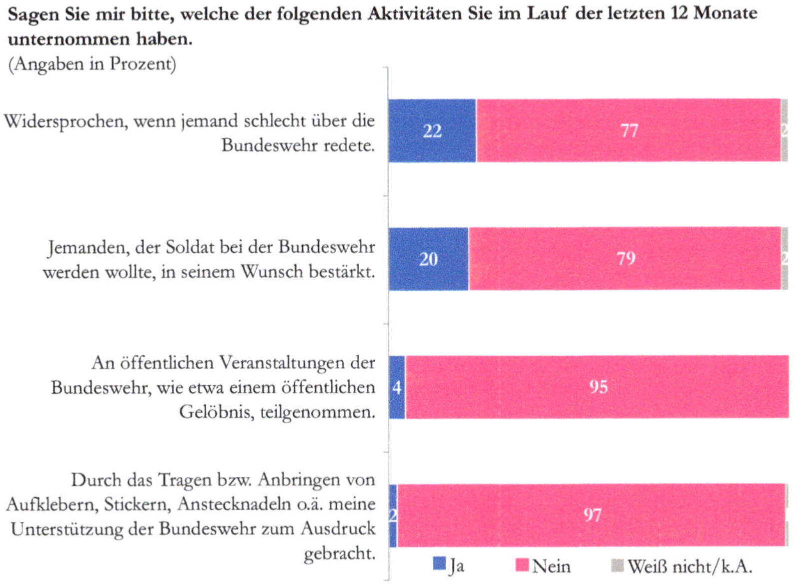

Datenbasis: Bevölkerungsumfrage 2018 des Zentrums für Militärgeschichte und Sozialwissenschaften der Bundeswehr (ZMSBw)

Es zeigt sich, dass sich die Bürgerinnen und Bürger häufiger dann für die Bundeswehr einsetzen, wenn es sich um eine kleine Öffentlichkeit, wie z.B. in einer Gesprächssituation handelt (Widersprochen, wenn jemand schlecht über die Bundeswehr redete: 22 Prozent; Jemanden, der Soldat bei der Bundeswehr werden wollte, in seinem Wunsch bestärkt: 20 Prozent). Mit zunehmender Öffentlichkeit und dadurch steigender Sichtbarkeit des eigenen Handelns schwindet hingegen auch die Bereitschaft, bundeswehrbezogene Aktivitäten durchzuführen (Teilnahme an Veranstaltungen der Bundeswehr: 4 Prozent; Tragen von Anstecknadeln oder Anbringen von Aufklebern zur Unterstützung der Bundeswehr: 2 Prozent). Insgesamt wird also die grundsätzlich positive Haltung zur Bundeswehr, die auf der persönlichen Ebene vorherrscht, nur von maximal einem Fünftel der Bundesbürger auch in unterstützende und öffentlich sichtbare Handlungen umgesetzt (vgl. Steinbrecher/Biehl/Graf 2018: 87–89).

Die wohlwollende Mehrheit schweigt – was tun?

Die beschriebenen Befunde können aus Sicht der Bundeswehr durchaus positiv gedeutet werden. Obwohl in Teilen der Bevölkerung eine Fehlwahrnehmung hinsichtlich der Mehr- und Minderheitsverhältnisse zum Ansehen der Bundeswehr besteht, wirkt sich diese offensichtlich nicht auf die persönliche Einstellung der Bevölkerung zur Bundeswehr aus, denn diese kann im Zeitvergleich beständig als sehr positiv bezeichnet werden. Offenbar existiert in Deutschland eine Mehrheit, die sich in demoskopischen Interviews durchaus positiv zur Bundeswehr bekennt, aber in Schweigen bzw. Nichtstun verfällt, sobald sie diese Einstellung öffentlich bekennen soll. Ein Befund, der sich gut mit den zu Beginn geschilderten Ergebnissen aus Streitkräftebefragungen deckt, die aufzeigen, dass viele Soldatinnen und Soldaten eine zu geringe gesellschaftliche Unterstützung der Bundeswehr wahrnehmen.

Die Gründe für die Fehlwahrnehmung des Meinungsklimas zum Ansehen der Bundeswehr sind vielfältig. Denkbar wäre etwa, dass die Bevölkerung in dieser Hinsicht einem „conservative bias“ unterliegt. Das beschriebene Phänomen einer schweigenden Mehrheit kann also zu Tage treten, wenn sich persönliche Einstellungen zu einem Thema wandeln, aber dieser Wandel gesamtgesellschaftlich noch nicht wahrgenommen wird (vgl. Breed/Ktsanes 1961: 383; Shamir/Shamir 1997: 230). Im vorliegenden Fall könnte diese konservative Haltung zu den Streitkräften die eher distanzierte und anti-militaristische Einstellung der Bundesbürger beschreiben, die sich aus den Erfahrungen zweier Weltkriege herausbildete. „In Folge dieser Kriege hat sich in Deutschland im Unterschied zu seinen ehemaligen Gegnern jegliche Mythenbildung auf der Grundlage militärischer Erfolge verboten. Gedenktage werden kaum durch militärisches Zeremoniell geprägt und nationale Werte und Interessen nicht a priori durch militärische Gewalt legitimiert. Insoweit beruht die Abstinenz des Militärischen zu einem guten Teil auf Überzeugungen, Denkmustern und Mentalitäten, die sich nach dem Zusammenbruch 1945 herausgebildet haben." (Wagner/Biehl 2013: 25)

Einen weiteren Einflussfaktor stellt auch die Art der Wahrnehmung der Streitkräfte dar. Sowohl der Nachrichtenwert als auch journalistische Selektionskriterien bestimmen, ob über ein Ereignis mit Bundeswehrbezug berichtet wird oder nicht. Studienergebnisse zur bundeswehrbezogenen Medienberichterstattung verdeutlichen, dass Negativereignisse, die einen hohen Nachrichtenwert aufweisen, den primären Anlass für bundeswehrbezogene Medienberichte darstellen (vgl. Schenk 2007: 543; Kepplinger 2008: 3245; Jäckel 2011: 225). Weitere Studien konnten aufzeigen, dass sich nur wenige Journalisten in Deutschland intensiv mit Sicherheits- und Verteidigungspolitik beschäftigen und dass sie sich im Durchschnitt eher links der politischen Mitte einordnen (vgl. Weischenberg, Malik & Scholl 2006a, 2006b). Bezogen auf das Untersuchungsobjekt Bundeswehr können diese Faktoren dazu beitragen, dass eine Überbetonung einer eher bundeswehrkritischen Perspektive in der generellen Medienberichterstattung wahrgenommen wird („news bias") (vgl. Staab 1990: 27; Shamir/Shamir 1997: 231; Noelle-Neumann 2001: 234).

Für die Gruppe der Soldatinnen und Soldaten existieren aktuell noch keine Studien, die möglichen Gründen für die Fehlwahrnehmung des zu gering eingeschätzten gesellschaftlichen Ansehens der Bundeswehr wissenschaftlich fundiert nachgehen. Es kann vermutet werden, dass z.B. pauschale Sicherheitsbelehrungen innerhalb der Bundeswehr, etwa über gelöste Radmuttern auf Bundeswehrparkplätzen, oder Erzählungen im Kameradenkreis über verbale oder körperliche Angriffe auf Soldatinnen und Soldaten, sicherlich zu der Fehleinschätzung eines als zu gering wahrgenommenen gesellschaftlichen Rückhalts der Bundeswehr beitragen. Im Mikrokosmos Bundewehr bestätigen sich die Soldatinnen und Soldaten in einer Art „selbstreferentiellem System" gegenseitig in ihrer Fehlwahrnehmung. Persönliche Einzelerfahrungen werden verallgemeinert, etwa ein unfreundliches Erlebnis mit Bürgerinnen und Bürgern, und durch das Erzählen davon bestätigt sich die Kameradengruppe in ihrer Unzufriedenheit. Neutrale oder positive Begebenheiten werden hingegen nicht weitererzählt. Einen Beitrag werden in diesem Zusammenhang sicherlich auch Medienberichte über die Bundeswehr leisten, die von den Bundeswehrangehörigen aufmerksam wahrgenommen werden und diese wegen ihres meist negativ anmutenden Tenors und Problembezugs zu Rückschlüssen auf die Wirkung dieser Berichte auf die Meinung der Bevölkerung verleiten.

Problematisch werden diese Fehleinschätzungen dann, wenn sie das Verhalten derjenigen, die diesem Bias unterliegen, beeinflussen. Unter Soldatinnen und Soldaten kann etwa beobachtet werden, dass es häufig vermieden wird, die Uniform in der Öffentlichkeit zu tragen, um antizipierten negativen Reaktionen seitens der Bürgerinnen und Bürger zu entgehen. Dieses als notwendig erachtete Verbergen der eigenen beruflichen Identität kann zu einer Distanzierung des Einzelnen von der Gesellschaft oder sogar zur Bildung von Subgruppen unter Soldatinnen und Soldaten beitragen. Eine neue Regelung, die diesem Verhalten entgegenwirken kann, ist die Möglichkeit, dass in Uniform gekleidete Soldatinnen und Soldaten seit Januar 2020 kostenfrei mit der Bahn fahren können. Dadurch sind Soldatinnen und Soldaten auf der einen Seite „gezwungen", sich in Uniform unter die Bevölkerung zu mischen und sich als Bundeswehrangehörige zu exponieren. Andererseits erwachsen daraus auch Chancen, dass sich Soldaten und Bürger im Alltag wieder näherkommen. Aus den Reihen der Soldatinnen und Soldaten gibt es bereits durchaus positive Berichte, etwa dass ihnen von Bürgern in der Bahn Sitzplätze angeboten wurden und ihnen für ihren Dienst gedankt wurde oder auch belustigende Anekdoten, etwa dass eine Sitznachbarin eines Soldaten versuchte den Dienstgrad zu googeln, anstatt dies einfach in einem kurzen Gespräch zu erfragen. Uniformen prägen in Deutschland längst nicht mehr das Straßenbild, sie sind ein eher seltener Anblick für die Bürgerinnen und Bürger geworden. Dies hat zur Folge, dass man in Uniform auffällt und sich einer gewissen Aufmerksamkeit und Neugier ausgesetzt fühlt. Diese Blicke sollten aber nicht mit Verachtung gleichgesetzt werden, sondern eher mit Interesse. Auch kann es vorkommen, dass man nicht als Marineoffizier, sondern als Flugkapitän oder nicht als Luftwaffensoldat, sondern als Wasserschutzpolizist identifiziert wird. Dies sollte unter den Soldaten aber nicht als Beleidigung aufgefasst werden, sondern zu Gesprächen anregen, um das Missverständnis aufzuklären (vgl. Cingi 2020).

Die empirischen Ergebnisse der jährlichen Bevölkerungsbefragung des ZMSBw, aber auch bundeswehrexterne Studien belegen seit vielen Jahren, dass es einen großen Rückhalt für die Bundeswehr in der deutschen Gesellschaft gibt. Anstatt sich auf bedauerliche Einzelfälle zu fokussieren, sollte sich jede Soldatin und jeder Soldat dazu ermutigt fühlen, mit den Bürgerinnen und Bürgern in den Dialog zu treten. Diese Gespräche können dazu beizutragen, Wissenslücken seitens der Bevölkerung zu schließen, Missverständnisse, z.B. über den Einsatz von Jugendoffizieren an Schulen oder über die Beteiligung der Bundeswehr an unterschiedlichen Auslandseinsätzen aus dem Weg zu räumen und ein gegenseitiges Verständnis zu erzeugen und auszubauen. Es soll eben keine Kluft zwischen den Angehörigen der Bundeswehr und der Gesellschaft entstehen. Die Idealvorstellung ist der in die Gesellschaft integrierte Soldat, der Staatsbürger in Uniform. Dazu merkt einer der Väter der Inneren Führung, Wolf Graf von Baudissin, an: „Der Staatsbürger ist also der übergeordnete Begriff über Nichtsoldat und Soldat; vielleicht können wir sagen: Soldat und Nichtsoldat sind zwei verschiedene Aggregatzustände desselben Staatsbürgers." (Baudissin 1969: 201)

Literatur

Baudissin, Wolf Graf von (1969): Soldat für den Frieden. München.

Biehl, Heiko (2014): Zur gesellschaftlichen Anerkennung der Bundeswehr. Kenntnisse und Befunde der Sozialwissenschaften. In: Würich, Sabine; Scheffer, Ulrike: Operation Heimkehr. Bundeswehrsoldaten über ihr Leben nach dem Auslandseinsatz, S. 174–178.

Biehl, Heiko/Fiebig, Rüdiger (2011): Zum Rückhalt der Bundeswehr in der Bevölkerung. Empirische Hinweise zu einer emotional geführten Debatte. SOWI-Thema 2/2011.

Breed, Warren/Ktsanes, Thomas (1961): Pluralistic Ignorance in the Process of Opinion Formation. In: Public Opinion Quarterly. Vol. 25, No. 3, S. 382–392.

Bundesministerium der Verteidigung (2008): Zentrale Dienstvorschrift A-2600/1 Innere Führung. Selbstverständnis und Führungskultur der Bundeswehr. Bonn.

Cingi, Hanife (2020): Gut angekommen? Resümee zum kostenfreien Bahnfahren (06.03.2020). Online unter: www.bundeswehr.org; Abrufdatum: 25.11.2020.

Deutscher Bundestag (2010): Unterrichtung durch den Wehrbeauftragten. Jahresbericht 2009 (51. Bericht). Drucksache 17/800.

Dörfler-Dierken, Angelika/Kramer, Robert (2014): Innere Führung in Zahlen. Streitkräftebefragung 2013. Berlin: Carola Hartmann Miles-Verlag.

Europäische Kommission (2019): Die öffentliche Meinung in der Europäischen Union. Standard Eurobarometer 91, Befragung Juni 2019.

Falkowski, Nathalie (2014): Ich. Diene. Deutschland. In: Bohnert, Marcel/Reitstetter, Lukas J. (Hrsg.): Armee im Aufbruch. Zur Gedankenwelt junger Offiziere in den Kampftruppen der Bundeswehr. Berlin: Carola Hartmann Miles-Verlag, S. 91–104.

Fiebig, Rüdiger (2010): Streitkräftebefragung 2009. Ergebnisse zu den Themenbereichen Transformation und Dienstzufriedenheit. Unveröffentlichter Kurzbericht. Strausberg: Sozialwissenschaftliches Institut der Bundeswehr.

Frankfurter Allgemeine Sonntagszeitung (2013): Thomas de Maizière im Gespräch. „Giert nicht nach Anerkennung!" (24.02.2013).

Jäckel, Michael (2011): Medienwirkungen. Ein Studienbuch zur Einführung. 5., vollst. überarb. und erw. Aufl. Wiesbaden: VS Verlag für Sozialwissenschaften.

Kepplinger, Hans Mathias (2008): News Factors. In: Donsbach, Wolfgang (Hrsg.): The International Encyclopedia of Communication. Vol. 7. New York, NY: John Wiley & Sons, S. 3245-3248.

Köhler, Horst (2005): Einsatz für Freiheit und Sicherheit. Rede von Bundespräsident Horst Köhler bei der Kommandeurtagung der Bundeswehr in Bonn.

Noelle-Neumann, Elisabeth (2001): Die Schweigespirale. Öffentliche Meinung – unsere soziale Haut. München: Langen Müller.

Richter, Gregor (2019): Personalbefragung 2016 zur Attraktivität der Bundeswehr als Arbeitgeber. Zielgruppenanalyse: Mannschaftsdienstgrade. Forschungsbericht Nr. 120. Potsdam: ZMSBw.

Schenk, Michael (2007): Medienwirkungsforschung. 3. vollst. überarb. Aufl. Tübingen: Mohr Siebeck.

Seiffert, Anja/Heß, Julius (2020): Leben nach Afghanistan. Die Soldaten und Veteranen der Generation Einsatz der Bundeswehr. Ergebnisse der sozialwissenschaftlichen Langzeitbegleitung des 22. Kontingents ISAF. Potsdam: ZMSBw.

Shamir, Jacob/Shamir, Michal (1997): Pluralistic Ignorance Across Issues and Over Time. Information Cues and Biases. In: Pubic Opinion Quarterly. Vol. 61, No. 2, S. 227–260.

Staab, Joachim Friedrich (1990): Nachrichtenwert-Theorie. Formale Struktur und empirischer Gehalt. München: Alber.

Steinbrecher, Markus/Biehl, Heiko/Graf, Timo (2018): Sicherheits- und verteidigungspolitisches Meinungsbild in der Bundesrepublik Deutschland. Ergebnisse und Analysen der Bevölkerungsbefragung 2018. Forschungsbericht Nr. 118. Potsdam: ZMSBw.

Steinbrecher, Markus/Graf, Timo/Biehl, Heiko (2019): Sicherheits- und verteidigungspolitisches Meinungsklima in der Bundesrepublik Deutschland. Ergebnisse und Analysen der Bevölkerungsbefragung 2019. Forschungsbericht Nr. 122. Potsdam: ZMSBw.

Wagner, Armin/Biehl, Heiko (2013): Bundeswehr und Gesellschaft. In: Aus Politik und Zeitgeschichte (APuZ). Jg. 63, Nr. 44, S 23–30.

Wanner, Meike (2019a): Das Ansehen der Bundeswehr. Persönliche Einstellung versus Meinungsklimawahrnehmung. Baden-Baden: Nomos Verlag.

Wanner, Meike (2019b): Die Deutschen und die Bundeswehr. Die schweigende Mehrheit steht hinter den Streitkräften. In: if – Zeitschrift für Innere Führung. Nr. 1/2019, S. 53–59.

Weischenberg, Siegfried/Malik, Maja/Scholl, Armin (2006a): Die Souffleure der Mediengesellschaft. Report über die Journalisten in Deutschland. Konstanz: UVK.

Weischenberg, Siegfried/Malik, Maja/Scholl, Armin (2006b): Journalismus in Deutschland. Zentrale Befunde der aktuellen Repräsentativbefragung deutscher Journalisten. In: Me-dia-Perspektiven. Heft 7/2006, S. 346-361.

Würich, Sabine/Scheffer, Ulrike (2014): Operation Heimkehr. Bundeswehrsoldaten über ihr Leben nach dem Auslandseinsatz. Berlin: Christoph Links Verlag.

Der Soldat in Demokratie und Krieg. Der Staatsbürger in Uniform und sein Kernauftrag

Marc-André Walther

Im Mai 2020 wandte sich der Kommandeur des Kommandos Spezialkräfte in einem Brief an seinen Verband, nachdem ein Angehöriger des Verbandes aufgrund rechtsextremer Bestrebungen und des Verstoßes gegen das Kriegswaffenkontrollgesetz vorläufig festgenommen worden war. In seinem Brief stellte er unter anderem fest: „Ein tadelloser Charakter, eine gereifte und stabile Persönlichkeit sowie ein unerschütterliches Wertefundament, basierend auf den Werten unserer freiheitlichen demokratischen Grundordnung, müssen der Anspruch an uns selbst, also an jede und jeden in unserem Team, sein. Denn die Werte unseres Grundgesetzes verleihen unserem Dienen erst Sinn, Wirkung und damit Wert."[1] Weiterhin zitiert der Kommandeur des Kommando Spezialkräfte den Präsidenten des Bundesamtes für den Militärischen Abschirmdienst: „Verfassungspatriotismus ist unser Beruf".[2]

Eine neue Vorschrift Innere Führung muss neben dem notwendigen soldatischen Selbstverständnis als Kämpfer diese Punkte vermitteln. Denn es ist diese von Brigadegeneral Kreitmayr skizzierte Bezugsgröße unserer freiheitlichen demokratischen Grundordnung, die dem Dienst des Soldaten seine Bedeutung gibt. Darum geht es bei der Inneren Führung. Ohne diese Bedeutung, würde die Bundeswehr Gefahr laufen, ein verwaltetes, technokratisches Werkzeug zur Anwendung militärischer Gewalt zu werden. Es verhält sich ähnlich wie mit der Tradition. In Bezug auf Tradition, die unter anderem den sinnstiftenden Bezug zur freiheitlich-demokratischen Grundordnung vermittelt, stellt Gordon A. Craig fest: „Ohne Traditionsbewusstsein (und damit den sinnstiftenden Bezug zu unserem Grundgesetz, Anm. d. Verf.) ist eine Streitmacht perspektiv- und orientierungslos; ihr Berufsethos schwindet und sie ist in Gefahr, zu einer

---

[1] Kreitmayr, Markus, Brief an die Angehörigen des Kommando Spezialkräfte, Calw, 18.05.2020, S. 1.
https://augengeradeaus.net/wp-content/uploads/2020/05/20200518_KSK-Brief_Kreitmayr-2.pdf, Zugriff am 08.06.2020.
[2] Ders., a.a.O., S. 1.

rein technischen Einrichtung zu werden, deren Sinn und Zweck das Töten ist."[3]

Bundespräsident a.D. Horst Köhler beschrieb bereits 2005 das Verhältnis von Politik und Gesellschaft zur Bundeswehr als „freundliches Desinteresse".[4] Kann eine Vorschrift Innere Führung helfen, die Lücke zwischen Auftrag und Bezugsgrüße des Soldaten und der Gesellschaft zu schließen?

Der gesellschaftliche und politische Bezug

Die Bundeswehr muss sich innerhalb der Gesellschaft, der sie dient, verorten. Diese Gesellschaft hat, begründet durch die historischen Einschnitte des Zweiten Weltkrieges und der Verbrechen des Naziregimes, eine grundsätzlich kritische Einstellung zum Militärischen. Sozialstrukturelle und demographische Faktoren treiben die Entwicklung einer postheorischen Gesellschaft, wie sie unter anderem von Herfried Münkler beschrieben wurde, an.[5] In der postheroischen Gesellschaft spielen zeitlos gültige soldatische Tugenden wie zum Beispiel Tapferkeit, Ritterlichkeit und Kameradschaft[6] nur noch eine untergeordnete Rolle. Krieg ist eine scheinbar undenkbare Größe geworden, auch wenn der Gesellschaft spätestens seit dem Afghanistaneinsatz der Bundeswehr be-

---

[3] Craig, Gordon A., Vorwort, In: Abenheim, Donald: Bundeswehr und Tradition. Die Suche nach dem gültigen Erbe des deutschen Soldaten, München 1998, S. X.

[4] Köhler, Horst: Einsatz für Freiheit und Sicherheit. Rede von Bundespräsident Horst Köhler bei der Kommandeurtagung der Bundeswehr am 10. Oktober 2005 in Bonn, https://www.bundespraesident.de/SharedDocs/Reden/DE/Horst-Koehler/Reden/2005/10/20051010_Rede.html, Zugriff am 12.06.20.

[5] In einem Strategieseminar des Lehrgangs Admiralstab-/Generalstabsdienst National 2019 wurden durch RDir'in Heike Bühring in einem Vortrag hier unter anderem: Ausdifferenzierung der Gesellschaft, Wandel des Opferverständnis weg vom „Einsatz für eine Sache, um andere zu retten" hin zu einer gesteigerten Opfer-Sensitivität als Victima genannt. Bezüge im Vortrag: Kümmel, Gerhard (2009): „Gestorben wird immer"!? Oder: Postheroismus, „Casualty Shyness" und die Deutschen. In: Hartmann, Uwe / von Rosen, Claus / Walther, Christian (Hg.), Jahrbuch Innere Führung 2009. Die Rückkehr des Soldatischen, Eschede, S. 92-108. Münkler, Herfried (2007): Heroische und postheroische Gesellschaften In: Merkur. Deutsche Zeitschrift für europäisches Denken, Heft 8/9, Stuttgart 2007, S. 742-753. Persönliche Aufzeichnungen zum Seminar.

[6] Der gültige Traditionserlass der Bundeswehr nennt als zeitlos gültige soldatische Tugenden: Tapferkeit, Ritterlichkeit, Anstand, Treue, Bescheidenheit, Kameradschaft, Wahrhaftigkeit, Entschlussfreude, gewissenhafte Pflichterfüllung. Die Tradition der Bundeswehr. Richtlinien zum Traditionsverständnis und zur Traditionspflege. In: Werte und Normen für die Bundeswehr, Koblenz 2018, S. 258.

wusst sein sollte, dass die Normalität im Einsatz für Soldaten in der Anwendung und dem Erleben militärischer Gewalt, also Kampf, besteht.[7]

Diese Tatsache steht aber nicht sehr weit oben auf der Tagesordnung der Themen, die die Gesellschaft bewegen. Die Ausblendung des Militärischen aus der Lebensrealität der Gesellschaft bedeutet allerdings nicht, dass die Bundeswehr als Institution nicht anerkannt ist. Umfragen des Zentrums für Militärgeschichte und Sozialwissenschaften der Bundeswehr (ZMSBw) zeigen, dass die Mehrheit der Bevölkerung der Bundeswehr gegenüber positiv eingestellt ist.[8] Die Befragungen zeigen allerdings auch, dass, obwohl der einzelne Befragte die Bundeswehr in der Bevölkerung positiv wahrnimmt, das Meinungsklima innerhalb der Gesellschaft ein anderes zu sein scheint. Das gesellschaftliche Meinungsbild zur Bundeswehr wird deutlich negativer eingeschätzt als das eigene Bild von der Bundeswehr.[9] Diese Wahrnehmung deckt sich auch mit dem Empfinden der Bundeswehrangehörigen, dass die Anerkennung für ihren Dienst in der Gesellschaft insgesamt sehr gering ausgeprägt ist.[10] Die gegenwärtige, effektive Unterstützung der Bundeswehr im Rahmen der Corona-Pandemie wird sich höchstwahrscheinlich positiv auf die Einschätzung der Bundeswehr in der Gesellschaft auswirken. Aber hier geht es eben um eine Unterstützungsleistung der Bundeswehr, nicht um ihren Kernauftrag. Eine Befragung zum Wesenskern des militärischen Auftrages, dem Einsatz militärischer Gewalt, würde wahrscheinlich den Umfang der positiven Einstellungen verändern. Umfragen zeigen ebenfalls eine positive Gesamteinschätzung der Bundeswehr. Wenn es allerdings um die Auslandseinsätze oder den Einsatz militärischer Gewalt abseits der Landesverteidigung in Konfliktregionen geht, nimmt die Zustimmung deutlich ab.[11] Neuere Umfragen zeigen allerdings auf, dass sich gerade in den jüngeren Generationen ein Einstellungswechsel vollzie-

---

[7] Vgl hierzu u.a.: von Uslar, Rolf; Walther, Marc-André: Kampfmoral: Voraussetzung für das Bestehen im Einsatz. In: Hartmann, Uwe et al. (Hrsg.): Jahrbuch Innere Führung 2012. Der Soldatenberuf im Spagat zwischen gesellschaftlicher Integration und sui generis Ansprüchen: Gedanken zur Weiterentwicklung der Inneren Führung, Berlin 2012, S. 74.

[8] Wanner, Meike: Die Deutschen und die Bundeswehr. In: iF. Zeitschrift für Innere Führung, Nr. 1/2019, S. 54.

[9] Ebd., S. 55. S.a. den Beitrag in diesem Buch.

[10] Ebd., S. 54.

[11] Vgl dazu: Biehl, Heiko, Höfig, Chariklia, Wanner, Meike: Sicherheits- und verteidigungspolitisches Klima in der Bundesrepublik Deutschland. Ergebnisse der Bevölkerungsumfrage 2014, Zentrum für Militärgeschichte und Sozialwissenschaften der Bundeswehr, Forschungsbericht 111, Potsdam 2015, S. 8.

hen könnte. Zwar ist militärisches Engagement weiterhin nicht beliebt, aber es wird auch nicht mehr kategorisch abgelehnt.[12] Der bislang in der Gesellschaft akzeptierte Konsens der militärischen Zurückhaltung wird hier zumindest in Frage gestellt.[13] Die Gesellschaft hat demnach ein zumindest ambivalentes Verhältnis zum militärischen Sicherheitsinstrument des Staates, dessen Kernkompetenz und Können in ihr nicht mehr von Bedeutung sind. Das macht es dem Soldaten schwerer, sich mit der ihm vom Grundgesetz zugewiesenen Aufgabe in der Gesellschaft wiederzufinden, da seine Schutzaufgabe derselben gegenüber zumindest von Teilen in der Gesellschaft kritisch hinterfragt oder in Gänze abgelehnt wird.

Die Gesellschaft mit ihrem Meinungsklima und ihren Einstellungen und der Soldat mit seinem Auftrag stehen in einem Spannungsverhältnis zueinander. Und doch haben sie eine gemeinsame Grundlage. Unsere freiheitliche, demokratische Grundordnung, die dem Dienst als Soldat Sinn und Richtung gibt, ist dieselbe, die mit den im Grundgesetz verbrieften Rechten der Gesellschaft ihre Entwicklung ermöglicht, sowohl die postheroische Entwicklung und pluralistische Ausdifferenzierung, als auch das in den jüngsten Umfragen erkannte Umdenken in Sachen Sicherheitspolitik. Auch wenn das Militärische in dieser Gesellschaft nicht mehr unmittelbar zu verorten ist, ist es dennoch Aufgabe des Soldaten, genau diese freiheitlich-demokratische Grundordnung und pluralistische Gesellschaft zu schützen. Eine neue Vorschrift wird nicht das Spannungsverhältnis zwischen gesellschaftlichen Einstellungen und soldatischen Aufgaben und Notwendigkeiten beseitigen. Die Frage ist, ob das überhaupt notwendig ist. Integration der Bundeswehr in die Gesellschaft (als eines der Ziele der Inneren Führung) muss nicht zwangsläufig eine „gleiche Wellenlänge" verlangen. Vielmehr sollte die neue Vorschrift den Rahmen dafür setzen, dass die Ambivalenz von gesellschaftlicher Entwicklung und militärischem Schutzauftrag für dieselbe bewusstgemacht wird. Denn gerade die sich verschärfende globale Sicherheitslage macht eines sehr deutlich: Unsere freiheitlich-demokratische Grundordnung bedarf unverändert weiterhin des Schutzes durch militärische Gewalt[14], auch wenn dieselbe Ordnung gleichzeitig die Ent-

---

12 Rotmann, Philipp, Bressan, Sarah, Brockmeier, Sarah: Neue Erwartungen: Generation Z und der Einstellungswandel zur Außenpolitik. Global Public Policy Institute, Berlin 2020, S. 12.
13 Ebd., S. 6.
14 Zur geänderten globalen Sicherheitslage und den daraus resultierenden Bedrohungen, s. u.a. NATO: Deterrence and Defence. https://www.nato.int/cps/en/natohq/topics_133127.htm.

stehung gesellschaftlicher Ansichten ermöglicht, die eine solche Aufgabe ablehnen.

Der Staatsbürger in Uniform definiert sich u.a. dadurch, dass die Grundrechte innerhalb der Streitkräfte verwirklicht werden[15] – das Recht des Staatsbürgers – und gleichzeitig den Soldaten zu ihrem Schutz in die Pflicht nimmt.[16] Um das Bild des Staatsbürgers in Uniform mit Leben zu füllen, bedarf es auch der Auseinandersetzung mit den Reibungspunkten, denen diese Pflichterfüllung ausgesetzt ist. Eine neue Vorschrift kann den Rahmen dafür schaffen, dass sich die Gesellschaft und Soldaten intensiver miteinander auseinandersetzen können. Das verlangt natürlich auch die entsprechende Bereitschaft zum Diskurs auf der Seite von Gesellschaft und Politik. Aber warum die beliebten Tage der Bundeswehr nicht durch Workshops oder ähnliches ergänzen, in denen sich der Interessierte intensiver mit dem Wesenskern der Streitkräfte auseinandersetzen kann? Warum nicht in der politischen Bildung eine aktivere Auseinandersetzung zwischen Soldaten und Politik ermöglichen? Warum nicht die Aufgaben der politischen Bildung um den Punkt ergänzen: „Fördert den offenen Diskurs zwischen Soldaten und Gesellschaft"?[17] Ein durch die Vorschrift entsprechend gesetzter Rahmen kann hier zu einem lebendigen Diskurs zwischen dem Staatsbürger in Uniform und seiner Gesellschaft verhelfen.

Intensiver Diskurs zwischen Soldaten und Gesellschaft heißt auch, dass sich der Soldat in diesem Austausch aktiv für seine Sache einsetzen darf und kann. Einmal, um deutlich zu machen, wie er als Teil der Institution Bundeswehr in unsere Demokratie integriert ist. Darüber hinaus aber auch, um zu zeigen, dass sein Dienst für die Demokratie eben die Anwendung militärischer Gewalt und den Einsatz des eigenen Lebens bedeuten kann. Ziel muss es sein, Verständnis für die Besonderheiten und Notwendigkeiten des militärischen Dienstes zu schaffen beziehungsweise zu vermitteln. Auf der Grundlage eines intensiveren, ehrlichen Austausches kann der sicherheitspolitische Diskurs in eine breitere Öffentlichkeit getragen werden. Damit kann ein besseres Verständnis des soldatischen Dienstes für die Demokratie und letztendlich eine aktive Einbindung

---

Zugriff am 15.06.20. BMVg: https://www.bmvg.de/de/themen/sicherheitspolitik. Zugriff am 17.06.20

[15] Mit den notwendigen im Soldatengesetzt festgeschriebenen Einschränkungen. Soldatengesetz § 6. In: Werte und Normen für die Bundeswehr, Koblenz 2018, S. 142.

[16] A-2600/1. Innere Führung. Selbstverständnis und Führungskultur der Bundeswehr. In: Werte und Normen für die Bundeswehr, Koblenz 2018, S. 222.

[17] Ebd. S. 238.

des Soldaten mit seinem Auftrag in die Gesellschaft gelingen. Zwingend dafür ist es aber, dass die Bundeswehr in ihrer Vorschrift und auch in ihrer Außendarstellung absolut ehrlich ist, worum es beim Einsatz von Streitkräften im Wesentlichen geht: kein „Brunnenbohren", sondern mittel- und unmittelbar angewandte militärische Gewalt. Ein ausgezeichnetes Beispiel ist dafür der von der Bundeswehr 2011 produzierte Videoclip zur Kampagne „Wir.Dienen. Deutschland." der neben Bildern von Ausbildung, Übung und Hilfseinsätzen, auch Bilder vom Gefecht, Tod und Verwundung zeigte und gleichzeitig einen Bezug zur Gesellschaft herstellte. Zwingend für den intensiveren öffentlichen Diskurs ist aber auch ein aktives Eintreten der politischen Ebene für diesen sicherheitspolitischen Diskurs. Die Bereitschaft zum Diskurs in der Gesellschaft zu schaffen ist eine gesamtstaatliche, politische Aufgabe.

Genauso wenig wie eine Vorschrift die Reibungspunkte zwischen der Existenz von Streitkräften und gesellschaftlichen Meinungsbildern wird auflösen können, kann sie den Politikern in Parlament und Regierung ihre Verantwortung für die Bundeswehr abnehmen. Gerade das Verhältnis von Politik und Streitkräften ist von besonderer Bedeutung. Der Politik fällt die Aufgabe zu, die Notwendigkeiten und Ziele der Sicherheitspolitik des Staates zu definieren und zu erklären und damit ein gesellschaftliches Grundverständnis zu schaffen. Genauso ist es richtigerweise Aufgabe der Politik, die letztendliche Entscheidung zum Einsatz von Streitkräften zu fällen: der Primat der Politik. Die Entscheidung zum Einsatz von Streitkräften darf nicht leichtfertig gefällt werden, denn der Einsatz militärischer Mittel hat immer eine besondere Tragweite, weil der Staat sein schärfstes Mittel zur Wirkung bringt und nicht zuletzt auch deshalb, weil Soldaten dabei ihr Leben – im Auftrag des Staates – einsetzen.

Diese Aufgaben können nur verantwortungsvoll wahrgenommen werden, wenn man die Aufgabe von Streitkräften bewusst akzeptiert. Die Bereitschaft, sich mit dem Kern der Aufgabe von Streitkräften – Anwendung militärischer Gewalt im Auftrag des Staates – zu befassen, ist auf politischer Ebene eher gering ausgeprägt.[18] Zwar gibt es auch andere Beispiele (hier sei der Blog des Bundestagsabgeordneten und Parlamentarischen Staatssekretärs im BMVg Peter Tauber genannt, in dem sehr aktiv Themen zur Sicherheitspolitik, Gesellschaft, Einsatz der Bundeswehr und auch Innere Führung thematisiert wer-

---

[18] S. dazu z.B. Jungholdt, Thorsten: Das auffällige Desinteresse des Parlaments an der Bundeswehr. Bei: https://www.welt.de/politik/deutschland/plus208107781/Parlamentsarmee-Volksvertreter-ohne-Interesse-an-der-Bundeswehr.html. Zugriff am 08.06.20.

den[19]), aber generell scheint nach wie vor die Akzeptanz der Existenz von Streitkräften zum Schutz des Staates unbequem zu sein. Politiker tun sich nach wie vor schwer, den Kernauftrag der Bundeswehr – Exekutivorgan für die staatlich legitimierte Anwendung militärischer Gewalt[20] – bewusst in den Blick zu nehmen.[21] Damit entsteht die reale Gefahr, dass das Primat der Politik durch das „Primat des Politischen" ersetzt wird, wenn die Entscheidung zum Einsatz von Streitkräften also eher zum Kalkül wird, oder aber die militärische Beratung eher politischen Wünschen folgt als auf Fakten basiert. Das ist kritisch. Denn erst das gegenseitige Verständnis beider Seiten zueinander ermöglicht den sinnvollen, verantwortungsbewussten und zielgerichteten Einsatz von Streitkräften im Sinne der im Grundgesetz verankerten Aufgaben. Colin S. Gray macht das sehr treffend deutlich: „Since war should be waged only for political ends, who ensures that the organized violence is directed to the ends politically intended? And just how do the distinctive professions of soldiers and politician-policy-maker conduct the ,unequal dialogue' that is so essential if strategy is to be devised, pursued and, when necessary, revised…Politicians and soldiers have to cooperate to generate positive strategic effectiveness."[22] Auch hier wird eine Vorschrift alleine sicher nicht das Mittel sein, um die notwendige Brücke zu schlagen. Aber sie kann dazu beitragen, das gegenseitige Verständnis für die unterschiedlichen Sichtweisen von Politik und Militär zu verbessern. Politik und Militär sind zwei Seiten derselben Medaille, die nur gemeinsam erfolgreich sein können, wenn es um den Einsatz militärischer Mittel zum Schutz unserer Demokratie geht.[23] Durch einen intensiveren Dialog zwischen Soldaten und Politik kann das gegenseitige Verständnis voneinander und der jeweiligen Sichtweisen, Notwendigkeiten und Abhängigkeiten verbessert werden. Auch das gehört zum gelebten Staatsbürger in Uniform: Die Aus-

---

[19] https://blog.petertauber.de/. Zugriff am 17.06.20.

[20] Zum Wesenskern von Streitkräften vgl. u.a.: Kommando Heer (Hg.), Bereichsvorschrift C1-160/ 0-1006 Truppenführung – Taktik in Landoperationen, Strausberg 2017, S. 3-1. Neitzel, Sönke: Die sollen töten können. In: Der Spiegel (2017), Heft 29, S. 43. Walther, Marc-André: Tradition und Kampf. In: Abenheim, Donald, Hartmann Uwe (Hg.): Tradition in der Bundeswehr. Zum Erbe des deutschen Soldaten und zur Umsetzung des neuen Traditionserlasses. Berlin 2018, S. 191.

[21] Als Beispiele können hier Diskussionen über die Benennung des Afghanistaneinsatzes als Krieg und den neuen Traditionserlass genannt werden.

[22] Gray, Colin S.: War, Peace, and International Relations. An Introduction to Strategic History. New York 2012, S. 7, 9.

[23] Gray, Colin S. a.a.O., S. 8-9.

146

einandersetzung und das Verständnis der eigenen Aufgabe im Staat. Darüber hinaus kann ein verbesserter Dialog zwischen Politik und Soldaten noch einen weiteren Aspekt haben: die Verantwortung der Politik der Bundeswehr gegenüber wird für den Soldaten erlebbar und macht seine Aufgabe im Staat und die Integration in die Gesellschaft sichtbar. Das verlangt allerdings auf Seiten der Politik ein bewusstes Wahrnehmen dieser Verantwortung. Ein positives Beispiel hierfür ist die kürzlich vom Parlamentarischen Staatssekretär Tauber und dem Generalinspekteur geführte öffentliche Diskussion zu bewaffneten Drohnen, ein negatives Beispiel ist allerdings die mit viel Parteipolitik durchsetzte Diskussion um die Tornado-Nachfolge.

Der Blick auf den Soldaten

„Die Innere Führung gründet darauf, dass der Soldat in den Streitkräften das sieht und erlebt, was er verteidigen soll: eine freiheitliche, demokratische und vielfältige Gesellschaftsordnung. Oft wird verkannt, dass die Innere Führung kein ‚Wohlfühlprogramm‘ ist. Sie soll sicherstellen, dass auch in einer demokratischen Gesellschaft kampfbereite Streitkräfte vorhanden sind. …Einer der Väter der inneren Führung hat deswegen klargestellt, dass das Ideal nicht der ‚hart erzogene Soldat‘, sondern ‚der sich selbst hart erziehende Soldat‘ ist! Das bedeutet aber nicht weniger, sondern mehr Disziplin. …Nicht hinzunehmen ist das Dulden und Wegschauen bei Rechtsextremismus und anderen Haltungen, die dem Auftrag und den Werten der Farben schwarz-rot-gold widersprechen. Treues Dienen bedeutet das aktive Eintreten für die freiheitliche demokratische Grundordnung. Das muss klar sein. Oder um es mit Clausewitz zu sagen: ‚Militärisches Führertum beruht nicht auf rationalem Kalkül, spezialisiertem Fachwissen und technischer Routine, sondern auf hoher Geistigkeit, vereint mit Charakter und Seelenstärke.‘"[24]

Die Innere Führung setzt die Forderungen aus dem Zitat um. Wenn es um den Kernauftrag von Streitkräften geht, fällt allerdings auf, das der Begriff Einsatz in der Vorschrift zwar häufig gebraucht wird (in neun Nummern), die Begriffe Kampf, Verwundung, Sterben, Töten, Gefecht nur an vier Stellen Erwähnung finden.[25] Im „Wording" der Vorschrift entsteht eine gefühlte Lücke zwischen

---

[24] Tauber, Peter: Was verteidigen deutsche Soldaten? Facebookeintrag, https://www.facebook.com/tauber.peter/posts/3042589825832654, Zugriff am 22.06.2020.
[25] A-2600/1. Innere Führung. Selbstverständnis und Führungskultur der Bundeswehr. In: Werte und Normen für die Bundeswehr, Koblenz 2018, S. 222-247.

den Zielen der Inneren Führung und dem Wesenskern des Soldaten: Kampf.[26]
Die Verbindung der im Zitat beschriebenen „kampfbereiten Streitkräfte" und
der demokratischen Gesellschaft tritt nicht in den Vordergrund. Eine neue
Vorschrift sollte diesen Punkt entsprechend berücksichtigen. Umso genauer
und umfassender eine neue Vorschrift beschreibt, was den Soldaten in Erfüllung seines Auftrages erwartet, umso sichtbarer und greifbarer wird für den
Soldaten sein Auftrag als Kämpfer für unsere Demokratie in der für sein
Selbstverständnis zentralen Dienstvorschrift. Es war unter anderem ein Kritikpunkt an der Inneren Führung, dass sich die erlebte Einsatzrealität im Krieg in
Afghanistan nur schwer in ihr wiederfinden ließ. Das bedeutet nicht, dass andere Elemente der Inneren Führung weniger dargestellt werden oder gar weg-
fallen. Im Gegenteil: durch eine angemessene Darstellung der Aufgabe des
Soldaten als Kämpfer wird diese mit den anderen Aspekten der Inneren Führung in den Sinnzusammenhang gestellt. Der Soldat erkennt sich mit seiner
Lebensrealität, die er in den Einsätzen erfährt beziehungsweise für die er ausgebildet wird, leichter wieder. Was spricht dagegen, den militärischen Auftrag,
aus dem die Anforderungen an Vorgesetzte und Soldaten gleichermaßen entspringen, genauer zu beschreiben?[27] Was spricht dagegen, im Abschnitt der
Gestaltungsfelder das Gefecht mit seinen Anforderungen deutlicher herauszu-
heben? Gerade im Gefecht kommt der Menschenführung als einem der
Hauptgestaltungsfelder der Inneren Führung eine besondere Bedeutung zu.
Ebenso wie der Traditionserlass eine Anlage ist, kann der Auftrag der Streitkräfte in einer Anlage genau beschrieben werden. Eine Vorschrift, die das
Selbstverständnis des Soldaten als Kämpfer für die Demokratie und ihre pluralistische Gesellschaft definiert, darf keine Angst haben, vom Kampf zu reden.
Indem die Vorschrift den Wesenskern des Soldaten gleichberechtigt betont,
stärkt sie ihn auch moralisch. Die Kernkompetenz, Kämpfen, wird in unmittelbaren Zusammenhang mit der „ethischen, rechtlichen, politischen und ge-

---

[26] Die weitere Diskussion über den Charakter zukünftiger Konflikte führt hier zu weit. Klar ist
aber, dass es beim Einsatz von Streitkräften immer um mittelbare oder unmittelbare Anwendung militärischer Gewalt oder deren Androhung geht. Wir können viele Aufgaben, aber
Kampf ist das Alleinstellungsmerkmal von Streitkräften: „Military Forces may conduct a wide
variety of tactical activities that have nothing to do with direct combat, but they have a mo-
nopoly on direct combat and therefore their primary roles, characteristics… have to be viewed
from that standpoint – no other agencies can do those things". Kommando Heer (Hg.), a.a.O,
S. 3-1.

[27] z.B. in Ziffer 403. A-2600/1. Innere Führung. Selbstverständnis und Führungskultur der
Bundeswehr. A.a.O, S. 229.

sellschaftlichen Begründung für soldatisches Handeln"[28] gesetzt. Damit trägt die Vorschrift auch dem Fakt Rechnung, dass Moral für den Soldaten eine besondere Bedeutung hat.[29] „Morale is by far the most important component of fighting power…"[30] Der Staatsbürger in Uniform wird so in seiner Gesamtheit aufgegriffen: Seinen Rechten, seinen Pflichten, seiner Schutzaufgabe der Gesellschaft gegenüber, aber auch der Art und Weise, wie diese Aufgabe erfüllt wird.

Eine Vorschrift Innere Führung wird immer nur so gut sein können, wie das Engagement, sie in die Praxis umzusetzen zu wollen. Eine Neufassung der Vorschrift muss die Rahmenbedingungen der Umsetzung mitberücksichtigen. Dazu gehören unter anderem Entfrachtung, Konzentration auf das Wesentliche und das Schaffen von Rahmenbedingungen, die Erziehung und Ausbildung bis zur vollen Einsatzbereitschaft gleichermaßen ermöglichen. Innere Führung muss vor allem erlebt werden können, daher kommt es darauf an, sie aus dem Unterrichtsraum zu holen und in die Praxis und das tägliche Erleben zu verankern. Daher muss vor allem der Menschenführung und dem Führungskönnen der Vorgesetzten besonderer Raum eingeräumt werden. Den Vorgesetzten kommt, unabhängig von der Führungsebene, die Verantwortung zu, die notwendige Zeit zur Verfügung zu stellen, um Ausbildung und Übung auf der einen Seite und Erziehen auf der anderen Seite zu ermöglichen. Der Vorgesetzte darf nicht in die Zwangslage versetzt werden, zwischen Innerer Führung beziehungsweise Erziehung und Gefechtsdienst entscheiden zu müssen. Das wäre in beide Richtungen fahrlässig. Vor allem aber müssen Vorgesetzte Innere Führung erlebbar machen, und zwar in erster Linie durch ihr persönliches Beispiel mit gutem Führen.

Der einzelne Soldat wird seine Integration in die Gesellschaft unterschiedlich erleben. Das Spannungsverhältnis zwischen seinem Kernauftrag und der gesellschaftlichen Akzeptanz wird auf absehbare Zeit bestehen bleiben. Die Tatsache, dass der Soldat aber seit der Gründung der Bundeswehr mit seinem Auftrag zu einer in Frieden lebenden Gesellschaft beiträgt, ist allerdings unverrückbar. Es schadet nicht, diesen Verdienst immer wieder ins Bewusstsein zu rücken.

---

[28] A-2600/1. Innere Führung. Selbstverständnis und Führungskultur der Bundeswehr. A.a.O, S. 228.

[29] Vgl hierzu u.a.: Uslar, Rolf von; Walther, Marc-André: Kampfmoral: Voraussetzung für das Bestehen im Einsatz, a.a.O.

[30] Gray, Colin S.: a.a.O., S. 6.

Fazit

Die Vorschrift Innere Führung muss die Kernaufgabe des Soldaten, die seinen Auftrag, Alltag und Einsatz bestimmt, seine Pflichten und seine Einbindung in die Gesellschaft gleichberechtigt verankern. Der Soldat und seine Verortung in Krieg und Frieden muss das Hauptanliegen der Vorschrift sein. Damit wird auch Sorge dafür getragen, dass in der Außendarstellung ehrlich mit den Inhalten des Dienstes umgegangen wird. Die Integration der Bundeswehr verlangt weiterhin nach einem breiten, gesellschaftlichen Diskurs, der in der Verantwortung der Politik liegt.

Dafür ist sowohl in der Verbindung zur Gesellschaft als auch im Blick in die Bundeswehr selbst von entscheidender Bedeutung, dass die Innere Führung den Soldaten als das beschreibt, was er ist: ein Staatsbürger in Uniform, dessen Aufgabe es ist, für diesen Staat und seine freiheitliche demokratische Grundordnung zu kämpfen.

Literatur

A-2600/1. Innere Führung. Selbstverständnis und Führungskultur der Bundeswehr. In: Werte und Normen für die Bundeswehr, Koblenz 2018.

Bundesministerium der Verteidigung: Neue Anforderungen für die Sicherheitspolitik. https://www.bmvg.de/de/themen/sicherheitspolitik. Zugriff am 17.06.20.

Biehl, Heiko, Höfig, Chariklia, Wanner, Meike: Sicherheits- und verteidigungspolitisches Klima in der Bundesrepublik Deutschland. Ergebnisse der Bevölkerungsumfrage 2014, Zentrum für Militärgeschichte und Sozialwissenschaften der Bundeswehr, Forschungsbericht 111, Potsdam 2015.

Craig, Gordon A., Vorwort, In: Abenheim, Donald: Bundeswehr und Tradition. Die Suche nach dem gültigen Erbe des deutschen Soldaten, München 1998, S. X.

Deutscher Bundestag, Wehrbeauftragter: Jahresbericht 2019. Deutscher Bundestag, 19. Wahlperiode, Drucksache 19/16500, Berlin 2020.

Die Tradition der Bundeswehr. Richtlinien zum Traditionsverständnis und zur Traditionspflege. In: Werte und Normen für die Bundeswehr, Koblenz, 2018.

Gray, Colin S.: War, Peace and International Relations. An Introduction to Strategic History, New York 2012.

Kommando Heer (Hg.), Bereichsvorschrift C1-160/ 0-1006 Truppenführung – Taktik in Landoperationen, Strausberg 2017.

Köhler, Horst: Einsatz für Freiheit und Sicherheit. Rede von Bundespräsident Horst Köhler bei der Kommandeurtagung der Bundeswehr am 10. Oktober 2005 in Bonn,

https://www.bundespraesident.de/SharedDocs/Reden/DE/Horst-Koehler/Reden/2005/10/20051010_Rede.html, Zugriff am 12.06.20.

Kreitmayr, Markus: Brief an die Angehörigen des Kommando Spezialkräfte, Calw, Mai 2020.

https://augengeradeaus.net/wp-content/uploads/2020/05/20200518_KSK-Brief_Kreitmayr-2.pdf, Zugriff am 08.06.2020.

Münkler, Herfried (2007): Heroische und postheroische Gesellschaften In: Merkur Deutsche Zeitschrift für europäisches Denken (Hg.), Heft 8/9, 2007 Stuttgart, S. 742-753.

NATO: Deterrence and Defence.

https://www.nato.int/cps/en/natohq/topics_133127.htm. Zugriff am 15.06.20

Neitzel, Sönke: Die sollen töten können. In: der Spiegel (2017), Heft 29, S. 43.

Rotmann, Philipp, Bressan, Sarah, Brockmeier, Sarah: Neue Erwartungen: Generation Z und der Einstellungswandel zur Außenpolitik. Global Public Policy Institute, Berlin 2020.

Soldatengesetz § 6. In: Werte und Normen für die Bundeswehr, Koblenz, 2018.

Tauber, Peter: Blog Schwarzer Peter, https://blog.petertauber.de/?paged=2, Zugriff am 20.06.20. Tauber, Peter: Facebook

https://www.facebook.com/tauber.peter/posts/3042589825832654, Zugriff am 22.06.20.

Uslar, Rolf von; Walther, Marc-André: Kampfmoral: Voraussetzung für das Bestehen im Einsatz. In: Hartmann, Uwe et al. (Hg.): Jahrbuch Innere Führung 2012. Der Soldatenberuf im Spagat zwischen gesellschaftlicher Integration und sui generis Ansprüchen: Gedanken zur Weiterentwicklung der Inneren Führung, Berlin 2012, S. 73-90.

Walther, Marc-André: Persönliche Aufzeichnungen zum Ausbildungsabschnitt Sicherheitspolitik und Strategie, Vortrag Heike Bühring „Postheroische Gesellschaften", Hamburg März 2020. Bezüge u.a.: Kümmel, Gerhard (2009): „Gestorben wird immer"!? Oder: Postheroismus, „Casualty Shyness" und die Deutschen. In: Hartmann, Uwe / von Rosen, Claus / Walther, Christian (Hg.), Jahrbuch Innere Führung 2009. Die Rückkehr des Soldatischen. Eschede, S. 92-108.

Walther, Marc-André: Tradition und Kampf. In: Abenheim, Donald, Hartmann Uwe (Hg.): Tradition in der Bundeswehr. Zum Erbe des deutschen Soldaten und zur Umsetzung des neuen Traditionserlasses, Berlin 2018, S. 185-200.

Wanner, Meike: Die Deutschen und die Bundeswehr. In: IF. Zeitschrift für Innere Führung, Nr. 1/2019, S. 53-59.

Innere Führung und Tradition – Impulse aus dem neuen Traditionserlass für Führungskultur und Selbstverständnis der Bundeswehr

Heiner Bröckermann

> *„Lebendig" aber kann Tradition nur in der Wandlung bleiben.*
> *Erst wo Tradition erstarrt, tritt sie in Widerstreit mit dem Leben*
> *und entzieht sich damit der Zukunft.*
> (Handbuch Innere Führung, 1957[1])

Dass etwas lange Bestehendes ab und an neue Impulse benötigt, diese Vorstellung ist nicht auf die Bundeswehr beschränkt. Was man von einem Impuls rein physikalisch erwarten kann, hängt sicher vom Bezugssystem ab; Impulse jedoch gehören in den Naturwissenschaften zu den Erhaltungsgrößen. Das Prinzip wird so im Ergebnis nie verletzt. Aus didaktischer Sicht wird ein Impuls als Anreiz für den Lernenden verstanden. Und dies zuweilen auch, um die Impulsivität der Lerngruppenmitglieder auf ein erwünschtes Ziel innerhalb der zur Verfügung stehenden Zeit zu lenken. Also fragt man vielleicht, was kommt aus dem Traditionserlass von 2018 heraus, das man in einer neuen Vorschrift zur Inneren Führung verankern sollte.[2]

Was aber sind die Impulse, die Erhaltungsgrößen, die durch ihr Wirken ein schwer fassbares Prinzip darstellen können? Der stete Wandel gehörte immer dazu. Und dieses dynamische Mysterium der Inneren Führung wird mit einer angeblich nie vollständigen Definition von Generation zu Generation weitergereicht. Das Grundverständnis ist jedoch nicht so kompliziert, wie Kritiker glauben machen wollen. Der Generalinspekteur der Bundeswehr, General Eberhard Zorn, fasste 2018 den Kern seines Verständnisses von der Inneren

---

[1] Handbuch Innere Führung. Hilfen zur Klärung der Begriffe. Hrsg. vom Bundesministerium für Verteidigung, Führungsstab der Bundeswehr – B, Bonn 1957 (= Schriftenreihe Innere Führung), S. 51.

[2] Als Grundlage des Textes der Vorschrift Innere Führung in der gültigen Fassung von 2008 und des in einer Anlage enthaltenen aktuellen Traditionserlasses in der gültigen Fassung von 2018 siehe Innere Führung. Selbstverständnis und Führungskultur der Bundeswehr. A-2600/1. Hrsg. vom Bundesministerium der Verteidigung. Führungsstab der Streitkräfte III 3, Berlin 2018.

Führung in drei Sätzen zusammen: „Seit über 60 Jahren wird unser Selbstverständnis als Staatsbürger in Uniform durch die Grundsätze der Inneren Führung geprägt. Unsere Führungsphilosophie bringt die Funktionsprinzipien einer schlagkräftigen Bundeswehr mit den freiheitlich-demokratischen Grundsätzen unseres Rechtsstaates in Einklang. So wie wir uns den Werten, Rechten und Normen des Grundgesetzes verpflichtet fühlen und für deren Schutz einstehen, so erleben und erfahren wir sie auch untereinander."[3]

Und drei Sätze des ersten Generalinspekteurs der Bundeswehr, General Adolf Heusinger, mögen genügen, um den Bogen zu den Anfangsjahren spannen zu können: „Der Geist, das Innere Gefüge der jungen deutschen Bundeswehr, entscheidet über das Recht, diese Waffen nach dem parlamentarisch manifestierten Willen des Volkes zu tragen und im Verteidigungsfall auch zu führen. Es geht um die Rechte und Würde jener Menschen, zu denen wir gehören. Es geht um das Land, das wir lieben, um seine Freiheit und um die Freiheit eines jeden einzelnen von uns."[4]

Der Journalist Adalbert Weinstein hatte 1951 den Westdeutschen mit seinem Buch über die Ideen zur Wiederbewaffnung „Armee ohne Pathos" schon früh ein Motto des Kommenden mit auf den Weg gegeben, freilich mit einem bunten Strauß verschiedener Wehrformen.[5] Kein „Staat im Staat" sollte es werden und mindestens, wie Bauminister Eberhard Wildermuth meinte, eine „Wehrmacht, in der nicht gebrüllt und nicht gelogen wird".[6] Die Himmeroder Denkschrift 1950 und die Referate über die Innere Führung, die im Mai und Juni 1956 auf dem ersten Offizierlehrgang in Sonthofen gehalten worden sind, standen am Anfang für sich.[7] Schon lange vor dem ersten Traditionserlass der Bundeswehr von 1965 wurde das Thema im legendären „gelben Büchlein",

---

[3] Eberhard Zorn, Grußwort. In: Wer wir sind. Innere Führung, Tradition und Selbstverständnis. Y. Das Magazin für die Bundeswehr. Spezial, 10/11 2018, S. 7.

[4] Siehe das Vorwort von General Heusinger, Handbuch Innere Führung. Hilfen zur Klärung der Begriffe. Hrsg. vom Bundesministerium für Verteidigung, Führungsstab der Bundeswehr – B, Bonn 1957 (= Schriftenreihe Innere Führung), S. 5.

[5] Adalbert Weinstein, Armee ohne Pathos. Die deutsche Wiederbewaffnung im Urteil ehemaliger Soldaten, Bonn 1951.

[6] Anfänge westdeutscher Sicherheitspolitik.1945-1956. Hrsg. vom MGFA, Band 3, München, Wien 1982, S. 498. Ich danke Oberst i.G. Reinhold Janke für das Zitat.

[7] Zur „Magna Charta" der Bundeswehr in Bezug auf das „Innere Gefüge" siehe Hans-Jürgen Rautenberg/Norbert Wiggershaus, Die „Himmeroder Denkschrift" vom Oktober 1950. Politische und Militärische Überlegungen für einen Beitrag der Bundesrepublik Deutschland zur westeuropäischen Verteidigung, 2. Auflage, Karlsruhe 1985, S. 30f. und S. 53-55.

dem Handbuch Innere Führung von 1957, verankert. Die sowohl demonstrative als auch ernstgemeinte Abkehr von alten Begriffen und Gewohntem musste immer wieder erklärt werden. Am 27. Februar 1958 beantwortete Oberst Wolf Graf von Baudissin bei einem seiner letzten Vorträge als Unterabteilungsleiter „Innere Führung" die Frage, ob denn die „geistige Rüstung" der Bundeswehr eine „Sonderrüstung" sei, lakonisch: „Das einzige, was der Bundeswehr-Soldat heute verteidigt, ist die Freiheit!"[8]

Ein weiteres Zitat von Baudissin aus seinem Aufsatz „Soldatische Tradition und ihre Bedeutung in der Gegenwart" in der Zeitschrift „Wehrkunde" verwies 1956 auf ein im Grunde einfaches, aber folgenschweres Dilemma zum Verständnis der Tradition für die neue Bundeswehr: „Wir wollen die Überlieferung an bleibenden sittlich-geistigen Werten und gültigen Grunderfahrungen Tradition, ihre zeitgebundenen Erscheinungen hingegen Konvention nennen. Diese Unterscheidung soll uns daran hindern, für Koppelschloss, Uniformschnitt oder Lanze den gleichen Maßstab zu verwenden, wie für den 20. Juli oder ein bestimmtes Menschenbild. Tradition und Konvention sind beides notwendige Elemente menschlichen und insbesondere auch soldatischen Zusammenlebens; sie verhalten sich jedoch zueinander wie Inhalt und Form."[9]

Die Bundeswehr hat ein eigenes Verständnis von Tradition und Traditionspflege entwickelt. Dies wurde eng mit der Konzeption der Inneren Führung verbunden. Ohne Vergangenheit, Rekonstruktionen der Geschichte oder ohne Bezüge auf die gelebte Tradition der Bundeswehr hat sich die Innere Führung jedoch nie entwickelt. Und zum Teil hat dies sogar Entwicklungen einer differenzierten Betrachtung der Wehrmacht und des Widerstands vorweggenommen, die die deutsche Gesellschaft mit Masse erst ab dem Ende der 1970er Jahre nachvollzogen hat.

Dabei war auch in den Anfängen die Tradition ein schwieriges, eher gemiedenes Thema, nicht nur aufgrund der elementaren Brüche in der deutschen Militärgeschichte, wie im Handbuch pragmatisch geschildert: „Unter dem Banner der ‚Tradition' fliehen die einen vor den Pflichten der Gegenwart in die Ver-

---

[8] Graf Baudissins Münchner Schwanengesang. Zu seinem Vortrag über die „geistige Rüstung" der Bundeswehr vor der Münchener Presse. In: Deutsche Soldaten-Zeitung, Nr. 3, März 1958, S. 3.

[9] Gekürzter Nachdruck in Wolf Graf von Baudissin, Soldat für den Frieden. Entwürfe für eine zeitgemäße Bundeswehr. Hrsg. und eingeleitet von Peter v. Schubert, München 1969, S. 79-86, hier S. 81. Dieses Zitat ist auch Inhalt der Überlegungen zur Tradition im Handbuch Innere Führung von 1957.

gangenheit; die anderen entweichen den Forderungen der Überlieferung durch die Flucht in das Aktuelle, das Heute – wenn gar nicht in das unverbindliche Morgen."[10]

Baudissin und auch Heusinger hatten die Priorität der Inneren Führung durchgesetzt, wenn auch nicht unumstritten, wie die Jahre bis 1972 noch zeigen sollten. Beiden wurde jenseits der Tradition des Widerstands vom 20. Juli 1944 aber eher Skepsis, Abstand und Vorsicht im Umgang mit dem Thema Tradition bescheinigt. Erst nach der Aufbauphase der Bundeswehr geriet das Thema Anfang der 1960er Jahre auf die Tagesordnung. Dies auch weil Inhalte und Symbole mitunter nicht zu passen schienen, wie allein schon die Frage der Truppenfahnen zeigte. Im Ministerium benötigte es seit 1959 ganze 29 Entwürfe, bis der erste Traditionserlass von 1965 das Licht der Öffentlichkeit erblickte.[11]

Die Bundeswehr kam in einer „komplexen Gemengelage von äußerlicher Schlichtheit und innerer Rehabilitierung" daher.[12] Tradition wurde in der Folge eher zu einer organisierten Vergangenheitsbewältigung. Freilich auch schon im Erlass von 1965 mit dem Hintergrund, dass es jenseits von allen Regelungen im Umgang mit der Geschichte und den ehemaligen Soldaten der Wehrmacht auch einmal um die Zukunft und die Bundeswehr selbst gehen könnte. Ein frühes Beispiel dafür war sicher die besondere Hervorhebung des Bundeswehr-Feldwebels Erich Boldt.[13] Verteidigungsminister Hans Apel war es schließlich

---

[10] Handbuch Innere Führung. Hilfen zur Klärung der Begriffe. Hrsg. vom Bundesministerium für Verteidigung, Führungsstab der Bundeswehr – B, Bonn 1957 (= Schriftenreihe Innere Führung), S. 49.

[11] Frank Nägler, Der gewollte Soldat und sein Wandel. Personelle Rüstung und Innere Führung in den Aufbaujahren der Bundeswehr 1956 bis 1964/65, München 2010 (= Sicherheitspolitik und Streitkräfte in der Bundesrepublik Deutschland, 9), S. 447-459.

[12] Martin Rink, Die Bundeswehr 1950/55-1989, Berlin, Boston 2015 (= Militärgeschichte kompakt, 6), S. 93. Siehe auch zur fast schon traditionellen Larmoyanz im Militär und einer „löchrigen Erinnerungsgeschichte" seit den 1960er Jahren die Darstellung von John Zimmermann, Zwischen Reformern und Traditionalisten? Aushandlungsprozesse zum Traditionsverständnis in der Bundeswehr. In: Sonderfall Bundeswehr? Streitkräfte in nationalen Perspektiven und im internationalen Vergleich. Im Auftrag des ZMSBw hrsg. von Heiner Möllers und Rudolf J. Schlaffer, München 2014 (= Sicherheitspolitik und Streitkräfte in der Bundesrepublik Deutschland, 9), S. 295-310, hier: 295-298.

[13] Siehe dazu für die 1960er Jahre Heiner Bröckermann, Militärgeschichte in der Unteroffizierausbildung des Heeres. In: Geschichtsbewusstsein als Kernkompetenz. Historische Bildung in der Bundeswehr. Hrsg. von Frank Hagemann und Sven Lange unter Mitarbeit von Cornelia Grosse, Potsdam 2020 (= Potsdamer Schriften des ZMSBw, 30), S. 229-257, hier S. 232-244.

1982 wichtig, die Arbeiten zum Ersatz des Traditionserlasses von 1965 noch vor dem Ende der Regierung Schmidt abzuschließen. Apel erinnerte sich später: „Der alte Erlass hatte eine schwülstige Sprache, findet keine klare Abgrenzung zur NS-Zeit, ist historisch unrichtig und sagt nichts zur eigentlichen Funktion und Tradition der Bundeswehr: im Rahmen unseres Grundgesetzes den Frieden zu erhalten."[14]

Und lange vor dem neuen Traditionserlass von 2018 sollten neue Aspekte der Traditionspflege in die Neufassung der Zentralen Dienstvorschrift Innere Führung von 1993 in ein eigenes Kapitel „Innere Führung und Tradition" aufgenommen werden. Dass dies nicht geschehen ist, gilt als Kollateralschaden eines internen Streits um den Entwurf für einen Traditionserlass, mit dem Verteidigungsminister Manfred Wörner den Erlass seines Vorgängers von 1982 ersetzen wollte. 1985 hatte man aber schon im Weißbuch die Traditionspflege als Thema aufgegriffen. Der Apel-Erlass blieb. Generalinspekteur General Klaus Naumann setzte die Inhalte des nicht berücksichtigten Entwurfs von 1993 jedoch 1994 und 1995 in Generalinspekteur-Briefen gesondert von der Vorschrift Innere Führung in Kraft. Auch darauf fußt der aktuelle Traditionserlass von 2018.[15]

Der Frage, ob nicht die Tradition ein eigenes „Gestaltungsfeld der Inneren Führung" sein sollte, beschäftigte 2018 im Eindruck des neuen Erlasses den ehemaligen Offizier und Pädagogen Claus von Rosen. Er beschrieb angesichts der Gründungsgeschichte der Bundeswehr das „Urdilemma" von Tradition und Innerer Führung mit der damals notwendigen „scharfen Zäsur" zur Vergangenheit. Von den Soldaten wurde demnach nicht nur eine Anerkennung der Gegenwart in der Demokratie verlangt, sondern quasi konstitutionell für das Neue auch eine Abrechnung mit der eigenen Vergangenheit in der Wehrmacht. Starke Emotionen, die nach Meinung von Rosen bis heute wirken. Baudissin nahm die für die Bundeswehr so typische Trennung von Konventi-

---

14 Hans Apel, Der Abstieg, München 1991, S. 221-223.

15 Werner Lange, Das schwierige Erbe. Der Streit um die Traditionswürdigkeit der Wehrmacht. In: Mars. Jahrbuch für Wehrpolitik und Militärwesen. Hrsg. von Dermot Bradley und Wolfram Zeller, Band 1, Osnabrück 1995, S. 281-301, hier S. 293; Matthias Kaufhold, Die Richtlinien zum Traditionsverständnis und zur Traditionspflege der Bundeswehr 2018. Historische Entstehung der Richtlinien und Überprüfung auf Anwendbarkeit. Lehrgangsarbeit LGAN 2017. FüAkBw, Hamburg 2019, S. 8-10; Loretana de Libero, Tradition in Zeiten der Transformation. Zum Traditionsverständnis der Bundeswehr im frühen 21. Jahrhundert. Hrsg. im Auftrag des Sozialwissenschaftlichen Instituts der Bundeswehr, Paderborn u.a. 2006, S. 42-46.

on und Tradition mit dem Hinweis auf den Unterschied von Form und Inhalt vor. Beides hatte seinen Wert, aber der Inhalt war doch wichtiger als die zeit- und zweckgebundene Form. Die Folgen dieses „Urdilemmas" seien lange nachweisbar. Selbst 2008 wies die Vorschrift Innere Führung demnach in Verbindung mit dem Traditionserlass von 1982 der „Tradition und der Traditionspflege" nur eine untergeordnete Erwähnung als einem von zehn Abschnitten zum Gestaltungsfeld „Politische Bildung" zu. Claus von Rosen erklärt eine seit einigen Jahren angelegte Dominanz der „historischen Bildung" und des historischen Bewertens im Vergleich mit dem von Baudissin ursprünglich parallel angelegten Blick auf Vergangenheit und Zukunft zum Problem der Traditionspflege. Tradition kann demnach nicht nur nach Rückwärts gedacht werden. Bei der „Brücke zwischen Vergangenheit und Zukunft" wäre demnach das Brückenlager der Gegenwart so schwach ausgebaut, dass die intensive Beschäftigung mit dem Vergangenen nicht sinnvoll für die Zukunft genutzt werden könne.[16]

Dem wäre zu entgegnen, dass der Traditionserlass von 2018 der Tradition deutlich eine Eigenschaft als „integraler Bestandteil der Konzeption der Inneren Führung" zuschreibt. Das bedeutet im eigentlichen Sinn, dass die Tradition zur Inneren Führung unverzichtbar dazugehört und dass Tradition die Innere Führung erst zu dem macht, was sie sein soll. Wenn man dies querschnittlich versteht, dann ist Tradition in jedem Gestaltungsfeld präsent. Führt dann ein gesondertes Gestaltungsfeld Tradition zu mehr oder zu weniger Wirkung? Muss man nicht stattdessen den Faktor Tradition in einer künftigen Vorschrift Innere Führung in jedem Gestaltungsfeld deutlich verankern? Und bislang ist in der Vorschrift Innere Führung gar nicht die Historische Bildung dominant, sondern auf dem Papier nach Nr. 625ff. immer noch die Politische Bildung. In deren Gestaltungsfeld hat die Geschichte gem. Nr. 629 eine dienende Funktion, quasi eine Hilfswissenschaft der Politischen Bildung, die dann im Dreiklang von Werten, historischer Analyse und politischer Gegenwartbetrachtung ein „angemessenes Traditionsverständnis" erzeugt. Die Geschichte steht als eigenständiges Lehrfach in Deutschland seit langem sprichwörtlich mit dem Rücken an der Wand. Darf man es den Historikern der Bundeswehr dann vorwerfen, dass sie als Fachleute ihre Hausaufgaben in den letzten Jahrzehnten gemacht

---

¹⁶ Claus von Rosen, Tradition und Innere Führung. In: Tradition in der Bundeswehr. Zum Erbe des deutschen Soldaten und zur Umsetzung des neuen Traditionserlasses. Hrsg. von Donald Abenheim und Uwe Hartmann, Berlin 2018, S. 153-168, hier S. 155-159.

haben, während die Politische Bildung erst in den letzten Jahren wieder mehr an Kontur gewonnen hat? Die Historische Bildung hat sich in der Bundeswehr gut aufgestellt, die Politische Bildung ist dabei kein Konkurrent gewesen, sondern Partner.[17]

Und was es bedeutet, wenn die Politische Bildung künftig als eines der Gestaltungsfelder der Inneren Führung oder gar einer Dachmarke Persönlichkeitsentwicklung „ins Glied" neben die Historische Bildung, die Ethische Bildung und die Traditionspflege tritt, will ebenso überlegt sein. Welches Menschenbild und welche Idee von der notwendigen Optimierung der Persönlichkeit steht dahinter? Die Staatsbürger in Uniform sind doch wohl vor dem Eintritt in die Bundeswehr als Bürger oder Bürgerin schon „komplett". Ihr Bürgertum muss nicht staatlich entwickelt werden. Freilich darf aber vom Soldaten als Waffenträger eine besondere Zuverlässigkeit gegenüber der freiheitlichen demokratischen Grundordnung verlangt werden. Man darf zudem schon aus Fürsorgegründen die „einfachen" Soldaten ohne Laufbahnausbildung nicht ohne Unterricht in Rechten und Pflichten allein lassen. Hier setzen die Politische Bildung mit dem Beutelsbacher Konsens an sowie die nach §33 Soldatengesetz verpflichtenden Vorgaben zum staatsbürgerlichen und völkerrechtlichen Unterricht.

Es ist Claus von Rosen zuzustimmen, wenn er als künftiges Ziel beschreibt, dass es um die „Einordnung der Tradition der Streitkräfte in den größeren politisch-gesellschaftlichen Zusammenhang" gehen sollte.[18] Eine „Militärtradition" sui generis in einer Freiwilligenarmee verträgt sich wohl kaum mit dem Anspruch der „Armee in der Demokratie". Im neuen Traditionserlass von 2018 wurde mit der Beschreibung von Themen der bundeswehreigenen Tradition diese Einbindung größerer gesellschaftlicher und politischer Zusammenhänge jedenfalls angegangen.

Wie wird eine künftige Vorschrift zur Inneren Führung allem und allen gerecht werden können? Bleibt man der gewohnten Gliederung in „Hauptsächliche Gestaltungsfelder" und „Weitere Gestaltungsfelder" treu? Folgt man nun der

---

[17] Siehe zum Beispiel einige Herausforderungen der Politischen Bildung bei Hans-Günther Fröhling, Kann Politische Bildung in der Bundeswehr ihrem eigenen Anspruch noch gerecht werden? In: Entscheiden. Führen. Verantworten. Soldatsein im 21. Jahrhundert. Hrsg. von Hans-Christian Beck und Christian Singer, Berlin 2011, S. 165-171.

[18] Claus von Rosen, Tradition und Innere Führung. In: Tradition in der Bundeswehr. Zum Erbe des deutschen Soldaten und zur Umsetzung des neuen Traditionserlasses. Hrsg. von Donald Abenheim und Uwe Hartmann, Berlin 2018, S. 153-168, hier S. 161.

Kritik, dass die Historische Bildung in Verbindung mit der Tradition ohne ausreichende Anbindung an die Politische Bildung eine Dominanz entwickelt hat, könnte man pragmatisch ein neues hauptsächliches Gestaltungsfeld „Historische Bildung" neben die Politische Bildung stellen. Die Tradition wäre gerade aufgrund ihrer Bedeutung kein weiteres hauptsächliches Gestaltungsfeld, sondern würde als Thema in allen hauptsächlichen Gestaltungsfeldern querschnittlich verankert werden und insbesondere in der Politischen und der Historischen Bildung. Um die Bedeutung der Tradition ganz im Sinne des neuen Traditionserlasses noch mehr zu verankern, wäre allerdings das Einfügen eines „Weiteren Gestaltungsfeldes" zum Thema „Traditionspflege" zu prüfen.

Inhalt dieses weiteren Gestaltungsfeldes „Traditionspflege" wäre dann die Auflistung des Traditionserlasses von 2018 „Zentraler Bezugspunkt" unter 3.2. über die Leistungen der militärischen und zivilen Angehörigen sowie der Reserve.

„Dazu zählen insbesondere:

- der Schutz der Bundesrepublik Deutschland und ihrer Bürgerinnen und Bürger,
- treues Dienen in Freiheit, das soldatisches Handeln an das Gewissen bindet und dem Gehorsam Grenzen setzt,
- die Konzeption der Inneren Führung mit ihrem Leitbild des Staatsbürgers in Uniform,
- der gemeinsame Beitrag zur Einsatzbereitschaft der Bundeswehr durch Streitkräfte und Bundeswehrverwaltung,
- der Beitrag der Bundeswehr zum internationalen Krisenmanagement sowie ihre Bewährung in Einsätzen und im Gefecht,
- das Bewahren von Freiheit und Frieden im Kalten Krieg und das Eintreten für die deutsche Einheit,
- das Erbe der allgemeinen Wehrpflicht und die Leistungen der über acht Millionen Grundwehrdienstleistenden,
- die Einbindung in multinationale Strukturen und Verbände der NATO und der Europäischen Union,
- der Beitrag der Bundeswehr zur Aussöhnung Deutschlands mit ehemaligen Kriegsgegnern,
- die erfolgreiche Hilfeleistung in humanitären Notsituationen im In- und Ausland,
- die Integrationsleistung der Bundeswehr bei der Wiedervereinigung Deutschlands."

Wenn der neue Traditionserlass an mehreren Stellen Vorgaben und quasi Konventionen umreißt, die es aktuell zu bedenken gilt, dann wird sich die Tradition künftig vor allem trotz des Erlasses und nicht wegen des Erlasses weiterentwickeln. Und auch daher verweist der Erlass deutlich auf die Freiheit und Verantwortung der Führungskräfte in der Bundeswehr. In freien Gesellschaften ist im Grunde alles erlaubt, was nicht verboten ist. Die Verlagerung der Verantwortung auf die „Arbeitsebene" der Kommandeure ist gerade im neuen Traditionserlass als Befreiungsschlag zu verstehen. Dass Probleme dort gelöst werden, wo sie auftreten; dass Lösungen dort entwickelt werden, wo man sie benötigt, ist sicher mehr als nur Pragmatismus in der Führung. Dies ist wahrscheinlich der wichtigste „Impuls" dieser Regelung. Jenseits streng geregelter Verbote in Bezug zu Wehrmacht und NVA ist ein Truppenführer oder eine Dienststellenleiterin frei in der Wahl der Mittel und Wege zur Traditionspflege. Auch das ist letztlich Innere Führung und ein Bekenntnis zur Freiheit, die verteidigt und erfahren werden darf.

Die Bundeswehr ist bekanntlich mehr als die Summe der militärischen Mitarbeitenden. Die Innere Führung bezieht sich jedoch weit überwiegend nur auf die Uniformtragenden, wenn man der Vorschrift folgt. Die ZDv 10/1 Innere Führung bzw. A-2600/1, Innere Führung und Führungskultur der Bundeswehr, Nr. 101-108, beschreibt Selbstverständnis und Anspruch mit Verweis auf den „militärischen Dienst" und die Verbindlichkeit für „jede Soldatin und jeden Soldaten" sowie die „Staatsbürger in Uniform". Selbst bei der „andauernden Notwendigkeit der Weiterentwicklung" bleiben die Nicht-Soldaten in der Bundeswehr grundsätzlich außen vor: „Diese wird durch einen lebendigen Dialog der Soldatinnen und Soldaten untereinander und mit Personal und Institutionen außerhalb der Bundeswehr gefördert."

So zeigt sich diese exklusive Sicht auf die Innere Führung innerhalb der Bundeswehr besonders in der Politischen, Historischen oder Ethischen Bildung sowie in entsprechenden Inhalten der Laufbahnausbildung von militärischem und zivilem Personal. Bislang wurde dies mit unterschiedlichen Aufgaben, der Behördenlandschaft des Bundes und mit Verweis auf das Fundament des Artikel 87b zur getrennten Verwaltung begründet. Und das gesellschaftliche Vertrauen in die Zuverlässigkeit der Verwaltung mag mangels bekannter Skandale auch traditionell größer sein. Faktisch gilt jedoch die Innere Führung heute als die „Führungsphilosophie der Bundeswehr". Erfordern es da nicht die Suche nach dem Optimum von Schlagfähigkeit und Einsatzbereitschaft sowie die perspektivischen Zweifel an der Zweckmäßigkeit des Artikels 87b, auch die

Innere Führung und Inhalte der Bildung auf alle Mitarbeitenden der Bundeswehr auszudehnen? Ist es nicht schon Teil der Praxis? Zudem es ja in der Nr. 502 der bisherigen Regelung zur Inneren Führung heißt, dass die zivilen Angehörigen gehalten sind, „ihr Handeln in gleicher Weise an den Grundsätzen der Inneren Führung auszurichten".

Die Richtlinien zur Tradition der Bundeswehr von 2018 beziehen die zivilen Angehörigen der Bundeswehr deutlicher ein. Im Abschnitt 4.2. „Zweck der Traditionspflege" wird für ihre Zielgruppe festgelegt: „für die zivilen Angehörigen die Identifikation mit der Bundeswehr als staatlicher Institution mit Verfassungsrang unter besonderer Berücksichtigung ihrer nicht-militärischen Aufgaben". Abschnitt 4.4. weist dazu an, dass zum Zweck der „spezifischen Traditionspflege in den militärischen und zivilen Organisationsbereichen" Hilfsmittel und Handreichungen zur Traditionspflege erlassen und verteilt werden. Und mit Abschnitt 4.7. werden die in Ausübung der Dienstpflichten verstorbenen zivilen Angehörigen im Rahmen des Erlasses auch in das Opfergedenken zusammen mit den Soldatinnen und Soldaten einbezogen.

Welchen Platz die Gesellschaft der Bundeswehr zugesteht oder wo sich die „Staatsbürger in Uniform" selbst verorten, wird auch künftig von der Traditionspflege mitbestimmt werden. Bei der Tradition geht es nicht nur um das Annehmen oder Verwerfen des Erbes der Vergangenheit. Man muss auch selbst erkennen, was die gegenwärtige Bundeswehr leistet. Jedes Opfer der Gegenwart verdient dabei Respekt und Anerkennung. Ob und wie es zum Bestandteil der Traditionspflege wird, ist aber bereits Teil eines mitunter belastenden Bewertungs- und Aushandlungsprozesses. Dieser vollzieht sich in der Demokratie offen und transparent für die Öffentlichkeit, Kameradinnen und Kameraden sowie die eigentlich Betroffenen, Leidtragenden und Hinterbliebenen. Eine lebendige Tradition verlangt daher auch nach dem lebendigen Wissen um die Bandbreite und Angemessenheit von Gedenken und Umgang mit Trauer und Verantwortung.

Explizit ist die Tradition in der bisherigen Vorschrift Innere Führung als Teil der Politischen Bildung in der Nr. 630 kurz definiert. Hier wird es sicher folgerichtig sein, wenn man ausgehend von den Grundsätzen im Traditionserlass des Jahres 2018, 1.1. bis 1.5., und den hier dargestellten Herausforderungen neu formuliert:

„Die Tradition der Bundeswehr ist integraler Bestandteil der Konzeption der Inneren Führung. Tradition ist der Kern der Erinnerungskultur und des werteorientierten Selbstverständnisses der Bundeswehr. Tradition entsteht auf der

Basis der Werte und Normen des Grundgesetzes als Folge einer bewussten Auseinandersetzung mit der Vergangenheit in Verbindung mit den Herausforderungen der Gegenwart und den Perspektiven für die Zukunft. Tradition festigt deren Verankerung in der Gesellschaft und muss in den öffentlichen Diskurs gestellt werden können. Der innere Zusammenhalt der Bundeswehr beruht auf universellen Werten und Menschenrechten, einer wertebasierten Berufsethik und überlieferten Vorbildern, die durch Tradition symbolisiert und bewahrt werden. Tradition dient der Selbstvergewisserung der Bundeswehr und ihrer militärischen und zivilen Angehörigen. Sie schafft und stärkt Identifikation und Akzeptanz, unterstützt eine verantwortungsvolle Auftragserfüllung und erhöht Einsatzwert und Kampfkraft. Gelebte Tradition spricht nicht nur Kopf und Verstand an, sondern in besonderer Weise auch Herz und Gemüt. Sie soll im dienstlichen Alltag und für die Öffentlichkeit sichtbar, begreifbar und erlebbar sein. Um ihre integrative und motivierende Wirkung entfalten zu können, muss die Tradition der Bundeswehr aber auch geistiges Gut aller Angehörigen der Bundeswehr sein. Methodische und inhaltliche Kompetenzen in der Politischen Bildung, Ethischen Bildung und der Historischen Bildung sind daher Voraussetzungen für ein werteorientiertes Traditionsverständnis und eine verantwortungsvolle Traditionspflege. Dynamik der Entwicklung und öffentliche Auseinandersetzung in der Traditionspflege sind ein Zeichen für die gesellschaftliche Relevanz und Lebendigkeit ihrer Inhalte."

Das Gute wird sich schließlich im Rahmen der Inneren Führung durchsetzen. Mitten in der Gesellschaft liegt ein Königsweg für das Bürgermilitär. Der Soldat und die Soldatin müssen dort mit dem Dilemma leben, dass selbst, wenn sie im besten Sinne und im vollen Bewusstsein unsere „Staatsbürger in Uniform" sind, immer noch ein Teil der Exekutive des Staates bleiben. Ihnen als solche gegenüber – und noch dazu in Waffen – ist Misstrauen geradezu eine Bürgerpflicht. Sie gehören politisch kontrolliert. Ein letzter Zweifel an ihrer Zuverlässigkeit wird sich im System der politischen Kräfte nie ausräumen lassen. Der Trost für Soldaten und Soldatinnen ist dann gerade ihr Bürgersinn, ihre Zivilcourage und das Bewusstsein, letztlich als Bürger oder Bürgerin Teil des höchsten Souveräns sein zu können. Die Innere Führung der Bundeswehr muss daher immer mehr stolzes Bürgertum als Soldatentum in sich tragen. Und noch etwas gilt es zu bedenken: Die Traditionspflege sollte den Krieg nicht feiern können. Denn dass der Frieden der „Normalfall" ist sowie der Krieg die „Ausnahme" für eine demokratische Gesellschaft darstellt, sollte immer zum Grundkonsens in Deutschland und Europa gehören. Aber das deutsche Volk, das seine Streitkräfte einsetzen will, muss mindestens auch ertragen, dass Militär, Krieg und der Tod im Einsatz einen Platz in seiner Mitte haben.

Innere Führung und Reserve:
Dimensionen einer militärischen Hausaufgabe

Martin Sebaldt

Reserve als Herausforderung Innerer Führung:
Die Perspektive

„Die Bundeswehr ist auf gut ausgebildete und motivierte *Reservistinnen und Reservisten* angewiesen. Die begrenzte Verfügbarkeit von Wehrübungsmöglichkeiten erfordert es, die in Führungsfunktionen eingeplanten Reservistinnen und Reservisten gezielt auf ihre Aufgaben, insbesondere in der Menschenführung, vorzubereiten. Vorgesetzte sind im Umgang mit lebenserfahrenen Reservistinnen und Reservisten gehalten, deren zivile Erfahrungen und Qualifikationen zu berücksichtigen und ihr Lebensalter zu respektieren" (ZDv Innere Führung 2017: Nr. 621; Hervorhebung im Original).

Mit dieser Einschätzung bringt die derzeit gültige Zentrale Dienstvorschrift „Innere Führung" treffend auf den Punkt, welchen Wert die Reserve für die Bundeswehr besitzt. Denn Streitkräfte sind in der Tat nur so stark wie die personellen Mobilisierungspotentiale, auf denen sie gründen und die es erst ermöglichen, sie im Spannungsfall auf Einsatzstärke zu bringen. In der aktuellen deutschen Bundeswehrplanung ist das zwar nur unzureichend berücksichtigt, jedoch der Grundsatz bleibt.

Innere Führung auch auf die Reserve zu erstrecken, ist selbstverständlich und herausfordernd zugleich. Selbstverständlich deshalb, weil Reservisten vollwertige Kameraden sind, die keiner Sonderbehandlung bedürfen. Das ist trotz vieler gegenläufiger Standesdünkel aktiver Soldaten unbestreitbar. Herausfordernd deshalb, weil Reservisten eben nicht nur Kameraden sind, sondern auch eine zivile Rollenprägung besitzen, die gedankliche Unabhängigkeit nach innen und Selbstbewusstsein nach außen fördert. Innere Führung der Reserve muss also diesen Spagat zwischen Anerkenntnis soldatischer Gleichwertigkeit und Berücksichtigung lebensweltlicher Unterschiede überzeugend leisten.

Wer danach jedoch in der ZDv Innere Führung sucht, sieht sich enttäuscht. Denn die gerade zitierte Passage ist die einzige, die sich explizit mit der Reserve beschäftigt! Gut möglich also, dass ihre Autoren doch noch von atavistischen Standesdünkeln gegenüber den Nichtaktiven geprägt waren. Gerechtfertigt ist es nicht: Denn dadurch entsteht eine Blindstelle Innerer Führung, die sich vor allem unter Einsatzbedingungen negativ bemerkbar macht. Denn dann spielt die Reserve eine wesentliche Rolle, und dem muss durch einen passenden Zuschnitt der Führungskonzepte adäquat Rechnung getragen werden. Folglich ist das als zentrale militärische Hausaufgabe zu verstehen, und die vorliegende Abhandlung will dazu einen kleinen gedanklichen Anstoß leisten.

Innere Führung: Grundsätze, Ziele und Gestaltungsfelder

Über Substanz und Konzept der Inneren Führung wird seit langem gestritten (Naumann 2017). Während sie ihre Befürworter zur identitären DNA der Bundeswehr rechnen und vor allem das Modell des „Staatsbürgers in Uniform" sowie die Bedeutung menschengerechter Auftragstaktik als Gewinn betonen, kritisieren andere deren fehlende Griffigkeit und Präzision, fordern demzufolge ihren Zuschnitt auf eine klar verständliche und auch im soldatischen Alltag handhabbare Doktrin.

Es ist nicht Aufgabe der vorliegenden Abhandlung, diesen Grundsatzdisput weiterzuführen. Immerhin hat die gerade beschriebene Vernachlässigung der Reserve schon auf einen Aspekt verwiesen, der eher für einen kritischen Standpunkt spricht. Doch sollte man dabei nicht vorschnell urteilen, denn viele allgemein formulierte Prinzipien Innerer Führung gelten auch für die Reserve (Jermer 2019). Sie gilt es deshalb im nächsten Schritt gerafft vorzustellen.

Die ZDv unterscheidet zwischen *Grundsätzen, Zielen* und *Gestaltungsfeldern* Innerer Führung. Die *Grundsätze* umfassen – auch in dieser Reihung: „Integration in Staat und Gesellschaft; Leitbild vom „Staatsbürger in Uniform"; ethische, rechtliche und politische Legitimation des Auftrages; Verwirklichung wesentlicher staatlicher und gesellschaftlicher Werte in den Streitkräften; Grenzen für „Befehl und Gehorsam"; Anwendung des Prinzips „Führen mit Auftrag"; Wahrnehmung der gesetzlich festgelegten Beteiligungsrechte der Soldatinnen und Soldaten sowie Wahrnehmung des im Grundgesetz garantierten Koalitionsrechts" (ZDv Innere Führung 2017: Nr. 316).

Auf diesem unsystematischen Grundsatzkatalog aufbauend werden dann *vier zentrale Ziele Innerer Führung* definiert: Legitimation, Integration, Motivation und „Gestaltung der inneren Ordnung" (ZDv Innere Führung 2017: Nr. 401). Das spiegelt die richtige Grundanlage Innerer Führung, nicht einfach befehlen zu wollen, sondern die Führungsgrundsätze jederzeit sinnhaft zu begründen (Legitimation), jeden Soldaten dafür gleichermaßen zu gewinnen (Integration), sie dafür auch zu aktivieren (Motivation) und damit unsere Streitkräfte zu einer lebendigen Gemeinschaft zu machen (Gestaltung der inneren Ordnung).

Dies wiederum ist Ausgangspunkt zur Benennung konkreter *Gestaltungsfelder*, auf denen diese Ziele zu erreichen sind. Als „hauptsächliche Gestaltungsfelder", die damit eine herausgehobene Rolle erhalten, gelten die Bereiche Menschenführung, Politische Bildung sowie Recht und Soldatische Ordnung (ZDv Innere Führung 2017: Abschnitt 6.2). Das spiegelt erneut den aktivierenden Ansatz Innerer Führung, Soldaten eben nicht als bloße Befehlsempfänger zu verstehen, sondern als jederzeit zu überzeugende und zu gewinnende „Staatsbürger in Uniform" (Reeb/Többicke 2014).

„Weitere Gestaltungsfelder" sind darauf aufbauend dann – und erneut in dieser Reihenfolge – die Bereiche Dienstgestaltung und Ausbildung, Informationsarbeit, Organisation und Personalführung, Fürsorge und Betreuung, Vereinbarkeit von Familie und Dienst, Seelsorge und Religionsausübung sowie Sanitätsdienstliche Versorgung (ZDv Innere Führung 2017: Abschnitt 6.3). Das zeigt immerhin, dass sich die Autoren der Vielschichtigkeit Innerer Führung bewusst sind: Sie prägt eben nicht nur das persönliche Anführen im engeren Sinne, sondern ist im Rahmen der klassischen Führungsgrundgebiete der Bundeswehr umfassend präsent.

Dieses umfängliche Panorama von Grundsätzen, Zielen und Gestaltungsfeldern Innerer Führung spiegelt damit auch die Argumente ihrer Befürworter und Gegner gleichermaßen: Sie ist zum einen ein ambitioniertes Konzept, das einen modernen, demokratisch geprägten Staatsbürger in den Mittelpunkt des Streitkräftealltags stellt (WD 2017); das ist rückhaltlos zu bejahen. Gleichzeitig ist dieser lange Katalog so unsystematisch und auch inhaltlich so flächig ausgefallen, dass er nicht präzise beantwortet, was denn nun das Spezifische der Inneren Führung moderner Streitkräfte sei. Vieles davon könnte auch im Leitbild eines Unternehmens oder einer zivilen Behörde stehen.

In den nachfolgenden Ausführungen wird dieses Panorama daher deutlich gestrafft, zumal etliche Punkte inhaltliche Überschneidungen aufweisen. Gleichzeitig fokussiere ich von vornherein auf die jeweils zu beachtenden spezifischen Belange der Reserve. Damit entsteht Schritt für Schritt ein Pflichtenheft für die künftige Überarbeitung der ZDv, denn schon jetzt ist klar, dass es bei der jetzigen stiefmütterlichen Behandlung der Reserve im Konzept der Inneren Führung nicht bleiben kann.

Legitimation durch Werte- und Rechtsbindung

Innere Führung bezweckt zum einen, die Legitimation soldatischen Handelns auf eine klare Werte- und Rechtsbindung zu gründen (Hartmann 2018). Eine solche Bindung entsteht aber nicht im luftleeren Raum, sondern kann nur Resultat gelebter, also praktizierter Normen sein. Hier erbringen Reservisten einen klaren Mehrwert, eben weil sie durch ihre vielfältigen zivilen Hintergründe die Pluralität unserer Gesellschaft und die für sie maßgeblichen Werte authentisch spiegeln. Und weil das so ist, sollte Innere Führung diese Erfahrungshintergründe der Reserve stärker als bisher nutzen, um sie auch in der aktiven Truppe noch besser zu vergegenwärtigen.

Zum einen bei der expliziten Vermittlung solcher Werte und Normen, etwa im Rahmen staatsbürgerlichen Unterrichts. Hier ist es im Grunde immer nur die zweitbeste Lösung, das auch noch vielbeschäftigten und zudem vom Lebensalter her noch unerfahrenen Kompaniechefs oder anderem Führungspersonal der Einheiten aufzuerlegen. Vielmehr kann man gerade dafür gezielt Reservisten heranziehen, die sich aufgrund ihres zivilberuflichen Erfahrungshintergrunds besonders eignen: Rechtsanwälte etwa können die juristischen Implikationen gut vermitteln, Theologen die ethische Dimension. Historiker blenden die Entwicklung solcher Normenordnungen sinnvoll ein, Soziologen gesamtgesellschaftliche Wandlungsprozesse.

Fraglos sind das nur exemplarische Andeutungen, verweisen aber doch auf das zugrundeliegende intellektuelle Potential, das die Reserve heute mehr denn je zu bieten hat: Denn die fortschreitende Akademisierung der Gesellschaft führt dazu, dass sich dies auch in den individuellen Profilen der Reservisten mehr und mehr spiegelt. Das kann und muss besser abgeschöpft werden als bisher.

Umgekehrt liegt darin aber auch eine Herausforderung begründet: Denn Reservisten sind ja hier nicht nur als aktive Vermittler zu begreifen, sondern auch als *Adressaten*. Und ihre disparaten gesellschaftlichen Hintergründe implizieren eben auch ganz unterschiedliche Bezüge zu unserer Werte- und Rechtsordnung: Menschen mit Migrationshintergrund, mit nichtchristlicher religiöser Orientierung, aber auch mit radikalen politischen Einstellungen sind in dieser Hinsicht schwerer erreichbar als Leute, die schon von vornherein durch unser westlich-christliches Normensystem geprägt sind. Insoweit wird man bei solcher Vermittlungsarbeit gerade mit Blick auf die Reserve hier die zielgruppenspezifische Ansprache deutlich intensivieren müssen.

Aber bei der bloßen Vermittlung von Werten und Normen kann es natürlich nicht stehen bleiben, sondern sie müssen im Truppenalltag auch gelebt und begründet werden. Und hierbei kann nun jeder Reservist, gleich welchen Hintergrunds, einen Mehrwert schaffen, indem er den jungen aktiven Kameraden nicht nur vermittelt, sondern auch praktisch vorlebt, warum das sinnvoll ist.

Ein wesentliches Feld ist dabei etwa die Sensibilisierung für die Notwendigkeit von Grundrechtseinschränkungen, die zumeist erst Schritt für Schritt begriffen wird: Einschränkungen der Meinungsfreiheit durch Erfordernisse dienstlicher Verschwiegenheit zählen dazu ebenso wie solche der Bewegungsfreiheit durch Kasernenpflicht. Auch solche Disziplin muss erlernt werden, und am besten gelingt das, wenn ältere und lebenserfahrene Kameraden das gezielt vorleben und dabei auch mit Sinn erfüllen. Die soziale Vorbildfunktion der Reserve kann also mit anderen Worten gerade hier besonders gut zum Ausdruck gebracht werden.

Auch dabei sind die Reservisten natürlich am Ende nicht nur in der gebenden, sondern auch in der nehmenden Rolle. Denn nicht jeder Nichtaktive wird sich dafür intellektuell und auch charakterlich eignen, und gerade solche, die im zivilen Bereich vor persönlichen und beruflichen Herausforderungen stehen, bedürfen hier eher der Hilfe als dass sie selbst helfen können. Aber gerade gelebte Kameradschaft, die das allgemeine Werte- und Normensystem praktisch vergegenwärtigt und mit Leben erfüllt, kann hierfür sehr hilfreich sein — und wenn sie von gereiften Reservisten-Kameraden vorgelebt wird, wirkt sie regelmäßig besonders authentisch.

Integration durch den „Staatsbürger in Uniform"

Dies gilt sinngemäß auch und gerade für das Modell des „Staatsbürgers in Uniform", mit dem das Konzept Innerer Führung regelmäßig verknüpft und auf das es leider oft auch unzulässig verkürzt wird. Immerhin: Einen zentralen Stellenwert besitzt das Modell trotzdem, weil es dem Ziel der Integration besonders dienlich ist. Denn richtigerweise werden Streitkräfte hier ja nicht als abgesonderte Entität begriffen, wie das den Truppenalltag im Wilhelminischen Kaiserreich und in der Weimarer Republik noch fatal prägte, sondern als integraler Bestandteil unserer Gesellschaft.

Einmal mehr kann die Reserve dieses Prinzip auch im praktischen Dienst besonders gut vergegenwärtigen, weil ihre Angehörigen eben nicht nur durch ihr höheres Alter wesentlich mehr staatsbürgerliche Erfahrungswerte in Form von

Wahlen sowie von Mandaten und Ämtern in Vereinen, Verbänden, Parteien und kommunalen Gremien aufzuweisen haben, sondern die dabei erworbenen sozialen Fertigkeiten auch unmittelbar in den Truppenalltag einbringen können: Denn am Ende ist der Unterschied zwischen der Meinungsbildung innerhalb eines Vereins und im Rahmen etwa einer Kompanie nicht so groß, wie er auf den ersten Blick erscheint: Auch in der Truppe impliziert ja gerade das Modell des „Staatsbürgers in Uniform", dass Befehle nicht einfach nur erteilt werden, sondern dass Vorgesetzte auch argumentativ um Akzeptanz und Verständnis für sie werben (Leeder/Gensheimer 2020). Entscheidungen müssen gut begründet sein, um von Soldaten, die um ihre Rechte und auch Pflichten wissen, wirklich akzeptiert zu werden.

Hier können gerade Reservisten in Vorgesetztenfunktionen besonders hilfreich sein: Ein Kommandeur eines gekaderten Logistikbataillons etwa, der im Zivilberuf vielleicht auch ein Transportunternehmen führt, kann das authentisch verkörpern. Denn zum einen weiß er schon aus seiner zivilberuflichen Tätigkeit heraus gut zu vermitteln, welche Grundsätze einzuhalten sind, damit auch sein ‚militärisches Transportunternehmen' funktioniert. Zum anderen erzeugt dieser Erfahrungshintergrund auch fachliche Autorität: Was der Kommandeur dann als logistische Notwendigkeiten an seine Truppe heranbringt, muss dann eigentlich nicht mehr formell befohlen werden, sondern wird vom eigenständig denkenden „Staatsbürger in Uniform" dann auch so begriffen und umgesetzt.

Gerade deshalb ist es heute mehr denn je wichtig, bei Verwendungsplanungen in der Reserve die zivilberuflichen Qualifikationen besonders zu berücksichtigen. Denn hieraus erwächst eben regelmäßig eine natürliche, *fachlich begründete* Autorität, die für gelebte Innere Führung wesentlich wichtiger ist als das formale Vorgesetztenverhältnis. Und insoweit muss auch das Konzept der Inneren Führung in dieser Hinsicht auf das fachlich und auch erfahrungsbedingte Autoritätspotential, das Reservisten in die Truppe einbringen können, wesentlich besser fokussieren als bisher.

Dass die Reserve hier erneut auch selbst in einer Nehmerrolle ist, sei dabei nicht ausgeblendet: Denn natürlich werden gerade diejenigen Nichtaktiven, die aufgrund eines problematischen sozialen Hintergrundes schon generell Probleme haben, sich in ihrer staatsbürgerlichen Rolle zurechtzufinden, für solche aktiven Aufgaben nicht infrage kommen. Gerade diese Zielgruppe wird daher von einer solchen Förderung besonders profitieren können. Aber auch hier gilt, dass solche Maßnahmen regelmäßig dann gut angenommen werden, wenn sie von Kameraden vermittelt werden, die selbst erkennbar und fest in der sozialen und politischen Mitte unseres Gemeinwesens stehen. Soll heißen: Gerade hinsichtlich der Vermittlung einer staatsbürgerlichen Identität kann die Reserve selbst auch die Reserve bilden!

Motivation durch Beteiligungsförderung

Damit ist der Bogen zum nächsten Aspekt gespannt, der hier besonders in den Fokus gerückt werden muss: Reservisten wollen sich auf diesem lebensweltlichen Erfahrungshintergrund nicht nur beteiligen, sie können es auch! Das vom Konzept Innerer Führung explizit angesprochene soldatische Koalitions- und Beteiligungsrecht muss ihnen also im Unterschied zu jungen Rekruten nicht mehr gesondert nahegebracht werden, sondern im Rahmen der schon angesprochenen zivilen Aktivitäten ist das in der Reserve längst gelebte Praxis.

Umso mehr ist der dienstliche Alltag Innerer Führung so zu gestalten, dass durch eine gezielte Ermunterung zu solcher ‚Koalitionsbildung‘ truppeninterne Beteiligung gefördert und damit auch die Motivation erhöht wird. Gerade Reservisten eignen sich dabei durch ihre lebensweltlichen Erfahrungen nicht nur besonders als Vertrauenspersonen ihrer jeweiligen Dienstgradgruppen, sondern auch zur diskursiven Vorbereitung dienstlicher Maßnahmen: Nicht jeder Befehl muss ohne Vorbesprechung erteilt werden, sondern man gewinnt mehr Akzeptanz dafür, wenn man ihn in geeigneter Runde vorbespricht.

Gerade junge und unerfahrene Chefs können und sollten hier auf die lebensweltliche Expertise der Reservisten zurückgreifen, obwohl traditionelle Standesdünkel der Aktiven hier immer noch hinderlich sind. Denn der große Vorteil der Nichtaktiven ist doch ihre mentale und auch karrieretechnische Unabhängigkeit: Ein Reservist definiert sich am Ende eben doch primär über seine zivile Existenz, er ist der Truppe gerade nach der Aussetzung der Wehrpflicht und der Verankerung des dienstlichen Freiwilligkeitsprinzips nicht im engeren Sinne verpflichtet, sondern übt seine Tätigkeit aus freien Stücken aus. Das wiederum aber impliziert, dass er seine Meinung unbefangen und authentisch kommunizieren wird. Gleichzeitig ist er für den aktiven Kameraden kein Karrierekonkurrent; das im Truppenalltag sonst daraus resultierende gegenseitige Restmisstrauen spielt hier also keine wesentliche Rolle.

Diese Alleinstellungsmerkmale der Reserve sollten also bei der Ausgestaltung Innerer Führung in Zukunft deutlich stärker akzentuiert werden, und hier bietet sich auch eine gute Möglichkeit, das konkreter und gegenständlicher zu machen als in den verblasenen unternehmerberaterischen Worthülsen („Führungskultur", „atmender Personalkörper" etc.), die in den aktuellen Planungsdokumenten der Bundeswehr (Weißbuch, KdB) leider ihr fruchtloses Unwesen treiben. Gerade dies sollte zum Anlass genommen werden, das Befehlswesen entsprechend zu modernisieren und dabei den Nutzenzuwachs durch reservistische Erfahrungswerte zu betonen: Befehle sollten regelmäßig diskursiv vorbereitet werden, was auch zu dokumentieren ist. Das ist ein bewährtes Prinzip, das selbst unter stressgeprägten Einsatzbedingungen gut funktioniert: Auch dort werden Einsatzbefehle regelmäßig nicht als einsame Entscheidungen des Kommandeurs erteilt, sondern gründen zumeist auf der Beratung mit seinem Stab. Umso mehr muss das auch für den ‚einsatzfernen' Truppenalltag gelten.

Zugegebenermaßen muss das auch hier mit einem Caveat versehen werden: Denn gerade die intellektuelle, charakterliche und soziale Vielfalt der Reserve impliziert, dass man im Truppenalltag auch mit Kameraden konfrontiert wird, die tendenziell oder sogar strukturell motivationsresistent sind. Nicht jeder wird also auf die angesprochenen Anreize in der gewünschten Form reagieren. Konzeptionell wird aber trotzdem nur umgekehrt ein Schuh daraus: Nur wenn man aktiv motiviert, hat man die Chance, die vorhandenen Potentiale abzuschöpfen. Und in dieser Hinsicht hat die große Mehrheit der Nichtaktiven viel zu bieten. Und bei der motivationsresistenten Minderheit bleibt zumindest die Hoffnung, sie dadurch zumindest in funktionaler Weise mitziehen zu können.

Gestaltung durch Führen mit Auftrag

Dieses Gestaltungspotential der Reserve kommt deshalb auch beim bewährten Prinzip des „Führens mit Auftrag" zum Ausdruck. Auftragstaktik ist zwar keine Erfindung der demokratischen Moderne, sondern reicht wesentlich weiter zurück. Aber schon zu Zeiten des wilhelminischen Obrigkeitsstaats hatte man nicht nur die genuin militärische Sinnhaftigkeit von Auftragstaktik erkannt, sondern auch die besondere Eignung für die Reserve. Denn schon damals implizierte ja das umfangreiche Mobilmachungspotential der Streitkräfte, dass im Einsatzfall eine große Zahl von unabhängig denkenden Reservisten kurzfristig Führungsaufgaben zu übernehmen hatte. Mit einer engmaschigen und auf Unselbständigkeit ausgelegten Befehlstaktik hätte das nicht funktioniert.

Umso mehr gilt das für Streitkräfte eines demokratischen Gemeinwesens: „Staatsbürger in Uniform" und gerade solche der Reserve bringen eben einen persönlichen Hintergrund ein, der nichts anderes zulässt als eine auftragstaktische Befehlsarchitektur (Freudenberg 2014). Insoweit muss die Sonderstellung der Reserve auch in dieser Hinsicht im Konzept Innerer Führung noch besser herausgearbeitet werden. Das gilt vor allem für die Bereiche, in denen die zivilen Erfahrungswerte der Reservisten eine besonders große Rolle spielen: Gemessen an den klassischen sechs Führungsgrundgebieten erstreckt sich das zum einen auf die zivil-militärische Zusammenarbeit, wo die Nichtaktiven ihre zivilen Vorfeldkontakte voll zur Geltung bringen können und wo man ihnen dafür auch weitreichend freie Hand lassen sollte.

Darüber hinaus ist an den Bereich der Logistik zu denken, wo die inzwischen vorangetriebene Dezentralisierung des Beschaffungswesens ebenfalls entsprechende Synergieeffekte verspricht: Lokal verwurzelte Reservisten kennen eben die örtliche Anbieterszenerie wesentlich besser als viele Aktive. Und auch ihre schon angesprochene lebensweltliche Erfahrung kann im Personalwesen noch besser berücksichtigt werden, etwa bei der Vorbereitung von Personalbeurteilungen und Verwendungsplanungen.

Denn gerade bei Letzterem kann die Reserve erneut mit einem Aktivposten aufwarten: ihrer im Vergleich zu den Aktiven größeren inneren Unabhängigkeit. Denn „Führen mit Auftrag" lebt ja davon, dass übernommene Aufträge sachgerecht und sachbezogen ausgeführt werden, also ohne zu große Beeinträchtigung durch persönliche Karrieremotive. Letzteres spielt zwar auch bei Reservisten durchaus eine Rolle. Gleichwohl: Die militärische Karriere besitzt bei ihnen längst nicht den Stellenwert wie bei den Aktiven, und deshalb kann man gerade Reservisten mit guten Gewissen auch weitreichende, mit viel Gestaltungsspielraum versehene Aufträge erteilen, da man mit gutem Grund auf eine sachbezogene Erfüllung hoffen kann.

Erneut gilt aber auch hier: Nicht jeder Nichtaktive besitzt ein Kompetenz- und Persönlichkeitsprofil, das ihn zu solchen Führungsaufgaben befähigt. Nur sollte man gerade dabei die inhaltliche Vielfalt von Führung nicht verkennen, die eben nicht nur im Großen, sondern auch im Kleinen zum Ausdruck kommt: Erfolgreiche Führung zeigt sich nicht nur im souveränen Kommando über ein Panzerbataillon, sondern auch in der geduldigen und einfühlsamen Ausbildung an der Handwaffe. Und nicht jeder, der einen Verband erfolgreich kommandiert, wird sich für solch geduldige Kleinarbeit eignen, wie auch umgekehrt. Soll heißen: Da die Führungsprofile sehr disparat sind, sind eben auch ganz unterschiedliche Kompetenzen gefragt. Die Hintergrundvielfalt der Reserve ist in dieser Hinsicht also primär als Chance zu begreifen, und die Zahl derer, die sich am Ende für keinerlei Führungsaufgaben eignen werden, wird sich in Grenzen halten.

Förderung durch Bildung und Fürsorge

Innere Führung impliziert nicht zuletzt den sinnvollen Grundsatz, den einzelnen Soldaten durch gezielte individuelle Förderung zu motivieren und in die Truppe zu integrieren. Insoweit steht dieses Prinzip in engem Zusammenhang mit den zuvor beschriebenen. Für die Reserve gilt dies natürlich auch, aber einmal mehr unter ihren spezifischen Handlungsbedingungen. Gerade in diesem Feld können die einzelnen Nichtaktiven vom Dienstherrn mit vollem Recht viel Zuwendung erwarten, aber umgekehrt können sie auch mit ihrem zivilen Hintergrund viel zurückgeben. Auch das muss künftig noch besser herausgestellt werden.

Mit Blick auf den Aspekt der Fürsorge stehen zunächst die berechtigten Ansprüche der Reserve im Fokus: Denn sie leistet ihren Truppendienst ja neben bzw. zusätzlich zu ihren zivilberuflichen Verpflichtungen, was bei der Ausgestaltung ihrer soldatischen Tätigkeit angemessen zu berücksichtigen ist. Übungen und andere dienstliche Veranstaltungen sind in zeitlicher Hinsicht und auch mit Blick auf die Belastungsintensität so begrenzt zu halten, dass keine Überlastung entsteht. Gleichzeitig ist dabei – wie auch bei den Aktiven – den familiären Belangen adäquat Rechnung zu tragen. Gerade dies trägt erfahrungsgemäß zur Motivation von Reservisten entscheidend bei: Wer als Vorgesetzter offen zeigt, dass er dies immer im Blick hat, gewinnt ihre Herzen.

Umgekehrt können gerade die Nichtaktiven in dieser Hinsicht auch einiges zurückgeben: Denn mit ihrer größeren und breiteren Lebenserfahrung können sie gerade jungen aktiven Kameraden, die sich beruflich oder privat im Stress befinden, mit Rat und Tat zur Seite stehen – gerade weil sie eben nicht vollaktiv sind und daher einen gewissen inneren Abstand zum Truppenalltag halten können. Das macht solch kameradschaftliches Engagement besonders glaubwürdig, weil es dann eben erkennbar nicht von spezifischen Interessen geleitet ist, sondern von authentischer Menschlichkeit.

Dieses Geben und Nehmen gilt dann auch für den Bildungsaspekt: Denn zum einen stellt gerade die Reserve hier spezifische Anforderungen: Nichtaktive kommen aus den unterschiedlichsten gesellschaftlichen Umfeldern und sind daher schon intellektuell betrachtet nicht pauschal ansprechbar. Zudem variiert ihr militärischer Wissensstand erheblich, abhängig von ihrer militärischen Vorbildung und ihrer Übungsintensität. „Bildung" impliziert darüber hinaus gerade im Kontext Innerer Führung eben nicht nur die eigentliche Ausbildung, sondern auch die Formung des „Staatsbürgers in Uniform". Innere Führung arbeitet also in anderen Worten mit einem weiten und umfassenden Bildungsbegriff.

Die Bildungsangebote für die Reserve müssen diesen spezifischen Erfordernissen entsprechend justiert werden. Den obigen Gedankengang weiterführend impliziert das zum einen, sie zeitlich und auch intellektuell so zu portionieren, dass sie für Nichtaktive auch praktisch tauglich sind: Ausbildungen sind nach Möglichkeit auf viele Tagesveranstaltungen aufzuteilen, die ohne Probleme neben einer privaten Berufstätigkeit wahrgenommen werden können und auch familienfreundlich sind. Und erfahrungsgemäß kann man die Nichtaktiven mit solchen Kurzveranstaltungen auch für klassische Bildungsthemen besser sensibilisieren – am besten auch in Kombination mit einem spezifisch militärischen Ausbildungsgang: Denn die didaktische Erfahrung lehrt, dass Grundsätze (z.B. Führen mit Auftrag) dann am besten verinnerlicht werden, wenn sie anschließend gleich ‚am Objekt‘ bzw. in der Praxis eingeübt werden.

Umgekehrt können die Nichtaktiven aber auch hier viel zurückgeben: Denn gerade im Feld der allgemeinen staatsbürgerlichen Bildung machen sich deren vielfältige zivile Hintergründe und auch praktische Lebenserfahrungen erneut bezahlt. Konkret: Den Wert kommunalpolitischer Tätigkeit oder der Arbeit in Vereinen kann man mit der plastischen Beschreibung konkreter, selbst gelebter Beispiele um Längen besser vermitteln als durch abstrakt gehaltene Begründungen. Und gerade hier kann man die Reserve in ihrer vollen Breite und auch intellektuellen Variabilität heranziehen: Denn dafür ist keine akademische Vorbildung zwingend – und es wäre auch generell unsinnig, Bildungsaufgaben zu sehr zu akademisieren. Bildung im weiteren Sinne erwächst eben auch aus Lebenserfahrung, und gerade solch gewachsene Lebensklugheit wirkt in der Praxis besonders authentisch.

Innere Führung und Reserve: Fazit und Folgerungen

Die allgemein gehaltenen Grundsätze, Ziele und Gestaltungsfelder Innerer Führung gelten auch für die Reserve. Das ist unbestreitbar und auch nur zu begrüßen. Es fehlt allerdings bislang ein geeigneter Zuschnitt des Konzepts auf die spezifischen Eigenschaften und Belange nichtaktiver Soldaten und Truppenteile. Hier muss bei einer künftigen Neuausrichtung deutlich nachgesteuert werden, denn der primär zivil geprägte Hintergrund der Reservisten, ihr durchschnittlich höheres Lebensalter sowie die damit einhergehende größere Lebenserfahrung und Eigenständigkeit der Lebensgestaltung machen eine andere Passung nötig als bei jungen, gerade der Schule entwachsenen Kameraden.

Voraussetzung dafür ist allerdings eine Straffung und Präzisierung des gesamten Konzepts Innerer Führung selbst: Der eingangs vergegenwärtigte heterogene Katalog von Grundsätzen, Zielen und Gestaltungsfeldern ist nicht nur generell unpraktikabel, sondern auch mit Blick auf die spezifischen Belange der Reserve. Insoweit versteht sich der vorliegende Beitrag auch als Appell, dies bei der dringend gebotenen Neufassung der ZDv angemessen zu berücksichtigen. Und wenn diese neue Architektur Innerer Führung steht und hoffentlich dann auch griffig genug ausfällt, können die reservespezifischen Hausaufgaben gezielt integriert werden. Wie die Truppe selbst kann auch das Konzept Innerer Führung dadurch nur gewinnen: Denn wie militärische Stärke selbst nur so weit reicht wie ihre Reserven, so kann lebenszugewandte Innere Führung nur dann authentisch sein, wenn sie gerade diejenigen richtig einbindet, die für die Verankerung der Truppe in der Gesellschaft stehen: die Reserve!

Literatur

Freudenberg, Dirk (2014): Auftragstaktik und Innere Führung. Berlin: Carola Hartmann Miles-Verlag.

Hartmann, Uwe (2018): Der gute Soldat. Politische Kultur und soldatisches Selbstverständnis heute. Berlin: Carola Hartmann Miles-Verlag.

Jermer, Helmut (2019): Innere Führung kompakt. Eine Zusammenschau als Lehr- und Lernhilfe. Berlin: Carola Hartmann Miles-Verlag.

Leeder, Cordelia/Gensheimer, Janine (2020): Wertschätzung, Führung, Wandel. Erfolgreiche Kommunikation in der Bundeswehr. Regensburg: Walhalla.

Naumann, Klaus (2017): Innere Führung 4.0 – Die Unternehmensphilosophie der Bundeswehr ist unverändert relevant. In: if Zeitschrift für Innere Führung, Heft 1, S. 14-21.

Reeb, Hans-Joachim/Többicke, Peter (2014): Lexikon Innere Führung, 4., neu bearb. Aufl. Regensburg: Walhalla.

WD (2017): Die Konzeption der „Inneren Führung" der Bundeswehr. Entstehungsgeschichte – Inhalte – Herausforderungen. Wissenschaftliche Dienste des Deutschen Bundestages, Ausarbeitung WD 2 – 3000 – 041/17.

ZDv Innere Führung (2017): Innere Führung. Selbstverständnis und Führungskultur. Zentrale Dienstvorschrift A 2600/1, Version 2, gültig ab dem 06.11.2017,
https://www.bmvg.de/de/themen/verteidigung/innere-fuehrung/das-konzept (letzter Zugriff: 03.10.2020).

Wert-voll: Ideale der Inneren Führung

Helmut Jermer

Werte prägen unsere politische Kultur

In der Regelung[1] „Innere Führung – Selbstverständnis und Führungskultur der Bundeswehr" (A-2600/1) sind in Nr. 106, 304 und 311 unter dem Begriff Werte(system) sieben Werte[2] aufgeführt. Sie werden nicht weiter erklärt, weder kategorisiert noch priorisiert, wo sie doch eigentlich als Herzstück der Inneren Führung propagiert werden. *„Durch die Innere Führung werden die Werte und Normen des Grundgesetzes in der Bundeswehr verwirklicht."* (Nr 301). Es wäre hilfreich, in diesem Kapitel die (Grund-)Werte etwas ausführlicher zu betrachten, zumal sie nicht nur die Innere Führung, sondern unsere gesamte politische Kultur prägen und tragen. Das Defizit an politischer[3] Bildung im Zusammenhang mit den Idealen unserer freiheitlich verfassten und demokratisch angelegten Grundordnung zeigt sich u.a. im Umgang mit Tradition(en), gerade vor dem Hintergrund rechtsextremer Entgleisungen in der letzten Zeit. Weil die politische Kultur auf lange Sicht Schaden nehmen könnte, liegt es nahe, die Selbstheilungskräfte aus Werten und Tugenden bewusst zu machen.

Das Wissen um die Werte sollte vertieft werden, damit ein erkenntnisbringender Diskurs gefördert wird. Und dabei ist es immer förderlich, Begriffe zu klären. Grundwerte sind Errungenschaften, die sich im Laufe der Kultur- und Geistesgeschichte des christlichen Abendlandes herausgebildet und schließlich ihren Ausdruck in Normen und Gesetzen gefunden haben; sie bilden das Fundament unserer Verfassung und lassen sich in einer *Demokratie*[4] optimal umsetzen. Sie sind es *wert*, verteidigt zu werden und – äußerstenfalls – Leben und

---

[1] Was für ein Begriff: von Bürokraten für Technokraten? Vorschlag: die 26er-Reihe als „Handbuch Innere Führung" neu auflegen, und mit Anlagen anreichern.

[2] Menschenwürde, Freiheit, Frieden, Gerechtigkeit, Gleichheit, Solidarität und Demokratie

[3] Nach Auffassung des Autors ist politische und historische Bildung im Zusammenhang zu sehen: Geschichte ist „geronnene" Politik.

[4] Im Zeitalter der Aufklärung hat J.J. Rousseau (1712–1778) mit einer definitorischen Fragestellung einen entscheidenden Impuls gegeben: *„Wie findet man eine Gesellschaftsform, die mit der ganzen gemeinsamen Kraft die Person und das Vermögen jedes Gesellschaftmitgliedes verteidigt und schützt, und in der jeder einzelne, obgleich er sich mit allen vereint, gleichwohl nur sich selbst gehorcht und so frei bleibt wie vorher?"*

Gesundheit dafür einzusetzen."[5] Politische Bildung ist als Dauerauftrag zu verstehen.

Dieser Essay soll einen Beitrag leisten zum besseren Verständnis dessen, was *Werte* sind und warum *Tugenden* helfen, Werte zu fördern. Erst vor diesem Hintergrund kann Innere Führung richtig verstanden werden.

Grundwerte im Gleichklang: politische Harmonielehre

Die *Grund*werte Freiheit, Gerechtigkeit und Solidarität bilden eine Symbiose, keiner kommt ohne den anderen aus. Sie be*stimmen* die Grund*töne* einer „politischen Symphonie"; wenn sie zusammen klingen, er*tönt* Frieden. In „ruhigen Zeiten" ist das selbstverständlich, in Zeiten der Unzu*Frieden*heit stören Misstöne die Harmonie. Das friedliche Zusammenleben der Menschen und Völker verlangt geordnete politische Verhältnisse. Ein Leben in Frieden, Freiheit und Sicherheit ist kein Selbstläufer: *Freiheit* gibt den Menschen die Luft zum Atmen, zur Entfaltung in Würde, *Gerechtigkeit* gibt jedem das Seine, *Solidarität* fördert das Miteinander. *Frieden* ist das Ergebnis gerechter Verhältnisse und ausgewogener Interessen in einem Staat. Rechtsstaatlichkeit garantiert *Sicherheit,* die Schutz und Geborgenheit bietet.

Wer Frieden sucht, muss wissen, wie *Gemeinwohl* durchbuchstabiert wird. *Gerechtigkeit* zu organisieren, ist ein politischer Dauerauftrag für unsere *eine* Welt. Für Staaten (ohne Verfallsdatum) ist es *über*lebenswichtig, berechtigte Interessen untereinander auszugleichen und rechtliche und soziale Standards zu institutionalisieren.

Weltanschauung und Menschenbild in der Demokratie

Die Bundesrepublik Deutschland versteht sich als freiheitlicher, *demokratischer* und sozialer Rechtsstaat, *weltanschaulich* neutral, jedoch *nicht wertfrei*, wie die Präambel (Gottesbezug[6]) und der Grundrechtskatalog[7] vorgeben.

Der Begriff *Weltanschauung* beinhaltet die philosophische Deutung der Welt in ihrem Sinn, Ursprung und Wesen. Welt bedeutet im engeren Sinn die „Erde als

---

[5] Sonderheft Militärseelsorge 2007, S. 22
[6] Der Gottesbezug schützt vor Anmaßung, vor Überhöhung des Menschen und mahnt zur Demut
[7] GG Art 1-19.

Lebensraum", im erweiterten Sinn die „ganze Schöpfung" (Kosmos)[8]. Weltanschauung basiert auf Wissen, Beobachtung, Erfahrung, Überlieferung, gekreuzt mit persönlicher Empfindung und Wertung. Es geht um Weltdeutung, um die Rolle des Einzelnen, um gesellschaftliche Aspekte und schließlich um den Sinn des Lebens.

Der demokratische Staat ist auf die Zustimmung seiner Bürger angewiesen. Er wird von den Bürgern[9] getragen; das Volk ist der Souverän. Die Organe des Staates schulden den Bürgern Rechenschaft und Respekt. Der Staat garantiert Grundrechte und sorgt damit für den Schutz vor Übergriffen durch ihn selbst und durch andere. Menschenrechte und Völkerrecht sind Grundlage und Ziel zugleich, abgeleitet aus übergeordneten Werten.

Die Würde des Menschen und seine individuellen und unveräußerlichen Freiheitsrechte einerseits, solidarische und subsidiäre, gemeinschaftsbildende und -fördernde Pflichten andererseits prägen das *Menschenbild* unserer Verfassung: *„Das Grundgesetz ist eine wertgebundene Ordnung, die den Schutz von Freiheit und Menschenwürde als den obersten Zweck allen Rechts erkennt; sein Menschenbild ist nicht das eines selbstherrlichen Individuums, sondern das der in der Gemeinschaft stehenden und ihr vielfältig verpflichteten Persönlichkeit."*[10]

Das Grundgesetz:
Wertekanon als Lehre aus der Vergangenheit, …

… *als Regelwerk für das Zusammenleben und Verpflichtung für die Zukunft.* Das Grundgesetz für die Bundesrepublik Deutschland vom 23. Mai 1949 wurde durch die Wiedervereinigung Deutschlands am 03. Oktober 1990 zur Verfassung des gesamten Deutschen Volkes. Es steht über allen anderen deutschen Rechtsnormen, in denen wiederum die grundlegenden staatlichen System- und Wertentscheidungen festgelegt sind.

Alle Staatsgewalt (Legislative, Exekutive, Judikative) ist an die Grundrechte, allen voran an den Schutz der Menschenwürde gebunden. Im sogenannten Grundrechtekatalog (Art 1 bis 19) ist aufgeführt, was den Bürgern an Rechten gewährt wird und woran sie – vice versa – sittlich gebunden sind. Damit ist eine tragfähige und belastbare Ordnung „gesetzt", die einerseits der Forderung

---

[8] Vgl. Weidinger, Norbert in: Lexikon des christlichen Glaubens, Hrsg. Eugen Biser, Ferdinand Hahn, Michael Langer, Pattloch Verlag, München 2003, S. 516.
[9] Personenbegriffe sind stets inklusiv gemeint.
[10] BVerfG 12,45,51.

nach Freiheit gerecht wird und andererseits die Spannung, die eine um des geregelten Zusammenlebens willen gebundene Freiheit bedingt, einsichtig und erträglich macht. Völkerrecht und Menschenrechte stehen gleichsam Pate.

Das Wissen um politische, historische und kulturelle Zusammenhänge verpflichtet jeden verantwortungsvollen Staatsbürger, gerade jene in Uniform, zur Wachsamkeit gegenüber jeglicher Gefährdung des Lebens, damit Menschlichkeit unter dem Schutz der Verfassung gedeihen kann. *Völkerrecht* und *Menschenwürde* zu achten, ist ein sittlicher Imperativ, den es inner- und überstaatlich umzusetzen gilt.

Seit dem Ende des Kalten Krieges ist Deutschland als souveräner Staat in die internationale Verantwortung für den Weltfrieden hineingewachsen. So übernimmt Deutschland Aufgaben, die dem *Weltfrieden* dienen.[11]

UN-Charta[12]:
Vorlage für das friedliche Zusammenleben der Völker

Die *Charta der Vereinten Nationen* ist der Gründungsvertrag und damit die „Verfassung" der Vereinten Nationen (UN). Sie wurde am 26. Juni 1945 in San Francisco unterzeichnet. Die Charta als völkerrechtlicher Vertrag bindet alle Mitglieder aufgrund der entsprechenden Bestimmungen des Völkerrechts. Ihre universellen Ziele und Grundsätze bilden die Verfassung der Staatengemeinschaft, zu der sich alle inzwischen 193 Mitgliedstaaten bekennen. Änderungen der Charta erfordern eine Zweidrittelmehrheit der Mitglieder der Generalversammlung, darunter die Zustimmung aller fünf UN-Vetomächte[13]. Wesentlicher Bestandteil ist das Statut des Internationalen Gerichtshofs.

Neben der Wahrung des Weltfriedens und der internationalen Sicherheit sind in der UN-Charta folgende Ziele festgeschrieben: (1) Streitigkeiten friedlich beilegen, (2) auf Gewaltanwendung verzichten, (3) Gleichheit und nationale Souveränität aller Staaten achten, (4) freundschaftliche Zusammenarbeit zur Friedenssicherung fördern, (5) internationale Zusammenarbeit pflegen, um

---

[11] Präambel GG.

[12] https://unric.org/de/charta/

[13] Diese überkommene Regelung bedarf einer dringenden Änderung. Während die UN-Charta weit in die Zukunft leuchtet, ist eine Reform des UN-Sicherheitsrates längst überfällig. Das angemaßte „Recht" der „Atom-Mächtigen" muss – je früher umso besser – der Macht des „gleichen Rechts für alle" weichen. Ein Verharren in den bisherigen Verhältnissen ist dem Weltfrieden abträglich.

wirtschaftliche, soziale, kulturelle und humanitäre Probleme zu lösen, (6) Menschenrechte und Grundfreiheiten achten.

Die Bundesrepublik Deutschland hat das *Gesetz zum Beitritt der Bundesrepublik Deutschland zur Charta der Vereinten Nationen* am 6. Juni 1973 unterzeichnet. Beide deutsche Staaten traten am 18. September 1973 bei.

Menschenrechte: eine zivilisatorische Errungenschaft

Die Allgemeine Erklärung der Menschenrechte, am 10.12.1948 als Resolution 217 A (III) beschlossen von der Generalversammlung der Vereinten Nationen, besteht aus 30 Artikeln. Die Mitgliedstaaten verpflichten sich darin[14], die Rechte und Freiheiten jedes Menschen zu achten und zu fördern – ein Dauerauftrag und Programm mit „open end" – Verpflichtung für jede Generation, an diesem großen Menschheitsprojekt mitzuarbeiten. Die Erklärung stützte sich weder auf ein bestimmtes Menschenbild noch auf eine spezielle Philosophie oder Religion.

Menschenrechte kommen jedem Menschen allein aufgrund seiner Existenz zu, egal, in welchem Land er geboren wurde oder welcher Religion er angehört, egal ob arm oder reich, weiblich oder männlich. Niemand, auch nicht der Staat, kann diese Rechte entziehen, denn Menschenrechte sind Freiheitsrechte. Jeder hat das Recht auf freie Entfaltung seiner Person, solange er die Freiheitsrechte anderer nicht beschneidet.

Die Menschenrechte sind geprägt vom Glauben an den Wert (Würde! Immanuel Kant) eines jeden Menschen. Daraus leiten sich die Rechte ab, die in der Erklärung verkündet werden: Recht auf Leben, Freiheit und Sicherheit, Gedanken- und Glaubensfreiheit, Recht auf freie Meinungsäußerung, Bildung, Arbeit, Gesundheit und Wohlbefinden, aber auch das Verbot von (allen Formen der) Sklaverei und Folter, Ausbeutung und Unterdrückung …

Zum ersten Mal in der Geschichte der Menschheit wurden Rechte formuliert, die für alle Menschen unabhängig von Alter, Geschlecht, Nationalität oder Rasse gelten sollen. Politische Bildung und mediale Verbreitung sorgen dafür, dass sich die Menschenrechte ausbreiten. Die Erklärung ist in mehr als 200 Sprachen übersetzt.

---

[14] Leider hat die Erklärung keinen völkerrechtlich verbindlichen Charakter. Etliche Staaten kommen ihrer Selbstverpflichtung nicht nach; kriegführende/-fördernde Vetomächte desavouieren den UN-Sicherheitsrat und machen ihn zum Unsicherheitsrat.

Menschenwürde als oberstes Staatsziel

Die Würde eines Menschen ist unveräußerlich, unverlierbar und unverletzlich; sie kann niemandem abgesprochen werden. Der erste Artikel des Grundgesetzes stellt die *Menschenwürde* unter den besonderen Schutz des Staates. Kein Staatsziel übertrifft die Verpflichtung auf den Schutz der Menschenwürde; jede politische Entscheidung, jedes Handeln im Namen der Staatsgewalt muss sich an ihr messen lassen.

Das Grundgesetz räumt der Würde des Menschen höchsten Rang ein: *„Sie zu achten und zu schützen ist Verpflichtung aller staatlichen Gewalt"*, heißt es im Artikel 1(1) GG. Diese sinnstiftende Vorgabe steht auch vor und über den Aufgaben und Aufträgen der Bundeswehr (und der Polizei); sie nimmt jeden einzelnen in Pflicht, erst recht jeden Vorgesetzten, auch und gerade deshalb, weil er über Menschen bestimmt, von denen er Gefolgschaft erwartet. „Wer Menschen führt, muss Menschen mögen."

Grundwerte stabilisieren die Demokratie

Eine freie Gesellschaft wird in dem Maße, wie sich ihre Bürger auf das sie Verbindende besinnen und es *wert*schätzen, zu einer wertgebundenen / wertorientierten Gemeinschaft. Die gemeinschaftsbildenden und fördernden *Grundwerte* kann der Staat allerdings nicht aus sich selbst heraus erzeugen[15] und auch nicht verordnen, wohl aber für sich als bindend[16] und verpflichtend (an)erkennen, um daraus „Regeln" in Form von Normen[17] und Gesetzen zu verfassen, die das Zusammenleben von Bürgern (mit ihren je unterschiedlichen Interessen) arrangieren.

Dabei ist klar: *Während Werten eine anziehende und motivierende Qualität zu eigen ist, weisen Normen zwingende bzw. beschränkende Merkmale auf.* (Grund)*Werte* sind das Fundament einer politischen Ordnung und gleichzeitig verbindendes und verbindliches *Ideal* einer staatlichen Gemeinschaft. Sie sind die höchsten anzustre-

---

[15] Böckenförde, Ernst-Wolfgang: Die Entstehung des Staates als Vorgang der Säkularisation (1967), abgedruckt in: ders., Recht, Staat, Freiheit (1991), S. 92 „Der freiheitliche säkularisierte Staat lebt von Voraussetzungen, die er selbst nicht garantieren kann."

[16] ... im Sinne eines übergeordneten Bezugs (tertium comparationis), z.B. eidüberwachende Instanz: „... so wahr mir *Gott* helfe."

[17] Normen (lat. norma = Regel) sind Handlungsvorschriften, die vorgeben, dass eine bestimmte Handlung erlaubt, geboten („du sollst ...") oder verboten („du sollst nicht ...") ist. Normen sind von Werten abgeleitet; sie dienen ihrer Umsetzung.

benden politischen Ziele und für eine Gemeinschaft überlebensnotwendig. Werte geringzuschätzen führte zu sittlicher Verwahrlosung und politischer Verelendung, zu einer spezifischen Form von Dekadenz.

Grundwerte sind abstrakte Begriffe der politischen Ethik; sie sind gleichsam die geistigen Wurzeln unserer Verfassung und gehen in Grundrechten und -pflichten auf.

Werte sind Zielvorstellungen „seinsollender Zustände und seinsollenden Handelns".[18] Von jedem Einzelnen als moralisch gut befunden, werden sie als für alle erstrebenswerte und verbindliche Ideale anerkannt. Aus bevorzugten Werten leiten sich Glaubenssätze und Handlungsmuster ab, die in rechtliche Normen übersetzt werden.[19]

Grundwerte geben Orientierung und sind eine Art „geistige Tank- und Leitstelle". Werte sind konstitutiv für die politische Kultur, werden sichtbar in gesellschaftlichen Symbolisierungen und Institutionen; eingeübt und verstetigt stabilisieren sie die politische Ordnung und dienen dem Gemeinwohl. Wer ein Ideal an*erkennt*, wird bestrebt sein, sich ihm anzunähern und verordnet sich selbst ein „kontinuierliches Verbesserungsprogramm" in moralischer Hinsicht. Um Werte zu schützen, *setzt* er seine ganze Kraft ein, äußerstenfalls sogar *Leib und Leben*.

Wer Grundwerte anstrebt, erzieht nicht nur sich selbst; sein Beispiel beeinflusst sein soziales Umfeld und wirkt sich konstruktiv auf die staatliche Gemeinschaft aus – Wertevermittlung durch Beispiel/Vorbild.

Ur-Wert Menschenwürde

Der Begriff Menschenwürde geht aus der abendländischen Kultur hervor, beeinflusst durch griechische Stoa und römisches Denken, gekreuzt mit jüdischchristlicher Weltsicht. Die Achtung der Menschenwürde bildet die Grundlage für alles menschliche Zusammenleben und erkennt zweifelsfrei, übereinstimmend und rechtlich manifest an, dass der Mensch seinem Wesen nach Person ist. Die Würde ist ein unverlierbarer, unverletzlicher Rechtstitel, der die materielle Begründung der Menschenrechte darstellt; sie kann nicht durch eine innerweltliche Instanz verliehen oder aberkannt werden.

---

[18] Vgl. Neuhold, Leopold in: Lexikon des christlichen Glaubens, Hrsg. Eugen Biser, Ferdinand Hahn, Michael Langer, Pattloch Verlag, München 2003, S. 528ff.
[19] Vgl. Sauer, Frank H.: Enzyklopädie der Wertvorstellungen, Wertesysteme.de, DA VINCI3000.com, 2020.

Der Mensch ist auf Gemeinschaft hin angelegt (vom *ich* zum *du* zum *wir*) und kann sich nur *in Würde* frei entfalten. Dies muss er ebenso seinen Mitmenschen zugestehen. Der Mensch ist mehr als eine „Kostenstelle mit zwei Ohren"; er darf nicht nur von seiner Leistungsfähigkeit her beurteilt und auch nicht nur auf seine bloße Arbeitskraft reduziert werden.[20] „Der Mensch hat keinen Preis und in diesem Sinn keinen Wert, er ist über jeden Preis erhaben, er hat *Würde*. Er ist einmalig und unersetzbar, er ist nicht ver-wert-bar und nicht be-wert-bar."[21]

Freiheit und Verantwortung

Das Recht, sich in Freiheit entfalten zu dürfen, ist eine von der Menschenwürde untrennbare Forderung. Freiheit bedeutet also nicht, dass Menschen tun können, was sie wollen; vielmehr findet sie da ihre Grenzen, wo die Willkür beginnt (Art 2 GG). Enthemmte Freiheit setzte sich über alles hinweg, über andere Menschen und deren Rechte, auch über die Menschlichkeit. Freiheit ist gebunden an sittliche Imperative, auf die mit je neuen Entscheidungen ge*antwortet* (Verantwortung) werden soll. Ohne sittliche Bindung herrschte Angst und Terror, Anarchie und Chaos, das Faustrecht würde zur Norm ...

Bereits der Artikel 4 der Verfassung der Französischen Republik von 1793 bringt es auf den Punkt: „*Freiheit ist die Befugnis des Menschen, alles zu tun, was keinem anderen schadet. Sie hat als Grundsatz die Natur, als Regel die Gerechtigkeit und als Schutz das Gesetz*". Der Mensch ist Herr seiner Taten; er kann sich für das Gute entscheiden und sich so mit Anstand selbst verwirklichen. Er soll werden können, was er soll, indem er Gott (mehr als sich selbst) und den Nächsten (wie sich selbst) liebt. An diese Goldene Regel[22] soll er sich halten und sie zu seinem kategorischen Imperativ erheben.[23] So wird Zivilität generiert.

Freiheit muss also sittlich *verantwortet* sein. Dazu sind Maßstäbe notwendig, die von der Gemeinschaft als *wert*voll, als sinnstiftend und *norm*bildend anerkannt und von jedem einzelnen verinnerlicht werden (Werte/Tugenden). Wer für sich das *Recht des Stärkeren* ausnutzt, stiehlt anderen die Freiheit. Verantwor-

---

[20] Vgl. Schlag, Thomas in: Lexikon des christlichen Glaubens, Hrsg. Eugen Biser, Ferdinand Hahn, Michael Langer, Pattloch Verlag, München 2003, S. 416.

[21] Beck, Matthias: Christ sein, was ist das? Styria 2016, Wien-Graz-Klagenfurt, S. 27

[22] „Was ihr von andern erwartet, das tut auch ihnen!" N.T. Mt 7,12.

[23] Immanuel Kant variiert mit seinem kategorischen Imperativ „Die Goldene Regel"; sie wäre Anker eines Welt(friedens)ethos, wie es Hans Küng propagiert.

tungsbewusstsein und Freiheit bedingen sich gegenseitig; sie schützen die *Stärke des Rechts.*

Gerechtigkeit und Barmherzigkeit

„Gerechtigkeit gibt jedem das Seine, maßt sich nichts Fremdes an und setzt den eigenen Nutzen zurück, wenn es um das Wohl des Ganzen geht."[24] Gerechtigkeit zwischen Menschen fordert, „die Rechte eines jeden zu achten und in den menschlichen Beziehungen jene Harmonie herzustellen, welche die Rechtschaffenheit gegenüber den Personen und dem Gemeinwohl fördert."[25] Gerechtigkeit hat zwei Dimensionen:

Die *austeilende* Gerechtigkeit[26] besteht in der Bereitschaft der *Gemeinschaft* oder ihrer Führung, jedem einzelnen/der Teilgemeinschaft das an Gütern und Lasten zukommen zu lassen, was ihm/ihr zusteht. Vorteile und Lasten werden dadurch gerecht verteilt, dass objektiv-sachliche Kriterien (Verdienst, Bedürftigkeit, Leistung, Fähigkeit usw.) als Maßstab herangezogen werden. Dabei ist das Wohl des einzelnen oder der Teilgemeinschaft ebenso im Blick wie das Gemeinwohl.

Die *ausgleichende* Gerechtigkeit[27] (Verkehrsgerechtigkeit) wirkt durch die tatkräftige Bereitschaft des *einzelnen* (oder auch einer Gruppe), (einem) *anderen* (oder auch einer Gruppe) das Zustehende zu gewähren. Einer Leistung soll eine Gegenleistung entsprechen – und umgekehrt. Ausgleichende Gerechtigkeit beruht auf gegenseitigem Vertrauen, dass keiner sich etwas anmaßt, was ihm nicht zusteht. Auch hier geht es sowohl um das Wohl des Einzelnen als auch um das Gemeinwohl.

Das Prinzip der *Gleichheit* aller Menschen betrifft die Würde der Person und die sich daraus ergebenden Rechte (gleiches Recht für alle als objektiver Maßstab), denn: Menschen haben die gleiche Natur, den gleichen Ursprung und die gleiche vernunftbegabte Seele. Durch Veranlagung und Umwelt kommen jedoch Unterschiede zum Vorschein, die mit Alter (Konstitution und Kondition), geistigen und sittlichen Anlagen, im Wettbewerb gewonnenen Vorteilen oder mit ererbten oder erworbenen Reichtümern zusammenhängen. Nach dem Prinzip

---

[24] Ambrosius von Mailand (339-397).

[25] Katechismus deer Katholischen Kirche (KKK), deutsche Ausgabe, R. Oldenbourg Verlag, München, Libreria Editrice Vaticana 2003, Nr 1807.

[26] iustitia distributiva; vgl. Aristoteles, Nik. Eth. V 5.

[27] iustitia commutativa; vgl. Aristoteles, Nik. Eth. V 5, 1130 b.

der *Billigkeit* werden im Rechtsstaat (vor Gericht) die jeweiligen (besonderen) Umstände im konkreten Fall berücksichtigt. Das Prinzip der *Zweckmäßigkeit* verlangt, dass sich alles staatliche Handeln an den Werten und Normen einer Gesellschaft orientiert. Schließlich garantiert das Prinzip der *Rechtssicherheit/-staatlichkeit* Berechenbarkeit und Verlässlichkeit der Rechtsprechung, den Schutz der Person und des Eigentums.[28]

Ungerechte Unterschiede verletzen die *gleiche Würde der Menschen,* die für alle humane und gerechte Lebensbedingungen verlangt. Ungerechte Umstände sind ein Ärgernis und stören den gesellschaftlichen und den internationalen Frieden. Deshalb soll der Staat danach streben, dass jeder für seine Lebensführung gleiche Chancen erhält (suum cuique).

B(W)armherzigkeit ist angewandte Nächstenliebe. Sie soll dort greifen, wo Menschen unverschuldet in Not geraten sind, sei es materiell (Armut) oder leiblich (Krankheit, Behinderung). Wer sich selbst nicht helfen kann, dem muss geholfen werden.[29] Mitmenschlichkeit zeichnet sich durch Warmherzigkeit aus. Diese Erfahrung sollte jeder beherzigen, dem Führungsverantwortung übertragen wurde: Wer Menschen führt, muss Menschen mögen!

Barmherzigkeit ist Ausdruck der (Nächsten-) Liebe, die ihrerseits der Wurzelboden der Gerechtigkeit ist. Die Erfahrung lehrt, „dass Gerechtigkeit allein nicht genügt, ja, zur Verneinung und Vernichtung ihrer selbst führen kann, wenn nicht einer tieferen Kraft (Liebe) die Möglichkeit geboten wird, das menschliche Leben in seinen verschiedenen Beziehungen zu prägen"[30]

Solidarität und Subsidiarität

<u>Solidarität</u> als vorzüglich christlicher Grundwert drängt dazu, die materiellen und geistigen Güter zu teilen.[31] Mensch und Gemeinschaft sind ihrem Wesen nach verbunden und daher sittlich füreinander verantwortlich. Dieses Prinzip ergibt sich aus der Forderung nach Geschwisterlichkeit („soziale Liebe"), die

---

[28] Jung, Wolfgang: Grundbegriffe aus Politik, Gesellschaft, Wirtschaft, Frankfurt am Main, ISBN3-454-54500-5, S. 112.

[29] Als Komplementärwert zur Barmherzigkeit zeigt sich Gerechtigkeit ihrem Wesen nach als streng und unbestechlich. Barmherzigkeit ist gerade und vor allem dann geboten, wenn Gerechtigkeit durch menschliche Härte pervertiert und in soziale Kälte umzukippen droht.

[30] Enzyklika: Dives in Misericordia, 12,14.

[31] KKK 1948: Dort heißt es: *„Die Solidarität ist eine vorzüglich christliche <u>Tugend</u>.* Der Autor widerspricht; er ordnet Solidarität den *Grundwerten* zu, solidarisches Verhalten zeigt sich in der Tugend der Rechtschaffenheit/Redlichkeit.

sich zunächst in der Güterverteilung und einer gerechten/angemessenen Entlohnung der Arbeit zeigt. Schließlich geht es auch um eine gerechte(re) Gesellschaftsordnung (ein Dauerauftrag, der Verf.), in der Konflikte friedlich gelöst und Interessen zivilisiert ausgeglichen werden.

Das Gebot zur *Subsidiarität* fordert, dass eine übergeordnete Gesellschaft nicht so in die inneren Angelegenheiten einer untergeordneten Gruppe eingreifen darf, dass diese ihrer Kompetenzen, ihrer Selbstbestimmung und Selbstachtung und letztlich ihrer Verantwortung beraubt wird. Das eigene Bemühen soll im Hinblick auf das Gemeinwohl mit anderen Gruppen abgestimmt werden.[32] Der Stärkere soll dann dem Schwächeren helfen, wenn dieser unverschuldet in Not geraten ist (Armut, Krankheit). Schmarotzertum, also leben auf Kosten anderer (ausnutzen) hingegen, untergräbt das Vertrauen und schadet dem Gemeinwohl.

Tugenden orientieren sich an Werten: Quellen von Anstand

Tugenden zeigen und prägen die positive innere Haltung eines Menschen und äußern sich in konstruktivem Verhalten. <u>Sie orientieren sich an Werten und fördern sie</u>. Tugendhafte Menschen kultivieren das Gemeinwohl und damit auch sich selbst. *Tugenden „dienen" also den Grundwerten* und damit wohlverstandener Entwicklung im Sinne der Ideale. Dadurch erfahren sie ihren Wert. Allerdings: Tugenden verlieren ihren Sinn, wenn sie sich verselbstständigen.

Tugenden sind Grundhaltungen, die durch Erkennen und Wollen des sittlich Guten zu wertorientiertem Handeln motivieren; sie prägen den Charakter eines Menschen.[33]

Tugenden sind nur dann wahrhaft und echt, wenn sie um höherer Werte willen gelebt werden. Wie von alleine stellt sich dann Anstand (Mitmenschlichkeit, Sozialverträglichkeit) ein.

Tugend kommt von taugen; wer etwas taugt, zeichnet sich durch eine entsprechende Haltung aus. Eine vorbildliche Persönlichkeit zeugt von einem guten Charakter, denn Tugenden sind menschenfreundlich und sozialverträglich per se, sie machen berechenbar und umgänglich, schaffen Vertrauen und leisten einen unschätzbaren Beitrag zur politischen Kultur; sie machen das menschli-

---

[32] Vgl. Enzyklika: Centesimus Annus 48.
[33] Vgl. Haubenthaler, Reinhard in: Lexikon des christlichen Glaubens, Hrsg. Eugen Biser, Ferdinand Hahn, Michael Langer, Pattloch Verlag, München 2003, S. 483f.

che Miteinander und den politischen Verkehr erst möglich, im besten Falle „genießbar". Tugenden generieren *Anstand*[34]; sie vermitteln, schützen und fördern Werte. Tugendhafte Menschen verkehren anständig miteinander. Sie sind „wertvolle" Mitglieder der Gemeinschaft, die jeden Respekt verdienen. Tugenden haben den Nächsten im Blick – denn er ist wie du.

Göttliche Tugenden: Glaube – Hoffnung – Liebe[35]

In den Verben glauben, hoffen, lieben steckt eine „göttliche" Dynamik; sie verweisen in die Transzendenz, auf ein übergeordnetes Drittes. Als spirituelle bzw. religiöse Haltung kann aus Tugenden eine unbändige Kraft erwachsen. Glaube, Hoffnung und Liebe stiften Sinn, geben allem menschlichen Streben einen inneren Beweg-Grund (Motivation), der „nach oben" strebt und „von oben" angezogen wird: wer glaubt, der ahnt. Wer hofft, sehnt sich nach besseren Verhältnissen, wer liebt, gibt (von) sich (etwas) hin: Zeit, Arbeitskraft, Wissen, Erfahrung ...

glauben

Glaube ist Grundperspektive des Lebens und Grundantrieb allen Handelns, rational nicht zu erfassen, aber in der Reflexion durchaus als plausibel aufzuzeigen.[36] Als Ausdruck der Beziehung des Menschen zu Gott oder dem Göttlichen/Höchsten bezeugt der Glaube das Ur-Vertrauen zum Schöpfer. Glaube hat vorchristliche Wurzeln im Bedeutungsumkreis von *sein Herz an etwas hängen, fest bleiben, vertrauen, sich auf jemanden verlassen ...*[37] So kann Glaube als ungesicherte Gewissheit verstanden werden. *Platon* sieht den Glauben als höchste Stufe der Erkenntnis sichtbarer Dinge.

---

[34] Als *Anstand* wird ein als selbstverständlich empfundener Maßstab für ethisch-moralischen Anspruch und Erwartung an gutes oder richtiges Sozialverhalten bezeichnet. Anstand bestimmt die Umgangsformen und die Lebensart. zitiert nach Karl-Heinz Hillmann: *Wörterbuch der Soziologie,* 5. Auflage. Kröner, Stuttgart 2007, S. 31f.

[35] Auf Papst Gregor den Großen (540–604) geht der traditionelle Kanon der sieben Tugenden zurück. Er fügt den drei <u>göttlichen Tugenden</u> Glaube (fides), Liebe (caritas) und Hoffnung (spes) den antiken platonischen <u>Kardinaltugenden</u> Klugheit (prudentia), Redlichkeit[35] (iustitia), Tapferkeit (fortitudo) und Mäßigung[35] (temperantia) hinzu. - diese Formulierung nimmt den ersten Satz der Präambel des GG „Im Bewusstsein seiner Verantwortung vor Gott ..." ernst und misst ihm große Bedeutung und eine noch größere Wirkung bei.

[36] Vgl. Klein, Christoph in: Lexikon des christlichen Glaubens, Hrsg. Eugen Biser, Ferdinand Hahn, Michael Langer, Pattloch Verlag, München 2003, S. 166f.

[37] Vgl. Brockhaus

hoffen

Hoffnung ist die auf die zukünftige Erfüllung eines Wunsches gerichtete Erwartung, auf etwas, das noch nicht ist, jedoch erreichbar erscheint. Weil der Mensch unvollkommen ist, muss er zur Lebensbewältigung Fähigkeiten und Fertigkeiten ausbilden. Dabei ist er auf die menschliche Gemeinschaft angewiesen. Hoffnung bildet eine Perspektive für den Menschen, der in Bezug auf die eigene Existenz und die Geschichte nach Verstehen und Sinn strebt und Krankheit und Not zu überwinden sucht. *„Hoffnung ist nicht die Überzeugung, dass etwas gut ausgeht, sondern die Gewissheit, dass etwas Sinn macht, egal, wie es ausgeht.'*[38] (Vaclav Havel)

lieben

„Lieben heißt, jemandem Gutes wollen".[39] Liebe ist ein starkes Gefühl, eine innige, dichte zwischenmenschliche Beziehung, die jeden Zweck oder Nutzen übersteigt. Sie äußert sich im „Verschenken" seiner selbst an einen anderen Menschen und wendet sich dem Andern in wohlwollendem Miteinander und Füreinander – der Andere wird zum Nächsten – zu bis hin zur geistigen und körperlichen Vereinigung.

Das Gefühl der Liebe kann unabhängig davon entstehen, ob es erwidert wird oder nicht. Liebe zeigt sich in unterschiedlichen Formen: als tiefe Zuneigung innerhalb einer Familie (als Eltern-, Geschwister-, Freundesliebe, als Partnerschaft, als Geistesverwandtschaft) oder aber als körperliches Begehren gegenüber einem anderen Menschen (Eros).

Liebe kann „übermenschliche" Kräfte bis zur Hingabe (Selbstaufgabe) entfalten; in der Literatur finden sich unzählige Beispiele. Das beziehungsschaffende und bindungsfördernde Gefühl zeigt sich u.a. in Gedichten und Gebeten, so auch beim Gebet, das zum ergreifenden Höhepunkt im Ritual des Großen Zapfenstreichs intoniert wurde: *„Ich bete an die Macht der Liebe*[40]*"*. Im Gedenken an gefallene Soldaten spielen Musikkorps: *„Ich hatt' einen Kameraden …"*

---

[38] In diesem Zusammenhang denke man an die Widerstandskämpfer des III. Reichs.
[39] Thomas von Aquin, s.th. 1-2, 26,4
[40] Text: Gerhard Tersteegen (1697-1769), Melodie: Dmitri Bortniansky (1751-1825).

Kardinal- oder Primärtugenden: anständige Menschen

Der Begriff *Kardinaltugend* (auch Primärtugend) geht auf den lateinischen Begriff „cardo" zurück (=Türangel, Dreh- und Angelpunkt). In der Antike entwickelten sich vier Grundtugenden, die erst mit der Zeit eine Art Normierung erfahren haben.[41] Seitdem spielen sie in der Erziehung und Bildung eine bedeutende Rolle.

Klugheit

Ohne Klugheit keine Tugend. (Thomas von Aquin) Klugheit als eine Art Leittugend macht die Vernunft bereit, in jeder Lage das wahre Gute zu erfassen und die richtigen Mittel zu wählen, um es zu verwirklichen. Sie steuert die anderen Tugenden und richtet sich an (höheren) Werten aus. Klugheit ist angewandte *Weisheit* und hat mit Wissen und Gewissen zu tun.

Tapferkeit

Tapferkeit ist die Fähigkeit, in einer schwierigen, mit Nachteilen verbundenen Situation trotz Rückschlägen durchzuhalten. Sie setzt Leidensfähigkeit voraus und ist meist mit der Überzeugung verbunden, für übergeordnete Werte zu kämpfen. Der Tapfere ist bereit, ohne Garantie für die eigene Unversehrtheit einen Konflikt durchzustehen oder einer Gefahr zu begegnen. Oft (aber nicht zwangsweise) will er damit einen glücklichen Ausgang herbeiführen.

Bisweilen werden „Mut und Tapferkeit" auch als Begriffspaar verwendet, um zwei verschiedene Aspekte einer komplexen Charaktereinstellung zu kennzeichnen.[42] Aristoteles bezeichnet sie als Mitte zwischen Tollkühnheit und Feigheit. Als rechte Haltung gegenüber äußerer Gefahr und inneren Ängsten vermittle sie zwischen dem Willen zur Selbstbehauptung und Opferbereitschaft.

Zivilcourage hat in den Streitkräften mit ihren vielfältigen Gruppenzwängen eine im Sinne unserer Wertordnung eigene, hohe Bedeutung. Sie sollte in der politischen Bildung bei möglichst vielen passenden Gelegenheiten hervorgehoben und durch Beispiele belegt werden.[43]

---

[41] Der Kirchenvater Ambrosius von Mailand hat die Kardinaltugenden in die spätantike Patristik überführt.

[42] https://de.wikipedia.org/wiki/Tapferkeit.

[43] A-2620 Politische Bildung.

Besonnenheit

Besonnenheit gibt dem Verstand den Vorzug. Entscheidungen sollen nicht vorschnell bzw. unüberlegt getroffen werden und auf ihre Auswirkungen (respice finem – bedenke das Ende) hin bedacht werden. Zur Besonnenheit gehören auch Gelassenheit und die Fähigkeit zur Gefühlskontrolle. Gerade in heiklen Lagen, hilft „ruhig Blut" und ein „kühler Kopf", Überblick und Kontrolle zu behalten, sich nicht von der Angst lähmen zu lassen. Besonnenen Führern wird mehr Vertrauen geschenkt; sie erhalten eher Gefolgschaft. Gelegentlich werden „Selbstbeherrschung, *Zucht und Maß*, Maßhaltung, Mäßigung" als Synonyme eingesetzt.

Redlichkeit

Redlichkeit ist die Neigung und das Bestreben, seine Pflichten gegenüber Gott und den Menschen bzw. den Regeln einer Gemeinschaft (Staat) zu erfüllen, passiv formuliert, … zu genügen. Redlich ist, wer ehrlich und rechtschaffen lebt und aus sich selbst heraus („natürlich") der Gerechtigkeit (als Grundwert) in die Hände arbeitet. Redlichkeit zielt also auf den Grundwert „Gerechtigkeit".

(In der Literatur wird als eine der Kardinaltugenden „Gerechtigkeit" genannt. Gerechtigkeit ist nach dem Verständnis des Autors *ein Grundwert*. Gemeint ist hier wohl Redlichkeit (Rechtschaffenheit, Aufrichtigkeit) als die Tugend, die sich um Gerechtigkeit (als höheren Wert) bemüht.)

Allgemeine oder Sekundärtugenden: anständige Bürger

Sekundärtugenden (auch bürgerliche Tugenden) bezeichnen Charaktereigenschaften, die zur praktischen Bewältigung des Alltags und zum „störungsfreien" Betrieb einer Gesellschaft beitragen, *ohne* aber für sich allein eine ethische Bedeutung zu haben. Tugenden sind kein Selbstzweck; vielmehr dienen sie der Umsetzung von Grundwerten.

Zu den bürgerlichen oder Sekundärtugenden werden insbesondere *Treue, Fleiß, Gehorsam, Disziplin, Pflichtbewusstsein, Achtsamkeit, Pünktlichkeit, Zuverlässigkeit, Ordnungsliebe, Höflichkeit, Sauberkeit* u. a. m. gezählt, meist aus dem Katalog der „preußischen Tugenden" bzw. des „bürgerlichen" Tugendkatalogs.[44] Sie gelten auch heute noch.

---

[44] (https://de.wikipedia.org/wiki/Sekundärtugend).

Soldatische Tugenden: anständige Soldaten[45]

Soldaten[46] dienen mit ihrer ganzen Person dem Staat und sind nach dem Soldatengesetz dazu bestimmt, für die freiheitliche und demokratische Grundordnung einzutreten.[47] Deshalb sollen sie wissen, an welche Werte sie gebunden sind, welchem höheren Ziel sie dienen. Und sie sollen sich bewusst sein, dass sie dafür „Leib und Leben" riskieren. Sie verpflichten sich per Eid und Gelöbnis, Recht und Freiheit des deutschen Volkes *tapfer* zu verteidigen." Schließlich trägt jeder Soldat dazu bei, dass die Gesellschaft und jeder einzelne in Sicherheit und Frieden (Wohlfahrt) leben kann.

Entsprechende Tugenden müssen gepflegt werden. Als beständige, feste Neigungen mit dem Ziel, das Gute zu tun, ermöglichen sie es Menschen, nicht nur gute Taten zu vollbringen, sondern ihr Bestes zu geben.[48] Erziehung und Bildung in der Bundeswehr sollten diese anspruchsvolle Aufgabe aufgreifen und durch politische und ethische Bildung ihrer Soldaten kultivieren. *Es gilt: alles, was mit und in der Bundeswehr geschieht, ist letztlich – wie im allgemeinen menschlichen Miteinander – auf die Menschenwürde und die aus ihr abgeleiteten Grundwerte ausgerichtet.*

Soldatische Tugenden weisen eine große Schnittmenge mit den bürgerlichen Tugenden auf. Moralisch integre Soldaten pflegen spezielle Tugenden, die sie im Truppenalltag und besonders im Einsatz auszeichnen:

- *Tapferkeit* als Bereitschaft, in die Gefahr hinein zu handeln und als Mut, den es braucht, Angst zu überwinden, in schwierigen Lagen durchzuhalten und zu obsiegen. Der Wille, ohne Garantie für die eigene Unversehrtheit im Kampf zu obsiegen, basiert auf der Überzeugung, (übergeordneten) Werten und damit dem Gemeinwohl zu dienen.

- *Rechtschaffenheit* als Streben nach Gerechtigkeit, als Bemühen um Objektivität, achtet auf gleiche Chancen im Wettbewerb: niemand soll bevorzugt, benachteiligt oder beschämt werden, gleiche Regeln für das gleiche „Spiel", der Rechtschaffene achtet das Gesetz.

---

[45] „Soldatische" Tugenden stellen eine spezifische Auswahl aus den Primär- und Sekundärtugenden dar. Wichtig ist, vor all diese Tugenden die Kardinaltugend „Klugheit" zu stellen. - Vgl. Hartmann, Uwe: Der gute Soldat – politische Kultur und soldatisches Selbstverständnis heute, Miles-Verlag 2018.

[46] Gilt ähnlich für Polizisten, Feuerwehrleute und Rettungskräfte.

[47] Vgl. SG § 8.

[48] Vgl. KKK 1803.

- *Ritterlichkeit* als Fairness im Umgang miteinander und als Respekt gegenüber Freund und Feind, unverschuldet arm oder krank gewordenen Mitmenschen helfen, ritterlich ist, wer einen besiegten Gegner nicht vernichtet; er schlägt nicht den, der am Boden liegt und tritt nicht nach; durch Offenheit[49] zur Vergebung/Versöhnung zeigt er menschliche Größe.

- *Pflichtbewusstsein* als Engagement im Dienst der (guten) Sache (des Auftrags); eigene Interessen stehen hinter dem Gemeinwohl; Vorgesetzte / Auftraggeber können sich darauf verlassen, dass Pflichten erfüllt, Befehle ausgeführt werden.

- *Gehorsam* als Gefolgschaft aus Einsicht in die Sinnhaftigkeit und Notwendigkeit eines Auftrags; Der Soldat muss verstehen, warum und wofür er dient – und notfalls sein Leben einsetzt. Sein Auftrag/der Einsatz muss politisch notwendig, rechtlich begründet, ethisch gerechtfertigt und militärisch sinnvoll sein! Gehorsam kann sich sonst verabsolutieren und im schlechtesten Fall zu einer spezifischen Form von Feigheit verkommen.

- *Treue* als Verlässlichkeit gegenüber Vorgesetzten und Kameraden, gegenüber Volk und Vaterland und damit zum Grundgesetz (Verfassungstreue, Eintreten für die FDGO. Das übergeordnete Dritte (z.B. „Eidüberwacher", Werte, Ideale, Gott ...) ist bindend für alle Beteiligten.

- *Klugheit* als Besonnenheit, mit aufgeklärter (wohlinformierter) Sicht wohldurchdachte Entscheidungen zu treffen, menschenfreundlich zu führen, kameradschaftlich miteinander umzugehen und Aufträge optimal zu erledigen. In schwierigen Lagen Ruhe bewahren und Orientierung geben.

- *Demut* als Bescheidenheit, abgeleitet aus dem Bewusstsein, dass der Mensch sich nicht selbst verdankt; sie zeigt sich im Auftreten, das sich in Äußerungen und im Äußeren spiegelt; sie ist das Gegenteil von Überheblichkeit / Arroganz, Großspurigkeit, Angeberei.

Grundsätze soldatischer Ethik

Aus der (Kriegs-)Geschichte sind üble Gewaltexzesse bekannt, zur Soldateska pervertierte Entgleisungen, durch Marodeure verübt, Verbrechen wie Raub und Mord, Vergewaltigung und Brandschatzung, ... Die bei Opfern (und Tätern!) ausgelösten Traumata (mehr als nur eine „Katerstimmung") sind erst in der jüngeren Zeit als oft nachhaltig wirkende psychische Schäden erkannt und

---

[49] Nicht zur verwechseln mit Naivität.

anerkannt worden. Schon immer beschäftigten sich Soldaten mit der Frage, *„ob auch Kriegsleute in seligem Stande sein können"*[50].

„Kamen auch die Soldaten gelaufen,
Taten Buß' und ließen sich taufen,
Fragten ihn: Quid faciemus nos?
Wie machen wir's bloß,
Daß wir kommen in Abrahams Schoß?
Et ait illis, und er sagt:
Neminem concutiatis,
Wenn ihr niemanden schindet und plackt;
Neque calumniam faciatis,
Niemand verlästert, auf niemand lügt.
Contenti estote, euch begnügt,
Stipendiis vestris, mit eurer Löhnung
und verflucht jede Angewöhnung!"[51]

Die Gedanken aus der „Kapuzinerpredigt" lassen sich mit folgender Empfehlung ins Heute übersetzen[52]:

1 – *Kenne Deine Befugnisse und ihre Grenzen!*
Sehe sie immer im Zusammenhang mit Deinem Auftrag.

2 – *Erwäge, was Du mit Deiner Handlung bewirkst* und bedenke das Ende:
ist sie gerechtfertigt oder musst Du Dich ihrer schämen?

3 – *Beachte das Gebot zur Verhältnismäßigkeit!*
Bedenke, dass Deine Handlungen andere(s) nur so viel wie nötig
beeinträchtigen oder (zer-)stören.

4 – *Halte Dich an die Goldene Regel!*
„Behandle andere so, wie Du auch von ihnen behandelt werden möchtest."
oder: „Was Ihr von andern erwartet, das tut auch ihnen."

5 – *Sei also ein Beispiel in Haltung und Pflichterfüllung! …,*
… denn Deine Handlungen werden von anderen beobachtet

---

50 Luther, Martin: Titel einer Flugschrift, Wittenberg. 1527
51 Schiller, Friedrich: Wallensteins Lager – 8. Auftritt, Kapuzinerpredigt – Auszug / als Vorlage
diente hier wohl ein Pamphlet von Abraham an Santa Clara: „Auff, auff, ihr Christen …"
52 Vgl. Anlage 5 der AusbHilfe zur ZDv 10/4 (außer Kraft, leider).

und unter Umständen medial verbreitet.

Diese ethischen Normen gelten erst recht für Vorgesetzte.
Denn für das, was ein Vorgesetzter heute entscheidet,
muss er morgen geradestehen.
„Was immer wahrhaft, edel, recht,
was lauter, liebenswert, ansprechend ist,
was Tugend heißt und lobenswert ist,
darauf seid bedacht."[53]

Innere Führung lebt aus Werten und Tugenden, darin liegt ihr eigentlicher
Sinn: dass sich Soldatentum nie wieder verselbständigt. Die Bundeswehr ist
Armee für die Demokratie, und ihre Soldaten sind logischer- und konsequenterweise *Staatsbürger in Uniform.* Sie sollen nie wieder missbraucht werden und sich
nie wieder schuldhaft verstricken und in Barbarei verfallen. Ethische, politische, historische und rechtliche Bildung und (Selbst-)Erziehung sind die beste
Versicherung, dass Soldaten ein positives Selbstbild und ein gesundes Selbst-
wertgefühl entwickeln. Dann können sie sich in allen Lagen auf ihren *inneren*
Kompass verlassen.

---

[53] Die Bibel, N.T. Phil 4,8

Verantwortung als Kernbegriff der militärischen Führungskultur und des soldatischen Selbstverständnisses – Zur Tradition des Begriffs und seiner Bedeutung heute

Uwe Hartmann

Einleitung

Das Wort „Verantwortung" kommt uns leicht über die Lippen. Gerne weisen wir andere auf ihre Verantwortung hin oder bezeichnen so manches Tun als verantwortungslos. Andererseits nutzen wir diesen Begriff als einen an uns selbst gerichteten Appell. „Tu etwas!", „Übernehme Verantwortung!", sagt uns bisweilen eine innere Stimme. Verantwortung ist also ein Bewertungsmaßstab, den wir an andere Personen anlegen, und gleichzeitig ein Impuls für eigenes Handeln.

Für Soldaten ist der Verantwortungsbegriff überwiegend positiv besetzt. Ihren Dienst sehen sie weithin als Ausdruck ihrer politischen Mitverantwortlichkeit als Staatsbürger in einer Demokratie. In Ansprachen weisen militärische Führer ihre Soldaten zurecht darauf hin, dass Verantwortung aus Freiheit erwächst und die Bereitschaft zu selbständigem Handeln im täglichen Dienst umfasst. Dazu gehört auch die soldatische Selbsterziehung, gerade mit Blick auf „das scharfe Ende" des Berufs.[1] Zudem ist Verantwortung ein wichtiges Prüfkriterium, damit Großorganisationen wie beispielsweise das Militär effizient arbeiten können. Denn Verantwortlichkeit klärt die Zuständigkeit. Allerdings kennen Soldaten auch die Last, die mit der Übernahme von Verantwortung einhergeht. Sie wissen, dass sie ihre Entscheidungen rechtfertigen müssen, wenn sie Handlungsfreiräume nutzen und dabei ggf. von Befehlen und Vorschriften abweichen. Sie kennen nur allzu gut die Suche nach Schuldigen, wenn etwas schiefgeht. Und sie leiden unter der zu detaillierten Regelung von Zuständigkeiten, die am Ende zu Verantwortungsdiffusion und Stillstand führt. Freude an der Verantwortung und Furcht vor einem Verantwortlich-gemacht-Werden gehö-

---

[1] Zuletzt der Kommandeur der 1. Panzerdivision, Jürgen-Joachim von Sandrart, in seinem Kommandeurbrief vom 24.8.2020.
https://www.bundeswehr.de/resource/blob/1625318/353ff2beea50819ab01a8340d55efd50/1-pd-kdr-brief-data.pdf

ren heute genauso zu unserem Verständnis von Verantwortung wie das ohnmächtige Verzweifeln am „Bürokratiemonster Bundeswehr".

Zu den Herausforderungen des Verantwortungsbegriffs gehört auch dessen inhaltliche Unschärfe. Er sagt uns nicht eindeutig, was Handeln aus Verantwortung in der jeweiligen Situation bedeutet. Wir glauben in der Regel, dass wir verantwortlich gehandelt haben. Betroffene mögen dies anders sehen, und Vorgesetzte oder die breite Öffentlichkeit wiederum ganz anders. Zudem kann Handeln, das vor wenigen Jahren noch als verantwortlich galt, heute als unverantwortlich gebrandmarkt werden. Was Verantwortung in der jeweiligen Situation meint, ist also kontext- und personenabhängig. Daher kann das Einvernehmen, was Verantwortung für das konkrete Tun bedeutet oder in einer bestimmten Situation gefordert hätte, nur in Gesprächen hergestellt werden. Verantwortung ist also keine Anweisung zu einem bestimmten Handeln, die ein für alle Mal gültig ist. Ein mit dem Zeigefinger erhobener Hinweis wie „Schade, dass Helmut Schmidt nicht mehr unter uns ist. Er würde seiner Partei knallhart erklären, was Verantwortung bedeutet" wird der mit diesem Begriff gemeinten Sache nicht gerecht.[2] Denn Verantwortung erwächst aus den mit einer Situation gegebenen Handlungsfreiräumen des Menschen. Wenn es nur eine Lösung für das Problem oder die Aufgabe gäbe, wäre eine Übernahme von Verantwortung nicht erforderlich.

Diese wenigen Gedanken zeigen, dass Verantwortung alles andere als ein leicht zu verstehender Begriff ist. Und für die unmittelbare praktische Umsetzung fehlt ihm die konkrete Handlungsanweisung. Zum Militär mit seinem Prinzip von Befehl und Gehorsam scheint der Pflichtbegriff viel besser zu passen. Denn Pflichten sind immer mit einem bestimmten Handeln verbunden, wie beispielsweise die Pflicht zur Tapferkeit. Verantwortung dagegen meint die Begründung eigenen Tuns *vor* unseren Mitmenschen, weil es nicht nur eine Lösung des Problems gab, sondern verschiedene Lösungswege. Liegt hier vielleicht der Grund, dass der Begriff der Verantwortung in der militärischen Fachsprache, die doch Eindeutigkeit anstrebt und klare Orientierung für das Handeln geben will, eine so große Rolle spielt?

Im Folgenden vertrete ich die These, dass das militärische Verständnis von Verantwortung aus der Analyse des Kriegsbildes in der ersten Hälfte des 19. Jahrhunderts erwachsen ist. Dessen Inhalte orientierten sich stark an Begriffen der Kriegstheorie des preußischen Generals Carl von Clausewitz, die dieser

---

[2] Leitkommentar des Chefredakteurs Burghard Lindhorst im Hardthöhenkurier 3/2020, S.3.

aufgrund seiner Erfahrungen in den napoleonischen Kriegen sowie seiner kritischen Auseinandersetzung mit der europäischen Kriegsgeschichte gewonnen hatte.[3] Die damals erarbeiteten Führungsgrundsätze wurden über viele Jahrzehnte hinweg vor allem in den Vorschriften zur Truppenführung tradiert. Sie beeinflussten auch die Erarbeitung der Konzeption der Inneren Führung zu Beginn der 1950er Jahre. In dieser Konzeption wurde Verantwortung als tradierter Grundbegriff des soldatischen Selbstverständnisses inhaltlich um Verantwortung für die Geschichte und für die freiheitlich-demokratische Grundordnung erweitert. Hintergrund dafür waren der Missbrauch des Pflichtbewusstseins des Wehrmachtsoldaten für den nationalsozialistischen Eroberungs- und Vernichtungskrieg sowie die Analyse des Kalten Krieges als eines mit „geistigen Waffen" geführten weltweiten „permanenten Bürgerkrieges".[4]

Das damalige Verantwortungsverständnis ist durch verschiedene Entwicklungen innerhalb der Bundeswehr sowie in ihren Beziehungen zu Politik und Gesellschaft in Mitleidenschaft gezogen worden. In der noch gültigen Vorschrift zur Inneren Führung aus dem Jahre 2008 ist Verantwortung weithin auf Selbst- und Menschenführung reduziert. Unsere heutige Aufgabe ist es, das ursprüngliche, weitaus umfassendere militärische Verständnis von Verantwortung zu rekonstruieren und für die künftigen Herausforderungen zu überliefern. Dies beginnt mit dem Kriegsbild.

Verantwortung als Schlussfolgerung aus der Analyse des Kriegsbildes

Clausewitz leitete mit seiner Erkenntnis, dass Krieg nicht nur ein Handwerk, sondern eine umfassende politische und soziale Aktivität ist[5], einen Paradigmenwechsel ein. Dieser schlug sich in der zweiten Hälfte des 19. Jahrhunderts auch in den Vorschriften zur Truppenführung nieder und wird darin bis heute tradiert.

---

[3] Hans Delbrück und Peter Paret, Krieg, Geschichte, Theorie. Zwei Studien über Clausewitz, herausgegeben von Peter Paret, Berlin 2018.

[4] Siehe dazu BMVg, Handbuch Innere Führung, Hilfen zur Klärung der Begriffe, Bonn 1957 ([5]1972), S. 34ff. Siehe auch Wolf Graf von Baudissin, Grundwert Frieden in Politik – Strategie – Führung von Streitkräften, herausgegeben und eingeleitet von Claus von Rosen, Berlin 2014, S. 127, 136, 141. Siehe auch den Beitrag von Claus von Rosen in diesem Jahrbuch.

[5] Carl von Clausewitz, Vom Kriege, Bonn 1991, S. 200, 210, 303, 347, 990-991. Siehe auch Michael Howard, Clausewitz. A Very Short Introduction, Oxford/New York 2002, S. 1.

Wesentliche Elemente des deutschen Verständnisses von Krieg sind seit Clausewitz (1) seine Gewaltsamkeit, um einen Gegner niederzuringen und ihm den eigenen Willen aufzuzwingen, (2) seine historische Variabilität, weshalb er sich wie ein Chamäleon an neue gesellschaftspolitische Rahmenbedingungen anpasst, sowie (3) die allgegenwärtige Friktion, die Pläne schnell zur Makulatur werden lässt und Zufall und Glück begünstigt, die indessen auch Chancen bietet, welche es zu ergreifen gilt. Der Versuch, Krieg empirisch-naturwissenschaftlich zu erfassen, sei genauso abwegig wie die Vorstellung, dass es Prinzipien oder Checklisten gibt, deren Anwendung einen militärischen Sieg garantierten. Stattdessen komme es auf den Menschen an: auf seine Fähigkeit, den Krieg in seinen jeweiligen historischen Ausprägungsformen zu verstehen, das Geschehen auf dem Schlachtfeld immer wieder neu zu beurteilen und trotz aller Unsicherheit mit großer Entschlossenheit einen einmal getroffenen Entschluss durchzuführen – zumindest so lange, bis eine klare Überzeugung dazu zwingt, die Lage erneut zu beurteilen.[6]

Neben der Gefahr für Leib und Leben ist vor allem die Ungewissheit ein wesentliches Charakteristikum von Krieg und Kriegführung. Dies hatte bereits Clausewitz in den Mittelpunkt seiner Kriegstheorie gestellt. Auch mit dem heutigen Streben nach Informationsüberlegenheit oder der Digitalisierung der Ge-

---

[6] Clausewitz, Vom Kriege, a.a.O., S. 245. Zur Entwicklung des Kriegsbildes im deutschen Militär siehe Marco Sigg, Der Unterführer als Feldherr im Taschenformat. Theorie und Praxis der Auftragstaktik im deutschen Heer 1869 bis 1945, Paderborn u.a. 2014 sowie Florian Reichenberger, Der gedachte Krieg. Vom Wandel der Kriegsbilder in der militärischen Führung der Bundeswehr im Zeitalter des Ost-West-Konflikts, Berlin 2018. Diese Gedanken finden sich in allen Vorschriften zur Truppenführung, die in der Phase der Gründung und des Aufbaus der Bundeswehr verfasst wurden, wieder. Exemplarisch wird in diesem Beitrag die TF vom August 1959 herangezogen. In dieser wurde das Kriegsbild um die nukleare Komponente sowie den Einfluss der psychologischen Kriegsführung erweitert. Siehe dazu die Nr. 2 („Das Bild des Krieges ist ständigem Wandel unterworfen."), Nr. 4 („Ungewissheit ist das Element des Krieges, das Unerwartete die Regel. (…) Reibungen und Fehler sind alltägliche Erscheinungen."), Nr. 5 („Die Weite und die Leere des Schlachtfeldes, die gewaltige Wirkung des Feuers, der rasche Ablauf aler Bewegungen und das Fehlen fester Fronten verlangen mehr denn je selbständig denkende, verantwortungsfreudige und im Sinne des Ganzen handelnde Soldaten, gleich welchen Ranges, die jede Lage überlegt und kühn ausnutzen, von der Überzeugung durchdrungen, daß es zum Gelingen auf jeden ankommt. Wo untere Führer auf Befehle warten, wird die Gunst einer Lage niemals ausgenutzt werden. Entschlossenes Handeln ist das erste Erfordernis im Krieg. Der höchste Führer wie der jüngste Soldat muß sich stets bewußt sein, daß Unterlassen und Versäumnis ihn schwerer belasten als ein Fehlgreifen im Entschluß."

fechtsführung wird es nicht möglich sein, Unsicherheiten in der Planung des Einsatzes bewaffneter Gewalt und deren Ausführung gänzlich zu beheben. Clausewitz sprach daher von Krieg als einem „… Gebiet der Ungewißheit; drei Vierteile derjenigen Dinge, worauf das Handeln im Kriege gebaut wird, liegen im Nebel einer mehr oder weniger großen Ungewißheit."[7] Um trotz dieser umfassenden Ungewissheit handeln zu können, fordert Clausewitz vom militärischen Führer zum einen einen Verstand, „um mit dem Takte seines Urteils die Wahrheit herauszufühlen", und zum anderen „… Mut gegen die Verantwortlichkeit, sei es vor dem Richterstuhl irgendeiner äußeren Macht oder der inneren, nämlich des Gewissens."[8] Deutlich zeigt sich hier das Wesen von Verantwortung als Bezugskategorie (*vor*) sowie die Notwendigkeit von Bildung als harter Arbeit an sich selbst. Nur wer sich umfassend für die Kriegführung bildet, damit er „…mit dem Takte seines Urteils die Wahrheit herausfühlen…" kann, wird seiner Verantwortlichkeit als militärischer Führer gerecht.

In der deutschen Militärtradition ist Verantwortung also die Antwort auf die unaufhebbare Ungewissheit im Krieg. Seine Natur als eine politisch-soziale Aktivität lässt sich nicht durch allgemeingültige Gesetze domestizieren. Aufgrund ihrer Kontextabhängigkeit kann Verantwortung immer nur hermeneutisch-dialektisch verstanden werden. Und dieses Verständnis ändert sich im Laufe der Zeit immer wieder, genauso wie Krieg in seinen Erscheinungsformen variiert. Einvernehmen darüber, was Krieg ist, wie darin Gewalt verantwortlich angedroht oder eingesetzt wird und ob ein Handeln im Krieg verantwortlich oder verantwortungslos war, lässt sich nur durch Gespräche erzielen.[9] Diese kommunikative Grundstruktur von Verantwortung erklärt auch, warum der Pflichtbegriff nicht ausreichte und durch den Begriff der Verantwortung ergänzt werden musste. Mit jedem Krieg bzw. militärischen Einsatz sind Verständnis- und Handlungsfreiräume gegeben. Deshalb ist es so wichtig, dass sich die verantwortlichen Politiker und die militärische Führungsspitze intensiv beraten, bevor sie einen Krieg bzw. militärischen Einsatz beginnen.[10] Und die militärischen Führer aller Ebenen sollten wissen, dass Vorschriften und Befehle den Krieg bzw. militärischen Einsatz, wie er sich tatsächlich entwickelt, nur fehlerhaft vorhersehen. Jeder Einsatz bewaffneter Gewalt kann nicht perfekt

---

[7] Clausewitz, Vom Kriege, a.a.O., S. 233.
[8] Clausewitz, Vom Kriege, a.a.O., S. 233.
[9] Ein Beispiel für derartige Verständigungsprozesse ist der Kunduz-Untersuchungsausschuss. Siehe dazu http://dipbt.bundestag.de/dip21/btd/17/074/1707400.pdf.
[10] Clausewitz, Vom Kriege, a.a.O., S. 230.

geplant werden. Daraus entstehen Entscheidungs- und Handlungsfreiräume, nicht zuletzt, um Planungsfehler zu korrigieren. Für Politik und Militär bedeutet dies: Jeder Akteur muss sich *vor* anderen verantworten können, wie er diese genutzt hat.

Hier besteht eine wichtige Denktradition, die sich wie ein roter Faden durch die gesamte deutsche Militärtradition der letzten zweihundert Jahre zieht. Verantwortung ist darin *der* zentrale Begriff. Verantwortungsfreude meint daher,

- Verantwortung *für* Menschen vor allem in der Gefahr zu übernehmen (als Vorgesetzter, der Befehle erteilt, aber auch als Kamerad)[11];
- bei der Ausführung von Weisungen und Befehlen die Folgen des eigenen Handelns zu bedenken und dafür *vor* anderen einzustehen (auch wenn diese nicht immer vorausgesehen werden und unbeabsichtigte Folgewirkungen eintreten können);[12] und
- Eigeninitiative zu zeigen und auch ohne Befehl selbständig zu handeln (weil jeder an seinem Platz Fehler anderer – einschließlich der höheren Vorgesetzten – ausbügeln und die Chancen, die sich aus Glück und Zufall ergeben, durch selbständiges Handeln nutzen muss).[13]

Handeln aus Verantwortungsfreude schließt – das dürfte aus den vorherigen Überlegungen zum Kriegsbild deutlich geworden sein – nicht aus, dass es sich im Nachhinein als falsch erweist. Es ist daher nicht verwunderlich, dass Armeen, die Verantwortungsfreude und Selbständigkeit fördern, eine Fehlerkultur pflegen.[14] Dahinter steckt die Einsicht, dass Fehler häufig noch behoben werden können, nicht genutzte Chancen dagegen unwiderruflich versäumt sind.

In diesem erkenntnistheoretisch untermauerten Kriegsbild liegt der geistige Ursprung der „Auftragstaktik", also jenes Führungsverständnisses, das weithin

---

[11] Ein anschauliches Beispiel hierfür bietet Rainer Buske, KUNDUZ. Ein Erlebnisbericht über einen militärischen Einsatz der Bundeswehr in Afghanistan im Jahre 2008, Berlin 2015.

[12] Siehe dazu beispielsweise die TF 1959, Nr. 36, 40.

[13] Siehe beispielsweise die TF 1959, Nr. 9, 11, 40.

[14] Fehlerkultur ist zumindest in den Doktrinen der Bundeswehr angelegt (beispielsweise in der Vorschrift zur Truppenführung und auch in der Vorschrift zur Inneren Führung). Die Wirklichkeit wird jedoch von den Soldaten anders wahrgenommen. Siehe die Beiträge zur Fehlerkultur von Claus von Rosen, Uwe Hartmann und René Streifer im Jahrbuch Innere Führung 2016, Innere Führung als kritische Instanz, herausgegeben von Uwe Hartmann und Claus von Rosen, Berlin 2016, S. 182-237.

als „Delegation von Verantwortung" nach unten verstanden wird. Damit ist nicht nur gemeint, dass der Führer vor Ort über die Wahl der Mittel und Wege entscheidet, um das vorgegebene Ziel zu erreichen, sondern dass er unter bestimmten Bedingungen auch von Befehlen abweicht und selbständig entscheidet, wie er am besten die Absicht seiner höheren Vorgesetzten umsetzt.[15]

Das deutsche Kriegsbild mit dem daraus abgeleiteten Führungsverständnis war deutlich anders als beispielsweise das französische oder das US-amerikanische.[16] Letztere waren stark durch die Kriegslehre des Schweizer Generals Jomini beeinflusst, der bekanntlich behauptet hatte, aus Napoleons Genie die Rezeptur für erfolgreiche Kriege herausdestilliert zu haben. Wer diese 1:1 anwende, könne sich mit wissenschaftlicher Genauigkeit des militärischen Sieges sicher sein. Mitverantwortlichkeit der Soldaten war hier nicht gefordert, solange sich die militärischen Führer an die Erfolgsregeln hielten. Handwerkliche Fähigkeiten sowie Enthusiasmus und Opferbereitschaft reichten aus. Für Clausewitz und seine Nachfolger waren derartige Gedanken abwegig. Statt bloßer Anwendung von vorgegebenen Prinzipien komme es vielmehr auf Urteilskraft und die Bereitschaft zur Übernahme von Verantwortung an. Damit kam allerdings eine entscheidende pädagogische Aufgabe auf die militärischen Vorgesetzten zu. Denn die Bildung von Urteilskraft und die Erziehung zur Übernahme von Verantwortung sind deutlich anspruchsvoller als das bloße Auswendiglernen und kontextunabhängige Anwenden von Prinzipien.

Neben der Bildung und Erziehung durch Vorgesetzte betonte Clausewitz die Selbstbildung und Selbsterziehung. Denn gerade in den Gefahrensituationen eines Krieges könnte der Soldat sich nur auf Maximen, Maßstäbe und Denkmethoden verlassen, die er sich zuvor selbst hart erarbeitet hatte. Vorgesetzte sollten dies durch eine pädagogisch reflektierte Gestaltung des militärischen Dienstes sowie durch ihr Vorbild erleichtern und dazu ermutigen. Takt des Urteils und Mut zur Verantwortlichkeit sind letztendlich also Ergebnis einer permanenten harten Arbeit an sich selbst.[17]

Clausewitz bezog diese intellektuellen und charakterlichen Forderungen vor allem auf die höchste militärische Führung sowie die Auswahl und Bildung des

---

[15] Siehe beispielsweise die TF 1959, Nr. 40.

[16] Zur Kritik an der Übernahme des US-amerikanischen Führungsverständnisses in die Bundeswehr aufgrund der NATO-Mitgliedschaft Deutschlands siehe Kurt Graf von Schweinitz, Notizen im Transit von Krieg und Frieden, Berlin 2020, S. 72-73.

[17] Dieser Gedanke findet sich so bei Baudissin und taucht in dem erwähnten Kommandeurbrief von Hans-Joachim von Sandrart wieder auf.

Führungsnachwuchses. Mit der Einführung der Auftragstaktik als allgemeinem Führungsprinzip stellte sich die Frage, wie Soldaten aller Dienstgradgruppen auf die Wahrnehmung von Verantwortung vorbereitet werden könnten. Hier liegt der Ursprung der konzeptionellen Überlegungen zur „soldatischen Erziehung". Kriegsbild, Verantwortungsfreude und Erziehung bilden also eine logische Gedankenabfolge. Es ist daher kein Wunder, dass die preußisch-deutschen Streitkräfte großen Wert nicht nur auf die militärische Ausbildung, sondern auch auf die soldatische Erziehung von Soldaten aller Dienstgrade legten. Die Verantwortung dafür wurde den Chefs und Kommandeuren übertragen.[18] Auch dies steht im Einklang mit dem Kriegsbild und der daraus abgeleiteten Auftragstaktik.

Clausewitz selbst hatte den Zusammenhang von Militär und Kriegführung nicht nur mit der Politik, sondern auch mit der Gesellschaft überzeugend herausgearbeitet.[19] Damit stellte sich u.a. die Frage, wie die soldatische Erziehung vor allem der Wehrpflichtigen am besten zu gestalten ist. Schule und berufliche Ausbildung boten dafür nicht immer die besten Voraussetzungen (und mussten es auch nicht, weil der Krieg nun einmal andere Fähigkeiten und Einstellungen erforderte als Wirtschaft und Verwaltung). Zudem änderte sich auch die deutsche Gesellschaft dramatisch. Die Industrialisierung in der zweiten Hälfte des 19. Jahrhunderts revolutionierte nicht nur die Lebensbedingungen der ständig wachsenden Bevölkerung, sondern führte auch zu Forderungen nach politischer Teilhabe. Tradierte Loyalitätsbeziehungen zwischen Führern und Geführten wurden aufgelöst. Gleichzeitig wurden die Arbeitsprozesse in den Fabriken immer stärker in Teilaufgaben aufgegliedert. Verantwortung und Mitdenken standen hier nicht im Vordergrund.

Auf diese gesellschaftspolitischen Veränderungen musste das deutsche Militär reagieren und dabei die aus dem Kriegsbild abgeleiteten Forderungen realisieren. Die militärische Führung beschritt hier zahlreiche Irrwege wie beispielsweise die Vorstellung, die Streitkräfte seien die „Erziehungsschule der Nation". Auch der Missbrauch der soldatischen Erziehung als politische Indoktrination war der Sache nicht dienlich. Im Kern musste es für die Streitkräfte darum gehen, trotz aller Härten in der Ausbildung eine Art „pädagogischen Raum" zu

---

[18] Eindrucksvoll dargestellt in Eberhard Frhr. v. Senden, Friedrich Frhr. v. Senden, Der Erste Weltkrieg 1914–1918. Erlebnisse eines jungen Leutnants. Ostfront – Patrouillen an der Spitze im Bewegungskrieg. Westfront – Kämpfen, Durchhalten, Überleben im Stellungskrieg, Berlin 2020.

[19] Zur „wunderlichen Dreifaltigkeit" bei Clausewitz siehe Vom Kriege, a.a.O., S. 212-213.

gestalten, in dem Soldaten diejenigen Persönlichkeitseigenschaften und Tugenden entwickeln konnten, die vom Kriegsbild her gefordert waren, die es jedoch in der Gesellschaft in dieser Ausprägung nicht gab. In der Wehrpädagogik Erich Wenigers findet dieser Ansatz einer spezifischen soldatischen Erziehung seine geisteswissenschaftliche Begründung. Sie kulminiert in der Forderung, dass die Erziehungsgemeinschaft des Friedens sich an den Anforderungen der Kampfgemeinschaft des Krieges orientieren müsse.[20]

Dass die praktische Gestaltung dieses Raumes nicht immer den pädagogischen Schlussfolgerungen aus dem Kriegsbild entsprach, wird nicht zuletzt an Romanfiguren wie der des Unteroffiziers Himmelstoß deutlich.[21]

Auftragstaktik, Verantwortungsfreude und soldatische Erziehung bilden eine stringente Gedankenfolge. Ihr Ursprung liegt im Kriegsbild. Verschwimmt es oder gerät es sogar in Vergessenheit, werden das Verständnis von Auftragstaktik, Verantwortung und Erziehung in Mitleidenschaft gezogen.

Neue Akzente durch die Innere Führung in der Bundeswehr

Die Väter der Inneren Führung um Wolf Graf von Baudissin erweiterten den Verantwortungsbegriff inhaltlich. Während im Nationalsozialismus der Missbrauch der soldatischen Erziehung zu einem allumfassenden, absoluten Gehorsam seltsam mit der Freiheit des Handelns auf der taktischen Ebene kombiniert wurde, schaffte es die Innere Führung, die politischen und die militärischen Inhalte von Verantwortung im Leitbild vom „Staatsbürger in Uniform" zu integrieren. Auf diese Weise stärkte sie nicht nur die demokratischen Einstellungen des neuen deutschen Soldaten („geistige Rüstung" für die Resilienz gegenüber den Verführungen und Versuchungen vor allem durch die kommunistische Ideologie des Warschauer Pakts, aber auch durch rechtsextreme Parteien, die Ende der 1950er Jahre wieder in Politik und Gesellschaft aktiv wurden); sie verband auch das Handeln aller Soldaten, auch der aus der Gruppe der Mannschaften, mit den im Grundgesetz verankerten politischen Zielen und

---

[20] Siehe Erich Weniger, Wehrmachtserziehung und Kriegserfahrung, Berlin 1938. Zu Erich Weniger siehe Uwe Hartmann, Erich Wenigers Militärpädagogik und ihre aktuelle Rezeption innerhalb der Erziehungswissenschaft. Beiträge aus dem Fachbereich Pädagogik, H. 1/1995, Universität der Bundeswehr Hamburg 1995. Dieses darf nicht im Sinne einer „totalen Kriegführung" wie bei Ludendorff verstanden werden.

[21] Kürzlich hat der Militärhistoriker Sönke Neitzel dazu eine detaillierte Analyse vorgelegt. Siehe Sönke Neitzel, Deutsche Krieger. Vom Kaiserreich zur Republik – eine Militärgeschichte, Berlin 2020, S. 44ff., 208ff., 257f

deren strategischer Umsetzung. Der „Staatsbürger in Uniform" war gleichzeitig „Soldat für den Frieden". Frieden war oberster Zweck seines Tuns, auch beim Einsatz bewaffneter Gewalt.[22]

Der verantwortlich handelnde Gefreite im Sinne der Inneren Führung ist ein auch politisch mitdenkender Soldat, oder, kurzum, ein „strategischer Gefreiter". Allerdings nicht im US-amerikanischen Verständnis, das ein mahnender Hinweis darauf ist, dass Fehler von unteren Dienstgraden negative Auswirkungen bis auf die politische Ebene haben könnten[23], sondern im traditionell deutschen Verständnis, wonach es darum geht, durch das selbsttätige Ergreifen von Chancen positive Effekte zu erzielen, die sich bis auf die politischen Ziele auswirken.

Die Gründungsväter erweiterten das Verständnis von Verantwortung auch im Hinblick auf die Verstrickung der Wehrmacht in den nationalsozialistischen Eroberungs- und Vernichtungskrieg. Sie betonten, dass Soldaten in Situationen stehen können, in denen sie sich gegen Befehle entscheiden müssen, in denen das Gewissen mehr zählt als Eid und Gehorsam, in denen Pflichtbewusstsein nicht ausreicht, sondern in Verantwortung aufgehoben werden muss. Hierbei konnten sie auf preußische Vorbilder zurückgreifen.[24] Es dauerte allerdings, bis diese Verantwortung für die Geschichte dazu führte, dass die Wehrmacht als Institution aus dem Traditionsverständnis der Bundeswehr ausgeschlossen wurde.[25]

Überhaupt ist es der Bundeswehr nicht gelungen, dieses von ihren Gründungsvätern erarbeitete breite Verständnis von Verantwortung zu bewahren und gegenüber Einflüssen von außen zu schützen. Obwohl die Innere Führung sehr viel mehr von dem tradierten, am Kriegsbild ausgerichteten Denken aus der Zeit vor 1945 aufgenommen hat als ihre traditionalistischen Kritiker meinten, waren es gerade letztere, die von Anfang an versuchten, die Innere Füh-

---

[22] Zur Inneren Führung in der Aufbauphase der Bundeswehr siehe inbesondere Frank Nägler, Der gewollte Soldat und sein Wandel. Personelle Rüstung und Innere Führung in den Aufbaujahren der Bundeswehr 1956 bis 1964/65, München 2010.

[23] Zum „strategischen Corporal bzw. Gefreiten" siehe Angelika Dörfler-Dierken, Philipp Heinrich, Der „strategische Gefreite" – Mannschaften und die Herausforderungen der Inneren Führung. In Jahrbuch Innere Führung 2015. Neue Denkwege angesichts der Gleichzeitigkeit unterschiedlicher Krisen, Konflikte und Kriege, herausgegeben von Uwe Hartmann und Claus von Rosen, Berlin 2015, S. 149-190.

[24] Siehe Handbuch Innere Führung 1957, S. 47-77.

[25] Siehe Donald Abenheim, Uwe Hartmann, Einführung in die Tradition der Bundeswehr. Das soldatische Erbe in dem besten Deutschland, das es je gab, Berlin 2019.

rung über den Vorwurf der Verweichlichung zu diffamieren.[26] Als es dazu Gegenwehr vor allem aus der Zivilgesellschaft gab, wählten ihre Kritiker eine andere Strategie: nämlich die des Totschweigens. Ein anschauliches Beispiel dafür ist der Umgang mit dem zweiten Traditionserlass von 1982. Dieser wurde nicht aufgehoben (entgegen der Ankündigung des neuen Verteidigungsministers Manfred Wörner), sondern in der Ausbildung vor allem des Führungspersonals nicht mehr unterrichtet. Tradition nahmen Vorgesetzte in der Bundeswehr zunehmend als Last war. Um der Gretchenfrage „Wie hältst Du es mit der Wehrmacht?" auszuweichen, wurde selbst die Veranschaulichung von Führungsgrundsätzen durch historische Beispiele aus dem Zweiten Weltkrieg vernachlässigt.

Die zunehmende Technisierung und Bürokratisierung der Bundeswehr seit den 1970er Jahren, die bereits der ehemalige Generalinspekteur Ulrich de Maiziére als Vorsitzender einer nach ihm benannten Kommission kritisierte und für die er Erziehung als probates Gegenmittel empfahl[27], versetzte dem traditionellen Führungsdenken und seiner Betonung von Verantwortungsfreude einen schweren Schlag. Im Zuge der letzten Reform der Bundeswehr erwies sich die Übernahme von Managementmethoden aus der Privatwirtschaft als schädlich für die Tradition von Auftragstaktik, Verantwortungsfreude und Erziehung. Denn betriebswirtschaftliches Effizienzdenken beruht auf Grundannahmen, die der Natur des Krieges zuwiderlaufen.[28] Hier zeigt sich, wie die Unterfinan-

---

26 Siehe Helmut R. Hammerich, Kerniger Kommiss oder Weiche Welle? Baudissin und die kriegsnahe Ausbildung in der Bundeswehr. In: Wolf Graf von Baudissin 1907-1993. Modernisierer zwischen totalitärer Herrschaft und freiheitlicher Ordnung, herausgegeben von Rudolf J. Schlaffer und Wolfgang Schmidt, München 2007, S. 127-137. Siehe auch Frank Nägler, Der gewollte Soldat und sein Wandel, a.a.O.

27 BMVg (Hrsg.), Führungsfähigkeit und Entscheidungsverantwortung in den Streitkräften, Bonn 1979 (Bericht der de Maiziere-Kommission) sowie BMVg (Hrsg.), Führungsfähigkeit und Entscheidungsverantwortung in den Streitkräften, Bonn 1981 (Bericht zu den Empfehlungen der de Maiziere-Kommission).

28 Donald Abenheim und Carolyn Halladay, Soldiers, War, Knowledge and Citizenship: German-American Essays on Civil-Military Relations, Berlin 2017, S. 293-315. Siehe auch Michael Seyda, Die Reformen der Bundeswehr – Ursachen, Folgen und Handlungsempfehlungen für eine neue Reformkultur. In: Uwe Hartmann, Claus von Rosen (Hrsg.), Jahrbuch Innere Führung 2019. Bundeswehr im Aufbruch. Hindernisse von den verteidigungspolitischen Vorstellungen der AfD bis zu den sicherheitspolitischen Meinungen in der Zivilbevölkerung, Berlin 2019, S. 141-159.

zierung der Bundeswehr nicht nur die Einsatzbereitschaft ihres Großgeräts reduzierte, sondern auch ihre tradierte Führungskultur beschädigte.[29]

Auch die zunehmend strikte politische Kontrolle der deutschen Streitkräfte im Zuge ihrer Teilnahme an Auslandseinsätzen nach dem Ende des Kalten Krieges trug zum Verlust von Verantwortungsfreude bei. Ein Blick in die Geschichte deutscher Streitkräfte vor 1945 zeigt, dass deren militärische Führungsspitzen das Primat der Politik nicht immer akzeptierten. Die Auseinandersetzungen zwischen Bismarck und Moltke, die Rolle des Generalstabs bei Ausbruch und im Verlauf des Ersten Weltkrieges (Schlieffen-Plan und Militärdiktatur Hindenburgs/Ludendorffs) sowie die Distanz von Seeckts zur Weimarer Republik bilden dafür anschauliche Belege. Mit der Westbindung der Bundesrepublik Deutschland und der Assignierung der neuen deutschen Streitkräfte unter die NATO wurde das Primat der Politik zwar formal gefestigt. Die zivil-militärischen Beziehungen blieben jedoch aufgrund dieser historischen Belastungen angespannt. Rücktritte und Entlassungen von Generalen (Trettner, Schnez, Krupinski, Franke, Karst) waren nur die Spitze des Eisberges. Als die Politik die Teilnahme der Bundeswehr an Auslandseinsätzen beschloss, war der von der Sache her geforderte vertrauensvolle Dialog zwischen Politik und Militär nicht eingeübt. Aufgrund des Primats der Politik ist dieser Dialog zwar „ungleich"[30], er ist jedoch immer noch ein Dialog, in dem die verantwortlichen politischen und militärischen Führer Einverständnis über den jeweiligen militärischen Einsatz erzielen sollten. Fehlendes Vertrauen und unzureichendes Verständnis über diesen „ungleichen Dialog" trugen auf Seiten des Militärs zu einem „vorauseilenden Gehorsam" beispielsweise bei der Erarbeitung militärischer Ratschläge und Einsatzmandate bei. Auch das Schweigen der Generale in der Öffentlichkeit[31] dürfte darauf zurückzuführen sein. In der Folge kam es zu Verantwortungsdiffusion und einem stark ausgeprägten Absicherungsdenken innerhalb der Bundeswehr. Die Mitverantwortung, die die Politik hierfür trägt, verdeutlich, dass eine Verbesserung der Verantwortungskultur in der Bundeswehr keine reine militärische Angelegenheit ist.

---

[29] Darauf wies zuletzt der Wehrbeauftragte des Deutschen Bundestages in seinen Jahresberichten hin.

[30] Eliot Cohen, Supreme Command. Soldiers, Statesmen, and Leadership in Wartime, New York 2013.

[31] Siehe dazu Klaus Naumann, Einsatz ohne Ziel? Die Politikbedürftigkeit des Militärischen, Hamburg 2006.

Zur aktuellen Debatte

Ein Blick in die gültige Vorschrift zur Inneren Führung zeigt, dass deren Autoren bewusst oder unbewusst einiges von den über Jahrzehnte hinweg tradierten militärischen Führungsgrundsätzen aus den Vorschriften zur Truppenführung übernommen haben. Deren neueste Version aus dem Jahr 2017 betont, dass der Kern der Grundsätze der Truppenführung seit rund 150 Jahren unverändert ist. Er umfasst *Verantwortungsfreude* als „… eine der vornehmsten Führereigenschaften"[32] sowie das „Führen mit Auftrag". Diese Weiterentwicklung der Auftragstaktik sei ein leitendes Prinzip der Truppenführung und fordere „… den Willen, *Verantwortung zu delegieren, ohne sich der Gesamtverantwortung zu entziehen (hervorgehoben; U.H.)*".[33] Dieser Aspekt der Gesamtverantwortung verdient besondere Beachtung. Denn damit betont die Vorschrift (und sie greift dabei auf eine lange Tradition zurück), dass Vorgesetzte aufgrund ihres Erziehungsauftrags die Verantwortung für das selbständige Handeln ihrer Soldaten (oder auch deren Nichthandeln) tragen.

Die Innere Führung steht innerhalb dieser Tradition. Sie setzt einen eigenen Akzent, indem sie die Selbstverantwortung betont: „Soldatinnen und Soldaten müssen stets in der Lage sein, selbstverantwortlich zu leben und zu handeln und Verantwortung für andere übernehmen zu können."[34] Aufgrund der angestiegenen Zahl an Rechtsextremismusvorfällen in der Bundeswehr wird auch der militärische Dienst in der Bundeswehr wieder stärker als Teil der *politischen Verantwortung* des Staatsbürgers verstanden. Damit wird eine Tradition aus der Bundeswehr als Wehrpflichtarmee wiederbelebt.

Allerdings wirken die Aussagen zur (Selbst-) Verantwortung seltsam abgekoppelt von der Realität in den Streitkräften und auch der von den Soldaten selbst wahrgenommenen Wirklichkeit. Vor allem Mannschaften wünschen sich mehr Verantwortung.[35] Junge Offiziere fordern öffentlich ein, mehr an Führungsver-

---

[32] Inspekteur Heer, Truppenführung (TF), Strausberg 2017, Nr. 406. Siehe dazu auch die TF 1959, Nr. 11.

[33] TF 2017, Nr. 602. Zum Zusammenhang von Innerer Führung und Auftragstaktik siehe die Nr. 613 der Vorschrift zur Inneren Führung. Siehe auch TF 1959, Nr. 8 und 36.

[34] BMVg, Innere Führung, a.a.O., Nr. 508.

[35] Angelika Dörfler-Dierken und Robert Kramer, Innere Führung in Zahlen. Streitkräftebefragung 2013, Berlin 2014.

antwortung übernehmen zu können.[36] Es fehlt der Vorschrift zur Inneren Führung nicht nur der Bezug zum Kriegsbild, das sich seit dem Ende des Kalten Krieges deutlich verändert hat, sondern auch, wie sich Entwicklungen in Politik, Gesellschaft und Bundeswehr auf das Führen mit Auftrag bzw. auf die Auftragstaktik auswirken.[37] Der Erziehungsbegriff wird nahezu vollständig vernachlässigt. Die Vorstellung, einen pädagogischen Raum innerhalb der Bundeswehr zu gestalten, in dem aus dem Kriegsbild abgeleitete Ziele erreicht werden, ist selbst zwischen den Zeilen nicht zu erkennen. Die in der Vorschrift zur Inneren Führung verankerten Grundsätze zur Menschenführung sind so allgemein gefasst und kommen so zivil daher, dass man sich des Eindrucks kaum erwehren kann, dass viele auch auf privatwirtschaftliche Betriebe oder Großverwaltungen zutreffen könnten.[38]

In Politik und Gesellschaft wird heute auch über *kollektive* Verantwortung diskutiert. Dieser Begriff weist darauf hin, dass Institutionen und Organisationen Verantwortung tragen. Die Bestrafung von Industrieunternehmen im Zuge des Dieselskandals (und nicht nur einzelner Manager) ist dafür ein aktuelles Beispiel. Die Bundeswehr hat sich diesem erweiterten Verständnis von Verantwortung im Zuge der Aufarbeitung der rechtsextremistischen Vorfälle im Kommando Spezialkräfte (KSK) gestellt.[39] Die Auflösung einer Kompanie dieses Truppenteils zeigt allerdings auch, dass die individuelle Verantwortung im Sinne einer Gesamtverantwortung kaum mehr gegeben ist. Trotz vieler Skandale und enormer Fehler zuletzt vor allem bei Rüstungsprojekten findet eine Zurechnung nicht statt. Führungspersonen müssen sich scheinbar nicht

---

[36] Dies ist die Hauptbotschaft des Buches „Armee im Aufbruch. Zur Gedankenwelt junger Offiziere in den Kampftruppen der Bundeswehr, herausgegeben von Marcel Bohnert und Lukas J. Reitstetter, Berlin 2014.

[37] Diesen Themen widmete das Handbuch Innere Führung von 1957 den Abschnitt „Soldat in unserer sozialen Wirklichkeit" sowie das Kapitel „Gegenteil von Propaganda".

[38] Siehe dazu auch Martin Sebaldt, Nicht abwehrbereit. Die Kardinalprobleme der deutschen Streitkräfte, der Offenbarungseid des Weißbuchs und die Wege aus der Gefahr, Berlin 2017. Siehe auch den Beitrag von Martin Sebaldt in diesem Jahrbuch. Zur Kritik an der Vorschrift siehe u.a. Claus von Rosen, Die ZDv 10/1 Innere Führung von 2008. Vorschrift – Handbuch – Überbau. In: Jahrbuch Innere Führung 2009. Die Rückkehr des Soldatischen, herausgegeben von Uwe Hartmann, Claus von Rosen, Christian Walther, Eschede 2009, S. 17-51.

[39] Dass Verantwortung auch für die Bundeswehr als Organisation gilt, verdeutlicht anschaulich die Vorschrift zur Inneren Führung, die in ihrem Untertitel von „Führungskultur und Selbstverständnis der Bundeswehr" spricht. Auch die Bundeswehr und nicht nur ihre Angehörigen haben also ein Selbstverständnis, und bei beiden nimmt der Verantwortungsbegriff eine wichtige Leitfunktion ein.

mehr verantworten. Manchmal wird ihnen auch nicht die Chance dazu gegeben. Eine nicht nur auf dem Papier stehende, sondern gelebte Verantwortungskultur benötigte allerdings Beispiele für die Übernahme von persönlicher Verantwortung.[40] Stattdessen scheint der Begriff der „Verantwortungsdiffusion" die Führungskultur in der Bundeswehr zu bestimmen. Sie strahlt aus, in alle Bereiche der Bundeswehr und in alle Dienstgradgruppen. Die in den Vorschriften noch verankerte Tradition von Verantwortungsfreude stößt sich also hart an der Realität in den Streitkräften. Viele Soldaten haben dies klar erkannt.

Schluss

Das traditionelle militärische Verantwortungsverständnis ist durch verschiedene Entwicklungen innerhalb der Bundeswehr sowie in ihren Beziehungen zu Politik und Gesellschaft in Mitleidenschaft gezogen worden. Die Rückkehr der Landesverteidigung als Bündnisverteidigung bei gleichzeitig stattfindenden Krisenmanagementeinsätzen fordert eine Rückbesinnung auf das Denken in Kriegsbildern, um daraus Forderungen für Führungskultur und Selbstverständnis abzuleiten. Dabei sollte das tradierte militärische Verständnis von Verantwortung rekonstruiert und für die künftigen Herausforderungen fruchtbar gemacht werden. Die Forderung nach einem Mentalitätswandel bzw. neuen *Mindset*[41] ist dafür ein erster Schritt.

Was bedeutet die hier geleistete Rekonstruktion des militärischen Verantwortungsverständnisses für die Weiterentwicklung der Inneren Führung und die Erarbeitung einer neuen Vorschrift zu Führungskultur und Selbstverständnis der Bundeswehr? Schauen wir dafür zunächst auf Rahmenbedingungen, die für die Förderung von Verantwortungsfreude günstig sind und deren Chancen politische Leitung und militärische Vorgesetzte aller Führungsebenen ergreifen könnten.

Wir haben schon darauf hingewiesen, dass Soldaten der Bundeswehr mehr Verantwortung übernehmen wollen. Aufgrund der langen Verpflichtungszeiten von Mannschaften, Unteroffizieren und Offizieren in der Freiwilligenarmee Bundeswehr sind nun die Voraussetzungen für die soldatische Erziehung viel günstiger als in ihrer Struktur als Wehrpflichtarmee mit einer zum Ende hin

---

[40] Thomas E. Ricks, The Generals. American Military Command from World War II to Today, New York 2013.

[41] Der Generalinspekteur der Bundeswehr bezeichnet dies als „Mindset Landes- und Bündnisverteidigung" (Tagesbefehl des Generalinspekteurs der Bundeswehr vom 22.9.2020).

sehr kurzen Dauer des Grundwehrdienstes. Auch die bessere Nutzung dieser günstigen Rahmenbedingungen sollte zum neuen Mindset gehören.

Weiterhin ist der neue Traditionserlass für die Förderung von Verantwortungsbewusstsein hilfreich. Die stärkere Betonung der bundeswehreigenen Traditionen fördert das Verständnis von Verantwortung als Soldat in einer Demokratie. Wegen unserer Verantwortung vor der deutschen Geschichte und als „Staatsbürger in Uniform" kann die Wehrmacht als Institution nicht traditionswürdig sein. Dies gilt so auch für die Nationale Volksarmee (NVA).[42] Andererseits ermutigt der Erlass dazu, Vorbilder und Beispiele aus der gesamten deutschen Militärgeschichte für die Traditionspflege und/oder Lehre und Ausbildung nach bestimmten Vorgaben auszuwählen. Auch die „… Aufnahme einzelner Angehöriger der Wehrmacht in das Traditionsgut der Bundeswehr…" sei „grundsätzlich möglich".[43] Die ausschließliche Fokussierung der Traditionspflege in der Bundeswehr auf den Widerstand gegen den Nationalsozialismus und die preußischen Heeresreformen (die allerdings weiterhin wichtig bleiben) soll beendet werden. Dies gewährt deutlich größere Denk- und Handlungsfreiräume für die Er- und Vermittlung von militärischer Verantwortung. Auch die zuletzt wieder stärker berücksichtigte Operationsgeschichte in der Militärgeschichtsschreibung kann einen Beitrag zur Vergegenwärtigung von Verantwortung leisten.[44] Gerade höhere militärische Führungskräfte sollten sich dieser Aufgabe stellen.

Hilfreich ist auch die zuletzt stärker betonte politische, historische und ethische Bildung in der Bundeswehr. Sie bietet vielfältige Möglichkeiten für einen reflektierten Umgang mit Verantwortung. Die kürzlich erfolgte Ermutigung von Soldaten, in sozialen Medien über ihren Dienst zu kommunizieren, unterstützt das möglichst breite Nachdenken über Verantwortung. Gespräche und Kommentare bieten vielfältige Ansatzpunkte für eine kritische Reflexion, gerade auch in Bildungsveranstaltungen der Bundeswehr.

Die Ansätze zur Verbesserung der Fehlerkultur in den Streitkräften sollten dringend intensiviert werden. Fehlerkultur ist ein Lackmustest für die Ernsthaftigkeit der Absicht, eine Verantwortungskultur innerhalb der Bundeswehr

---

[42] Die Tradition in der Bundeswehr. Richtlinien zum Traditionsverständnis und zur Traditionspflege, Berlin, 28. März 2018, Nr. 3.4.1. und 3.4.2 (abgedruckt in Abenheim/Hartmann, Einführung in die Tradition der Bundeswehr, a.a.O., S. 241-242.

[43] Ebd., Nr. 3.4.1.

[44] Siehe dazu u.a. Gerhard P. Groß, Mythos und Wirklichkeit. Geschichte des operativen Denkens im deutschen Heer von Moltke d.Ä. bis Heusinger, Paderborn u.a. 2012.

zu etablieren. Auch die Maßnahmen zur Führungsbegleitung und zum Coaching bieten vielfältige Möglichkeiten zum Gespräch über Verantwortung und zur vertiefenden Selbstreflexion und sollten fortgeführt werden.

Der höhere Verteidigungshaushalt wird dazu beitragen, die Rahmenbedingungen für die Förderung von Verantwortungsfreude zu stärken. Der Wechsel von Effizienz zu Effektivität sollte nicht durch Ungewissheit in der mittel- und langfristigen Finanzplanung behindert werden.

Es bestehen allerdings weiterhin große Herausforderungen. Damit kommen wir zum Nach- und Neusteuerungsbedarf:

Am Anfang einer neuen Verantwortungskultur steht die intensive und auf Dauer gestellte Arbeit am Kriegsbild. Dieses sollte nicht nur in Vorschriften verankert, sondern auch mit der Politik diskutiert und in die breite Öffentlichkeit hineingetragen werden. Das Verständnis dafür trüge dazu bei, dass Politik und Öffentlichkeit und dabei vor allem die Medien von einer „Verantwortungsvermutung" gegenüber den Soldaten ausgehen.

Die möglichst breite Debatte über das Kriegsbild wäre auch für die Behebung des deutschen Strategiedefizits hilfreich. Hier sind in der aktuellen Vorschrift zur Inneren Führung deutliche Lücken erkennbar, die in ihrer ursprünglichen Konzeption nicht existierten.[45] Dazu gehört beispielsweise das „wirkungsorientierte Denken", welches das soldatische Handeln auf allen Führungsebenen in einen unmittelbaren Bezug zu den politischen Zielen eines Militäreinsatzes und seiner strategischen Umsetzung stellt. Dies ist der eigentliche Unterschied zwischen der Auftragstaktik deutscher Streitkräfte vor 1945 und dem Führen mit Auftrag in der Bundeswehr. In der aktuellen Vorschrift zur Truppenführung wird dieses Prinzip deutlich hervorgehoben.[46] Voraussetzung dafür ist allerdings die „Strategiefähigkeit der politischen Klasse"[47], wozu auch der bereits angesprochene „ungleiche Dialog" zwischen politischer Leitung und militärischer Führung gehört. Das von der Inneren Führung seit jeher angesprochene Strategiedefizit wurde im Weißbuch 2016 offiziell anerkannt und soll behoben werden.[48]

Was bedeutet dieser Nach- und Neusteuerungsbedarf für die Erarbeitung einer neuen Vorschrift? Die verantwortlichen Bearbeiter dürfen davon ausgehen,

---

[45] Siehe hierzu den Beitrag von Claus von Rosen in diesem Jahrbuch.
[46] Siehe TF 2017, a.a.O., Nr. 613-615.
[47] Klaus Naumann, Einsatz ohne Ziel?, a.a.O., S. 23-47.
[48] Weißbuch der Bundesregierung 2016, S. 57.

dass die Soldaten der Bundeswehr ein (Vor-)Verständnis von Verantwortung haben. Die hier vorgenommene Analyse zeigt allerdings auf, dass es in Richtung eines Verantwortlich-gemacht-Werdens tendiert und daher weder die „Schlagkraft" bzw. Einsatzbereitschaft der Bundeswehr fördert noch den gewünschten Mentalitätswandel unterstützt. Es kommt also darauf an, in einer neuen Vorschrift zur Inneren Führung den Verantwortungsbegriff zu definieren und zu erläutern. Dazu sollte das bereits existierende Kapitel über die Geschichte der Inneren Führung um ein weiteres über das Kriegsbild und die daraus zu ziehenden Schlussfolgerungen für Verantwortungsfreude und Erziehung zur Verantwortung aufgenommen werden. Hilfreich wäre auch, wenn Disziplinarvorgesetzte das Verantwortungsbewusstsein ihrer Soldaten in den planmäßigen Beurteilungen beschreiben müssten, wie es in der Vergangenheit über Jahrzehnte hinweg der Fall war.[49]

Weiterhin kommt es darauf an, die Vorschriften der Bundeswehr hinsichtlich ihres Verantwortungsverständnisses zu harmonisieren. Die neueste Vorschrift zur Truppenführung enthält richtige und wichtige Grundsätze, die mit dem ursprünglichen Verständnis der Inneren Führung zu Beginn der 1950er Jahre harmonieren, die sich allerdings nicht in der noch gültigen Vorschrift zur Inneren Führung wiederfinden. Bezüge zur Truppenführung hülfen auch, die sachlich nicht richtige, aber immer wieder vorgenommene Trennung von innerer und äußerer Führung zu überwinden.

Soldaten müssen zudem darauf vertrauen können, dass Handeln aus Verantwortungsfreude belohnt wird, selbst wenn es scheitert oder nicht zu den gewünschten Ergebnissen führt. Hier besteht ein grundsätzliches Problem der Inneren Führung. Ihre Grundsätze sind nicht leicht einklagbar. Eine Fehlerkultur entwickelt sich aber erst, wenn Soldaten ihr Handeln verantworten können (bevor sie dafür kritisiert werden). Es kommt also darauf an, diese Möglichkeit durch bessere Vermittlung der Grundsätze der Inneren Führung aufzuzeigen – den Unterstellten sowie den Vorgesetzten. Letztere müssen lernen, dass ihr Erziehungsauftrag von ihnen verlangt, ihre Unterstellten nach dem Warum ihres Handelns zu fragen, bevor es hinsichtlich der Auftragserfüllung bewertet wird.

---

[49] Siehe die nicht mehr gültige ZDv 20/6, Bestimmungen über die Beurteilungen der Soldaten der Bundeswehr, Bonn Februar 1987 (Neudruck Dezember 1990).

Es dürfte auch deutlich geworden sein, dass die Angehörigen der Bundeswehr sich intensiv mit dem soldatischen Erziehungsbegriff beschäftigen müssen.[50] Die neue Vorschrift zur Inneren Führung sollte hierfür Orientierung geben.

Ganz entscheidend wird es sein, dass hochrangige Führungskräfte das neue Denken in die Streitkräfte hinein kommunizieren und vorleben. Die Geschichte der Bundeswehr zeigt, dass hohe Vorgesetzte versucht haben, Innere Führung zu diffamieren, inhaltlich zu reduzieren oder einfach totzuschweigen. Auch der Politik in Gestalt des Verteidigungsausschusses oder des Wehrbeauftragten des Deutschen Bundestages ist es nicht gelungen, das Verständnis für die Grundsätze der Inneren Führung und deren Weiterentwicklung für neue Herausforderungen nachhaltig zu fördern.[51] Die Erarbeitung einer neuen Vorschrift muss daher möglichst breit und offen in Politik, Gesellschaft und Bundeswehr debattiert werden – wie es in den 1950er Jahren der Fall war.

---

[50] Zur Erziehung in der Bundeswehr siehe Uwe Hartmann, Erziehung von Erwachsenen als Problem pädagogischer Theorie und Praxis, Frankfrut/M. 1994.

[51] Zum Wehrbeauftragten siehe Kai Lütsch, Zur veränderten Rolle des Wehrbeauftragten des Deutschen Bundestages – Wächter der Grundsätze der Inneren Führung, Stimme der Soldaten, Lobbyist? In: Uwe Hartmann, Claus von Rosen (Hrsg.), Jahrbuch Innere Führung 2019. Bundeswehr im Aufbruch. Hindernisse von den verteidigungspolitischen Vorstellungen der AfD bis zu den sicherheitspolitischen Meinungen in der Zivilbevölkerung, Berlin 2019, S. 101-114.

Julia Beck

Psychische Resilienz – Begriffe, Konzepte und deren Verankerung in der Inneren Führung

Einführung

Der militärische Dienst stellt hohe Anforderungen an Soldatinnen und Soldaten der Bundeswehr (Innere Führung, Ziffer 105). Der Dienst in einer besonderen Auslandsverwendung geht mit einer Vielzahl von potenziell Stress auslösenden Faktoren (Stressoren) einher. Auslandseinsätze sind häufig mit traumatisch erlebten Ereignissen und einem erhöhten Risiko für posttraumatische Belastungsstörungen (PTBS) verbunden (Wittchen et al., 2012). Studienergebnisse zum Belastungserleben von Angehörigen der US-Streitkräfte führten zur Identifizierung von sechs primären Stressordimensionen im Zusammenhang mit militärischen Operationen: Isolation, Ambiguität, Machtlosigkeit, Langeweile, Gefahr und Arbeitsbelastung (Bartone, 2006). Dies zeigt, wie breit das Belastungsspektrum zu fassen ist und dass Belastungen im Auslandseinsatz nicht ausschließlich aus der Konfrontation mit Tod, Verwundung oder Kampfhandlungen resultieren.

Neben Extrembelastungen im Rahmen von Auslandseinsätzen kann der Dienstalltag in Deutschland ebenso mit Stressoren einhergehen. „Daily hassles" (alltägliche Unannehmlichkeiten) erscheinen im Vergleich zu Ereignissen wie Gefecht, Verwundung oder Tod möglicherweise als vernachlässigbar. Moderate Stressoren persistieren jedoch meist über einen längeren Zeitraum und nehmen einen erheblichen Einfluss auf die psychische Gesundheit (Kanner et al., 1981).

Soldaten und Soldatinnen sind demnach vielfältigen Stressoren ausgesetzt, die sich in Abhängigkeit von Verwendung und Einsatzort in Art und Intensität unterscheiden. Die Konfrontation mit Stressoren bzw. stressvollen Lebensumständen führt jedoch nicht bei allen Menschen zu demselben Belastungserleben.

Die Aufrechterhaltung oder rasche Wiederherstellung der psychischen Gesundheit während oder nach stressvollen Lebensumständen wird als Resilienz bezeichnet. Ob stressvolle Lebensumstände zu einem Belastungserleben führen bzw. die psychische Gesundheit nachhaltig beeinträchtigen, wird durch biologische, psychologische und soziale Faktoren beeinflusst (Kunzler et al., 2018).

Der vorliegende Beitrag folgt der Leitfrage, inwiefern sich die Grundsätze der Inneren Führung auf die Resilienz von militärischem Personal auswirken. Der Beitrag gliedert sich in drei Teile: Zunächst werden Begriffe und Konzepte der jüngsten Forschung zu Resilienz verständlich erläutert. Im zweiten Teil werden Resilienzfaktoren dargestellt und im Hinblick auf die Grundsätze der aktuellen Vorschrift zur Inneren Führung eingeordnet. Im letzten Teil des Beitrages werden die Möglichkeit und vor allem die Notwendigkeit der Verankerung von Resilienz in der neuen Vorschrift zur Inneren Führung diskutiert.

Psychische Resilienz – Begriffe und Konzepte

Der Begriff Resilienz stammt von dem lateinischen Verb „resilire", was so viel bedeutet wie „abprallen" oder „zurückspringen" (Bengel & Lyssenko, 2012). Ihren Ursprung fand die psychologische Resilienzforschung in den 1950er Jahren in der Entwicklungspsychologie. Im Zentrum der Forschungsbemühungen stand die Identifizierung von Faktoren, die eine reguläre Entwicklung von Kindern trotz widriger Lebensumstände begünstigen (Werner, 1993).

Wissenschaftliche Definitionen von Resilienz sind zahlreich und verhältnismäßig heterogen. Dennoch basieren nahezu alle Definitionen auf zwei Kernaspekten: Die Konfrontation mit einem Stressor bzw. widrigen Lebensumständen und eine darauffolgende positive Adaptation bei gleichbleibender Leistungsfähigkeit (Fletcher & Sarkar, 2013; Kunzler et al., 2018).

Während Resilienz vor allem die Aufrechterhaltung eines normalen Funktionsniveaus betont, steht bei mentaler Stärke die Erbringung von Höchstleistungen und die persistente Zielverfolgung trotz widriger Gegebenheiten im Vordergrund (Jones, Hanton & Connaughton, 2002). Das Konstrukt entstammt der sportpsychologischen Forschung und wird mittlerweile auch im militärassoziierten Kontext beforscht (z.B. Calum et al., 2015). Auch wenn sich die Ergebnislage im Vergleich zu Resilienz weniger umfangreich darstellt und das Konzept wegen unzureichender Abgrenzung zu anderen Konstrukten nicht unumstritten ist, wird es im militärischen Alltag zuweilen dennoch verwendet.

Vor allem zu Beginn der Forschung wurde Resilienz als stabile persönlichkeitsnahe Eigenschaft oder gar Veranlagung eines Individuums verstanden (Kunzler et al., 2018). Dem stehen jedoch wissenschaftliche Ergebnisse entgegen, die darauf hinweisen, dass individuelle Resilienz erlernbar und veränderlich ist (Rutter, 2008).

In den letzten Jahren kann ein Wandel der Konzeptualisierung von Resilienz festgestellt werden. Resilienz wird weniger als Persönlichkeitseigenschaft, sondern eher als Prozess oder Ergebnis einer raschen Anpassungsleistung an Stressoren verstanden. Resilienz als Prozess kann durch eine Vielzahl von Faktoren (Resilienzfaktoren) begünstigt werden (Kalisch et al., 2017). Somit ist Resilienz nicht eine Frage der persönlichen Prädisposition, sondern wird als ein „dynamischer und lebenslanger Prozess verstanden, der im Wechselspiel zwischen Person und Umwelt erfolgt und über verschiedene Lebensbereiche und -phasen variiert" (Kunzler et al. 2018: 747).

Der Zusammenhang zwischen Stressor und Belastung

Psychologische Stressmodelle beschreiben den Zusammenhang von Stressor und resultierender Belastung als einen Prozess, der abhängig ist von der Bewertung durch das Individuum. Zum einen wird der Stressor hinsichtlich der potenziellen Bedrohung bewertet und zum anderen hinsichtlich der zur Verfügung stehenden Ressourcen. Eine Belastung resultiert demnach nur, wenn der Stressor als bedrohlich bewertet wird und die Ressourcen als nicht ausreichend erachtet werden (Lazarus, 1966).

Das Soldier Adaptation Model (Bliese & Castro, 2013) beschreibt den Zusammenhang zwischen einem Stressor und einer daraus resultierenden Belastung im Hinblick auf den militärischen Kontext. Die Stärke des Zusammenhanges wird hier von individuellen sowie organisationalen Faktoren (Belastungsmoderatoren) beeinflusst. Die Wahrnehmung und das Erleben von Belastungen sind demnach abhängig von Merkmalen der Soldatin oder des Soldaten selbst sowie von strukturellen oder organisationalen Merkmalen, wie dem Führungsklima oder der Länge des Einsatzes.

Im Hinblick auf organisationale Merkmale stellt sich unweigerlich die Frage, welche Merkmale der Bundeswehr dazu beitragen, den Zusammenhang von Stressoren und resultierenden Belastungen günstig zu beeinflussen. Dies ist umso mehr von Bedeutung, da Stressoren im militärischen Kontext oft nur begrenzt beeinflussbar sind.

Resilienz in der Bundeswehr

Die Bundeswehr hat umfassende Maßnahmen implementiert, welche zum Ziel haben, die psychische Gesundheit der Soldaten und Soldatinnen zu erhalten bzw. wiederherzustellen (Kowalski et al., 2012). Als Beispiel sei das „Rahmenkonzept Erhalt und Steigerung der psychischen Fitness der Soldaten und Soldatinnen" genannt. Resilienz wird hier als eine von drei Dimensionen der psychischen Fitness definiert (für einen Überblick Hanssen, Ungerer & Völker, 2014: 60).

Die Möglichkeit zur Gestaltung von individuellen und organisationalen Belastungsmoderatoren erstreckt sich jedoch weit über den Zuständigkeitsbereich des Psychosozialen Netzwerkes der Bundeswehr hinaus. Die Grundsätze der Inneren Führung sollen bei der Gestaltung von organisatorischen Grundlagen und Strukturen Berücksichtigung finden (Innere Führung, Ziffer 653) und prägen das Selbstverständnis sowie die Führungskultur der Bundeswehr. Sie hat das Potential, nachhaltig Einfluss auf das Belastungserleben der Soldaten und Soldatinnen zu nehmen, da sie individuelle und organisationale Belastungsmoderatoren gleichermaßen formt.

Resilienzfaktoren und die Vorschrift zur Inneren Führung

Die aktuelle Vorschrift zur Inneren Führung lässt den Begriff der Resilienz auf den ersten Blick unerwähnt. Dennoch lassen sich Grundsätze und Ziele der Inneren Führung identifizieren, die sich günstig auf Resilienz auswirken können.

Die Forschung zu Resilienzfaktoren ist sehr umfangreich und die Ergebnisse können an dieser Stelle nicht annähernd vollumfänglich dargestellt werden. Im Folgenden sollen dennoch ausgewählte Resilienzfaktoren erläutert werden, die durch die Grundsätze der Inneren Führung begünstigt werden könnten. Hier sind vor allem Resilienzfakoren relevant, die als grundsätzlich beeinflussbar betrachtet werden. Neben psychologischen Faktoren handelt es sich vor allem um soziale Faktoren.

Kontrollüberzeugung

Kontrollüberzeugung beschreibt in der Psychologie die subjektiv wahrgenommene Beeinflussbarkeit einer Situation (Rotter, 1966). Werden Ereignisse vorwiegend als Resultat der Handlungen anderer (z.B. Vorgesetzter) wahrgenommen, ist dies als sozial-externale Kontrollüberzeugung definiert. Eine fatalistisch-externale Kontrollüberzeugung liegt vor, wenn Ereignisse gar dem Zufall oder dem Schicksal zugeschrieben werden. Als Resilienzfaktor wird insbesondere eine hohe internale Kontrollüberzeugung angesehen. Diese ist gegeben, wenn Ereignisse als Resultat eigener Handlungen wahrgenommen werden. Die protektive Wirkung einer internalen Kontrollüberzeugung ist vor allem im Hinblick auf chronische Stressoren gut untersucht (für einen Überblick Bengel & Lyssenko, 2012).

Die Kombination von quantitativ hohen Arbeitsanforderungen und einem geringen Grad an Kontrolle bzw. einem geringen Handlungsspielraum werden als Merkmale von Arbeitsplätzen mit einem erhöhten Stresspotential angesehen (Karasek & Theorell, 1990). Der militärische Dienst kann insbesondere im Rahmen von Auslandseinsätzen mit hohen Unwägbarkeiten einhergehen. Darüber hinaus sind militärische Organisationen von hierarchischen Strukturen und einer gewissen Fremdbestimmung geprägt.

Bestimmte Grundsätze der Inneren Führung vermögen jedoch die nachteilige Wirkung von Fremdbestimmung und geringer Kontrolle günstig zu beeinflussen. Zum einen definiert die Innere Führung klare Grenzen für Befehl und Gehorsam (Innere Führung, Ziffer 309). Führungskräfte sind zudem dazu angehalten, Befehle einsichtig zu machen und ihre Untergebenen zu informieren. „Beteiligung als militärischer Führungsgrundsatz" kann dazu beitragen, die Kontrollüberzeugung der Soldaten und Soldatinnen positiv zu beeinflussen. Transparentes und konsistentes Führungsverhalten kann sich über die Förderung einer internalen Kontrollüberzeugung förderlich auf Resilienz als Prozess auswirken.

Selbstwirksamkeitserwartung

Selbstwirksamkeitserwartung beschreibt die Annahme eines Individuums, aktuellen und zukünftigen Anforderungen der Umwelt mit den eigenen Fähigkeiten adäquat und erfolgreich begegnen zu können (Bandura, 1977).

Vor allem die psychische Anpassung nach kritischen und traumatischen Lebensereignissen zeigt Zusammenhänge mit einer hohen Selbstwirksamkeitserwartung (Benight & Bandura, 2004). Für die militärische Führungskraft ist dies insbesondere interessant, da es sich zwar um ein mittelfristig stabiles Konstrukt handelt, welches aber grundsätzlich durch Lernerfahrung veränderbar ist (Bengel & Lyssenko, 2012). Die aktuelle Vorschrift zur Inneren Führung benennt

„gemeinsame Bewältigung von Belastungssituationen" als Möglichkeit zur Steigerung des „Vertrauens in die gemeinsame Leistungsfähigkeit" (Innere Führung, Ziffer 617). Insbesondere im Rahmen der militärischen Ausbildung kann die Führungskraft somit nachhaltig Einfluss auf die Selbstwirksamkeitserwartung der Untergebenen nehmen. Hierzu sind jedoch längst nicht immer Belastungssituationen erforderlich. Selbstwirksamkeit resultiert im Allgemeinen aus Erfolgserfahrungen, die der eigenen Kompetenz zugeschrieben werden. Diese Erfolgserfahrungen sind nur möglich, wenn Führungskräfte Handlungsspielräume und die Möglichkeit zur Mitwirkung und Mitverantwortung zulassen. Das Prinzip „Führen mit Auftrag" (Innere Führung, Ziffer 612) verfügt demnach über das Potential, die Selbstwirksamkeitserwartung der Soldaten und Soldatinnen zu stärken.

In anderen Streitkräften wird die Förderung von Resilienz durch Vorgesetzte ebenfalls aufgegriffen. Das US Army Master Resilience Training ist eine Säule eines umfassenden Programms, das die Förderung von Resilienz zum Ziel hat (Lester et al., 2011). Ein Bestandteil des Trainings ist das Erkennen von Stärken und Schwächen sowie effektives Loben. Letzteres stellt eine spezifische Strategie, besondere Anstrengung oder eine konkrete Fähigkeit in den Fokus des Lobes durch den Vorgesetzten (Reivich, Seligman & McBride, 2011). Was in erster Linie Wertschätzung ausdrückt, sollte darüber hinaus die Selbstwirksamkeitserwartung der Soldaten und Soldatinnen nachhaltig festigen.

Soziale Unterstützung

In militärischen Gemeinschaften nehmen Zusammenhalt und Kameradschaft einen hohen Stellenwert ein. Kameradschaft kann sich auf vielfältige Art und Weise äußern. Ein wesentliches Merkmal ist sicherlich die gegenseitige soziale Unterstützung.

Soziale Unterstützung wird in der Forschungsliteratur als ein Sammelbegriff für soziale Interaktionen verstanden, die der Unterstützung einer Person dienen. Es werden drei Arten der sozialen Unterstützung differenziert. Emotionale Unterstützung kann im Rahmen von Gesprächen durch Zuwendung, Verständnis oder Trost erfolgen. Auch die Vermittlung eines Zugehörigkeitsgefühls oder der Rückhalt der Gruppe gilt als emotionale Unterstützung. Das Leisten von konkreter Hilfe im Alltag oder auch die Unterstützung durch finanzielle Mittel oder Sachleistungen ist als praktische (instrumentelle) Unterstützung definiert. Die Bereitstellung von Informationen, die der konkreten

Lösung von Problemen dienen, wird als informationelle Unterstützung verstanden (Bengel & Lyssenko, 2012).

Soziale Unterstützung gilt als wissenschaftlich gut belegter Resilienzfaktor. Interessanterweise ist die protektive Wirkung nicht notwendigerweise davon abhängig, dass es tatsächlich zu einer Unterstützung durch das soziale Umfeld kommt (tatsächliche Unterstützung). Allein die situationsübergreifende Erwartung einer Person, bei Bedarf adäquate Unterstützung zu erhalten (wahrgenommene Unterstützung), zeigt in Studien konsistent eine protektive Wirkung (Bengel & Lyssenko, 2012).

Die militärische Sozialisation mit der Vermittlung von Werten wie Kameradschaft und Zusammenhalt eröffnet die Möglichkeit, wahrgenommene Unterstützung als Ressource für die Soldaten und Soldatinnen zu etablieren. Die Innere Führung zeichnet hier ein klares Bild von der Verantwortung einer militärischen Führungskraft, den Zusammenhalt und die Kameradschaft in der militärischen Gemeinschaft zu fördern. Vorgesetzte sind darüber hinaus zur Fürsorge verpflichtet und sollen sich der Nöte und Sorgen ihrer Soldaten und Soldatinnen annehmen (Innere Führung: Nr. 27). Studien zeigen, dass insbesondere die soziale Unterstützung durch Vorgesetzte mit vermindertem Stresserleben assoziiert ist (Gregersen et al., 2010).

Commitment

Organisationales Commitment ist als die psychologische Verbundenheit eines Individuums mit einer Organisation (oder Gruppe) definiert. Commitment kann sich auf die Verbundenheit eines Soldaten oder einer Soldatin mit der Bundeswehr in ihrer Gesamtheit oder mit der jeweiligen Einheit beziehen (Felfe, 2008).

Wertvorstellungen wie Loyalität oder Pflichtbewusstsein, etwa als Resultat der militärischen Sozialisation, führen zu einer wahrgenommenen moralischen Verpflichtung gegenüber der Organisation (normatives Commitment). Commitment kann ebenso aus einem rationalen Abwägungsprozess von Vor- und Nachteilen des Verbleibs in der Organisation resultieren (kalkulatorisches Commitment). Die emotionale Verbundenheit mit der Organisation wird als affektives Commitment bezeichnet und kann sich als Identifikation, Stolz und Loyalität manifestieren (Allen & Meyer, 1990).

Im Rahmen einer Befragung von jungen Offizieren zeigte sich ein Zusammenhang von Tätigkeitsinhalt und affektivem Commitment. Je eher die eigene Tätigkeit als abwechslungsreich, herausfordernd und verantwortungsvoll wahrgenommen wurde, desto höher war auch das affektive Commitment der Offiziere ausgeprägt (Felfe & Scherm, 2012). Dies darf selbstverständlich nicht repräsentativ für alle Soldaten und Soldatinnen verstanden werden. Hinsichtlich Resilienz sind die Ergebnisse jedoch insofern interessant, da Hinweise auf einen Zusammenhang zwischen affektivem Commitment und einem verminderten Belastungserleben existieren (Meyer & Maltin, 2010). Für den militärischen Dienst kann dies bedeuten, dass die Führungskraft durch die Gestaltung der Aufträge Einfluss auf das Belastungserleben von Soldaten und Soldatinnen nehmen kann. Handlungsspielräume und die Mitverantwortung für die Erreichung eines konkreten Zieles stärken somit nicht nur die Identifikation mit dem Auftrag und der Bundeswehr, sondern begünstigen Resilienz als Prozess.

Hardiness (Widerstandsfähigkeit)

Hardiness (Widerstandsfähigkeit) ist ein weiterer Resilienzfaktor, der vor allem im Hinblick auf kritische und potentiell traumatische Lebensereignisse gut belegt ist (Bengel & Lyssenko, 2012).

Hardiness (Kobasa, 1979) besteht aus drei Komponenten:

- *Engagement* beschreibt die Grundhaltung eines Individuums, Sinn und Bedeutung in unterschiedlichen Lebensbereichen zu finden sowie die Motivation und das Interesse, diese aktiv gestalten zu wollen.

- *Kontrolle* beschreibt die Annahme, die Geschehnisse in der eigenen Umwelt aktiv beeinflussen zu können und zudem den Willen sowie die Bereitschaft, Verantwortung zu übernehmen.

- *Herausforderung* bedeutet, dass Veränderungen oder Herausforderungen als Gelegenheit für Wachstum und Weiterentwicklung verstanden und nicht als bedrohlich wahrgenommen werden.

Vor allem für den militärischen Kontext existieren zahlreiche Forschungsarbeiten, die deutliche Argumente für einen günstigen Zusammenhang von Hardiness und Resilienz liefern. Es zeigte sich etwa eine „stresspuffernde" Wirkung von Hardiness bei israelischen Soldaten und Soldatinnen, Angehörigen der norwegischen Marine und von militärischem Personal für UN-Friedensmissionen. Ein moderierender Effekt von Hardiness auf die Stärke von Stresssymptomen nach Gefechts- und Kampfhandlungen wurde in einer Studie mit amerikanischen Golfkriegsveteranen festgestellt (für einen Überblick der erwähnten Studien siehe Bartone, 2006).

Grundsätzlich gehen die Autoren des Konstrukts davon aus, dass Hardiness auch im Erwachsenenalter veränderlich ist (Maddi, 2002). Der Einfluss militärischer Führungskräfte auf die Resilienz von untergebenen Soldaten und Soldatinnen wurde von Bartone (2006) diskutiert. Den primär zugrundeliegenden Wirkmechanismus sieht er in der Art, wie stressreiche Ereignisse interpretiert werden bzw. welcher Sinn diesen zugeschrieben wird.

Die Vermittlung der Sinnhaftigkeit des Dienens und des militärischen Auftrages ist ein erklärtes Ziel der Inneren Führung. Soldaten und Soldatinnen sollen aus Einsicht handeln und erfüllen ihren Auftrag, wenn sie aus innerer Überzeugung für die Werte unseres Staates aktiv eintreten (Innere Führung, Ziffer 106). Man könnte argumentieren, dass sich dies günstig auf die Interpretation von stressreichen Ereignissen auswirken könnte, die in direktem Zusammenhang mit dem militärischen Auftrag stehen. Aus der Legitimation des Auftrages ergäbe sich die Legitimation der stressreichen Ereignisse im Sinne des Hardiness-Konstruktes. Bartone (2006) schlussfolgerte, dass Führungskräfte die Art und Weise, wie stressreiche Erlebnisse interpretiert werden, aktiv beeinflussen können.

Stimmen aus der Praxis kritisierten, dass die Vermittlung von Sinn und Notwendigkeit der Aufgaben sowie die Einordnung in Gesamtzusammenhänge zuweilen nur schwer umsetzbar sind und zudem nicht ausreichen, um nachhaltig zur Sinnstiftung beizutragen (Bohnert, 2017: 63). Unwägbarkeiten, Fremdbestimmung und fehlende Nachvollziehbarkeit von Entscheidungen stellen ohne Zweifel Stressoren für militärisches Personal dar (Bartone, 2006). Die Innere Führung kann nur zur Sinnstiftung beitragen, wenn Soldaten und Soldatinnen persönliche Identifikationspunkte inmitten des Wertegerüsts der Inneren Führung finden. Die theoretische Konzeption der Inneren Führung muss demnach in gelebten Werten von persönlicher Relevanz resultieren, um sich günstig auf die Interpretation von Belastungen auswirken zu können.

Resilienz – Die Verankerung in der zukünftigen Vorschrift zur Inneren Führung

Resilienz wird in der aktuellen Vorschrift zur Inneren Führung nicht explizit erwähnt. Aspekte wie Einsatzbereitschaft, Leistungsfähigkeit oder Motivation werden jedoch immer wieder als Ergebnis oder Ziel der Führungsgrundsätze genannt. Im Rahmen der vorangegangenen Darstellung der Resilienzfaktoren ließen sich zahlreiche, resilienzförderliche Aspekte der Inneren Führung aufzeigen. Man könnte demnach argumentieren, dass Resilienz längst „implizit" in der Inneren Führung verankert ist. Hinsichtlich der enormen Stressoren, die mit dem militärischen Dienst einhergehen können und den daraus resultierenden Folgen für die psychische Gesundheit (Wittchen et al., 2012) ist es (aus psychologischer Sicht) durchaus empfehlenswert, Resilienz in der Inneren Führung explizit zu benennen. Die Grundsätze der Inneren Führung sollen organisationales Gestalten, Führungsverhalten und Selbstverständnis der Soldaten und Soldatinnen leiten und können somit individuelle organisationale und Belastungsmoderatoren beeinflussen (Bliese & Castro, 2013). Die militärische Sozialisation prägt Einstellungen und Werteorientierung der Soldaten und Soldatinnen. Erste Untersuchungen zeigen, dass die Werteorientierung einen differenzierten Einfluss auf psychische Gesundheit und Resilienz hat (Zimmermann et al., 2014). Einsatzerfahrungen, die mit einer nachhaltigen Verletzung des individuellen Werte- und Normverständnisses (moral injuries) einhergehen, haben tiefgreifende Folgen für die psychische Gesundheit der betroffenen Soldaten und Soldatinnen (Alliger-Horn et al., 2018). Die Innere Führung stellt Wertegerüst und moralischen Kompass der Bundeswehr dar. Das Wissen um den Einfluss von Werten auf die psychische Gesundheit sollte bei der Weiterentwicklung der Vorschrift berücksichtigt werden. Die Konzeptualisierung von psychischer Fitness und Resilienz in der Bundeswehr ist eng verbunden mit dem Erleben von Sinnhaftigkeit in Bezug auf das eigene Handeln, der wahrgenommenen Bewältigbarkeit von Anforderungen und der Verstehbarkeit von Ereignissen (Hanssen, Ungerer & Völker, 2014: 61). Dies sind hohe Ziele, die nicht annähernd durch gelegentliche Interventionen des Psychosozialen Netzwerkes oder die sanitätsdienstliche Versorgung sichergestellt werden können. Dies alles sind Argumente für die explizite Verankerung von Resilienz in der neuen Vorschrift zur Inneren Führung. Daraus ergibt sich die Frage, wo die Schwerpunkte bei einer möglichen Verankerung gesetzt werden könnten.

Einführend wurde der Wandel der Konzeptualisierung von Resilienz skizziert. Die neue Vorschrift zur Inneren Führung sollte Resilienz als dynamischen Prozess verstehen und nicht als unveränderliche Veranlagung der Soldaten und Soldatinnen. Resilienz ist abhängig vom Kontext und wird von zahlreichen Faktoren beeinflusst. Viele Aspekte von Resilienz lassen sich erlernen, ausbilden und vor allem vorleben.

Die aktuelle Vorschrift definiert Gestaltungsfelder der Inneren Führung, die ohne Zweifel einen wichtigen Beitrag zur Gesunderhaltung der Soldaten und Soldatinnen leisten. Als Beispiele seien „Fürsorge und Betreuung" oder die „sanitätsdienstliche Versorgung" genannt. Die Darstellung der Resilienzfaktoren im zweiten Teil dieses Beitrages zeigt jedoch eines auf: Das wahrscheinlich wichtigste Gestaltungsfeld im Hinblick auf Resilienz ist die Menschenführung.

Die Grundsätze der Inneren Führung weisen deutliche Parallelen zu einem Konstrukt auf, welches in der psychologischen Führungsforschung als Transformationale Führung verstanden wird. Transformationale Führungskräfte wirken als Vorbild, nehmen bewusst Einfluss auf die Werte und Einstellungen der Menschen und motivieren somit zum Handeln aus innerer Überzeugung. Sie nutzen und fördern die Fähigkeiten der Menschen, stellen herausfordernde Aufgaben und schenken den individuellen Bedürfnissen der Geführten besondere Beachtung (z.B. Bass, 1998). Es existieren substanzielle empirische Hinweise für einen Zusammenhang zwischen transformationaler Führung und psychischer Gesundheit. Führungsverhalten beeinflusst maßgeblich Resilienz (Gregersen et al., 2010). Militärische Vorgesetzte sollten sich bewusst sein, dass ihre Möglichkeiten der Einflussnahme auf Resilienz weit über Fürsorge, Gesunderhaltung oder Entlastung von belasteten Soldaten und Soldatinnen hinausgehen.

Fazit

Der militärische Dienst fordert viel, wenn nicht alles von unseren Soldaten und Soldatinnen. In der zukünftigen Vorschrift zur Inneren Führung sollte klar und nachvollziehbar dargestellt werden, dass die Bindung an Werte, das Führen durch Auftrag, Partizipation oder die Begründung von Befehlen zu Resilienz beitragen können. So kann aus den Grundsätzen der Inneren Führung eine tatsächlich gelebte Führungskultur wachsen, welche die Stärkung von Resilienz als erklärtes Ziel versteht.

Literatur

Alliger-Horn, C., Hessenbruch, I., Fischer, C. et al. „Moral injury" bei kriegstraumatisierten deutschen Bundeswehrsoldaten. Psychotherapeut 63, S. 322–328 (2018). https://doi.org/10.1007/s00278-018-0287-z.

Allen, N.J., Meyer, J. P. (1990). The Measurement and Antecedents of Affective, Continuance and Normative Commitment to the Organisation. In: Journal of Occupational Psychology. 63, S. 1–18.

Bandura, A. (1977). Self-efficacy: Toward a unifying theory of behavioral change. Psychological Review, 84, S. 191–215.

Bartone, P. T. (2006). Resilience under military operational stress: Can leaders influence hardiness? *Military Psychology, 18* (Suppl), S. 131–148. https://doi.org/10.1207/s15327876mp1803s_10

Bass, B.M. (1998). Transformational Leadership. Industrial, Military, and Educational Impact. Mahwah, NJ: LEA.

Bengel J, Lyssenko L (2012) Resilienz und psychologische Schutzfaktoren im Erwachsenenalter. Stand der Forschung zu psychologischen Schutzfaktoren von Gesundheit im Erwachsenenalter. Bundeszentrale für gesundheitliche Aufklärung, Köln

Benight, C. C., Bandura, A. (2004): Social cognitive theory of posttraumatic recovery: The role of perceived self-efficacy. Behaviour Research and Therapy, 42 (10), S. 1129–1148.

Bliese, P. & Castro, C. (2003) The soldier adaptation model (SAM): Applications of peacekeeping research. In: Britt, T. & Adler, A. (Eds.) The psychology of the peacekeeper. Westport, CT: Praeger.

BMVg (2017), Zentrale Dienstvorschrift A-2600/1 Innere Führung.

Bohnert, M. (2017). Innere Führung auf dem Prüfstand. Lehren aus dem Afghanistan-Einsatz der Bundeswehr. Hamburg: Deutscher Veteranen Verlag.

Calum A. Arthur, James Fitzwater, Lew Hardy, Stuart Beattie & James Bell (2015). Development and Validation of a Military Training Mental Toughness Inventory, Military Psychology, 27:4, S. 232-241, DOI: 10.1037/mil0000074

Felfe, J. (2008). Mitarbeiterbindung. Göttingen: Hogrefe.

Felfe, J. & Scherm, M. (2012). Die Attraktivität einer Karriere als Berufssoldat aus Sicht studierender Offiziere. In: U. Hartmann, C. von Rosen & C. Walther (Hrsg.). Jahrbuch Innere Führung 2012, S. 134-152. Berlin: Carola Hartmann Miles-Verlag.

Fletcher, D., Sarkar, M. (2013). Psychological resilience: A review and critique of definitions, concepts, and theory. European Psychologist, 18(1), S. 12–23. doi: 10.1027/1016-9040/a000124.

Gregersen, S.; Kuhnert, S.; Zimber, A.; Nienhaus, A. (2011). Führungsverhalten und Gesundheit – Zum Stand der Forschung Gesundheitswesen 2011; 73(1): S. 3-12 doi: 10.1055/s-0029-1246180.

Hanssen, N., Ungerer, J. & Völker, B. (2014). Psychische Fitness. In: G. Kreim, S. Bruns, B. Völker (Hrsg.). Psychologie für Einsatz und Notfall. Ansätze und Perspektiven der Militärpsychologie, S. 56–67. Bonn: Bernard & Graefe in der Mönch Verlagsgesellschaft mbH

Jones, G.; Hanton, S.; Connaughton, D. (2002). "What Is This Thing Called Mental Toughness? An Investigation of Elite Sport Performers". Journal of Applied Sport Psychology. 14 (3): S. 205–218. doi:10.1080/10413200290103509.

Karasek, R. A., & Theorell, T. (1990). Healthy work: Stress, productivity and the reconstruction of working life. New York: Basic Books.

Kalisch R, Baker DG, Basten U et al (2017) The resilience framework as a strategy to combat stress- related disorders. Nat Hum Behav 1: S. 784–790.

Kanner AD, Coyne JC, Schaefer C, Lazarus RS. Comparison of two modes of stress measurement: daily hassles and uplifts versus major life events. J Behav Med. 1981 Mar;4(1):1–39. doi: 10.1007/BF00844845. PMID: 7288876.

Kobasa, S. C. (1979). Stressful life events, personality, and health: An inquiry into hardiness. Journal of Personality and Social Psychology, 37, S. 1–11.

Kowalski JT, Hauffa R, Jacobs H, Höllmer H, Gerber WD, Zimmermann P: Deployment-related stress disorder in German soldiers: utilization of psychiatric and psychotherapeutic treatment. Dtsch Arztebl Int 2012; 109(35–36): S. 569–75. doi: 10.3238/arztebl.2012.0569

Kunzler, A.M., Gilan, D.A., Kalisch, R. et al. Aktuelle Konzepte der Resilienzforschung. Nervenarzt 89, S. 747–753 (2018). doi:10.1007/s00115-018-0529-x

Lazarus, R. S. (1966): Psychological stress and the coping process. New York, NY US: McGraw.

Lester, P. B., Harms, P. D., Herian, M. N., Krasikova, D. V., & Beal, S. J. (2011). The Comprehensive Soldier Fitness Program Evaluation. Report # 3: Longitudinal analysis of the impact of Master Resilience Training on self- reported resilience and psychological health data.

Maddi, S. R. (2002): The story of hardiness: Twenty years of theorizing, research, and practice. Consulting Psychology Journal: Practice and Research, 54 (3), S. 173–185.

Meyer JP, Maltin ER: Employee commitment and well-being: A critical review, theoretical framework and research agenda. Journal of Vocational Behavior 2010; 77(2): 323–337.

Reivich KJ, Seligman ME, McBride S. Master resilience training in the U.S. Army. Am Psychol. 2011 Jan;66(1): S. 25–34. doi: 10.1037/a0021897. PMID: 21219045.

Rotter, J. B. (1966): Generalized expectancies for internal versus external control of reinforcement. Psychological Monographs, 80 (609).

Rutter, M. (2008). Developing concepts in developmental psychopathology. In J. J. Hudziak, Developmental psychopathology and wellness: Genetic and environmental influences (pp. 3–22). Washington, DC: American Psychiatric Publishing.

Werner, E. (1993). Risk, resilience, and recovery: Perspectives from the Kauai Longitudinal Study. Development and Psychopathology, 5(4), S. 503-515. doi:10.1017/S095457940000612X.

Wittchen HU, Schönfeld S, Kirschbaum C, et al. Traumatic experiences and posttraumatic stress disorder in soldiers following deployment abroad: how big is the hidden problem? Deutsches Arzteblatt International. 2012 Sep; 109 (35-36): S. 559–568. doi: 10.3238/arztebl.2012.0559.

Zimmermann P, Firnkes S, Kowalski JT, et al. Personal values in soldiers after military deployment: associations with mental health and resilience. European Journal of Psychotraumatology. 2014; 5.
doi: 10.3402/ejpt.v5.22939.

Der Schwarze Schwan und die Innere Führung

Jörg Wellbrink

Irak, Multinationales Camp Erbil: Es ist 01:41 Uhr in der Nacht vom 7. zum 8. Januar 2020. Die Sirenen des Camps gellen durch die Nacht. Jeder im Camp weiß, was diese Alarmierung bedeutet: Raus aus dem Bett, Schutzausstattung anlegen, Waffe greifen und sofort in die Schutzbauten laufen. Einige wenige müssen sich unverzüglich in den Gefechtsstand begeben, um sich und dem Führer der Deutschen Kräfte ein Lagebild zu verschaffen. Noch während die Soldatinnen und Soldaten aus den Unterkünften herauslaufen, ist ein Einschlag zu hören; teilweise sind die Auswirkungen einer Druckwelle zu spüren. Jetzt ist allen klar, das ist eine reale Bedrohung, kein Probealarm, und es besteht Lebensgefahr. Das Beziehen der Schutzbauten verläuft ruhig und geordnet. Innerhalb von neun Minuten meldet der verantwortliche Offizier die Vollzähligkeit der deutschen Soldatinnen und Soldaten an den Gefechtstand. Bislang ist niemand zu Schaden gekommen. Schnell ist klar, dass dies ein Angriff mit Mittelstreckenraketen auf mindestens zwei Standorte der Koalitionskräfte ist; Erbil und Al Asad. Weitere Angriffswellen mit Mittelstreckenraketen stehen bevor bzw. werden durch die Informationskanäle der Koalitionskräfte angekündigt. Es sollte eine lange Nacht werden und ein bewegter Tag, den sicherlich alle vor Ort Gewesenen kaum vergessen werden.

Dieser Beitrag beschreibt die Ereignisse und Erlebnisse im Irak von Ende Dezember 2019 bis zum besagten 8. Januar 2020 aus Sicht des vor Ort verantwortlichen Führers Deutsche Kräfte Capacity Building Iraq. Die Inhalte sind frei zugänglich. Eine der Quellen ist ein Wikipedia-Artikel[1] zur Operation Martyr Soleimani – so bezeichnet der Iran diese Attacke.

Für den Autor als Führer der Deutschen Kräfte im Irak war es eine Spitzenverwendung, die zu den sehr guten Erfahrungen in seiner fast 40-jährigen Laufbahn zählt. Das liegt neben den sehr freundlichen und zugewandten Gastgebern, insbesondere im Nordirak (Kurdistan), an der guten Zusammenarbeit mit den multinationalen Kräften, aber in erster Linie an dem vertrauensvollen und konstruktiven Umgang der Soldatinnen und Soldaten vor Ort. Auch und gerade in den sehr belastenden Momenten konnte sich der Autor auf seinen

---

[1] https://en.wikipedia.org/wiki/Operation_Martyr_Soleimani (abgerufen am 14. September 2020)

engsten Kreis verlassen und fühlte sich als militärischer Vorgesetzter nicht einsam.

Zunächst beschreibt der Artikel die relevanten Vorgänge in chronologischer Reihenfolge, inklusive der Handlungen vor Ort. Anschließend wird das Phänomen des Schwarzen Schwans näher erläutert und wie die Situation vor Ort damit zusammenhängt.

Im Schwerpunkt stellt der Artikel die ausgeübte und erlebte Führung in einer extremen Situation dar und stellt dieses in Relation zu den Prinzipien der Inneren Führung.

Der Führer Deutsche Kräfte Capacity Building Iraq führte gemeinsam mit seinen fünf Vorgesetzten der Disziplinarstufe 1[2] ca. 160 Soldatinnen und Soldaten an den vier Einsatzorten. Auftrag der deutschen Kräfte war es, im Rahmen der Operation Inherent Resolve in den Säulen Ausbildung, Beratung und Ertüchtigung gemeinsam mit den Koalitionskräften die Fähigkeitsentwicklung des Iraks voranzutreiben. Alle Maßnahmen der Bundeswehr fokussierten darauf, den Auftrag bestmöglich zu erfüllen und die Gefahr für Leib und Leben der eingesetzten Kräfte zu minimieren.

Die Sicherheitslage wird immer angespannter

Wochenlange Proteste gegen die irakische Regierung, insbesondere in Bagdad und im Süden Iraks, hatten bereits einen hohen Tribut gefordert. Viele Menschen verloren ihr Leben aufgrund der ausgeübten exzessiven Gewalt der Regierungstruppen gegenüber den Demonstranten.[3]

Die Bedrohungslage für die Koalitionskräfte im Irak hatte sich im zweiten Halbjahr 2019 verschlechtert. Es wurden vermehrt Raketenangriffe auf deren Einrichtungen verübt, mit hoher Wahrscheinlichkeit von Iran-nahen schiitischen Milizen der Popular Mobilization Forces. Die Einsatzorte Bagdad und Taji waren davon regelmäßig betroffen, ohne dass bei den Koalitionskräften Personen zu Schaden kamen. Die deutschen Kräfte suchten in beiden Einsatzorten wiederholt Schutzbauten auf, um sich der Gefahr zu entziehen.

---

[2] Vorgesetzter des Stabes Erbil; Vorgesetzte für die Mobile Training Units Erbil und Taji; Vorgesetzter Sanitätseinsatzstaffel Erbil und Vorgesetzter für die Kräfte in Bagdad und Kuwait
[3] https://www.amnesty.de/jahresbericht/2019/irak (abgerufen am 14. September 2020)

Am 27. Dezember 2019 wurde dann aus Sicht der USA eine rote Linie über-schritten[4]: Bei einem Angriff mit mehreren Raketen auf den US-amerikanischen Stützpunkt Al Asad bei Kirkuk im Nordirak wurden vier US-Soldaten verwundet und ein US-Staatsbürger getötet. Die USA machten die Iran-nahe Miliz Kataib Hisbollah dafür verantwortlich und reagierten im Alleingang ohne Beteiligung der Koalitionskräfte oder des Stabes Operation Inherent Resolve.

Am 29. Dezember 2019 flog die US-amerikanische Luftwaffe fünf Angriffe auf Einrichtungen der Kataib Hisbollah in Syrien und Irak. 25 Menschen sollen getötet und 50 weitere verletzt worden sein. US-Präsident Donald Trump rechtfertigte die Mission mit den Opfern des Angriffs auf die US-Basis zwei Tage zuvor.

Sowohl der Iran als auch die Iran-nahen Milizen drohten den Amerikanern mit Vergeltungsschlägen. Es kam zu anti-amerikanischen Demonstrationen in Bagdad, einem erstmaligen Eindringen von Demonstranten in die sogenannte Green Zone[5] und einem Angriff von Demonstranten auf die US-Botschaft am 1. Januar 2020. Die Lage deeskalierte erst, als sich die Demonstranten aus der Green Zone zurückgezogen hatten.

Am 3. Januar 2020 wurden der Kommandeur der iranischen Al-Quds-Brigaden und Volksheld des Iran, Generalmajor Qasem Soleimani[6], sowie Brigadegeneral Abu Mahdi al-Muhandis, Kommandeur der Kataib Hisbollah und stellvertretender Führer der Popular Mobilization Forces in Irak mittels einer US-amerikanischen Drohne in der Nähe des Flughafen Bagdads getötet. Diese Aktion wurde sowohl von der iranischen als auch von der kommissarischen Regierung des Iraks scharf verurteilt. Die iranische Regierung kündigte Vergeltungsmaßnahmen an. Sicherheitskreise erwarteten, dass es nach der Beerdigung Soleimanis und einer fünftägigen Trauerzeit zu Reaktionen seitens der Iran-nahen Milizen kommen würde. Mit einer aus dem Iran heraus geführten militä-

---

[4] https://www.faz.net/aktuell/politik/ausland/iran-konflikt-so-kam-es-zur-eskalation-zwischen-usa-und-iran-16570776.html" vom 8. Januar 2020 (abgerufen am 14. September 2020)
[5] Die Internationale Zone (umgangssprachlich auch als „Green Zone" bezeichnet) ist ein gesondert abgesicherter Bereich im Zentrum Bagdads, der das Zentrum internationaler Präsenz in der Stadt darstellt. Neben dem irakischen Parlament und der US-amerikanischen Botschaft befindet sich dort auch das Camp Union III, in dem das Hauptquartier der Operation Inherent Resolve stationiert ist.
[6] Qasem Soleimani war u. a. verantwortlich für die Ausstattung, Ausbildung und Finanzierung Iran-naher Milizen im Ausland, also auch für die Kataib Hisbollah.

rischen Attacke hatte, soweit bekannt, niemand gerechnet, auch nicht als „Worst Case"-Szenario.

Der Oberbefehlshaber der Operation Inherent Resolve reagierte auf die angespannte Situation, indem er Teile seines Stabes von Bagdad nach Kuwait verlegte. Hierzu gehörten auch die deutschen Soldaten und Soldatinnen.

Die deutschen Kräfte in Taji wurden aus Sicherheitsgründen am 7. Januar 2020 von Taji nach Al-Azraq in Jordanien zurückverlegt, um sich dort bereit zu halten. Die Verlegeaktion mit einem in Al-Azraq stationierten Airbus A400M funktionierte reibungslos. Über eine Ausdünnung der deutschen Kräfte in Erbil wurde zu diesem Zeitpunkt noch nicht nachgedacht.

Für Erbil wurde eine erhöhte Bedrohung angenommen. Raketenangriffe Irannaher Milizen galten als sehr unwahrscheinlich, waren aber durchaus als „Worst Case"-Szenario denkbar. Die Schutzmaßnahmen vor Ort wurden entsprechend erhöht, unter anderem mussten Schutzweste und Helm außerhalb des Feldlagers „am Mann" getragen werden.

In der Nacht vom 6. auf den 7. Januar 2020 gab es eine Alarmierung in allen Einsatzorten der Operation Inherent Resolve, auch in Erbil. Der Grund für die Alarmierung blieb unklar, vermutlich gab es Warnungen zu Drohnenflügen im irakischen Luftraum. Bei dieser Alarmierung hatte ein Großteil der deutschen Kräfte die Schutzbauten aufgesucht. Das war die erste „scharfe" Alarmierung für das fünfte Kontingent. Möglichkeiten der Verbesserung bei Alarmierung und Alarmierungsverhalten wurden durch das Führungspersonal erkannt und am 7. Januar 2020 morgens beim Antreten vor der Front angesprochen. Die Maßnahmen wurden unverzüglich umgesetzt.

In der Nacht vom 7. auf den 8. Januar 2020 gab es um 01:41 Uhr erneut eine Alarmierung der Koalitionskräfte in Erbil. Um 01:40 Uhr kam die Warnung an den Gefechtstand im Multinationalen Camp Erbil; dieser löste sofort die Alarmierung im Lager aus. Die Soldatinnen und Soldaten suchten rasch die Schutzbauten auf. Die deutschen Kräfte meldeten um 01:50 Uhr die Vollzähligkeit.

Während der Alarmierung wurde mindestens ein Einschlag wahrgenommen. Der Gefechtsstand der deutschen Kräfte wurde mit entsprechenden Fachleuten besetzt, um die Führung vor Ort und die Information der vorgesetzten Dienststellen sicherzustellen. Der Informationsfluss seitens der Koalitionskräfte war sichergestellt. Mögliche nächste Angriffswellen mit Mittelstreckenraketen aus Stellungen im Iran wurden angekündigt. Die Informationslage war insgesamt dünn und teilweise widersprüchlich. Unklar war unter anderem, wo wie viele Raketen welche Wirkung erzielten. Selbst für Erbil und Umgebung war unklar, welche Einschläge wo und wann stattgefunden hatten. Die öffentlichen Quellen waren ebenfalls nicht nutzbar. Beispielsweise behauptete die iranische Presse, dass auf der Al Asad Air Base mehr als 60 US-amerikanische Soldaten ihr Leben verloren hätten. US-Medien berichteten dagegen ausschließlich von Sachschäden. Wochen später gab es Meldungen, dass über 100 US-Soldaten ein leichtes Schädel-Hirn-Trauma erlitten hätten.[7]

Am 8. Januar 2020 gegen 05:00 Uhr morgens gab es dann Entwarnung durch die Koalitionskräfte und die Soldatinnen und Soldaten verließen die Schutzbauten wieder. Während der Zeit in den Schutzbauten wurden diese regelmäßig auch durch den Führer Deutsche Kräfte persönlich über die Fortschreibung der Lage informiert. Zu seinen engsten Beratern in dieser Phase zählten der Presseoffizier, der Personaloffizier, der Offizier für Militärische Sicherheit sowie das Fachpersonal der Unterstützungselemente und der militärische Assistent.

Unterdessen wurde auch über eine teilweise Rückverlegung der deutschen Kräfte aus Erbil nachgedacht und Maßnahmen sowohl in Al-Azraq als auch in Erbil zur raschen Rückverlegung eingeleitet. Zu diesen Maßnahmen gehörten unter anderem das Festlegen eines „Kernteams", welches verbleiben würde, das Verpacken der persönlichen Ausrüstung sowie das Vorbereiten technischer Maßnahmen, falls eine vollständige Rückverlegung – wie in Taji – in Erwägungen gezogen würde, um z. B. Kommunikationssysteme technisch unbrauchbar zu machen.

Den deutschen Kräften wurden beim Antreten von der Führung stets die aktuellen Informationen weitergegeben und die Kommunikation nach außen festgelegt. Die anzusprechenden Punkte wurden vorab im Team vereinbart, um eine reibungslose Kommunikation und Information mit der Truppe zu gewährleisten.

Am 8. Januar 2020 gegen 19:00 Uhr Ortszeit äußerte sich der US-Präsident in der Öffentlichkeit. Diesem Moment kam eine besondere Bedeutung zu. Die Befürchtung, dass die amerikanische Seite zu einem militärischen Gegenschlag ausholen würde, war sehr groß. Die Konsequenzen einer solchen Vorgehens-

---

[7] https://www.spiegel.de/politik/ausland/usa-109-us-soldaten-erlitten-bei-iran-angriff-schaedel-hirn-trauma-a-1ec2f850-da01-4964-9c9e-6539b998585f (abgerufen am 14. September 2020).

weise hätten den Erfolg der Mission Operation Inherent Resolve möglicherweise gefährdet und die Bedrohungslage weiter eskalieren lassen.

Im Laufe des Tages kristallisierte sich heraus, dass es vermutlich zu keinen schwereren Verwundungen auf Seiten der Koalitionskräfte gekommen war. Dies wurde auch durch den US-Präsidenten deutlich artikuliert, und er plante daher keine militärische Reaktion.

Dieses Statement deeskalierte die Lage im Irak unmittelbar. Der Iran hatte sein Zeichen gesetzt, und die USA würden keine weiteren militärischen Aktionen durchführen.

In den nächsten Abschnitten wird der Zusammenhang zwischen dem sogenannten Schwarzen Schwan, den Geschehnissen vor Ort und den Prinzipien der Inneren Führung dargestellt.

Der Schwarze Schwan

Am Ende des 17. Jahrhundert tauchte der Begriff des „Schwarzen Schwans" als Redewendung erstmalig auf. In Europa waren bis dato schwarze Schwäne gänzlich unbekannt. Reisende Europäer sichteten in Australien erstmalig schwarze Schwäne, und so bürgerte sich der Begriff Schwarzer Schwan als Redewendung für ein gänzlich unerwartetes, aber mögliches Ereignis ein. Richtig bekannt wurde dieses Phänomen 2007 durch das Buch von Nassim Nicholas Taleb „Der Schwarze Schwan: Die Macht höchst unwahrscheinlicher Ereignisse".[8]

Aus Sicht Talebs sind die Entdeckung der antibakteriellen Eigenschaften von Penicillin sowie die eher unbeabsichtigte Entdeckung Amerikas solche Ereignisse. Es gibt viele akademische Diskussionen, welche Ereignisse ein Schwarzer Schwan sein können. Bei einigen Diskussionen spielen auch die tatsächlichen Auswirkungen eine übergeordnete Rolle. Das heißt, ein Schwarzer Schwan hat sehr starke – häufig negative – Auswirkungen.

In seinem Buch beschreibt Taleb, dass Schwarze Schwäne sich einer Vorhersage entziehen, sonst wären es keine Schwarzen Schwäne. Er empfiehlt beispielsweise Bankiers und Aktienhändlern, sich eher um Stabilität und Robust-

---

[8] Nassim Nicholas Taleb, Der Schwarze Schwan: Die Macht höchst unwahrscheinlicher Ereignisse, Dt. Taschenbuch-Verl., München 2007.

heit zu kümmern, um so die Auswirkungen eines negativen Schwarzen Schwans zu minimieren.

Der Angriff Irans mit Mittelstreckenraketen auf Militärstützpunkte der Koalitionskräfte im Irak am 8. Januar 2020 war aus Sicht des Autors ein Schwarzer Schwan. Vor Ort war es ein völlig überraschender, realer Angriff mit empfundener Gefahr für Leib und Leben, der gegebenenfalls zu einer weiteren Eskalation hätte führen können. In der Geschichte der Bundeswehr wurde vorher keine Truppe mit Mittelstreckenraketen eines souveränen Staates angegriffen. Insofern war die gesamte Situation neu, angefangen bei der taktischen bis hin zur politischen Führung.

Prinzipien der Inneren Führung

„Die Grundsätze der Inneren Führung bilden die Grundlage für den militärischen Dienst in der Bundeswehr und bestimmen das Selbstverständnis der Soldatinnen und Soldaten. Sie sind Leitlinie für die Führung von Menschen und den richtigen Umgang miteinander. Innere Führung gewährleistet, dass die Bundeswehr in der Mitte der Gesellschaft bleibt. Sie steht damit für die Einordnung der Bundeswehr in unseren freiheitlichen demokratischen Rechtsstaat."[9]

Abgeleitet aus den Zielen der Inneren Führung und dem Auftrag der Bundeswehr ergeben sich Anforderungen an Vorgesetzte, die insbesondere im Einsatz eine besondere Bedeutung bekommen.

Hierzu gehören:

- Vorgesetzte wecken, erhalten und vertiefen Verantwortungsbewusstsein und innere Bereitschaft zur Mitarbeit.
- Sie sind sich bewusst, dass sich der Dienst an den Erfordernissen des Einsatzes orientieren muss.
- Sie wenden das Prinzip „Führen mit Auftrag" an. Sie berücksichtigen bei allen Entscheidungen berechtigte Belange und Bedürfnisse ihrer Untergebenen.[10]

Bezogen auf den Einsatz der Deutschen Kräfte Capacity Building Iraq war es schon aufgrund der Dislozierung und der fachlichen Bandbreite – von der

---

[9] Zentrale Dienstvorschrift A-2600/1, „Innere Führung Selbstverständnis und Führungskultur", Stand: April 2018, Ziffer 101.
[10] Ebd., Ziffer 403.

236

Beratung und Ertüchtigung bis hin zu unterschiedlichen Ausbildungsthemen sowie Sanitätsdienst – geboten, sowohl mit Auftrag zu führen als auch Entscheidungsberatung einzufordern und zuzulassen. Insofern wurden bei Entscheidungen berechtigte Belange und Bedürfnisse, aber auch die spezifischen Sachkenntnisse genutzt. Im Übrigen hilft auch eine angemessene Fehlerkultur, ein gemeinsames Verantwortungsbewusstsein zu entwickeln und so die Bereitschaft der Mitarbeit zu erhöhen. Vereinfacht ausgedrückt: Jeder darf jeden Fehler einmal machen, beim zweiten Mal schauen wir genauer hin und beim dritten Mal müssen wir deutlich miteinander reden. Das entlastet auch Vorgesetzte, denn: „Errare humanum est."

Während bedrohlicher Situationen kommen weitere abzuleitende Anforderungen an Vorgesetzte hinzu:

- Die Innere Führung [...] findet dabei besonders ihren Ausdruck in beispielgebender Haltung im Führungsverhalten der Vorgesetzten. Dies gilt vor allen Dingen in besonders belastenden Lagen.[11]

- Vorgesetzte fördern das Vertrauen in die eigene Person, indem sie Belastungen, Entbehrungen und Gefahren gemeinsam mit ihren Soldatinnen und Soldaten ertragen. Gerade in schwierigen und fordernden Situationen müssen sie Verantwortung und Führungskönnen beweisen.[12]

Die Bewertung, ob die Führung während der belastenden Lage in Erbil vorbildlich war, können nur die Soldatinnen und Soldaten treffen, die vor Ort waren.

Die nächtliche Lage vor Ort war gekennzeichnet durch das Abwarten der Truppe in Schutzbauten, dem Personal im ungeschützten Gefechtsstand sowie durch regelmäßige „Updates" der Truppe über Funk oder persönlich vor den Schutzbauten durch den Führer Deutsche Kräfte.

Am nächsten Morgen bzw. Tag gab es aufgrund einer möglichen Teilverlegung mehrfach die Notwendigkeit von „Befehlsausgaben" für alle Soldatinnen und Soldaten, auch um das Prinzip der sogenannten Stillen Post zu vermeiden. Das widerspricht zwar grundsätzlich dem Prinzip des Führens mit Auftrag, es gab jedoch keine Alternative, weil die Geschwindigkeit sich ändernder Informationen zunächst sehr hoch war und schnelle Reaktionen aller erforderte. Ein Bei-

---

[11] Ebd., Ziffer 510.
[12] Ebd., Ziffer 606.

spiel: Zunächst hieß es, jeder kann zwei Handgepäckstücke mitnehmen. Eine Stunde später durfte es nur noch ein Handgepäckstück sein mit maximal 15 kg. Eine echte Herausforderung für die Führung vor Ort waren die Halbwertzeit von Informationen oder auch deren Wahrheitsgehalt. Der Prozess war sehr dynamisch und gerade deswegen kam es darauf an, immer wieder Botschaften auf der zwischenmenschlichen Ebene zu senden.

„Gerade Einsätze können bei Menschen Stärken und Schwächen zutage treten lassen, die bisher im Verborgenen geblieben sind. In Zeiten gemeinsamer Belastung, Gefährdung und Bewährung kommen auch Dinge zur Sprache, die an die menschliche Existenz rühren. Themen wie Verwundung und Tod, Umgang mit Angst oder Fragen nach Schuld und Versagen dürfen dabei nicht verdrängt oder heruntergespielt werden, sondern müssen ehrlich und einfühlsam besprochen werden. Aus einer solchen Gesprächskultur entstehen neben ethischem Bewusstsein auch gegenseitiges Vertrauen und sichere Gefolgschaft.“[13]

Der Gesprächsbedarf war verständlicherweise groß und gerade hier waren alle Vorgesetzten und der Militärseelsorger vor Ort gefordert. Eine zentrale Botschaft an alle Soldatinnen und Soldaten war es, offen zu sein für Gespräche, gegebenenfalls auch weiterführende Gespräche mit Truppenpsychologen zu führen und möglichst nicht zu versuchen, das Geschehene zu verdrängen. Es bestand akute Gefahr für Leib und Leben, jetzt rückte ein möglicher Schaden für die Seele ins Blickfeld. Auch hier war die Unterstützung durch die Vorgesetzten und die Beratung durch ein Kernteam elementar, um diese Botschaften sehr früh und sehr deutlich zu setzen.

Innere Führung hilft, den Schwarzen Schwan zu zähmen

Eine Kernbotschaft aus dem Erlebten ist es, dass gelebte Innere Führung zu Stabilität und Robustheit führen. Das sind letztlich die Eigenschaften, die benötigt werden, um mit einem Schwarzen Schwan umgehen zu können. Ebenso wichtig ist das zu schaffende gemeinsame Vertrauen, um in dynamischen belastenden Situationen schnell Entscheidungen zu treffen, die sofort ohne Diskussion umgesetzt werden. Die Prinzipien der Inneren Führung bieten ein Korsett, das bei konsequenter Anwendung eine Gemeinschaft entstehen lässt, die ein gewisses Maß an Robustheit und Stabilität ermöglicht.

---

[13] Ziffer 609 A 2600/1

Der Autor ist auch überzeugt, dass dieses bei langanhaltenden belastenden Situationen hilfreich ist. Es macht auch keinen Unterschied, ob es sich um einen Schwarzen Schwan handelt oder ein vorher bedachter „Worst Case" eintritt. Denn die Entscheidungen müssen in der jeweiligen Situation getroffen und vermittelt werden. In diesem Falle war es im Endeffekt doch einfach, weil die politische Situation sich sehr schnell beruhigte.

Das Wichtigste: Alle Soldatinnen und Soldaten waren wohlauf und haben ihren Auftrag bestens erfüllt. Ausnahmslos konnten sie im Rahmen des Kontingentwechsels gesund in die Heimat zurückverlegen.

Vereinbarkeit von Dienst und Familie – wenn Visionen Realität werden

Christine Posner

„Wer Visionen hat, sollte zum Arzt gehen."
(Helmut Schmidt)

Dieses Zitat von Helmut Schmidt ist sicherlich eines der bekanntesten, wenngleich es in puncto Vereinbarkeit von Familie und Dienst nicht zutrifft. Mit ihrer Amtsübernahme hat die erste weibliche Verteidigungsministerin die Vision eines familienfreundlichen Unternehmens verkündet und damit die Bundeswehr gemeint (Dewitz 2014). Zu diesem Zeitpunkt immer noch für manche unvorstellbar wurden die Ankündigungen müde belächelt, ironisch kommentiert und die geflügelten Worte *die kann nur Familie'* kursierten lange Zeit in den Streitkräften. Bei rückschauender Betrachtung muss festgestellt werden, dass sich bis heute bei der Vereinbarkeit von Familie und Dienst viel bewegt hat. Was noch vor zehn Jahren undenkbar war, ist heute Realität: Offizier bei der Marine und gleichzeitig Mutter eines Kleinkindes, die zur See fährt![1]

Der Soldatenberuf stellt jedoch nach wie vor besondere Anforderungen an die Frauen und Männer, die ihn wählen und ausüben und ist grundsätzlich aufgrund seiner besonderen Rahmenbedingungen wenig familienfreundlich. Die sicherheitspolitischen Entwicklungen der vergangenen Jahrzehnte, insbesondere die Zunahme der Auslandseinsätze sowie die Umstrukturierung der Bundeswehr im Zuge der Neuausrichtung haben zu erhöhten physischen und psychischen Anforderungen an die Soldatinnen und Soldaten geführt (Steiner 2008). Mit der Entwicklung zu einer Einsatzarmee ist das Personal der Bundeswehr aufgrund der Auslandseinsätze, der Vor- und Nachbereitung sowie notwendiger Lehrgänge und regelmäßig wiederkehrender Versetzungen an andere Dienstorte hohen Belastungen ausgesetzt. Diese Entwicklungen erfordern somit spezielle, auf die Bedürfnisse von Soldatinnen und Soldaten abgestimmte Maßnahmen, welche die Motivation im Dienst und im Einsatz erhalten sowie zu ihrer Leistungsfähigkeit und Leistungsbereitschaft beitragen. Um

---

[1] Dieses Beispiel bezieht sich auf ein qualitatives Interview, das für eine explorative Vorstudie zum Umgang mit Vielfalt in Streitkräften im April 2020 geführt wurde.

diese Motivationsförderung zu erreichen, sind inzwischen verschiedene Vereinbarkeitsmaßnahmen entwickelt und umgesetzt worden. Die Sensibilisierung der Führungskräfte für die persönlichen Lebensumstände der Soldatinnen und Soldaten ist jedoch weiter notwendig und von besonderer Bedeutung für die nachhaltige Wirkung (vgl. Posner 2010). Und damit ist die Vereinbarkeit von Familie und Dienst nicht nur ‚ein Thema‘, sondern essentielle Grundlage für die Einsatzbereitschaft und inzwischen Bestandteil der Inneren Führung.

Trotz allen erreichten Verbesserungen, bleibt nach wie vor viel zu tun. So existieren auch heute noch Vorbehalte in Bezug auf die Leistungsfähigkeit von Frauen[2], insbesondere bei Schwanger- und Mutterschaft, aber auch gegenüber Männern, die Verantwortung für Familie übernehmen wollen und Erziehungszeiten in Anspruch nehmen. Insgesamt werden die implementierten Maßnahmen eher zögerlich in Anspruch genommen. Auch in dieser Hinsicht herrschen nach wie vor Vorbehalte. Genau deshalb war es wichtig, das Ziel der Vereinbarkeit von Familie und Dienst in die Zentrale Dienstvorschrift (ZDv) Innere Führung aufzunehmen. Das allein genügt aber nicht. Der Prozess der Entwicklung einer familienorientierten Führungs- und Organisationskultur befindet sich erst am Anfang und muss konsequent vorangetrieben werden.

Innere Führung und die Vereinbarkeit von Dienst und Familie

> *„Die Vereinbarkeit von Familie und Dienst ist eine wesentliche Führungsaufgabe.“*
> (Bundesministerium der Verteidigung, 2008a, S. 41)

Bei den Vätern der Inneren Führung stand der Mensch im Mittelpunkt, der Soldat ist Kind seiner Zeit, Mitglied der jeweiligen Gesellschaft und damit Staatsbürger in Uniform. Bereits zu Beginn wurde im Handbuch Innere Führung die Forderung nach Freiheit für den Soldaten aufgestellt, welche „genauso für die Freizeit des Soldaten“ galt: „Vielmehr gehört die Freizeit dem Menschen selbst und seinem Erleben in Freiheit. Für den Menschenführer heißt das, daß er auch an die Freizeit des ihm Anvertrauten denkt, daß er sich um ihn kümmert, sich für ihn mitverantwortlich fühlt, daß er ihm Chancen gibt, den rechten Gebrauch der Freiheit auch in der Freizeit zu erlernen und zu

---

[2] Dies wurde uns in Gesprächen zur Projektvorbereitung berichtet.

üben." (Bundesministerium der Verteidigung 1957: 24) Das Erlenen und Üben ist bei der heutigen Generation zwar weniger notwendig, vielmehr wurde der Wunsch nach einer guten work-life-Balance bereits mitgedacht. Nicht nur in diesem Punkt waren die Väter der Inneren Führung ihrer Zeit weit voraus. Neben der Einbindung des Soldaten in die freiheitliche Demokratie, dessen Grundwerte er verteidigen und schützen muss, wurden die Einbindung in die soziale Wirklichkeit und der gesellschaftliche Wertewandel berücksichtigt (vgl. Reeb 2015: 24). Resultierend aus der sozialen Mobilität der modernen Gesellschaft und veränderter Lebenslagen wurden sowohl die Bedürfnisse nach Orientierung, die Entfremdung von staatlichen Organisationen sowie die Flucht ins Private problematisiert (vgl. Bundesministerium der Verteidigung 1957: 26ff. und vgl. auch Bonß 2007).

„Es sind nun einmal Menschen unserer Zeit, mit denen sich die Menschenführer der Bundeswehr abzufinden haben." (Bundesministerium der Verteidigung 1957: 32) Hieraus resultiert, dass die Bedürfnisse der derzeit dienenden Soldatinnen und Soldaten nach einer Ausgewogenheit von Berufs- und Privatleben beachtet werden müssen. Weiter wurde kritisiert, dass die militärische Alltagswelt bereits damals hinter den Gegebenheiten der sozialen Wirklichkeit hinterherhinkte. „Damit werden Elemente einer Zeit bewahrt, deren geistige, soziale und politische Natur der heutigen Lage und dem Lebensgefühl der meisten heute lebenden Menschen widerspricht" (Ebd. S. 32). Diese eindringlichen Apelle nach Berücksichtigung des jeweiligen Zeitgeistes und der Wertvorstellungen der Menschen haben auch heute noch Gültigkeit, werden von Soldatinnen und Soldaten eingefordert und bedingen besondere Anstrengungen für eine gute Vereinbarkeit von Familie und Dienst (vgl. Wiesendahl 2007: 158ff.). Ein weiterer bedeutsamer Faktor, der die zeitgemäße Anpassung der Führungskultur behindert, ist der Generationenunterschied. Zur Erlangung von Autorität dürfen lediglich zwei Faktoren eine Rolle spielen: „fachliche Leistung und beispielhaftes Leben sind das A und O lebendigen Vertrauens in den Träger der Autorität" (Ebd. S. 33). Letzteres ist für die familienbewusste Führungskultur von besonderer Relevanz, da die Maßnahmen zur Vereinbarkeit von Familie und Dienst nur dann breite Anerkennung erfahren, wenn sie auch von Vorgesetzten genutzt und gelebt werden.

Den zunehmenden Forderungen der Soldatinnen und Soldaten nach der Berücksichtigung ihrer familiären Lebenssituation bei dienstlichen Entscheidungen wurde zunächst 2007 mit dem Erlass der „Teilkonzeption Vereinbarkeit von Familie und Dienst in den Streitkräften" durch den Generalinspekteur der

Bundeswehr Rechnung getragen. Damit wurde explizit der hohe Stellenwert der Familie und nichtehelicher Lebenspartnerschaften für die Einsatzfähigkeit der Streitkräfte anerkannt: „Eine höchstmögliche Vereinbarkeit von Familie und Dienst in den Streitkräften erhöht die Motivation und die Zufriedenheit der Soldaten und Soldatinnen. Sie leistet damit einen wichtigen Beitrag für den fähigkeitsorientierten Ansatz der Transformation und trägt attraktivitätssteigernd zur Sicherung der personellen Regeneration der Streitkräfte bei" (Schneiderhan 2007: 4). Rückblickend stellt sich jedoch die Frage, warum die Vereinbarkeit von Familie und Dienst nicht konsequenter Weise bereits damals in die Zentrale Dienstvorschrift Innere Führung integriert wurde? Der Bezug zur Inneren Führung wurde jedenfalls hergestellt (vgl. Ebd. S. 5), und ein Jahr später war es dann auch so weit.

Mit dem Erlass der überarbeiteten ZDV 10/1 Innere Führung vom Januar 2008 wurde die Vereinbarkeit von Familie und Dienst erstmals als neues Gestaltungsfeld der Inneren Führung in die zentrale Dienstvorschrift aufgenommen. „Die gesellschaftliche Entwicklung und die hohe Einsatzbelastung erfordern flexible und menschliche Rahmenbedingungen in der Bundeswehr, die jedem Einzelnen planbare Freiräume für das Leben in der Familie und Partnerschaft gewähren. Die neue Vorschrift ist sich dieser Herausforderung bewusst und führt den Bereich der Vereinbarkeit von Familie und Dienst als neues Gestaltungsfeld der Inneren Führung ein. Als wichtige Führungsaufgabe ist dies sichtbarer Ausdruck der Integration der Bundeswehr in die Gesellschaft" (Jung 2008). Hier wurde der Gedanke Graf von Baudissins explizit auf das Familienleben bezogen. Dabei wurde zu den hauptsächlichen Gestaltungsfeldern der Menschenführung, der politischen Bildung und dem Recht sowie der soldatischen Ordnung die Vereinbarkeit von Familie und Dienst unter den weiteren Gestaltungsfeldern hinzugefügt. Bei der Überführung der ZDv 10/1 in die ZDv A-2600/1 wurden die Ausführungen zu Vereinbarkeit von Dienst und Familie unverändert übernommen. Hier wurde klar und deutlich die Pflicht für die Vorgesetzten und die Personalführung formuliert, die familiären und partnerschaftlichen Belange der Soldatinnen und Soldaten zu berücksichtigen. Hierfür wurden ihnen „Handlungs- und Ermessensspielräume für eine flexible Gestaltung von Arbeitszeiten und die Schaffung familienfreundlicher Rahmenbedingungen" eingeräumt, und sie werden dazu aufgefordert, „einfallsreiche und fürsorgliche Lösungen" zu entwickeln (vgl. Bundesministerium der Verteidigung 2015: 57ff.). Ob und wie diese Vorgaben umgesetzt wurden und werden, gilt es im Folgenden zu beleuchten. In der konkreten Umsetzung stehen nach wie vor die dienstlichen Erfordernisse und Notwendigkeiten der Bedarfsdeckung in Konkurrenz zur Berücksichtigung der familiären Lebensumstände der Soldatinnen und Soldaten. Damit stellt sich weiter die Frage, wie die Abwägung im konkreten Fall vorgenommen wird und mit welchen Ergebnissen.

Vereinbarkeit von Familie und Dienst in der Bundeswehr

> *„Familie und Bundeswehr – eine schwierige Lebenskonstruktion. Das liegt nicht nur allein am gewandelten Familienbild, auch nicht allein an der sich zum Teil massiv verändernden Dauer von Partnerschaften, das liegt auch an den besonderen Herausforderungen, die der Beruf des Soldaten, der Soldatin mit sich bringt.“*
> (Christian Stiller, 2017)

Spätestens seit der Jahrtausendwende ist die Frage, wie sich der Dienst und die Belange der Soldatenfamilien besser in Einklang bringen lassen, auch in der Bundeswehr angekommen. 2001 erfolgte die Öffnung der Bundeswehr für Frauen in allen Verwendungen aufgrund einer Klage von Tanja Kreil, der vom Europäischen Gerichtshof stattgegeben wurde. Die Notwendigkeit, das Familienbewusstsein in der Organisation Bundeswehr zu erhöhen, wurde damit in den Fokus gerückt, ist aber nicht nur ein Anliegen von Soldatinnen, sondern wird mehr und mehr auch von Soldaten aller Dienstgradgruppen gefordert. So hat die Wehrbeauftragte des Deutschen Bundestages festgestellt: „Und Vereinbarkeit ist längst nicht mehr nur ein Thema von Frauen. Aus meinen Gesprächen und den Eingaben, die mich erreichen, ergibt sich, dass es zunehmend junge Männer sind, die Wert legen auf eine gute Vereinbarkeit von Familie und Dienst und die ihr Leben partnerschaftlich gestalten wollen“ (Jungbluth 2020: 27).

Bereits 2003 hat eine Untersuchung der Universität der Bundeswehr München zur „Vereinbarkeit von Familie und Beruf für Soldaten“ deutlich gemacht, dass die besonderen Bedingungen des Soldatenberufs die Vereinbarkeit mit dem Familien- und Privatleben erschweren (vgl. Marr, Biró, Steiner 2003). Die Studie basierte auf 34 beantworteten Kurzfragebögen sowie 20 durchgeführten qualitativen Interviews mit Soldaten und ihren Angehörigen. Auf dieser Grundlage konnten sechs wichtige Dimensionen herausgearbeitet werden, die für die Verbesserung der Vereinbarkeit von Dienst und Familienleben in den Streitkräften berücksichtigt werden sollten. Hierzu gehörte neben den Arbeits- und Regenerationszeiten, Versetzungen und dienstlichen Abwesenheitszeiten, der Fürsorge und Informationspflicht die ‚Familienorientierte Führung‘ als eigenes Problemfeld. Es konnte gezeigt werden, dass zwar oftmals die direkte Unterstützung durch unmittelbare Vorgesetzte zur besseren Vereinbarkeit beigetragen hat, da beispielsweise die Absprachen mit direkten Vorgesetzten gut funktionierten. Allerdings war bei der übergeordneten Personalführung das Verständnis für Vereinbarkeitsfragen noch wenig ausgeprägt und die Bereitschaft, die familiären Belange der Soldatinnen und Soldaten zu berücksichtigen, kaum vorhanden. Dies scheint auch heute noch eine ganz wesentliche Problematik zu sein. Moderne Personalkonzepte, wie beispielsweise das Mehrbesatzungskonzept der Marine, sind ein guter Ansatz. Es stellt sich jedoch die Frage, ob diese tragfähig sind und die familiären Belange der Soldatinnen und Soldaten in ausreichendem Maße berücksichtigt werden können. Die bereits 2005 vom Bundeswehrverband eingesetzte Arbeitsgruppe „Vereinbarkeit von Familie und Dienst“ forderte daher, die „Familienpolitik muss Führungsaufgabe in den Streitkräften werden“ (Deutscher Bundeswehr Verband 2008: 10).

Die Studie des Sozialwissenschaftlichen Instituts der Bundeswehr zur Integration der Frauen in die deutschen Streitkräfte wies darauf hin, dass sich an dieser Wahrnehmung und den Rahmenbedingungen im Jahr 2008 noch nichts Grundlegendes geändert hatte. Für sich persönlich konnten zwar mehr als 2/3 der Befragten ihr Privatleben und den Beruf gut miteinander vereinbaren und waren mit der Berücksichtigung familiärer Bedürfnisse durch die direkte Vorgesetztenebene zufrieden. Weniger als die Hälfte der Befragten äußerte sich jedoch zufrieden mit der Berücksichtigung der familiären Belange bei grundsätzlichen Personalentscheidungen der Bundeswehr (vgl. Kümmel 2008: 64). Auch die Wiederholungsbefragung identifizierte dies sechs Jahre später weiterhin als Problem und stellte einen „überaus deutlichen Zuwachs von Nennungen zu […] Schwierigkeiten bezüglich der Vereinbarkeit von Familie und Beruf“ (Kümmel 2014: 34) fest. Dies betrifft sowohl Soldatinnen als auch Soldaten, womit die Vereinbarkeitsfrage im „Ranking der wahrgenommenen Schwierigkeiten“ (Ebd., S. 35) bei beiden Geschlechtern auf Platz 1 gerückt war.

Den Einfluss der Organisationskultur auf die Vereinbarkeitsdiskurse hat Näser-Lather in ihrer Studie „Bundeswehrfamilien“ 2011 eingehend untersucht. Insbesondere konnten hier Wechselwirkungen zwischen Organisationskultur und berufsbezogenen Einstellungsmustern und der Inanspruchnahme von Vereinbarkeitsmaßnahmen herausgearbeitet werden. In Bezug auf die Nutzung vorhandener Maßnahmen, wie Elternzeit, Teilzeit und Telearbeit konnten Widerstände aufgrund eines traditionalen Berufsverständnisses und nach wie vor vorhandenen konservativen Geschlechtsrollenverständnisses festgestellt werden. „Gleichzeitig sind jedoch auch betriebswirtschaftliche Erwägungen im Sinne einer Leistungssteigerung und Optimierung der Nachwuchsgewinnung durch die Herstellung von Vereinbarkeit und der Gedanke der Fürsorgepflicht des Vorgesetzten Bestandteil der wirksamen organisationsinternen Diskurse" (Näser-Lather 2011: 472). Die Organisationskultur nimmt somit Einfluss auf Familienleben von Soldatinnen und Soldaten sowie Elternschaft und die Frage, inwieweit partnerschaftliche Lebensmodelle möglich sind. Möglicherweise liegen hier die Gründe für die zurückhaltende Nutzung der implementierten Vereinbarkeitsmaßnahmen in der Bundeswehr.

Zudem zeigten die Untersuchungen zur Neuausrichtung der Bundeswehr, die vom Bundeswehrverband und vom Sozialwissenschaftlichen Institut der Bundeswehr 2012 und 2013 vorgelegt wurden, dass die Belastungen für die Soldatinnen und Soldaten insbesondere in der Phase der Umstrukturierung der Bundeswehr eher zugenommen haben und es wurde wenig Hoffnung auf Entspannung geäußert (vgl. Richter 2012, Strohmeier 2012 und 2013).

Die Untersuchung zur Vereinbarkeit von Dienst und Privat- und Familienleben des Zentrums für Militärgeschichte und Sozialwissenschaften der Bundeswehr (ZMSBw) hat 2014 gezeigt, dass vorhandene Vereinbarkeitsmaßnahmen noch wenig bekannt waren (vgl. Bulmahn et al. 2014).[3] Das vorhandene Informations- und Kommunikationsdefizit konnte zwar reduziert werden, allerdings war die notwendige Unterstützung für betroffene Soldatinnen und Soldaten auch zu diesem Zeitpunkt noch nicht ausreichend. Auch wurde durch die Studie des ZMSBw deutlich, dass die dienstlichen Rahmenbedingungen das Privatleben nach wie vor stark belasten. Dies wird nicht nur durch das Pendeln, Versetzungen, Dienstreisen und Lehrgänge im Inland sowie Einsätze im Ausland bedingt, sondern auch durch unflexible Arbeitszeiten und ein teilweise schlechtes Arbeitsklima. Dies betrifft zunächst alle Soldatinnen und Soldaten, belastet aber Eltern von Kindern im Betreuungsalter und Pflegende noch einmal in besonderem Maße.

---

[3] Die Erhebung der Daten fand bereits 2012 statt.

Die Berichte des Wehrbeauftragten dokumentieren seit langem und weiterhin, dass die Balance zwischen Diensterfüllung und Familienleben für zahlreiche Soldatinnen und Soldaten an Bedeutung gewonnen hat. Die Vereinbarkeit von Familie und Beruf wurde erstmalig als Schwerpunkt im Berichtsjahr 2001 thematisiert (Penner, 2002). Nachdem im Jahr 2002 zu dieser Thematik lediglich über Eingaben aus der Sanität berichtet wurde (vgl. Penner 2003), wurde für die Jahre 2003 und 2004 ausführlicher in einem Unterpunkt des Kapitels Frauen in der Bundeswehr/den Streitkräften berichtet (vgl. Penner 2004 und 2005). Im Zeitraum von 2005 bis 2008 haben sich die Eingaben zur Vereinbarkeit von Familie und Dienst nahezu verdreifacht und wurden im Berichtsjahr 2008 erstmals in einem eigenen Kapitel behandelt (vgl. Robbe 2009). Die Anliegen, mit denen sich Soldatinnen und Soldaten an den Wehrbeauftragten wandten, betrafen schwerpunktmäßig die Kinderbetreuung, moderne und flexible Arbeitszeitmodelle (Teilzeit und Telearbeit) sowie die heimatnahe Verwendung. Als besonders belastend wurde zudem die Pendlerproblematik identifiziert. Die Ausführungen des Wehrbeauftragten weisen darauf hin, dass es weniger an familienfreundlichen Rahmenbedingungen mangelt, sondern die vorhandenen Maßnahmen besser umgesetzt werden müssen und eine familienorientierte Personalpolitik als Teil der Organisationskultur noch nicht auf allen Ebenen zum Selbstverständnis der Vorgesetzten zählte. Auch in den folgenden Jahren war die Zahl der Eingaben zu dieser Problematik gleichbleibend hoch und die Mahnungen des Wehrbeauftragten nach konsequenter Umsetzung geeigneter Maßnahmen wurden deutlicher. In seinem Bericht für das Jahr 2017 weist Bartels darauf hin, dass zwar gesetzliche Regelungen sowie untergesetzliche Maßnahmen getroffen wurden und auch die Sensibilisierung für Vereinbarkeitsfragen bei den Vorgesetzten gestiegen ist, sich aber dennoch die Zahl der Eingaben zum Problemfeld nicht verringert hatten (vgl. Bartels 2018: 84). In seinem Bericht für das Jahr 2018 stellt der Wehrbeauftragte die familienfreundliche Unternehmenskultur vor dem Hintergrund des demographischen und digitalen Wandels in den Vordergrund (vgl. Bartels 2019: 91). Über die Probleme einer Pendlerarmee wurde dann im 61. Jahresbericht ausführlich berichtet. Insgesamt ist die Zahl der Eingaben zur Vereinbarkeit von Familie und Dienst zwar inzwischen rückläufig, der Anteil der Eingaben zum Pendeln nimmt jedoch einen immer größeren Anteil hieran ein, so dass die Eingaben zur Pendlerproblematik seit 2015 gesondert ausgewiesen werden. Im Vergleich zu anderen Berufsgruppen legen Soldaten die weitaus längsten Strecken täglich oder wöchentlich zwischen Heimat- und Dienstort zurück (Bös 2017).

Gute Vereinbarkeit von Dienst und Familie ist eine Frage der Attraktivität

> *„Ohne eine reale Vereinbarkeit von Familie und Dienst in der Bundeswehr sind alle Bemühungen um eine Steigerung der Attraktivität des Dienstes in der Bundeswehr vergebens.“*
> (Deutscher Bundeswehrverband[4])

Die Vereinbarkeit von Familie und Dienst hat sich damit auch für die Bundeswehr zu einem Schlüsselthema für die Attraktivität des Soldatenberufs entwickelt. Mit ihrer Amtsübernahme hat Ursula von der Leyen im Dezember 2013 ankündigt, dass die Bundeswehr familienfreundlicher werden muss und so zu einem der attraktivsten Arbeitgeber Deutschlands werden soll. Welche Position die derzeitige Verteidigungsministerin hierzu vertritt, ist zwar nicht bekannt; allerdings gilt Annegret Kramp-Karrenbauer generell als „Modernisiererin“ (Hebel 2020). Sie hat sich bereits vor ihrer Amtsübernahme für die Vereinbarkeit von Familie und Beruf eingesetzt.

Die bislang vorliegenden Studien zeigen ausnahmslos die hohe Bedeutung der Vereinbarkeit von Familie und Dienst für die Berufszufriedenheit und die Attraktivität des Soldatenberufs und zwar unabhängig davon, ob die Thematik direkt fokussiert oder im Rahmen anderer Themen erhoben wurde! So hat auch Rümschüssel 2015 in ihrer Dissertation zum Personalmanagement der Bundeswehr folgendes festgestellt: „Die Arbeitgeberattraktivität der Bundeswehr ist für die Personalgewinnung und -bindung von entscheidender Bedeutung und die Vereinbarkeit von Familie und Dienst wird meist als erstes angesprochen, wenn nach der Attraktivität des Dienstes gefragt wird“ (Rümschüssel 2015: 52).

Als einer der größten Arbeitgeber Deutschlands konkurriert die Bundeswehr zudem aufgrund des demografischen Wandels zunehmend mit anderen Wirtschaftsunternehmen und dem öffentlichen Dienst um die ‚besten Köpfe‘. Die Bundeswehr hat allerdings zahlreiche andere drängende Probleme, die bewältigt werden müssen und gleichzeitig nicht das bereits entwickelte Familienbewusstsein verdrängen dürfen. Die feste Verankerung einer familienbewussten

---

[4] Sicherheits- und Verteidigungspolitik. https://www.dbwv.de/der-verband/grundsaetze-der-verbandsarbeit/sicherheits-verteidigungspolitik/ (abgerufen am 7.9.2020)

Führungskultur an prominenter Stelle in der Inneren Führung und deren konsequente Umsetzung würde dazu beitragen, dass diese notwendige, kontinuierliche Führungsaufgabe nicht von anderen Problemen überlagert wird. Dies wäre nicht nur ein Garant für die Berufszufriedenheit im Inneren der Streitkräfte, sondern würde auch nach Außen sichtbare Signale im Sinne der Attraktivität des Soldatenberufs setzen.

Innere Führung und die Entwicklung einer familienbewussten Personalführung

> *„Die Bundeswehr darf daher in ihren Anstrengungen, die Vereinbarkeit des Dienstes in der Bundeswehr mit familiären Verpflichtungen zu erleichtern und weitere Maßnahmen für mehr Autonomie und Flexibilität zu schaffen, nicht nachlassen.“*
>
> (Hans Peter Bartels 2019, S. 84)

Nachdem nun seit mehr als zehn Jahren der „Balanceakt zwischen Karriere und Privatleben" (Bundesministerium der Verteidigung 2008b) in den Fokus gerückt ist, wurde auch das Personalmanagement zunehmend in den Blick genommen. Für das zukünftige Personalmanagement der Bundeswehr müsse der Mensch noch mehr im Mittelpunkt stehen (vgl. Rümschüssel 2015: 52).

Einer familienbewussten Personalführung kommt im Hinblick auf die langfristige Personalbindung eine besondere Bedeutung zu. Für zahlreiche Soldatinnen und Soldaten stellt sich während ihrer Berufslaufbahn die Frage, ob sie nach der Verpflichtungszeit als Soldat auf Zeit langfristig als Berufssoldat in der Bundeswehr weiter dienen oder in einen zivilen Beruf wechseln wollen. Für die studierenden Offiziere zeichnete sich bereits seit der Jahrtausendwende ab, dass der Wunsch, Berufssoldat werden zu wollen, abnimmt (vgl. Posner 2004: 12).[5] Die Phase des Studiums fällt oftmals mit der Lebensphase der Familiengründung zusammen, so dass angehende Offiziere sich mit den Problemen der Vereinbarkeit konfrontiert sehen. Die Befragung länger dienender Soldatinnen

---

[5] Diese Angaben sind mit der Untersuchung des Zentrums für Militärgeschichte und Sozialwissenschaften der Bundeswehr aus dem Jahr 2007 aufgrund der unterschiedlichen Fragestellung und Antwortmöglichkeiten nicht vergleichbar (vgl. Bulmahn 2010: 101).

und Soldaten hat bereits 2009 gezeigt, dass der Hauptgrund für die Ablehnung einer Bewerbung als Berufssoldat die mangelnde Vereinbarkeit von Familie und Dienst war (Streitkräfteamt der Bundeswehr 2010). Nach wie vor sehen hoch ausgebildete Soldatinnen und Soldaten auf Zeit selten ihre berufliche Zukunft in der Bundeswehr, da die Anforderungen des Dienstes in der Bundeswehr nicht mit ihren Lebensplänen in Einklang zu bringen sind. „Vielen Soldaten fehlen eine umfassende Standort- und damit auch Planungssicherheit, sowie eine mehrheitliche Anerkennung des Soldatenberufes in der Gesellschaft" (Rümschüssel 2015: 106). Nach wie vor muss die Bundeswehr erfahrenes Personal aus Vereinbarkeitsgründen ziehen lassen. Die weitere Studie des Zentrums für Militärgeschichte und Sozialwissenschaften der Bundeswehr zu Berufskarrieren ehemaliger Zeitoffiziere hat gezeigt, dass die mangelnde Vereinbarkeit der wichtigste Grund ist, die Bundeswehr zu verlassen (vgl. Elbe 2018: 31). Wenn diejenigen, die langjährige Erfahrungen mit der Bundeswehr als Arbeitgeber gemacht haben, immer weniger bereit sind, diesen Beruf weiter auszuüben, muss ernsthaft die Frage nach der Wirksamkeit der Attraktivitätsmaßnahmen gestellt werden. Somit ist auch für die wichtige Frage der Personalbindung die Weiterentwicklung der Vereinbarkeitsmöglichkeiten von zentraler Bedeutung. Wenn es für die Soldatinnen und Soldaten, die sich für eine bestimmte Zeit für den Dienst in der Bundeswehr verpflichtet haben, um die Frage der Weiterverpflichtung oder des Antrags auf Übernahme als Berufssoldat geht, haben sie oftmals die Lebensphase der Familienplanung und -gründung erreicht. Und auch hier sind „wichtigste Einflussfaktoren, die positiv auf eine Antragstellung als Berufssoldat wirken, [sind] eindeutig die Vereinbarkeit von Familie und Dienst, Standortsicherheit und Planbarkeit der eigenen Karriere. Das Verteidigungsministerium will deshalb noch stärker die Vereinbarkeit von Familie und Dienst in den Vordergrund rücken, was zu unterstützen ist" (Bartels 2020: 30). Allzu oft entscheiden sich gut ausgebildete Soldatinnen und Soldaten immer noch aus genau diesen Gründen gegen eine weitere Laufbahn als Berufssoldat. „Eine im Marineunterstützungskommando durchgeführte Umfrage zur ‚Berufssoldaten-Willigkeit' bestätigt ebenfalls, dass viele junge und sehr qualifizierte Offiziere unentschlossen oder nicht gewillt sind, die Übernahme in das Dienstverhältnis eines Berufssoldaten in Betracht zu ziehen. Grund dafür sei die Unvereinbarkeit des Dienstes mit familiären Verpflichtungen in dieser Teilstreitkraft" (Bartels 2019: 92).

Ein Ausblick

„…hinsichtlich der Attraktivität als Arbeitgeber ist der eingeschlagene Weg, Familie und Dienst besser in Einklang zu bringen, ohne Alternative."
(Thomas Kossendey, 2009)

Auf Grundlage der bislang vorliegenden empirischen Untersuchungen zum Soldatenberuf und der Berichte der Wehrbeauftragten konnte gezeigt werden, dass im Vergleich zur Jahrtausendwende die Möglichkeiten, Dienst und Familie zu vereinbaren, weiterentwickelt und verbessert wurden. Dementsprechend ist auch die Anzahl der Eingaben an den Wehrbeauftragten zurückgegangen. „Auch wenn die ‚Vereinbarkeit' nach wie vor ein Schwerpunktthema der Eingaben ist, zeigen die mit der ‚Agenda Bundeswehr in Führung – Aktiv. Attraktiv. Anders' angestoßenen Maßnahmen und die in Kraft gesetzten Regelungen des Attraktivitätssteigerungsgesetzes durchaus Wirkung" (Bartels 2020: 85). Allerdings weisen die Studien, deren Fokus auf der Vereinbarkeit von Familie und Dienst lag, darauf hin, dass die Problematik nach wie vor virulent ist. In den Studien, deren Schwerpunkt auf anderen Fragestellungen lag, ist die Vereinbarkeitsfrage oftmals der wichtigste Faktor für Berufszufriedenheit und Attraktivität und spielt eine bedeutsame Rolle für die weitere berufliche Perspektive. Zur Einschätzung der Frage, welche Fortschritte inzwischen erreicht wurden und welcher Handlungsbedarf nach wie vor besteht, bedarf es differenzierter, empirischer Untersuchungen im Längsschnitt.

Die Problematik der Vereinbarkeit von Familie und Dienst liegt zudem quer zu zahlreichen Faktoren des Soldatenberufs. Die Herausforderungen bestehen nicht nur in der alltäglichen Dienstgestaltung und den Anforderungen im Verlauf aktueller Verwendungen, wie Übungen und Lehrgängen, sondern auch in der Teilnahme an Auslandseinsätzen. Hinzu kommen regelmäßig wiederkehrende Versetzungen sowie das Pendeln zwischen Dienst- und Heimatort. Nach wie vor ist die Vereinbarkeit von Familie und Dienst auch vom Wohlwollen der jeweiligen Vorgesetzten und dem Verständnis der Personalführung für individuelle Bedürfnisse abhängig. Die derzeitige Formulierung in der ZDv Innere Führung trägt hierzu eher bei; stattdessen würde die Entwicklung klarer Richtlinien direkter zum Ziel führen. Auch wenn inzwischen vieles ermöglicht wird, ist die notwendige Selbstverständlichkeit im Umgang mit Vereinbarkeitsfragen noch längst nicht erreicht (vgl. Posner 2014). Als Grundlage für die

Zukunftsfähigkeit der deutschen Streitkräfte wäre es somit notwendig, die Vereinbarkeit von Familie und Dienst aus den „weiteren Gestaltungsfeldern" in das hauptsächliche Gestaltungsfeld der „Menschenführung" zu überführen und im Rahmen einer individualisierten, lebensphasenorientierten Personalführung zu verankern! Um zu einer breiten Anwendung und Nutzung der vorhandenen Maßnahmen zu gelangen, ist es sowohl notwendig, dass die Balance zwischen Berufs- und Privatleben von Führungspersonen vorgelebt wird, aber auch die weiteren Rahmenbedingungen angepasst werden. Das Ziel einer familienbewussten Bundeswehr wird nur erreicht werden, wenn die Vorschriftenlage überarbeitet und ein Konzept zur individualisierten und lebensphasenorientierten Personalführung entwickelt wird. Hierzu gehören beispielsweise die Flexibilisierung von Laufbahnen, weniger restriktive Vorgaben bei der Erfüllung sogenannter ‚Pflichttore', die Möglichkeit individueller Zusagen hinsichtlich heimatnaher, regionaler Verwendungen, die weitere Verbesserung der Planbarkeit sowie mehr Transparenz bei personellen Entscheidungen. Zudem dürfte die Einführung eines Beurteilungskriteriums, das die familienorientierte Führung honoriert, zu einer nachhaltigen Verbesserung der Vereinbarkeit von Familie und Dienst beitragen.

Literatur

Bartels, Hans-Peter (2018), Unterrichtung durch den Wehrbeauftragten. Jahresbericht 2017 (59. Bericht).
http://dip21.bundestag.de/dip21/btd/19/007/1900700.pdf

Bartels, Hans-Peter (2019), Unterrichtung durch den Wehrbeauftragten. Jahresbericht 2018 (60. Bericht).
https://dip21.bundestag.de/dip21/btd/19/072/1907200.pdf

Bonß, Wolfgang (2007), Gesellschaft im Umbruch. Oder: Die Modernisierung moderner Gesellschaften. In: Wiesendahl, Elmar (Hrsg.) Innere Führung für das 21. Jahrhundert. Die Bundeswehr und das Erbe Baudissins, S. 85–102.

Bös, Nadine (2017), Berufe-Check. In diesen Berufen müssen die Leute weit pendeln. https://www.faz.net/aktuell/wirtschaft/berufe-check/berufe-check-in-diesen-berufen-muessen-die-leute-weit-pendeln-14336928.html

Bulmahn, Thomas; Fiebig, Rüdiger; Wieninger, Victoria; Greif, Stefanie; Flach, Max H.; Priewisch, Manon A. (2010), Ergebnisse der Studentenbefragung an den Universitäten der Bundeswehr Hamburg und München 2007. Forschungsbericht 89, Zentrum für Militärgeschichte und Sozialwissenschaften der Bundeswehr, Potsdam.

Bulmahn, Thomas; Hennig, Jana; Höfig, Chariklia; Wanner, Meike (2014), Ergebnisse der repräsentativen Bundeswehrumfrage zur Vereinbarkeit von Dienst und Privat- bzw. Familienleben. Forschungsbericht 107, Zentrum für Militärgeschichte und Sozialwissenschaften der Bundeswehr, Potsdam.
http://www.mgfa.de/html/einsatzunterstuetzung/downloads/forschung sbericht107vereinbarkeitdienstprivat.pdf

Bundesministerium der Verteidigung (Hrsg.) (1957), Handbuch Innere Führung. Hilfen zur Klärung der Begriffe. Schriftenreihe Innere Führung.

Bundesministerium der Verteidigung (2008a), ZDv 10/1 Innere Führung. Selbstverständnis und Führungskultur der Bundeswehr. Bundesministerium der Verteidigung.

Bundesministerium der Verteidigung (Hrsg.) (2008b), Balanceakt. Zwischen Karriere und Privatleben. Zeitschrift if 4/2008.

Bundesministerium der Verteidigung (2015), Innere Führung. Selbstverständnis und Führungskultur der Bundeswehr – A-2600/1.

Deutscher Bundeswehr Verband e.V. (2008), Familienpolitik in den Streitkräften: Viel Lärm um nichts? In: Die Bundeswehr, 11/2008, S. 10-11.

Dewitz, Christian (2014), Die Vision vom Familienfreundlichen Unternehmen.
http://www.bundeswehr-journal.de/2014/die-vision-vom-familienfreundlichen-unternehmen/

Elbe, Martin (2018), Berufskarrieren ehemaliger Zeitoffiziere: Erfahrungen und Erfolgsfaktoren. Zentrum für Militärgeschichte und Sozialwissenschaften der Bundeswehr, Forschungsbericht 115.
https://www.zmsbw.de/html/einsatzunterstuetzung/downloads/20180 313zmsbwkarrierefbfinalelbe.pdf

Hebel, Stephan (2020), Neue Verteidigungsministerin. Die letzte Chance der AKK.
https://www.fr.de/meinung/annegret-kramp-karrenbauer-verteidigungsministerin-letzte-chance-12829616.html

Jung, Franz Josef (2008), Tagesbefehl des Bundesministeriums der Verteidigung. In: ZDv 10/1 Innere Führung. Selbstverständnis und Führungskultur der Bundeswehr. Bundesministerium der Verteidigung, S. 5-6.

Jungbluth, Frank (2020), Neue Wehrbeauftragte: Eva Högl im Interview. In: Die Bundeswehr, Juli 2020, Deutscher Bundeswehrverband, S. 27.

Kossendey, Thomas (2009), Familie und Dienst besser in Einklang bringen. Interview 13.1.2009 in aktuell. Zeitung für die Bundeswehr.

Kümmel, Gerhard (2008), Truppenbild mit Dame. Eine sozialwissenschaftliche Begleituntersuchung zur Integration von Frauen in die Bundeswehr. Forschungsbericht 82, Sozialwissenschaftliches Institut der Bundeswehr, Strausberg.

Kümmel, Gerhard (2014), Truppenbild ohne Dame? Eine sozialwissenschaftliche Begleituntersuchung zum aktuellen Stand der Integration von Frauen in die Bundeswehr. ZMSBw, Gutachten 1/2014, Potsdam. https://www.zmsbw.de/html/einsatzunterstuetzung/downloads/14012 4studiefrauen2014.pdf

Marr, Rainer, Bíró, Tímea, Steiner, Karin. (2003), Vereinbarkeit von Familie und Beruf für Soldaten – Möglichkeiten und Grenzen einer familienorientierten Personalpolitik in der Bundeswehr. Empirisches Forschungsprojekt, Abschlussbericht Universität der Bundeswehr München, Neubiberg.

Näser-Lather, Marion (2011), Bundeswehrfamilien. Die Perzeption von Elternschaft und die Vereinbarkeit von Familie und Soldatenberuf. Baden-Baden: Nomos.

Penner, Wilfried (2002), Unterrichtung durch den Wehrbeauftragten. Jahresbericht 2001 (43. Bericht).
http://dip21.bundestag.de/dip21/btd/14/083/1408330.pdf

Penner, Wilfried (2003), Unterrichtung durch den Wehrbeauftragten. Jahresbericht 2002 (44. Bericht).
http://dip21.bundestag.de/dip21/btd/14/083/1408330.pdf

Penner, Wilfried (2004), Unterrichtung durch den Wehrbeauftragten. Jahresbericht 2003 (45. Bericht).
http://dip21.bundestag.de/dip21/btd/15/026/1502600.pdf

Penner, Wilfried (2005), Unterrichtung durch den Wehrbeauftragten. Jahresbericht 2004 (46. Bericht).

http://dip21.bundestag.de/dip21/btd/15/050/1505000.pdf

Posner, Christine (2004), Untersuchung der Studenten der Helmut-Schmidt-Universität und der Bundeswehruniversität München. Forschungsbericht, Helmut-Schmidt-Universität, Universität der Bundeswehr Hamburg.

Posner, Christine (2010), Eine Frage der Attraktivität. Gute Gründe für die Verbesserung der Vereinbarkeit von Familie und Dienst. In: if Zeitschrift für Innere Führung, 4/2010, S. 48-51.

Posner, Christine (2014), Streitkräfte im europäischen Vergleich: Auf dem Weg zu einer familienfreundlichen Bundeswehr? In: Möllers, Heiner; Schlaffer, Rudolf J., (Hrsg.) Sonderfall Bundeswehr? Streitkräfte in nationalen Perspektiven und im internationalen Vergleich. ZMSBw, München, Sicherheitspolitik und Streitkräfte der Bundesrepublik Deutschland, 12, S. 165-179

Reeb, Hans-Joachim (2015), 60 Jahre Innere Führung. Das Wesensmerkmal der Bundeswehr im Lauf der Geschichte. In: if, Zeitschrift für Innere Führung, 4/2015, S. 23-30.

Richter, Gregor (2012), Veränderungsmanagement zur Neuausrichtung der Bundeswehr. Beiträge zur professionellen Führung und Steuerung. Band 12, Schriftenreihe des Sozialwissenschaftlichen Instituts der Bundeswehr. Wiesbaden: Springer VS.

Robbe, Reinhold (2009), Unterrichtung durch den Wehrbeauftragten. Jahresbericht 2008 (50. Bericht).

http://dip21.bundestag.de/dip21/btd/16/122/1612200.pdf

Rümschüssel, Ruth (2015), Personalmanagement in der Bundeswehr. Die Bundeswehr auf ihrem Weg. Dissertation Helmut-Schmidt-Universität, Universität der Bundeswehr Hamburg.

Schneiderhan, Wolfgang (2007), Teilkonzeption Vereinbarkeit von Familie und Dienst in den Streitkräften (TK VebkFamDstSK), Generalinspekteur der Bundeswehr, Berlin.

Steiner, Heinrich-Wilhelm (2008), Am Puls der Zeit. Zukünftige Herausforderungen und Strategien für das Personalmanagement. In: if Zeitschrift für Innere Führung 4/2008, S. 5-12.

Stiller, Christian (2017), Innere Führung – konkret. Herausgegeben vom Zentrum für Militärgeschichte und Sozialwissenschaften der Bundeswehr, Potsdam.

Streitkräfteamt der Bundeswehr (2010), BLS Befragung längerdienender Soldatinnen und Soldaten. Gruppe Wehrpsychologie.

Strohmeier, Gerd (2012), Militärische Führungskräfte bewerten die Neuausrichtung der Bundeswehr. Zielgruppenbefragung der TU Chemnitz im Auftrag des Deutschen Bundeswehrverbandes.
https://www.dbwv.de/C125747A001FF94B/vwContentByKey/W28X WCBY150DBWNDE/$FILE/Ergebnisse_Zielgruppenbefragung.pdf

Strohmeier, Gerd (2013), Militärische und zivile Führungskräfte bewerten die aktuelle Situation der Bundeswehr. Zielgruppenbefragung der TU Chemnitz im Auftrag des Bundeswehr Verbandes (zweite Erhebungswelle).
https://www.dbwv.de/C125747A001FF94B/vwContentByKey/W298Y 9NK472DBWNDE/$FILE/Endbericht_Zielgruppenbefragung.pdf

Wiesendahl, Elmar (2007), Was bleibt und was sich ändern muss an einer Inneren Führung für das 21. Jahrhundert. In: Wiesendahl, Elmar (Hrsg.) Innere Führung für das 21. Jahrhundert. Die Bundeswehr und das Erbe Baudissins. Paderborn: Ferdinand Schöningh, S. 155-166.

Social Media in der Bundeswehr als Gestaltungsfeld der Inneren Führung

Marcel Bohnert & Lena Pütz

Einleitung: Innere Führung heute

Am 5. Mai 2020 wurde ein Tagesbefehl des Generalinspekteurs der Bundeswehr, General Eberhard Zorn, an alle Dienststellen der Bundeswehr verteilt. Darin wies er auf die bisherige Leistungsbilanz des Programmes »Innere Führung – heute« hin, das in Folge der Bundeswehr-Skandale des Jahres 2017[1] aufgelegt wurde. An Stelle acht von 14 der in der Anlage des Schreibens aufgeführten Themenbereiche sind die »Social Media Guidelines« mit dem Ziel der „Erhöhung der Handlungssicherheit im Umgang mit sozialen Medien" angeführt.[2]

In diesem Beitrag soll die wachsende Bedeutung Sozialer Medien herausgestellt und aufgezeigt werden, dass von einer intensiven Wechselwirkung zwischen der Online-Präsenz und dem realen Auftreten von »Staatsbürgern in Uniform« ausgegangen werden kann. Dazu wird zunächst der Status Quo von Social Media in der Bundeswehr beschrieben. Nach einem Einblick in die militärische Online-Community auf der Plattform Instagram [3] wird die Relevanz Sozialer Medien für die Außendarstellung und -wahrnehmung der Bundeswehr unter-

---

[1] Vgl. Neitzel, Sönke (2020): Deutsche Krieger. Vom Kaiserreich zur Berliner Republik – eine Militärgeschichte. Propyläen: Berlin, S. 573ff.; Bohnert, Marcel (2017): Innere Führung auf dem Prüfstand. Lehren aus dem Afghanistan-Einsatz der Bundeswehr. DeutscherVeteranen-Verlag: Hamburg, S. 181f.

[2] Vgl. Zorn, Eberhard (2020): Tagesbefehl Generalinspekteur der Bundeswehr. 5. Mai 2020, S. 1f.; die in der Anlage des Tagesbefehls aufgeführten Themen sind (1) Zusammenarbeit am Standort, (2) Führungszulage und „Spießzulage", (3) Mittelbare Aufgaben reduzieren, (4) Soldatisches Selbstverständnis, (5) Handgeld für Kommandeure, (6) AGENDA Ausbildung, (7) Meldewege – ISoLa (Innere und Soziale Lage), (8) Social Media Guidelines, (9) Umgang mit Eingaben an die Leitung BMVg (Bundesministerium der Verteidigung), (10) Modernisierung WDO (Wehrdisziplinarordnung), (11) Militärisches Beurteilungssystem, (12) Personalführung Mannschaften, (13) BwMessenger sowie (14) SAZV – ATZ (Soldatenarbeitszeitverordnung – Ausnahmetatsbestandszuschlag).

[3] In diesem Aufsatz liegt der Fokus auf der Social Media-Plattform Instagram, bei der es sich um ein stark wachsendes Medium handelt, das hierzulande die höchste tägliche Nutzungsdauer verzeichnen kann (Vgl. u.a. Ergebnisse der ARD/ZDF-Onlinestudie 2020, ard-zdf-onlinestudie.de, Online-Abruf: 29. November 2020).

sucht und es werden Empfehlungen zur stärkeren Berücksichtigung der aktuellen Entwicklungen in Theorie und Praxis der Inneren Führung abgeleitet.

Status Quo: Social Media in der Bundeswehr

Die Bundeswehr verfügt über ein komplexes Social Media-Ökosystem mit einer Vielzahl offizieller Kanäle, denen inzwischen millionenfach gefolgt wird.[4] Die wichtigste Trennung ist dabei die zwischen @Bundeswehr, @BundeswehrKarriere und @BundeswehrExclusive, die jeweils eine spezielle inhaltliche Ausrichtung haben und durch unterschiedliche Teams verantwortet werden. Sie verteilen sich auf verschiedene Social Media-Plattformen wie Instagram, Facebook, Snapchat oder YouTube.

Die Social Media Guidelines der Bundeswehr beziehen sich allerdings nur in zweiter Linie auf diese institutionalisierten Kanäle.[5] Vielmehr sollen sie Bundeswehrangehörige persönlich ansprechen und sie motivieren, sich online zu engagieren und dabei ihren Beruf zu präsentieren. Damit verfolgen die Guide-

---

[4] Vgl. Bohnert, Marcel & Pütz, Lena (2019): Innere Führung im Zeitalter von Social Media. Gedanken zum Status Quo und ein Aufruf zur Forschung, in: U. Hartmann & C.v. Rosen (Hrsg.): Jahrbuch Innere Führung 2019. Bundeswehr im Aufbruch. Hindernisse von den verteidigungspolitischen Vorstellungen der AfD bis zu den sicherheitspolitischen Meinungen in der Zivilgesellschaft. Miles: Berlin, S. 319f.; Zu den reichweitenstärksten Accounts zählen die YouTube-Präsenz @BundeswehrExclusive mit etwa 465.000 Abonnenten bei YouTube, die Instagram-Präsenz @Bundeswehr mit etwa 380.000 Followern und die Facebook-Präsenz @BundeswehrKarriere mit etwa 308.500 Abonnenten (Stand: 29. November 2020, 19:30 Uhr). Die strukturellen Angaben im hier zitierten Aufsatz von 2019 stimmen im Wesentlichen mit dem heutigen Social Media-Ökosystem der Bundeswehr überein. Die Anzahl der offiziellen Twitter-Accounts wurde inzwischen weiter vergrößert und der Account von BundeswehrExclusive auf der Kurzvideo-Plattform TikTok eingestellt (Vgl. Kiewel, Maximilian (2020): Wegen Bundeswehr-Debatte. Bundeswehr löscht TikTok. Bild.de, 1. Mai 2020; Vgl. Groeneveld, Josh (2020): Die US-Armee verbietet Tiktok, die Bundeswehr nutzt es: Ist die chinesische App ein Sicherheitsrisiko? BusinessInsider.de, 14. Januar 2020; Cox, Matthew (2019): Army follows Pentagon Guidance, bans chinese-owned TikTok App. www.Military.com, 30. Dezember 2019, /www.military.com/daily-news, 30. Dezember 2019; s.a. Deuber, Lea & Dorins, Valentin (2020): China-Kracher. Süddeutsche Zeitung, 13. Februar 2020, S. 3). Das durch Instagram im Juni 2020 eingeführte Kurzvideo-Format »Reels« und die zu erwartenden YouTube-»ShOrts« können als direkte Reaktionen auf den großen Erfolg von TikTok verstanden werden.

[5] Die Erabeitung der Social Media Guidelines erfolgte durch den Presse- und Informationsstab 3, Arbeitgebermarke/Social Media, in enger Zusammenarbeit mit der Abteilung »Führung Streitkräfte« im Bundesministerium der Verteidigung.

lines einen ausgesprochen progressiven Ansatz.[6] Spätestens mit ihrer Veröffentlichung im November 2019 wurde in der Bundeswehr ein Paradigmenwechsel angestoßen, der – insbesondere in der älteren Generation – noch einige Überzeugungsarbeit erfordert.[7]

Abbildung 1: Social Media ist in der Bundeswehr inzwischen zu einem wichtigen und komplexen Themenfeld avanciert

Die Debatte um die Vor- und Nachteile von Social Media wird in der Bundeswehr sehr emotional geführt. Dabei ist grundsätzlich festzuhalten, dass die Guidelines vor allem einen Rahmen für bereits vorhandene Aktivitäten von Bundeswehrangehörigen in der Online-Welt geschaffen haben. Ein erhöhtes Eingabe- und Beschwerdeaufkommen in diesem Bereich waren ein Zeichen zunehmender Verunsicherung und hatten die zügige Herausgabe einer Handlungshilfe notwendig werden lassen. In Sozialen Netzwerken agierenden Bundeswehrangehörigen sollte damit ein griffiges Regelwerk als Orientierung und

---

[6] Vgl. Hemicker, Lorenz (2019): Generäle twittern. So sollen Soldaten jetzt im Netz auftreten. Frankfurter Allgemeine Zeitung, 21. November 2019, S. 13; Lier, Axel (2019): Neue Social-Media-Division. Bundeswehr sucht Influencer, Bild.de, 31. Juli 2019.

[7] Vgl. Weigelt, Julia (2020): #Gewollt #Gebremst. Soldaten, die in sozialen Netzwerken aktiv sind, sollen der Bundeswehr helfen. Nicht alle Vorgesetzten unterstützen das. JS-Magazin, 4, S. 9ff.

Richtschnur für ihr privates Wirken im digitalen Raum an die Hand gegeben werden.

Social Media sind inzwischen über ihre Funktion als Unterhaltungs- und Informationsmedium hinaus längst zu einem mächtigen strategischen Kommunikationstool geworden, das tradierte Medien ergänzt und teils auch verdrängt. Die Bundeswehr und ihre Angehörigen halten derzeit in großen Teilen mit den aktuellen Online-Entwicklungen Schritt und befinden sich durch eine progressive Ausrichtung der Informationsarbeit in diesem Bereich am Puls der Zeit.

Gegenüber traditionellen Medien oder dem Engagement in der realen Welt bieten Soziale Medien u.a. den Vorteil der präzisen Messbarkeit. Wirkungsanalysen können so auf eine quantitative Grundlage gestellt werden. Social Media-Auswertungen geben beispielsweise Aufschluss über Reichweiten, Interaktionen, Views, Abonnements, die Watchtime und die Like-Dislike-Ratio von Postings und Inhalten. Pauschal als zu hoch kritisierte Kosten für Marketingkampagnen[8] auf den offiziellen Kanälen der Nachwuchswerbung können so etwa verwertbaren »Key Points of Interest« wie den Aufrufen der Karriere-Webseite der Bundeswehr, den Absprüngen ins E-Recruiting, den Anrufen im Kommunikationscenter der Bundeswehr oder der Anzahl der an die Bundeswehr gesendeten Kontaktformulare gegenübergestellt werden. Da Marketingbemühungen auch auf das Arbeitgeberimage der Bundeswehr einzahlen, können Zugewinne in diesem Bereich natürlich dennoch erst mittel- bis langfristig im Rahmen von Studien bestimmt werden.

Um einen ersten Einblick in die Relevanz von Bundeswehr-Themen im Social Media-Bereich zu erhalten, werden in der nachfolgenden Tabelle beispielshaft 15 Hashtags[9] mit einem inhaltlichen Bezug zur Bundeswehr und die Häufigkeit ihrer Nutzung auf der Social Media-Plattform Instagram aufgeführt:

---

[8] Vgl. u.a. Lücking, Daniel (2020): Selbstinszenierung mit Millionenbudget. Neues Deutschland, 11. Mai 2020; Der Ex-Offizier und Bundeswehr-Kritiker Lücking spricht in seinem Beitrag gar von einer „Gigantomanie" an der „Werbefront" der Bundeswehr.

[9] Unter Hashtags sind mit einem Doppelkreuz (Raute) versehene Schlagworte zu verstehen, die auf Social Media-Plattformen genutzt werden, um Nutzerinnen und Nutzern die Suche nach Beiträgen zu spezifischen Themen zu erleichtern. Durch den Klick auf ein Hashtag werden alle mit einem solchen Schlagwort versehenen Beiträge auf der jeweiligen Plattform angezeigt.

Hashtag	Nutzungen bei Instagram
#Bundeswehr	342.000
#GermanArmy	89.600
#WirDienenDeutschland	61.600
#Kameradschaft	59.900
#Soldaten	50.400
#SocialMediaDivision	34.300
#Milstagram	25.400
#Veteranen	14.100
#MachWasWirklichZählt	13.500
#Soldatenfrau	9.800
#BundeswehrKarriere	9.300
#Auslandseinsatz	5.400
#BundeswehrMemes	4.300
#Sportkameraden	2.200
#EinsatzVeteranen	1.100

Tabelle: Exemplarische Hashtags mit Bundeswehrbezug und ihre Nutzungshäufigkeit auf der Social Media-Plattform Instagram (Stand: 29. November 2020, 19:30 Uhr) [10]

Bereits eine kurze Prüfung der in der Tabelle aufgeführten Hashtags zeigt, dass nur ein sehr kleiner Teil der Beiträge den offiziellen Kanälen der Bundeswehr zuzuordnen sind. Die Hashtag-Nutzungen geben daher vor allem Aufschluss über die privaten Aktivitäten der militärischen Online-Community und zur allgemeinen Relevanz streitkräftebezogener Themen für Instagram-Nutzerinnen und -Nutzer mit einer Affinität zu Militär und Bundeswehr.

---

[10] Vor ca. einem Jahr waren unter dem Hashtag #Bundeswehr etwa 255.000 und unter #SocialMediaDivision etwa 7.000 Beiträge bei Instagram zu finden (Vgl. Bohnert, Marcel & Pütz, Lena (2019): Innere Führung im Zeitalter von Social Media. Gedanken zum Status Quo und ein Aufruf zur Forschung, in: U. Hartmann & C.v. Rosen (Hrsg.): Jahrbuch Innere Führung 2019. Bundeswehr im Aufbruch. Hindernisse von den verteidigungspolitischen Vorstellungen der AfD bis zu den sicherheitspolitischen Meinungen in der Zivilgesellschaft. Miles: Berlin, S. 320f.).

#SocialMediaDivision

Die Außendarstellung der Bundeswehr wird regelmäßig von zwei Seiten kritisiert: Entweder wird ihr vorgeworfen, dass sie durch eine friedvolle Hochglanzoptik die Spezifik des Soldatenberufes negiert, oder sie ist dem Vorwurf ausgesetzt, durch zu martialische Darstellungen den Krieg zu verherrlichen.[11] In dieser Debatte wird sich durch den höheren Stellenwert Sozialer Medien zukünftig wohl auch online eine bereits feststehende Erkenntnis bestätigen: Authentische und unverfälschte Einblicke lassen sich vor allem abseits streng reglementierter Kommunikationslinien gewinnen. Die besten Botschafter der Bundeswehr sind – ganz im Sinne der Inneren Führung – noch immer ihre Angehörigen selbst.[12]

Seit Jahresbeginn 2019 vernetzt sich mit hoher Geschwindigkeit eine aus Soldatinnen und Soldaten sowie zivilen Bundeswehrangehörigen bestehende Online-Community in Sozialen Medien. Insgesamt geht das Bundesministerium der Verteidigung derzeit von etwa 3.000 Bundeswehrangehörigen aus, die sich zu ihrem Beruf bekennend in Social Media einbringen. Etwa 500 von ihnen sind regelmäßig aktiv und knapp 50 werden zum Kern der sogenannten »Social Media Division«[13] gerechnet. Einzelne Profile haben dabei abseits amtlicher

---

[11] Vgl. Jenewein, Michael (2019): Menschwerdung im Krieg. Bundeswehr in den Fußstapfen von Ernst Jünger? Wissenschaft und Frieden, 4, S. 30; z.B. Praun, Matthieu (2019): Bundeswehr-Serie. „Das hier ist Reality, Männer!" Welt.de, 24. April 2019; Erich, Nils (2020): Bundeswehr-Serie. Hinter der Reling lauert der Pazifismus. Zeit.de, 19. November 2020; Ludwig, Lisa (2018): Krieg spielen. Wie die Bundeswehr für ihre neue Webserie First-Person-Shooter kopiert. Vice.com, 8. November 2018.

[12] Im Bereich des strategischen Marketings wurde die Relevanz der eigeninitiativen Außendarstellung von Mitarbeiterinnen und Mitarbeitern für die Unternehmenskommunikation vor einigen Jahren erkannt und konzeptualisiert: Sogenannte Corporate Influencer sind ausgewählte Personen, die sich zu ihrem Unternehmen bekennen und es als selbstbestimmte Botschafter authentisch nach außen vertreten. Auf diese Weise können sie einen messbar wirkungsvollen Einfluss auf interne und externe Teilöffentlichkeiten nehmen. Das der Inneren Führung innewohnende Leitbild des »Staatsbügers in Uniform« deckt sich aus militärischer Perspektive mit dieser Form der Außenpräsentation. Sie gewährt direkte Einblicke in die offenbar häufig als »Black Box« wahrgenommene Bundeswehr, ermöglicht einen persönlichen Austausch und rückt sie damit weiter in die Mitte der Gesellschaft.

[13] Wenn von »der« Social Media Division gesprochen wird, ist dies als umgangssprachlicher Sammelbegriff für die aktive Online-Community von Bundeswehrangehörigen, nicht im Sinne eines militärischen Verbandes oder gar einer fest definierten Zugehörigkeit zu verstehen.

Kommunikationsstrukturen einen erstaunlichen Einfluss[14], der teilweise über die offiziellen Social Media-Präsenzen der Bundeswehr hinausreicht. Reichweitenstarke Privataccounts[15] bei Instagram sind beispielsweise die von jan.a.man (463.000 Follower), capitano.maurice (386.000 Follower), vs__2211 (75.600 Follower), julia____07 (68.800 Follower), wiebkeherzchen (25.200 Follower), sportkameradin (23.200 Follower), raggetorres (14.200 Follower), fitmedhealth (10.000 Follower), ilovetravel__ (4.802 Follower), sven.koennecke (4.737 Follower), einmal.charlie.immer.charlie (4.619 Follower), lt.fabio (4.341 Follower), michagsx_r (3.909 Follower), _alpha_._sierra_ (3.471 Follower) oder mikescholzberlin (1.319 Follower).[16] Selbst Generäle der Bundeswehr wie Generalleutnant Alfons Mais (@insph_a_mais mit 3.033 Followern), Brigadegeneral Jared Sembritzki (@jaredsembritzki mit 2.928 Followern) oder Brigadegeneral Andreas Henne (@henneberlinbw mit 460 Followern) präsentieren online inzwischen Teile ihres Berufs- und Privatlebens. Wesentlicher Treiber dieser Entwicklungen ist dabei zweifelsohne die Instagram-Aktivität des Parlamentarischen Staatssekretärs im Bundesministerium der Verteidigung Dr. Peter Tauber (@petertauber mit 26.700 Followern), der politische und private Inhalte kurzweilig aufbereitet präsentiert und online einen direkten Austausch mit Bundeswehrangehörigen aller Führungsebenen pflegt.

Innerhalb der »Social Media Division« lässt sich auch die Ausbildung von Teil-Netzwerken beobachten, die auf speziellere Themenfelder der soldatischen Lebensrealität fokussieren. So gibt es bei Instagram einige Privataccounts, die sich besonders mit dem Thema »Auslandseinsätze der Bundeswehr« befassen: Beispielsweise fußen die Inhalte der Profile @alter_falli87 (10.700 Follower), @roterteufel_3754 (6.060 Follower) oder @standingveteran (5.441 Follower)

---

[14] Vgl. Hartmann, Uwe & Rosen, Claus von (2019): Einleitung, in: U. Hartmann & C.v. Rosen (Hrsg.): Jahrbuch Innere Führung 2019. Bundeswehr im Aufbruch. Hindernisse von den verteidigungspolitischen Vorstellungen der AfD bis zu den sicherheitspolitischen Meinungen in der Zivilgesellschaft. Miles: Berlin, S. 31.

[15] Private Accounts von Bundeswehrangehörigen müssen seit Anfang des Jahres 2020 auch als solche gekennzeichnet werden. Die Zusätze „kein offizieller Account der Bundeswehr" oder „privater Account" sollen gemäß einer Ergänzung der Social Media Guidelines (BundeswehrSocialMedia.de) deutlich lesbar in der Profilbeschreibung von Bundeswehrangehörigen, die Beiträge mit Bundeswehrbezügen posten, platziert werden.

[16] Alle Zahlen wurden am 29. November 2020 zwischen 19:00 und 20:00 Uhr per Online-Abruf via Instagram.com aktualisiert. Ab einer Anzahl von 10.000 Abonnenten können bei Instagram lediglich die Profilinhaber selbst einsehen, wie hoch die exakte Zahl ihrer Follower ist.

auf ihrer persönlichen Einsatzerfahrung und definieren ihre Identität als Veteranen. Weitere Profile, wie die von @andrehassankhan (5.996 Follower), @kilo_gaucho (1.946 Follower), @robert__overlevde (1.441 Follower) oder @frank_r_the_tank (1.070 Follower) rekurrieren immer wieder auf ihre eigene Einsatzzeit, bedienen darüber hinaus aber auch spezifische Themenfelder wie der Einsatz von Drohnen, die Herausbildung einer Veteranenkultur oder das Training von Scharfschützen. Hier wird online in nicht zu unterschätzendem Umfang dazu beigetragen, das Einsatzgedächtnis zu erhalten und das generelle Narrativ von Missionen durch Einblicke in die Erlebnis- und Gedankenwelt der soldatischen Basis zu justieren. Und zwar mit einer über die Social Media-Welt hinausgehenden Wirkung.[17]

Für viele Nutzerinnen und Nutzer dient Instagram jedoch nicht nur der Selbstdarstellung, Unterhaltung und Kommunikation, sondern auch als Plattform, um sich über Arbeitgeber und Berufsgruppen zu informieren. Wer Interesse an der Bundeswehr hat, setzt sich auch online mit streitkräftebezogenen Themen auseinander. Die militärischen Privat-Accounts dienen als Vorbild und Orientierungsmaßstab sowie als Ansprechpartner und Vermittler. Bundeswehrangehörige präsentieren online glaubwürdig ihren Arbeitsalltag, interagieren auf verständliche Weise mit der Community und zeigen sich von ihrer persönlichen Seite. Sie erzeugen dadurch Aufmerksamkeit, wecken Interesse und schaffen Sympathien für die Bundeswehr.

Eine gewisse Nahbarkeit zur Zielgruppe lässt sich durch interaktive Elemente wie Umfragen, Quizze, Fragebuttons und Live-Events natürlich auch über die offiziellen Social Media-Kanäle der Bundeswehr schaffen.[18] Gesteuerte Arbeitgeberkanäle und ihr werblicher Charakter werden von den Nutzerinnen und Nutzern aber immer als solche erkannt. Das Gefühl von Nähe und Authentizität, das private Accounts vermitteln, werden sie daher nie gleichermaßen erreichen können.

---

[17] Als Beispiel lässt sich das eindringliche Podcast-Interview des anonymen Instagram-Nutzers Nils alias @roterteufel_3754 anführen (Vgl. Jürs, Sarah (2020): #7 Nils – Warum bist Du Soldat? The StoryTeller. Spotify.de, 24. September 2020).
[18] Vgl. u.a. Bohnert, Marcel & Pütz, Lena (2020): #DranDraufDrüber: Social Media-Serie über Panzergrenadiere. Der Panzergrenadier, 47, S. 44ff.

Bedeutung für die Innere Führung

Soldatinnen und Soldaten sowie zivile Bundeswehrangehörige tragen mit ihrem privaten Online-Engagement dazu bei, der Gesellschaft (digitale) Einblicke in ihren Dienstalltag zu gewähren und die allgemeine Sichtbarkeit der Bundeswehr in der Bevölkerung zu erhöhen. Sie werden damit zu wichtigen Botschaftern und Multiplikatoren und verdeutlichen, dass auch sie trotz ihres außergewöhnlichen Berufes »normale Staatsbürger« sind. All das spiegelt den »Staatsbürger in Uniform« auf eine authentische Weise wider und zeigt, dass analog und digital längst nicht mehr als zwei separate Welten zu betrachten sind. Im Gegenteil: Die Realitäten sind aufs engste miteinander verwoben.[19]

Im Folgenden soll anhand von drei konkreten Beispielen die »Verlängerung der Realität« in den Bereich Social Media et vice versa aufgezeigt werden:

#BahnBw – Kostenfreies Bahnfahren für Soldatinnen und Soldaten

Seit Jahresbeginn 2020 ist es aktiven Soldatinnen und Soldaten möglich, in Zügen der Deutschen Bahn kostenlos zu reisen. Diese Regelung ist per se von hohem Wert für die Innere Führung: Nicht nur, dass uniformierte Soldatinnen und Soldaten in der Öffentlichkeit wieder stärker wahrgenommen werden; sie stellt auch eine außerordentliche Wertschätzung ihres Dienstes für die Gemeinschaft dar. Dass das Angebot aus Sicht der Pendler ein Erfolg war, zeigte sich schon an der großen Nachfrage: Bereits Anfang März 2020 waren 211.000 eToken abgerufen worden, von denen 77.000 in Bahntickets eingelöst wurden.[20] Unter dem Hashtag #BahnBw wurden Soldatinnen und Soldaten über die offiziellen Kanäle der Bundeswehr dazu aufgefordert, Fotos von ihren Bahnfahrten online zu stellen. Bei Instagram lassen sich dazu inzwischen mehrere hundert Beiträge finden.

#ZeigHaltung – Gelöbnis vor dem Deutschen Bundestag

Für ein Gelöbnis zum Jubiläum der Bundeswehr vor dem Deutschen Bundestag im November 2019 wurde die Online-Community auf Instagram dazu aufgefordert, anlassbezogen Fotos einzusenden oder hochzuladen. Hunderte Bil-

---

[19] Vgl. Wolfrum, Andreas (2019): Digital Natives als Herausforderung und Chance für die politische Bildung in der Bundeswehr, in: U. Hartmann & C.v. Rosen (Hrsg.): Jahrbuch Innere Führung 2019. Bundeswehr im Aufbruch. Hindernisse von den verteidigungspolitischen Vorstellungen der AfD bis zu den sicherheitspolitischen Meinungen in der Zivilgesellschaft. Miles: Berlin, S. 297ff.

[20] Vgl. Cingi, Hanife (2020): Gut angekommen? Resümee zum kostenfreien Bahnfahren. www.Bundeswehr.org, 3. März 2020.

der wurden daraufhin im Netz veröffentlicht, nicht nur von Bundeswehrangehörigen selbst, sondern auch von Angehörigen verschiedener Einsatz- und Rettungskräfte wie Polizei, Feuerwehr, Technischem Hilfswerk oder Deutscher Lebens-Rettungs-Gesellschaft. Mittlerweile finden sich bei Instagram unter dem Hashtag #ZeigHaltung mehrere tausend Beiträge.[21]

#WirGegenExtremismus – Bundeswehrangehörige positionieren sich gegen Extremismus

Die andauernde Berichterstattung über rechtsextremistische Verdachtsfälle in der Bundeswehr hat Ende 2020 mehr als 250 aktive und ehemalige Bundeswehrangehörige zur Teilnahme an einer privaten Initiative bewogen: Sie fluteten die Sozialen Medien mit Bildern und Fotocollagen, die das Hashtag #WirGegenExtremismus enthielten und setzten damit ein starkes sichtbares Zeichen gegen das Narrativ der »rechtslastigen Bundeswehr« (Abbildung 2).

Abbildung 2: Teilnehmende der privaten Online-Initiative #WirGegenExtremismus, an der sich eine Vielzahl aktiver und ehemaliger Bundeswehrangehöriger beteiligten

Online-Initiativen wie #BahnBw, #ZeigHaltung oder #WirGegenExtremismus zeigen, dass der Wunsch nach Wahrnehmung, Engagement und Anerkennung bei Bundeswehrangehörigen sowohl in der realen als auch digitalen Welt

---

[21] Da Hashtags nur in Ausnahmefällen offiziell gesichert oder vereinnahmt werden können, mischen sich inzwischen allerdings auch andere Themen unter die ursprünglichen Inhalte.

gleichermaßen vorhanden ist. Ganz im Sinne der Inneren Führung haben sie ein Interesse daran, sich und ihren Arbeitgeber zu präsentieren und in Diskussionen über die Bundeswehr eine Stimme zu haben. Sie nehmen damit insbesondere nach Aussetzung der Wehrpflicht eine wichtige Brückenfunktion zur Zivilgesellschaft wahr.[22]

Risiken von Social Media

Die Wissenschaft steht bei der Untersuchung des gesellschaftlichen Einflusses Sozialer Medien noch relativ am Anfang.[23] Klar ist jedoch, dass das Auftreten in der Online-Welt auch einige Gefahren birgt. Politische Diskussionen finden heutzutage in großen Teilen online statt, teils deutlich intensiver und unter dem Deckmantel der Anonymität auch aggressiver als in der Realität. Kommunikationsphänomene wie Cyber-Mobbing, Hate-Speech oder Shitstorms sind für Nutzerinnen und Nutzer Sozialer Medien allgegenwärtig. Auch mit Bezug zur Bundeswehr gab es 2019 und 2020 einige Social Media-Kontroversen, die oftmals bis in die traditionellen Medien hineinreichten. Dabei wurde immer wieder der vermeintliche Hang zum Extremismus in den Streitkräften thematisiert:

#Retro – Wehrmachtsuniform als Modeaccessoire

Ein medialer Aufschrei folgte im November 2019 einem Instagram-Posting auf dem offiziellen Kanal @Bundeswehr: Der für den Upload verantwortliche Social Media-Manager hatte bei einer Berichterstattung über eine Ausstellung im Militärhistorischen Museum der Bundeswehr eine Wehrmachtsuniform fotografiert und dabei leichtfertig die Schriftzüge »retro«, »Haute Couture« und »Mode« in einer sogenannten Instagram-Story genutzt. Die Presse sprach

---

[22] So betrachtet auch der Gesamtvertrauenspersonenausschuss beim Bundesministerium der Verteidigung die Social Media Guidelines als Möglichkeit, „das einstige Weitererzählen der persönlichen Erfahrungen der Wehrpflichtigen" zu kompensieren (Vgl. Hahn, Karl-Uwe (2020): Unterwegs im Social-Network. GVPA-Info Magazin, I/2020, S. 6).

[23] Vgl. u.a. Orlowski, Jeff (2020): The Social Dilemma, Netflix.com, 9. September 2020; Bähr, Julia (2020): Sind wir dieser Technologie wirklich gewachsen? Frankfurter Allgemeine Zeitung, 27. September 2020. Eisenlauer, Martin (2020): Alles hat ein Ende – nur Facebook nicht. Bild am Sonntag, 1. März 2020, S. 25; Orlowski, Jeff (2020): The Social Dilemma, 9. September 2020; Deuber, Lea & Dorins, Valentin (2020): China-Kracher. Süddeutsche Zeitung, 13. Februar 2020, S. 3; Raso, Filippo (2019): Towards Rule of Law in the Digital Environment. NATO Strategic Communications Centre of Excellence: Lettland.

schnell von einem „handfesten Social-Media-Skandal"[24] und stellte Verbindungen zu den Extremismus-Fällen des Jahres 2017 her.[25] Der entsprechende Mitarbeiter hatte hier unter einigem Zeitdruck ohne Zweifel gedankenlos und unsensibel gehandelt, die Unterstellung einer antidemokratischen Gesinnung entbehrte jedoch jeder Grundlage.

#Panoramagate – Likes für fragwürdige Inhalte

In Folge einer Berichterstattung des ARD-Meinungsmagazins Panorama entbrannte unter dem Schlagwort #Panoramagate im Juli und August 2020 eine heftige Kontroverse über den Umgang mit »Likes«, Hashtags und Followerschaften in Sozialen Netzwerken. Angehörige der Bundeswehr beteiligten sich online in großem Umfang an der Debatte und positionierten sich gegen die Vorgehensweise der Medien sowie Vorverurteilungen, die auch in diesem Fall wieder das Thema Extremismus aufwarfen. Indes wurde aufgedeckt, dass die Journalistinnen den durch sie an die Bundeswehr angelegten Maßstäben für Likes und Abonnements auf ihren eigenen Social Media-Präsenzen selbst nicht standhalten konnten.[26] Auf Grund der Ausmaße, die die Diskussion zeitweise annahm, sprach der Medienwoche-Podcast von einer „entgleiste[n] Debatte".[27]

---

[24] Bauer, Michael (2019): Instagram-Skandal bei der Bundeswehr. Hakenkreuz-Uniform als Retro-Mode betitelt. n-tv.de, 27. November 2019; Vgl. Gebauer, Matthias (2019): Neuer Skandal. Bundeswehr postet Hakenkreuz-Uniform auf Instagram. Spiegel.de, 26. November 2019.

[25] Vgl. Hellemann, Angelika & Schütz, Simon (2019): Als „Retro-Mode": Bundeswehr feiert Hakenkreuz-Uniform. Bild.de, 26. November 2019; Clement, Kai (2019): Foto von Hakenkreuz-Uniform: Entsetzen über Bundeswehr-Posting. tagesschau.de, 27. November 2019. Zu den Bundeswehrskandalen 2017: Vgl. Neitzel, Sönke (2020): Deutsche Krieger. Vom Kaiserreich zur Berliner Republik – eine Militärgeschichte. Propyläen: Berlin, S. 573ff.; Bohnert, Marcel (2017): Innere Führung auf dem Prüfstand. Lehren aus dem Afghanistan-Einsatz der Bundeswehr. DeutscherVeteranenVerlag: Hamburg, S. 181f.

[26] Zur kontroversen Debatte: vgl. u.a. Alphonso, Don (2020): Linksextreme Verbindungen ignorieren, Öffentlichkeit täuschen. Die Welt, 29. Juli 2020; Kiewel, Maximilian & Lier, Axel (2020): Social-Media-Leiter distanziert sich von Rechtsradikalen. Bild.de, 23. Juli 2020; Werner, Reinhard (2020): Nach „Likes" auf Instagram: Bundeswehr-Offizier von „Panorama" zum beruflichen Abschuss freigegeben. Epoch Times, 29. Juli 2020; Fleischhauer, Jan (2020): Ein falscher Kontakt und man ist erledigt: ARD-Magazin bläst zur Gesinnungsjagd. Focus, 1. August 2020; Gebauer, Matthias (2020): Ermittlungen gegen Bundeswehroffizier. „Ich war vielleicht naiv, aber ich bin nicht rechtsextrem". Der Spiegel, 25. Juli 2020; Bracht, Roman (2020): Glückwunsch an die ewig Gestrigen – #MarcelsKamerad. Die „3 Likes Affäre", Veteranenkultur.de, 25. Juli 2020; Marguier, Alexander (2020): „Panorama"-Vorwürfe gegen Bundeswehr-Offizier. Diffarmierung auf Kosten der Gebührenzahler. Cicero, 30. Juli 2020; Herrmann, Jonas (2020): Ein paar falsche Likes, und raus bist du? Wie der öffentlichrechtliche Rundfunk einen Bundeswehrsoldaten in die rechtsradikale Ecke stellte. Neue Züricher Zei-

#KlagtNichtKämpft – Nutzung eines umstrittenen Slogans

Den Upload des Fotos eines militärischen Wappens mit dem Ausruf »Klagt nicht, kämpft!« auf einem privaten Instagram-Account im September 2020 wollten Online-Aktivisten bei Twitter nutzen, um einen weiteren Rechtsextremismus-Skandal um die Bundeswehr zu spinnen. Ihrer Ansicht nach wären durch das Posting „reichweitenstark Slogans der #Wehrmacht"[28] in die Informationsarbeit der Bundeswehr aufgenommen worden. Allerdings hatten sie nicht gründlich recherchiert und – beabsichtigt oder unbeabsichtigt – übersehen, dass sich kein Bezug des Ausspruchs zur deutschen Wehrmacht oder Waffen-SS nachweisen lässt und seine Nutzung – unabhängig von geschmacklichen Bewertungen – weder innerhalb noch außerhalb der Bundeswehr verboten ist.[29]

#HeikoMaasGratuliert – Verwechslung von Uniformen

Nicht alle Fälle sind jedoch so dramatisch und ernst, wie die bislang geschilderten. So ärgerlich Online-Debatten für Betroffene oftmals sein mögen, so können sie auch einen humoristischen Wert haben: Als Heiko Maas, Bundesminister des Auswärtigen, der Bundeswehr im November 2020 via Twitter zum 65. Geburtstag gratulierte, wurde auf seinem Kanal dazu ein Bild gepostet, das zeigt, wie er einem belgischen UN-Soldaten in Mali die Hand schüttelt.[30] Das brachte ihm einigen politischen und medialen Spott ein. Amüsierte Nutzerinnen und Nutzer verbreiteten unter dem Hashtag #HeikoMaasGratuliert zahl-

---

tung, 24. Juli 2020; Kraus, Josef (2020): Miserable Recherche. NDR-Panorama bezichtigt Offizier der Sympathie zur Identitären Bewegung. Tichys Einblick, 23. Juli 2020; Kraus, Josef & Drexl, Richard (2020): Öffentlich-rechtliche Diffarmierer. NDR - #Panoramagate. Tichys Einblick, 27. Juli 2020; Yücel, Deniz (2020): Cancel Culture. Eine offene Gesellschaft muss Mehrdeutigkeiten aushalten. Die Welt, 11. August 2020; Meyer, Jan (2020): Riskante Klicks auf Instagram und Fragen ohne Antworten. Die Bundeswehr, 9, S. 7; Eine Online-Petition zur Rehabilitierung haben fast 6.000 Nutzerinnen und Nutzer unterzeichnet (change.org, David Domjahn, Petition vom 26. Juli 2020).

[27] Winterbauer, Stefan & Meier, Christian (2020): Die entgleiste Debatte um „Panorama" und den Bundeswehroffizier. Die Medienwoche. Meedia Podcasts, 31. Juli 2020.

[28] Twitter.com, @Patrick_J_Bln, 9. September 2020.

[29] Der Slogan taucht in ähnlicher Form z.B. im Laienevangelium von Friedrich von Sallet auf (Vgl. Kommando Streitkräftebasis (Hrsg.) (2020): Tradition in der SKB. Handreichung. 2. aktualisierte Auflage. Bonn: SKB Referat Innere Führung, S. 52).

[30] Vgl. Twitter.com, 12. November 2020, 13:35 Uhr @HeikoMaas; Der Tweet wurde am 13. November 2020 gelöscht.

reiche Memes[31] mit absichtlich falschen Bildunterschriften, die den händeschüttelnden Außenminister mit verschiedenen Politikern und Prominenten zeigten.[32]

Die vier aufgeführten Beispiele verdeutlichen vor allem eines: Soziale Medien sind hochdynamisch und schnelllebig. Überall lauern Fallstricke, Doppeldeutigkeiten und Fehlinterpretationen. Wer am Puls der Zeit bleiben will, wird Fehler nie vermeiden können. Eine generelle Akzeptanz dieser Tatsache und eine angemessene Fehlerkultur sind im Social Media-Bereich zwingend notwendig, derzeit allerdings weder in der Bundeswehr noch gesamtgesellschaftlich sonderlich stark ausgeprägt.[33] Weitere Fälle dieser Art sind jedoch unvermeidbar. Zu hoffen ist, dass sich hier zügig Lerneffekte und eine größere Gelassenheit beim Umgang mit Fehlern einstellen.

In den letzten Jahren ist darüber hinaus deutlich geworden, dass Soziale Medien die Gefahr einer starken Verzerrung der Wirklichkeit beinhalten und als Mittel hybrider Kriegführung genutzt werden können. Fake News beeinflussen schon heute die Realität und stellen mächtige Tools im »Informationskrieg« dar. Inzwischen hat sich ein weltweiter Markt entwickelt, der durch Kommentare, Klicks, Likes oder Shares kosteneffiziente Manipulationen im Social Media-Bereich ermöglicht.[34] In einer Studie konnte 2019 nachgewiesen werden,

---

[31] Memes oder Internet-Memes sind unterhaltsame, meist humoristische oder satirische und häufig auf aktuelle Ereignisse bezogene Medieninhalte, mit hohem Potenzial, sich über Webseiten, Messenger-Dienste oder Soziale Netzwerke viral zu verbreiten.

[32] Vgl. Schneider, Anna-Sophie & Lüdke, Steffen (2020): Fotopanne zum Bundeswehrjubiläum. Außenminister Maas gratuliert belgischem Soldaten. Spiegel.de, 13. November 2020. Unter anderem twitterte die FDP-Politikerin Marie-Agnes Strack-Zimmermann „Ob Mailand oder Madrid – Hauptsache Brüssel. Herzlichen Glückwunsch liebe Bundeswehr. Und als Europäer nehmen Belgier sicherlich auch gerne die Glückwünsche für die Bundeswehr von Heiko Maas entgegen." (Twitter.com, 13. November 2020, 12:32 Uhr @MAStrackZi).

[33] Das aktuelle Weißbuch der Bundesregierung mahnt als strategisches Grundlagenpapier eine solche Fehlerkultur für die Bundeswehr an (Vgl. Bundesministerium der Verteidigung (2016) (Hrsg.): Weissbuch 2016. Zur Sicherheitspolitik und zur Zukunft der Bundeswehr. Die Bundesregierung: Berlin, S. 128ff.). Auch in nachgeordneten Dokumenten finden sich Hinweise wie „Aus Fehlern zu lernen heißt zum einen, dass diese gemacht werden dürfen; zum anderen, dass durch deren Analyse eine Verbesserung angestrebt wird" (Kommando Streitkräftebasis (Hrsg.) (2020): Tradition in der SKB. Handreichung. 2. Aktualisierte Auflage. Bonn: SKB Referat Innere Führung, S. 23). Diese Maßgabe muss auch in Bezug auf Soziale Medien Anwendung finden.

[34] Vgl. Bay, Sebastian & Fredheim, Rolf (2019): Falling behind: How Social Media Companies are failing to combat inauthentic behavior online. Singularex/NATO Strategic Communica-

dass mit einem vergleichsweise geringen Investment von 300 Euro 3.530 Kommentare, 25.750 Likes, 20.000 Views und 5.100 Follower gekauft werden konnten. Über 18.700 Social Media-Accounts wurden im Rahmen der Studie als unecht identifiziert.[35] Diese Art von Social Media-Manipulationen hat das Potenzial, politische Entscheidungen zu beeinflussen, die öffentliche Meinung zu polarisieren oder von legitimen Diskussionen abzulenken.[36] Wie einfach Manipulationen auch im militärischen Bereich sind, zeigt ein Experiment des lettischen »NATO Strategic Communications Centre of Excellence« während eines Militärmanövers im Baltikum: Dort eingesetzte Soldaten gaben bei Bestellungen von Artikeln über einen eigens angelegten Fake-Online-Shop leichtfertig ihre Heimatadressen preis, versandten Fotos über die Dating-App Tinder und wollten sich für ein vermeintliches Date sogar unerlaubt von der Truppe entfernen.[37]

Trotz der in diesem Abschnitt genannten Aspekte gilt es sich dennoch zu vergegenwärtigen, dass die Chancen von Social Media für die Innere Führung die Risiken deutlich überwiegen. Sie sind ohnehin Teil der Lebenswirklichkeit der jungen Generation innerhalb wie außerhalb der Bundeswehr und aus dem Informationsumfeld nicht mehr wegzudenken.

---

tions Centre of Excellence: Ukraine, S. 3ff.; s.a. Heine, Hannes (2019): NATO bereitet sich auf virtuellen Krieg vor. Wie Lettlands Soldaten ins Netz gingen. Der Tagesspiegel, 30. September 2019.

[35] Vgl. Bay, Sebastian & Fredheim, Rolf (2019): Falling behind: How Social Media Companies are failing to combat inauthentic behavior online. Singularex/NATO Strategic Communications Centre of Excellence: Ukraine, S. 3ff.

[36] Vgl. Bay, Sebastian & Fredheim, Rolf (2019): Falling behind: How Social Media Companies are failing to combat inauthentic behavior online. Singularex/NATO Strategic Communications Centre of Excellence: Ukraine, S. 5; s.a. Biteniece, Nora & Sant, Kristina Zina-Joy van (2019): The use of geo-targeting during elections. NATO Strategic Communication Centre of Excellence: Lettland, S. 5ff.; Giles, Keir, Hartmann, Kim & Mustaffa, Munira (2019): The role of Deepfakes in making Influence Campaigns. NATO Strategic Centre of Excellence: Lettland, S. 8ff.

[37] Vgl. Heine, Hannes (2019): NATO bereitet sich auf virtuellen Krieg vor. Wie Lettlands Soldaten ins Netz gingen. Der Tagesspiegel, 30. September 2019.

Konkrete Empfehlungen zur Neugestaltung

In der aktuellen Vorschrift für Innere Führung sind ihre vier Ziele und zehn Gestaltungsfelder aufgeführt.[38] Die Begriffe »Social Media« oder »Soziale Medien« finden im gesamten Dokument an keiner Stelle Berücksichtigung.

Um der gewachsenen Bedeutung Sozialer Medien gerecht zu werden und die faktischen Gegebenheiten für Bundeswehrangehörige einzubeziehen, ist bei einer Neugestaltung der Dienstvorschrift für Innere Führung die explizite Berücksichtigung von Social Media im Gestaltungsfeld »Informationsarbeit« das zwingende Minimum. Bereits heute werden Angehörige der Bundeswehr in diesem Gestaltungsfeld als „wichtigste Mittler der Informationsarbeit" beschrieben und es wird darauf hingewiesen, dass „das Auftreten der Soldatinnen und Soldaten und zivilen Angehörigen der Bundeswehr in der Öffentlichkeit [...] hohe Glaubwürdigkeit [erzeugt]."[39] Jetzt gilt es explizit anzuerkennen, dass dieses Auftreten auch auf die Online-Welt zu beziehen ist.

Ganz konkret kann eine an den Social Media Guidelines und den hiesigen Erkenntnissen orientierte Formulierung lauten:

„Viele Angehörige der Bundeswehr nutzen privat Soziale Medien, um sich, ihren Arbeitgeber und ihren dienstlichen Alltag nahbar und authentisch zu präsentieren. Auf diese Weise tragen sie dazu bei, das Bild der Bundeswehr weiter zu verbessern und ihre Einbindung in Staat und Gesellschaft zu fördern."

In einem ergänzenden Absatz ließe sich der Handlungsrahmen für das private Social Media-Engagement von Bundeswehrangehörigen in kurzer Form definieren:

„Maßstab für das Handeln in Sozialen Netzwerken sind die einschlägigen Gesetze, Erlasse und Vorschriften. Was für Bundeswehrangehörige im echten Leben geboten oder verboten ist, gilt auch für ihre persönlichen Online-Auftritte."

---

[38] Dazu zählen drei hauptsächliche Gestaltungsfelder (Menschenführung, Politische Bildung sowie Recht und Soldatische Ordnung) sowie sieben weitere Gestaltungsfelder (Dienstgestaltung und Ausbildung, Informationsarbeit, Organisation und Personalführung, Fürsorge und Betreuung, Vereinbarkeit von Familie und Dienst, Seelsorge und Religionsausübung sowie sanitätsdienstliche Versorgung) (Vgl. Bundesministerium der Verteidigung (Hrsg.) (2008): Zentrale Dienstvorschrift A-2600/1. Innere Führung. Selbstverständnis und Führungskultur. Berlin, S. 11ff.).

[39] Bundesministerium der Verteidigung (Hrsg.) (2008): Zentrale Dienstvorschrift A-2600/1. Innere Führung. Selbstverständnis und Führungskultur. Berlin, S. 20.

Ob eine ausschließliche Erwähnung Sozialer Medien im Gestaltungsfeld »Informationsarbeit« ihrer aktuellen und künftig zu erwartenden Bedeutung vollumfänglich gerecht werden kann, darf angezweifelt werden. Insbesondere verschwimmt durch eine solche Zuordnung die wesentliche Unterscheidung von »offizieller Informationsarbeit« und dem rein privaten Engagement von Bundeswehrangehörigen. Daher wird weiterführend empfohlen, Argumente für eine eigene Kategorie innerhalb der Gestaltungsfelder abzuwägen. Möglicherweise ist die Ergänzung um ein neues Gestaltungsfeld »Social Media« eine Möglichkeit, der Bedeutung Sozialer Medien innerhalb und außerhalb der Bundeswehr in angemessenem Umfang Rechnung zu tragen.

Ausblick

> *„Und es ist übrigens 2020 keine Option mehr für einen militärischen Führer soziale Netzwerke nicht zu nutzen"* [40]
> (Peter Tauber, Parlamentarischer Staatssekretär im Bundesministerium der Verteidigung)

Die Innere Führung selbst erhebt den Anspruch, Änderungen der gesellschaftlichen Realität zu berücksichtigen.[41] Sie heutzutage losgelöst von Social Media zu betrachten, stellt eine Vernachlässigung eines wesentlichen Teils dieser Realität dar. Der demokratische Diskurs ist unter reger Beteiligung von Bundeswehrangehörigen längst in die Online-Welt verlängert worden.

Die Dimension der Entwicklungen im Bereich der Digitalisierung und Technisierung konnten die Väter der Inneren Führung in ihrer Lebenszeit noch nicht absehen. Gegen das Smartphone als „Spielzeug, Werkzeug und Waffe" [42] der Inneren Führung hätten aber auch sie sich nicht verwehren können.

---

[40] Tauber, Peter (2020): Bundeswehr und Social Media. Unveröffentlichtes Diskussionspapier, September 2020.

[41] Vgl. Bundesministerium der Verteidigung (Hrsg.) (2008): Zentrale Dienstvorschrift A-2600/1. Innere Führung. Selbstverständnis und Führungskultur. Berlin, S. 4.

[42] Wolfrum, Andreas (2019): Digital Natives als Herausforderung und Chance für die politische Bildung in der Bundeswehr, in: U. Hartmann & C.v. Rosen (Hrsg.): Jahrbuch Innere Führung 2019. Bundeswehr im Aufbruch. Hindernisse von den verteidigungspolitischen Vorstellungen der AfD bis zu den sicherheitspolitischen Meinungen in der Zivilgesellschaft. Miles: Berlin, S. 311.

Die aktive Nutzung von Social Media durch Bundeswehrangehörige dient hauptsächlich dem wichtigen Ziel der »Integration«, also der Einbindung der Streitkräfte in Staat und Gesellschaft. Zum Teil können sie – je nach Kontext – möglicherweise auch zur »Legitimation«, also der Einsicht in die Sinnhaftigkeit des Dienens, sowie zur »Motivation«, also der Bereitschaft zur soldatischen Pflichterfüllung, beitragen.[43]

Dass die Dimensionen von Social Media trotz der beschriebenen Rahmenbedingungen in großen Teilen der Bundeswehr noch nicht vollumfänglich verstanden werden, zeigt u.a. der im Januar 2020 veröffentlichte Bericht des Wehrbeauftragten: Alle unter der Überschrift »Soziale Medien« angeführten Beispiele beziehen sich ausschließlich auf den Messenger-Dienst »WhatsApp«[44], der schon aus fachlicher Sicht nur in einer sehr weiten Definition von Social Media überhaupt dort zu kategorisieren wäre. Weitaus bedeutendere Entwicklungen bei Instagram, Twitter oder Facebook fanden im Wehrbeauftragtenbericht keine Berücksichtigung. Immerhin werden die Social Media Guidelines als »kurze und übersichtliche Veröffentlichung« beschrieben, deren hinreichende Beachtung sich in der Praxis durch Bundeswehrangehörige noch zeigen müsse.[45]

Bedingt durch fehlende Akzeptanz und mangelnde Social Media-Kenntnisse insbesondere älterer Vorgesetzter[46] sowie eine teils uneinheitliche und sich widersprechende Weisungs- und Vorschriftenlage können online aktive Bundeswehrangehörige derzeit auch bei der Veröffentlichung offenkundig unkritischer Inhalte noch disziplinare Würdigungen riskieren, da z.B. die flächende-

---

[43] Vgl. Bohnert, Marcel & Pütz, Lena (2019): Innere Führung im Zeitalter von Social Media. Gedanken zum Status Quo und ein Aufruf zur Forschung, in: U. Hartmann & C.v. Rosen (Hrsg.): Jahrbuch Innere Führung 2019. Bundeswehr im Aufbruch. Hindernisse von den verteidigungspolitischen Vorstellungen der AfD bis zu den sicherheitspolitischen Meinungen in der Zivilgesellschaft. Miles: Berlin, S. 323; In der aktuellen Zentralen Dienstvorschrift zur Inneren Führung werden vier Ziele der Inneren Führung benannt: Legitimation, Integration, Motivation und Gestaltung der Inneren Ordnung (Vgl. Bundesministerium der Verteidigung (Hrsg.) (2008): Zentrale Dienstvorschrift A-2600/1. Innere Führung. Selbstverständnis und Führungskultur. Berlin, S. 8).

[44] Vgl. Deutscher Bundestag (Hrsg.) (2020): Unterrichtung durch den Wehrbeauftragten. Jahresbericht 2019 (61. Bericht). Drucksache 19/16500, S. 82f.

[45] Vgl. Deutscher Bundestag (Hrsg.) (2020): Unterrichtung durch den Wehrbeauftragten. Jahresbericht 2019 (61. Bericht). Drucksache 19/16500, S. 83.

[46] Vgl. u.a. Weigelt, Julia (2020): #Gewollt #Gebremst. Soldaten, die in sozialen Netzwerken aktiv sind, sollen der Bundeswehr helfen. Nicht alle Vorgesetzten unterstützen das. JS-Magazin, 4, S. 8ff.; Ehring, Felix (2020): Rätselhaft. JS-Magazin, 4, 2020, S. 2.

ckende Anpassung des pauschalen Film- und Fotografierverbotes innerhalb umschlossener militärischer Anlagen noch nicht abgeschlossen ist.

Daraus lässt sich ableiten, dass es zukünftig deutlich mehr Multiplikatoren für den Bereich Social Media geben muss, um Medienkompetenz flächendeckend auszubilden und damit die Handlungssicherheit im Umgang mit Sozialen Medien innerhalb der Bundeswehr weiter zu erhöhen. Dazu zählen auch die zusätzliche Erstellung und Verbreitung von Informations- und Unterrichtsmaterialien, die bereits durch das Zentrum Innere Führung initiiert worden sind.

Die Aufnahme der Social Media Guidelines in das Programm »Innere Führung – heute« sowie beginnende Social Media-Aktivitäten auf der Führungs- und Leitungsebene zeigen, dass die Verknüpfung zwischen realer und Online-Welt inzwischen auf höchster Ebene der Bundeswehr erkannt wurde. Praktisch haben Soziale Medien in unserer Parlamentsarmee bereits enorme Relevanz erlangt. Nun gilt es, diesen faktischen Gegebenheiten zügig einen angemessenen Platz in der Theorie der Inneren Führung einzuräumen.

Herausforderung für die Innere Führung: Künstliche Intelligenz und Robotik zwischen Hype und Ignoranz
Olaf Theiler

Digitalisierung und KI: Hype oder Ignoranz

Bei technischen Innovationen hat man schon häufig einen sogenannten Hype-Zyklus beobachten können. Medienberichte über einen „großen technischen Durchbruch" erzeugen Aufmerksamkeit für Erfindungen, dies führt schnell zu neuen Ideen der Anwendung, was die Aufmerksamkeit weiter steigert. Mit jedem neuen Bericht wird die Erwartungshaltung über die Leistungsfähigkeit der Technologie etwas höhergeschraubt, ein Hype entsteht. Nach einer Weile wird jedoch klar, dass nicht alle dieser Erwartungen erfüllt werden, erste Ernüchterung und Skepsis macht sich breit: diese Phase nennt man „das Tal der Enttäuschungen". Da jedoch im Hintergrund die Technologie zur ersten Anwendungsreife weiterentwickelt wird, geht man bald unaufgeregt in eine alltagstaugliche Nutzungsphase über, die als „Plateau der Produktivität" bezeichnet wird. Ein ganz normaler Zyklus neuer Technologien.

Nirgendwo kann ein Hype mit allen überzogenen Befürchtungen oder Erwartungen mehr Schaden anrichten als bei Fragen der Sicherheitspolitik, wo Angst und Hoffnung grundsätzlich als schlechte Ratgeber gelten müssen. Aber ignorieren darf man gerade im Bereich der Sicherheitspolitik derartige Entwicklungen auch nicht, dazu sind ihre Potentiale bei militärischen Anwendungen viel zu groß. Es gilt also gerade bei dem Thema „Künstliche Intelligenz" den Bereich zwischen dem Hype und der Ignoranz genauer auszuloten, um bereits jetzt eine möglichst realistische Einschätzung der Grenzen und Möglichkeiten der KI vorzunehmen. Nur so können auch die Herausforderungen und Chancen dieser Technologie für die Sicherheitspolitik ganz allgemein und für die Innere Führung der Bundeswehr im Besonderen vernünftig eingeschätzt werden.

In den letzten Jahren haben wir bei der Technologie, die man allgemein als „künstliche Intelligenz" (oder kurz „KI") bezeichnet, geradezu eine Erwartungsexplosion erlebt. Ausgelöst durch einen Durchbruch bei der Entwicklung sogenannter lernender Algorithmen bzw. intelligenter Software, hat sich in wenigen Jahren ein unglaublicher Hype um diesen Begriff entwickelt. Dieser erstürmte u.a. dank der Wirkung der von Rodney Brooks beschriebenen „Sieben Todsünden der Prognosen über die Zukunft der KI"[1] fast im Monatsrhythmus einen neuen „Gipfel der überzogenen Erwartungen". Es entstanden Erwartungen, die sowohl im positiven praktisch die Lösung aller drängenden Weltprobleme verhießen, als auch im negativen fast schon den Untergang der Menschheit befürchten ließen.

Zwei zusätzliche Faktoren haben den „normalen" Hype-Zyklus noch weiter verstärkt: Zum einen ist da das Problem der Begrifflichkeit. Bei dem bewusst vagen und plakativen Begriff der künstlichen Intelligenz handelt es sich um einen sogenannten „Kofferbegriff", also einen Terminus, der mit sehr vielen verschiedenen Bedeutungen und Emotionen aufgeladen ist, die vielfach unbewusst die mit seinem Gebrauch verknüpften Erwartungen antreiben. Das Spektrum der Bedeutungen von künstlicher Intelligenz reicht von einer mangels besserer Begriffe gewählten Beschreibung einer Aufgabenbewältigung durch Software, für die der Mensch normaler Weise seine natürliche „Intelligenz" verwenden würde[2], bis hin zu einer wirklichen künstlichen Denkfähigkeit, die schon philosophische und metaphysikalische Dimensionen annimmt. Ersteres wird in der Praxis inzwischen häufig als „schwache KI" bezeichnet und bezieht sich auf eine schon bestehende und sich derzeit schnell weiterentwickelnde Technologie. Letzteres wird mit den Begriffen „starke KI" oder sogar „Super-KI" beschrieben und bleibt sowohl in Bezug auf die grundsätzliche und zeitliche Realisierung wie auch die dann vorstellbaren Fähigkeiten noch völlig unklar.

Zu diesem für den Hype ohnehin schon förderlichen Rahmenbedingungen kommt nun noch der zweite Faktor hinzu: Die Robotik. Denn auch bei der Robotik gab es in den letzten Jahren einiges an Fortschritt, genug, um einen

---

[1] Diese heißen: 1) Über- und Unterschätzung (kurz- und langfristig), 2) Magische Vorstellungen zur Technik, 3) Verwechslung von konkreter Leistung mit genereller Kompetenz, 4) Überbewertung plakativer Begriffe, 5) Exponentialismus, 6) Verwendung von Hollywood-Szenarien, und 7) Übertriebene Erwartungen in Bezug auf die Implementierung bzw. Unterschätzung von Implementierungsproblemen. Heise-Technology Review: „Die sieben Todsünden der KI-Vorhersagen", Rodney Brooks, 08.11.2017; (Zugriff am 12.11.2018) https://www.heise.de/tr/artikel/Die-sieben-Todsuenden-der-KI-Vorhersagen-3876558.html

[2] Intelligenz wird hier in Anführungsstriche gesetzt, weil es für diesen Begriff selbst noch keine schlüssige Definition gibt, also völlig unklar ist, welche konkreten Fähigkeiten man damit beschreiben kann, oder wie genau diese Fähigkeiten beim Menschen gemessen und bewertet werden können. Das gilt das natürlich erst recht für maschinelle Intelligenz.

eigenen kleinen Hype zu kreieren[3]. So gab es sowohl im industriellen wie auch im militärischen Bereich einige eindrucksvolle technische Durchbrüche, die für sich genommen sowohl privatwirtschaftlich wie militärisch deutliche Verbesserungen mit sich bringen werden[4]. Im Zusammenhang mit den Themenfeldern der Künstlichen Intelligenz entstehen hier sich gegenseitig verstärkende Hoffnungen und Befürchtungen, die beide zugleich in dem Bild des völligen Verschwindens menschlicher Soldaten vom Gefechtsfeld zugunsten übermenschlich starker und robuster, völlig autonomer und mit künstlicher, eventuell sogar übermenschlicher Intelligenz ausgestattenten Robotkrieger gipfeln.

Die meisten Menschen sehen hier einen absoluten Albtraum eines entmenschlichten Krieges erfüllt, der sich im schlimmsten Falle sogar noch ausdrücklich gegen seine Schöpfer wenden könnte (die „TERMINATOR"-Filme bieten hier eine immer wieder beliebte Symbolik). Gleichzeitig gibt es aber – wenn auch nur wenige – Stimmen, die genau darin einen positiven Schutz der Menschheit vor den Schrecken des Krieges sehen. Eine Entwicklung, die durch erhöhte Präzision, verbesserte Reaktionsgeschwindigkeit und perfektionierte Strategien oder Taktiken ohne die üblichen menschlichen Schwächen und Fehler Soldatenleben ebenso wie das von Zivilisten schonen und schützen könnte[5]. Aus dieser Perspektive heraus wäre die Anwendung von KI und Robotik auf dem Schlachtfeld geradezu ein moralischer Imperativ und angesichts unserer postheroischen Gesellschaftswerte ebenso logisch wie unausweichlich.

---

[3] So die Aussage von dem Robotik-Experten und Futuristen Dr. Rolf Pfeifer, zitiert nach: Künstliche Intelligenz und Robotik: Zwischen Hype und Realität, 19.07.2018 | Alumni Chapter Shanghai: Von: Danli Zhou & Felix Moesner, swissnex China
http://www.alumni.ethz.ch/news/news/2018/07/ai-and-robotics-discerning-between-hype-and-reality-.html (Zugriff am 1.10.2018).

[4] Beispielhaft siehe hier: Wirtschaftswoche, „Zukunftsmärkte autonome Roboter, vom 22. Januar 2013; (Zugriff am 12.11.2018):
https://www.wiwo.de/technologie/forschung/zukunftsmaerkte-autonome-roboter/7651258-4.html

[5] Huffpost vom 06.03.2016: „The Ethical Case For Killer Robots." Quelle:
https://www.huffpost.com/entry/lethal-autonomous-weapons-ronald-arkin_n_574ef3bbe4b0af73af95ea36?guccounter=1&guce_referrer=
aHR0cHM6Ly93d3cuZ29vZ2xlLmRlLw&guce_referrer_sig=AQAAANMaDCQVS3hlp2-boMIm6SNoGTF5tPqey-W4yGAalp1bQOl5xfF7sj-txFlK1GsWwIgczDTcNOBXRdwhN7XzUjILtnClyohCvOV3s12KxV1I4Pkafc7YR575CW9tOY-nbzr__ACrO_GggRArpvq8ccwB7XxW9EWPikmdBAQMvRX7, Zugriff am 30.03.2020.

Praktische Anwendungen: KI und Robotik in Wirtschaft und Militär

Zumeist nennen wir Programme „intelligent", die auf der Basis lernender Algorithmen auf statistischem Wege zu bestimmten Urteilen oder Entscheidungen kommen, die wir nicht unmittelbar nachvollziehen können. Grundsätzlich muss man erst einmal festhalten, dass sich mit diesem Themenkomplex eine große Anzahl einzelner Technologien und Konzepte verbinden (siehe dazu Abbildung 1). Diese Vielzahl trägt ebenso zu dem Hype bei, wie sie eine umfassende Darstellung möglicher Anwendungen erschwert. Darum sollen im Folgenden nur ein paar besondere Beispiele dargestellt werden, die einen ersten Eindruck der vielfältigen Verwendungsbereiche künstlicher Intelligenz im zivilen wie militärischen Bereich liefern können.

So gibt es bereits jetzt umfangreiche Anwendungen der KI in der Finanzwirtschaft. Angefangen bei dem inzwischen dominanten Hochfrequenzhandel an den Börsen bis hin zum sogenannten Robo-Advice sind künstliche Intelligenz und lernende Algorithmen weiter auf dem Vormarsch. Inzwischen ist eine eigene Branche von Start-Ups in diesem Bereich entstanden, die sogenannten Fin-Tech Produkte anbieten und klassischen Anbietern aktiv Konkurrenz machen oder aber neue Geschäftswege, z.B. im Bereich Online-Zahlungen, eröffnen.

Ein weiteres breites Feld der KI-Anwendungen liegt im medizinischen Bereich. Auch wenn die Performance von „Dr. Watson", also die praktische Anwendung des IBM Hochleistungscomputers ‚Watson' als medizinische Beratungsinstanz, bisher noch nicht überzeugend war[6], so lässt er doch bereits jetzt ein großes Potential erkennen, dessen Freisetzung nur noch eine Frage der Zeit zu sein scheint. So könnte langfristig mit KI-Systemen „das gesamte aktuelle medizinische Wissen in jeder Hausarztpraxis verfügbar" gemacht werden[7]. Zusätzliche Anwendungsbereiche liegen in der Diagnostik, insbesondere bei der bildbasierten Diagnose, die besonders geeignet ist für die Stärke von Compu-

---

[6] Sebastian Balzter: „Im Krankenhaus fällt die Wunderwaffe durch", FAZ-Net vom 03.06.2018, http://www.faz.net/aktuell/wirtschaft/kuenstliche-intelligenz/computer-watson-scheitert-zu-oft-bei-datenanalyse-15619989.html (Zugriff am 10.10.2018).

[7] So der Mediziner und Informatiker Prof. Klaus Juffernbruch, zitiert nach: Birgit Oppermann, Künstliche Intelligenz in der Medizin: Für künstliche Intelligenz in der Medizin muss es eine Qualitätssicherung geben, Medizin und Technik vom 9. August 2018. https://medizin-und-technik.industrie.de/medizin/mediziner-ueber-technik/fuer-kuenstliche-intelligenz-in-der-medizin-muss-es-eine-qualitaetssicherung-geben/ (Zugriff am 10.10.18).

tersystemen bei der Mustererkennung. Aber auch bei der Labortechnik oder im Pflegebereich verspricht man sich große Vorteile vom Einsatz künstlicher Intelligenz, u.a. auch in der Kombination mit Robotik.

Ein weiterer Anwendungsbereich für KI liegt in der Spracherkennung und -übersetzung sowie im Journalismus. Nicht nur die Übersetzungsprogramme werden inzwischen immer besser, sondern auch die mündliche wie schriftliche Wiedergabe von Sprache hat in den letzten Jahren an Qualität gewonnen. So kann man inzwischen kaum noch unterscheiden, ob man z.B. bei einem Telefoncenter noch mit Menschen oder schon mit einer Maschine spricht. Bereits heute werden viele Online-Kurznachrichten in sozialen Netzwerken von BOTS erstellt und weiterverteilt, wie man ja bereits positiv bei den Olympischen Spielen 2017[8] und – sehr negativ – in den Wahlkämpfen zur US-Präsidentschaft 2016[9] und der britischen Volksabstimmung zum BREXIT[10] beobachten konnte.

---

[8] Zum Einsatz der KI „Heliograf" bei den Olympischen Spielen 2017 in Rio de Janeiro siehe Lucia Moses: "Modern Newsroom: The Washington Post's robot reporter has published 850 articles in the past year", 14.09.2017, (Zugriff am 12.11.2018) https://digiday.com/media/washington-posts-robot-reporter-published-500-articles-last-year/

[9] Johannes Kuhn: Propaganda im US-Wahlkampf: Manipuliert, mit Grüßen aus Sankt Petersburg, SZ.de vom 2. November 2017, 09:45 Uhr, https://www.sueddeutsche.de/digital/propaganda-im-us-wahlkampf-manipuliert-mit-gruessen-aus-st-petersburg-1.3732249 (Zugriff am 10.10.2018).

[10] Spiegel-Online: Neue Untersuchung: Facebook prüft russischen Einfluss auf Brexit-Abstimmung, vom 18.01.2018, http://www.spiegel.de/netzwelt/netzpolitik/brexit-referendum-facebook-prueft-erneut-moeglichen-russischen-einfluss-a-1188487.html (Zugriff am 10.10.2018).

Abbildung 1 – Forschungsbereiche im Zusammenhang mit der künstlichen Intelligenz[11]

Wesentlich umstrittener, aber mindestens ebenso vielseitig sind die Anwendungsmöglichkeiten von Systemen mit künstlicher Intelligenz im militärischen Bereich. Das Spektrum reicht vom völlig unproblematischen Einsatz in Logistiksoftware oder bei klassischen Bürosoftwareanwendungen und Datenbanken, über die Hoffnung auf Effizienzsteigerungen bei der Lagebilderstellung und –auswertung, bis hin zu höchst umstrittenen Ansätzen wie z.B. der KI-Software für semi-autonome Kampfdrohnen, die inzwischen bei ersten Tests in Flugsimulatoren menschliche Piloten geschlagen haben. Doch während die meiste Aufmerksamkeit den fliegenden Drohnensystemen gilt, die im privaten wie militärischen Bereich bereits den Markt erobern, sind die Fortschritte bei

---

[11] Eigene Graphik

boden- und wassergestützten unbemannten Systemen ähnlich beeindruckend. Das Spektrum reicht hier von vollautonomen Unterwasser-Überwachungs-drohnen[12] über erste Versuche koordinierter Über-Wasser-Drohnenschwärme bis hin zu einer nuklearfähigen russischen Unterwasserdrohne[13].

Ein weiteres breites Anwendungsspektrum bieten die derzeit in umfangreichen Experimenten getesteten Landfahrzeuge, die entweder noch ferngesteuert oder aber in unterschiedlichsten Autonomiestufen mit und ohne Bewaffnung in den nächsten 5-15 Jahren Serienreife erlangen könnten. Prominente Beispiele sind hier zum einen der südkoreanische SGR-A1, der praktisch wenig mehr als eine mobile Selbstschussanlage zum Schutz der Grenze zu Nordkorea darstellte und kurz nach seiner Erprobung wieder aus der Nutzung genommen wurde. Zum anderen ist da der leicht bewaffnete Guardian, ein bereits 2008 vorgestelltes israelisches Kampffahrzeug, das sowohl ferngesteuert wie autonom geführt werden kann und zur Grenzbewachung gedacht war[14]. Des Weiteren hat Russ-land mit dem Uran9 bereits ein erstes Modell im aktiven Kampfeinsatz in Syri-en getestet, wenn auch bisher noch mit wenig zufriedenstellendem Ergebnis[15], und auch China macht auf diesem Gebiet deutliche Fortschritte[16]. Nicht zuletzt arbeiten auch die USA an entsprechenden autonomen Systemen in allen Di-mensionen[17], wenn auch bisher überwiegend nicht für unmittelbare Kamp-

---

[12] Allgemein zu maritimen Drohnen siehe: „Unmanned Underwater Vehicles": Sachstand und Perspektiven für militärische Unterwasserwirkmittel, Future Topic, Planungsamt der Bundes-wehr 2015. Spezifisch zu Seeüberwachungssystemen siehe u.a. Lo, Chris: Persistent Littoral Surveillance: Automated Coast Guards, 1.5.2012; online unter:
http://www.naval-technology.com/features/featurenavy-persistent-littoral-surveillance-auvs-uuvs/ (Zugriff am 13.7.2015).

[13] Newsweek: "Russia Has Underwater Nuclear Drones, Leaked Pentagon Documents Re-veal", 14. Januar 2018, https://www.newsweek.com/russia-drones-nuclear-weapons-pentagon-leak-781075 (Zugriff 15.10.2018).

[14] Die Produktion wurde 2016 eingestellt. Ami Rojkes Dombe, The Challenge: Mission Intelli-gence for UGVs, 18.08.2017, http://www.israeldefense.co.il/en/node/30764 (Zugriff am 16.10.2018).

[15] Daniel Brown: Russia's Uran-9 robot tank reportedly performed horribly in Syria. In: Busi-ness Insider, vom 09. Juli 2018, https://www.businessinsider.de/russias-uran-9-robot-tank-performed-horribly-in-syria-2018-7?r=US&IR=T (Zugriff am 19.10.2018).

[16] China: Panzer ohne Besatzung werden in Zukunft das Schlachtfeld bestimmen. In: Der Stern vom 22. März 2018, https://www.stern.de/digital/technik/china-zeigt-roboter-panzer-im-staats-fernsehen-7911184.html (Zugriff am 19.10.2018).

[17] Jürgen Altmann et.al., Stand und Perspektiven der militärischen Nutzung von unbemannten Systemen, Studie des Fachbereichs Experimentelle Physik III der Universität Dortmund, des

feinsätze. Für die Bundeswehr werden derzeit Konzepte der sogenannten „digitalen Deichsel" erprobt, automatisierte Fahrsysteme für Lastkraftwagen, die ohne menschliches Eingreifen einem von Menschen gelenkten Führungsfahrzeug in Kolonen folgen können. Während hier vor allem Personaleinsparung das Ziel ist, sind die Kernargumente bei allen anderen genannten Systemen vor allem der Schutz von menschlichem Personal (z.B. beim Minen- oder Sprengmittelräumdienst) und Schnelligkeit in der Reaktion – einer der Haupttreiber bei der zunehmenden Fähigkeit zur Autonomie von Systemen.

Exkurs: Autonomie und Verantwortung

An dieser Stelle ist es notwendig, auf einen weiteren in sich unklaren Kernbegriff der Debatte einzugehen, der hier von entscheidender Bedeutung ist: Autonomie. Ganz allgemein versteht man darunter Selbständigkeit, doch gehören häufig auch Bedeutungen wie Entscheidungsfreiheit oder Selbstbestimmung (Psychologie) und sogar Willensfreiheit (Philosophie) noch mit dazu. All diese Begriffe setzen implizit ein gewisses Maß an Eigenverantwortung voraus. Im Zusammenhang mit KI und Robotik ergibt sich aus dieser Unbestimmtheit des Begriffes im Kern die Frage, wie viel Kontrolle der Mensch über die Handlungen eines Systems hat, das wir als autonom bezeichnen.

Und Kontrolle ist im gegenwärtigen Zustand der Hype wohl das Schlüsselwort in den emotional aufgeladenen Debatten über Nützlichkeit und Gefahren der Künstlichen Intelligenz. Hier reicht das Spektrum von vollständiger Kontrolle eines ferngesteuerten Systems über unterschiedliche Formen der Automatisierung mit menschlichen Eingriffsrechten („supervised" bzw. „semi-supervised" oder „man in the loop" bzw. „man on the loop") bis hin zu selbstständigen Abläufen ohne menschlichen Eingriff („unsupervised" oder „man out of the loop"). Im idealen Sinne würde Autonomie sogar bedeuten, dass ein System eigenverantwortlich über seine Ziele und Handlungen entscheiden könnte. Ein praktisches Beispiel wäre hier ein autonomes Fahrzeug, das selbstständig entscheidet, seinen Passagier heute statt nach München z.B. nach Paris zu fahren, einfach weil es Lust dazu hat. Dies ist jedoch noch immer Science-Fiction. Selbst neueste selbständig lernende Algorithmen können sich zwar ohne aktive menschliche Unterstützung weiterentwickeln, jedoch nur innerhalb der Gren-

---

Instituts für Friedensforschung und Sicherheitspolitik an der Universität Hamburg sowie des Lehrstuhls für Öffentliches Recht, Völkerrecht und Europarecht an der Universität Gießen, September 2018.

zen ihrer Ausgangsprogrammierung. Noch werden die Ziele aller KI-Handlungen vom Menschen vorgegeben, wenn auch das System mit steigender Autonomie die Wege zur Erreichung des Ziels selber wählen kann.[18]

Am Ende trifft also derzeit noch immer ein Mensch die Entscheidung (Zielauswahl oder Aktivierung des autonomen Waffensystems), gibt der Maschine durch die Programmierung oder Auftragserteilung die Ziele vor oder lässt sie im Falle seines nicht-Eingreifens passiv zu und muss dafür am Ende moralisch ebenso wie juristisch die volle Verantwortung übernehmen. Diese spezifische Form der Verantwortung führt in der Konsequenz zu neuen Herausforderungen für die Innere Führung.

Grenzen und Risiken von KI: Konsequenzen für die innere Führung

Auf jeden Fall eröffnen die neuen digitalen Technologien schon jetzt neue militärische Fähigkeitspotentiale, sowohl was die Automatisierung als auch was Informationsüberlegenheit und Handlungsgeschwindigkeit insgesamt angeht. Immer besser werdende Aufklärungstechnologien wie Sensor-Netzwerke, Minidrohnen oder autonome Fernaufklärung führen mittelfristig zu einem weitgehend transparenten Schlachtfeld. KI und Quantencomputing werden die Verarbeitung dieser Datenflut zunehmend besser und schneller machen, womit mögliche Ziele auch wesentlich schneller erkannt und bekämpft werden. Da gleichzeitig auch die Reichweiten von Wirkmitteln wie Artillerie, Raketen oder land- bzw. luftbeweglichen Drohnensystemen immer weiter steigen, wird die Zeit zwischen der Zielidentifikation und -bekämpfung immer geringer. Am Ende wird der Mensch das langsamste Element dieser „Sensor-to-Shooter"-Kette moderner Kriegsführung. Darum wird ein logisches weiteres Instrument

---

[18] Der Erfolg des Computers „AlphaGo Zero" der Firma Deep Mind ist dafür ein gutes Beispiel: Dieser hatte sich 2017 zwar ohne vorherige Programmierung mit Hilfe von neuronalen Netzwerken und Deep Learning Algorithmen selbständig das Spiel ‚Go' so gut aneigeeignet, dass er innerhalb von drei Tagen sein Vorgängermodell „AlphaGo" schlagen konnte. Das galt als Sensation, hatte doch „AlphaGo" zuvor nach jahrelangem Programmieraufwand erstmals einen der weltbesten menschlichen Go-Spieler schlagen können. Aber auch „AplhaGo Zero" wäre nie in der Lage, ohne die Eingabe konkreter Ziele selbständig irgendein anderes Spiel zu lernen oder gar weiterführende Aufgaben zu übernehmen. Heise-Online: Künstliche Intelligenz: AlphaGo Zero übertrumpft AlphaGo ohne menschliches Vorwissen, 19.10.2017, https://www.heise.de/newsticker/meldung/Kuenstliche-Intelligenz-AlphaGo-Zero-uebertrumpft-AlphaGo-ohne-menschliches-Vorwissen-3865120.html (Zugriff am 19.10.2018).

der Beschleunigung die Optimierung in Form des Teamings von Mensch und Maschine sein.

Angesichts dieser zu erwartenden massiven Beschleunigung der Gefechtsführung muss sich die Innere Führung völlig neu bewähren. Denn wie kann man in Zukunft noch sicherstellen, dass Soldaten unter diesem enormen Zeitdruck ethisch und moralisch vertretbare Entscheidungen treffen? Letztendlich wird dies wohl nur zu erreichen sein, wenn bereits im Vorfeld durch entsprechende Bildungs- und Ausbildungsmaßnahmen eine hinreichende moralisch/ethische Festigung des Personals sichergestellt wurde. Dazu gehört aber auch ein ausreichendes Maß an Kenntnis der Technik, die dieser Beschleunigung zugrunde liegt. Man muss eben auch sicherstellen, dass die Beurteilungsbefähigung für maschinelles Entscheiden bzw. KI-gestützte Entscheidungsprozesse mit all den Stärken und Schwächen dieser Technik bei den Bedienern ausreichend entwickelt ist.

Die Digitalisierung schafft inzwischen völlig neue Optionen für die Strategien der Asymmetrierung und Hybridisierung der Kriegsführung, mit denen Gegner westlicher Streitkräfte deren bisherige qualitative und technologische Überlegenheit ausgleichen können. Diese Mittel werden durch Proliferation, Dual-Use-Technologie und den freien Marktzugang zu IT/KI-Technologie auch zunehmend nichtstaatlichen Akteuren zur Verfügung stehen. Da der Westen darauf mit eigenen Fähigkeitssteigerungen reagieren muss, wenn er nicht ins Hintertreffen geraten will, wird eine potentiell gefährliche globale Rüstungsspirale in Gang gesetzt. Gefährlich insbesondere deswegen, weil der gegenseitige Druck zur Modernisierung am Ende dazu führt, dass sich einzelne Akteure veranlasst sehen könnten, die zumindest im Westen durchweg anerkannten moralischen und juristischen Grenzen der KI-Anwendung zu sprengen oder zu missachten[19].

All das macht KI zu einem „game changer" und „equalizer", also einem Faktor, der für potentielle Gegner die Chance eröffnet, mit dem bisher überlegenen westlichen Streitkräften zumindest partiell gleichzuziehen, sie ggf. sogar zu überholen. Das zumindest scheint sowohl in Russland als auch China der er-

---

[19] Die jüngst bekannt gewordene Vermutung, dass in China trotz bisheriger allgemeiner medizinethischer Mahnungen die ersten genmanipulierten Kinder geboren wurden, lässt diesbezüglich nichts Gutes ahnen. Experiment in China: Angeblich genmanipulierte Zwillinge geboren. Spiegel-Online, 26.11.2018, Zugriff am 26.11.2018, http://www.spiegel.de/gesundheit/diagnose/china-angeblich-genmanipulierte-zwillinge-geboren-a-1240404.html.

klärte Anspruch zu sein[20], allerdings muss man in Zukunft auch bei regionalen Mächten oder sogar bei nichtstaatlichen Akteuren mit tendenziell gleichwertigen Fähigkeiten rechnen – und sei es auch nur in Teilbereichen. Umso wichtiger sind internationale Bemühungen von Staaten und NGO's, das bestehende Völkerecht zu nutzen und – wo nötig – neue Rüstungsbegrenzungsmaßnahmen zu entwickeln, um diese gefährliche Spirale zu verlangsamen oder ganz aufzuhalten[21].

Umgekehrt heißt das nicht automatisch, dass alle Verwendungen von KI-basierter Informationstechnologie zu ächten wären. Das gilt noch nicht einmal für alle Formen der Autonomie auf dem Gefechtsfeld der Zukunft, kann man sich doch z.B. bei der Rettung und Versorgung von Verwundeten oder in der Logistik nutzbringende Anwendungen vorstellen, die nicht mal ansatzweise in ethische Grauzonen fallen würden. Doch sollten diese Grauzonen zum einen möglichst genau ausgelotet und intensiv diskutiert werden, um die moralischen wie juristischen Unschärfen so klein wie möglich zu halten.

Gleichzeitig gilt es ethisch vertretbare und gesetzlich abgesicherte Antworten auf die Herausforderungen missbräuchlicher militärischer Anwendungen dieser Zukunftstechnologien zu finden. Die aus einer einseitigen Beachtung entsprechender Beschränkungen erwachsenen Nachteile im Gefecht sind so weit wie möglich auszugleichen und die eigenen Soldaten ebenso wie die Zivilbevölkerung bestmöglich vor den Auswirkungen zu schützen. Die u.a. auch von Deutschland angestrebte Ächtung sogenannter Letaler Autonomer Waffensysteme (LAWS)[22] ist hierfür eine notwendige, aber allein nicht ausreichende

---

[20] Zu Russland siehe exemplarisch Heise-Online: Putin: Wer bei KI in Führung geht, wird die Welt beherrschen, 04.09.2017, https://www.heise.de/newsticker/meldung/Putin-Wer-bei-KI-in-Fuehrung-geht-wird-die-Welt-beherrschen-3821332.html (Zugriff am 19.10.2018). Zu China siehe u.a. FAZ.net, Technik der Zukunft: Gewinnt China den Wettlauf in der Künstlichen Intelligenz? 22.03.2018, http://www.faz.net/aktuell/wirtschaft/kuenstliche-intelligenz/china-die-neue-fuehrungsmacht-in-kuenstlicher-intelligenz-15506824.html (Zugriff am 19.10.2018).

[21] Handelsblatt: Künstliche Intelligenz - Unternehmen und Wissenschaft verbünden sich gegen autonome Kampfroboter, 18.07.2018, https://www.handelsblatt.com/technik/forschung-innovation/kuenstliche-intelligenz-unternehmen-und-wissenschaft-verbuenden-sich-gegen-autonome-kampfroboter/22811712.html?ticket=ST-3410486-r4GAjgS6zRHffs2sztmZ-ap5 (Zugriff am 19.10.2018).

[22] Auswärtiges Amt: Völkerrecht für autonome Waffen voranbringen, 17.11.2017 (Zugriff am 20.11.2018). https://www.auswaertiges-amt.de/de/aussenpolitik/themen/abruestung-ruestungskontrolle/-/609584

Maßnahme[23]. Gleichzeitig brauchen wir auch eine öffentliche Auseinandersetzung mit diesen Bedrohungen, der mit den moralischen Selbstbeschränkungen verbundenen Risiken und den möglichen bzw. akzeptablen Schutzmaßnahmen. Schon im Sinne einer ausreichenden Handlungssicherheit wären Politik und Gesellschaft ganz im Sinne der Inneren Führung ihren Soldaten so eine Debatte schuldig, da diese schließlich auf dem Gefechtsfeld ihr Leben riskieren müssen.

Zusätzlich zu diesen ethisch, juristisch und auch politisch heiklen Fragen muss auch in den wesentlich harmloseren Alltagsverwendungen der Informationstechnologie geklärt werden, in welchem Ausmaß und mit welcher Zielrichtung mit künstlicher Intelligenz versehene Systeme und Programme angeschafft werden sollen. Denn es ist zu erwarten, dass mit dem allgemeinen Siegeszug der KI derartige Software in praktisch alle bereits jetzt digitalisierten Bereiche der Bundeswehr Einzug halten wird. Das gilt für die klassischen Bereiche von Personalmanagement oder Logistik, aber auch für die vielen Aspekte von Führung, Wirkung oder Nachrichtenwesen, die zunehmend mehr automatisiert und damit auch KI-orientiert realisiert werden können.

Wirkliche Verantwortung für das Handeln der KI kann der Mensch nur auf Basis von ausreichender Kenntnis über und hinreichendem Verständnis für die „Logik" des Systems übernehmen. Der Weg zu abgesicherten und transparenten Algorithmen scheint jedoch noch weit zu sein, insbesondere, wenn man bedenkt, dass lernende Systeme inzwischen ihre Programmierung selbständig anpassen und weiterentwickeln. Unter diesen Voraussetzungen Transparenz zu bewahren, wird eine wirkliche Zukunftsherausforderung sein.

---

[23] Der deutsche Außenminister Heiko Maaß warnte jüngst, dass viele neue Waffensysteme zwar derzeit noch nach Science-Fiction klingen würden, aber ohne vorausschauendes Handeln „aus Science-Fiction bald tödliche Realität" zu werden drohe. Da „Unsere Regeln … mit der technologischen Entwicklung immer neuer Waffenarten Schritt halten" müssen, plane er eine neue Initiative zur globalen Rüstungskontrolle. „Aus Science-Fiction wird bald tödliche Realität", FAZ-Net vom 01.12.2018, Zugriff am 01.12.2018:
http://www.faz.net/aktuell/politik/ausland/heiko-maas-aus-science-fiction-wird-bald-toedliche-realitaet-15919075.html

Mit Wachsamkeit und vorsichtigem Optimismus in die Zukunft

Alles in allem scheint der aktuelle Hype um das Thema künstliche Intelligenz verfrüht und die Erwartungshaltungen – naturbedingt – großteils übertrieben. Dies betrifft sowohl die großen Hoffnungen auf neue Lösungen für die mensch-gemachten Probleme unseres Planeten als auch die vielfältig präsentierten Ängste vor den Killerrobotern und der möglichen Machtübernahme durch superintelligente Maschinen. Abseits dieser Übertreibungen jedoch bietet KI eine Menge Potential, die aktuell so rasch voranschreitende Digitalisierung überall weiter voranzutreiben und noch mehr zu beschleunigen, auch bei den Streitkräften. Die richtige und optimale Nutzung der neuen Technologie verspricht auf vielen militärischen Gebieten enorme Vorteile. Die Digitalisierung allgemein und KI im Besonderen könnte langfristig die intellektuelle Leistungsfähigkeit des Menschen in einer Art und Weise verbessern und ergänzen, wie die Mechanisierung dies zuvor für seine körperlichen Fähigkeiten geleistet hat.

Gleichzeitig gilt es sich aber auch ebenso offen wie intensiv mit den Risiken und Herausforderungen auseinander zu setzen, die mit der Einführung von Systemen mit Künstlicher Intelligenz für Gesellschaft, Politik und Bundeswehr einhergehen. Dementsprechend gilt es, die Intransparenz der verwendeten Algorithmen in Zusammenarbeit mit der Privatwirtschaft zu minimieren, das Lernmaterial der intelligenten Systeme so hochwertig und fehlerfrei wie möglich zu gestalten und Handhabung und menschliche Kontrolle der Systeme so weit wie möglich zu vereinfachen. Sollte das misslingen, droht am Ende eine weitgehende Ablehnung durch Politik und Bürger. Damit könnten alle potentiellen Vorteile der Digitalisierung des Militärs zunichtegemacht werden. Hierin liegt eine der zentralen Herausforderungen an die Bundeswehr und ihre Innere Führung, deren Instrumente und Konzepte vielfältige Chancen für eine konstruktive Begleitung des militärischen Digitalisierungsprozesses bieten. Ein ausreichendes Maß an menschlicher Kontrolle bleibt bei allen möglichen Fortschritten ethisch wie rechtlich zwingend geboten. Auch dazu kann eine moderne Innere Führung wesentlich beitragen. Also gilt es hier ebenso sorgfältig wie zügig vorzugehen, mit aller gebotenen Vorsicht und dennoch mit Zielstrebigkeit und wachsamen Optimismus, wenn der militärische Sprung ins digitale Zeitalter gelingen soll.

Innere Führung und Diversität – Sachstand und Perspektiven. Ideen für eine künftige konzeptionelle Auseinandersetzung

Heike Bühring, Hartmut Stiffel, Uwe Ulrich

„Kein Mensch passt in eine Schublade" lautete 2011 ein Motto der Antidiskriminierungsstelle des Bundes. Dass dies uneingeschränkt für die Menschen in der Bundeswehr gilt, wurde auch im Rahmen einer Bilderausstellung deutlich, die zum Deutschen Diversity Tag im Juni 2017 eröffnet wurde.[1] Veranstalter dieses bundesweiten, jährlichen Aktionstages ist die „Charta der Vielfalt", eine Unternehmensinitiative zur Förderung von Vielfalt in Unternehmen und Institutionen. Zu ihren Unterzeichnern gehört seit dem 28. Februar 2012 auch die Bundeswehr. Nach einschlägigen Tagungen und Veröffentlichungen (vgl. Kümmel 2012) war dies ein vorläufiger Höhepunkt der Implementierung der Vielfaltsthematik in der Bundeswehr[2], wenngleich sie stets Bestandteil der Konzeption der Inneren Führung gewesen ist.[3] Weitere wesentliche Schritte waren:

-   Die Einrichtung des „Stabselementes Chancengerechtigkeit, Vielfalt und Inklusion" mit der Ansprechstelle Diskriminierung und Gewalt (vgl. BMVg 2020).

---

[1] Bundeswehrangehörige haben sich […] einmal in Uniform / Arbeitskleidung sowie einmal in Privat- oder Hobbykleidung fotografieren lassen. […] Erläutert werden die Ganzkörperportraits durch Zitate, die aus Interviews zu beruflicher und privater Identität entnommen wurden (Vgl. Tomforde 2018).

[2] Eine umfassende Bestandsaufnahe des Umgangs insbesondere mit kulturellen und religiösen Differenzerfahrungen in der Bundesswehr findet sich bei Kleeberg (vgl. Kleeberg 2018).

[3] In der Zentralen Dienstvorschrift A-2600/1 „Innere Führung" finden sich z.B. folgende Formulierungen. Nr. 312: „In der Bundesrepublik Deutschland besteht eine freiheitliche und pluralistische Gesellschaft, die von vielfältigen Überzeugungen, Lebensentwürfen, religiösen und weltanschaulichen Bekenntnissen, Meinungen und Interessen gekennzeichnet ist. […]." Nr. 313: „Die Menschen in der Bundeswehr sind Teil der Gesellschaft mit ihrer Vielfalt, aber auch mit ihren […] Konflikten. […]. Der Inneren Führung entspricht es, dass die Angehörigen der Bundeswehr einander als Mitglieder einer freiheitlichen und pluralistischen Gesellschaft anerkennen […]." Nr.314: „Innere Führung berücksichtigt gesellschaftliche Veränderungen. Dies findet dort Grenzen, wo die freiheitliche demokratische Grundordnung selbst in Frage gestellt oder die Erfüllung der militärischen Aufgaben unzulässig eingeschränkt wird."

- Die Aufnahme der Thematik auf strategischer Ebene ins Weißbuch 2016.[4]
- Die Erstellung des Fachkonzeptes „Vielfalt und Inklusion" (November 2019).
- Die Implementierung der Zentralen Ansprechstelle für den Umgang mit Vielfalt (ZAVi) im April 2020 am Zentrum Innere Führung unter Leitung des BMVg FüSK III 3.[5]

Im Wesentlichen lassen sich in der oftmals intensiven Diskussion (vgl. z.B. Jungholt 2017) normative und funktionale Aspekte dieser Thematik ausmachen. Stets im Blick bleiben dabei die strategischen Vorgaben und deren operative Gestaltung – ein bisweilen unübersichtliches und im Aufbau befindliches Themenfeld. Der vorliegende Artikel soll zu einer differenzierten Betrachtung beitragen und liefert neben der begrifflichen Einordnung eine Analyse möglicher Funktionen von Vielfalt.

Vielfalt

„Bei einer ersten Begriffsbestimmung kristallisieren sich zwei Interpretationen des Begriffes „Vielfalt" heraus: »Vielfalt als Unterschiede« und »Vielfalt als Unterschiede <u>und</u> Gemeinsamkeiten« (vgl. Krell 2008). Die Charta der Vielfalt setzt hier ein klares Signal hin zu einem Verständnis von Vielfalt, verstanden als „Unterschiede <u>und</u> Gemeinsamkeiten der Menschen in einer Organisation". Prägnant formuliert: „Wo sich Unterschiede unter einem gemeinsamen Ziel verbinden, entsteht Vielfalt." (Charta der Vielfalt 2020). Ein solches Verständnis erscheint für die Bundeswehr angemessen, wird allerdings nicht flächendeckend so kommuniziert.[6]

---

[4] Dort heißt es: „Die deutsche Gesellschaft wird bunter […]. Die Bundeswehr sieht diese Vielfalt als Chance. […] Die Förderung von Vielfalt und Chancengerechtigkeit […] ist eine Führungsaufgabe. […] Ziel ist ein modernes Diversity Management […], das vorhandene Potenziale besser nutzt und weitere strategisch erschließt. […]" (Weißbuch 2016).

[5] Im Rahmen ihrer Schnittstellenfunktion zwischen der strategischen und der operativen Ebene geht es z.B. darum, Zielvorgaben umzusetzen, Maßnahmen zum Umgang mit Vielfalt zu gestalten, Lehrangebote und Ausbildungsunterlagen zu entwickeln. Es geht aber auch darum, selbst Lehre durchzuführen und als Ansprechpartner innerhalb der Bundeswehr zur Verfügung zu stehen.

[6] Die Definition im seit 2019 gültigen BMVg-Fachkonzept „Vielfalt und Inklusion" lautet: „Vielfalt beschreibt die Unterschiede von Menschen." (StEChgVI 2019).

Vielfalt steht immer in einem dialektischen Verhältnis zu Einheit. Die bisherigen Befunde zeichnen bezüglich der Effekte von Vielfalt kein eindeutiges Bild. Es lassen sich zwei grundsätzliche Zugänge systematisieren, die Informationsverarbeitungsperspektive und die Kategorisierungsperspektive. Während erstere aufgrund der Berücksichtigung unterschiedlicher Perspektiven eher positive Effekte vorhersagt, fokussiert letztere eher Konflikte aufgrund Subgruppenzugehörigkeiten. (vgl. van Dick 2016). Nach aller Erfahrung sind für die Aufgabenerfüllung – u.a. abhängig von der Art der Aufgabe – sowohl Heterogenität[7] als auch Homogenität[8] entscheidend. In diesem Sinne haben offenbar heterogene Teams mit homogener (Ziel-)Orientierung die größte Aussicht auf Erfolg (vgl. Kinne 2016).

Nur gemeinsam und aufeinander verwiesen, bilden die Begriffe Vielfalt und Einheit eine adäquate Strategie zur Auftragserfüllung – im englischen als Diversity & Inclusion (D&I) bezeichnet (vgl. bwconsulting 2019). Im deutschsprachigen Raum ergibt sich die Besonderheit, dass der Begriff der Inklusion oft im Zusammenhang mit körperlich oder geistig behinderten Menschen genutzt wird, was bisweilen irritierend ist.

Dies alles ist auch deshalb bedeutsam, weil die Bundeswehrangehörigen aller Statusgruppen sich – wenn auch in unterschiedlicher Ausprägung – der Werteordnung des Grundgesetzes und dem Auftrag der Bundeswehr – als gemeinsamen Ziel – verpflichtet haben. Nicht zuletzt die Diskussion um potentielle Extremisten in der Bundeswehr macht deutlich, dass es in der Bundeswehr Grenzen der (Meinungs-)Vielfalt gibt. „Keine Toleranz der Intoleranz" - um mit K. R. Popper zu sprechen.

Vielfaltsmanagement

Diversity Management bezeichnet die „betriebswirtschaftlich und verhaltenswissenschaftlich fundierte, an den Zielen einer Organisation und den Zielen und Interessen der Organisationsmitglieder ausgerichtete Gestaltung von Homogenität und Heterogenität der Belegschaft" (vgl. Becker 2016) - also ein strategisches Element der Organisation. Managing Diversity hingegen zielt auf Vermeidung, Milderung und Beseitigung von Nachteilen einzelner Personen gegenüber Personengruppen (ebd.). Es zielt zudem auf das kritische Hinterfra-

---

[7] z.B. in Persönlichkeit, Perspektiven, Rollen, soziale Herkunft, Geschlecht, Alter, Statusgruppe, sexuelle Orientierung, Lebenserfahrung.

[8] z.B. bei Visionen, Zielen, Werten, Begriffen, Modellen, Standards

gen scheinbar unveränderbarer sozialer Ordnungsgefüge (sog. Ermöglichungsstrukturen), welche potenziell negative Effekte mit sich bringen, wie sie z.B. bei Verhaltensskandalen innerhalb der Bundeswehr deutlich werden.

Zusammengefasst: „planning and implementing organizational systems and practices to manage people so that the potential advantages[9] of diversity are maximized while its potential disadvantages[10] are minimized." (Cox 1993, S. 11). Die Charta der Vielfalt schlägt hierzu einen Management-Regelkreis vor, der dem Führungsprozess in der Bundeswehr sehr ähnlich kommt. Auch die Bereiche, in denen demnach Diversity Management wirkt, sind nahezu identisch mit den Gestaltungsfeldern der Inneren Führung (vgl. Ulrich 2014).

Vielfaltsmanagement in der Bundeswehr ist Teil der angemessenen Erfüllung des Auftrages. Der wertschätzende Umgang mit Vielfalt ist mit Blick auf Menschenrechte im Allgemeinen und Gleichstellungsrechte im Besonderen normativ geboten. Der systematische, zielgerichtete und bewusste Umgang damit ist in Hinblick auf potenziell positive und negative Effekte funktional notwendig. Der politische Wille zur Umsetzung ist evident.

Funktionale Aspekte

Komplexität und Kontingenz möglicher Bedeutungen von Vielfalt legen die systemische Betrachtung der Funktionen von Vielfalt auf verschiedenen Ebenen nahe (vgl. Aretz 2003; Losert 2009). Für die Themen „Beteiligung" und „Interkulturelle Kompetenz" wurde ein solcher Ansatz bereits vorgeschlagen (vgl. Ulrich 2002; Ulrich 2013) – und erscheint auch für eine Betrachtung der Vielfaltsthematik in der Bundeswehr geeignet.

Dieser Ansatz geht auf die strukturfunktionale Theorie sozialer Systeme nach Talcott Parsons zurück. Er postuliert vier Kernfunktionen, die für die Systemerhaltung jeweils auf individueller, organisatorischer und kultureller Ebene geleistet werden müssen.

1.   Die Anpassung (**A**daptation) an die externe Umwelt,
2.   Die Realisierung von eigenen oder von außen gesetzten Zielen (**G**oal attainment)

---

[9] Interkulturelle Kompetenz und Mehrsprachigkeit helfen, den Auftrag zu erfüllen. Teams mit unterschiedlichen Erfahrungen und Prägungen agieren erfolgreicher als homogene Gruppen." (BMVg 2016).

[10] Konflikte, fragmentierte Unternehmenskultur, soziale Desintegration, – ggf. bis hin zu Sicherheitsfragen […] (Vgl. Kinne 2016).

3. Die Integration (**I**ntegration) innersystemischer Komponenten
4. Die latente Strukturerhaltung (**L**atent pattern maintenance), die eine gleichbleibende Identität des Systems trotz Veränderungen verbürgt (Sinn, Werte etc.)

Nach den Anfangsbuchstaben der englischen Begriffe wurde diese Systematik als „A-G-I-L-Schema" benannt. Im Weiteren werden die drei Systemebenen jeweils auf den funktionalen, aber auch dysfunktionalen Beitrag von Diversity (Management) betrachtet.

Ebene des Einzelnen

Mit Blick auf die Einzelperson kann z.B. die Erfahrung kultureller Differenzen einen Stressfaktor darstellen. Diversity Kompetenz[11] auf der Individualebene hilft, Frustrationen zu minimieren, die Anpassung **(A)** an die sich ändernden Rahmenbedingungen zu erleichtern und so letztlich die Einsatzbereitschaft des Einzelnen zu unterstützen **(G).** Sie kann helfen, andere Sichtweisen teilweise zu integrieren **(I),** ohne die eigene Identität zu verleugnen **(L).** Diversity Kompetenz kann so dazu beitragen, psychische Stabilität, notwendiges (Selbst-)Vertrauen, innere Balance, Mut und Offenheit und somit mehr Resilienz zu entwickeln. Zudem scheinen Pro-Diversitätsüberzeugungen positive Effekte hinsichtlich Identifikation, Leistung und Zufriedenheit des Einzelnen zu haben. (vgl. van Dick 2016). In die Entwicklung solcher Individualkompetenzen sind z.B. die Ausbildungsbemühungen zur Thematik „interkultureller Kompetenz", „Diversität" und „unconcious bias" einzuordnen, die allesamt in besonderem Maße führungs- und einsatzrelevant sind. Hier geht es um eine kritische Reflexion eigener Heuristiken und Schemata, welche einerseits wertvoll im Rahmen einer effizienten Informationsverarbeitung sind, andererseits aber dazu führen, dass in der sozialen Interaktion Kategorisierungen erfolgen (vgl. Hanappi-Egerer 2016). Hier geht es aber auch z.B. um eine Sensibilisierung für die Komplexität von Konfliktursachen in Einsätzen mit dem Ziel, angemessen zu handeln.

---

[11] Darunter werden verstanden: Perspektivenwechsel; Vorurteile und Diskriminierungen erkennen/verstehen; Denken in Zusammenhängen; Konfliktfähigkeit; Kooperationsfähigkeit; Reflexionsfähigkeit; Analysefähigkeit; Flexibilität; Umgang mit und Toleranz ggü. Widersprüchlichkeit (Ambiguität) (vgl. Charta der Vielfalt 2014)

Andere Maßnahmen im Rahmen des Diversity Managements wie z.B. flexible Arbeitszeiten oder auch die rechtliche und technische Möglichkeit zum Home-office ermöglichen es, sich auf Veränderungen im persönlichen Umfeld einzu-stellen (z.B. Elternrolle, Pflege, Krankheit etc.) **(A)**. Dies bei gegebenenfalls sogar besserer Motivation **(I)** und Arbeitsleistung **(G)**.

Ebene der Bundeswehr

Die Bundeswehr muss sich den sich ändernden gesellschaftlichen, sicherheits-politischen und rechtlichen Rahmenbedingungen anpassen **(A)**, die im Ergeb-nis zu mehr Vielfalt in der Organisation führen, eine solche aber auch erfor-dern (vgl. Brendel u.a. 2019). Beispielhaft genannt seien: Veränderungen im Auftrag der Bundeswehr (Erfahrungsvielfalt); Aussetzung der Wehrpflicht (Veränderungen in der Personalzusammensetzung); Demographische Verände-rungen (Herausforderungen in der Personalgewinnung); Öffnung der Lauf-bahnen für Frauen, Öffnung hinsichtlich sexueller Identität (Gendervielfalt).

Im Sinne einer umfassenden Auftragserfüllung und agilen Führung gilt es, Stärken und Potenziale von **(G)**, Soldatinnen und Soldaten bzw. Zivilpersonal unterschiedlichster Biographien zu nutzen. Um diese gewinnen und integrieren zu können, gilt es Biases aufgrund von Geschlecht, ethnischer Herkunft oder Alter bereits bei der Auswahl von Bewerber*innen möglichst zu minimieren. Die Ausbildungen zur Thematik „Unconscious bias" und „Bezugsrahmentrai-nings" setzen hier an. Sie begreifen soziale Kognitionen wie Kategorien und Schemata nicht als fehlerhaftes Denken, sondern vermitteln vielmehr ein ge-meinsames Verständnis von Anforderungsdimensionen. Berücksichtigt werden somit nicht mehr nur stereotype Vorstellungen von Personengruppen, sondern ebenfalls stereotype Vorstellungen von Anforderungsmerkmalen einer Tätig-keit (vgl. Kersting 2016) **(I)**. Das Konzept der Inneren Führung sowie ein bundeswehrgemeinsames Selbstverständnis bilden die formalen Voraussetzun-gen dafür.[12] Kameradschaft und die Ausrichtung auf ein gemeinsames Ziel z.B. bieten gute strukturelle Voraussetzungen für eine gelingende Integration **(I)**. In diesen Begründungszusammenhang ist aber auch die kritische Auseinanderset-zung mit Ermöglichungsstrukturen von nicht verfassungskonformen Einstel-lungen in der Bundeswehr einzuordnen.

---

[12] Dabei wird oft angeführt, dass die Innere Führung nur für Soldaten gelte, jedoch sind die zivilen Angehörigen der Bundeswehr gehalten, ihr Handeln ebenso an den Grundsätzen der Inneren Führung auszurichten." (A-2600/1, Nr. 502)

Es geht einerseits darum, potentielle Konflikte zu vermeiden sowie Potentiale zu erkennen und sie dann entsprechend einzusetzen **(G).** Andererseits aber geht es vor allem darum, den Menschen als Individuum an- und ernstzunehmen. Eine Grundvoraussetzung hierfür ist, sich mit den Menschen im persönlichen Umfeld auseinanderzusetzen. Das Ziel ist der wertschätzende und respektvolle Umgang miteinander, um das zu erreichende Ziel bestmöglich erfüllen zu können.

Die Herausforderung besteht darin, die Vielfalt in einer Gruppe nicht im Sinne der Ähnlichkeits-Attraktions-Hypothese durch Anpassung der Einzelnen zu minimieren, sondern diese Vielfalt zu akzeptieren, zu nutzen und im Sinne einer Pro-Diversitätsüberzeugung zu begrüßen und gleichzeitig ein gemeinsames Ziel anzustreben **(G & I)**. Die Entwicklung einer Diversity Kompetenz hat daher auch identitäts- und kohärenzstiftenden Charakter **(L)**. Die Umsetzung der personalpolitischen Maßnahmen wiederum sollen neben der Erfüllung von Rechtsnormen **(A & I)** dazu führen, dass die Angehörigen der Bundeswehr kompetenzorientiert ausgebildet und eingesetzt werden **(G)**. Es gilt aber auch in der Zusammensetzung des Personals (Erfahrungsdiversität mit Blick z.B. auf Alter, Kultur, Gender) und der Beraterstäbe (Rechtsberater, Gender-Berater, Interkulturelle Berater, Politik Berater etc.)[13] Perspektivenvielfalt zuzulassen und so einzusetzen, dass ein Optimum an Auftragserfüllung gewährleistet wird.

Heterogene Teams sind aber stets auch komplexe soziale Systeme, die je nach Zusammensetzung anfällig für Sollbruchstellen sind. Es besteht die potentielle Gefahr, dass die Kommunikation, Produktivität, das Miteinander usw. gehemmt werden und es zu Ausgrenzungserscheinungen und Subgruppenbildung kommt (vgl. Grabmeier 2017). Schermuly bezeichnet dies als Diversity-Bruchlinien (vgl. Schermuly 2018). Metaanalysen beispielsweise zeigen, dass Altersheterogenität sich nicht, Geschlechtsheterogenität unter bestimmten Umständen sich negativ auf Teamleistung auswirken kann (vgl. Kersting 2016). Umso bedeutsamer werden daher integrierende Aspekte, z.B. gemeinsame Grundüberzeugungen oder auftragsbedingte Gemeinsamkeiten **(I, G)**.

---

[13] Ein für die Einsätze der Bundeswehr in aktuellen Krisen und- Konfliktgebieten relevantes Thema, bei dem die Expertise aller Berater gleichermaßen gefragt ist, ist die Umsetzung der VN-Resolution 1325 „Frauen, Frieden und Sicherheit". Darin geht es um die besondere Schutzbedürftigkeit von Frauen und Mädchen in bewaffneten Konflikten, denn oft wird z.B. sexualisierte Gewalt als Waffe eingesetzt, um Gesellschaften zu zerstören.

Ebene der Gesellschaft

Die Stärkung einer Diversity Kompetenz ist eine gesamtgesellschaftliche Aufgabe mit strategischer, insbesondere innen- und sicherheitspolitischer Relevanz. Nahezu alle A-G-I-L Funktionen werden hier bedient. Die Anstrengungen in den Bereichen Interkultureller Kompetenz, Wissensmanagement oder Diversity-Management in Forschung und Lehre sowie die Entwicklung eines gemeinsamen Leitbildes unter dem Motto „Wir. Dienen. Deutschland." sind konsequente Schritte auf dem Wege zur Verwirklichung eines inklusiven Ansatzes **(A)**.

Die Bemühungen zur Öffnung für Angehörige möglichst aller Bevölkerungsgruppen und die dazu erforderliche Entwicklung von Diversity Kompetenz sind auch im Lichte der vielfältigen gesellschaftlichen Rückbezüge der Bundeswehr und ihres Personals zu betrachten. Hier gilt es auch, den Begriff der „Passung" kritisch zu reflektieren und weniger als Ähnlichkeit" als vielmehr als „Ergänzung" zu deuten (vgl. Kersting 2016). Das hohe Integrationspotential der Streitkräfte kann sich – richtig verstanden – positiv auf gesamtgesellschaftliche Integrationsprozesse **(I)** nicht zuletzt mit der Zielsetzung sozialen Friedens **(G)** auswirken (vgl. Bachora 2012). Leuprecht beschreibt in diesem gesellschaftlichen Zusammenhang Diversity Strategien als den ultimativen Lackmustest von Demokratien (vgl. Leuprecht 2009).

Die Werteordnung des Grundgesetzes im Allgemeinen sowie das daraus abgeleitete Konzept der Inneren Führung im Besonderen bilden dabei die normativen Konstanten und das ethische Fundament für die Bundeswehr **(L)**. Die Forderung nach Diversity Kompetenz ist als Bestandteil einer gesamtgesellschaftlichen politisch-strategischen Bildungsaufgabe **(I/L)** mit positiver Rückbindung in die Gesellschaft zu betrachten.

Kritik und Ausblick

Ein Kritikpunkt solcher systemischen Ansätze ist ihre hohe Komplexität. Die Öffnung für weit mehr als demographische Dimensionen lässt die Entwicklung von Programmen des Diversity Managements komplex werden. Gleichzeitig muss auch die Frage nach der gemeinsamen Basis gestellt werden. Die verschiedenen Ebenen sowie deren funktionale Zusammenhänge gleichzeitig im Blick zu behalten, stellt sicher eine Herausforderung dar (vgl. Losert 2009) – insbesondere im Rahmen der konkreten Umsetzung bzw. operativen Gestaltung.

Dennoch können andererseits Verkürzungen (vgl. Ulrich 2014), aber auch Überbetonungen bestimmter Aspekte (vgl. Stiffel 2019) – objektiv oder auch subjektiv so wahrgenommen – zu Akzeptanz- und Umsetzungsproblemen in der operativen Gestaltung führen. Eine unnötige begriffliche Einengung ist daher ebenso zu vermeiden wie eine Fokussierung hinsichtlich der betrachteten Dimension, Funktionen und Wirkmechanismen von Vielfalt. Denn gerade die mit Diversität verbundenen Irritationen und Anstrengungen bewirken schließlich erst positive Entwicklungsdynamiken in einer Organisation.

Im Fachkonzept „Vielfalt und Inklusion" wurde eine pragmatische Systematik gewählt. Sie basiert auf der Darstellung der „Four Layers of Diversity", welche Persönlichkeit, Innere Dimensionen, äußere Dimensionen und organisatorische Dimensionen berücksichtigt (vgl. Rosken 2016). Im Wesentlichen werden jedoch dort wie auch in vielen anderen einschlägigen Dokumenten nur die Formen von Vielfalt in der inneren Dimension (Alter, Geschlecht, Herkunft etc.) berücksichtigt – es mögen auch noch andere relevant sein (Erfahrung, Status, Bildung etc.). Es gilt zukünftig demnach auch zu hinterfragen, welche Vielfalt von wem wie wahrgenommen wird. So könnten z.B. auch psychologische Merkmalsdimensionen (Persönlichkeit, Fähigkeiten, Fertigkeiten, Kompetenzen) stärker betrachtet werden (vgl. Kanning 2016).

Die Eckpunkte der Charta der Vielfalt werden als Handlungsfelder bezeichnet. Die Bundeswehr verpflichtet sich:

a)   eine Organisationskultur zu pflegen, die von gegenseitigem Respekt und Wertschätzung jeder und jedes Einzelnen geprägt ist;

b)   die Personalprozesse zu überprüfen und sicherzustellen, dass diese den vielfältigen Fähigkeiten und Talenten sowie unserem Leistungsanspruch gerecht werden;

c)   die Vielfalt der Gesellschaft innerhalb und außerhalb der Organisation anzuerkennen, die darin liegenden Potentiale wertzuschätzen und gewinnbringend einzusetzen;

d)   die Umsetzung der Charta zum Thema des internen und externen Dialogs zu machen;

e)   über die Aktivitäten und den Fortschritt jährlich öffentlich Auskunft zu geben;

f)   die Mitarbeiterinnen und Mitarbeiter über Diversity zu informieren und sie bei der Umsetzung der Charta einzubeziehen.

Einige dieser Handlungsfelder sind als erfüllt zu betrachten – andere noch nicht. Langjährige Erfahrungen in der Lehre legen nahe, dass von Teilnehmer*innen die Handlungsfelder in der Reihenfolge der Nennung als umgesetzt wahrgenommen werden. Eingefordert wird oftmals eine ausgewogenere Informationsarbeit sowie ein verstärkter „Bottom up" Prozess. Die Frage nach der Umsetzung muss nicht zuletzt auch auf Basis der noch ausstehenden Ergebnisse der 2017 in Auftrag gegebenen Vielfaltsstudie ständig neu bewertet werden.

Schwierigkeiten in der Umsetzung liegen oft auch darin, dass sich insbesondere im öffentlichen Dienst „ein eher loses und fragmentiertes Nebeneinander verschiedener Gleichbehandlungsstrategien und Vielfalt fördernder Maßnahmen findet [...]. Ursachen sind vor allem das Ressortprinzip und die Säulenstruktur der Verwaltung und unterschiedliche Dynamiken durch die bereits etablierten Verantwortlichkeiten. [...] Doppelarbeiten sowie Konkurrenzen zwischen den [...] verantwortlichen Akteurinnen und Akteuren können die Folge sein." (Charta der Vielfalt 2014). Dieses Ursachenfeld wird auch als dysfunktionale Eigenkomplexität bezeichnet (vgl. Kinne 2016). Hinzu kommen die unterschiedliche Wahrnehmung und Umsetzung der Vielfaltsthematik durch Führungskräfte im Rahmen der operativen Gestaltung.

Hinsichtlich der weiteren Gestaltung gilt es, die aktuellen Zuständigkeiten und Strukturen sowie die Umsetzung und Wirksamkeit von Maßnahmen zu prüfen. Es gilt, die einschlägigen Dokumente inhaltlich zu verschränken und die Thematik transparent zu kommunizieren. Im Fachkonzept Vielfalt und Inklusion könnte daher z.B. neben der Charta der Vielfalt und dem Personalmanagement der Bundeswehr insbesondere auch auf die Konzeption der Inneren Führung sowie ein bundeswehrgemeinsames Führungsverständnis stärker Bezug genommen werden. Das Prinzip „Führen durch Auftrag" erhält in dieser durch Volatilität, Unsicherheit, Komplexität und Ambiguität (VUKA) geprägten Welt vielleicht eine neue – umfassendere – Bedeutung. Führung sollte unter diesen Bedingungen von einer klaren Vision, umfassendem Problemverständnis, Klarheit und Agilität (VUKA) geprägt sein (vgl. Diehl 2019).

Möglicherweise ergeben sich aus der vorgelegten funktionalen Analyse weitere Anregungen und Ideen für eine zukünftige Auseinandersetzung mit dem Fachkonzept „Vielfalt und Inklusion" mit dem Ziel, die Vielfaltsthematik für die Bundeswehr umfassend, ausgewogen und systemisch – noch stärker im Sinne von „Diversity & Inclusion" – zu erfassen.

Literatur

Aretz, Hans-Jürgen & Hansen, Katrin (2003): Erfolgreiches Management von Diversity. Die multikulturelle Organisation als Strategie zur Verbesserung einer nachhaltigen Wettbewerbsfähigkeit. In: Zeitschrift für Personalführung. Heft 17. 2003. S. 9–36.

Bachora, Rastislav (2012): Integration von Personen mit Migrationshintergrund beim Militär. Österreich im Ländervergleich mit Deutschland, Schweden und Großbritannien. Promotionsprojekt Landesverteidigungsakademie Wien. 2012.

BMVg (2016): Weißbuch 2016.

BMVg (2017): Zentrale Dienstvorschrift A-2600/1 Innere Führung.

BMVg P StEChgVI (2019): Je bunter, desto stärker. In: Zur Sache Bw. Evangelische Kommentare zu Fragen der Zeit. 2/2019 Ausgabe 36. S. 11–14.

BMVg (2020): Vielfalt in der Bundeswehr. Verfügbar unter: https://www.bundeswehr.de/de/ueber-die-bundeswehr/selbstverstaendnis-bundeswehr/chancengerechtigkeit-bundeswehr/vielfalt-bundeswehr

Becker, Manfred (2016): Alter und Altern als Handlungsfeld des Diversity Management in Organisationen. In: Petia Genkova und Tobias Ringeisen (Hrsg.) Handbuch Diversity Kompetenz Band 2: Gegenstandsbereiche. Wiesbaden. S. 167–182.

Brendel, Michael; Bühring, Heike; Dohn, Sandra; Stiffel, Hartmut; Ulrich, Uwe (2019): Diversity Management in der Bundeswehr - Sachstand und Perspektiven. In: Georg Ebner und Julia Lechner (Hrsg.): Interkulturalität und Diversity 2018. Schriftenreihe der Landesverteidigungsakademie Band 13/18. Wien 2019. S. 237–270.

Bruchhagen, Verena, Koall, Iris und Wengelski-Strock, Sabine (2016): Zur Bedeutung von Resilienz im Diversity Handeln. In: Petia Genkova und Tobias Ringeisen (Hrsg.) Handbuch Diversity Kompetenz Band1: Perspektiven und Anwendungsfelder. Wiesbaden. S. 139–152.

bwconsulting (2019): Mission Critical – Die internationale Konferenz zu Diversity und Inklusion im Sicherheits- und Verteidigungssektor. Verfügbar unter: https://www.bwconsulting.de/mission-critical

Charta der Vielfalt (2020): Homepage. Verfügbar unter: https://www.charta-der-vielfalt.de/die-charta/.

Charta der Vielfalt (2014): Vielfalt, Chancengleichheit und Inklusion. Diversity Management in öffentlichen Verwaltungen und Einrichtungen. Berlin 2014.

Cox, Taylor (1993): Cultural Diversity in organizations. Theory, research and practice. San Francisco 1993.

Diehl, Andreas (2019): VUCA World – Dynamik und Führung in digitalen Märkten. Verfügbar unter: https://digitaleneuordnung.de/blob/vuca-welt

Grabmeier, Stephan (2017): Heterogene Teams bilden und führen – Diversity Faultline Ansatz. Verfügbar unter

https://stephangrabmeier.de/heterogene-teams-bilden-und-fuehren-diversity-faultline-ansatz

Hanappi-Egger, Edeltraud (2016): Kompetenzerfordernisse im Diversity Management: zwischen Selbsterkenntnis und Fachwissen. In: Petia Genkova und Tobias Ringeisen (Hrsg.) Handbuch Diversity Kompetenz Band 1: Perspektiven und Anwendungsfelder. Wiesbaden. S. 371–378.

Heidsiek, Charlotte (2009): Organisationspädagogische Fragen an Diversity Management. Verfügbar unter:

http://www.diezeitschrift.de/22009/bildungsmanagement-01.pdf

Jungholt, Thorsten (2017): Es ist die Sicherheit, Frau Ministerin! Verfügbar unter:

https://www.google.comamp/s/amp.welt.de/debatte/kommentare/artice16141203/Es-ist-die-Sicherheit-Frau-Minsiterin.html

Kanning, Uwe (2016): Viel Lärm um nichts? Diversity im beruflichen Kontext. In: Petia Genkova und Tobias Ringeisen (Hrsg.) Handbuch Diversity Kompetenz Band1: Perspektiven und Anwendungsfelder. Wiesbaden. S. 17–28.

Kersting, Martin & Ott, Michael (2016) Diversity-gerechte Personalauswahl. In: Petia Genkova und Tobias Ringeisen (Hrsg.) Handbuch Diversity Kompetenz Band1: Perspektiven und Anwendungsfelder. Wiesbaden. S. 679–692.

Kinne, Peter (2016): Diversity 4.0. Zukunftsfähig durch intelligent genutzte Vielfalt. Wiesbaden 2016.

Kleeberg, Sylvia (2018): Zum Umgang mit kulturellen und religiösen Differenzerfahrungen in der Bundeswehr. Eine kritische Würdigung aus der Perspektive evangelischer Religionspädagogik. Verfügbar unter: http://portal-militaergeschichte.de/Kleeberg_differenzerfahrungen

Krell, Gertraude (2008) (Hrsg.): Chancengleichheit durch Personalpolitik. Wiesbaden 2008.

Kümmel, Gerhard (2012) (Hrsg.): Die Truppe wird bunter: Streitkräfte und Minderheiten, Baden-Baden 2012.

Kutzner, Edelgard (2016): Diversity Management in der betrieblichen Praxis: Sensibilisierungen, Orientierungen und Empfehlungen. In: Petia Genkova und Tobias Ringeisen (Hrsg.) Handbuch Diversity Kompetenz Band1: Perspektiven und Anwendungsfelder. Wiesbaden. S. 483–506.

Leuprecht, Christian (2009): Diversity as Strategy: Democracy´s ultimate Litmus Test. Taylor & Francis. Ontario 2009.

Losert, Annett (2009): Perspektiven auf Diversity Management. Beschäftigte – Betriebsrat – Management. Dissertation im Fachbereich Sozialwissenschaften der Universität Hamburg Hamburg 2009.

Mayer, Claude Helene und Vanderheiden, Elisabeth (2014) (Hrsg.): Handbuch Interkulturelle Öffnung. Grundlagen, best practise, tools. Göttingen 2014.

Schermuly, Carsten (2018): Diversität in Teams. Homepage. Verfügbar unter: http://www.carstenschermuly.de/Wissenschaft/Teams/.

Stiffel, Hartmut (2019): Vielfalt ist nicht schwer. In: Zur Sache Bw. Evangelische Kommentare zu Fragen der Zeit. 2/2019 Ausgabe 36. S. 32–36.

Tomforde, Maren und Roggmann Katharina (2018): Uniformierte Vielfalt. Diversity in der Bundeswehr. Hamburg 2018.

Ulrich, Uwe (2002): Beteiligung in der Bundeswehr. Eine Funktionsanalyse im Rahmen der Inneren Führung. Dissertation. Nomos Verlag. Baden-Baden 2002.

Ulrich, Uwe (2013): Interkulturelle Kompetenz in der Bundeswehr – Entwurf einer funktionalen Analyse. In: Hartmann, Uwe und von Rosen, Claus (Hrsg.): Jahrbuch Innere Führung 2013. Wissenschaften und ihre Relevanz für die Bundeswehr als Armee im Einsatz. Berlin 2013. S. 250–266.

Ulrich, Uwe (2014): Quo vadis Bundeswehr? Strategisches „Diversity Management" oder operatives „Managing Diversity"? In: Hartmann, Uwe und von Rosen, Claus (Hrsg.): Jahrbuch Innere Führung 2014. S. 183–199.

Van Dick, Rolf und Stegmann, Sebastian (2016): Diversity, Social Identity und Diversitätsüberzeugungen. In: Petia Genkova und Tobias Ringeisen (Hrsg.) Handbuch Diversity Kompetenz Band1: Perspektiven und Anwendungsfelder. Wiesbaden. S. 3–28.

III Zur Ethik in der Bundeswehr

Ethische Bildung in der Bundeswehr – ein neuer Baustein zur Persönlichkeitsbildung?

Reinhold Janke

Der Ruf nach Ethik als Krisensignal?

> *Das Ethos der Armee im modernen Massenstaat*
> *ist das Gefühl der staatsbürgerlichen und nationalen*
> *Freiheit und der Wille, einer großen internationalen,*
> *einer großen menschlichen Idee zu dienen.*
> *Militärische Organisationen ohne ethische Bindungen*
> *sind die Quelle innen- und außenpolitischer Gefahr.*[1]

Die Notwendigkeit, sich in der Bundeswehr ernsthaft und strukturiert – und das bedeutet vor allem mit konkreten Zielsetzungen, Maßnahmen und Mitteln – mit ethischer Bildung zu befassen, ist aus ersichtlichen Gründen seit einiger Zeit in ein größeres Bewusstsein gerückt.[2]

Insbesondere die Vorfälle im Kommando Spezialkräfte (KSK) bildeten den Höhepunkt einer krisenhaften Entwicklung, die ein entschiedenes Handeln erforderten. Im ihrem ‚Tagesbefehl‘ vom 1. Juli 2020 wurde die Verteidigungsministerin sehr deutlich. Sie stellte das KSK bis Ende Oktober 2020 unter eine strenge Führungs- und Bewährungsaufsicht und ordnete ein großes Bündel einschneidender Maßnahmen an. Im Tagesbefehl war neben zahlreichen anderen Analysebefunden auch die Rede von „einem ungesunden Elite-

---

[1] Der ehemalige SPD-Parteivorsitzende Kurt Schumacher in einer Rede vor dem Deutschen Bundestag am 8. November 1950.

[2] Die folgende Darstellung ist vorrangig als persönlicher Diskussionsbeitrag eines fachlichen Laien zu verstehen, der sich jedoch als Staatsbürger in Uniform seit geraumer Zeit intensiv mit der Thematik befasst. Der Autor stellt mit seinem Beitrag ausschließlich seine eigene Auffassung und Bewertung dar.

verständnis einzelner Führungskräfte", von „toxic leadership" und von einem „in Teilen fehlgeleitetem Selbstverständnis".[3]

Bereits am 30. April 2017 hatte die Amtsvorgängerin in einem vielgerügten Pauschalurteil von einem Haltungsproblem und ebenenübergreifender Führungsschwäche gesprochen. Derartige Bewertungen verweisen meines Erachtens auf ein tieferes Problem, das nicht nur in der Bundeswehr besteht. Überall dort, wo ethische Leerstellen bestehen und geduldet werden, entsteht irgendwann ein Wildwuchs, der in seinen Ausmaßen dann kaum mehr kontrollierbar ist und schließlich einschneidende Maßnahmen erfordert. Dieser Wildwuchs breitet sich zunächst scheinbar unbemerkt und schleichend aus. Er durchdringt und überwuchert am Ende alle Bereiche, wenn ihm nicht Einhalt geboten wird. Das Bild vom verwahrlosten Garten, in dem sich das Unkraut von Jahr zu Jahr weiter ausbreitet, hat schon Walther von der Vogelweide als Erziehungsmetapher verwendet.[4]

Der frühere Diplomat und Publizist Hans Arnold, der selbst als Wehrmachtssoldat gedient hatte, warnte bereits 1996 im Aufstellungsjahr des KSK in einem ZEIT-Artikel eindringlich vor toxischen Entwicklungen und Gefährdungen:

„Die Zurückdrängung ethischer Reflexionen und Gewissensregungen ist besonders in denjenigen Teilen von Armeen ausgeprägt, die im allgemeinen als Elitetruppen, Spezialeinheiten, Kommandotruppen oder Rangers bezeichnet werden. Die Soldaten solcher Einheiten zeichnen sich durch eine besonders starke und unreflektierte Fixierung auf eine ethisch neutrale Automatik von Befehl und Gehorsam aus. Sie ist das Ergebnis ihrer Ausbildung, ihres ständigen Trainings und erinnert gelegentlich an frühere Prätorianer- und Söldnermentalität. Mit

---

3 Die Bundesministerin der Verteidigung: Tagesbefehl zu den Konsequenzen rechtsextremistischer Tendenzen im Kommando Spezialkräfte der Bundeswehr. Berlin, 1. Juli 2020, S.2.

4 Walther von der Vogelweide: Gedichte. Studienausgabe, 13. Auflage. Hrsg. Von Karl Lachmann. Berlin 1965, S. 142. (103,13 – 103,28): „Swa guoter hande wurzen sint / in einem grüenen garten / bekliben, die sol ein wiser man / niht lazen unbehuot. / er sol si schirmen als ein kint, / mit ougenweide in zarten. /da lit gelust des herzen an, / und git ouch hohen muot. / si boese unkrut dar under, / daz breche er uz besunder / (lat erz, des wehset wunder), / und merke ob sich ein dorn / mit kündekeit dar breite, / daz er den furder leite / von siner arebeite: / sist anders gar verlorn." (In sehr freier Übertragung: Wer einen Garten mit Nutzpflanzen hat, soll sich richtig um sie kümmern. Dann machen sie ihm auch Freude und sorgen für Hochstimmung. Wenn sich darin aber Unkraut ausbreitet, soll er es ausreißen, bevor es überhandnimmt. Sonst ist alle Mühe vergebens.)

ihr wird die Frage nach der Legitimierung des Tötens von Menschen durch den Willen überdeckt, das militärische Handwerk so effizient wie möglich zu betreiben.“[5]

Zwar gab es auch in der Vergangenheit, im Grunde seit Bestehen der Bundeswehr immer wieder Lippenbekenntnisse und Willensbekundungen zur ethischen Bildung, doch diese gutgemeinten Ansätze erschöpften sich zumeist in folgenlosen Absichtserklärungen, wenig systematischen Aktivitäten und pastoral präsentierten Begriffshülsen. Ansonsten verortete man die ungeliebte Aufgabe beim ‚Lebenskundlichen Unterricht‘ der Militärseelsorge und wähnte sich der Verantwortung enthoben. Doch manchmal bedarf es erst eines handfesten Skandals, um eine Schieflage als führungs- und leitungsrelevant zur Kenntnis zu nehmen und darauf dann hoffentlich angemessen zu reagieren. Insbesondere die Wahrnehmung durch Medien, Öffentlichkeit, Gesellschaft und Politik erzeugt regelmäßig erst den erforderlichen Außendruck für die interne Bereitschaft zu einer dann oft nur symptomreduzierten Reflexion und hektischen Reaktion. In diesem Zusammenhang bemühte Anglizismen wie „event driven“ und – positiv gewendet – „window of opportunity“ und „quick win“ sind Krisenformeln verdeckter Hilflosigkeit. Das Krisenpotenzial wird von Konjunkturrittern instinktiv als „spin off“ in die „hidden agenda“ der eigenen Karriereplanung integriert. Wer dann den Hinweis wagt, dass er auf den Missstand schon vor langem aufmerksam gemacht habe, wird mit dem Totschlagargument abgefertigt, dass man jetzt nach vorne schauen müsse. Diese Vergangenheitsverdrängung hat System. Sie vertuscht Fehler und erschwert eine ehrliche Ursachenermittlung und Defizitanalyse zugunsten eines geschäftigen „Weiter so“ unter Beigabe plakativer Placebos. Da das System keine angstfreie Fehlerkultur kennt, hofft man stattdessen, die Versäumnisse der Vergangenheit durch gesteigerte Aktivität kompensieren zu können. Doch operative Hektik reduziert stets auch Handlungsfreiheit. Wer unter Druck gerät, wird teilweise fremdbestimmt und mit unliebsamen Vorhaltungen, Vorgaben und Erwartungen konfrontiert. Rückzugsreflexe in den Schmollwinkel des tragisch Unverstandenen und Nichtwertgeschätzten sind dann allerdings auch nicht hilfreich.

Das Ganze ist auch deshalb bedauerlich, weil es den wie eine Monstranz erhobenen Selbstanspruch der Bundeswehr als ‚lernende Organisation‘ mit dem Postulat eines lebenslangen Lernens und dem allfälligen Schlagwort ‚Lessons learned‘ konterkariert und ins Lächerliche zieht. Nach meiner Wahrnehmung

---

[5] Hans Arnold: Wann dürfen Soldaten töten? In: Die ZEIT, Nr. 46 vom 8. November 1996, S. 46.

306

als ein seit Jahrzehnten dienender Berufssoldat leidet die Bundeswehr hinsicht-lich ihrer geistigen Grundlagen und deren Vermittlung – von ihren Werbeauf-tritten beginnend über ihre tatsächlich praktizierte Führungskultur im Dienst-alltag bis hin zu authentischen Vorbildern der Inneren Führung – auch in den höheren Führungsebenen an einem eklatanten Glaubwürdigkeitsproblem. Eine solide ethische Bildung, auch in ihrer Funktionszuweisung als Präventivposten, wäre zwar in ihrer Bedeutung und Wirkung ein wichtiger tragender Baustein im sanierungsbedürftigen Gebäudekomplex der Bundeswehr. Der müsste aber endlich einmal sauber ausgemessen, zugerichtet, eingepasst und verfugt wer-den.

Ethik ist keine zeitweilige Pannenhilfe, sondern ein eigenständiges Bildungsfach

In unserer Bundeswehr kann man nach wie vor erleben, dass die vermeintlich „weichen Themen" der Inneren Führung belächelt und verächtlich gemacht werden – zumindest solange, bis ihre permanente Vernachlässigung oder Miss-achtung zu einem „harten Thema" mutiert. Dieser dialektische Umschwung führt manchmal zu kuriosen Kapriolen. Gegner und Verächter der Inneren Führung verwenden Ausdrücke wie ‚inneres Gewürge', ‚innere Verführung', ‚Maske', ‚Feigenblatt', ‚Sektiererei', ‚Personenkult', ‚Elfenbeinturm', ‚Wolken-schieberei', ‚Esoterik', ‚ Nabelschau', ‚Gefechtsfeldlyrik', ‚Geschwullere', ‚Mär-chenstunde', ‚Selbstbeweihräucherung' und ‚Polit-Unterricht'. Schlichtere Ge-müter bedienen sich auch handfesterer Ausdrücke wie ‚schwule Scheiße'; die Aufzählung ließe sich fortsetzen.[6] Doch der Ruf nach Innerer Führung als „deus ex machina" erfolgt, sobald die Satire in der Aporie endet. Dann soll es die Innere Führung wieder einmal richten, obwohl sie doch angeblich versagt hat.[7] Diese schräge Logik in der Inanspruchnahme als gefügiges Pannenwerk-zeug gilt analog für die ethische Bildung. Doch bereits der Begriff ‚Ethik' er-zeugt bei manchen Zeitgenossen Argwohn und Ablehnung bis zum angebli-

---

[6] Die konstruktiven Kritiker der Inneren Führung sind demgegenüber durchweg seriös.

[7] Gottfried Benn hat ähnliche Zumutungen deutlich sarkastischer ausgedrückt: „Erst benehmen sie sich wie die Schweine, dann wollen sie erlöst werden. Von irgendeiner ‚höheren' Macht, die ihnen ihr tumbes, stures Weben und Wabern vergibt." In: Gottfried Benn: Zum Thema Geschichte. Gesammelte Werke, Band 2. Hrsg. von Dieter Wellershoff. Frankfurt am Main 2003, S. 938.

chen Brechreiz.[8] Da fallen Sätze wie „Davon krieg' ich Pickel!". Nicht zuletzt deshalb wird auf der Vermittlungsseite geflissentlich vermieden, Angebote und Produkte mit ethischen Inhalten erkennbar zu etikettieren. Die Taktiererei und Verschämtheit dieses Vorgehens rührt auch daher, dass Ethikausbildung nicht nur in der Bundeswehr oft den Ruf einer ergebnislosen „Laberstunde" hat. Der Sinn einer eigenständigen ethischen Bildung in der Bundeswehr wird auch deshalb hinterfragt, weil sie von manchen als abundantes Konkurrenzprojekt zum etablierten ‚Lebenskundlichen Unterricht' der Militärseelsorge bewertet wird. Eine klärende Trennschärfe in der Zielsetzung und Aufgabenzuweisung ist hier wünschenswert, wenngleich der komplementäre Ansatz in vertrauensvoller Kooperation im Vordergrund stehen muss. Ethik als Bildungsfach und Ausbildungsdisziplin ist weder ein gefälliges Gesellschaftsspiel, noch eine unverbindliche Plauderrunde oder Selbstdarstellungsplattform, in der man mit gesteigerter Betroffenheitsrhetorik zwar meinungsstark, aber kenntnisschwach ein selbstgerechtes Moralmonopol durchsetzen kann, das oftmals gar nicht auf einer eigenen fundierten Auseinandersetzung mit einem diffizilen Thema beruht, sondern nur einem Mainstream folgt, der gerade in Corona-Zeiten in paradoxen Pirouetten zwischen Wohlstandsbefindlichkeit und Weltuntergangsstimmung schwankt. Ethik beansprucht Zeit, Bildungswillen, Lerndisziplin, Ernsthaftigkeit und Erkenntnisoffenheit. Ethik als Bildungsfach dient aber auch der Einübung einer moralischen Urteilsbildung und der Gewissensbildung. Bereits Martin Luther reklamierte in seiner berühmten ‚Kriegsleuteschrift' die Notwendigkeit eines „wohlunterrichteten Gewissens". Wir werden daher künftig kaum umhinkommen, vielschichtige und anspruchsvolle Sachverhalte und Themenfelder, wie sie in der ethischen Bildung gehäuft vorkommen, bei aller Tendenz zur Komplexitätsreduzierung auf einem nicht mehr verhandelbaren Mindestniveau zu vermitteln. Die Belohnung von Bildungsborniertheit durch kontinuierliche Niveauabsenkung darf nicht zum Standardreflex werden. Sonst kann man es gleich sein lassen. Hoffnungsfroh bin ich hier nicht, wenn ich das Kokettieren mit der eigenen Bildungsbrache selbst bei Stabsoffizieren beobachte.

Ethikaffine Themen wie die Gentechnologie, die zunehmend digital gesteuerten Führungs- und Kommunikationsformen, Entwicklungen im Bereich der

---

[8] Die „Aversion gegen Ethik" wird aktuell von einem ausgewiesenen Ethiker und Militärgeistlichen bestätigt: Roger Mielke: Die Persönlichkeit zählt. Ethisches Handeln basiert auf einer umfassenden Persönlichkeitsbildung. In: if. Zeitschrift für Innere Führung. 4/2019, Koblenz. S. 11–17, hier S. 12.

Künstlichen Intelligenz und des sogenannten ‚Human Enhancement', die als deutliche Anfragen an unser Menschenbild zu bewerten sind, der Einsatz von Drohnen oder Fragestellungen innerhalb der durch die Corona-Pandemie hochaktuellen Medizinethik verändern und bestimmen zunehmend unser aller Leben und damit auch den Dienst in der Bundeswehr. Dabei muss aber immer wieder deutlich werden: Ethik ist kein „Manöverelement" im Gefechtsplan, kein operativer Faktor zur Hebung der „Moral der Truppe", keine Magd des Militärs zur Erhöhung der Einsatzbereitschaft (analog zu der mittelalterlichen Zuweisung der Philosophie als „ancilla theologiae" zur Glaubensstärkung und dogmatischen Fundierung). Es kann daher auch keine genuine „Einsatzethik" geben, zumal sich Einsätze und ihre Bedingungen rasch und grundlegend verändern können. Es gibt aber sehr wohl eine Ethik, die die besonderen Anforderungen des Einsatzes berücksichtigt. Ethik besitzt einen substantiellen Eigenwert, der sich akzidentieller Vereinnahmung entzieht. Ansonsten verkommt sie rasch zum Instrument und zur Ideologie. Das bedeutet nicht, dass Ethik ohne eine solche Inanspruchnahme dann für die Bundeswehr nur Feigenblatt, „Schmuck am Nachthemd" oder gänzlich verzichtbar wäre. Ethische Bildung in der Bundeswehr kann und sollte, richtig verstanden und vermittelt, stets den aktuellen Lebensbezug herstellen, einen klaren Werterahmen bilden und darin Wege aufzeigen, auf denen das zur Entscheidung aufgerufene Individuum – in letzter Instanz geleitet durch ein „gutes, wohlunterrichtetes Gewissen" (Martin Luther) – hinreichend erkennen, begründet bewerten und verantwortlich handeln kann.

In der Realität und Praxis des militärischen Dienstes schließt dies auch Dilemmasituationen und Aporien ein. Übernahme von Verantwortung und das Eingestehen von Versagen und persönlicher Schuld bleiben ethische Kategorien, selbst wenn sie in der aktuellen Wahrnehmung auch auf der politischen Leitungsebene nicht immer glaubwürdig vorgelebt wurden. Für derartige Widersprüche haben Soldaten ein feines Gespür, gerade dann, wenn sie selbst Gegenstand von Kritik mit Pauschalierungstendenz werden oder sehen, dass der auf Anerkennung pochende Primat der Politik seiner eigenen Verantwortung nicht immer überzeugend nachkommt. Angesichts des exuberanten Einkaufs externer Berater mit Vertragspraktiken, die einen Untersuchungsausschuss erforderten, wirkt beispielsweise ein mit nicht geringem Pathos gepredigtes „Compliance Management System" im Nachhinein geradezu zynisch, zumindest lächerlich. Wenn unter dem Etikett ‚Compliance' anstelle wirksamer ethischer Standards ein Organisationsutilitarismus mit Interpretationsbeliebigkeit praktiziert wird, der zudem nach dem Grundsatz „Quod licet Jovi, non licet bovi" verfährt, darf sich niemand wundern, wenn der Stellenwert der Ethik gering bleibt. Mit ihren Effektoreneigenschaften muss Ethik auch in der Bundeswehr endlich als eigenständiges Bildungsfach anerkannt und vermittelt werden.

Innerhalb der philosophischen Nomenklatur figuriert Ethik traditionell als wissenschaftliche Disziplin unter dem Begriff der Moralphilosophie, die sich (neben anderen geläufigen Einteilungsmodellen) in eine ‚Allgemeine Ethik' (als normative Ethik und Metaethik) sowie in eine ‚Angewandte Ethik' aufgliedern lässt. Die Angewandte Ethik unterscheidet wiederum diverse Applikationsformen, die auch unter dem Begriff ‚Bereichsethik' (z.B. Medizinethik, Umweltethik, Wirtschaftsethik, Bioethik, Medienethik etc.) bekannt sind. Eine dezidierte Militärethik als Bereichsethik auf Augenhöhe konnte sich in dieser Systematik bisher jedoch weder in der inhaltlichen Ausgestaltung noch in der allgemeinen Wahrnehmung etablieren.[9] Militärethik als Bereichsethik darf andererseits nicht zu einer gesellschaftlich segregierten, desintegrativen „Fehlform einer Sonderethik"[10] verkommen, die einer „vermeintlichen Eigengesetzlichkeit des bewaffneten Konflikts"[11] folgt, sondern muss sich perspektivisch auch darauf besinnen, dass sie auch als Militärethik letztlich nur einen orientierungsgebenden und letztlich transitorischen Charakter haben kann – als Wegweiser und Meilenstein auf dem Weg zu einer umfassenden Friedensethik, die auf globaler Gerechtigkeit aufbaut und dadurch erst zu wirksamer Konfliktprävention und Konfliktbewältigung beiträgt. Die Realität mag dies als Utopie abtun, doch Anspruch und Endziel wird und muss es stets bleiben. Wenn Ethik mit Militär und Sicherheitspolitik in Verbindung gebracht wird, kommen vor allem Begriffe und Themen wie Friedensethik, Gerechter Krieg, Gerechter Frieden, Responsibility to Protect, Menschenrechte, (Kriegs)Völkerecht, Konfliktforschung, (rechtserhaltende) Gewalt, etc. zur Sprache. Hierzu existiert eine kaum mehr überschaubare Literatur mit einer immensen Querschnittlichkeit zu affinen Disziplinen, insbesondere zur Theologie, Philosophie, Politologie, Sozio-

---

[9] Ein erster systematischer Ansatz mit einer beeindruckenden analytischen Tiefe und umfassenden Betrachtung kam bereits 2007 von dem Schweizer Theologen und Generalstabsoffizier Dieter Baumann.
Dieter Baumann: Militärethik. Theologische, menschenrechtliche und militär-wissenschaftliche Perspektiven. Stuttgart 2007.
[10] Mielke, a.a.O., S. 13.
[11] Mielke, a.a.O., S. 12.

logie, Psychologie, Pädagogik, Geschichte und nicht zuletzt vor allem auch zur Rechtswissenschaft, die einen völker-, verfassungs- und allgemeinrechtlichen Rahmen setzt. Für die ethische Bildung und ihre Vermittler besteht hier die Herausforderung, pädagogisch verständliche Schneisen in dieses Publikations- und Positionierungsdickicht zu schlagen und nicht zu verzagen, wenn man zunächst den Wald vor lauter Bäumen nicht mehr sieht. Damit verbindet sich aber sogleich die Frage nach der Verfügbarkeit und Qualifizierung geeigneten Personals, das ethische Bildung vermitteln kann und will.

Angesichts der räumlich und zeitlich oft eng miteinander verwobenen globalen Entwicklungen wie Klimawandel, Migration, Pandemie, Wirtschafts-, Währungs-, Bildungs- und Gesellschaftskrisen sowie Formen hybrider Bedrohung, mit all ihren negativen Auswirkungen auf individuelle Lebenslagen und kollektive Systeme besinnt man sich heute wieder verstärkt auch in den nachreifenden Generationen auf handlungsleitende und orientierungsgebende Koordinaten und Wertefundamente. Anstelle eines übersteigerten Individualismus' mit einem „egotaktischen Biographiedesign" ist seit einiger Zeit eine Trendwende zurück zur sozialen Gemeinschaft und zur Familie zu beobachten: das Krisenbewusstsein verbindet mehr, als es trennt; die Menschen rücken wieder zusammen. Der dabei häufig verwendete Begriff ‚Regrounding' ist im Grunde nichts anderes als eine Rückbesinnung auf eher traditionelle und bodenständige Werte und Tugenden, die zwar auch schon einmal als sekundäre Spießereigenschaften abqualifiziert wurden, aber in Zeiten der Unsicherheit und Gefährdung das Selbstvertrauen stärken und den notwendigen sozialen Kitt erzeugen. Es handelt sich dabei um eine Art ethische Erdung, ein neues Bewusstwerden des Wurzelgrundes, der tatsächlich trägt, Halt gewährt und dadurch Wachstum und Reifung ermöglicht.[12] Dies ist die Sphäre der traditionellen Tugendethik, die eigentlich sehr gut erschlossen ist. Doch leider herrscht bei der Wertediskussion seit langem eine unerträgliche Begriffsverwirrung innerhalb einer inflationär aufgepumpten und ideologisch missbrauchten Axiologie (Wertlehre) und Aretologie (Tugendlehre) vor. Denn je nebulöser man Werte definiert und

---

[12] Neben den bekannten SINUS-Studien und Shell-Jugendstudien wird auf folgende aktuelle Studie verwiesen: Bundesministerium für Bildung und Forschung: Zukunft von Wertvorstellungen der Menschen in unserem Land. August 2020. Diese 225 Seiten starke Studie widmet sich vorrangig Phänomenen wie Wertebildung, Wertevermittlung und Wertewandel und analysiert auf Grundlage einer aktuellen deutschen Wertelandschaft Möglichkeiten und künftige Entwicklungen für eine Wertelandschaft und Gesellschaft von morgen mit einer europäischen und globalen Perspektive.

zitiert, umso besser kann man sie für eigene Zwecke instrumentalisieren. In diesem Werteindifferentismus werden Werte und Tugenden, Normen und Kompetenzen ohne wirkliche Kenntnis oder Rücksicht auf deren hierarchische ‚Wertigkeit' wild durcheinandergeworfen oder beliebig gleichgesetzt. Sie dienen Politikern, Journalisten, Modephilosophen, Coaches, Gurus, Transzendenztrainern und selbsternannten Lebensberatern jeglicher Couleur als Renommier-, Indoktrinations- und Kommerzvokabular. Carl Schmitt – man mag zu ihm stehen, wie man will – hat 1960 in seiner Streitschrift ‚Die Tyrannei der Werte' sehr zutreffend festgestellt:

„Wer Wert sagt, will geltend machen und durchsetzen. Tugenden übt man aus; Normen wendet man an; Befehle werden vollzogen; aber Werte werden gesetzt und durchgesetzt. Wer ihre Geltung behauptet, muss sie geltend machen. Wer sagt, dass sie gelten, ohne dass ein Mensch sie geltend macht, will betrügen."[13]

Unlängst hat ein hoher Militär konstatiert, dass es hinsichtlich der Vermittlung von politischer, historischer und ethischer Bildung ein „Umsetzungs- und Durchsetzungsproblem" gibt. Dieses in der ganzen Bundeswehr seit jeher bestehende Defizit stellt kein Dienstgeheimnis dar. Doch was muss geschehen, damit aus dem erkannten Erfordernis von ethischer Bildung in der Bundeswehr nicht wieder nur ein Strohfeuer mit grandioser Rauchentwicklung wird, dessen bald kaum noch glimmender Aschenhaufen nicht weiter beachtet wird, weil es bereits wieder an anderer Stelle mächtig brennt? Wie kann und muss eine ethische Bildung in der Bundeswehr als integratives Element der Persönlichkeitsbildung systemisch und perspektivisch in Führung, Erziehung und Ausbildung[14] verankert werden, damit sie ihren Zweck erfüllt, ihre Zielgruppen erreicht, präventive Wirkung? Was soll in diesem Zusammenhang unter dem komplexen Begriff ‚Persönlichkeitsbildung' überhaupt verstanden werden und welcher Stellenwert kommt darin der ethischen Bildung zu?

Unabhängig von der Akzeptanzfrage und den Vermittlungswegen sowie den notwendigen Lerninhalten lässt sich eines feststellen, was für viele Gestaltungsfelder und Themenbereiche der Inneren Führung gilt: im Grunde haben wir ja schon sehr viel von dem, was wir dafür brauchen. Wir müssten es nur zur Kenntnis nehmen, aufgreifen, bei Bedarf aktualisieren und auf heutige Bedarfe

---

[13] Carl Schmitt: Die Tyrannei der Werte. Dritte korrigierte Auflage. Mit einem Nachwort von Christoph Schönberger. Verlag Duncker & Humblot. Berlin. 2011, S. 41.
[14] Hierzu Hartwig von Schubert: Integrative Militärethik. Ethische Urteilsbildung in der militärischen Führung. (Reihe Standpunkte und Orientierungen: Band 5. Hrsg. von Uwe Hartmann). Miles Verlag Berlin 2015.

anpassen, vor allem aber endlich anwenden und in Ausbildung, Weiterbildung, Lehre und im praktischen Dienst umsetzen.[15] Doch daran hapert es immer noch gewaltig! Unter dem Etikettenschwindel einer kaum durchdrungenen ‚kompetenzorientierten Ausbildung' wird der Ausbildungsgruppe statt solider Inhalte oft nur ein Feuerwerk methodischer Gags und gefälliger interaktiver Spielchen vorgegaukelt, die Bedeutsamkeit vortäuschen, wo bei nüchterner Betrachtung vor allem heiße Luft erzeugt wird. Solche Mogelpackungen dürfen in der Bundeswehr nicht überhandnehmen, auch wenn es für Dozenten oder Ausbilder stets bequemer ist, sich mit wohlfeiler Lobhudelei bei inhaltlicher Dürftigkeit anzubiedern, anstatt das gemeinsame Wissens- und Erkenntnisniveau mit einer ambitionierten Anspruchshaltung zu steigern – selbst auf die Gefahr hin, dass man dabei auch einmal jemanden überfordert oder auf die Füße tritt. Die Erziehung und (Aus)Bildung in der Bundeswehr ist angesichts eklatanter Vorbildungsdefizite der Schulen einerseits und zunehmender Anforderungen andererseits viel zu anspruchs- und verantwortungsvoll, als dass man sie pseudocharismatischen „Feuerläufern" und manipulativen Verpackungskünstlern als Selbstdarstellungsfeld überlassen dürfte.

Man muss bei der Inhaltserschließung das Rad auch nicht jedes Mal neu erfinden. Der Kenner der Materie findet in „älteren" Publikationen, Ausbildungshilfen, Fachbüchern und anderen einschlägigen Quellen so viel wertvolles Wissen, dass er auf den Wust an scheinbar aktueller, aber oft ziemlich substanzschwacher Literatur häufig verzichten kann, weil sie inhaltlich kaum Neues bringt, sondern sich nur selbstreferentiell in Zitierzirkeln multipliziert und zelebriert. Oft hört man, bestimmte Bücher seien nicht mehr zu verwenden, weil sie „veraltet" seien. Solche „Experten" besorgen mich hinsichtlich ihres Geisteszustandes. Auch die Schlüsseltexte der Menschheit sind Jahrtausende alt. Norbert Bolz verteidigt deren zeitlose Relevanz mit berechtigtem Pathos:

„Man muss vor der europäischen Kultur nicht die Knie beugen, aber man sollte ihre großen alten Bücher lesen, die uns die religiöse Erziehung und Tradition ersetzen. In diesem Sinne plädieren wir hier für eine ernste Arbeit an der objektiven Religion, d.h. dem Kultur gewordenen Christentum, als den einzig gangbaren Weg zu einer europäischen Identität. Dieser Weg steht gerade religiös Unmusikalischen offen. Er sollte ihn unbeirrt von dem gehen, was er im Inneren der modernen Gesellschaft beobachtet, nämlich das ästhetische Spiel mit der Religion und das Ressentiment mit der Sozialreligion. Unbeirrt auch von dem, was sich

---

15 Vgl. Reinhold Janke: Ethik für die Truppe. Ein methodologischer Diskussionsanstoß. In: if. Zeitschrift für Innere Führung. 1/2014. Berlin 2013, S. 5-11.

außerhalb der modernen Gesellschaft anbahnt – das anarchische Bündnis der Ausgestoßenen: Gott und Seele."[16]

Die intellektuelle und kommunikative Herausforderung bleibt gleichwohl bestehen: Wie können anspruchsvolle ethische Themen möglichst verständlich verhandelt und vermittelt werden? Ethik kann dabei durchaus als erratischer Block und Störfaktor im Ausbildungsgefüge wirken oder als retardierendes Moment – im Dienstbetrieb wie im Führungsprozess. Dieses generelle Dilemma ist nicht völlig aufzulösen. Die Grenzen der Bemühungen werden einerseits durch die Aufnahmefähigkeit und -willigkeit der Zielgruppen gebildet, andererseits durch die Entscheidung über den dann gerade noch hinnehmbaren Substanz- und damit auch Erkenntnis- und Verständnisverlust der zu vermittelnden Inhalte. Sören Kierkegaard hat eine solche Komplexitätsreduzierung in seiner ‚Abschließenden unwissenschaftlichen Nachschrift zu den Philosophischen Brocken' von 1846 empfohlen: „Je mehr man das Ethische simplifizieren kann, desto besser sieht man es."[17] Wir bräuchten im Idealfall eine ethische Bildung, die einen Ausgleich konträrer Tendenzen findet. Sie besteht im Kern darin, ein Mindestmaß an inhaltlicher Substanz mit einem Höchstmaß an Motivation an möglichst viele Adressaten so zu vermitteln, dass diese daraus Erkenntnis, Urteilskraft, Orientierung, Haltung und Gewissensfreiheit gewinnen: für ihre persönliche Lebensgestaltung und für ihre Mitverantwortung in ihrem Dienst als Staatsbürger – auch oder gerade in Uniform. Dass dies der Schule nicht gelingt, sehen wir jeden Tag. Sicherlich handelt es sich dabei auch um eine Altersfrage und einen Reifungsprozess, der viel Zeit braucht. Wir reden von Persönlichkeitsbildung.

---

[16] Norbert Bolz: Das Wissen der Religion. Betrachtungen eines religiös Unmusikalischen. München 2008, S. 139.

[17] Sören Kierkegaard: Philosophische Brosamen und Unwissenschaftliche Nachschrift. (Gesamtausgabe im Deutschen Taschenbuchverlag, Band 2) München 2005, S. 275.

Ethische Bildung als Baustein der Persönlichkeitsbildung?

*Die größten Vorteile im Leben überhaupt und
in der Gesellschaft hat ein gebildeter Soldat.*[18]

Bereits die Himmeroder Denkschrift von Oktober 1950[19] hatte die ethische
Fundierung einer künftigen Führungskonzeption im Blickfeld. Im Kapitel *V.
Das innere Gefüge* führt ein *Unterkapitel C. Ethisches* Sachverhalte auf, die einen
Querschnitt aus Ethik, Recht und Militärseelsorge abbilden.[20] Unterkapitel *B.
Politisches* misst neben dem nationalen Verteidigungswert „den „Idealen und
Gütern Europas"[21] einen hohen Rangplatz zu. Unterkapitel *D. Erzieherisches*
fordert ethische Bildung und Erziehung:

*„Der Erziehung des Soldaten im politischen und ethischen Sinne ist im Rahmen des allge-
meinen Dienstunterrichts von vorne herein größte Bedeutung zu schenken. Sie hat sich nicht
auf das rein Militärische zu beschränken. Durch Schaffung eines europäischen Geschichtsbil-
des und Einführung in die politischen, sozialen und wirtschaftlichen Fragen der Zeit kann
von der Truppe aus über den Rahmen des Wehrdienstes hinaus ein entscheidender Beitrag für
die Entwicklung zum überzeugten Staatsbürger und europäischen Soldaten geleistet werden.
Damit muss zugleich die innere Festigkeit gegen eine Zersetzung durch undemokratische
Tendenzen (Bolschewismus und Totalitarismus) erreicht werden.'*[22]

Diese Sätze aus dem Jahr 1950 haben nichts an Aktualität eingebüßt. Sie beweisen den Weitblick und die perspektivische Präzision dieser ersten Konzeption. Der Stellenwert, der dort der ethischen Bildung schon zuerkannt war,
wird heute erst wiederentdeckt. Nun muss es darum gehen, die ethische Bildung als zentralen Baustein in einem möglichst umfassenden System einer Persönlichkeitsbildung in der Bundeswehr zu verankern. Wenn aber von Bundeswehr die Rede ist, sind dabei grundsätzlich alle Angehörigen der Bundeswehr
gemeint. Leider liegt nach derzeitiger Lage ein bundeswehrgemeinsames Selbst-

---

[18] Johann Wolfgang von Goethe. Maximen und Reflexionen (Nr. 1179). Hamburger Ausgabe,
Band 12. München 1981, S. 526.

[19] Hans-Jürgen Rautenberg / Norbert Wiggershaus: Die „Himmeroder Denkschrift" von
Oktober 1950. Politische und militärische Überlegungen für einen Beitrag der Bundesrepublik
Deutschland zur westeuropäischen Verteidigung. Karlsruhe 1985.

[20] Ebenda, S. 54.

[21] Ebenda, S. 53.

[22] Ebenda, S. 54f.

und Führungsverständnis noch in weiter Ferne. Dies sei hier – ohne Schuldzuweisung – konstatiert. Daher dürfte die systemische Implementierung einer ethischen Bildung bis auf weiteres nur für die Streitkräfte in Betracht kommen. Im Bundesministerium der Verteidigung liegt hierzu der Entwurf einer zentralen Dienstvorschrift unter dem Titel ‚Ethische Bildung in der Bundeswehr' (mit der Bezeichnung A-2620/6) vor. Dieser Entwurf entstand auf Grundlage einer umfänglichen Beteiligung mit internen und externen Fachvertretern in Workshops und anderen Kooperationsformen.[23] Es ist zudem vorgesehen, in einer künftigen Dachvorschrift ‚Persönlichkeitsbildung' die Vorschriften zur politischen, historischen und ethischen Bildung zusammenzuführen. Doch welchen Stellenwert hat ethische Bildung in der Bundeswehr als Baustein der Persönlichkeitsbildung?

Auch hier ist noch eine Begriffsklärung erforderlich. ‚Persönlichkeitsbildung' und ‚Persönlichkeitsentwicklung' werden häufig synonym verwendet. Diese Schludrigkeit ist symptomatisch für die Oberflächlichkeit und konzeptionelle Nebelfahrt nicht nur in der Bundeswehr. (Unsere Terminologiearbeit als Konzeptionsgrundlage steht gerade im nichttechnischen Bereich nach meiner Bewertung vor einem weitgehend unbestellten Feld.)

Eine menschliche Person bildet nach traditioneller Auffassung eine mehr oder weniger integrative Einheit aus Körper, Geist und Seele[24]. Die Persönlichkeit, nach scholastischer Auffassung (personalitas) als „jene Form oder Seinsweise, die ein Wesen zur Person macht"[25], befindet sich als philosophischer Leitbegriff terminologisch an der Schnittstelle von Anthropologie und Ethik.[26] Persönlichkeit ist geprägt durch ihre „Einmaligkeit (…) im Rahmen seiner genetischen und geschichtlich-biographischen Bedingtheit seines Personseins"[27] und seiner absolut zweckbefreiten „Selbstgehörigkeit" (Romano Guardini), die sich auch in ihrer unveräußerlichen und unantastbaren Menschenwürde erweist, die sich wiederum biblisch-theologisch von der Gottebenbildlichkeit (Genesis

---

[23] Da diese Vorschrift mit ihrem Curriculum bisher noch nicht erlassen ist, werde ich auf deren Inhalte an dieser Stelle bewusst noch nicht eingehen.

[24] Dieser Auffassung schließe ich mich grundsätzlich an. Eine erneute Leib-Seele-Problematisierung als philosophisches Grundthema" (Schopenhauers „Weltknoten") ist hier nicht erforderlich. Ebenso wird auf die Erörterung von Personendesign in der technischen Wirklichkeitserweiterung (Virtual Reality/Human Enhancement) verzichtet.

[25] Lexikon für Theologie und Kirche. Achter Band. Freiburg/ Breisgau 1963, Sp. 295f.

[26] Evangelisches Soziallexikon. Stuttgart, Berlin, Köln 2001, Sp. 1222f.

[27] Religion in Geschichte und Gegenwart. Band 6. Tübingen 2003, Sp. 1138.

1,27) herleitet. Aus physiologisch-psychologischer Sicht bildet die Persönlichkeit eine „Einheit von Fühlen, Denken und Wollen"[28]. Eine philosophiegeschichtliche Durchdringung findet sich im ‚Historischen Wörterbuch der Philosophie'[29]. Wir sehen, dass der Persönlichkeitsbegriff in seiner proteischen Struktur nur sehr schwer fassbar und definierbar ist. Gleiches gilt für den Begriff der Persönlichkeitsbildung. Diese Definitionsleistung wird die Vorschrift ‚Persönlichkeitsbildung' erbringen müssen, um Missverständnissen zu begegnen. Nach meiner Auffassung besteht neben der militärischen Professionalisierung (das „soldatische Handwerk" mit Führungs- und Organisationskompetenz sowie physischer Robustheit) die Persönlichkeitsbildung in der Bundeswehr im Wesentlichen aus den folgenden Bausteinen, die in dieser Aufzählung keine Relevanzpriorität oder Rangfolge darstellen, weil sie in der Praxis ohnehin mehr oder weniger miteinander verflochten sind oder immer wieder aufeinander Bezug nehmen:

-     Politische Bildung
-     Historische Bildung
-     Traditionsverständnis
-     Ethische Bildung
-     Rechtliches Grundlagenwissen
-     Interkulturelle Kompetenz
-     Fremdsprachenkenntnisse
-     Technische und digitale Kompetenz

Ergänzt werden muss dieser Bildungskanon durch lebenskundliche Bildung sowie eine Charakter- und Herzensbildung, die durchaus anders als die anderen Bildungsdisziplinen und Kompetenzfelder einer Sphäre zuzuordnen sind, die weniger kognitive Fähigkeiten abruft, sondern eher emotionale, affektive und mentalitätsbezogene Momente anspricht. Die ethische Bildung wirkt dabei mit ihrem theoretisch-normativen Anteil (Metaethik) und ihrem praktischen Anteil (Moral) in beiden Bereichen. Persönlichkeitsbildung ist in diesem Verständnis ein ganzheitlicher, hochkomplexer, lebenslanger Selbstqualifizierungsprozess, der von äußeren Impulsen angestoßen und motiviert dennoch vor allem aus

---

[28] Wilhelm Wundt: Ethik. Eine Untersuchung der Tatsachen und Gesetze des sittlichen Lebens. Stuttgart 1886, S. 385.
[29] Historisches Wörterbuch der Philosophie. Band 7. Darmstadt 2019, Sp. 345–362.

sich selbst heraus eine Identität bildet, Werthaltungen erzeugt und Verantwortungsbewusstsein für sich und andere entwickelt. Die Vorschrift ‚Persönlichkeitsbildung‘ wird zeigen, ob meine Überlegungen Berücksichtigung finden.

Kollektive Gesinnungsbildung oder explikative Ethikvermittlung?

Bei der Befassung mit extremistischen Verdachtsfällen und Vorkommnissen in der Bundeswehr werden auch Forderungen nach einer Gesinnungsprüfung laut. Kann und darf man neben anderen Präventivmaßnahmen auch ethische Bildung als Instrument einer Art verfassungskonformen Gesinnungsbildung einsetzen? Nach meinen bisherigen Ausführungen kann von einer solchen Absicht nur abgeraten werden, weil sie den Sinngehalt und nicht zuletzt auch die Akzeptanz ethischer Bildung nicht unerheblich beeinträchtigte. Denn Ethik kann kein Hilfsmittel sein, um Menschen mit randständiger oder systemschädlicher Gesinnung zu selektieren, zu missionieren oder gar zu sanktionieren. Wer dies fordern sollte, verfolgte im Grunde sogar einen totalitären Ansatz, der mit unserem Menschenbild unvereinbar ist. Ethische Bildung darf keine subsidiäre Rolle übernehmen, um Verfassungsfeinde aufzuspüren. Sie kann aber langfristig präventiv wirken. Die Bundeswehr hat überdies mit dem Bundesamt für den Militärischen Abschirmdienst (BAMAD) sowie mit ihrem Wehrdisziplinar-, Wehrstraf- und Statusrecht bei konsequenter Anwendung und Ahndung bereits scharfe Instrumente, um das dafür Notwendige zu tun.

Der Gründungsrektor der Pädagogischen Hochschule in Reutlingen, Prof. Dr. Otto Dürr (1912-2012) hat 1949 noch im Bewusstsein der NS-Diktatur eine philosophisch-pädagogische Studie zu den „Kernfragen der inneren Schulreform" (ein Begriff Eduard Sprangers) vorgelegt, in deren Vorwort er über die Problematik einer Gesinnungsbildung schrieb:

„Man hat in den letzten Jahren allzuoft gemeint, eine bestimmte Gesinnung lasse sich dem Menschen einfach aufprägen oder gar aufnötigen. Gleichviel, welche Motive dazu geführt haben: Ein Erzieher, dem es mit seiner Aufgabe ernst ist, wird schon die psychologischen Schwierigkeiten, die dem ‚Gesinnungsmachen‘ entgegenstehen, tief empfinden. Er wird aber auch die große sittliche Verantwortung fühlen, die er auf sich nimmt, wenn er in das Werden einer jungen Seele eingreift und ihr eine Richtung zu geben versucht, die in ihr ganz fest werden soll. Die Wendung ‚Richtung geben‘ muss schon als falsch bezeichnet werden. Was das zentrale Wesen eines Menschen ausmachen soll, ist ihm nicht von außen her ‚beizubringen‘, sondern muss sich aus ihm selbst entwickeln und kann im besten Fall durch höchste methodi-

sche Kunst aus ihm ,herausgeholt' werden. Dass diese Kunst des ,Zusichselbstverhelfens' unendlich schwer ist, darf doch nicht zum Verzicht auf einen solchen Versuch überhaupt führen.[30]

Dürr wendet sich ausdrücklich gegen „depravierte Formen der Gesinnungsbildung"[31], wie sie durch politische Propaganda, Zwang, Massenbildung und Nivellierung, aber auch durch Schlagwortgebrauch, Handlungsparolen und Gefühlsaufpeitschung praktiziert werden.[32] Insbesondere warnt er mit Blick auf die Gefahr einer ideologisch nivellierten Massengesellschaft vor einem Moralkollektivismus, wie er in Erscheinungsformen des ,Framings', des ,betreuten Denkens', der ,Cancel Culture' und einer ,Hypermoral' heute gerade auch durch linke Mainstreammedien kolportiert wird. Dürr beruft sich hierbei auf ein Verdikt Oswald Spenglers: *„Die Einebnung der Gehirne hat sich vollzogen …Wer nicht mitdenkt, wer selbst denkt, wird als Gegner empfunden."*[33] Dürr kommt schließlich über eine düstere Prognose, die durch unsere derzeitige gesellschaftliche und geistige Verfasstheit bestätigt wird, zu einem Appell an die Notwendigkeit von Gewissens- und Gesinnungsfreiheit aus eigenständiger sittlicher Bindung:

„Ein übermäßiges Autoritätsverlangen totalitärer Prägung kündigt sich an. Es ist auch auf den Schulen und Universitäten zu finden. Sittliche Gesinnung aber setzt Freiheit und Autonomie in der Entscheidung voraus, wie sie nur auf dem Weg nach innen, in wahrer Selbstbestimmung gewonnen wird; die persönliche Initiative darf nicht von der öffentlichen Meinung, dem ,Gerede' verdrängt und übertönt werden, denn der gewissenhafte Mensch handelt unter dem Bewusstsein steter Selbstverantwortung, er entscheidet aus der Freiheit, die sich in höherer Bindung weiß."[34]

Dieses Postulat muss auch für eine ethische Bildung in der Bundeswehr gelten. Eine solche Bildung funktioniert nicht nach dem Prinzip ,Befehl und Gehorsam', sondern benötigt Freiräume für den individuellen und damit per se nicht gleichschaltbaren, kontrollierbaren oder gar mit Kennzahlen evaluierbaren Bildungsprozess, den Dürr vielmehr als eine Entwicklung des Individuums aus sich selbst heraus, als „Kunst des Zusichselbstverhelfens"[35] beschreibt. Ich

---

[30] Otto Dürr: Probleme der Gewissens- und Gesinnungsbildung. Kernfragen der inneren Schulreform. Zweite, erweiterte Auflage. Heidelberg 1962, S. 8.

[31] Ebenda, S. 69.

[32] Ebenda, S. 70f.

[33] Ebenda, S. 70. Das Zitat findet sich bei: Oswald Spengler: Jahre der Entscheidung. Erster Teil. Deutschland und die weltgeschichtliche Entwicklung. München 1933, S. 144.

[34] Dürr, S. 71.

[35] Vgl. Fußnote 24.

möchte einen solchen Ansatz als ‚Explikative Ethikvermittlung‘ bezeichnen. Das Attribut ‚explikativ‘ steht dabei im ursprünglichen Wortsinn einer ‚Entfaltung‘ aus sich selbst heraus für einen behutsam begleiteten, jedoch möglichst manipulationsfreien und ungezwungenen Bildungsvorgang gemäß Eduard Sprangers berühmtem Postulat „Alle Erziehung ist nur Handreichung zur Selbsterziehung“. Und das ist etwas ganz anderes als „Gesinnungsmacherei“. Das Leitbild vom Staatsbürger in Uniform als Kernelement der Inneren Führung mit dem Ausgangspunkt der autonomen, freien und souveränen Persönlichkeit kann übrigens auch für keine andere Option plädieren, ohne sich selbst zu verraten. Dass sich dieser Persönlichkeitstypus gerade bei jungen Menschen oft erst im ersten Entfalten und in der langsamen Heranreifung befindet, macht diese Aufgabe besonders anspruchs- und verantwortungsvoll. Sie ist jedoch zu bewältigen, wenn sich in der Gestalt des Führers, Erziehers und Ausbilders selbst eine gereifte Persönlichkeit manifestiert, die als Vorbild in Haltung und Pflichterfüllung von unseren Werten und von der Liebe zu den Menschen geprägt ist. Praktizierte Menschenliebe bleibt bei allem Reden über Verantwortung, Ethik, Moral und Humanität der unbestechliche Prüfstein für Werthaftigkeit und Wahrhaftigkeit.

Carl Friedrich von Weizsäcker hat als aufmerksamer Beobachter und authentischer Zeitzeuge die verlogene Dialektik der politischen Linken mit ihrer ideologieverhafteten Moralisierung der Politik bereits in einer privaten Notiz von 1975 skizziert und dabei den desperaten linken Selbsthass, der sich in dissoziativer Projektion schließlich als Feindbild gegen andere richtet, messerscharf analysiert. Dieses Beispiel sollte uns als Anleitung dienen, jeder Form des Extremismus gleichwelcher Couleur zu begegnen:

„Dieser Hass liegt auf dem Grund des moralischen Versagens der Linken. Ich glaube, man sieht in diesem Gedankengang die ‚Dialektik‘ der linken Moralität: Gerade weil die Linke primär moralisch motiviert ist, verfällt sie tiefere moralische Fehler als ihre moralisch weniger aktivierten Gegner. Darum liegt mir fern, diese moralischen Fehler moralisch zu verdammen; sie sind im Grunde ein Phänomen der Verzweiflung. Aber sie haben die den Produkten der Verzweiflung innewohnenden selbstmörderischen Konsequenzen (…)

Man kann das moralische Problem der Moral auf eine Formel bringen, wegen deren Simplizität man sich als Intellektueller normalerweise schämen würde: letzter Grund der Möglich-

keit menschlichen Zusammenlebens ist die Liebe und nicht die Moral. Die Moral ist ein vorletzter Grund."[36]

---

[36] Carl Friedrich von Weizsäcker: Das moralische Problem der Linken und das moralische Problem der Moral. In: Der Garten des Menschlichen. Beiträge zur geschichtlichen Anthropologie. München 1977. Lizenzausgabe Gütersloh 1977, S. 110-115, hier S. 115.

Feld der Ethik – Raum des Rechts

Peter Buchner[1]

> *Bei einem nahen oder schon gegenwärtigen Krieg wird ein erfahrener Feldherr allgemein geschätzt werden, doch nicht so in Friedenszeiten. Ein geschickter und gewissenhafter Richter ist zu Friedenszeiten ein wichtiger Mann, im Krieg aber nicht.*
>
> (Thomas Hobbes, 1651)

Am 22. September 2020 hat der Generalinspekteur der Bundeswehr die Broschüre „Auftrag Landes- und Bündnisverteidigung" vorgestellt. Er will damit das Verständnis für den Auftrag und den gemeinsamen Willen zur Verteidigung unseres Landes stärken. Das hat Konsequenzen für die Soldaten. Neben anderen Anforderungen wie die umfassende handwerkliche Vorbereitung betont er darin auch die damit einhergehenden intellektuellen, ethischen und moralischen Herausforderungen, die sich den Soldaten, vor allem jedoch den Vorgesetzten stellen.

Die Forderung nach dem ethisch gebildeten und moralisch urteilsfähigen Soldaten ist im Grunde genommen nicht neu. Bereits mit Konstituierung der Inneren Führung in den frühen fünfziger Jahren und dem damit Hand in Hand gehenden Ideal vom Individuum Soldat wurde die ethische Herausforderung geboren. Sobald man sich vom kollektivistisch interpretierten Soldatenbild verabschiedet, gilt für jeden Soldaten, dass er sich die Frage, was soll ich tun, selbst beantworten muss. Und das ist Ethik.

Es folgten weitere Diskussionen um die Reichweite der ethischen Maßstäbe im Zuge der Nachrüstungsdebatte und später nach der Wiedervereinigung. Mit der zunehmenden Zahl von Auslandseinsätzen wurden immer wieder Forderungen nach dem moralisch urteilsfähigen Soldaten erhoben. Verteidigungsminister Volker Rühe formulierte den Anspruch an die Politische Bildung in der Bundeswehr, dass sie sorgen müsse, dass die Soldaten nicht nur gut ausgebildet seien, sondern auch wissen und verstehen, wofür sie ausgebildet und eingesetzt werden. Wichtig war ihm dann aber, dass sie auch einsehen sollen, dass ihr

---

[1] Bewertungen spiegeln die Ansicht des Verfassers wider.

Einsatz nicht nur politisch notwendig und militärisch sinnvoll ist, sondern dass sie ihn auch als moralisch gerechtfertigt anerkennen. Ein Ziel, das später auch Minister de Maizière hervorhob und das auch in die Konzeption der Bundeswehr von Ministerin Ursula von der Leyen Einzug fand. Dort heißt es: „Die Bundeswehr ist eine einsatzorientierte Freiwilligenarmee. Sie benötigt kompetentes, talentiertes, den Anforderungen entsprechend ausgebildetes und gebildetes, leistungsfähiges und leistungswilliges militärisches und ziviles Personal, das von der Sinnhaftigkeit seines Auftrags überzeugt ist." Auch das beinhaltet eine ethische Konnotation. Insofern wird mit dem aktuellen Hinweis des Generalinspekteurs ein althergebrachter Anspruch wieder in Erinnerung gerufen bzw. bestärkt.

Allerdings steht einer derartigen ethischen Bezugnahme eine rechtliche Einbindung gegenüber. „Die Bundeswehr ist insbesondere durch das Völkerrecht, das Grundgesetz und weitere Gesetze, vor allem durch die Wehrgesetze, in einen umfassenden rechtlichen Rahmen eingebunden. Als Grundlage der Inneren Führung legt er die Stellung der Bundeswehr im Staat sowie die Stellung der Soldatinnen und Soldaten in der Bundeswehr fest und setzt damit rechtsverbindliche Maßstäbe für ihr Handeln" (Nr. 306). Und weiter regelt die Vorschrift: „Der Dienst in der Bundeswehr ist an Recht und Gesetz gebunden. Vorgesetzte haben dies durch beispielhafte Rechtsanwendung vorzuleben" (Nr. 635).

Warum Soldaten mehr Ethik brauchen

Innere Führung verankert also die Bundeswehr im Rechtsstaat. Sie bindet ihr Handeln an Recht und Gesetz. Wirft das nicht die Frage auf, warum es neben dem rechtlichen Regime, der Steuerung mittels rechtlicher Instrumente noch eine andere als diese juristische Determination geben sollte oder vielleicht sogar geben muss?

Dieser Aufsatz soll zeigen, dass die militäreigentümliche Funktionslogik nicht vollständig in einen Rechtsraum übertragen werden kann. Militär, so die Ausgangsthese, kann nicht vollständig mittels gesetzlicher Instrumente, also in einem rechtlichen Regime allein gesteuert werden. Militär, so eine erste Konsequenz, ist eben doch etwas anderes als eine Verwaltung, die man mit Fug und Recht als Archetypus rechtlicher Steuerung betrachten kann. Konsequenterweise wurde mit Gründung der Bundeswehr auch das Grundgesetz angepasst. Im Zuge der Wehrnovelle wurde der Begriff der Verwaltung in Artikel 1 durch den der vollziehenden Gewalt ersetzt. Das kann bereits als Hinweis gelesen werden: Militär ist keine Verwaltung; ein Steuerungsregime jenseits rechtlicher Instrumente ist also denkbar. Ganz besonders gilt aber ein Ethikbedarf dann, wenn, wie es mit Innerer Führung geschieht, die Soldaten trotz Befehl und Gehorsam nicht vollständig von ihrer individuellen Verantwortung für ihr eigenes Tun freigestellt sind.

Ein Feld der Ethik

Solche Bemühungen um eine ethische Fundierung finden sich nicht allein in den Streitkräften und sind auch keineswegs ein Alleinstellungsmerkmal deutschen Militärs. So kann man für den deutschsprachigen Raum gerade im Österreichischen Bundesheer umfangreiche Bemühungen um ethische Fragen beobachten. Ausdruck ist Euro-ISME als „The International Society for Military Ethics in Europe".

Auch in Deutschland findet man umfangreiche Bemühungen um ethische Fundierungen. Wer nach Polizei und Ethik googelt, findet ein reichhaltiges Ergebnis mit Grundlagen, Studien und Qualifizierungsarbeiten aus dem polizeilichen Bildungswesen. Auch dazu entspringt die Frage, wozu noch Ethik erforderlich ist, wenn es in Polizeigesetzen und Verwaltungsregelungen eigentlich detaillierte Verhaltensvorschriften gibt.

Sogar im Feuerwehrwesen haben sich Fragen nach ethischer Orientierung entwickelt. Nicht nur, dass mit den für diesen Bereich stilbildenden Roten Heften das Thema Ethik als Band 100 angeboten wird. Im Internet findet man auch die Christliche Feuerwehr Vereinigung e. V. aus Ulm und stößt auf geschäftige Aktivitäten organisiert um den Deutschen Feuerwehrverband (DFV).

Das kann man auch für den Bereich Bevölkerungsschutz konstatieren. Im milliardenschwer beladenen Sicherheitsforschungsprogramm der Bundesregierung zur zivilen Sicherheit werden auch mehrere Projekte zu Fragen der Ethik gefördert. Exemplarisch dafür seien hier die Arbeiten der Tübinger Theologin Regina Ammicht Quinn zur Sicherheitsethik[2] genannt.

Gemeinsam ist all den hier angeführten Bereichen, dass sie historisch aus einem Zustand kommen, der ihnen als Sicherheitsbehörden eine weitgehende Autonomie zugestanden hat. So konnte sich die Schutzpolizei für ihre Tätigkeit

---

2 www.tib.eu/de/suchen/id/TIBKAT:769206336/Sicherheitsethik?cHash= 419fc266bb660-acc8036a6260cf1b540

auf die Generalklausel im preußischen Allgemeinen Landrecht stützen. Das war wohl der geradezu archetypische Verweisungszusammenhang vom Recht zur Ethik. Beginnend in den Sechziger Jahren wurden dann in verwaltungseigentümlichen Polizeigesetzen Aufgaben, Zuständigkeiten und Befugnisse formuliert. Das Feld der Ethik wurde in einen Raum des Rechts überführt. Feuerwehr- und Rettungsdienstgesetze zogen in den Siebziger Jahren nach. Und für die Bundeswehr wurde bereits im Wege der deutschen Wiederbewaffnung ein rechtsförmiges Regime als Kontroll- und Steuerungsinstanz eingeführt. Das Feld vormals militärischer Kommandoaufgaben als Prärogativ des Generalstabs und damit als Kernbereich militärischer Eigenverantwortung wurde mit gesetzlicher Bindung der Streitkräfte und kontrollierender Bundeswehrverwaltung akkurat bepflanzt.

Folgen davon zeigen sich beispielsweise im Fall von Geiselentführungen im Ausland. Im Auswärtigen Amt nimmt dann ein Krisenstab die Arbeit auf. Damit erzielt man verzugslose Entscheidungen, allerdings zu Lasten der Gründlichkeit des Wägens. Zu rechtfertigen ist das nur, weil man unter hohem Zeitdruck entscheiden muss. Für den Bevölkerungsschutz wurden bisweilen Führungsstäbe eingerichtet als Lehre aus den Waldbränden 1975 in der Lüneburger Heide. Überhaupt wurde damals das militäreigentümliche Führungssystem auch für den Katastrophenschutz übernommen. Heute gesellen sich Verwaltungsstäbe den Führungsstäben an die Seite. Auch hier bestehen zwei Regelungsregime nebeneinander. Beim Blick in die Polizeiarbeit sticht das Geiseldrama von Gladbeck ins Auge. Als sich die Entführer damals medienwirksam in Szene setzten und die Polizei angesichts der Beschränkungen an den Ländergrenzen geradezu hilflos dastand, wurde eine militärähnliche Polizeiorganisation für Einsatzlagen etabliert: die Besondere Aufbauorganisation, kurz BAO.

All die Beispiele legen nahe, dass eine Diskrepanz besteht zwischen Ethik und Recht, so wie es bereits Hobbes für den Kriegswert des Richters feststellte. Mit Blick auf die Auslandseinsätze der Bundeswehr wird die Diskrepanz an den Rules of Engagement, kurz ROE, deutlich. Dies wurde bereits von Dirk Freudenberg (2011) so umfang- wie kenntnisreich aufgearbeitet. Zurückblickend auf die organisationskulturellen Wurzeln von Militär kommt er später (2019) zum Ergebnis, dass [früher: P.B.] „Anstand den Raum füllen [sollte], der zwar nicht rechtsfrei ist, der aber durch Rechtsregeln nicht zu füllen ist, die alles Verhalten verbindlich vorschreiben können" (Freudenberg 2019: 208). Darauf deuten auch Befunde aus der Rechtsordnung selbst hin, die gewöhnlich jedoch nicht als Spannungsfeld zwischen Recht und Ethik gelesen werden.

So enthält bereits das Zivilrecht, also jene Rechtsmaterie, die die Beziehungen zwischen den Bürgern beispielsweise beim Abschluss eines Kaufvertrags regelt, weiße Flecken. Dort wird der Ehrbare Kaufmann bemüht, der sich zwar auf ein Leitbild stützt, aber nicht auf rechtlich fixierte Normen.

Den Ehrbaren Kaufmann kennzeichnet, dass er auf sein Gewissen und seine Mitarbeiter hört, respektvoll ist im Umgang mit ihnen, wahrheitsgemäß handelt und unfairen Wettbewerb ablehnt. Der Ehrbare Kaufmann ist quasi der Ritter unter den Kaufleuten.

All das deutet auf eine beschränkte Wirksamkeit rechtlicher Regime hin. Und man darf annehmen, dass dies dann auch in der besonderen Situation gilt, die das Wesen und den Charakter von Militär bestimmt, nämlich der „Krieg", also die Situation des Einsatzes organisierter Makrogewalt. Warum also braucht man noch Ethik, wenn man schon Recht hat. Dies liegt, so die nächste These, an der Einsatzsituation, die mit der Sicherheitsproduktion einhergeht.

Einsatzsituation im Krieg und für die Sicherheitsproduktion

Hinter Armeen steckt die von Hans Geser, der Streitkräfte mit dem ebenso weltweit verbreiteten Typus der bürokratischen Zivilorganisation vergleicht, gewonnene Erkenntnis, dass es sich bei Militär um einen Organisationstypus handelt, „der sich in fast allen Ländern der Erde in durchaus ähnlicher Weise vorfindet." Weit über eine bloß beschreibende Aufzählung von auffälligen Gemeinsamkeiten und Unterschieden hinaus verlangt eine derartige vergleichende Analyse die Beantwortung der kausalen Frage, aufgrund welcher Ursachen Armeen die für sie kennzeichnenden Eigenheiten ihrer Struktur ausgebildet haben bzw. der funktionalen Fragestellung, warum es aus Gründen der Leistungssicherung unerlässlich oder wenigstens sehr nützlich ist, dass man Armeen anders als z.B. Verwaltungen organisiert (Geser 1983: 140).

Carl von Clausewitz bereits sprach vom Krieg als Chamäleon. Moderner kann man die Charakteristika mit Ungewissheit, Zeitdruck und Mangelsituation erfassen. Dies gilt geradezu universell für die Sicherheitsproduktion. Der Feuerwehrmann weiß nie, wie sich sein Feuer ausbreiten wird, der Polizist kann höchstens ahnen, was der Verbrecher gleich machen wird und dem Soldaten bleibt im Dunkeln, woher der Feind kommt. Trotzdem muss entschieden werden. Weiß doch jeder Polizist, dass der Verbrecher sonst wegläuft, jeder Feuerwehrmann ist besorgt um die Menschen, die das Feuer bedroht. Und Soldaten orientieren sich am Sinnspruch, der gewöhnlich dem französischen General Foch zugeschrieben wird: Unter allen Fehlern ist nur die Untätigkeit schimpflich. All die Beispiele zeigen, dass gehandelt werden muss unter Bedingungen, die entweder durch eine Vielzahl unbekannter Größen geprägt oder aber von Parametern bestimmt sind, für deren exakte Ermittlung die Zeit fehlt. Weil trotzdem gerettet, verteidigt oder gelöscht werden muss, herrscht Zeitdruck.

Mangel, so die Erfahrungen vieler Soldaten aus den Einsätzen, beherrscht die Scene of Action. Dies gilt in dreifacher Weise. Erstens hat man im Bereich der Schadensabwehr nie die wünschenswerten Mittel in erwünschtem Umfang. Zweitens ist es eine Situation, wo die Vorbeugung an ihre Grenze gekommen ist oder sogar schon versagt hat. Und so kommen dann drittens unspezifische Mittel zur Anwendung. Dort wo der versierte Handwerker den Ringschlüssel passender Größe wählen würde, nutzt die Schadensabwehr den verstellbaren Schraubenschlüssel, den Franzosen, also Werkzeuge variabler, aber breiter Einsatzmöglichkeiten. Kann man doch nicht für jeden Teilbereich die spezifischen Ressourcen bereitstellen. Das wäre viel zu teuer. Und so kommt es, dass der sprichwörtliche Hammer große Wertschätzung genießt und – so weiß der Volksmund – alle Probleme erscheinen plötzlich als Nagel.

Militär hat das geprägt und andere Sicherheitsbehörden haben die militärtypischen Strukturen übernommen. Dies sind heute solche Bereiche, wo das Thema Ethik Raum greift in den Diskussionen über die Identitäten und in den Reflexionen zum Selbstverständnis solcher Organisationen. Gesers Erkenntnis von der sehr ähnlichen Struktur aller Armeen über alle politischen Systemgrenzen hinweg ist insofern der Hinweis, dass sich Militär funktional strukturiert, also aufgrund der Charakteristika Ungewissheit, Mangel und Zeitdruck der zu bewältigenden Situationen seine Strukturen ausprägt.

Die militärtypische Organisation

Militärische Führungskultur als jene Praxis, die beschreibt, wie im Militär Entscheidungen produziert werden, so die nächste These, ist die funktionale Antwort des Militärs auf die Umwelt, also die zu bewältigenden Aufgaben und die damit verbundenen Zustandsgrößen Ungewissheit, Mangel und Zeitdruck.

Sie gliedert sich in die funktionalen Ebenen Strategie, Operation und Taktik. Angesichts der unterschiedlichen Funktionslogiken sind die Ebenen voneinander entkoppelt, so dass die Komplexität des Einsatzes reduziert wird. Dem Eintritt „normaler Katastrophen" (Perrow: 1984) wird so entgegengewirkt, Komplexität wird verringert, enge Kopplungen werden gelöst. Verloren geht damit aber auch die auf Kausalitäten gestützte filigrane Modellierung der Situation nach Elementen und Beziehungen. Gewonnen wird eine Befähigung zum Handeln. Dabei schimmert Ethik durch.

Aufgabe der Strategie ist es, den Rahmen zu legen für jedes Tun. Dies folgt einer diskursiven Logik, in der über Ziele, Wege und Mittel verhandelt wird. Es ist auf die Bundeswehr bezogen die Umsetzung des Primats der Politik und in Bezug auf Sicherheitsbehörden die Sicherung der politischen Kontrolle. In der operativen Ebene werden Kräfte angesetzt, d.h. es werden zum Einsatz zu bringende Instrumente konzipiert. Die werden von der taktischen Ebene eingesetzt. Dass hier Rechtsfragen von nachgeordnetem Interesse sind, macht u.a. die Beobachtung deutlich, dass erst im Lauf der neunziger Jahre des vergangenen Jahrhunderts Überlegungen zum Thema Einheit von Operationsführung und Recht einsetzten und Einzug in die Ausbildung nahmen.

Auf operativer Ebene bestimmt das Verfahren „Beurteilung der Lage" die Funktionslogik (Buchner 2015). Der Kräfteansatz wird mit den Schritten Auftragsanalyse, Lageauswertung, Möglichkeiten des Handelns, Bewertung der Handlungsmöglichkeiten und Entschluss entwickelt. Dabei sticht v. a. die Entstehung der Handlungsmöglichkeiten ins Auge. Sie erwächst weit weniger aus kausalen Modellen, aus Elementen und Beziehungen sowie Ursächlichkeiten und Wirkungen oder gar aus verwaltungsrechtlich determinierten Aufgaben, Zuständigkeiten und Befugnissen als vielmehr im heuristischen Entwurf.[3] Solche Heuristiken folgen häufig anderen als rechtlichen Rationalitäten und wer-

---

[3] „Heuristik bezeichnet die Kunst, mit begrenztem Wissen und wenig Zeit dennoch zu wahrscheinlichen Aussagen oder praktikablen Lösungen zu kommen. Es bezeichnet ein analytisches Vorgehen, bei dem mit begrenztem Wissen über ein System mit Hilfe mutmaßender Schlussfolgerungen Aussagen über das System getroffen werden. In der Philosophie spricht man von einer heuristischen Herangehensweise insbesondere dann, wenn eine bekannte Einheit X auf Grund ihrer Ähnlichkeit genutzt wird, um das Verständnis oder das Wissen über eine unbekannte Einheit Y zu erweitern beziehungsweise zu vertiefen. In diesem Sinne können Gleichnisse, Metaphern und sogar Fabeln als heuristische Mittel angesehen werden, um den Erkenntnisprozess eines Menschen zu fördern. So nutzt beispielsweise Platons bekanntestes Werk Politeia jene heuristischen Mittel, indem es einen idealen Staat nicht als Muster für tatsächlich existierende Staaten beschreibt. Vielmehr zeigt er schlussfolgernd auf, wie Dinge verbunden werden müssten und wie sie aufeinander wirken, wenn man bestimmte Prinzipien rigoros verfolgt" (Quelle: WIKIPEDIA [https://de.wikipedia.org/wiki/Heuristik]).

den oft von intrinsischen Motiven getragen und reifen mittels einer inneren, impliziten Methodik. Auf alle Fälle lassen sie sich selten auf eine Regulierung allein zurückführen. In Anwendung gebracht werden über die Subsumption unter die Norm hinaus andere Prinzipien. Das können utilitaristische Grundlagen sein, die ihr Sollen aus den Konsequenzen des Tuns herleiten. Sie können deontologischen Ursprungs sein, also auf Pflichten zurückgeführt werden. Kaum jedoch reicht es, allein eine Gesinnung anzunehmen. Stets wird man in Anspruch nehmen müssen, dass man sich an den Folgen seines Tuns orientiert. Man handelt verantwortungsethisch. Kurzum, es wird deutlich, dass derartige Heuristiken verschiedenen Prinzipien folgen. Die Bezüge entspringen einer Vielzahl von Ideen. Zur Anwendung kommen unterschiedliche Methoden. Damit geht die ethische Frage, „was soll ich tun?" als Pflug auf dem Feld der Ethik über das hinaus, was im Raum des Rechts aufgeräumt wird, nämlich die Frage, „wie geht das jetzt?". Zu einem so geradezu intuitiv wirkenden Instrument passt die Sprechweise von der operativen Führungskunst, die sich allzu engen Regularien entzieht.

Auf taktischer Ebene werden Entscheidungen mit dem Instrument des militärischen Führungssystems mit seinen Komponenten Führungsvorgang als kybernetischer Regelkreis, Führungsorganisation als Einlinien-Stabsorganisation und – hier der Vollständigkeit halber, jedoch nicht weiter zu betrachten – den Führungsmitteln initiiert. Dabei sorgt die Anwendung des Regelkreises dafür, dass man einer Lösung Schritt für Schritt näherkommt. Dies geschieht zum Preis, dass man zu Beginn nicht genau weiß, was am Ende herauskommen wird. Zur Bewältigung der Komplexität werden immergleiche Organisationselemente aufbauorganisatorisch aneinandergefügt. Man kann also folgern, dass die Praxis militärischer Handlungslogik einem Gliederungsmechanismus folgt, der erst endet, wenn „der Soldat ins Mündungsfeuer guckt". Er erhält also seine Evidenz des Handelns aus dem Blick in die Realität. Hier kommt dann das traditionelle Prinzip des Führens mit Auftrag, kurz Auftragstaktik, ins Spiel. Jede Zielformulierung, die Absicht, beansprucht charismatische Legitimität. Ein Kommandeur filtert quasi die Vielzahl der Informationen in seinem Lagebild und entscheidet dann. Entscheidungen sind insofern charismatisiert. Durch die feingegliederte Organisation wird dies bis zur Handlung vor Ort detailliert korrigiert, so dass man schlussendlich zu erträglichen, häufig aber nicht zu guten Ergebnissen kommt. Vor allem ist es kein Ergebnis, das vorher „am Reißbrett" entworfen wurde. Vielmehr ist es das Ergebnis, das sich aus dem Spiel der Kräfte im Rahmen der Einlinien-Stabsorganisation einstellt.

Anders der Beamte als Träger der Verwaltung. Das Bundesbeamtengesetz regelt, dass der Beamte seine Vorgesetzten zu beraten und zu unterstützen hat. Er ist nicht nur verpflichtet, die von ihnen erlassenen Anordnungen auszuführen und ihre allgemeinen Richtlinien zu befolgen. Der Beamte trägt die volle Verantwortung für die Rechtmäßigkeit seiner dienstlichen Handlungen. Dies schließt die Pflicht zur gewissenhaften Prüfung der Sachverhalte unter Beachtung des gesamten Rechts ein. Diese Pflicht zur gewissenhaften Prüfung beinhaltet neben der Aufklärung des Sachverhalts zugleich die Verschaffung einer Rechtsgrundlage. Soweit es dafür notwendig ist, muss der Beamte weitere Entscheidungsgrundlagen wie z.B. Gerichtsurteile, Gesetzeskommentare, Fachzeitschriften heranziehen. Im Zweifel über die Rechtmäßigkeit ruft er seinen Vorgesetzten an (Buchner 1998: 6). Dies macht also deutlich, mit wieviel Zeitbedarf Verwaltungshandeln beladen wird. Zeit, die man beim Einsatz der Sicherheitsbehörden oder als Soldat im Krieg nicht hat. Im Entscheidungsmodus des Ausnahmezustandes müssen Ungewissheit, Mangel und Zeitdruck bewältigt werden. Schlagkraft, so die Konsequenz, rangiert vor Gründlichkeit. Um dies zu ermöglichen, greift das militäreigentümliche Führungssystem auf Heuristik zurück und bedient sich der Charismatisierung der Entscheidungen. Viel Platz für komplizierte rechtliche Erwägungen bleibt dabei meistens nicht. Räume des Rechts, so hat es den Anschein, sind im Einsatz eher verschlossen. Dass diese Fragen aber nicht nur philosophisches Interesse hervorrufen, sondern auch praktische Konsequenzen, zeigen einige Beobachtungen aus den laufenden Diskursen.

Eine merkwürdige Zweifaltigkeit

Ein ganz praktisches Thema, das sich zwischen Recht und Ethik bewegt, ist die Frage der Rules of Engagement (ROE). Das Spannungsfeld bestellt Freudenberg (2019: 208) mit dem Konzept Anstand. Er charakterisiert damit einen Raum, der „zwar nicht rechtsfrei ist, der aber nicht durch Rechtsregeln zu füllen ist, die alles Verhalten verbindlich vorschreiben können". Was, so seine Erkenntnis, „also bereits auf dem Gebiet des zivilen Rechts, wo man annehmen könnte, man habe es mit klaren Ansprüchen, Tatbeständen und Rechtsfolgen zu tun, unmöglich ist, muss auf dem Gebiet des Krieges geradezu undenkbar sein" (Freudenberg 2011: 133). So kommt er zum Schluss in seiner Betrachtung der ROE, dass „[i]n Anbetracht der erörterten Problematik deutlich geworden ist, dass nicht alle Situationen durch Gesetze und Vorschriften vorausschauend zu regeln und festzuschreiben sind" (Freudenberg 2011: 158).

Für ihn kommen dann Regularien zum Tragen wie Anstand oder Ritterlichkeit. Damit führt er Begriffe an, die das Feld der Ethik in tugendethischer Provenienz charakterisieren. Folglich konstatiert er den ROE ein merkwürdiges Verhältnis zum traditionellen deutschen Führungsdenken im Militär in der Folge der Situation „des Äußersten". Dann kommt die sittliche Überzeugung zum Tragen, die nicht unbedingt rechtlich zu kodifizieren ist (Freudenberg 2011: 153). Und gerade mit Blick auf die militärische Bekämpfung von irregulären Kräften empfiehlt er ein „Führungsverhalten im Sinne eines dynamischen Prinzips, das sich nicht allein auf Befehle, Verordnungen und starre ROE abstützt, sondern weitgehend auf die Selbständigkeit der Untergebenen setzt" (Freudenberg 2011: 160). Damit konstituiert er ein anderes Prinzip als ein rechtliches Regime, das Feld der Ethik also, das mit anderen Methoden bestellt werden will, als es beim Aufräumen im Raum des Rechts üblich ist.

Darauf deuten auch die bereits skizzierten Strukturmomente in den unterschiedlichen Sicherheitsbehörden hin, die sich einer militäreigentümlichen Funktionslogik bemächtigt hatten, als ihre Aufgabenerfüllung zu scharfer Kritik führte.

Eine so geartete Abgrenzung kennt auch die französische Verfassung in ihrem Artikel 16. "Wenn die Institutionen der Republik, die Unabhängigkeit der Nation, die Integrität ihres Staatsgebietes oder die Erfüllung ihrer internationalen Verpflichtungen schwer und unmittelbar bedroht sind und wenn gleichzeitig die ordnungsgemäße Ausübung der verfassungsmäßigen öffentlichen Gewalten unterbrochen ist, ergreift der Präsident der Republik nach offizieller Beratung mit dem Premierminister, den Präsidenten der Kammern sowie dem Verfassungsrat die unter diesen Umständen erforderlichen Maßnahmen. Diese Maßnahmen müssen von dem Willen getragen sein, den verfassungsmäßigen öffentlichen Gewalten innerhalb kürzester Frist die Mittel zu sichern, die sie zur Erfüllung ihrer Aufgaben benötigen." Auch hier wird ein Phasenübergang skizziert vom rechtlich geregelten Raum der Politik auf das Feld der Ethik.

Ursache und Begründung gleichermaßen könnte das Böckenförde-Theorem liefern. Wenn man zugesteht, dass der freiheitliche, säkularisierte Staat von Voraussetzungen lebt, die er selbst nicht garantieren kann, dann wird man ihm Instrumente zugestehen müssen, mit denen er diese Voraussetzungen herstellen bzw. sichern kann. Denn dies kann man auch, Klaus Naumann folgend, als Sicherheitsparadox formulieren. "Auch die Sicherheitspolitik vermag aus eigener Kraft nicht zu garantieren, was sie hervorbringen und gewährleisten will" (Naumann 2013: 63).

Im Kern geht es dabei um die Frage des Ausnahmezustandes, wie ihn bereits Carl Schmitt postulierte. Er setzt der regulativen Rechtsordnung eine konstitutive politische Ordnung vorweg. Es ist diese vorgängige Ordnung, die es im Denken Schmitts dem Recht erst ermöglicht, konkrete Wirklichkeit zu werden. Folge ist bei Schmitt, dass der Souverän zur Sicherung der Rechtsordnung einen Gegner zum existentiellen Feind erklären kann, den es zu bekämpfen, womöglich zu vernichten gelte. Um dies zu tun, dürfe der Souverän die Schranken beseitigen, die mit der Idee des Rechts gegeben sind. Der Staat schaltet um: Der Raum des Rechts wird zum Feld der Ethik hin geöffnet.

Aktuell liefern solche Überlegungen die Blaupause des Regierungshandelns in der Corona-Pandemie. Auch da wird ein Ausnahmezustand konstituiert. Dies geschieht weniger im politischen Diskurs als in faktischer Setzung in Form der Lockdowns. Scheinbar ist das rechtliche Regime des Alltags nicht Herr der Lage geworden. Dafür bietet das Infektionsschutzgesetz umfassende Exekutiv-Kompetenzen. Der Jurist Lepsius interpretiert das als Parallelrechtsordnung (2020: 264). Auch hier wird ein Feld der Ethik bestellt, das sich aus mehr Prinzipien speist als allein aus dem Recht. Und gerade die im Vorfeld erwogenen Überlegungen und sogar Katastrophenschutzübungen wie LÜKEX legen nahe, dass es für die erfolgversprechende Sicherheitsgewährung zu erwägen wäre, sich über solche Übergänge von einem in den anderen Aggregatzustand, vom Normal- in den Ausnahmezustand, Gedanken zu machen. Zum Schutz der Bürgerinnen und Bürger erscheint es angesichts der derzeitigen Pandemie erfolgversprechend, aus dem Raum des Rechts herauszutreten auf ein Feld der Ethik. Soldaten machen das seit eh und je!

Literatur

Buchner, Peter (1998): Zur Struktur des Führungsvorganges. Vom Dickicht der Weisung zum dichten Netz der Befehle. In: Notfallvorsorge 28, 1, S. 4-9.

Buchner, Peter (2015): Algorithmus des Krieges. Zur Funktionslogik des militärischen Führungssystems. In: Hartmann. Uwe; Rosen, Claus von (Hg.): Jahrbuch Innere Führung. Berlin: Miles, S. 107-123.

Freudenberg, Dirk (2011): Rules of Engagement und Ethik – Eine Betrachtung im Spannungsverhältnis von Politik, Recht und Philosophie. In: Hartmann. Uwe; Rosen, Claus von (Hg.): Jahrbuch Innere Führung. Berlin: Miles, S. 131-167.

Freudenberg, Dirk (2019): Haltung – ein Begriff soldatischen Dienens innerhalb und jenseits von Werten des Grundgesetzes. In: Hartmann. Uwe; Rosen, Claus von (Hg.): Jahrbuch Innere Führung. Berlin: Miles, S. 202-223.

Geser, Hans (1983): Geser, Hans (1983): Die Reduktion von Militärsoziologie auf Organisationstheorie. In: Wachtler, Günther (Hg.): Militär, Krieg, Gesellschaft. Texte zur Militärsoziologie. Frankfurt, New York: Campus, S. 139-165.

Lespsius, Oliver (2020): Grundrechtsschutz in der Corona-Pandemie. In: Recht & Politik, 56, 3, S. 258-281.

Naumann, Klaus (2013): Der blinde Spiegel: Deutschland im afghanischen Transformationskrieg. Hamburg: Hamburger Edition, HIS Verlagsgesellschaft.

Perrow, Charles (1984): Normale Katastrophen. Die unvermeidbaren Risiken der Großtechnik. Frankfurt/M, New York: Reihe Campus.

Entscheidung aus sittlicher Verantwortung versus die „Majestät des Rechts" –

Politik- und rechtstheoretische Anmerkungen zu einem ewig aktuellen Spannungsverhältnis von Verpflichtung und Ungehorsam

Dirk Freudenberg

> *„Der sittliche Wert eines Menschen beginnt erst dort, wo er bereit ist, für seine Überzeugung sein Leben hinzugeben"* [1]

Vorbemerkung

Entscheidungen zu treffen, die von weitreichender, oftmals existenzieller Bedeutung und Tragweite sind und die somit einer Verantwortung entspringen und zugleich einer solchen bedürfen, ist ein Kernthema soldatischen Dienens und somit zugleich eine immanente Fragestellung der Inneren Führung. Fragen des Gewissens und persönliche Motivationen werden heute oftmals kaum tiefgründiger hinterfragt und nach der heutigen vorherrschenden Meinung im Geiste der Ideologie einer politischen Selbstgerechtigkeit nicht beachtet und in der Diskussion auch gar nicht zugelassen; denn wer eine Haltung – aus welchen Gründen auch immer – ablehnt, unterstützt den, dem sie gilt und ist somit auch auf dessen Seite. Eine differenzierte Betrachtung wird oftmals gar nicht vorgenommen. Mithin wird die Beschäftigung der politischen Selbstgerechtigkeit mit dem Ereignis auf die bloße Unterscheidung zwischen „richtig oder falsch" mit der Folgerung eines rechtlichen und moralischen „Gut und Böse" reduziert. Eine Beurteilung der inneren Haltung der Akteure findet nicht statt. Differenzierte Haltungen werden kaum zugelassen; Entscheidungen sind alternativlos. Somit wird die Verantwortung, die jeder Entscheidung innewohnt, zugleich zur Banalität degradiert; die Beschäftigung mit dem Gegenstand findet allenfalls oberflächlich statt. Damit tut man letztendlich den Indi-

---

[1] General Henning von Treskow, zitiert nach: Major Dr. Trentzsch, Der Soldat und der 20. Juli. Vortrag vor dem 1. Lehrgang für höhere Offiziere der Bundeswehr, Darmstadt o.JA., S. 28

viduen unrecht. Im Zentrum der Überlegungen, welche den nachstehenden Ausführungen zugrunde liegen, steht die – in der Tat immer wiederkehrende Frage –, inwieweit das Handeln aus innerer Überzeugung gegenüber rechtlichen Kodifikationen Vorrang hat oder gegenüber dem Gesetz zurücktreten muss. Vielleicht nicht selten sehen sich Vertreter staatlicher Organe[2] oder auch Bürger in einem Spannungsverhältnis zwischen staatlichem Gehorsamsanspruch und richtigem Handeln einer aus eigener Erkenntnis gewonnenen inneren Überzeugung.[3] Ein immer wieder herangezogenes Beispiel vom Handeln aus innerer Überzeugung gegen den Gehorsam gegenüber der Staatsführung bietet das Verhalten preußischer Offiziere während des Feldzuges gegen Russland: Den Anstoß zu der Erhebung Preußens gegen Napoleon gab der das preußische Hilfscorps befehligende Hans David Yorck von Wartenburg (1759-1830), ein entschiedener Widersacher der preußischen Reformer, aber als Preuße nicht weniger auf den Sturz der Franzosenherrschaft bedacht als sie.[4] Auf dem Rückzug aus dem Baltikum von den französischen Heeresabteilungen abgeschnitten, schloss er, ohne vom König dazu ermächtigt zu sein, am 30.12.1812 in der Poscheruner Mühle bei Tauroggen mit dem von Carl von Clausewitz beratenen General Hans-Karl von Diebitsch eine Konvention über die vorläufige Neutralisierung seiner Truppen.[5] Diese Eigenmächtigkeit entfaltete eine ungeheure Wirkmacht und löste seitens Preußens mit dem Übertritt zur Allianz gegen Napoleon die Befreiungskriege aus. Mit dem Abfall Yorks – eines strengen Monarchisten – von der amtlichen Politik hatte die Erhebung

---

[2] Dirk Freudenberg, Rules of Engagement und Ethik – Eine Betrachtung im Spannungsverhältnis von Politik, Recht und Philosophie, in: Uwe Hartmann, Claus von Rosen, Christian Walther (Hrsg.), Jahrbuch Innere Führung 2011, Berlin 2011, S. 131.

[3] Dirk Freudenberg, Ungehorsam und Widerstand aus sittlicher Verantwortung versus die „Majestät des Rechts", Politik- und rechtstheoretische Anmerkungen zu einem ewig aktuellen Spannungsverhältnis, in: Martin H.W. Möllers, Robert van Ooyen (Hrsg.), Jahrbuch Öffentliche Sicherheit 2014/2015, Frankfurt 2015, S. 341 ff.; 341; vgl. Dirk Freudenberg, Sittliche Verantwortung versus „die Majestät des Rechts", in: ÖMZ 2016, S. 711ff.

[4] Max Braubach, Von der Französischen Revolution bis zum Wiener Kongreß, in: Herbert Grundmann (Hrsg.), Gebhardt. Handbuch der deutschen Geschichte, Bd. 14, 9. Aufl., Stuttgart 1970, S. 135.

[5] Max Braubach, Von der Französischen Revolution bis zum Wiener Kongreß, in: Herbert Grundmann (Hrsg.), Gebhardt. Handbuch der deutschen Geschichte, Bd. 14, 9. Aufl., Stuttgart 1970, S. 135f.; vgl. Stefan M. Knoll, Preußen. Ein Beispiel für Führung und Verantwortung, 2. Aufl., Bonn 2012, S. 400.

von 1813 begonnen.[6] Es erhob sich hier ein Volk aus eigenem Willen und unabhängig vom Entschluss der Herrschaft, die kapitulierte oder kollaborierte.[7] Sicherlich war die Haltung Yorks politisch, vielleicht auch militärisch begründet; doch für den Gegenstand des vorliegenden Beitrags kann nur der innere Zwiespalt betrachtet werden, der der Entscheidung zur Tat zugrunde gelegen haben mag: Gegen das Gebot des soldatischen Gehorsams zu verstoßen und alle damit verbundenen persönlichen Risiken zu tragen stand die innere Verpflichtung, zum Wohle des Staates eine militär-strategische und politische Wende zugleich einzuleiten, welche für das Schicksal Preußens und Europas entscheidend werden sollte.

Das klassische Drama der Romantik und aktuelle Tragödien der Wirklichkeit

Das Problem des Ungehorsams als Unterlassung der Ausführung oder auch der Gehorsamsverweigerung als aktives Zuwiderhandeln Einzelner gegenüber gegebenem Befehl oder kodifiziertem Recht ist ein die politische Theorie seit jeher beschäftigendes Phänomen und hat seinen Niederschlag sowohl in den klassischen Tragödien der Antike als auch in den weitgehend bekannten Dramen der deutschen Romantik des neunzehnten Jahrhunderts, aber auch in den Werken später daran anknüpfender Literaten gefunden. Zu den Klassikern der deutschen Romantik zählen Schillers „Wilhelm Tell" und der „Verbrecher aus verlorener Ehre", Kleists „Michael Kohlhaas" wie auch sein „Prinz von Homburg". Diese Art des Widerstands ist nicht zwingend „revolutionär" im modernen Sinne des Begriffs, sondern es geht um die Vorstellung einer dem Menschen gemäßen Ordnung, die immer wieder aufs Neue hergestellt werden muss, ohne ein „ganz Anderes zu sein.[8] Eine moderne Variante der Problemstellung findet sich bei Hoffmann-Zampis in den weniger bekannten „Erzählungen aus den Türkenkriegen". Die erst in den 1940er Jahren niedergeschriebene Geschichte des inneren Zwiespalts eines Offiziers während des Dreißigjährigen Krieges, der im Konflikt steht, das Versprechen gegenüber einem sich ihm ergebenen türkischen Führer einzuhalten und ihn, wie auch dessen Untergebenen, mit dem Leben zu schonen, und dem Anspruch des Gehorsams ge-

---

[6] Gerhard Ritter, Staatskunst und Kriegshandwerk. Das Problem des Militarismus in Deutschland, Bd. I, Die altpreußische Tradition, München 1954, S. 139.

[7] Karl Heinz Metz, Geschichte der Gewalt. Krieg. Revolution. Terror, Darmstadt 2010, S. 147.

[8] Karl Heinz Metz, Geschichte der Gewalt. Krieg. Revolution. Terror, Darmstadt 2010, S. 286.

genüber seinem Vorgesetzten, der nicht bereit ist, diese Verpflichtung mit zu tragen und die Tötung der Gefangenen verlangt, ist hingegen weniger bekannt. Der Offizier „löst" den Konflikt dadurch, dass er die Gefangenen eigenhändig tötet – und im Anschluss daran sich selbst richtet. Die Erzählung Hoffmann-Zampis' spiegelt die Entscheidungen wider, in denen es den Menschen, eingespannt in ihre Gesellschaft und ihre persönliche Anlage, nicht gelingt, das Rechte zu tun.[9] Gerade der Umstand dieser besonderen Konfliktlage ist der übergreifende Faktor, welcher von literarischem als auch zumindest in gleichem Maße von wissenschaftlichem Interesse ist und zugleich auch den Rahmen der nachstehenden Untersuchung darstellt. Dieses umso mehr, als dieses grundlegende Problem keineswegs eines ist, welches auf politische Ordnungen der Antike oder vergangene absolutistische Staatsformen beschränkt ist und sich spätestens mit der Überwindung der totalitären Regime im zwanzigsten Jahrhundert erledigt hat. Die Problematik setzt – entgegen einer anderslautenden Meinung[10] – nicht erst dort ein, wo eine Staatsführung die legale verfassungsmäßige Grundlage verlässt, wenn sie moralische Maßstäbe missachtet und wenn sie zum verbrecherischen Regime wird. Dieses grundlegende Problem wirkt auch in der demokratischen und rechtsstaatlichen Ordnung der Bundesrepublik Deutschland fort und kann mitunter für den Einzelnen von nicht geringerer existenzieller Bedeutung sein. Vielleicht nicht unbedingt in der existenziellen Bedeutung des vorstehend bezeichneten Wortes von Treskows. Doch manchmal verlangt bereits die Normalität danach, und man muss seine Karriere möglicherweise auch für etwas Geringeres aufs Spiel setzen als für hehre staatstragende Zukunftsfragen.[11] Die Aufforderung eines ehemaligen Bundestagsabgeordneten an höhere Offiziere beispielsweise, sich bei allem Respekt für den Primat der Politik auch öffentlich zu Fehlern der Afghanistanpolitik zu äußern, wird von diesem selbst dahingehend in Frage gestellt, indem er einräumt, dass er sich nicht sicher sei, ob Abgeordnete und Minister solche Art von Staatsbürgern geduldet hätten.[12] Insofern mag es erst recht schwierig

---

9 Carl-Friedrich von Weißäcker, Nachwort zur Neuausgabe, in: Wolfgang Hoffmann-Zampis, Erzählungen aus den Türkenkriegen, Frankfurt am Main 1987, S. 105 ff.; 110.

10 Ulrich de Maizière, Bundeswehr und 20. Juli 1945, in: Max Horst (Hrsg.), Soldatentum und Kultur. Festschrift für Hans Speidel, Frankfurt am Main, Berlin 1967, S. 178 ff.; 182.

11 Stefan M. Knoll, Preußen. Ein Beispiel für Führung und Verantwortung, 2. Aufl., Bonn 2012, S. 404.

12 Wilfried Nachtwei, Selbstkritische Bilanz und dringende Lehren nach 13 Jahren deutschen Afghanistaneinsatzes, in: Robin Schroeder, Stefan Hansen (Hrsg.) Stabilisierungseinsätze als

sein, in Situationen, in denen die eigene Erkenntnis der faktischen Realität in Widerspruch zur Rechtslage stehen kann, sich in eine, sich dieser widersetzende exponierende Stellung zu begeben. Daher handelt es sich bei dem Gegensatz von sittlicher Gewissensentscheidung gegen den Anspruch des Staatswillens zur Durchsetzung der Rechtsordnung beziehungsweise deren Einhaltung durchaus um eine Gegenwartsproblematik politischer Theorie. Die Besonderheit der hier gelagerten Fälle ist die, dass gegen Entscheidungen oder geltendes Recht der im Grunde nach vorbehaltlos anerkannten und bis zu diesem Punkt auch vollständig mitgetragenen freiheitlich demokratischen Rechtsordnung des politischen Systems der Bundesrepublik Deutschland gehandelt wird.

Die aktuelle Bedeutung in der Problematik

Aktuelle Behandlung erfährt das Thema in der Bundesrepublik in der juristischen und gesellschaftlichen Aufarbeitung der totalitären Regime auf deutschem Boden und in der Beurteilung der Haltung und des Verhaltens Einzelner in diesen Gesellschaftsordnungen und gegenüber diesen zugrunde liegenden Rechts und den entsprechenden herrschenden jeweiligen Rechtsordnungen.[13] Doch der Anstoß für die Aufnahme des Stoffes und dessen theoretische als auch literarische Bearbeitungwar und ist oftmals durch konkrete Geschehnisse gegeben, in denen Einzelne in einer bestimmten Lebenssituation mit einer Entscheidungslage konfrontiert sind, in der sie ihr Handeln oder Unterlassen über das gültige, geltende Recht setzen und sie sich damit ganz bewusst in Gegensatz und unter Umständen auch außerhalb der geltenden Rechtsordnung stellen. Die Protagonisten der jüngsten Vergangenheit haben noch keine literarische Würdigung gefunden und müssen daher als Anwalt in eigener Sache ihren Fall publizieren.[14] Der Frankfurter Polizeivizepräsident Wolfgang Daschner hatte im Entführungsfall Jakob Metzler zugegeben, die Folter des tatverdächtigen und später geständigen Mörders Markus Gäfgen angeordnet zu ha-

---

gesamtstaatliche Aufgabe. Erfahrungen und Lehren aus dem deutschen Afghanistaneinsatz zwischen Staatsaufbau und Aufstandsbekämpfung, Baden-Baden 2015, S. 401 ff.; 405.

[13] Vgl. Rudolf Wassermann, Verbrechen unter totalitärer Herrschaft – Zur Rolle des Rechts bei der Aufarbeitung der Vergangenheit, in: NJW 1993, S. 895ff.; vgl. Klaus Adomeit, Die Mauerschützenprozesse – rechtsphilosophisch, in: NJW 1993, S. 294ff.

[14] Ortwin Ennigkeit, Barbara Höhn, Um Leben und Tod. Wie weit darf man gehen, um das Leben eines Kindes zu retten? Der Fall Jakob von Metzler – Protokoll eines Verbrechens, München 2011.

ben, um das Leben des Kindes zu retten.[15] Der Fall stand allerdings nicht isoliert für sich. Es war bereits in der jüngeren Vergangenheit ein entführtes Kind verdurstet in einem Erdloch aufgefunden worden und so sah Daschner keine andere Möglichkeit, als zur Rettung des Kindes dem Entführer Schmerzzufügung anzudrohen, damit dieser den Aufenthaltsort des Jungen preisgibt.[16] Eine Mindermeinung urteilt, dass er in diesem Fall im Rahmen eines außer- oder übergesetzlichen Notstands – und daher legitim – gehandelt habe und die gewählte Vorgehensweise aus der Sicht der Handelnden die einzige Möglichkeit gewesen sei, ein Menschenleben zu retten.[17] Dagegen will Brunkhorst im Ergebnis Daschner, dessen Fall er gleichwohl als „ambivalent" und als „tragic choice" beurteilt, ein Gnadenrecht verweigern, welches über die übliche und bei jedem Missetäter gebotene Würdigung strafmildernder Motive hinausgehe, weil dass, was moralisch ambivalent sei und für den fortgesetzten Diskurs offen bleibe, rechtlich entschieden und abgeschlossen werden müsse.[18]

Der Zusammenstoß der Loyalitäten als das Kernproblem des inneren Konflikts

Ihre Wirkungskraft schöpften die vorstehend behandelten Autoren jeweils entweder aus einem aufkeimendem politischem Bewusstsein oder hieraus reifenden Überzeugungen; oftmals aber entfalteten diese Auseinandersetzungen ihre Dynamik häufig erst nachwirkend in den jeweiligen gesellschaftlichen Überzeugungen. Der extreme Ausfluss findet sich in der Auseinandersetzung mit tyrannischen Herrschaften und gipfelt in der Frage um die Rechtmäßigkeit bzw. die Rechtfertigung des Tyrannenmordes. Denn die Frage nach einem Recht auf gewaltsamen Widerstand ist von allen Fragen der Politik die schwie-

---

[15] Hauke Brunkhorst, Die Folterdebatte im repressiven Liberalismus, in: Martin H.W. Möllers, Robert Chr. Van Ooyen, Jahrbuch Öffentliche Sicherheit 2004/2005, Frankfurt 2005, S. 21ff., 21.

[16] Rolf Schmidt, Zur rechtlichen Zulässigkeit von Folter, um Menschenleben zu retten, in: Martin H.W. Möllers, Robert Chr. Van Ooyen, Jahrbuch Öffentliche Sicherheit 2004/2005, Ffrankfurt 2005, S. 29ff., 29.

[17] Franz Matscher, Über die Grenzen des Rechts – Bemerkungen zu aktuellen Anlässen, in: Klaus Dicke, Stephan Hobe, Karl Ulrich Meyn, Anne Peters, Eibe Riedel, Hans-Joachim Schütz, Christian Tietje (Hrsg.), Weltinnnrecht. Liber amicorum Jost Delbrück, Berlin 2005, S. 453ff.; 458.

[18] Hauke Brunkhorst, Die Folterdebatte im repressiven Liberalismus, in: Martin H.W. Möllers, Robert Chr. Van Ooyen, Jahrbuch Öffentliche Sicherheit 2004/2005, Frankfurt 2005, S. 21ff., 27f.

rigste, sofern man anerkennt, dass Frieden in der Gesellschaft nur dann zu sichern ist, wenn man „dem Staat" alle physische Gewalt zuerkennt[19] und damit das Gewaltmonopol des Staates anerkennt. Doch gerade die antiken Lehren des Tyrannenmordes treffen nach der Ansicht von Borchs nicht das Wesen des soziologischen Problems, weil das Widerstandsrecht gegen die gesetzlose Tyrannis bis zur Tötung niemals in der Geschichte in Frage gestellt worden sei.[20] Gleichfalls stellt sich die Frage nach der Sachgerechtigkeit der persönlichen Entscheidung. Das Kernproblem ist aber ungeachtet dessen die Frage, wie der Zusammenstoß zwischen verschiedenen Loyalitäten, verschiedenen Gehorsamsansprüchen gelöst werden könnte.[21] Daher ist es auch von Bedeutung, wo der Anspruch „das Richtige" zu tun verortet ist, und wie sich diese Verbindlichkeit begründet. Im Gegensatz zum Rechtspositivismus ist die Kernaussage der Wertbegründung des Rechts als rechtsphilosophische Position, dass das positive Recht seine materielle Grundlage in Werten findet, welche durch das Recht zu verwirklichen sind.[22] Alles Wertdenken ist darauf gerichtet, allgemein die Orientierung des freien sittlichen Handelns der einzelnen zu erklären und anzuleiten.[23] Zwischen dem Rechtsideal und der Rechtswirklichkeit, dem positiven Recht, besteht eine Divergenz und dieser Zwiespalt schlägt sich im Rechtsgefühl des Einzelnen nieder.[24] Der Gerechtigkeitssinn tritt primär als „Sinn für Ungerechtigkeit" in Erscheinung.[25] Was nach bestem Wissen und Gewissen als gerecht einzusehen ist, ist „Ursprung und Ende unserer Gerechtigkeitserkenntnis".[26] Aus diesem individuellen Empfinden ist das Handeln des Einzelnen begründet. Das Gewissen, als ursprüngliches, wenn auch schwer zu fassendes Phänomen in der Auseinandersetzung des Einzelnen mit sich selbst

---

[19] Karl Heinz Metz, Geschichte der Gewalt. Krieg. Revolution. Terror, Darmstadt 2010, S. 285.

[20] Herbert von Borch, Obrigkeit und Widerstand, zur politischen Soziologie des Beamtentums, Tübingen 1954, S. 161f.

[21] vgl. Herbert von Borch, Obrigkeit und Widerstand, zur politischen Soziologie des Beamtentums, Tübingen 1954, S. 159.

[22] Ernst-Wolfgang Böckenförde, Recht, Staat, Freiheit. Studien zur Rechtsphilosophie, Staatstheorie und Verfassungsgeschichte, Frankfurt am Main 1991, S. 76.

[23] Ernst-Wolfgang Böckenförde, Recht, Staat, Freiheit. Studien zur Rechtsphilosophie, Staatstheorie und Verfassungsgeschichte, Frankfurt am Main 1991, S. 82.

[24] Hermann Eichler, Recht, in: Werner Ziegenfuß (Hrsg.), Handbuch der Soziologie, Stuttgart 1956, S. 913ff.; 916.

[25] Hasso Hoffmann, Einführung in die Rechts- und Staatsphilosophie, 2. Aufl., 2003, S. 72.

[26] Reinhold Zippelius. Das Wesen des Rechts. Eine Einführung in die Rechtsphilosophie, 5. Aufl., München 1997, S. 63.

und den Mitmenschen begründet durch seine Unbedingtheit in Grenzfällen bei Einsicht in die Unsittlichkeit einer Anordnung ein Widerstandsrecht des Einzelnen gegenüber der auftretenden Autorität.[27] Die Möglichkeit der freien Gewissensentscheidung als Kern aller politischen Existenz gewinnt eine schicksalhafte Bedeutung, da die Freiheit nicht nur ein inneres sondern ein politisches Postulat ist.[28] Hier setzt sich der Einzelne oder eine Gruppe an die Stelle des Staates, der bis dahin als Souverän allein bevollmächtigt ist, über den Ausnahmezustand zu entscheiden und nimmt sich das Recht, mit den Mitteln zu agieren, welche dem Grunde nach dem Souverän vorbehalten sind. Folglich wird nun die Position des Souveräns eingenommen. Somit liegt das Problem für Carl Schmitt nicht in der inhaltlichen Normativität eines Moral- oder Rechtsgebotes, sondern in der Frage: Wer entscheidet?[29] Carl Schmitt begründete die Herrschafts- und Staatsgewalt somit am Ausnahmezustand.[30] Für ihn kann dem Begriff der „Souveränität" als einem Grenzbegriff allein die Definition gerecht werden, dass souverän ist, wer über den Ausnahmezustand entscheidet.[31] Für Schmitt ist somit der Primat des Rechts begründet, indem das Recht nicht im Staate ist, sondern der Staat im Recht ist.[32] Dementsprechend ist für ihn der Staat Gesetz und das Gesetz der Staat.[33] Dem Staat allein, als dem Souverän, stehen folglich auch die Mittel zur Bewältigung des Ausnahmezustandes rechtmäßig zur Verfügung. Dazu gehört auch das Recht, über das Mittel der Staatsräson zu verfügen; denn wer sich an die Stelle des Souveräns setzt, dem stehen folgerichtig auch dessen Mittel, also auch das der Staatsräson, zur Dispostion. Die Staatsräson wird somit zum Spiegel des individuellen Mittels des Widerstands, mit dem er sich zugleich durch die Tat des Instruments der Staatsräson bemächtigt und dieses für sich vereinnahmt. Doch die Tat ist niemals eine ausgemachte Sache, die offen und klar auf der Hand liegt und welche ohne jedwedes Risiko vor sich geht. Das geschichtliche Wagnis ist für

---

[27] Alois Halder, Philosophisches Wörterbuch, Freiburg im Breisgau 2008, S. 124.

[28] Adam von Trott, Einleitung, in: Heinrich von Kleist. Politische und journalistische Schriften, Berlin 1995, S. 11.

[29] Carl Schmitt, Zu Friedrich Meineckes „Idee der Staatsräson", in: Carl Schmitt, Positionen und Begriffe im Kampf um Weimar, 3. Aufl., Stuttgart 1994, S. 51 ff.; 57.

[30] Stephan Leibfried, Michael Zürn, Von der nationalen zur post-nationalen Konstellation in: Stephan Leibfried, Michael Zürn (Hrsg.), Transformation des Staates, 2006, S. 20.

[31] Carl Schmitt, Politische Theologie. Vier Kapitel zur Lehre von der Souveränität, 8. Aufl., 2004, S. 13.

[32] Carl Schmitt, Der Wert des Staates und die Bedeutung des Einzelnen, 2. Aufl., 2004, S. 52.

[33] Carl Schmitt, Legalität und Legitimität, 6. Aufl., Berlin 1998, S. 20.

Heuss dementsprechend keine gesicherte Rechenaufgabe mit gesicherten Faktoren, und der Widerstand bezieht vor der Haltung des inneren Zwiespaltes, die nicht die Sorge um die unmittelbaren Folgen ist, sein inneres Recht bis zu einer Neugestaltung der öffentlichen Rechtsordnung auch die harten Instrumente der Staatsräson zu nutzen.[34] Gegen die Ansicht Schmitts steht denn auch die Theorie Max Webers. Für den Soziologen gibt es prinzipiell drei innere Rechtfertigungsgründe, also Legitimationsgründe, einer Herrschaft: die „traditionale Herrschaft", die „Autorität der außeralltäglichen persönlichen Gnadengabe (Charisma)" und die „Herrschaft kraft ‚Legalität', kraft des Glaubens an die Geltung legaler Satzung und der durch rational geschaffene Regeln begründeten sachlichen ‚Kompetenz', also der Einstellung auf Gehorsam in der Erfüllung satzungsgemäßer Pflichten"[35]. Die entscheidende Staatsfunktion dieser „drei reinen Typen legitimer Herrschaft"[36] sah Weber allerdings im „Monopol legitimer physischer Staatsgewalt" begründet durch moralische Legitimität.[37] Hier stellt sich ebenso die Frage nach der Gehorsamspflicht gegenüber der staatlichen Autorität und menschlicher Ordnung. Der ewige Zusammenhang von Schutz und Gehorsam stellt für Carl Schmitt den Kern menschlicher Ordnung dar.[38] Wenngleich dieser Akzent mitunter als Ausdruck einer autoritären Theorie kritisiert wird[39], ist doch diese Schutz- und Gehorsamsbeziehung auf Gegenseitigkeit begründet, wobei die Gegenseitigkeit den Wesenskern der Treue ausmacht und bis heute unter anderem im deutschen Staats- und Verfassungsrecht sowie im Recht des öffentlichen Dienstes wirksam verankert ist. Der Staat muss sich, im Rahmen von Verfassung und Gesetz, auf seine Beamten, Richter und Soldaten verlassen können.[40] Und umgekehrt diese

---

[34] Theodor Heuss, Zur Wiederkehr des 20. Juli, in: Europäische Publikation e. V. (Hrsg.), Vollmacht des Gewissens, Bd. 1, Frankfurt am Main, Berlin 1960, S. 533–545; 535 (Alfred Metzner Verlag).

[35] Max Weber, Politik als Beruf, Stuttgart 1992, S. 8.

[36] Max Weber, Die Drei reinen Typen der legitimen Gewalt, in: Johannes Winckelmann, Max Weber, Soziologie. Universalgeschichtliche Analysen. Politik, 6. Aufl., Stuttgart 1992, S. 151 ff.

[37] Stephan Leibfried, Michael Zürn, Von der nationalen zur post-nationalen Konstellation, in: Stephan Leibfried, Michael Zürn (Hrsg.), Transformation des Staates, 2006, S. 19.

[38] Carl Schmitt, Der Nomos der Erde im Völkerrecht des Jus Publicum Europaeum, 4. Aufl., Berlin 1997, S. 295; vgl. Carl Schmitt, Der Begriff des Politischen, 6. Aufl., Berlin 1996, S. 53.

[39] Hauke Brunkhorst, Liberty Valance, John Ford und Friedrich Schiller, in Leviathan, 34. Jg., Heft 1 März 2006, S. 3ff.; 4.

[40] Erhard Denninger, „Streitbare Demokratie" und Schutz der Verfassung, in: Ernst Benda, Werner Maihofer, Hans-Jochen Vogel, Handbuch des Verfassungsrechts, Teil 1, 2. Aufl., Berlin, New York 1995, S. 675ff.; 687.

auf den Staat. Die Gegenseitigkeitsbeziehung der Treueverpflichtung bedeutet im Umkehrschluss von alters her, dass der, der die Treue bricht, seinen Anspruch auf Gehorsam verliert.

Die offene Entscheidungsalternative und die Krise des Einzelnen

Fraglich ist allerdings, wie die Gegebenheiten gestaltet sein müssen, dass es für den Akteur zu so einer konflikthaften Lage kommt. Objektive Voraussetzung hierfür ist zum einen das Vorhandensein einer Situation, wie auch die tatsächliche oder vermeidliche, vielleicht auch nur angenommene Möglichkeit des Handelns, um der Krise eine Wendung geben zu können oder auch nur das zu tun, was als richtig angesehen wird, auch wenn es mit dem herrschenden Recht kollidiert. Die Erkenntnis dessen, was nun als richtig gelten soll und für das man bis zum Äußersten eintritt, und der Entschluss zum Tun, gehen oftmals nicht ab, ohne einen Prozess des Zweifelns und der inneren Zerrissenheit, in dem es weniger um das eigene Schicksal geht, als um die Frage der Selbstachtung, des moralischen Rechtfertigungsgrundes und des Bestehens vor dem Urteil der Geschichte. Insofern sind das Wissen um die Situation wie auch die Erkenntnis der Möglichkeit des eigenen Handelns subjektive Voraussetzungen für das Eingreifen. Das Konflikthafte dieser Entscheidungen ist, so unterschiedlich der Einzelfall jeweils auch liegen mag, gerade das individuelle Bewusstsein um diese Konfliktlage. Es ist die Tatsache der offenen Entscheidungsalternative, welche mit Wissen und Wollen ausgeschlagen wird, welche zwar nicht das empfundene Unrecht verhindert hätte, welche dem Akteur zwar nicht aus seiner inneren Bedrängnis geholfen, die ihn aber nicht in die Verlegenheit der äußeren Rechtfertigung gebracht hätte und ihm somit einen Ausweg aus dem Drama eröffnet hätte. Es ist also das Bewusstsein, handeln zu müssen und sich dessen Folgen offenen Auges zu stellen. Eine einseitige Beleuchtung der Tat verstellt bewusst den Blick auf das, was die Tat – auch wenn sie scheiterte – wirklich wertvoll machte und worin ihre eigentliche Leistung liegt: Die Orientierung in der individuellen inneren Entscheidung an positiven und zeitlosen Werten wie Ehre, Moral, Treue, Anstand, welche sich eben nicht an einer einseitigen Fokussierung festmachen lassen. Das Tun hat als Kontrapunkt das Unterlassen zum Gegenüber. Mut und Tapferkeit haben die Feigheit gegenüber; Moralische „Schuld" die moralische „Unschuld"; das „Gute" das „Böse"; die „Ehre" die „Unehre". Die Kontrapunkte kommunizieren jeweils miteinander. Der anerkannte Unwert des jeweiligen Kontrapunktes bedingt den Wert der als positiv postulierten Tugend. Das Eine ist nicht ohne das Andere denkbar. Die Existenz und die Anerkennung beider erst bedingen ihre Wertigkeit. Gleichfalls erzeugen diametral gegenüberliegende Postulate Wertigkeiten und Wertungen: Ungehorsam und Ehre, Gehorsam und Unehre. Mittler des Wertes und der individuellen inneren Bewertung ist das Gewissen.[41]

Gewissensfreiheit und Wertentscheidungen

Die „Gewissensfreiheit" ist für Max Weber das absolut gültige Recht des Einzelnen gegen den Staat.[42] Die Auseinandersetzung um Gewissensentscheidungen dient dazu, das Gewissen zu schärfen.[43] Fraglich ist allerdings, wo Sittengesetz und Gewissen anknüpfen und ob das Gewissen nicht als „ein willkommener Schlupfwinkel … missbraucht [wird], in den sich die Indifferenten, Feigen oder Entscheidungsunfähigen glauben, zurückziehen zu können"[44]. Weber kritisiert die Definition des „Sittlichen" als die „Gesamtheit aller Kulturideale", da man nach seiner Ansicht die spezifische Dignität der ethischen Imperative verflüchtigte, ohne doch für die „Objektivität" der Geltung der Ideale etwas zu gewinnen.[45] In dieser Kritik ist geradezu eine Kernfrage angesprochen, welche nach den Anknüpfungs- und Ankerpunkten von „Wert" und „Werten" fragt. Doch der Wertbegriff ist unbestimmt. Und Carl Schmitt kritisiert gar, dass der Wertbegriff ein „offener Begriff" und als solcher verfassungsrechtlich nicht definiert ist.[46] In der Tat liegt in der Frage nach der Wertdefinition bzw. dem Anknüpfungspunkt der Wertentstehung und Wertorientierung ein gravierendes

---

[41] Dirk Freudenberg, Ungehorsam und Widerstand aus sittlicher Verantwortung versus die „Majestät des Rechts", Politik- und rechtstheoretische Anmerkungen zu einem ewig aktuellen Spannungsverhältnis, in: Martin H.W. Möllers, Robert van Ooyen (Hrsg.), Jahrbuch Öffentliche Sicherheit 2014/2015, Frankfurt 2015, S. 341ff.; 346.

[42] Max Weber, „Kirchen" und „Sekten" in Nordamerika, in: Johannes Winckelmann, Max Weber, Soziologie. Universalgeschichtliche Analysen. Politik, 6. Aufl., Stuttgart 1992, S. 382ff., 392.

[43] Major Dr. Trentzsch, Der Soldat und der 20. Juli. Vortrag vor dem 1. Lehrgang für höhere Offiziere der Bundeswehr, Darmstadt o.JA., S. 10.

[44] Ludwig Schulte, Dynamik der freien Welt. Von der Zukunftserwartung des Westens, Osnabrück 1961, S. 118.

[45] Max Weber, Die „Objektivität" sozialwissenschaftlicher Erkenntnis, in: Johannes Winckelmann, Max Weber, Soziologie. Universalgeschichtliche Analysen. Politik, 6. Aufl., Stuttgart 1992, S. 186ff., 187f.

[46] Carl Schmitt, Die Tyrannei der Werte, 3. Aufl., Berlin 2011, S. 12.

Problem. Werte entstehen in der Erfahrung und Selbsttranszendenz.[47] Doch auch Erfahrung ergibt letztendlich lediglich eine subjektive Einsicht. Zugleich ist problematisch, dass es zeit- und kulturbedingt selbst in gleichen Gesellschaften unterschiedliche Beurteilungen dessen gibt, was gelten soll. Zugleich sind auch gerade in den (post-)modernen Gesellschaften elementare Wertewandel und Wertverschiebungen zu beobachten. Der Wert der Entscheidung, das Richtige zu tun liegt eben in der Freiheit dieser Entscheidung und somit in der Freiheit, sich auch „falsch" entscheiden zu können. Diese innere Entscheidung des Einzelnen liegt dem Entschluss des Einzelnen oder auch einer Gruppe zur Ausführung der Tat zugrunde. Und jede Entscheidung hat, damit es überhaupt eine wirkliche Entscheidung sein kann, mehrere Möglichkeiten des Handelns zur Grundlage; zumindest sind es deren zwei: Das Tun oder das Unterlassen. Das Mitmachen oder die Nichtbeteiligung. Eine positive Entscheidung, die Zustimmung, muss die Möglichkeit der negativen Entscheidung, einer Ablehnung zulassen. Andernfalls reduziert sie sich selbst zur Alternativlosigkeit und nimmt sich selbst auch den moralischen Wert. Der Entschluss ist somit Ausfluss des Abwägens der Möglichkeiten des Handelns. Hierbei werden auch die Auswirkungen und Folgen der Varianten untersucht. Die Ausprägungen von Selbstlosigkeit und Egoismus sind die dabei divergierenden Pole der eigenen inneren Haltung und des individuellen Interesses. Der Selbsterhalt mag zwischen diesen Polen eine variable Größe bedeuten. Das Übersehen der Motive, welche im Extremfall gleichermaßen motiviert zu entgegengesetzten Entschlüssen und daraus folgendem Verhalten führen konnte, lässt ex ante nur ein historisches Urteil zu, obwohl eine ex post Betrachtung zu einer differenzierten Bewertung der handelnden Persönlichkeiten kommen müsste. Die Chance einer umfassenden historischen Betrachtung hat der handelnde Akteur hingegen nicht. Er kann diese auch kaum in seiner Voraussicht erahnen und berücksichtigen. Er muss „im Jetzt" entscheiden und tun, weil er nicht zuwarten kann. Oder er tritt in die Bedeutungslosigkeit zurück und lässt dem Schicksal und der Welt in ihrer Ungerechtigkeit ihren Lauf. Herausragendes Merkmal ist denn auch, dass derjenige der sich so entscheidet, sich dadurch gleichzeitig gegen eine relative oder absolute Mehrheit stellt oder sich nicht sicher sein kann, ob sein Handeln unmittelbar die allgemeine Zustimmung erfahren kann.[48] Nur die Selbstgerechtigkeit übersieht diese Tatsachen.[49] Und

---

[47] Hans Joas, Die Entstehung der Werte, Frankfurt am Main 1999, S. 10.
[48] Stefan M. Knoll, Preußen. Ein Beispiel für Führung und Verantwortung, 2. Aufl., Bonn 2012, S. 403.

auch die Vertreter einer „political correctnes" übersehen diese Tatsachen bewusst, beinhaltet eine solche differenzierte Betrachtung mit der Möglichkeit einer entsprechend ausdifferenzierten historischen Beurteilung doch Werte, welche gemäß seiner ideologischen Prägung als Sekundärtugenden abgelehnt werden. "Die weit verbreitete Überheblichkeit des Betrachters aus heutiger Distanz"[50] will denn auch keine differenzierte Beurteilung zulassen, weil sie seinem einseitigen Welt- und Menschenbild widerspricht.

Die Übernahme von individueller Verantwortung als Auslöser für das Drama

Obwohl es auf der einen Seite Überschneidungen von Recht und Moral gibt, sind die Begriffe nicht deckungsgleich und ihre Inhalte fallen nicht zwangsläufig zusammen; auf der anderen Seite sind die Räume von Recht und Moral nicht vollständig voneinander abgesondert.[51] Dieses Spannungsverhältnis ist grundlegend für den inneren Konflikt des Einzelnen. Der individuelle Konflikt ist gekennzeichnet durch die Verantwortung des Akteurs – sein Handeln oder Unterlassen – für das, was er aus innerster Überzeugung als das Richtige empfindet. Verantwortung ist das Aufsichnehmen der Folgen des eigenen Tuns, zu dem sich der Mensch als sittliche Person genötigt fühlt, da er sie sich selbst, seinem eigenen freien Willensentschluss zurechnen muss.[52] Aus dieser Haltung heraus stellt er sich aus eigenem Entschluss in dieser konkreten Situation gegen das geltende Recht, gegen die herrschende Rechtsordnung. Der Entschluss zum Widerstand, als Ausfluss eines eigenen, autonomen Willens zur Entscheidung, ist zugleich der Wesenskern des sich entwickelnden Dramas. Widerstand

---

[49] Dirk Freudenberg, Ungehorsam und Widerstand aus sittlicher Verantwortung versus die „Majestät des Rechts", Politik- und rechtstheoretische Anmerkungen zu einem ewig aktuellen Spannungsverhältnis, in: Martin H.W. Möllers, Robert van Ooyen (Hrsg.), Jahrbuch Öffentliche Sicherheit 2014/2015, Frankfurt 2015, S. 341ff.; 347.

[50] Stefan Geilen, Das Widerstandsbild in der Bundeswehr, in: Thomas Vogel (Hrsg.) Aufstand des Gewissens. Militärischer Widerstand gegen Hitler und das NS-Regime 1933 bis 1945. Begleitband zur Wanderausstellung des Militärgeschichtlichen Forschungsamtes, Sonderdruck, Hamburg, Berlin, Bonn, S. 349.

[51] Dirk Freudenberg, Rules of Engagement und Ethik – Eine Betrachtung im Spannungsfeld von Politik, Recht und Philosophie, in: Uwe Hartmann, Claus von Rosen, Christian Walter (Hrsg.), Jahrbuch Innere Führung 2011. Ethik als geistige Rüstung für Soldaten, Berlin 2011, S. 131ff.; 132.

[52] Johannes Hoffmeister, Wörterbuch der Philosophischen Begriffe, 2. Aufl., Hamburg 1955, S. 640.

346

ist ohne Willen undenkbar. Allerdings gilt auch die Feststellung: Ohne Widerstand ist kein Wille zu denken.[53] Der Wille ist es, der die Richtung der Entscheidung vorgibt, diesen Weg zu gehen. Dabei ist es für das Drama ebenso evident, dass es erst dieser Entschluss ist, welcher quasi als conditio sine qua non die Ereignisse in Gang setzt, aus denen es dann letztendlich keinen Ausweg und kein Entkommen mehr gibt. Würde der Entschluss entfallen, entfiele in der Folge die Tat und mit ihr die wesentliche Bedingung des inneren Konflikts, so dass sich die dramatischen Ereignisse erst gar nicht entwickeln könnten. Erst der Entschluss und das Eingreifen des Akteurs setzen die Geschehnisse in Gang. Dass damit nicht zwangsläufig verbunden ist, dass gleichsam der weitere Verlauf der Dinge hiervon bestimmt wird, entwickelt allzu häufig in der Folge das Drama zur Tragödie. Allerdings ist „tragisch" keine Kategorie, die, wenn man einmal ein moralisches Gebot ernst nimmt, die letzte Antwort auf einen Konflikt geben könnte, da dieses Wort höchstens Ausdruck der inneren Problematik dieses moralischen Gebotes selbst, eine Umschreibung tiefen Bedauerns und der Erschütterung, die sich aus der historischen Einsicht in die Ohnmacht des Gebotes oder in die Unvermeidlichkeit der Durchbrechung entsteht.[54] Das wesentliche Problem hierbei ist das persönliche Einstehen auf Wohl und Wehe, auf Gedeih und Verderb für die Wahrnehmung und Übernahme der Verantwortung für das, was als richtig und rechtens erkannt wurde und für das man bereit ist, letztendlich auch persönlich die äußersten Konsequenzen zu tragen, wenn das Handeln dann misslingt. Verantwortung bedeutet somit die Zuständigkeit des Menschen für sein Handeln wie auch für sein Unterlassen, soweit es samt seinen Folgen ihm zuzuschreiben ist, das heißt, für das er einzustehen und vor einer Instanz, die ihrerseits hierfür die Autorität besitzt, gegebenenfalls Rechenschaft abzulegen hat.[55] Die Verantwortung bekommt somit als Begriff in diesem Kontext die zentrale Bedeutung. Anknüpfungspunkte für die Verantwortung sind Sittlichkeit, Ehre, Pflicht, Treue, Gehorsam und Gewissen. Deren sittliche Prüfung orientiert sich an Sein und Sollen. Sittlich ist eine Handlung, welche nach der Beurteilung gemäß dem Sittengesetz, als die sittliche Norm, dem ethischen Prinzip, dem praktischen Grundsatz als eine allgemeingültige Regel für das sittliche Handeln und Verhalten

---

53 Friedrich Georg Jünger, Anmut der Bewegung, in: Max Horst (Hrsg.), Soldatentum und Kultur. Festschrift für Hans Speidel, Frankfurt am Main, Berlin 1967, S. 66-80; 66 (Propyläen)
54 Carl Schmitt, Zu Friedrich Meineckes „Idee der Staatsräson", in: Carl Schmitt, Positionen und Begriffe im Kampf um Weimar, 3. Aufl., Stuttgart 1994, S. 51ff.; 57.
55 Alois Halder, Philosophisches Wörterbuch, Freiburg im Breisgau 2008, S. 349.

steht.[56] Das Sittengesetz ist demnach die Gesamtheit der ethischen Normen, die das sittliche Verhalten auf das Gute hin verpflichten.[57] Aber genau diese innere Verpflichtung zum Handeln oder Unterlassen kann durchaus mit vorgegebenen und grundsätzlich wie auch persönlich auch anerkannten und respektierten Pflichten kollidieren. Kant definiert als Pflicht „… die Notwendigkeit einer Handlung aus Achtung fürs Gesetz."[58] Dennoch kann Pflichterfüllung auch im Ungehorsam, in der Gehorsamsverweigerung bestehen.[59]

Das Bundesverfassungsgericht und das Urteil zum Luftsicherheitsgesetz

In seiner Entscheidung zum Luftsicherheitsgesetz verweist das Bundesverfassungsgericht auf die strafrechtliche Verantwortung im Falle eines verfassungswidrigen Befehls zum Abschuss eines entführten Flugzeuges und gibt den vagen Hinweis, das Verdikt der Rechtswidrigkeit des eigenen Handelns hinnehmen zu müssen und auf einen entschuldigenden Notstand verwiesen zu werden.[60] „Auch wenn sich im Bereich der Gefahrenabwehr Prognoseunsicherheiten vielfach nicht gänzlich vermeiden lassen, ist es unter der Geltung des Art. 1 I GG schlechterdings unvorstellbar, auf der Grundlage einer gesetzlichen Ermächtigung unschuldige Menschen, die sich wie die Besatzung und die Passagiere eines entführten Luftfahrzeuges in einer für sie hoffnungslosen Lage befinden, gegebenenfalls unter Inkaufnahme solcher Unwägbarkeiten vorsätzlich zu töten. Dabei ist hier nicht zu entscheiden, wie ein gleichwohl vorgenommener Abschuss und eine auf ihn bezogene Anordnung strafrechtlich zu entscheiden wären."[61] Mit dieser Formulierung könnte angedeutet sein, dass das Bundesverfassungsgericht ein überpositives Recht anerkennt, auf welches sich

---

[56] Johannes Hoffmeister, Wörterbuch der Philosophischen Begriffe, 2. Aufl., Hamburg 1955, S. 561.

[57] Alois Halder, Philosophisches Wörterbuch, Freiburg im Breisgau 2008, S. 349.

[58] Immanuel Kant, Die Kritik der reinen Praktischen Vernunft, in: Raymund Schmid (Hrsg.), Immanuel Kant, Die drei Kritiken in ihrem Zusammenhang mit dem Gesamtwerk, 11. Aufl., Stuttgart 1975, S. 220ff.; 237.

[59] Stefan M. Knoll, Preußen. Ein Beispiel für Führung und Verantwortung, 2. Aufl., Bonn 2012, S. 615.

[60] Dieter Wiefelspütz, Die Abwehr terroristischer Anschläge und das Grundgesetz. Polizei und Streitkräfte im Spannungsfeld neuer Herausforderungen, Frankfurt 2007, S. 79.

[61] Bundesverfassungsgericht, BVerfG, Urt. v. 15.02.2006 – 1 BvR 375/05, in: NJW 2006, S. 751ff.; 755.

im Falle eines Falles berufen werden könnte. Damit offenbart das Gericht zugleich das rechtlich unlösbare Dilemma und schiebt letztendlich die Entscheidung auf die dann aus ihrer Verantwortung heraus handelnden Personen, welche dann auf die Gnade des Rechts hoffen sollen. Wiefelspütz hält dieses sowohl für den Piloten als auch für den zuständigen Minister für unzumutbar.[62] Es ist in der Tat ziemlich fraglich, unter welchen Umständen und Rahmenbedingungen eine solche Würdigung zum Tragen kommen könnte. Dieses bleibt somit immer Tatfrage. Voraussetzung für eine solche Würdigung wäre allerdings die tatsächliche Anerkennung der Existenz eines überpositiven Rechts im Sinne eines solchen Rechtfertigungsgrundes durch das Bundesverfassungsgericht. Mithin muss es weitere, nicht positivrechtliche Anknüpfungspunkte menschlichen Verhaltens geben. Dahinter steht zum einen die alte Gewissheit der Rechtsfindung, das heißt, dass das Recht da ist, es aber nur gefunden werden muss. Zum anderen beinhaltet dieses die Überzeugung, dass es nichtkodifiziertes Recht gibt, welches in dem kodifizierten Recht, dem Gesetz, vorgeht. Zudem gibt es auch im Grundgesetz Anhaltspunkte dafür, dass ein überpositives Recht existiert. Darauf deutet insbesondere die Formulierung in Art. 20 Abs. 3 des Grundgesetzes, dass „… die vollziehende Gewalt an Gesetz und Recht gebunden [sind]." Also geht das Grundgesetz hier davon aus, dass es einen rechtlichen Raum gibt, der nicht vom positiven Recht erfasst wird.[63] In gleicher Weise ist dieses auch in der Präambel des Grundgesetzes als ein Bekenntnis zur Existenz eines dem Staat vorgegebenen, allen Menschen gleichermaßen verpflichteten moralisch-kulturellen Mindeststandards mit überpositiven rechtlichen Bindungen angedeutet.[64] Demzufolge ist auch durch das Bundesverfassungsgericht die Existenz eines überpositiven Rechts grundsätzlich anerkannt. Die Entscheidung zum Handeln überlässt das oberste deutsche Gericht jedoch dem einzelnen Individuum, auf das es ankommt.[65]

---

[62] Dieter Wiefelspütz, Die Abwehr terroristischer Anschläge und das Grundgesetz. Polizei und Streitkräfte im Spannungsfeld neuer Herausforderungen, Frankfurt 2007, S. 79.

[63] Karl-Heinz Seifert, Dieter Hömig, Grundgesetz für die Bundesrepublik Deutschland, 7. Aufl., Baden-Baden 2003, S. 253.

[64] Karl-Heinz Seifert, Dieter Hömig, Grundgesetz für die Bundesrepublik Deutschland, 7. Aufl., Baden-Baden 2003, S. 32.

[65] Dirk Freudenberg, Ungehorsam und Widerstand aus sittlicher Verantwortung versus die „Majestät des Rechts", Politik- und rechtstheoretische Anmerkungen zu einem ewig aktuellen Spannungsverhältnis, in: Martin H.W. Möllers, Robert van Ooyen (Hrsg.), Jahrbuch Öffentliche Sicherheit 2014/2015, Frankfurt 2015, S. 341ff.; 349.

Recht, Gesetz und Gerechtigkeit

Während Hans Kelsen die Rechtswissenschaft als Geisteswissenschaft von den Naturwissenschaften abgrenzt[66], ist für Gustav Radbruch Recht ein Kulturbegriff und Sittlichkeit ein Wertbegriff; beides sind für ihn „inkommensurable Größen".[67] Für Radbruch sind die Fragen nach dem Zweck des Rechts und dem Zweck des Staates untrennbar, da Recht zu wesentlichem Teil Staatswillen und der Staat zu wesentlichem Teil Rechtseinrichtung ist.[68] In diesem Sinne hatte auch Hermann Heller festgestellt, dass das Recht als die notwendige Bedingung des Staates, der Staat aber auch als die notwendige Bedingung des Rechts erkannt werden muss.[69] Gustav Radbruch knüpft allerdings bei seiner Beurteilung dessen, was Recht ist, an den Gedanken der Gerechtigkeit an.[70] Nach heutigem Verständnis bezeichnet der Begriff „Gerechtigkeit" eine zentrale Tugend von Personen wie auch die normative Kerneigenschaft von sozialen und politischen Institutionen, auch allgemeiner von Verhältnissen zwischen Menschen.[71] Das Recht hat eine Ordnungsfunktion. Es bestimmt Grundlagen, Hierarchien und Verhältnisse sowie Diskriminierungen im Sinne von Abgrenzungen. Der Rechtsbegriff ist für Radbruch als ein Kulturbegriff ein wertbezogener Begriff, welcher der Rechtsidee der Gerechtigkeit zu dienen bestimmt ist.[72] Recht und Gesetz sind allerdings nicht zwingend deckungsgleich und auch ihre Inhalte fallen nicht zwangsläufig zusammen. Das heißt, nicht alles gültige Recht ist auch in Gesetzen kodifiziert, gleichsam in Paragraphen gegossen. Auch naturrechtliche Überzeugungen knüpfen an diese Überlegung an. Unter Naturrecht ist jene soziale Ordnung zu verstehen, die aus der Natur der

---

[66] Hans Kelsen, Reine Rechtslehre. Einleitung in die rechtswissenschaftliche Problematik, in: Matthias Jestaedt (Hrsg.), Hans Kelsen, Reine Rechtslehre, Studienausgabe der 1. Auflage 1934, Tübingen 2008, S. 25.

[67] Gustav Radbruch, Recht und Moral, in: Ralf Dreier, Stanley L. Paulson (Hrsg.), Gustav Radbruch, Rechtsphilosophie, Studienausgabe, 2. Aufl. Heidelberg 2003, S. 41ff: 41.

[68] Gustav Radbruch, Der Zweck des Rechts, in: Ralf Dreier, Stanley L. Paulson (Hrsg.), Gustav Radbruch, Rechtsphilosophie, Studienausgabe, 2. Aufl. Heidelberg 2003, S. 54ff.; 54.

[69] Hermann Heller, Staatslehre, 6. Aufl., Tübingen 1983, S. 217.

[70] Gustav Radbruch, Gesetzliches Unrecht und übergesetzliches Recht, in: Ralf Dreier, Stanley L. Paulson (Hrsg.), Gustav Radbruch, Rechtsphilosophie, Studienausgabe, 2. Aufl. Heidelberg 2003, S. 211ff.

[71] Rainer Forst, Gerechtigkeit, in: Martin Hartmann, Claus Offe (Hrsg.), Politische Theorie und Politische Philosophie. Ein Handbuch, München 2011, S. 198ff; 198.

[72] Gustav Radbruch, Antiomien der Rechtsidee, in: Ralf Dreier, Stanley L. Paulson (Hrsg.), Gustav Radbruch, Rechtsphilosophie, Studienausgabe, 2. Aufl. Heidelberg 2003, S. 73ff.; 73.

Menschen allgemein gültige Normen abzuleiten sucht, die dem positiven Recht vorgegeben sind und mit der Vernunft erschlossen werden können; dabei ist es der menschliche Verstand, der die Ordnung entdecken kann, nach der der menschliche Wille handeln muss, um den notwendigen Zielen des menschlichen Wesens zu genügen.[73] Das Naturrecht wirkt auch heute noch unter anderem als Instanz der kritischen Infragestellung und Delegitimation des positiven Rechts, wenn dieses im Widerspruch des Naturrechts steht, was dann bis hin zur Loyalitätsverweigerung oder gar zum Widerstand gehen kann.[74]

Die tragische Unlösbarkeit und die Haltung des Akteurs

Fraglich ist an dieser Stelle, ob und wie der Konflikt aufgelöst werden kann, oder ob ihm letztendlich eine tragische Unlösbarkeit innewohnt. Immanuel Kant, welcher ein Widerstandsrecht gegen den Staat grundsätzlich ablehnt[75], knüpft bei seiner Beurteilung dessen, was „gut" ist, an einen der Vernunft gemäßen Willen an und formuliert hieraus den kategorischen Imperativ: „"[H]andle nur nach der Maxime, durch die du zugleich wollen kannst, daß sie allgemeines Gesetz werde."[76] Demzufolge wohnt die Instanz, welche die letzte Entscheidung trifft, in einem selbst. Somit ist die Entscheidung zum Handeln oder Unterlassen auch dem Willen des Einzelnen überlassen. Kant nennt den Willen, der von den Naturgaben Verstand, Witz, Urteilskraft, Mut, Entschlossenheit, Beharrlichkeit Gebrauch machen soll, „Charakter".[77] Der Charakter des Einzelnen entscheidet dann auch – ungeachtet der Folgen – das Richtige zu tun und für die Folgen des eigenen Handelns einzustehen. Doch auch Kant löst damit den Konflikt nicht umfänglich. Es muss daher eingesehen werden, dass es einen Raum gibt, der nicht rechtsfrei ist, der aber auch nicht durch

---

[73] Gilbert H. Gornig, Menschenrechte und Naturrecht, in: Gilbert H. Gornig, Burkhard Schöbener, Winfried Bausback, Tobias H. Irmscher (Hrsg.), Iustitia et Pax. Gedächtnisschrift für Dieter Blumenwitz, Berlin 2008, S. 409ff.; 413.

[74] Ernst-Wolfgang Böckenförde, Vom Ethos der Juristen, 2. Aufl., Berlin 2011, S. 49f.

[75] Immanuel Kant, Die Kulturphilosophie, in: Raymund Schmid (Hrsg.), Immanuel Kant, Die drei Kritiken in ihrem Zusammenhang mit dem Gesamtwerk, 11. Aufl., Stuttgart 1975, S. 365ff.; 412.

[76] Immanuel Kant, Die Kritik der reinen Praktischen Vernunft, in: Raymund Schmid (Hrsg.), Immanuel Kant, Die drei Kritiken in ihrem Zusammenhang mit dem Gesamtwerk, 11. Aufl., Stuttgart 1975, S. 220ff.; 249.

[77] Immanuel Kant, Die Kritik der reinen Praktischen Vernunft, in: Raymund Schmid (Hrsg.), Immanuel Kant, Die drei Kritiken in ihrem Zusammenhang mit dem Gesamtwerk, 11. Aufl., Stuttgart 1975, S. 220ff.; 228f.

Rechtsregeln zu füllen ist, die alles Verhalten verbindlich vorschreiben können. Somit liegt quasi eine tragische Unlösbarkeit des Konflikts vor. Heller nennt die Auffassung, welche den Pflichtenkonflikt nicht einseitig löst, sondern dessen tragische Unlösbarkeit und damit das sittliche Widerstandsrecht, welches weder einen Schuld- noch Strafausschließungsgrund zur Folge hat, bejaht, „heroisch", weil er angesichts der ungeheuer gesteigerten Rechts- und Machttechnik letztendlich nur unter Einsatz des Lebens möglich sei; und weil ein solcher Einsatz sehr selten sei, sei er ein umso wertvolleres Vorbild.[78] In diesem Sinne ist eine Haltung, die die Übernahme von Verantwortung gegenüber der Majestät des Rechts wahrnimmt und welche bereit ist für das eigene, als richtig empfundene Verhalten einzustehen sowie die negativen Folgen auf sich zu nehmen und zu tragen, heroisch zu nennen, auch wenn das Recht nicht helfen kann. In dieser Lage sahen sich der Held aus Hoffmann-Zampis' „Erzählungen aus den Türkenkriegen" wie auch Daschner, als dieser sich entschloss dem Verbrecher mit rechtswidriger Gewalt zu drohen. Daschner wurde strafrechtlich schuldig gesprochen, aber lediglich verwarnt. So erfuhr er – anders als der Prinz von Homburg – keine Gnade, aber doch die Milde des Gerichts. In dieser unmöglichen, weil auch ungewissen Lage werden sich zukünftig möglicherweise wohl auch jene wiederfinden, welche einen terroristischen Angriff mittels eines Verkehrsflugzeuges abzuwenden haben. Die vorstehend behandelte Frage bleibt also auch zukünftig immer wieder neu und in unterschiedlicher Konstellation aktuell. Es erscheint dem Einzelnen überlassen, sich zu bewähren.[79]

---

[78] Hermann Heller, Staatslehre, 6. Aufl., Tübingen 1983, S. 258.

[79] Dirk Freudenberg, Ungehorsam und Widerstand aus sittlicher Verantwortung versus die „Majestät des Rechts", Politik- und rechtstheoretische Anmerkungen zu einem ewig aktuellen Spannungsverhältnis, in: Martin H.W. Möllers, Robert van Ooyen (Hrsg.), Jahrbuch Öffentliche Sicherheit 2014/2015, Frankfurt 2015, S. 341ff.; 354; vgl. Dirk Freudenberg, Sittliche Verantwortung versus „die Majestät des Rechts", in: ÖMZ 2016, S. 711ff.; 719.

Ethische Bildung am Beispiel eines Lernprojektes zum Widerstand gegen den Nationalsozialismus

Simon Beckert

> *„(…) Die Erinnerung muss uns immer wieder aufs Neue bestärken, jeder Leugnung und Relativierung der NS-Verbrechen und jedem Versuch der Abwertung und Ausgrenzung von Menschen entschlossen entgegenzutreten. Und das auch heute, auch wenn Berlin die Hauptstadt eines freien und demokratischen Deutschlands ist. Denn wir wissen, dass Freiheit und Demokratie nicht selbstverständlich sind. Dass sie nicht nur mühsam errungen werden mussten, sondern auch große Anstrengungen nötig sind, um sie zu bewahren. Das wurde uns in den vergangenen Monaten durch erschütternde Ereignisse wie den Anschlag auf die Synagoge in Halle, den Anschlag in Hanau oder durch den Mord an Walter Lübcke eindringlich vor Augen geführt. (…)"*
>
> (Michael Müller, 2020)

Diese Worte des Regierenden Bürgermeisters von Berlin an die Angehörigen der Stiftung 20. Juli 1944 mahnen im Jahr 2020 die nach wie vor bestehende Notwendigkeit zu Wachsamkeit, Widerspruch und Widerstand gegen extremistische Bewegungen an. Die Kompetenzen hierzu gilt es auch im Rahmen der ethischen Bildung in der Bundeswehr zu vermitteln.

Das zentrale Kompetenzzentrum der Bundeswehr für die ethischen Grundlagen des Soldatenberufes ist das Zentrum Innere Führung (vgl. ZInFü 2020). Dieses ist in Koblenz auf der Pfaffendorfer Höhe gelegen, die durch ein markantes Straßennetz gekennzeichnet ist. Viele der dort gelegenen Straßen sind nach Persönlichkeiten benannt, die auf unterschiedliche Weise gegen den Nationalsozialismus Widerstand leisteten (vgl. Schütz 2005).

Dieses Umfeld erinnert damit an einen historischen Ausgangspunkt für die Entwicklung der Konzeption der Inneren Führung und die daraus abgeleitete Verpflichtung für Gegenwart und Zukunft: Eine Wiederholung des Missbrauchs militärischer Macht durch deutsche Politik und Streitkräfte soll für alle

Zeit unterbunden werden. Gerade in der ethischen Bildung ist dies allen Soldatinnen und Soldaten der Bundeswehr zu vermitteln.

Mit dieser Zielsetzung stehen zahlreiche didaktische und methodische Möglichkeiten zur Verfügung. Neben Vorträgen, Gedenkstättenbesuchen und Seminaren können auch Lernwege, wie beispielsweise die „Straße der Demokratie", welche Stationen der deutschen Demokratiegeschichte im Südwesten des Landes enthält (vgl. Asche; Bräunche 2011), zu Bildungszwecken eingesetzt werden. In diese Bezüge lässt sich die Koblenzer Initiative einordnen.

Projektidee

Die Idee, im unmittelbaren Umfeld des Zentrums Innere Führung einen solchen Lernweg als Widerstandsweg zum Erfahrbarmachen der Inneren Führung in Verbindung der zwei Liegenschaften des Zentrums – des General Ulrich de Maizière-Campus[1] (Von-Witzleben-Str. 17) und der Augusta-Kaserne (Ellingshohl 69-75) – stammt von PD Dr. Ulrike Senger während ihres Wirkens als Geschäftsführerin des Zentrums für wissenschaftliche Weiterbildung (ZWW) der Helmut-Schmidt-Universität/Universität der Bundeswehr Hamburg (HSU/UniBw H) und Leiterin des Weiterbildungsstudiengangs „Leading Diversity" (LeaD)[2] am Zentrum Innere Führung in Koblenz.

Denn bei ihrem Gastaufenthalt in Koblenz hatte sie den Vorschlag eingebracht, dass die körperliche Ertüchtigung der Zentrumsangehörigen und der Lehrgangsteilnehmenden, die zum Teil mehrfach am Tage zwischen den beiden Standorten in Bewegung sind, durch die Ermöglichung moralisch-ethischer Reflexionspunkte ergänzt werden könnte. In der Absicht eines Service Learnings für das Zentrum Innere Führung legte sie in Absprache mit dessen Leitung den Leistungsnachweisen im LeaD-Modul „Diversität in Hochschullehre und wissenschaftlicher Weiterbildung"[3] die projektbezogene Einbettung der hierfür zu entwickelnden didaktischen Lehrinnovationen in diesen örtlichen – und damit geschichtlichen – Gesamtzusammenhang zugrunde. Ziel

---

[1] Das Hauptgebäude des Zentrums Innere Führung wurde am 09.07.2019 als General Ulrich de Maizière-Campus benannt.

[2] Studiengangsleitung des Weiterbildungsmasters „Leading Diversity": PD Dr. Ulrike Senger, Privatdozentin für Hochschulbildung der Technischen Universität Dortmund, und Prof. Dr. Barbara Sieben, Professorin für Personalpolitik der HSU/UniBw H.

[3] Leitung des LeaD-Moduls „Diversität in Hochschullehre und wissenschaftlicher Weiterbildung": PD Dr. Ulrike Senger.

war, auf diese Weise einen Transfer der geschichtlichen Lernerfahrungen zum heutigen Umgang mit Vielfalt inner- und außerhalb der Bundeswehr zu vollziehen und zu reflektieren.

Ich selbst war vom Zentrum Innere Führung dienstlich als Weiterbildungsstudent in den LeaD entsandt worden, um aus meiner aktiven Teilnahme am Studiengang Impulse für die konzeptionelle Weiterentwicklung der Inneren Führung zu gewinnen und umzusetzen. Der Gedanke eines Koblenzer Widerstandswegs faszinierte mich so sehr, dass ich mir dieses Projekt – über die zu erbringende Studienleistung hinaus – persönlich zu eigen machte und es in verschiedener Hinsicht weiterzuentwickeln und zu realisieren gedenke.

Im LcaD-Seminar bestand die zentrale Herausforderung zu Projektbeginn in der Erörterung der Frage, was denn Geschichte mit Diversität zu tun habe. Somit galt es als Grundlage des geplanten Transfers, sich in einem ersten Schritt den Persönlichkeiten biographisch anzunähern und ihre Widerstandsleistungen in ethischer Hinsicht zu analysieren und zu würdigen.

Diese Projektetappe greift der vorliegende Beitrag auf, indem er in Grundzügen die geschichtlich-ethische Fundierung eines solchen Lernwegs skizziert.

Überblick über das „Widerstandsviertel"

> *„(…) Nun freilich die Aktion vom 20. Juli 1944, die war keineswegs der einzige Ausdruck des Widerstandes in Deutschland. Der Widerstand war vielmehr in allen Schichten des deutschen Volkes lebendig, in der Arbeiterbewegung, in den Kirchen, im Bürgertum, unter den Intellektuellen, auch unter den Soldaten in der damaligen Wehrmacht. (…)"*
> (Helmut Schmidt, 1974)

Betrachtet man die Benennung von Straßen auf der Pfaffendorfer Höhe in Koblenz, auf der obenauf das Hauptgebäude (General Ulrich de Maizière-Campus) des Zentrums Innere Führung gelegen ist, so ergeben sich mehrere Muster. Zunächst fällt auf, dass die Auswahl nicht auf eine Berufsgruppe beschränkt ist, sondern eine große Bandbreite aufweist. Neben Soldaten finden sich dort Gewerkschafter, Politiker, Studierende oder auch Priester, was wiederum die **Vielfalt der verschiedenen Berufsfelder**, denen die LeaD-Studierenden angehörten, abbildete. Bei der Benennung der Straßen wurden, dem Anschein nach, jeweils zwei zueinander passende Persönlichkeiten ausgewählt[4] (z.B. Clemens August Graf von Galen und Paul Schneider als Kirchenvertreter und Geistliche). Die Geschwister-Scholl-Straße steht dabei ohne Pendant für die unterschiedlichen Lebenswelten von Hans Scholl (Wehrpflichtiger) und Sophie Scholl (Studentin). Und die Karl-Friedrich-Goerdeler-Straße übernimmt mit ihrer zentralen Lage, ausnahmsweise ohne entsprechenden Gegenpart, eine verbindende Funktion ein, was auch der historischen Rolle Carl Friedrich Goerdelers als zentralem Netzwerker gerecht wird.[5]

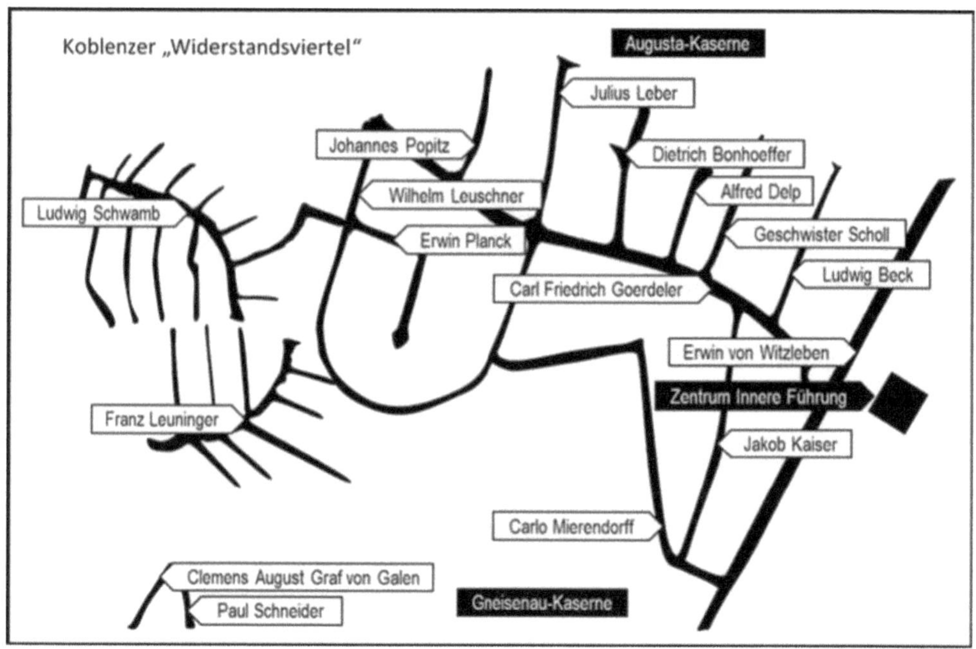

Darstellung des Straßennetzes des Koblenzer „Widerstandsviertels", Simon Beckert 2020

Daneben unterscheiden sich die Formen des Widerstands der einzelnen Persönlichkeiten. Von offenem Widerspruch über das Verteilen von Flugblättern, der Seelsorge für Verfolgte und der Bildung heimlicher Netzwerke bis hin zum Attentat vom 20. Juli 1944 ist eine ganze Bandbreite an Beispielen dafür vorhanden.

---

[4] Der Versuch einer Zuordnung ist im nächsten Kapitel zu finden.
[5] Vgl. Gedenkstätte Deutscher Widerstand 2020

Durch diesen Fassettenreichtum entsteht ein Bild, welches die Vielfalt der Widerstandsformen, aber auch der beteiligten gesellschaftlichen Gruppen wiedergibt. Ähnlich dem **Prinzip der ressortübergreifenden „Vernetzten Sicherheit"** ergibt sich auch hier ein ressort- bzw. berufsfeldübergreifender Überblick von Persönlichkeiten aus verschiedenen Regionen, die ihrem Gewissen folgten und in dem gemeinsamen Ziel geeint waren, dem Nationalsozialismus – der das Gegenteil einer diversitätssensiblen Gesellschaft verkörperte – entgegenzutreten.

Überblick über die Lernstationen

Die einzelnen Persönlichkeiten, die derzeit als Namensgeber für einzelne Straßen im Koblenzer „Widerstandsviertel" auf der Pfaffendorfer Höhe[6] vorzufinden sind, werden nachfolgend kurz beschrieben. Neben biographischen Angaben (vgl. dazu Schütz 2005; Lill, Oberreuter 1995; Gedenkstätte Deutscher Widerstand 2020) beinhaltet jeder Abriss auch erste Hinweise zu den jeweiligen Widerstandsformen und einen Vorschlag für eine Zuordnung.

1. Carl Friedrich Goerdeler (31.07.1884 in Schneidemühl – 02.02.1945 in Berlin-Plötzensee)

Der ehemalige Reichskommissar für die Preisüberwachung Carl Friedrich Goerdeler weigerte sich, der NSDAP beizutreten und trat als Oberbürgermeister der Stadt Leipzig aus Protest zurück, als dort ein Denkmal des jüdischen Komponisten Felix Mendelssohn Bartholdy entfernt wurde.[7] Er nahm anschließend Verbindung mit den Westmächten auf, um vor dem nationalsozialistischen Regime zu warnen und Verhandlungen zu ermöglichen.[8] Schließlich schloss er sich als Persönlichkeit, die viele Kontakte miteinander verband, den Vorbereitungen des Attentats vom 20. Juli 1944 an und wurde nach umfangreichen Vernehmungen hingerichtet.[9]

---

6 Der geographischen Entstehung dieses Straßenviertels – als örtliche Einheit durch die Benennung der zugehörigen Straßen nach Widerstandskämpferinnen und -kämpfern – soll im Zugehen auf die Stadt Koblenz geschichtlich weiter nachgegangen werden.

7 Vgl. Schütz 2005, S. 144.

8 Vgl. Kosthorst, Erich; in: Lill, Oberreuter 1995, S. 203-206.

9 Vgl. Schütz 2005, S. 144.

2. a) Erwin von Witzleben (04.12.1881 in Breslau – 08.08.1944 in Berlin-Plötzensee)

Der spätere Generalfeldmarschall Erwin von Witzleben protestierte bereits früh gegen den Nationalsozialismus anlässlich des „Röhm-Putsches". Er beteiligte sich an den Planungen zur Septemberverschwörung von 1938 gegen Hitler und brachte sich schließlich noch als aktiver Oberbefehlshaber West in die Vorbereitungen zum Attentat vom 20. Juli 1944 ein. Vor dem Volksgerichtshof brachte er seine kritische Haltung zum Ausdruck. Daraufhin wurde er hingerichtet.[10]

2. b) Ludwig Beck (29.06.1880 in Wiesbaden – 20.07.1944 in Berlin)

Generaloberst a.D. Ludwig Beck übte bereits in seiner Funktion als Generalstabschef des Heeres offen Kritik an Kriegsplänen der Nationalsozialisten und forderte erfolglos einen geschlossenen Rücktritt des Generalstabes. Schließlich trat er selbst aus Protest von seinem Amt zurück und übernahm eine zentrale Rolle in der Vorbereitung des Attentats vom 20. Juli 1944. Daraufhin wurde er zum Suizid gezwungen und, als dieser misslang, erschossen.[11]

3. a) Jakob Kaiser (08.02.1888 in Hammelburg – 07.05.1961 in Berlin)

Der ehemalige christliche Gewerkschaftsführer Jakob Kaiser stimmte als Reichstagsabgeordneter gegen das Ermächtigungsgesetz Hitlers und setzte sich für die Bildung einer Einheitsgewerkschaft gegen die Nationalsozialisten ein. Er kam in Haft und beteiligte sich später an den Vorbereitungen des Attentats vom 20. Juli 1944. Als einem der wenigen Mitwisser gelang es ihm, anschließend unterzutauchen.[12]

3. b) Carlo Mierendorff (24.03.1897 in Großenhain / Sachsen – 04.12.1943 in Leipzig)

Der ehemalige Reichstagsabgeordnete, Journalist und Pressesprecher des hessischen Innenministers Carlo Mierendorff protestierte bereits früh gegen die Nationalsozialisten. Er informierte zudem frühzeitig über die sogenannten ‚Boxheimer Dokumente', um vor einem Staatsstreich durch diese zu warnen.

---

[10] Vgl. Pommerin, Reiner; in: Lill, Oberreuter 1995, S. 481-499.
[11] Vgl. Krausnick, Helmut; in: Lill, Oberreuter 1995, S. 125-148.
[12] Vgl. Schütz 2005, S. 194.

Nach Haftzeiten in Konzentrationslagern schloss er sich erneut Widerstandskreisen an. Er kam bei einem Luftangriff ums Leben.[13]

4. a) und b) Geschwister Scholl (Hans 22.09.1918 in Crailsheim / Sophie 09.05.1921 in Forchtenberg – beide 22.02.1943 in München)

Die Geschwister Hans und Sophie Scholl waren zentrale Akteure in der vorwiegend studentischen Widerstandsgruppe Weiße Rose. Sie machten Mitbürger u.a. durch Flugblätter auf die Unmenschlichkeit des nationalsozialistischen Regimes aufmerksam und wurden dafür hingerichtet.[14]

5. a) Dietrich Bonhoeffer (04.02.1906 in Breslau – 09.04.1945 im KZ Flossenbürg)

Der aus dem Großbürgertum stammende Pfarrer der Bekennenden Kirche und Mitarbeiter im Amt Ausland/Abwehr Dietrich Bonhoeffer kämpfte früh gegen den ‚Arierparagraphen‘, übte öffentliche Kritik an der Verfolgung von Juden, war im „Kirchenkampf" organisiert, reiste ins Ausland, um Kontakte zu Regierungen der Westmächte zu knüpfen und beteiligte sich schließlich an den Vorbereitungen des Attentats vom 20. Juli 1944. Er war schon zuvor mit einem Rede- und Schreibverbot sowie mit Haftstrafen belegt worden und wurde schließlich hingerichtet.[15]

5. b) Alfred Delp (15.09.1907 in Mannheim – 02.02.1945 in Berlin-Plötzensee)

Der Jesuitenpater Alfred Delp verfasste Denkschriften zu einer christlichen Sozialordnung sowie Gefängnistexte, wie z.B. „Im Angesicht des Todes" und vernetzte sich mit Widerstandsgruppen. Er verweigerte einen Austritt aus dem Jesuitenorden und nahm damit bewusst das Martyrium einer Hinrichtung in Kauf.[16]

---

[13] Vgl. Gedenkstätte Deutscher Widerstand 2020.
[14] Vgl. Schütz 2005, S. 329.
[15] Vgl. Schleicher, Hans-Walter; in: Lill, Oberreuter 1995, S. 149-166.
[16] Vgl. Bleistein, Roman; in: Lill, Oberreuter 1995, S. 167-183.

6. a) Julius Leber (16.11.1891 in Biesheim bei Colmar – 05.01.1945 in Berlin-Plötzensee)

Der ehemalige Offizier, Chefredakteur des Lübecker Volksboten und Reichstagsabgeordnete Julius Leber leistete bereits aktiven Widerstand gegen den Kapp-Putsch 1920. Seine Art des Widerstandes setzte auf die offene Konfrontation. Nach Haftzeiten in Konzentrationslagern schloss er sich den Vorbereitungen zum Attentat vom 20. Juli 1944 an. Daraufhin wurde er hingerichtet.[17]

6. b) Wilhelm Leuschner (15.06.1890 in Bayreuth – 29.09.1944 in Berlin-Plötzensee)

Der Handwerker, Politiker und Gewerkschaftsführer Wilhelm Leuschner erhob bereits frühzeitig als Verteidiger der demokratischen Verfassung seine Stimme und trat aus Protest gegen die Nationalsozialisten von seinem Amt als hessischer Innenminister zurück. Er warnte zuvor durch die Veröffentlichung der sogenannten ‚Boxheimer Dokumente' vor der Gefahr des Nationalsozialismus. Später nutzte er seine Möglichkeiten als Fabrikant, um Kontakte zu knüpfen. Seine Art des Widerstandes setzte auf Verschwiegenheit. Nach Haftzeiten in Konzentrationslagern beteiligte er sich an den Vorbereitungen des Attentats vom 20. Juli 1944. Daraufhin wurde er hingerichtet.[18]

7. a) Johannes Popitz (02.12.1884 in Leipzig – 02.02.1945 in Berlin-Plötzensee)

Der Jurist und preußische Finanzminister Johannes Popitz nutzte seine Position, um hochrangige Kontakte zu knüpfen, mahnte Funktionäre und beteiligte sich schließlich an den Vorbereitungen des Attentats vom 20. Juli 1944, woraufhin er hingerichtet wurde.[19]

7. b) Erwin Planck (12.03.1893 in Charlottenburg – 23.01.1945 in Berlin)

Der Jurist und Staatssekretär der Reichskanzlei Erwin Planck legte sein Amt mit der Machtübernahme durch die Nationalsozialisten nieder und arbeitete danach in der Privatwirtschaft. Er setzte sich gemeinsam mit seiner Frau für

---

[17] Vgl. Schütz 2005, S. 228-229.
[18] Vgl. Beier, Gerhard; in: Lill, Oberreuter 1995, S. 257-276.
[19] Vgl. Gedenkstätte Deutscher Widerstand 2020.

Unterdrückte ein und war an den Vorbereitungen des Attentats vom 20. Juli 1944 beteiligt. Daraufhin wurde er hingerichtet.[20]

8. a) Franz Leuninger (28.12.1898 in Mengerskirchen – 01.03.1945 in Berlin-Plötzensee)

Der Maurer und spätere Leiter verschiedener Bezirksorganisationen der christlichen Gewerkschaften Franz Leuninger beteiligte sich als Geschäftsführer einer Siedlungsgesellschaft an den Vorbereitungen zum Attentat vom 20. Juli 1944 und wurde daraufhin hingerichtet.[21]

8. b) Ludwig Schwamb (30.07.1890 in Untenheim – 23.01.1945 in Berlin-Plötzensee)

Der Rechtsanwalt und Referent im hessischen Innenministerium Ludwig Schwamb verlor sein Amt nach der Machtübernahme der Nationalsozialisten und arbeitete fortan in der Privatwirtschaft als juristischer Vertreter eines Arbeitgebers. Dabei hielt er Kontakt zu Widerstandskreisen und beteiligte sich an den Vorbereitungen des 20. Juli 1944. Daraufhin wurde er hingerichtet.[22]

9. a) Clemens August Graf von Galen (16.03.1878 in Schloss Dinklage / Oldenburg – 22.03.1946 in Münster)

Der Bischof von Münster und Kardinal Clemens August Graf von Galen predigte offen gegen die nationalsozialistischen Unrechtstaten. Er wurde als „Löwe von Münster" weit über seine Wirkungsstätte hinaus bekannt. Die Texte seiner kritischen Predigten wurden tausendfach illegal vervielfältigt und in ausländischen Rundfunksendern kommentiert sowie von den Alliierten als Flugblätter abgeworfen.[23]

9. b) Paul Schneider (29.08.1897 in Pferdsfeld bei Kreuznach – 18.07.1939 in Buchenwald)

Der evangelische Pfarrer Paul Schneider äußerte sich bereits früh kritisch gegen den Nationalsozialismus. Während seiner Haft im Konzentrationslager

---

[20] Vgl. Schütz 2005, S. 293.
[21] Vgl. Gedenkstätte Deutscher Widerstand 2020.
[22] Vgl. Schütz 2005, S. 346.
[23] Vgl. Schütz 2005, S. 137.

wurde er als „Prediger von Buchenwald" bekannt, da er seine Mithäftlinge seelsorgerisch betreute und noch aus seinem Zellenfenster heraus gegen das NS-Unrecht predigte. Seine Beerdigung wurde durch zahlreiche Bürgerinnen und Bürger begleitet und so zu einer Demonstration gegen das NS-Regime.[24]

Weiterentwicklungsmöglichkeiten

Die betrachteten Straßenzüge auf der Pfaffendorfer Höhe bieten bereits eine gute Grundlage für die Entwicklung eines Lernweges. Die Straßen sind in einem überschaubaren Netz miteinander verbunden und die Auswahl der Namensgeber bildet ein großes und vielfältiges Spektrum an unterschiedlichen Milieus, Berufsfeldern und Widerstandsformen ab. Gleichwohl gibt es Entwicklungsmöglichkeiten, die man mittel- und langfristig in Betracht ziehen könnte.

- **in städtischer Hinsicht: Das „Widerstandsviertel" als sichtbarer Koblenzer Gedenkort**

Derzeit sind nur einige der Straßenschilder mit **biographischen Hinweisen zu der jeweiligen Person** versehen worden. Es böte sich an, derartige Informationen in gleicher Weise auch auf den übrigen Straßenschildern ergänzen zu lassen. Auch ein bereits vorhandener stationärer Übersichtsplan zur Pfaffendorfer Höhe könnte entsprechend umfangreicher beschrieben werden.

Durch eine **Umbenennung weiterer Straßen** könnte das Projekt zudem ausgeweitet werden. Auch wenn bereits eine große Bandbreite an Berufsfeldern und Widerstandsformen abgedeckt wurde, ließen sich doch noch einige Ergänzungen machen. So fehlen – abgesehen von Sophie Scholl – weibliche Persönlichkeiten. Auch **Berufsfelder**, wie Polizei, Ärzte- oder Lehrerschaft, sind derzeit noch nicht berücksichtigt worden. Schließlich ließen sich noch **Widerstandsformen**, wie Sabotage, Spionage, Demonstrationen, Rettungstaten, juristische Aufarbeitungen und Prozesse vor und nach dem Ende des Regimes und vieles weitere mehr abdecken.

Das Spektrum an Widerstandsformen und Berufsfeldern könnte beispielsweise durch die **Aufnahme folgender Widerstandspersönlichkeiten im Straßennetz** ergänzt werden: Die Politikerin Ellen Ammann und die Polizisten vom Odeonsplatz (Niederschlagung des Hitlerputsches 1923), der Jurist und Poli-

---

[24] Vgl. Schütz 2005, S. 327.

zeivizepräsident Bernhard Weiß (juristischer Kampf gegen Diffamierungen), die Ärztin Elfriede Paul (Netzwerkbildung, „Rote Kapelle"), die Sängerin Marlene Dietrich (demonstrativer Wechsel der Staatsbürgerschaft, Truppenbetreuung für die Alliierten), der Lehrer und Gewerkschafter Kurt Steffelbauer (Netzwerkbildung, KPD), der Kapitän Gustav Schröder (Rettung von Flüchtlingen), der Handwerker Georg Elser (Attentat auf Hitler im Münchner Bürgerbräukeller 1939), die ehrenamtliche Fahrerin beim Roten Kreuz Odette Fabius (Résistance-Kämpferin), der Sportler Luz Long (demonstrative Freundschaft zu dem dunkelhäutigen Sportler Jesse Owens bei den Olympischen Spielen 1936), der Unternehmer Oskar Schindler (Rettung von Juden), die Frauen vom Rosenstraßen-Protest (Demonstration zur Befreiung von Häftlingen), der Kommandant Mordechaj Anielewicz (Aufstand im Warschauer Ghetto), der Jurist Fritz Bauer (Juristische Aufarbeitung) und der Journalist Herbert Frahm (Netzwerkbildung, Kniefall von Warschau als Bundeskanzler Willy Brandt).

Als Alternative zu neuen Straßennamen kämen auch **andere fest verortete Hinweise des Gedenkens** (z.B. auf Steinplatten, an Metallstelen oder in Form von Skulpturen und Statuen) infrage, die beispielweise am Straßenrand angebracht bzw. platziert werden könnten. Die Bereitstellung **einer haptischen Infrastruktur** (z.B. Lesetafeln mit QR-Codes und Blindenschrift) könnten eine Etablierung des Lernortes begleiten und für einen barrierefreien Zugang sorgen.

-       **in pädagogischer Hinsicht: Vom „Widerstandsviertel" zum Lernweg ethischer Bildung**

Eine Weiterentwicklung des „Widerstandsviertels" zu einem Lernweg wäre ein **attraktives Erfahrungs- und Lernformat der Inneren Führung innerhalb der Bundeswehr.** Denn durch eine Einbindung des Lernweges in die Ausbildung am Zentrum Innere Führung könnte ohne großen Aufwand eine bereits vorhandene Infrastruktur durch die Bundeswehr genutzt werden. Die Lehrgangsteilnehmenden könnten sich unmittelbar örtlich vor der Lehreinrichtung mit den Inhalten vertraut machen und dieses Wissen auch bei späteren Wegstrecken durch das Straßenviertel abrufen und vertiefen.

Denn betrachtet man die benannten Straßen als ein thematisch gebildetes Netz, so lässt sich daraus eine **pädagogische Weg-Führung** entwickeln, bei der die einzelnen vorgestellten Lernstationen didaktisch sinnvoll miteinander verbunden werden. Das Abschreiten des Weges erlaubt dann zudem Pausen der Verarbeitung, Besinnung, Reflexion und fördert das Gruppenerlebnis. Man begibt sich – ähnlich einer eigenen ethischen Herausforderung – im wahrsten Sinne des Wortes auf einen Weg, der auch mit Anstrengungen und Hürden sowie der Notwendigkeit einer Neu-Orientierung oder auch Umkehr verbunden sein kann. Hier stellt sich die didaktische Herausforderung einer kompetenzorientierten Umsetzung des Widerstandswegs, die eine weitere Projektetappe im Modul „Diversität in Hochschullehre und wissenschaftlicher Weiterbildung" des Studiengangs „Leading Diversity" bildete.

Daneben könnten auch Pilgerwege an Rhein (Jakobsweg) und Mosel (Mosel-Camino), welche ohnehin durch die Gegend führen, auf diesen Lernweg geleitet werden, um so das **spirituelle Erleben auf der (inneren) Wanderschaft** durch diese zusätzlichen Impulse zu bereichern und für den weiteren Weg zum Nachdenken anzuregen.

Der Lernweg ließe sich sowohl durch **zielgruppengerechte Druckpublikationen** erschließen als auch durch ein **Online-Angebot**, welches über Smartphones oder digitale Pads abgerufen werden könnte. Ein entsprechendes digitales Angebot ließe sich zudem regelmäßig ergänzen und könnte auch Interaktions- und Vernetzungsmöglichkeiten beinhalten. So könnte man in einen kommunikativen Austausch mit den Nutzerinnen und Nutzern treten und das Projekt auf dieser Grundlage stetig weiterentwickeln. Die Lernstationen sollten neben leicht verständlichen biographischen Angaben auch graphisch aufbereitet sein und über entsprechende **Lernfragen und Querverweise** verfügen. Weitere Formen der Vermittlung (z.B. Videobeiträge) könnten zu späterer Zeit ergänzt werden. Auch eine digitale Umsetzung des Weges für den Gebrauch von Augmented-Reality-Brillen wäre langfristig denkbar.

Patenschaften für einzelne Stationen im Bildungsbereich könnten den Grad der Vernetzung erhöhen. Dabei kämen beispielsweise Schulen, Universitäten oder auch gemeinnützige Vereine in Betracht, die mit der jeweiligen Station bzw. Persönlichkeit (Straßenname) in einer ideellen Verbindung stehen.

Fazit

> *„(…) Fünf Jahre später hat sich die Bundesrepublik Deutschland eine Verfassung, ein Grundgesetz geben können, ein Grundgesetz, in dem die Grundrechte gesichert sind, für deren Wiederherstellung damals der deutsche Widerstand zwischen 1933 und 1945 gekämpft hat. Und wir sind seitdem in der Verwirklichung einer menschenwürdigen und einer freiheitlichen Gesellschaft ein großes Stück vorangekommen. Trotzdem aber dürfen wir unsere Hände nicht in den Schoß legen, sondern wir müssen der Sicherung und dem Ausbau unserer demokratischen Gesellschaftsordnung und unseres sozialen Rechtsstaates – wir müssen beides als eine fortdauernde Aufgabe verstehen. (…) Das Grundgesetz sagt uns in Artikel 20 Absatz 4 ganz ausdrücklich: Gegen jeden, der die verfassungsmäßige Ordnung in der Bundesrepublik Deutschland beseitigt, gegen den haben wir alle das Recht zum Widerstand, wenn es eine andere Abhilfe nicht gäbe. Dies ist ein staatsbürgerliches Recht, und es ist eine moralische Pflicht zugleich, eine Pflicht, wenn je wieder einmal ein solcher Fall eintreten sollte. Ich hoffe sehr zuversichtlich, wir alle werden gemeinsam dafür sorgen, daß solch ein Fall nie wieder eintritt."*
>
> (Helmut Schmidt, 1974)

Die historisch-ethische Auseinandersetzung mit dem Widerstand gegen Unrecht und Extremismus bedarf nach dem Motto „Wehret den Anfängen" auch heute und in der Zukunft der steten Entwicklung und Pflege angemessener Formate. Ein Lernweg zum Widerstand gegen den Nationalsozialismus in unmittelbarer Nachbarschaft zum Zentrum Innere Führung in Koblenz kann hierzu einen Beitrag leisten.

Das vorliegende Konzept bietet an dem dargestellten Beispiel auf der Pfaffendorfer Höhe in Koblenz Entwicklungsmöglichkeiten in verschiedene Richtungen und mit unterschiedlichen Zielsetzungen. Die Einbindung des Zentrums Innere Führung der Bundeswehr in dieses besondere Straßennetz bietet ein Alleinstellungsmerkmal, welches sich von der toponomastischen Gestaltung ähnlicher Straßenviertel in anderen Städten insgesamt abhebt.

In Ergänzung zur Lektüre historischer Literatur sowie zum Besuch von Gedenkstätten und Museen bieten sich hierbei – angereichert durch entsprechende didaktische Angebote – zahlreiche zusätzliche Anknüpfungspunkte für inhaltliche Weiterungen und gruppendynamische Prozesse, die gerade im Rahmen der ethischen Bildung besonders förderlich sind: Die Lerngruppe kann sich hierbei im wahrsten Sinne des Wortes auf einen gemeinsamen (Lern-)Weg begeben, um dem oben genannten Plädoyer Helmut Schmidts durch das persönliche Nachvollziehen herausfordernder Widerstandsleistungen – und damit der Wirksamkeit Innerer Führung – gerecht zu werden.

Literatur

Asche, Susanne; Bräunche, Ernst Otto (Hrsg.): Straße der Demokratie – Revolution, Verfassung und Recht. Info Verlag, Karlsruhe, 2011, 2. Auflage

Gedenkstätte Deutscher Widerstand (2020): https://www.gdw-berlin.de/vertiefung/biografien/, Abruf am 07.10.2020

Lill, Rudolf; Oberreuter, Heinrich (Hrsg.): 20. Juli. Porträts des Widerstands; ECON Taschenbuch Verlag, Düsseldorf 1995

Müller, Michael: Eine bleibende Lektion. Grußbotschaft des Regierenden Bürgermeisters von Berlin an die Angehörigen der Stiftung 20. Juli 1944, 19.07.2020; https://www.stiftung-20-juli-1944.de/reden/eine-bleibende-lektion, Abruf am 07.10.2020

Schmidt, Helmut: Gedenken an die 30. Wiederkehr des 20. Juli 1944. Rundfunk- und Fernseherklärung des Bundeskanzlers; Presse- und Informationsamt der Bundesregierung. Bulletin Nr. 89/S. 885 Bonn 23.07.1974; https://www.bundesregierung.de/breg-de/themen/erinnern-und-gedenken/historische-reden/reden-zum-gedenken-an-den-deutschen-widerstand-des-20-juli-1944, Abruf am 03.11.2020

Schütz, Wolfgang: Koblenzer Köpfe: Personen der Stadtgeschichte. Namensgeber für Straßen und Plätze; Verlag für Anzeigenblätter, Mülheim-Kärlich 2005

Zentrum Innere Führung (ZInFü) (2020): https://www.bundeswehr.de/de/organisation/weitere-bmvg-dienststellen/zentrum-innere-fuehrung, Abruf am 23.09.2020

Im Zweifel für das Gewissen. Historische Betrachtungen zu Wehrmachtpfarrer Heinrich Kreutzberg (1898–1968)

Markus Seemann

Wer jemals – ob in militärischem oder zivilem Zusammenhang – mit Beurteilungen zu tun hatte, weiß, wie schwer es ist, dabei Objektivität walten zu lassen. Neben subjektiven Einschätzungen und Wahrnehmungen einer Person haben Anlass und zeitliche Umstände einen nicht unerheblichen Einfluss darauf, wie die Beurteilung ausfällt und welches Bild ein unbedarfter Leser von der genannten Person erhält. Dies macht es auch für den Historiker nicht immer leicht, wenn er sich ein Bild von einer seit langem verstorbenen Person machen will, die er allein aus schriftlichen Dokumenten kennt.

Von Wehrmachtpfarrer Kreutzberg, der im Fokus dieses Beitrags steht, liegen drei sehr unterschiedliche Beurteilungen vor. Sie finden sich alle in der Personalakte, die als Bestandteil der „Sammlung Werthmann" im Archiv des Katholischen Militärbischofs in Berlin aufbewahrt ist.[1] Im Befähigungsbericht von 1939 wird Pfarrer Kreutzberg als „fleißiger und praktisch veranlagter Seelsorger" charakterisiert, „dem seine Erfahrungen als ehemaliger Frontkämpfer bei seiner Tätigkeit zugute kommen." Als „zuverlässiger Charakter", „gegenüber Vorgesetzten bescheiden und taktvoll, gegenüber Untergebenen und Gleichgestellten kameradschaftlich und freundlich", gilt er „für die Ernennung zum Wehrmachtpfarrer uneingeschränkt geeignet". Und selbstverständlich „setzt [er] sich rückhaltlos für den nationalsozialistischen Staat ein."[2]

Eine unmittelbar nach Kriegsende, am 9. Juni 1945 verfasste Aktennotiz zeichnet ein deutlich differenzierteres, in Teilen konträres Bild: „Den Nationalsozialismus hat Kreutzberg von jeher mit voller Überzeugung abgelehnt. Er

---

[1] Archiv des Katholischen Militärbischofs Berlin (im Folgenden: AKMB), SW 511. – Der Verfasser dieses Beitrags war von 2014 bis 2020 Leiter des Archivs. – Zur Entstehungsgeschichte der Sammlung Werthmann und des Archivs vgl. Monica Sinderhauf, Das Archiv des Katholischen Militärbischofs nach seinem Umzug von Bonn nach Berlin, in: Der Archivar. Mitteilungsblatt für deutsches Archivwesen, 54. Jg. (2001), Heft 4, S. 310; Markus Seemann, Aktensicherung 1945: Wie eine Kriegsevakuierung den Grundstock für ein Archiv legte. Das Archiv des Katholischen Militärbischofs, in: Berliner Archivrundschau 2020-1, S. 8-10.

[2] AKMB, SW 511, Befähigungsbericht Wehrkreispfarrer III, 06.12.1939.

verstand es, diese seine totale Ablehnung des Regimes so gut zu tarnen, dass ihm trotz allem keinerlei Schwierigkeiten bereitet wurden." Wie 1939 wird er als „fleißiger Seelsorger" bezeichnet, dem jedoch für die Männer- und Soldatenseelsorge keine besondere Eignung zugesprochen werden könne. Er habe sich dafür ausgiebig mit Frauen- und Mädchenseelsorge, mystischer Theologie, der Schönstatt-Bewegung[3] sowie der Vervollständigung seiner Briefmarkensammlung gewidmet, wobei bei dem Beurteilenden der Eindruck haften blieb, „dass diese Dinge ihn über das Normale und Zulässige hinaus in Anspruch nehmen."[4]

Von solch suspekten Nebeninteressen findet sich nichts in dem Nachruf, der unter dem Stichwort „Memento Defunctorum" 1968 in der Zeitschrift „Militärseelsorge" erschien. Der am 15. April 1968 Verstorbene habe sich „in Krieg und Frieden bewährt". In den Berliner Wehrmachtgefängnissen habe er als „Vater der Gefangenen" gewirkt; sein Leben war „ein einziger Dienst vor dem Herrn und an seiner Gemeinde und darüber hinaus ein brüderlicher Dienst an allen [...], die ihm begegnen durften."[5]

Die unterschiedlich akzentuierten Wertungen der Leistung Kreutzbergs von 1939, 1945 und 1968 stammen alle aus derselben Feder, nämlich aus der seines langjährigen Vorgesetzten Georg Werthmann, dem als Feldgeneralvikar der Wehrmacht 1936-45 und als Militärgeneralvikar 1956-62 die maßgebliche organisatorische Leitung der katholischen Militärseelsorge im „Dritten Reich" und in den Aufbaujahren der Bundeswehr oblag, und der Kreutzberg nicht nur als einen Untergebenen, sondern auch als einen „in Freundschaft verbundenen Mitbruder" ansah.[6]

Inwieweit werden Beurteilungen einer Persönlichkeit gerecht? Und was rechtfertigt es, dieser Person einen Beitrag in diesem Jahrbuch zu widmen? Als Wehrmachtseelsorger betreute er in den Gefängnissen Menschen, die sich dem Regime klar widersetzt und verweigert hatten. Wie trat er als Geistlicher in Wehrmachtuniform ihnen gegenüber? Auch wenn über diese Begegnungen keine Protokolle existieren und die Quellenlage dürftig bleibt, gibt es doch guten Grund zur Annahme, dass Kreutzbergs Lebensweg im Blick auf die Tra-

---

[3] Vgl. Peter Wolf, Schönstatt-Bewegung, in: LThK[3] (Lexikon für Theologie und Kirche) 9 (2000) 213 f.

[4] AKMB, SW 511, Aktennotiz [Georg Werthmann], 09.06.1945.

[5] Militärseelsorge – Zeitschrift des Katholischen Militärbischofsamtes Bonn, 10. Jg., Heft 3, S. 200-204.

[6] Ebd., S. 200.

dition der Militärseelsorge einer näheren Betrachtung und unterm Strich positiven Beurteilung wert ist.

Die Welt vom Bolschewismus befreien

Kreutzberg, geboren am 31.12.1898 in einer Kaufmannsfamilie in Hammerden bei Grevenbroich, entstammte der Frontkämpfergeneration. Sein Lebenslauf klingt zunächst zeittypisch.[7] Nach einem Notabitur wurde der 18-Jährige im April 1917 zur Fernsprech-Ersatzabteilung 4 in Karlsruhe eingezogen. Er nahm an Kampfhandlungen bei Verdun und Ypern und an Stellungskämpfen bei Reims teil und erhielt das Eiserne Kreuz II. Klasse.[8] Nach einem Theologiestudium in Bonn und München wurde er 1923 zum Priester des Erzbistums Köln geweiht und war als Kaplan in Düsseldorf und Wuppertal tätig.

Ungesicherten Quellen zufolge erhielt er 1937 Unterrichtsverbot an der Volksschule, „weil sein Religionsunterricht den Nazis missfiel."[9] Die NSDAP-Kreisleitung Wuppertal teilte allerdings Anfang 1939 der Gestapo mit, dass über Kaplan Kreutzberg „bisher politisch Nachteiliges nicht bekannt geworden sei", wodurch die politische Zuverlässigkeit bejaht wurde.[10] Im Herbst 1938 war er als Mob-Pfarrer zu Manöverübungen der 1. leichten Division in Sachsen und beim anschließenden Einmarsch ins Sudetenland eingesetzt. Im Juli 1939 trat er, nachdem man keinerlei Bedenken gegen ihn vorbringen konnte,[11] in den Dienst der Wehrmachtseelsorge in Eberswalde.

Im Dezember wurde er stellvertretender Wehrkreispfarrer und Standortpfarrer in Berlin, ehe er im Sommer 1940 als Divisionspfarrer zur 62. Infanteriedivision versetzt wurde, die zunächst in Frankreich eingesetzt war und später an den

---

[7] Die biographischen Angaben entstammen den Personalunterlagen in AKMB, SW 511; vgl. Kreutzberg, Heinrich Joseph, in: Biographisches Lexikon der Katholischen Militärseelsorge Deutschlands 1848-1945, hrsg. v. Hans Jürgen Brandt und Peter Häger im Auftrag des Katholischen Militärbischofsamtes, Paderborn 2002, S. 440.

[8] Sein Kriegstagebuch von 1917/18 befindet sich im Historischen Archiv des Erzbistums Köln (im Folgenden: AEK), Nachlass Kreutzberg, Nr. 2.

[9] Johannes Kleinwächter, Oberpfarrer Heinrich Kreutzberg (1898-1968). Sein Wirken als Wehrmachtpfarrer im Zweiten Weltkrieg und im Widerstand gegen die Hitlerdiktatur, in: Brühler Heimatblätter 67. Jg. (2010), Nr. 1, S. 1-7, hier S. 1.

[10] AKMB, SW 511, NSDAP-Kreisleitung Wuppertal an Gestapo-Außendienststelle Wuppertal, 21.01.1939; Abwehrstelle im Wehrkreis VI an Oberkommando des Heeres, 18.04.1939.

[11] Auch eine Mitgliedschaft in der Zentrumspartei 1930-32 zog keine Beanstandungen nach sich; vgl. ebd., Vorschlag zur Ernennung des Kaplans Heinrich Kreutzberg zum kommissarischen Heerespfarrer, 25.04.1939.

Kämpfen um Kiew teilnahm. Er schilderte in Briefen an seine Angehörigen die Zerstörungen und geschlossenen Geschäfte in der Stadt, brachte aber mit Siegesgewissheit zum Ausdruck, dass Kiew nach Befreiung vom Bolschewismus „als künftige Hauptstadt der Ukraine einer besseren Zukunft entgegengehen" werde. Beiläufig und ohne weiteren Kommentar teilte er mit, dass man noch Juden sehe, sehr viele aber schon „verschwunden" seien.[12] Ausführlich schilderte er die Osterfeierlichkeiten der Ostkirche, sah mit Freude nach jahrzehntelanger Unterdrückung wiedererwachendes religiöses Leben und brachte seine Hoffnung auf eine Wiedervereinigung von Ost- und Westkirche zum Ausdruck. Sich selbst sah er eingebunden in einen göttlichen Plan, daran mitzuwirken, „die Welt von der schmachvollen Knechtschaft des Bo[lschewismus] zu befreien."[13] Kriegspfarrer – die allesamt dienstrechtlich komplett in die Kommandostrukturen eingegliedert waren – standen bei ihren militärischen Vorgesetzten hoch im Kurs, wenn sie antibolschewistische Predigten hielten und darüber hinaus zur Stärkung der Kampfkraft ihrer Soldaten beitrugen. Bei allen ideologischen Differenzen – im Antikommunismus herrschte zwischen Katholiken und Nationalsozialisten höchstmögliche Einmütigkeit, was einen idealen Nährboden für eine Instrumentalisierung der Militärseelsorge im Krieg gegen die Sowjetunion bot.[14]

Die aus preußischer Zeit tradierte und mit dem Reichskonkordat reichsweit rechtlich etablierte Militärseelsorge erfüllte einen Zweck, der primär auf das Funktionieren der Truppe als Ganzes und nicht auf den einzelnen Soldaten und dessen religiöse Bedürfnisse oder moralische Fragen abzielte. Es war der – vermehrt erst im Laufe des Krieges durch konkurrierende weltanschauliche Gedanken in Frage gestellte – Anspruch des Staates und der militärischen Führung, auf die systemstabilisierende Rolle von Geistlichen zugreifen zu können, ganz im Sinne des Ausspruchs von Generalfeldmarschall von Natzmer (1654-1739): „Rechtschaffene Soldaten müssen ebenfalls wahre Christen und keine Idioten seyn."[15] Kreutzberg selbst untermauert vordergründig ein solches funk-

---

[12] AEK, Nachlass Kreutzberg, Nr. 6, Brief Kreutzberg, 07.10.1941.

[13] Ebd., Brief Kreutzberg an „Grete", 19.07.1941.

[14] Vgl. Dagmar Pöpping, Kriegspfarrer an der Ostfront. Evangelische und katholische Wehrmachtseelsorge im Vernichtungskrieg 1941-1945, Göttingen 2017, S. 40-43; Martin Röw, Militärseelsorge unter dem Hakenkreuz. Die katholische Feldpastoral 1939-1945, Paderborn 2014, S. 72-76.

[15] Memoiren des Freiherrn Dubislav Gneomar von Natzmer, Königlich preußischen Feldmarschalls [...], bearb. von Eufemia Gräfin Ballestrem, Berlin 1881, S. 187.

tionalistisches Religionsverständnis, wenn er in seinen Tätigkeitsberichten Offiziere zitiert mit Aussagen wie „Wir haben kein Interesse daran, dass die Religion und alles was mit ihr zusammenhängt, dem Soldaten verloren geht, denn das gibt ein Chaos!"[16] oder „Die Religion ist eine wunderbare Macht der Erziehung."[17] Neben Gottesdiensten, Lazarettbesuchen, Beichten und Beisetzungen gehörten religiöse Gemeinschaftsstunden, auch Kasernenstunden genannt, zu den Hauptaufgaben der Militärgeistlichen in der Wehrmacht. Dabei wurden, so berichtete Kreutzberg in einem seiner ersten Berichte, „ausgehend von der gewaltigen Entscheidungsstunde Deutschlands [...] Gott und die Persönlichkeit Christi in den Mittelpunkt gestellt, um dem Soldaten ein tiefes und starkes Gottvertrauen zu vermittel[n], das sein soldatisches Handeln beeinflusst und ihm Kraft gibt, in Schwierigkeiten auszuharren, mutig zu kämpfen und, wenn es sein muss, tapfer zu sterben."[18]

Schutzengel im Angesicht des Todes

Weit mehr und in ganz anderer Weise als es Kreutzberg bei Kriegsbeginn ahnen konnte, wurde das Vorbereiten auf den Tod zu einer Hauptaufgabe für den Geistlichen. Bereits im September 1939 war er an der Vollstreckung des Todesurteils und der anschließenden stillen Beisetzung zweier polnischer „Freischärler" beteiligt.[19] Nachdem Kreutzberg infolge eines Leistenbruchs von der Ostfront nach Berlin in die OKH-Reserve versetzt worden war, wurde er ab April 1942 als stellvertretender Wehrkreispfarrer III in Berlin eingesetzt. Neben der Dienstaufsicht über 120 Standort- und Lazarettpfarrer im Wehrkreis gehörte von nun an die Seelsorge in den Berliner Wehrmachtgefängnissen an der Lehrter Straße, in Tegel und ab 1944 zusätzlich in Spandau zu seinen Hauptaufgaben.

Der Münchner Rechtsanwalt und Abwehroffizier Josef Müller, der in die Umsturzpläne um Wilhelm Canaris involviert war, schildert in seinen Lebenserinnerungen, wie ihm als Häftling zum ersten Mal Kreutzberg in der Uniform eines Feldgeistlichem begegnete und ihn „mit männlicher Herzlichkeit" be-

---

16 AEK, Nachlass Kreutzberg, Nr. 13, Tätigkeitsbericht Kreutzberg 30.08.-10.12.1939, S. 4.

17 Ebd., Tätigkeitsbericht Kreutzberg 01.06.-31.12.1941, S.7.

18 Ebd., Tätigkeitsbericht Kreutzberg 30.08.-10.12.1939, S. 5.

19 Ebd., Tätigkeitsbericht Kreutzberg 30.08.-10.12.1939, S. 6.

grüßte.[20] Nach anfänglichem Misstrauen erkannte Müller Kreutzbergs untadelige Gesinnung, indem er die kritische Einstellung des Berliner Bischofs Graf Preysing zu Hitler wohl recht unmissverständlich zum Ausdruck brachte. Kreutzberg betreute den gläubigen Katholiken Müller nicht nur seelsorglich, sondern er wurde ihm „zu einem echten, hilfsbereiten Freund".[21]

In den Augen Müllers sah Kreutzberg seine Aufgabe in den Gefängnissen als „priesterliches Opfer", das er trotz schwerer seelischer Belastung auf sich nahm, insbesondere wenn er Todeskandidaten auf ihrem letzten Weg begleitete.[22] Sichtlich beeindruckte ihn dabei die Haltung von Franz Reinisch.[23] Der aus Österreich stammende Pallotinerpater hatte als einziger der zur Wehrmacht eingezogenen katholischen Priester den Fahneneid auf Hitler verweigert. Aufgrund seiner unbeugsamen Einstellung war ihm nach seiner Inhaftierung in Tegel vom zuständigen Geistlichen der Empfang der Kommunion verweigert worden. Kreutzberg war über den Fall vorinformiert. Der Feldbischof gab ihm persönlich den Auftrag, ihn zu besuchen und alles zu tun, um ihn von seinem Vorhaben abzubringen.[24] Selbstverständlich reichte Kreutzberg seinem Mitbruder gleich beim ersten Besuch in der Zelle die Kommunion. Die von beiden verinnerlichte Spiritualität der Schönstatt-Bewegung bot einen Anknüpfungspunkt für intensive Gespräche. Reinisch gestand offen, dass er die Regierung Hitlers nicht anerkenne und er als Christ es nicht mit seinem Gewissen vereinbaren könne, auf ihn einen Eid zu leisten. Der Militärseelsorger Kreutzberg versuchte nun nicht, ihn umzustimmen, sondern animierte ihn, seine Gedanken schriftlich festzuhalten. So begann Reinisch am 25. Juni 1942 mit den Worten „Ave Cor et Mariae!" (Sei gegrüßt, Herz Jesu und Mariens) sein Ge-

---

[20] Josef Müller, Bis zur letzten Konsequenz. Ein Leben für Frieden und Freiheit, München 1975, S. 207.

[21] Ebd. – Josef Müller, einer der Gründerväter der CSU, war in katholischen Kreisen gut vernetzt; mit Feldgeneralvikar Georg Werthmann war er seit der gemeinsamen Schulzeit in Bamberg freundschaftlich verbunden.

[22] Ebd., S. 204.

[23] Vgl. Markus Seemann, „Nein, ich werde nicht den Treueid leisten!" Pater Franz Reinisch (1903-1942), in: Ders. (Hrsg.), Mutige Zeugen. Katholiken zwischen militärischer Pflichterfüllung und Widerstand, Berlin 2020, S. 95-100; https://www.franz-reinisch.org/geschichte/ (aufgerufen: 25.11.2020).

[24] AKMB, NW (Nachlass Werthmann) 14, Stellungnahme Kreutzberg zum Fall des Kriegsdienstverweigerers Josef Fleischer, 01.06.1956, S. 2. – Zur Kontroverse um das Verhalten Werthmanns gegenüber Fleischer vgl. Mark Edward Ruff, The battle for the Catholic past in Germany 1945-1980, Cambridge 2017, S. 132-135.

fängnistagebuch, das am 7. August endete.[25] Wenige Tage später verlegte man ihn ins Zuchthaus Brandenburg-Görden, wo er am 21. August enthauptet wurde. Mehrfach wird Kreutzberg in diesem Tagebuch erwähnt, nie namentlich, sondern stets als „Sch[önstatt]-Priester" oder „mein priesterlicher Schutzengel". Dass er intensive Besuche in den Wehrmachtgefängnissen tätigen und vertraulich mit den Inhaftierten sprechen konnte, war aufgrund des Status eines Wehrmachtspfarrers möglich. Sein Vorgesetzter, Feldgeneralvikar Werthmann, nahm am Schicksal Reinischs „verständnisvollen Anteil", was für Kreutzberg eine große Hilfe bedeutete.[26]

Von den zahlreichen, aus unterschiedlichsten Gründen Inhaftierten, die Kreutzberg in den Wehrmachtgefängnissen betreute, sticht neben Pater Reinisch der ebenfalls aus Österreich stammende Landwirt und Familienvater Franz Jägerstätter hervor.[27] Auch er hatte als einer der wenigen Katholiken den Eid auf Hitler verweigert. Auch ihm spendete Kreutzberg die Sakramente, außerdem erzählte er ihm vom Schicksal seines Landsmanns, was Jägerstätter wiederum in seiner konsequenten Haltung bestärkte. „Wenn aber sogar ein Priester sich so entschieden hat und dafür in den Tod gegangen ist, dann darf ich es auch tun", soll Jägerstätter geäußert haben. Kreutzberg bekannte, dass er in diesem Moment kaum einen glücklicheren Menschen in Haft gesehen habe.[28] Da sich die beiden nur wenige Male in der kurzen Zeit zwischen Verurteilung am 6. Juli 1943 und seiner Verlegung zur Hinrichtung nach Brandenburg-Görden am 9. August begegneten, während der der Verurteilte nur wenige Briefe schreiben durfte, sind von Jägerstätter keine Aussagen überliefert, wie er die Besuche des Geistlichen empfunden hat. Es deutet jedoch nichts darauf hin, dass Kreutzberg Jägerstätters ablehnende Haltung gegenüber dem Regime nicht gebilligt hätte.

In Johann Anton Hamm findet sich ein weiterer Häftling, dessen Kontakt mit Kreutzberg belegt ist. Hamm war als Kriegspfarrer nicht nur priesterlicher Mitbruder, sondern Kollege innerhalb der Wehrmachtseelsorge. Aufgrund von unvorsichtigen Äußerungen gegenüber einem Offizier wurde er 1943 wegen

---

25 https://www.franz-reinisch.org/geschichte/verm%C3%A4chtnis/tagebuch/ (aufgerufen: 25.11.2020).

26 AKMB, SW 511, Kreutzberg an Werthmann, 11.07.1946.

27 Vgl. Markus Seemann, „Besser die Hände als der Wille gefesselt" Franz Jägerstätter (1907-1943), in: Ders. (Hrsg.), Mutige Zeugen (wie Anm. 23), S. 57-62.

28 Kreutzberg an Franziska Jägerstätter, 18.02.1946, zit. nach: Erna Putz, Franz Jägerstätter – Märtyrer: Leuchtendes Beispiel in dunkler Zeit, Linz 2007, S. 110.

Wehrkraftzersetzung angeklagt und suspendiert; der Prozess zog sich lange hin und endete mit einer Inhaftierung im Konzentrationslager Dachau.[29] Über seine Haft im Wehrmachtuntersuchungsgefängnis schrieb Hamm später: „Wehrkreispfarrer Heinrich Kreutzberg besucht mich und bringt mir das Allerheiligste in die Zelle. [...] Pfarrer Kreutzberg [...] tut alles zu meiner Rettung. Er besorgt mir vor allem einen tüchtigen angesehenen Rechtsanwalt [...]. Im Übrigen hat Pfarrer Kreutzberg sich weitgehend für alle Gefangenen eingesetzt und keine Mühe und manchmal auch keine persönliche Gefahr gescheut."[30]

Verräter oder Vorbilder?

Des Ruch des Verrats, der Vorwurf, seine Kameraden wie seine Familie im Stich gelassen zu haben, haftete an Verweigerern wie Jägerstätter, nicht nur innerhalb seiner Generation, in der praktisch alle Männer ihrem Einberufungsbefehl gefolgt waren, sondern in manchen Kreisen bis in die jüngste Vergangenheit.[31] Kreutzberg hingegen setzte sich bereits unmittelbar nach Kriegsende gegen alle gesellschaftlichen Widerstände dafür ein, ihnen ein ehrendes Andenken zu verschaffen. Mit den Angehörigen von Reinisch und Jägerstätter stand er in regem Kontakt. Im Frühjahr 1946 gelang es ihm, die Urne mit den sterblichen Überresten Reinischs aus der Sowjetischen Besatzungszone nach Vallendar bei Koblenz zu überführen, wo er in unmittelbarer Nähe des „Urheiligtums" von Schönstatt die letzte Ruhe fand. In seiner Traueransprache erklärte Kreutzberg, auch Reinisch sei „gefallen im Kampf, nicht draußen auf den Schlachtfeldern des Krieges, sondern auf dem Schlachtfeld des religiössittlichen Kampfes in Deutschland. Er starb im Kampf gegen die Gewalt des Neuheidentums."[32] Der Duktus zeugt zeittypisch von einer im Katholizismus weit verbreiteten Interpretation der nationalsozialistischen Schreckensherr-

---

[29] Vgl. Michael Fischer, „Ein typischer Vertreter der streitenden Kirche". Kriegspfarrer Dr. Johann Anton Hamm (1909-1986), in: Markus Seemann (Hrsg.), Mutige Zeugen. Katholiken zwischen militärischer Pflichterfüllung und Widerstand, Berlin 2020, S. 33-38.

[30] AKMB, SW 511, undatiertes maschinenschriftliches Manuskript „Pfarrer Dr. Hamm, Verhaftung und Haft als Kriegspfarrer (Letzter Teil des Kriegstagebuches, der in diesem nicht veröffentlicht wird, weil das Tagesbuch den Sinn hat, die Seelsorge als Priester unter den Soldaten zu schildern.)", S. 5.

[31] Vgl. Neue Zürcher Zeitung 17.08.2007
https://www.nzz.ch/kontroverse_um_eine_seligsprechung-1.542104 (aufgerufen: 25.11.2020).

[32] AKMB, SW 1050, Gedenkpredigt zur Heimholung der Urne von P. Franz Reinisch PSM nach Schönstatt am 1. Mai 1946 von Pfarrer Heinr. Kreutzberg, Wuppertal-Barmen, S. 2.

schaft als Folge einer entchristlichten Gesellschaft, die durch eine Rechristianisierung abgelöst werden müsse. Doch bleibt es bemerkenswert, dass bereits ein knappes Jahr nach Kriegsende, als zahlreiche deutsche Kriegsgefangene noch die Uniform der Wehrmacht trugen, einem Verweigerer aus Gewissensgründen solche Genugtuung entgegengebracht wurde.

Dass Reinischs – an sich noch grundsätzlichere – Gewissensentscheidung in der Nachkriegsgesellschaft weniger in Frage gestellt wurde als die Jägerstätters, dürfte maßgeblich damit zusammenhängen, dass es sich bei ihm um einen Angehörigen der katholischen Priesterschaft handelte, der selbst von der nationalsozialistischen Reichsregierung ein gewisser „Sonderstatus" zugebilligt worden war: Gemäß den Bestimmungen des Reichskonkordats von 1933 blieb diese Berufsgruppe von der allgemeinen Wehrpflicht befreit; im Fall der allgemeinen Mobilisierung konnten nur solche Geistliche, die nicht unmittelbar in der Pfarrseelsorge oder Diözesanverwaltung tätig waren, als Soldaten im Sanitätsdienst (aber nicht zum Dienst an der Waffe) eingezogen werden.[33]

Zu Jägerstätter, mit dem Kreutzberg weit weniger persönlichen Kontakt gehabt hatte, lässt sich 1948 erstmals ein würdigender Artikel aus der Feder Kreutzbergs nachweisen, der in der katholischen Männerzeitschrift „Mann in der Zeit" erschien.[34] Der Geistliche hatte mittlerweile eine Pfarrstelle in Brühl bei Köln inne und erlangte als Verfasser eines in mehreren Auflagen erschienenen katholischen Eheratgebers[35] gewisse Bekanntheit. 1952 veröffentlichte er eine Biographie über Pater Reinisch – nach dem Urteil Werthmanns ein „inhaltlich wie in der Ausstattung ausgezeichnet gelungene[s] Werk."[36] Kreutzberg widmete darin Jägerstätter („Franz II.", wie er ihn nannte) ein kurzes, abschließendes Kapitel, in welchem er ihn als „leuchtendes Vorbild unerschütterlichen Glaubens" vorstellte.[37]

Die Rezeption Reinischs geht somit maßgeblich auf Kreutzberg zurück, diejenige Jägerstätters zumindest indirekt: Als der US-amerikanische Soziologe und Aktivist der katholischen Friedensbewegung, Gordon C. Zahn, in der Bundes-

---

[33] Vgl. Hans Jürgen Brandt, Priestersoldaten in der Wehrmacht 1939 bis 1945, in: Priester in Uniform. Seelsorger, Ordensleute und Theologen als Soldaten im Zweiten Weltkrieg, hrsg. vom Katholischen Militärbischofsamt und Hans Jürgen Brandt, Augsburg 1994, S. 7-24, hier S. 15-19.

[34] Heinrich Kreutzberg, Er verweigerte den Eid, in: Mann in der Zeit 1. Jg. 1948, Nr. 8.

[35] Heinrich Kreutzberg, Vor dem Tor zum Heiligtum, Würzburg 1949.

[36] AKMB, SW 511, Werthmann an Kreutzberg, 20.10.1952.

[37] Heinrich Kreutzberg, Franz Reinisch. Ein Martyrer in unserer Zeit, Limburg 1952, S. 185.

republik für sein Buch über die katholische Kirche im Nationalsozialismus[38] recherchierte, vermittelte ihm Werthmann, seit kurzem als Leiter des Katholischen Militärbischofsamtes in Bonn ansässig, den Kontakt zu seinem Freund Kreutzberg. Bei einem Treffen zwischen dem amerikanischen Pazifisten und den beiden ehemaligen Wehrmachtgeistlichen im Herbst 1956 in Brühl bekam Zahn von Kreutzberg dessen Buch über Reinisch überreicht.[39] Zahn wurde dadurch auf den Fall Jägerstätter aufmerksam. Er besuchte Kreutzberg noch einige Male. Die stets unangekündigten Besuche waren laut Zahn „always very pleasant meetings"; Kreutzberg bezeichnete er „a fine man and a good priest".[40] Er veröffentlichte, basierend auf den Informationen, die er von Kreutzberg erhalten hatte, 1964 die erste Biographie Jägerstätters und machte den unbeirrbaren Innviertler Bauern, der seit 2007 von der Kirche als Seliger verehrt wird, in den USA und darüber hinaus bekannt.[41]

Nicht gewissensmäßig vergewaltigen

Kreutzberg wird für seine Zeit als Pfarrer und Dechant in Brühl als jemand geschildert, der nicht gerade die große Öffentlichkeit liebte.[42] Dazu passt, dass er in seinen Veröffentlichungen eingehend über das Denken und Handeln anderer schrieb, sich selbst aber als Person äußerst zurücknahm. Es wird somit kaum rekonstruierbar sein, wie er selbst, unter dem Eindruck der Bekämpfung des Bolschewismus in die Reichshauptstadt zurückgekehrt, reagierte, als er einem Mitchristen gegenübersaß, der diesen Kampf und den dahinterstehenden Staat für moralisch verwerflich hielt. Aus der zeitlichen Distanz von über einem Jahrzehnt erinnerte sich Kreutzberg an Gespräche mit Werthmann über die Frage der Kriegsdienstverweigerung im Zusammenhang mit den Gefängnisbesuchen. Beide hätten schon damals die übereinstimmende Auffassung vertreten, „dass, wo die Eidverweigerung aus einer echten Gewissensnot heraus vorhanden sei, wir im letzten eine solche Entscheidung zu achten und

---

[38] Gordon C. Zahn, German Catholics and Hitler's wars. A study in social control, New York 1962 (dt. Übs.: Die deutschen Katholiken und Hitlers Kriege, Graz – Wien – Köln 1965).

[39] AKMB, SW 1028, Werthmann an Matthias Defregger, Erzbischöflicher Sekretär in München, 15.06.1957.

[40] AKMB, SW 511, Zahn an Werthmann, 12.10.1968.

[41] Gordon C. Zahn, In solitary witness. The life and death of Franz Jägerstätter, New York u.a. 1964 (dt. Übs.: Er folgte seinem Gewissen. Das einsame Zeugnis des Franz Jägerstätter, Graz – Wien – Köln 1967).

[42] Kleinwächter, Oberpfarrer (wie Anm. 9), S. 5.

nicht das Recht hätten, einen Menschen gewissensmäßig zu vergewaltigen."[43] Ob diese Einstellung tatsächlich schon während des Krieges Konsens zwischen den beiden Militärgeistlichen war, lässt sich nicht überprüfen. Sie wäre in jedem Fall als Fortschritt in Bezug auf die individuelle Entscheidungsfreiheit des einzelnen Christen anzusehen gegenüber der lange herrschenden, unter anderem vom Linzer Bischof Josef Fließer vertretenen Meinung, die in Jägerstätter auch nach Kriegsende kein objektiv gültiges Vorbild für die Haltung zur Militärpflicht sah und befürchtete, dass eine Veröffentlichung des Falls „Verwirrung und unruhiges Gewissen" hervorrufen würde.[44]

Kreutzberg hat als höherer Wehrmachtbeamter im Offiziersrang selbstverständlich den Treueid auf Hitler geleistet. Er ist ebenso wenig durch Predigten gegen den Nationalsozialismus in Erscheinung getreten und war an keinen Umsturzplänen beteiligt. Er hat es – zumindest zu Beginn des Russlandfeldzugs – aus innerer Überzeugung gutgeheißen, dass das nationalsozialistische Deutschland den verhassten Sowjetkommunismus mit allen Mitteln bekämpfte. Es erscheint somit verfehlt, ihn als Widerstandskämpfer zu bezeichnen.[45] Was Kreutzberg getan hat – und was sich bei aller Lückenhaftigkeit der Überlieferung nachweisen lässt – ist jedoch genau das, was heute eine wesentliche Aufgabe von Militärseelsorgern in der Bundeswehr sein sollte: Er hat sich der Menschen angenommen, ihnen zugehört, praktische Hilfe vermittelt und sie in ihrer persönlichen Gewissensentscheidung bestärkt.

---

[43] AKMB, NW 14, Stellungnahme Kreutzberg zum Fall des Kriegsdienstverweigerers Josef Fleischer, 01.06.1956, S. 2 f.

[44] Erna Putz, Franz Jägerstätter: „…besser die Hände als der Wille gefesselt…", Grünbach 1997, S. 149 f.

[45] Für eine Verbindung Kreutzbergs zu der Verschwörung um Graf Stauffenberg, wie von Kleinwächter, Oberpfarrer (wie Anm. 9), S. 3, behauptet, gibt es keine Belege.

IV Dokumentation

Die Tagung ZInFü/Kdo H zum Führen im digitalen Umfeld

René Streifer

Digitalisierung ist allgegenwärtig. Ihre Auswirkungen auf alle Gesellschaftsbereiche sind täglich spür- und erlebbar. Eine Stagnation dieser Entwicklung ist nicht absehbar. Ganz im Gegenteil kann man davon ausgehen, dass ihr Einfluss auf die Lebenswirklichkeit aller Menschen weiter steigt. Die Wirkmacht dieser Veränderungen auf die Ziele Innerer Führung, also die Legitimation des Auftrags der Streitkräfte, die Integration in die Gesellschaft, die Motivation zur Auftragserfüllung sowie das Herstellen notwendiger innerer Ordnung sind offensichtlich. Dies betrifft ebenso die Relevanz dieser Wirkungen bezogen auf die Aufgaben: Führung, Ausbildung und Erziehung. So kann es auch nur auf den ersten Blick überraschen, dass Digitalisierung ein zentrales Thema für die Innere Führung, dem traditionellen Selbstverständnis und der Führungskultur der Bundeswehr ist und zwangsläufig sein muss. So stand auch der „Koblenzer Dialog" des Zentrums Innere Führung, der im Jahr 2019 gemeinsam mit dem Kommando Heer durchgeführt wurde, ganz im Zeichen des Oberbegriffs „Digitalisierung".

Die gemeinsame Absicht des Zentrums Innere Führung und des Kommandos Heer wurde durch das Motto „Einsatzbereitschaft: erfolgreiches Führen im digitalen Umfeld" verdeutlicht. Im Rahmen der zweitägigen Veranstaltung bestand die Aufgabe für die Teilnehmenden in der Beschäftigung mit den Leitfragen: *„Wie gelingt gutes Führen im digitalen Zeitalter?", „Welche Ableitungen ergeben sich daraus für die Erziehung und Ausbildung der Bundeswehrangehörigen?" „Was müssen wir heute tun, um auch in Zukunft erfolgreich zu führen?"* In Anlehnung an das Veranstaltungsformat sollten dazu für alle Teilnehmenden möglichst viele Gelegenheiten für Dialoge geschaffen werden. Um die Breite des Themas angemessen abzubilden, sollten dabei zusätzlich möglichst viele Perspektiven sowie jeweilige fachliche Expertise aus verschiedenen relevanten Bereichen zum Tragen kommen. Eine zusätzliche Herausforderung bestand darin, einen Dialog zu ermöglichen, der, basierend auf Prognosen, konkrete Ableitungen für aktuell zu ergreifende Maßnahmen erlaubt. Dem wurde durch Einsatz verschiedener Methoden Rechnung getragen. Es sollte versucht werden, die Teilnehmenden dabei zu unterstützen den Blick nicht von vorneherein zu sehr auf die aktuelle Situation zu verengen, ohne diese jedoch völlig aus den Augen zu verlieren. Als zeitlicher Ankerpunkt in der Zukunft wurde das Jahr 2032 gewählt – nah genug an 2019, um die Auswirkungen aktueller Entwicklungen zu antizipieren und aktuelle Planungen zu berücksichtigen und weit genug entfernt, um einen Blick über das bekannte Tagesgeschäft hinaus zu ermöglichen.

Die Masse der circa 80 Teilnehmenden der Veranstaltung bildeten Angehörige des Heeres. Hier kam es darauf an, die traditionelle Vielfalt des Heeres wenigstens im Ansatz abzubilden. So wurden der gesamte nachgeordnete Bereich des Kommando Heer, alle Dienstgradgruppen, ein breites Spektrum an Verwendungen und ein möglichst breites Alters- und Erfahrungsband berücksichtigt. Diese Vielzahl an Perspektiven wurde möglichst gleichmäßig auf die für die Arbeitsphase zu bildenden Teams verteilt. Unterschiedliche Biografien fanden sich ebenfalls beim teilnehmenden Funktionspersonal. Die hinzugezogenen Experten hielten Vorträge in der Inputphase und unterstützten mit ihrer jeweiligen Expertise in den Arbeitsgruppen. Diese reichte vom Referatsleiter Zukunftsanalyse des Planungsamtes, über Vertreter der Industrie, dem Leiter der HPI Design Thinking School bis zum Doktoranden im Bereich Virtual Reality. Vier militärische und zwei zivile Coaches mit sehr unterschiedlichen methodischen Hintergründen moderierten die Arbeit in den Teams.

Der zweitägigen Veranstaltung ging eine Zusammenziehung des Funktionspersonals unmittelbar am Durchführungsort voraus. Dies war notwendig, um vor allem die Coaches vor dem Hintergrund heterogener Teammitglieder, die sich erst während der Veranstaltung kennenlernen würden, sowie einer im Verhältnis zur verfügbaren Zeit anspruchsvollen Methodik aufeinander ein- und abzustimmen.

Am ersten Durchführungstag folgte auf die obligatorische Einschleusung ein Get Together in angenehmer Atmosphäre. Dies ermöglichte erste Dialoge und ging unmittelbar in die Begrüßung der Teilnehmer durch den Inspekteur des Heeres, welcher die Veranstaltung komplett begleitete, über. Es folgten Grußworte des Kommandeurs Zentrum Innere Führung und des Chefs des Stabes Kommando Heer. Bereits bei den jeweiligen einleitenden Worten zeigten sich die unterschiedlichen Perspektiven, die zu berücksichtigen sind, um der Vielschichtigkeit des Themas gerecht zu werden. Die Vorträge der anschließenden Inputphase wurden unter anderen von Vertretern des Zentrums Operative Kommunikation, des Planungsamtes, des Militärgeschichtlichen Forschungsamtes und des Sekretariats Digitalisierung im Bundesministerium der Verteidigung übernommen. Demzufolge breit aufgestellt waren die vermittelten Inhalte: der aktuelle Stand sowie diePlanungen zur Digitalisierung der Bundeswehr,

Aussagen zu ethischen Aspekten automatisierter Gefechtsführung und zukünftigen Konfliktszenarien, die Bedrohungslage durch hybride Kriege und die Rolle der Inneren Führung in dieser Konfliktform. Den Abschluss der inhaltlichen Vorbereitung der Teilnehmenden auf die Arbeitsphase bildete ein am Kommando Heer erstellter animierter Film. Dieser stellte ein fiktives Gefechtsszenario im Jahr 2035 aus Sicht unterschiedlicher Protagonisten dar. Durch den Einsatz dieses Mediums wurden drei Ziele verfolgt: 1. die Betonung der Befähigung zum Kampf als Kern des Auftrages von Streitkräften auch in zukünftigen Konflikten. 2. die prägnante und nachhaltige Vermittlung möglicher Auswirkungen von Digitalisierung im dafür geeignetsten Format - einer Geschichte. 3. das Aufgreifen verschiedener, gewollt kontroverser Aspekte von Konflikten in einer möglichen Zukunft, um die Motivation zur angeregten Diskussion für die folgende Phase (und darüber hinaus) zu erhöhen.

Das Ziel der Arbeitsphase bestand für jedes der sechs Teams in der Erstellung einer Future Persona. Die Methode der Persona-Erstellung wird unter anderem in der Software-Entwicklung benutzt. Die Beschäftigung mit einem greifbaren Individuum hilft bei der Perspektivenübernahme, um abstrakte Begriffe in konkreten Handlungsbedarf und Maßnahmen zu überführen. Da die Methode für die meisten Teilnehmer neu war, wurden sie durch erfahrene Coaches angeleitet. In jedem Team war mindestens ein Experte für Zukunftsthemen anwesend, um sein Fachwissen in die Erstellung einfließen zu lassen. Dies ist vor allem dann nützlich, wenn es wie in diesem Fall darum geht „den Soldaten von Morgen zu antizipieren". Die Verwendung, in der die Persona im Jahr 2032 dient, war für jedes der sechs Teams vorgegeben und reichte vom Mannschaftssoldaten bis zum Divisionskommandeur. Die so entstehenden Soldaten des Jahres 2032, mit ihren individuellen Biografien, Motiven und Merkmalen, wurden durch einen anwesenden Grafiker ansprechend visualisiert. Als Abschluss des ersten Tages wurden die Future Personas durch ein Teammitglied in Form eines Gallery Walk vorgestellt. Dazu schlüpfte das Teammitglied in die Rolle der Persona und stellte sich und seine Lebenswirklichkeit im Jahr 2032 den übrigen Teilnehmern vor. Einige Kernfragen dienten während der Vorstellung zur Orientierung: *Wie führt diese Persona oder wie wird sie geführt? Welche Führungskompetenzen braucht diese Persona? In welcher Organisationskultur arbeitet diese Persona? Welche Ausbildungen hat diese Persona bekommen?* Im Idealfall hatten alle Anwesenden nach der Vorstellung das Gefühl, die zukünftige Kameradin oder den zukünftigen Kameraden tatsächlich kennengelernt zu haben. Gleichzeitig stellte die Vorstellung für die Teams eine gute Gelegenheit zum Vorüben dar, da die Teilnehmer in der Rolle ihrer erstellten Future Personas, also in Form eines Avatars, an der Paneldiskussion des nächsten Tages teilnehmen sollten.

An der moderierten Paneldiskussion nahmen der Kommandeur des Zentrums Innere Führung, der Chef des Stabes Kommando Heer sowie jeweils ein Vertreter der Teams in der Rolle der erstellten Persona teil. Dies half dabei den Blick in die Zukunft zu richten, ohne das Individuum aus den Augen zu verlieren. Ein zusätzlicher Vorteil bei der Nutzung von Avataren besteht darin, dass es leichter fällt, kritische Punkte über die Rolle, in der man sich befindet, zu adressieren. Um allen Teilnehmern die Möglichkeit zu geben, sich unmittelbar an der Diskussion zu beteiligen, befand sich ein leerer Stuhl auf dem Podium, welcher spontan durch jeden Anwesenden genutzt werden konnte, um sich mit einer Frage oder einem Beitrag in die Diskussion einzubringen. Hier war es besonders erfreulich zu sehen, dass diese Möglichkeit vor allem durch anwesende jüngere Kameraden genutzt wurde. Im Zentrum des Austauschs standen die eingangs formulierten Leitfragen: *„Wie gelingt gutes Führen im digitalen Zeitalter?"* und bezogen auf Ausbildung und Erziehung *„Was müssen wir heute tun, um auch in Zukunft erfolgreich zu führen?"* Ein zentrales Dilemma, welches innerhalb der Diskussion mehrfach zutage trat, bestand darin, dass zum Bestehen innerhalb eines zu erwartenden neokonventionellen Kriegsbildes neue Kompetenzen und Fähigkeiten abzubilden sind. Dies bringt unweigerlich eine weitere Belastung des gemeinsamen Fundamentes mit sich. Die Herausforderung, über einen gemeinsamen Zeichenvorrat zu verfügen wird noch größer, obwohl der Abstand zwischen verschiedenen Gruppen innerhalb der Bundeswehr *(„mehrere Bundeswehren")* bereits sehr groß ist. Verschärfend käme dazu, dass verschiedene Maßnahmen zur kohäsionsstiftenden Substanzbildung *(„der Kitt, der Menschen zusammenhält")* durch das Wesen der gesellschaftlichen Entwicklung im Zuge der Digitalisierung nicht mehr in vollem Umfang zur Verfügung stehen. Neben der Kohäsion innerhalb der Streitkräfte stünde in Zukunft auch die staatsbürgerliche, werteorientierte Resilienz vermehrt unter Druck. Dies auch nicht erst bei Eintreten einer Krise oder eines Krieges und unter Nutzung von neuen Medien und Kanälen. Auch zur Bewältigung dieser Aufgaben seien Fähigkeiten und Kompetenzen zu erwerben und auszubauen. Anhand mehrerer Beispiele wurde die zunehmende Relevanz von Information, mit impliziter Wirkung auf Führungsprinzipien, Hierarchien und Gefechtsführung angesprochen. Hier standen sich die Sorge um ein weiteres Verwässern des „Führens mit Auftrag" und die Hoffnung, dass genau in der Revitalisierung dieses Führungsprinzips eine Möglichkeit zur Bewältigung der zunehmenden Komplexität liegt, gegenüber.

Aufbauend auf den Ergebnissen des Koblenzer Dialog 2019 fanden zu Beginn des Jahres 2020 insgesamt drei weitere Workshops in Strausberg unter Federführung Kommando Heer Abteilung III statt. Unter Einbeziehung der entsprechenden Fachlichkeiten wurden anhand der Impulse des Koblenzer Dialog sechs Cluster für Handlungsfelder abgeleitet. Im Schwerpunkt stand hierbei die Stärkung digitaler Kompetenzen.

- Cluster 1: Suchen, Verarbeiten und Aufbewahren
- Cluster 2: Kommunizieren und Kooperieren
- Cluster 3: Produzieren und Präsentieren
- Cluster 4: Schützen und sicher Agieren
- Cluster 5: Problemlösen und Handeln
- Cluster 6: Analysieren und Reflektieren

Zu diesen Clustern wurde ein Pool von insgesamt ca. 60 konkreten Einzelmaßnahmen erarbeitet. Im letzten der Workshops wurden diese Einzelmaßnahmen unmittelbar durch die Teilnehmer hinsichtlich ihres potenziellen Nutzens und des benötigten Aufwands bewertet. Die fünf Maßnahmen, die dabei am besten abschnitten, wurden in Form von Steckbriefen konkretisiert und im Bereich des Stabes Kommando Heer als Pilotmaßnahmen im kleinen Rahmen umgesetzt. Im Erfolgsfall werden die Ergebnisse dieser Maßnahmen dem nachgeordneten Bereich Kommando Heer mit Handlungsempfehlungen zur Verfügung gestellt. Im Falle des Misserfolgs einzelner Maßnahmen soll eine schnelle Bewertung der Gründe erfolgen, die dann entweder eine Anpassung nach sich zieht oder zum Verwerfen der Maßnahme und der anschließenden Identifikation weiterer potentiell geeigneter Maßnahmen im entsprechenden Cluster führt. Aufgrund der vergleichsweise schnellen Iteration, also des Testens und Anpassens von konkreten Maßnahmen und der „Skalierung" (Umsetzung im nachgeordneten Bereich) erst im Erfolgsfall sollen Geschwindigkeit und „Treffaussicht" bei gleichzeitig möglichst effizientem Ressourceneinsatz erhöht werden.

Die Phase des Testens der Maßnahmen im kleinen Rahmen am Stab Kommando Heer fiel in das Auftreten der ersten COVID-Welle im Frühjahr 2020 mit allen damit im Zusammenhang stehenden Herausforderungen. Dies verzögerte zwar das Gesamtvorhaben, allerdings zeigte sich gerade durch die Pandemie die Notwendigkeit zur Umsetzung konkreter Maßnahmen im Zuge der Digitalisierung und das Potential einiger der identifizierten Maßnahmen.

Abbildung 1: Arbeitsphase Erstellung der Personas

Abbildung 2: Zwei Beispiele für Visualisierungen der erstellten Personas

384

Abbildung 3: Paneldiskussion

Abbildung 4: Vorgehen nach Koblenzer Dialog

V Rezensionen

Sönke Neitzel, Deutsche Krieger. Vom Kaiserreich zur Berliner Republik – eine Militärgeschichte, Berlin 2020.

„Deutsche Krieger" – welch ein Titel, den der Historiker Sönke Neitzel für sein neues Buch gewählt hat. Mehr Provokation ist kaum möglich. Dies gilt erst recht für den Untertitel. Legt dieser etwa nahe, dass es Kriegertypen heute noch gibt? Und dass die Soldaten der Bundeswehr gar nicht so ganz anders sind als ihre Vorgänger im kaiserlichen Heer, in der Reichswehr und in der Wehrmacht? Offensichtlich ist ein derartiger Buchtitel erforderlich, um in Deutschland darüber zu diskutieren, wofür wir Streitkräfte unterhalten und ggf. einsetzen wollen. Der Potsdamer Militärhistoriker, der enge Kontakte zur Bundeswehr pflegt und sich schon häufiger mit pointierten Statements wie „Die sollen töten können" öffentlich äußerte, weiß dies nur zu gut. Ihm ist auch klar, dass eine in Gang gebrachte sicherheits- und militärpolitische Debatte genährt werden muss, damit sie nicht schnell versandet. Antworten auf die Gretchenfrage nach dem Wofür von Streitkräften müssen immer wieder in einen unmittelbaren Zusammenhang gebracht werden mit deren materieller Ausstattung und, was noch wichtiger ist, mit der Ausgestaltung ihres inneren Gefüges. Welche Rahmenbedingungen müssen Politik und Gesellschaft ihren Streitkräften geben? In welchem Verhältnis stehen diese zu Politik und Gesellschaft? Wie sollen Streitkräfte organisiert sein? Was festigt den Zusammenhalt unter Soldatinnen und Soldaten? Wie kommen deren Werte und Tugenden in der militärischen Traditionspflege zum Ausdruck? Diese hochaktuellen Fragestellungen legt Sönke Neitzel seiner vergleichenden militärgeschichtlichen Analyse der letzten 150 Jahre zugrunde. Die Antworten, die er gibt, mögen nicht allen gefallen. Sie zeigen zahlreiche Blindstellen unseres kollektiven Gedächtnisses auf und legen naive Annahmen in unserem sicherheits- und militärpolitischen Denken bloß. Zudem zwingen sie uns, mit mehr strategischem Sachverstand an unsere Selbstverpflichtung „mehr Verantwortung übernehmen" heranzugehen. Sönke Neitzels Buch liefert dafür einen geschichtswissenschaftlichen Impuls, der wirklich einen Unterschied machen könnte.

Bereits in der Einleitung bricht Sönke Neitzel mit liebgewonnenen Denkgewohnheiten. Er fragt, warum Politik und Gesellschaft es empörend finden, in Kasernen der Kampftruppen der Bundeswehr auf Wehrmachtsdevotionalien zu stoßen, die darauf hindeuteten, dass deren Angehörige die Wehrmacht für einen legitimen Teil ihrer Tradition hielten. Seine Grundannahme, dass die Bundeswehr „… eine Welt mit eigenen Werten und Normen ist, die zwar von

Gesellschaft und Politik mitgeprägt wird, aber doch einen besonderen sozialen Kosmos bildet", widerspricht dem weitverbreiteten Wunsch, die Bundeswehr so weit wie möglich kompatibel mit unserer liberalen Gesellschaft zu machen. Und im Unterschied zu dem Diktum der Himmeroder Denkschrift von 1950, wonach die Bundeswehr etwas „grundlegend Neues" sein sollte, fragt Sönke Neitzel: „Was haben … ein Leutnant des Kaiserreichs, ein im Nationalsozialismus sozialisierter junger Wehrmachtsoffizier und ein Zugführer der Task Force Kunduz des Jahres 2010 gemeinsam?" Neitzel bürstet also unsere tradierten Sichtweisen auf die Bundeswehr und die deutsche Militärgeschichte gegen den Strich. Dabei nutzt er die „wunderliche Dreifaltigkeit" des Krieges (Carl von Clausewitz), also die Elemente von Vernunft, Hass und Zufall, als Referenzrahmen. Bei seiner Rekonstruktion der Interaktionen von Politik, Gesellschaft und Militär betritt Sönke Neitzel auch das weite Feld der Inneren Führung. Auf deren Weiterentwicklung werden seine Analysen Einfluss nehmen, wie ich später noch zeigen werde. Schauen wir zunächst auf die von Sönke Neitzel erforschten Brüche und Kontinuitäten in der deutschen Militärgeschichte seit 1871.

Historische Erkenntnisse

Das kaiserliche Heer

Sönke Neitzel stellt das kaiserliche Heer als eine taktisch hoch effektive und „erstaunlich lernfähige" Streitkraft dar, die auf den Kriegsschauplätzen im Westen und im Osten unterschiedliche Kriegsführungsstrategien (Artillerie- und Bewegungskrieg) anwandte. Das an der Westfront anspruchsvollste taktische Problem, wie tiefgestaffelte Grabensysteme eines Gegners überwunden werden können, löste das Heer u.a. durch die Einführung von Sturmbataillonen. Vorbildlich sei auch die hohe Kohäsion innerhalb der Truppe gewesen. Es bedurfte, so Sönke Neitzel, schwerer strategischer Fehler der politischen und militärischen Führung, um den Ersten Weltkrieg zu verlieren. Die verbreitete Charakterisierung der Obersten Heeresleitung unter Hindenburg und Ludendorff als „Militärdiktatur" hält er für falsch. Kaiser und Kanzler hätten weiterhin Einfluss auf die Militärstrategie gehabt, diesen aber nur zaghaft genutzt. Zudem blieb die Verfassung des Staates unverändert. Gleichwohl sei damals das Primat der Politik durch das des Militärs ersetzt worden.

Die Reichswehr

Die Bezeichnung der Reichswehr als „Staat im Staate" sei unzutreffend. Zwar fremdelte diese mit Politik und Gesellschaft; Putschpläne habe es allerdings zu keinem Zeitpunkt gegeben. In Politik, Gesellschaft und Militär herrschte breites Einvernehmen, dass die durch die Auflagen des Versailler Vertrages bedingte Wehrlosigkeit Deutschlands beendet werden müsse. Das, was die Reichswehr im Geheimen ausprobierte, sei auch Politikern bekannt gewesen. Zum Untergang der Weimarer Republik hätten vor allem die Wähler sowie der damalige Reichspräsident Hindenburg beigetragen. Allerdings habe die Reichswehrführung nichts für den Schutz der Demokratie getan. Eine „demokratische Vorzeigearmee" sei sie nicht gewesen.

Die Wehrmacht

Die Wehrmacht beschreibt der Autor als eine „Armee der Extreme". Ihre Gewaltbereitschaft sei historisch beispiellos. Militärfachlich sei sie längst nicht so gut gewesen, wie es im zeitgenössischen Urteil und in der Legendenbildung nach dem Zweiten Weltkrieg behauptet wurde. Im Laufe des Krieges habe sie an Professionalität stark eingebüßt. Ursache dafür sei nicht nur die nachlassende Qualität des Personalersatzes gewesen, sondern auch die fehlende Lernfähigkeit der höchsten militärischen Führung. Die Generalität habe nicht erkannt, dass die Voraussetzungen für ihren perfektionierten Bewegungskrieg ab 1942 nicht mehr gegeben waren. Der Blitzkrieg verwandelte sich in einen allumfassenden Abnutzungskampf. Als „schneller Sprinter" konzipiert, wurde die Wehrmacht in einem „Marathonlauf" aufgerieben. Ihre Angriffsoperationen endeten schnell im massiven Feuer ihrer Gegner. Statt wie das kaiserliche Heer zu lernen und eine Alternative zum Bewegungskrieg zu entwickeln, hielt die Generalität an ihrem vermeintlichen Erfolgsrezept fest. Dass die Wehrmacht trotz der Überlegenheit ihrer Gegner so lange weiterkämpfte, lag an ihrer hohen horizontalen und vertikalen Kohäsion, was dazu führte, dass sie zum Opfer ihrer selbst wurde. Auch ihre tiefe Einbindung in Staat und Gesellschaft habe dazu beigetragen. Hitler sei nicht der Dilettant gewesen, wie er gerade auch in den Erinnerungen von Wehrmachtsgeneralen dargestellt wurde. Sein Einfluss sei nicht übermäßig hoch gewesen. Zudem hätten sich viele Generale nicht an seine Haltebefehle gehalten.

Die Bundeswehr des Kalten Krieges

Die Bundeswehr war, so Sönke Neitzel, von Anfang an ein außen- sowie innenpolitisches Projekt. Kampfkraft stand für die Politik dabei nicht im Vordergrund. Ihr Zweck war vielmehr, das Gewicht der Bundesrepublik Deutschland gegenüber seinen Verbündeten zu erhöhen, ohne dabei zur Gefahr für die weitere Demokratisierung von Politik und Gesellschaft zu werden. Dazu dienten das Narrativ von der Reichswehr als einem „Staat im Staate" sowie ein „Gesellschaftsvertrag" mit der militärischen Führungsspitze. Diese konnte sich auf ihre militärische Arbeit konzentrieren und musste dafür auf Einfluss in der Politik verzichten. Der Aufbau der Bundeswehr dauerte deutlich länger als geplant, was auch daran lag, dass der Personalbedarf weder quantitativ noch qualitativ gedeckt werden konnte. Personelle und materielle Defizite hatten massive Auswirkungen auf die Umsetzung des anspruchsvollen Reformkonzepts der Inneren Führung. Das hochgesteckte Erziehungsziel des „guten Soldaten", der gleichzeitig ein „überzeugter Staatsbürger und Demokrat" ist, stieß sich hart an der Realität in der Truppe, vor allen an den „kulturellen Identitäten" (*tribal cultures*) der Truppengattungen. Zudem wurde über dieses Leitbild intensiv und öffentlich gestritten – unter jungen Offizieren und auch innerhalb der militärischen Führungsspitze. Das Offizierskorps war innerlich zerrissen, was seiner Kohäsion nicht guttat. Nicht wenige bewerteten den Verfassungspatriotismus, der den Soldaten als „Ersatzvaterland" angeboten wurde, sowie die einseitigen Anpassungsleistungen der Bundeswehr an den gesellschaftlichen Wertewandel als Untergrabung der Verteidigungsfähigkeit. Als die Bundeswehr zu Beginn der 1980er Jahre den Höhepunkt ihrer Schlagkraft erreichte („beste Wehrpflichtarmee der NATO"), „… nahm der gefühlte Druck, vielleicht wirklich einmal kämpfen zu müssen, stetig ab." Bequemlichkeit („dicke Soldaten") und Verteidigungsbeamtenmentalitäten nahmen überhand.

Die Bundeswehr der Berliner Republik

Für die neue Bundeswehr, so der Autor, war der Erhalt ihrer Kampfkraft nicht mehr wichtig. Ganz im Gegenteil. Sie wurde zu einem Instrument für die Erreichung zweier außenpolitischer Ziele: (1) die Angst vor einem nationalistischen Deutschland zu nehmen, indem die verkleinerte Bundeswehr zunehmend in multinationale Strukturen eingebunden wurde; und (2) um das außenpolitische Gewicht Deutschlands in NATO und EU zu stärken. Als Instrument einer Strategie, welche die Anwendung bewaffneter Gewalt einschloss, kam sie der Politik nicht in den Sinn. Damit war auch ein Lernen von der NVA, die eine deutlich höhere Einsatzbereitschaft besessen hatte, nicht erforderlich.

Im Zuge der Beteiligung der Bundeswehr an internationalen Einsätzen kam es zu drei aufeinander abgestimmten Entwicklungen: (1) die erneute Reduzierung der Kampf- und Kampfunterstützungstruppen und damit ihrer Feuerkraft,

(2) die weitere Verstärkung der strikten politischen Kontrolle der Streitkräfte und (3) die Erstellung eines neuen Leitbildes: Die Soldaten der Bundeswehr sollten Streetworker, Streitschlichter und Retter sein (*miles protector*). Den Deutschen, so Sönke Neitzel, gefiel dies; der Einsatz der Soldaten in den damaligen *Peacekeeping*-Missionen fand weithin Anerkennung.

Der Einsatz der Bundeswehr in Afghanistan markierte das Scheitern dieser Militärpolitik. Ab 2007 musste die Feuerkraft der Einsatzverbände Schritt für Schritt erhöht werden. Die politische Kontrolle nahm ab, was auch daran lag, dass es jenseits der Vorgaben für Kontingentgröße und -ausstattung keine politischen Ziele gab, deren Einhaltung hätte überwacht werden können. Der deutschen Politik ging es vor allem darum, Gewicht und Stimme in der NATO zu haben und nicht so sehr darum, den Einsatz zu einem Erfolg zu führen. Die politische Mahnung, vorsichtig zu sein, konfligierte mit tradierten Führungsgrundsätzen, die Initiative und Risikobereitschaft forderten. Die Einsatzsoldaten erlebten hautnah die Logik des Krieges: die Gewalt mit ihren Eskalationsdynamiken. Die Bundeswehr bewies, dass sie zu kämpfen bereit und in der Lage war. Auch die deutsche Politik zeigte Zuverlässigkeit. Ein vorzeitiger Abzug wurde trotz der Verluste und fehlender Akzeptanz in der Bevölkerung nicht in Erwägung gezogen.

Vor allem die Kampftruppen betonten nunmehr ihre *tribal cultures,* wie es auch bei verbündeten Streitkräften der Fall war. Sie entwickelten einen „transnationalen Kriegerhabitus", der nach Rückkehr aus dem Einsatz in den Kasernen weiter gepflegt wurde. Die politische Leitung und die höhere militärische Führung zeigten dafür wenig Verständnis. „Wozu die Einsätze gut seien, welche soldatische Identität man habe, welche Vorbilder und Traditionen gelten sollten – mit solchen Fragen wurden die Soldaten vielfach allein gelassen", stellt der Autor fest. Mehrere Führungsentscheidungen hätten dazu geführt, dass das Vertrauen zwischen Truppe, militärischer Führung und Politik vollends zerstört wurde. In diese Kommunikations- und Vertrauenskrise stießen rechte Parteien und Netzwerke mit ihren Deutungs- und Wertschätzungsangeboten, wie es bereits in den 1960er Jahren der Fall war.

Der Einsatz in Afghanistan leitete, so Sönke Neitzel, auch das Ende der Landesverteidigung ein. Die Bundeswehr verlor nicht nur ihre personelle Aufwuchsfähigkeit, sondern auch die Befähigung zum Großkampf. Heute sei die Einsatzbereitschaft der Bundeswehr wie im vorletzten Kriegsjahr des Zweiten Weltkriegs. Dabei sei „… bemerkenswert, dass sich der Niedergang der Bundeswehr so reibungslos vollziehen konnte." Eine allzu stark ausgeprägte Loyalität gegenüber der Politik sowie die nicht vorhandene Debattenkultur auch innerhalb der Bundeswehr seien hierfür Gründe.

Sönke Neitzels vergleichende Militärgeschichte bietet einen tiefen Einblick in das Beziehungsgeflecht von Politik, Gesellschaft und Militär. Er zeigt uns, wie die Bundeswehr versuchte, von ihren Vorgängerarmeen zu lernen und den veränderten sicherheits- und gesellschaftspolitischen Rahmenbedingungen gerecht zu werden. Kontinuitäten sieht er insbesondere in der hohen Bedeutung der militärfachlichen Ausbildung und der soldatischen Tugenden für das Selbstverständnis sowie der horizontalen und vertikalen Kohäsion für die Schlagkraft. Hinzu kommen die Auftragstaktik als komparativer Vorteil sowie das Primat der Beweglichkeit vor der Feuerkraft. In der alten sowie der neuen Bundeswehr hatten personelle und materielle Defizite einen negativen Einfluss auf die politischen Einstellungen der Soldaten sowie auf deren Einbindung in Staat und Gesellschaft.

Bedeutung für die Innere Führung

Das Buch „Deutsche Krieger" liefert auch für die Innere Führung wichtige Impulse – sowohl für das Projekt „Innere Führung – heute" als auch für die Erarbeitung einer neuen Vorschrift.

Zur Tradition der Bundeswehr

Sönke Neitzel erklärt den gesellschaftspolitischen Kontext, der über Jahrzehnte hinweg ein paradoxes Phänomen ermöglichte: Einerseits vertrat die Bundeswehr den Anspruch, Neues zu wagen und freiheitlich-demokratische Werte zum Fundament ihres Selbstverständnisses und ihrer Führungskultur zu machen. Andererseits wahrte sie kaum Distanz zur Wehrmacht, deren militärische Leistungsfähigkeit vor allem in den Kampftruppen des Heeres glorifiziert wurde. Erst das Ausscheiden der letzten kriegsgedienten Soldaten aus der Bundeswehr in den 1980er Jahren, dann die öffentliche Debatte über die Beteiligung der Wehrmacht an Völkermord und Kriegsverbrechen in den 1990er Jahren und schließlich die neuen Aufgaben der Bundeswehr im Rahmen des internationalen Krisenmanagements erleichterten die offizielle Distanzierung der Bundeswehr von ihrer unmittelbaren Vorgängerarmee. Zwischen den Zeilen liest der Leser Sönke Neitzels Erstaunen darüber, dass die Bundeswehr den Mythos der professionellen Wehrmacht bis heute unkritisch tradiert. Eine Analyse der De-Professionalisierung der Wehrmacht in der zweiten Kriegshälfte ist eine noch zu erledigende Aufgabe für die historische Bildung in der Bundeswehr. Sie dürfte zudem den Weg freimachen für eine intensivere Beschäftigung mit der bundeswehreigenen Geschichte, die der Potsdamer Militärhistoriker dringend anmahnt – nicht zuletzt deshalb, weil absehbar sei, dass Angehörige des Widerstandes gegen das Nazi-Regime und der Aufbaugeneration der Bundeswehr aus dem Kreis überlieferungswürdiger Personen entfernt werden.

Grundsätze und Ziele der Inneren Führung

Auch wenn der Begriff der Kohäsion in der noch gültigen Vorschrift zur Inneren Führung nicht auftaucht, so deuten doch ihre Grundsätze und Ziele darauf hin, dass Zusammenhalt wichtig ist für die Einsatzbereitschaft der Streitkräfte. Sönke Neitzels vergleichende Analysen über die horizontale und vertikale Kohäsion in den verschiedenen deutschen Armeen mahnen an, diesen Faktor von Schlagkraft noch stärker zu betonen. Akuten Handlungsbedarf sieht er bei der vertikalen Kohäsion, vor allem bei der Verbesserung des Vertrauens der Truppe in die politische Leitung und militärische Führung. Recht deutlich weist er darauf hin, dass die militärische Führung künftig die berechtigten Belange der Truppe stärker gewichten und dafür auch den Konflikt mit der politischen Leitung suchen muss.

Die Identifikation des Soldaten mit seiner Teilstreitkraft und Truppengattung wurde zuletzt im neuen Traditionserlass betont. Die Waffen- bzw. Truppengattungen seien, so Sönke Neitzel, in allen deutschen Armeen der wichtigste Bezugspunkt für das soldatische Selbstverständnis gewesen. Hier und nicht so sehr im politischen Überbau lägen wichtige Voraussetzungen für die Kampfkraft der Truppe und die Widerstandsfähigkeit (Resilienz) des einzelnen Soldaten. Durch die Einsätze gewann diese Form der Identitätsbildung auch für die Bundeswehr stärker an Gewicht. Damit steigen die Anforderungen an die Integrationsfunktion der Inneren Führung, und zwar in doppelter Hinsicht: Zum einen in eine Gesellschaft, die Kampfeinsätze mehrheitlich ablehnt und mit den Streitkräften fremdelt, woraufhin rechte Parteien und Gruppieren die Unzufriedenheit der Soldaten ausnutzen. Zum anderen innerhalb der Streitkräfte, deren Teilstreitkräfte und Truppengattungen sich in ihren Aufgaben und Einsatzerfahrungen stark ausdifferenzieren und eine gemeinsame Mitte benötigen. Eine Meistererzählung, die diese historischen Erkenntnisse beinhaltet, könnte diese verbindende Mitte sein.

Die Politische Bildung gehört zu den hauptsächlichen Gestaltungsfeldern der Inneren Führung. Sönke Neitzel weist darauf hin, dass alle deutschen Staaten ihren Soldaten politische Deutungsangebote gemacht hätten. Diese zeigten dafür allerdings kaum Interesse. Für Vorgesetzte und Unterstellte stand die handwerkliche Ausbildung im Vordergrund. Auch nach 1945 hätten weder die „Erlebnistherapie" in der Bundeswehr noch die „Rotlichtbestrahlung" in der NVA nachhaltige Wirkung bei den Grundwehrdienstleistenden erreicht. Andererseits sei die militärische Forderung, die Gesellschaft habe „fertige Staatsbürger in Uniform an den Kasernentoren abzuliefern", naiv gewesen. Sind damit die anspruchsvollen Konzepte der Bundeswehr für die Persönlichkeitsbildung eine Illusion? Heute sind die Rahmenbedingungen für die politische, historische und ethische Bildung besser als in den Wehrpflichtarmeen vor 1945 und der Bundeswehr zwischen 1955 und 2011: Die Führerdichte ist deutlich höher, und Mannschaften verpflichten sich auf viele Jahre. In diesen Bildungsbemühungen könnte auch die gemeinsame Mitte liegen, die die zunehmende Separierung in *tribal cultures* ausbalanciert. Es gibt allerdings weiterhin massive Vorbehalte bei Vorgesetzten über die Sinnhaftigkeit von Bildung. Eine wichtige Erkenntnis von Sönke Neitzel könnte dabei helfen, diese Vorbehalte zu überwinden. Er weist darauf hin, dass das anspruchsvolle Ziel, Soldaten zum Mitdenken im Sinne der Auftragstaktik zu erziehen, nur eine Erfolgsquote von bis zu 25 Prozent hatte. Dies hätte allerdings ausgereicht, weil die „*violent few*" als Korsettstangen andere mitrissen. Auch bei den anspruchsvollen Bildungszielen können die wenigen „*thinking few*" einen ähnlichen Effekt erzielen.

Strategiefähigkeit

Einer der wichtigsten Grundsätze der Inneren Führung fordert „Gehorsam aus Einsicht". Der Soldat der Bundeswehr soll auch in politischer und strategischer Hinsicht mitdenken. Deshalb verstand sich die Innere Führung von Anfang an nicht als eine bloße Handlungsanweisung für die Menschenführung, sondern als eine umfassende politisch-strategische Konzeption. Grundsätze für den Umgang mit Soldaten in der Ausbildung wurden genauso wie das Handeln im Gefecht und seine Integration in die Gesellschaft aus übergeordneten politischen und strategischen Überlegungen abgeleitet.

In seiner zeitgeschichtlichen Analyse der Bundeswehr weist Sönke Neitzel darauf hin, dass vor allem den Soldaten in den Einsätzen ein „Dienen aus Einsicht" schwerfiele, was das Konzept der Inneren Führung „ad absurdum" führe. Er spricht damit ein Problem an, dass nicht nur die Innere Führung berührt, sondern die Strategiefähigkeit Deutschlands insgesamt.

Unzureichende strategische Kompetenz sei ein Kennzeichen aller deutschen Armeen gewesen. Der deutsche Generalstab im Ersten Weltkrieg war dem französischen Generalstab unterlegen. Er war nur eine „kleine operative Planungsbehörde" ohne Befähigung für die Erarbeitung und Implementierung einer *Grand Strategy*. Auch der Wehrmacht fehlte eine umfassende Strategie. Die Bundeswehr im Kalten Krieg delegierte die strategische Arbeit an die NATO und fokussierte auf ihre von der Wehrmacht vererbte Expertise in taktisch-operativen Fragen. Das Fehlen politischer Ziele und strategischer Weisungen in den Auslandseinsätzen wie beispielsweise in Afghanistan und Mali sowie der strategische Schock durch die russische Annektierung der Krim führten zur im Weißbuch 2016 verankerten Erkenntnis, dass Deutschland seine Strategiefähigkeit verbessern müsse.

Sönke Neitzel schafft dafür wichtige mentale Voraussetzungen, indem er den *German Way of Warfare* de-mystifiziert. Aus seiner Sicht gab es keine Kontinuität von der kaiserlichen Armee und deren Gewaltanwendung im Weltkrieg und in den Kolonien bis zum Vernichtungskrieg und dem Holocaust. Die deutschen Soldaten im Ersten Weltkrieg bewertet er hinsichtlich der Gewalteskalation insbesondere gegenüber Zivilbevölkerung und Kriegsgefangene als unauffällig im Vergleich mit ihren Gegnern. Gleichwohl sei schon damals ein Unterschied der Kriegführung zwischen Ost und West erkennbar gewesen. Bei der Wehrmacht stellt er zwar eine besondere Gewaltkultur fest, und der Polenfeldzug sei der erste Schritt zum Vernichtungskrieg im Osten gewesen. Er spricht von einer „neuen Dimension", aber nicht von „Einzigartigkeit", einer Qualifizierung, um die im Historikerstreit der 1980er Jahre so vehement gerungen wurde. Das deutsche strategische Denken leidet also nicht an einer pathologischen Affinität zur Gewalt und endet nicht notwendigerweise in Vernichtung und Untergang.

Auch für das vermeintliche Strategiedesaster in Afghanistan bietet uns Sönke Neitzel eine andere Sichtweise an. General Schneiderhan hatte als Generalinspekteur maßgeblich den Einsatz der Bundeswehr in Afghanistan mitbestimmt. Den Forderungen der Inspekteure des Heeres sowie der Einsatzkontingente in Afghanistan folgte er nicht immer. Sein strategisches Denken war stark durch die wunderliche Dreifaltigkeit von Clausewitz, die sich auch in der ursprünglichen Inneren Führung von Baudissin wiederfindet, beeinflusst. Seine Entscheidungen beruhten auf der Analyse, was Politik, Gesellschaft und Streitkräften zum damaligen Zeitpunkt zumutbar war. Es gibt also strategisches Denken in der Sicherheits- und Militärpolitik. Auch der Verteidigungsausschuss im deutschen Bundestag müsste nur auf seine Mitarbeit bei der konzeptionellen Ausgestaltung der Bundeswehr in den 1950er Jahren zurückblicken, um zu erkennen, welche Rolle er bei der Verbesserung strategischer Kompetenz spielen könnte. Dabei dürfte auch deutlich werden, dass der Weg dahin über die Innere Führung führt. Sie hat viel an Strategiedenken zu bieten. Es ist allerdings verschüttet, muss freigelegt und auf die neuen Herausforderungen angewandt werden.

Zur Kritik an „Deutsche Krieger"

Zweifelsfrei ist Sönkes „Deutsche Krieger" ein Meisterwerk. Es liefert wichtige Impulse für die Debatte über die Deutschen und ihr Verhältnis zur Bundeswehr. Gleichzeitig ist es eine besondere Art der Wertschätzung für deren Soldaten. Sönke Neitzel spricht nicht nur über sie, er lässt sie selbst sprechen, indem er ausführlich aus Tagebüchern und Interviews zitiert und die gesamte, von Soldaten verfasste Literatur über die Einsätze auswertet.

Problematisch ist jedoch Sönke Neitzels zentrale These von der „doppelten Ambivalenz der Bundeswehr", die er mit folgenden Alternativen umschreibt: „Sollte sie vom Krieg oder vom Frieden her gedacht werden, und sollte sie sich in die lange Tradition deutscher Militärgeschichte stellen oder nicht?" Er glaubt, dass diese Alternativen sich ausschlössen. Man könne die Bundeswehr nur aus der Sicht des Krieges (was die meisten Generale des Heeres und die Kampftruppen taten) oder aus der Sicht des Friedens (was in Politik und Zivilgesellschaft vorherrschte) denken. Tatsächlich gab es diese unterschiedlichen Perspektiven, und deren Protagonisten standen sich oftmals unversöhnlich gegenüber. Allerdings verstellt der Autor mit dieser Gegenüberstellung sich und auch dem Leser den Blick auf die integrierende Absicht der Inneren Führung. Diese Konzeption war in ihrer ursprünglichen Version angetreten, diese doppelte Ambivalenz aufzuheben. Frieden sollte der strategische Grundwert für den Soldaten der Bundeswehr sein, was angesichts des enormen Vernichtungspotentials der nuklearen Waffen, der Strategie der Abschreckung der NATO sowie der gerade erst wenige Jahre zurückliegenden Erfahrungen mit dem Krieg vernünftig war. Dass es auf der taktisch-operativen Ebene darum gehen musste, die Schlagkraft der Bundeswehr zu erhöhen, um die Abschreckung glaubhaft zu machen und dass angesichts der auch mit Propaganda und Subversion geführten hybriden Kriegführung die „geistige Rüstung" des Soldaten gestärkt werden musste, stand dazu nicht im Widerspruch. Sie war vielmehr eine logische Ableitung aus dem Frieden als Grundwert. Sönke Neitzel tendiert dazu, den Kritikern Baudissins recht zu geben. Diesen hält er für „überschätzt“, seine Gedanken kritisiert er als „Kopfgeburt“. Damals haben tatsächlich viele Soldaten so gedacht, und es gibt heute noch genügend, die dies glauben. Baudissin dagegen zeigte auf, wie Krieg und Frieden zusammengedacht werden können. Und er begründete mit einer umfassenden Analyse des Kriegsbildes, warum die politische Bildung Teil der militärischen Professionalität sein muss. Die kritische Frage, die wir uns heute stellen sollten, lautet doch vielmehr, warum es der Bundeswehr nicht gelungen ist, diesen Gedankenreichtum im Baudissinschen Denken zu erkennen und wertzuschätzen. Sönke Neitzel selbst liefert viele Gründe dafür. Sie reichen vom Mythos der professionellen Wehrmacht über das Vermeiden von kognitiven Dissonanzen bei ehemaligen Wehrmachtsoffizieren bis zur Qualität des Führungspersonals und deren Bildung vor allem in der Aufbauphase der Bundeswehr.

Sönke Neitzels Bemerkungen zu den *tribal cultures* sind in mancherlei Hinsicht hilfreich. Sie legen den Blick frei auf die Natur des Krieges, wie sie von Clausewitz so anschaulich beschrieben wird. Gleichzeitig verstellt er allerdings den Blick auf die politische Urteilskraft, die Soldaten nicht nur in den militärischen Spitzenverwendungen benötigen. Der Autor betont das militärische Handwerk so stark, dass kein Platz bleibt für die Erkenntnis, dass sich das Politische weit auf das Gefechtsfeld erstreckt und der Soldat für die politischen Wirkungen seines Handelns mitverantwortlich ist. Oder dass eine gehörige Portion politischer Bildung erforderlich ist, um die Ambivalenzen im Verhältnis von Militär und Gesellschaft zu erkennen und damit umzugehen, ohne in nationalistisches Denken abzudriften. Zu Recht kritisiert Sönke Neitzel, dass die Bundeswehr kaum mehr über Zeitschriften verfügt, in denen Soldaten sich militärisch weiterbilden könnten. Auf die wichtige Frage, ob beispielsweise die Universitäten und Akademien den Führungsnachwuchs der Bundeswehr angemessen auf ihre Aufgaben in Krieg und Frieden vorbereiten, geht er jedoch nicht ein. Dabei zeigt gerade sein Buch „Deutsche Krieger“, wie wichtig eine akademische berufsbezogene Bildung für Offiziere ist.

Insgesamt verkennt Sönke Neitzel das Potential der Inneren Führung, was nicht zuletzt daran liegt, dass er Debatten über das Berufsbild, über Härte, Kampf und heroische Gemeinschaften, wie sie beispielsweise in den Jahrbüchern Innere Führung nachzulesen sind, nicht berücksichtigt.

Ungeachtet dieser Kritik ist dem Potsdamer Historiker ein großartiges Buch gelungen. Es ist spannend geschrieben und trotz der Detailfülle gut lesbar. Angesichts der sich abzeichnenden sicherheits- und militärpolitischen Umbrüche kommt es zur rechten Zeit. Politik, Zivilgesellschaft und Militär können viel über sich und ihre Beziehungen untereinander lernen. Der Historiker aus Potsdam ergreift dabei Partei: für die Soldaten der Bundeswehr. Er etabliert sich damit als Stimme einer Bevölkerungsgruppe, die sich nicht selten unverstanden fühlt und von der militärischen Führung nicht ausreichend öffentlich repräsentiert wird. Soldaten werden dieses Buch daher mit großer Begeisterung und enormem Erkenntnisgewinn lesen. Der Autor dieser Besprechung gibt gerne zu, dass es ihm auch so ergangen ist.

Hans-Günter Behrendt (Hrsg.): Erinnerungsorte der Bundeswehr. Personen, Ereignisse und Institutionen der soldatischen Traditionspflege, Miles-Verlag, Berlin 2020.

Dagmar Bussiek

Was ist kollektive Erinnerung? Diese Frage steht im Zentrum des Diskurses über die sog. Erinnerungskultur, die seit den 1990er Jahren breiten Raum in der Kulturgeschichtsforschung einnimmt. Es geht dabei im Kern darum, dass neben dem jeweils eigenen Gedächtnis des Individuums auch ein ´Gruppengedächtnis` existiert, das eine Generationen übergreifende Dauer aufweist. Dabei benötigt Erinnerung konkrete Anknüpfungspunkte wie das Gedenken an Personen, deren Namen, Leben und Werk allgemein bekannt sind, geographische Orte, Gebäude und Denkmäler, Bücher, Denkschriften und andere Texte, Gemälde, Fotografien, Musikstücke usw. Auch soziale Überlieferungen wie Rituale und sogar Mythen können Erinnerung begründen. „Erinnerung an sich ist", wie Matthias Rogg in seinem Vorwort zu dem vorliegenden Band „Erinnerungsorte der Bundeswehr" formuliert, „weder gut noch schlecht, sondern vielmehr ein notwendiger Prozess der Selbstvergewisserung. Gemeinschaften, die sich erinnern wollen und können, schaffen einen gemeinsamen Zeichenvorrat: einen kollektiven Besitz von Erinnerungen, der für ihre Identität wie ein Ferment wirkt". (S. 11) In diesem Sinne hat sich Hans-Günter Behrendt als Herausgeber des Buches und Autor der meisten Texte ein großes Werk vorgenommen: Keine Geschichte der Bundeswehr will er vorlegen, sondern einen Beitrag zum kollektiven Gedächtnis der Bundeswehr leisten. Wer das schön gebundene und aufwändig bebilderte Buch in die Hand nimmt, wird nicht enttäuscht sei: Die Bandbreite der Beiträge ist beachtlich. Kein aktiver oder bereits im Ruhestand befindlicher Angehöriger der Bundeswehr wird hier nicht auch ´seine` persönlichen Erinnerungsorte wiederfinden.

Behrendt, Oberstleutnant a.D., 1964 in die Heeresflugabwehrtruppe der Bundeswehr eingetreten, gliedert den Band in drei große Abschnitte zuzüglich Vorwort, Einführung und umfangreichem Anhang. Das Vorwort stammt, wie bereits erwähnt, von Oberst Prof. Dr. Matthias Rogg, der als Historiker eine wissenschaftliche Einordnung vornimmt und zugleich betont, dass Geschichte als Erinnerungsmoment keine reine Experten-Sache ist, sondern vor allem „eine existentielle Angelegenheit des Kollektivs" (S. 11). Der erste Hauptteil des Buches beschreibt „in zeitlicher Anordnung Persönlichkeiten, deren Denken und Handeln Grundlagen gelegt haben, Orte, an denen sich Bedeutendes ereignet hat, sowie Entscheidungen und Entwicklungen, die das kollektive Gedächtnis der Bundeswehrangehörigen bestimmen" (S. 15), wie Behrendt in seiner Einführung formuliert. Der zweite Teil umfasst in geographischer Reihenfolge im Norden Deutschlands beginnend die Schulen und Ausbildungsstätten; für viele dieser Beiträge hat der Herausgeber Autoren gewinnen können, die mit der jeweiligen Einrichtung vertraut sind. Im dritten Teil sind die Kasernennamen der Bundeswehr alphabetisch zusammengestellt. Grundsätzlich bekennt sich der Herausgeber zu der Auswahl der Themen unter subjektiven Gesichtspunkten. Dagegen ist absolut nichts einzuwenden, zumal jeder Leser hier auf seine Kosten kommen dürfte. Behrendt präsentiert u.a. die Lebensgeschichten der ´preußischen Reformer` des 19. Jahrhunderts und arbeitet so unterschiedliche Themen wie „Die Stiftung des Eisernen Kreuzes", „Der Große Zapfenstreich", „Die Himmeroder Denkschrift", „Die Musikkorps", „Der Bundeswehrverband" und „Die Gorch Fock" jeweils kurz und prägnant auf. Die Texte sind gut recherchiert, leicht fassbar und angenehm zu lesen.

Doch wo viel Licht ist, ist auch Schatten: Die Anordnung der einzelnen Beiträge im ersten großen Abschnitt, der fast die Hälfte des Buches umfasst, wirkt verwirrend. Zu divers ist das, was hier unmittelbar aufeinander folgend abgehandelt wird. Da springt man von der Entstehung der Nationalhymne direkt zur Gründung der Reichswehr und landet schon im übernächsten Kapitel bei Claus Schenk Graf von Stauffenberg. Man fragt sich unwillkürlich, ob es nicht besser gewesen wäre, hier zwischen „Personen", „Orten" und „Ereignissen" zu trennen, statt diese einzig unter dem Kriterium der zeitlichen Abfolge bunt zu mischen. Positiv soll dagegen hervorgehoben werden, dass Behrendt sich nicht scheut, auch an „die dunklen Flecken in der Bundeswehrgeschichte" (S. 12) wie etwa das Unglück an der Iller 1957 zu erinnern. Ein großer Pluspunkt des Bandes ist der umfangreiche Anhang, der neben Quellen- und Literaturhinweisen zahlreiche zusätzliche und vertiefende Informationen in den Fußnoten liefert. Ein sorgfältig erstelltes Register der Namen und Stichworte sowie der Abdruck des neuen Traditionserlasses der Bundeswehr aus dem Jahre 2018 runden das Werk ab.

Fazit: Wohl kaum ein Leser wird dieses Buch chronologisch von A bis Z durchstudieren, und das dürfte auch gar nicht das Ziel des Herausgebers gewesen sein. Diese „Erinnerungsorte der Bundeswehr" verleiten dazu, in ´Häppchen` entdeckt zu werden. Das liebevoll aufgemachte Buch animiert zum Blättern, zum Schmökern, zum Erinnern und zum Erzählen. Für die An-

gehörigen der Bundeswehr und auch für ihre Familien ist es ein echtes Ge-
schenk.

Daniel Schilling, Die Rudel-Affäre. Genese, Wirkung und Folgen eines politischen Skandals, Miles-Verlag, Berlin 2020.

Uwe Hartmann

Der Historiker Daniel Schilling legt eine detaillierte Rekonstruktion der Affäre um die Teilnahme des ehemaligen Obersten der Wehrmacht, Hans-Ulrich Rudel, an einem Veteranentreffen in einer Liegenschaft der Bundeswehr im Jahre 1976 vor. Dieser hatte als Pilot eines Sturzkampfbombers über 500 Panzer der Roten Armee zerstört. Nach dem Krieg engagierte er sich im rechtsextremen politischen Spektrum und verteidigte dabei den Krieg gegen die Sowjetunion als Präventivkrieg. Im Kern ging es bei der damaligen Affäre darum, ob Rudels soldatische Leistungen im Zweiten Weltkrieg für die Soldaten der Bundeswehr traditionswürdig sind, auch wenn dieser einem verbrecherischen Regime diente und seine politischen Überzeugungen bis zuletzt alles andere als demokratisch waren.

Die Gretchenfrage „Wie hältst Du es mit der Wehrmacht?" beschäftigte damals Politik, Öffentlichkeit und Bundeswehr über mehrere Monate hinweg. Sie führte nicht nur zur Entlassung von zwei Generalen der Luftwaffe, sondern auch zu scharfen politischen Auseinandersetzungen im Bundestag, in denen der damalige Bundesminister der Verteidigung, Georg Leber, und sein Kontrahent von der CDU, Manfred Wörner, im Mittelpunkt standen.

Daniel Schilling gelingt es, diese Affäre auf der Grundlage von Primärquellen überaus spannend darzustellen. Er verliert sich nicht im Detail, sondern baut sein Buch wie einen Thriller auf, den der Leser kaum zur Seite legen kann. Dabei gibt es keinen Helden, ja noch nicht einmal Gewinner. Alle Akteure haben Schaden an dieser Affäre genommen.

Es erstaunt den Leser, welche Fehler die damals Beteiligten machten. Seien es die Generale der Luftwaffe, welche die Affäre erst durch ihre Rechtfertigungsversuche des Ehemaligentreffens mit der Teilnahme Rudels auslösten, oder die Truppe, die den erfolgreichen Stuka-Piloten wie einen Rockstar behandelte, oder die Verteidigungspolitiker, die den Vorfall als willkommene Gelegenheit nutzten, um den politischen Gegner zu bekämpfen. Alles in allem war die Rudel-Affäre keine Sternstunde bundesdeutscher Verteidigungspolitik und vertrauensvoller zivil-militärischer Beziehungen.

Noch verwunderlicher ist allerdings, dass weder die Bundeswehr noch die politische Leitung des BMVg aus der damaligen Affäre gelernt haben. Viele Fehler wurden seitdem wiederholt: von der Einladung von Neo-Nazis (Roeder an der Führungsakademie der Bundeswehr) über Entlassungen von Generalen, die davon aus der Presse erfahren haben (Generalmajor Spindler) bis hin zu dem Versuch, rechtslastige Vorfälle medienwirksam aufzubauschen, um daraus politisches Kapital zu schlagen – auch auf Kosten der Einsatzbereitschaft der Truppe, des Ansehens Deutschlands in der Nato und des Vertrauens der Deutschen in ihre Bundeswehr. Besonders verstörend wirkt, dass die eigentlichen Ursachen für das fehlende Fingerspitzengefühl von Generalen sowie die politische Naivität der Truppe nicht behoben wurden. Innere Führung, politische Bildung und Traditionspflege gingen nicht gestärkt aus der Affäre hervor, sondern wurden durch Technokratie und Bürokratisierung noch stärker in den Hintergrund gedrängt. Die von Bundeskanzler Helmut Schmidt und anderen verlangte Förderung bundeswehreigener Traditionen wirkte sich in der Truppenpraxis kaum aus. Tradition wurde nach der Rudel-Affäre als Last wahrgenommen. Daran hat sich bis heute kaum etwas geändert.

Im Zuge der Rudel-Affäre1976 wurde auch die Notwendigkeit einer Überarbeitung des Traditionserlasses von 1965 diskutiert. Es dauerte jedoch noch weitere sechs Jahre, bis der damalige Bundesminister der Verteidigung, Hans Apel, einen neuen Erlass unterschrieb. Zumindest dies war im Jahre 2017 angesichts erneuter Skandale in der Bundeswehr anders. Hier reagierte die politische Leitung des Hauses sofort. Und auch die Dauer der Erarbeitung des neuen Erlasses war rekordverdächtig.

Nach der Herausgabe des nunmehr dritten Erlasses zur Tradition und Traditionspflege in der Bundeswehr ist die Debatte darüber leider wieder verklungen. Ob die Truppe sich tatsächlich stärker für die Pflege von Traditionen und dabei besonders bundeswehreigener Traditionen engagieren wird, ist fraglich. Zuviel Vertrauen wurde im Zuge der 2017 getroffenen Maßnahmen zerstört. Erneut fand eine kritische Analyse, welche Fehler in Politik, BMVg und Streitkräften begangen wurden, nicht statt. Damit ist es nur eine Frage der Zeit, bis die nächste Affäre über uns hereinbricht und die gleichen Fehler in der Krisenkommunikation gemacht werden. Wer diese vermeiden will, sollte das Buch von Daniel Schilling aufmerksam lesen.

Autoren

Beck, Julia, Regierungsrätin, Psychologin M.Sc., Psychologischer Dienst der Bundeswehr.

Beckert, Simon, Korvettenkapitän, Dipl.-Pol., Sachbearbeiter im Bereich Konzeption und Weiterentwicklung Innere Führung am Zentrum Innere Führung, Koblenz.

Bohnert, Marcel, Oberstleutnant i.G., Dipl.-Päd., M.A., hat bis Mitte 2020 das Sachgebiet Social Media im Bundesministerium der Verteidigung geleitet.

Bröckermann, Heiner, Dr., Oberstleutnant, Leiter Bereich Grundlagen, Abteilung Bildung, Zentrum für Militärgeschichte und Sozialwissenschaften der Bundeswehr (ZMSBw), Potsdam; Lehrbeauftragter an der Universität Potsdam.

Buchner, Peter, Fregattenkapitän, Dozent Politische Bildung am Zentrum Innere Führung, Koblenz.

Bühring, Heike, Regierungsdirektorin, Dozentin an der Führungsakademie der Bundeswehr in der Fakultät Politik, Strategie und Gesellschaftswissenschaften.

Bussiek, Dagmar, Prof. Dr., außerplanmäßige Professorin an der Leuphana Universität Lüneburg.

Freudenberg, Dirk, Dr., Oberst d.R., Bundesamt für Bevölkerungsschutz und Katastrophenhilfe. Akademie für Krisenmanagement, Notfallplanung und Zivilschutz.

Graf, Timo, Dr. phil., wissenschaftlicher Angestellter, Forschungsbereich Militärsoziologie am Zentrum für Militärgeschichte und Sozialwissenschaften der Bundeswehr, Potsdam.

Hartmann, Uwe, Dr. phil, Oberst i.G., Visiting Lecturer an der Naval Postgraduate School in Monterey/CA.

Janke, Reinhold, Oberst i.G., Bereichsleiter Konzeption und Weiterentwicklung Innere Führung am Zentrum Innere Führung, Koblenz

Jermer, Helmut, OTL a.D. Dienstzeit 1969-2002, Heeresflieger, Jugendoffizier, Informationsstabsoffizier (Bürgerfragen).

Lange, Sven, Oberst i.G., Referatsleiter im BMVg, Berlin.

Naumann, Klaus, Dr., bis 2017 Militärhistoriker am Hamburger Institut für Sozialforschung, Mitglied im 15. Beirat für Fragen der Inneren Führung des Verteidigungsministeriums.

Posner, Christine, Dr. phil., wissenschaftliche Mitarbeiterin in der Fakultät Geistes- und Sozialwissenschaften, Helmut-Schmidt-Universität, Universität der Bundeswehr Hamburg.

Pütz, Lena, Regierungsinspektorin, B.A., ist Social Media-Managerin im Bundesamt für Personalmanagement der Bundeswehr.

Rosen, Claus von, Prof. Dr., Oberstleutnant a.D., Leiter des Baudissin Dokumentation Zentrum bei der Führungsakademie der Bundeswehr, Lehrbeauftragter für Wehr-Pädagogik am Estonian National Defence College in Tartu.

Sebaldt, Martin, Prof. Dr., Oberst d.R., Inhaber des Lehrstuhls für Vergleichende Politikwissenschaft (Schwerpunkt Westeuropa) der Universität Regensburg.

Seemann, Markus, Dr., Archivoberrat i.K., Leiter des Archivs des Katholischen Militärbischofs in Berlin.

Stiffel, Hartmut, Oberregierungsrat, Dezernent am Zentrum Innere Führung im Dezernat Vielfalt, Inklusion, Ethik und Religion.

Streifer, René, M.Sc., Oberstleutnant d.R., Psychologe und UX Researcher.

Theiler, Olaf, Dr. phil, Referatsleiter Zukunftsanalyse im Planungsamt der Bundeswehr (PlgABw I 1) in Berlin-Köpenick.

Ulrich, Uwe, Dr., Dipl-Päd., Oberstleutnant, Dozent an der Führungsakademie der Bundeswehr in der Fakultät Politik, Strategie und Gesellschaftswissenschaften.

Walther, Marc-André, Oberstleutnant i.G., Austauschdozent an der School for Advanced Military Science, U.S. Army, Fort Leavenworth, Kansas

Wanner, Meike, Dr. rer. pol., Projektleiterin im Forschungsbereich Sicherheitspolitik und Streitkräfte am Zentrum für Militärgeschichte und Sozialwissenschaften der Bundeswehr (ZMSBw) in Potsdam.

Wellbrink, Jörg, Dr. (US) Modellbildung und Simulation, Oberst i.G., Unterabteilungsleiter Portfoliomanagement im Planungsamt der Bundeswehr in Berlin.

Personenregister

Sachregister

Carola Hartmann Miles-Verlag

Jahrbuch Innere Führung

Uwe Hartmann, Claus von Rosen, Christian Walther (Hrsg.), *Jahrbuch Innere Führung 2009. Die Rückkehr des Soldatischen,* Eschede 2009.

Helmut R. Hammerich, Uwe Hartmann, Claus von Rosen (Hrsg.), *Jahrbuch Innere Führung 2010. Die Grenzen des Militärischen,* Berlin 2010.

Uwe Hartmann, Claus von Rosen, Christian Walther (Hrsg.), *Jahrbuch Innere Führung 2011. Ethik als geistige Rüstung für Soldaten,* Berlin 2011.

Uwe Hartmann, Claus von Rosen, Christian Walther (Hrsg.), *Jahrbuch Innere Führung 2012. Der Soldatenberuf zwischen gesellschaftlicher Integration und suis generis-Ansprüchen,* Berlin 2012.

Uwe Hartmann, Claus von Rosen (Hrsg.), *Jahrbuch Innere Führung 2013. Wissenschaften und ihre Relevanz für die Bundeswehr als Armee im Einsatz,* Berlin 2013.

Uwe Hartmann, Claus von Rosen (Hrsg.), *Jahrbuch Innere Führung 2014. Drohnen, Roboter und Cyborgs – Der Soldat im Angesicht neuer Militärtechnologien,* Berlin 2014.

Uwe Hartmann, Claus von Rosen (Hrsg.), *Jahrbuch Innere Führung 2015. Neue Denkwege angesichts der Gleichzeitigkeit unterschiedlicher Krisen, Konflikte und Kriege,* Berlin 2015.

Uwe Hartmann, Claus von Rosen (Hrsg.), *Jahrbuch Innere Führung 2016. Innere Führung als kritische Instanz,* Berlin 2016.

Uwe Hartmann, Claus von Rosen (Hrsg.), *Jahrbuch Innere Führung 2017. Die Wiederkehr der Verteidigung in Europa und die Zukunft der Bundeswehr,* Berlin 2017.

Uwe Hartmann, Claus von Rosen (Hrsg.), *Jahrbuch Innere Führung 2018. Innere Führung zwischen Aufbruch, Abbau und Abschaffung: Neues denken, Mitgestaltung fördern, Alternativen wagen,* Berlin 2018.

Uwe Hartmann, Claus von Rosen (Hrsg.), *Jahrbuch Innere Führung 2019. Bundeswehr im Aufbruch. Hindernisse von den verteidigungspolitischen Vorstellungen der AFD bis zu den sicherheitspolitischen Meinungen in der Zivilgesellschaft,* Berlin 2019.

Militär und Gesellschaft

Wolf Graf von Baudissin, *Grundwert Frieden in Politik – Strategie – Führung von Streitkräften,* hrsg. von Claus von Rosen, Berlin 2014.

Marcel Bohnert, Lukas J. Reitstetter (Hrsg.), *Armee im Aufbruch. Zur Gedankenwelt junger Offiziere in den Kampftruppen der Bundeswehr,* Berlin 2014.

Phil C. Langer, Gerhard Kümmel (Hrsg.), *„Wir sind Bundeswehr." Wie viel Vielfalt benötigen/vertragen die Streitkräfte?,* Berlin 2015.

Eberhard Birk, Peter Andreas Popp (Hrsg.), *Luftwaffenoffizier 21. Das Selbstverständnis des Luftwaffenoffiziers zu Beginn des 21. Jahrhunderts, (aus der Reihe Schriften zur Geschichte der Deutschen Luftwaffe, Band 5),* Berlin 2016.

Alois Bach, Walter Sauer (Hrsg.), *Schützen. Retten. Kämpfen. Dienen für Deutschland,* Berlin 2016.

Marcel Bohnert, Björn Schreiber (Hrsg.), *Die unsichtbaren Veteranen. Kriegsheimkehrer in der deutschen Gesellschaft,* Berlin 2016.

Angelika Dörfler-Dierken (Hrsg.), *Hinschauen! Geschlecht, Rechtspopulismus, Rituale: Systemische Probleme oder individuelles Fehlverhalten?,* Berlin 2019.

Alois Bach, Carola Hartmann (Hrsg.), *Unbekannte Helden des Alltags – Soldaten und Ehefrauen berichten über Verantwortung, Humanität und Belastung im Auslandseinsatz,* Berlin 2020.

Schriften zur Tradition

Eberhard Birk, Winfried Heinemann, Sven Lange (Hrsg.), *Tradition für die Bundeswehr. Neue Aspekte einer alten Debatte,* Berlin 2012.

Donald Abenheim, Uwe Hartmann (Hrsg.), *Tradition in der Bundeswehr. Zum Erbe des deutschen Soldaten und zur Umsetzung des neuen Traditionserlasses,* Berlin 2018.

Joachim Welz, *Vom Kontingentsheer zum Reichsheer: Militärkonventionen als Motor der Wehrverfassung,* Berlin 2018.

Donald Abenheim, Uwe Hartmann, *Einführung in die Tradition der Bundeswehr. Das soldatische Erbe in dem besten Deutschland, das es je gab,* Berlin 2019.

Eberhard Birk, Heiner Möllers (Hrsg.), *Die Luftwaffe und ihre Traditionen (aus der Reihe Schriften zur Geschichte der Deutschen Luftwaffe, Band 10),* Berlin 2019.

Hans-Günter Behrendt (Hrsg.): *Erinnerungsorte der Bundeswehr – Personen, Ereignisse und Institutionen der soldatischen Traditionspflege,* Berlin 2020.

Erinnerungen

Blue Braun, *Erinnerungen an die Marine 1956–1996,* Berlin 2012.

Klaus Grot, *So war's, damals. Dienstchronik eines Pionieroffiziers im Kalten Krieg 1954–1991,* Berlin 2014.

Gustav Lünenborg, *Bürger und Soldat. Innere Führung hautnah 1956–1993, 1993–2015,* Berlin 2015.

Adolf Brüggemann, *Als Offizier der Bundeswehr im Auswärtigen Dienst. Meine Erinnerungen als Militärattaché in Seoul (Republik Korea) 1978–83 und in Prag (Tschechoslowakei/Tschechien) 1988–1993,* Berlin 2015.

Rainer Buske, *Eine Reise ins Innere der Bundeswehr. Wundersame Geschichten aus einer anderen Welt,* Berlin 2016.

Heinz Laube, *Duell am Himmel,* Berlin 2016.

Viktor Toyka, *Dienst in Zeiten des Wandels. Erinnerungen aus 40 Jahren Dienst als Marineoffizier 1966-2000,* Berlin 2017.

Hans-Eckhard Tribess (Hrsg.), *Im Leben unterwegs – für den Frieden. Festschrift für Wolfgang Altenburg zum 90. Geburtstag am 22. Juni 2018,* Berlin 2019.

Kurt Graf v. Schweinitz, *Notizen im Transit von Krieg und Frieden,* Berlin 2020.

Militärgeschichte

Eberhard Kliem, Kathrin Orth, *"Wir wurden wie blödsinnig vom Feind beschossen". Menschen und Schiffe in der Skagerrakschlacht 1916,* Berlin 2016.

Hans Frank, Norbert Rath, *Kommodore Rudolf Petersen. Führer der Schnellboote 1942–1945. Ein Leben in Licht und Schatten unteilbarer Verantwortung,* Berlin 2016.

Eckhard Lisec, *Der Völkermord an den Armeniern im 1. Weltkrieg – Deutsche Offiziere beteiligt?,* Berlin 2017.

Ingo Pfeiffer, *Heinz Neukirchen. Marinekarriere an wechselnden Fronten,* Berlin 2017.

Joachim Welz, *Erfolgsstory oder Trauma – die Übernahme von Armeen. Lehren aus der Übernahme des österreichischen Bundesheeres in die Wehrmacht 1938 und der Reste der NVA in die Bundeswehr 1990,* Berlin 2018.

Joachim Hoppe, Manfred Wilde (Hrsg.), *Die Unteroffizierschule des Heeres, Die militärische Meisterschule,* Berlin 2016.

Georg Neuhaus, *Am Anfang war ein Speer. Eine Chronographie der Kriegs- und Militärtechnologien,* Berlin 2018.

Hans-Werner Ahrens, *Die Transportflieger der Luftwaffe 1956 bis 197. Konzeption – Aufbau – Einsatz, (Reihe Schriften zur Geschichte der Deutschen Luftwaffe, Band 8),* Berlin 2019.

Jobst Reller, *Die Anfänge der evangelischen Militärseelsorge,* Berlin 2019.

Eberhard Frhr. v. Senden, Friedrich Frhr. v. Senden, *Der Erste Weltkrieg 1914–1918. Erlebnisse eines jungen Leutnants,* Berlin 2020.

Standpunkte und Orientierungen

Daniel Giese, *Militärische Führung im Internetzeitalter,* Berlin 2014.

Dirk Freudenberg, *Auftragstaktik und Innere Führung. Feststellungen und Anmerkungen zur Frage nach Bedeutung und Verhältnis des inneren Gefüges und der Auftragstaktik unter den Bedingungen des Einsatzes der Deutschen Bundeswehr,* Berlin 2014.

Hartwig von Schubert, *Integrative Militärethik. Ethische Urteilsbildung in der militärischen Führung,* Berlin 2015.

Uwe Hartmann, *Hybrider Krieg als neue Bedrohung von Freiheit und Frieden. Zur Relevanz der Inneren Führung in Politik, Gesellschaft und Streitkräften,* Berlin 2015.

Klaus Beckmann, *Treue.Bürgermut.Ungehorsam. Anstöße zur Führungskultur und zum beruflichen Selbstverständnis in der Bundeswehr,* Berlin 2015.

Florian Beerenkämper, Marcel Bohnert, Anja Buresch, Sandra Matuszewski, *Der innerafghanische Friedens- und Aussöhnungsprozess,* Berlin 2016.

Martin Sebaldt, *Nicht abwehrbereit. Die Kardinalprobleme der deutschen Streitkräfte, der Offenbarungseid des Weißbuchs und die Wege aus der Gefahr,* Berlin 2017.

Christian J. Grothaus, *Der „hybride Krieg" vor dem Hintergrund der kollektiven Gedächtnisse Estlands, Lettlands und Litauens,* Berlin 2017.

Uwe Hartmann, *Der gute Soldat. Politische Kultur und soldatisches Selbstverständnis heute,* Berlin 2018.

Christian Bauer, Marcel Bohnert, Jan Pahl, *Vitalis Innere Führung! Zum Status Quo der Führungskultur in den deutschen Streitkräften,* Berlin 2018.

Helmut Jermer, *Innere Führung kompakt. Eine Zusammenschau als Lehr- und Lernhilfe,* Berlin 2019.

Martin Sebaldt, *Das Elend der Strategen. Warum die deutsche Militärpolitik versagt,* Berlin 2020.

Offiziersbibliothek

Uwe Hartmann, *Offiziersbibliothek I: Deutschland,* Berlin 2020.

www.miles-verlag.jimdo.com